Partir sur un pied d'égalité

Scanner le code QR pour voir tous les titres du
recueil Africa Flagships.

Partir sur un pied d'égalité

Éliminer les inégalités structurelles pour accélérer la réduction de la pauvreté en Afrique

Édité par

Nistha Sinha, Gabriela Inchauste et Ambar Narayan

GROUPE DE LA BANQUE MONDIALE

Table des matières

CHAPITRE 1
Inégalités en Afrique 1
Nistha Sinha, Gabriela Inchauste et Ambar Narayan

CHAPITRE 2
Le défi de la réduction de la pauvreté en Afrique 27
Ambar Narayan, Liliana Sousa, Haoyu Wu et Elizabeth Foster

Gros Plan 1 : Facteurs ayant une incidence sur la pauvreté et les inégalités : changement climatique 79

Ruth Hill

CHAPITRE 3

Les populations africaines ne partent pas sur un pied d'égalité dans la course à l'amélioration de leurs capacités productives 95

Aziz Atamanov, P. Facundo Cuevas et Jeremy Lebow

Gros Plan 2: Facteurs ayant une incidence sur la pauvreté et les inégalités : inégalités fondées sur le genre 163

Ana Maria Oviedo et Hugo Ñopo

CHAPITRE 4

Les travailleurs, les entreprises et les exploitations agricoles sont confrontés à des conditions inégales dans l'utilisation de leurs capacités productives. 173

Nistha Sinha, Elwyn Davies, Alastair Haynes et Regina Pleninger

Gros Plan 3 : Facteurs ayant une incidence sur la pauvreté et les inégalités : fragilités, conflits et déplacements forcés   **231**

Olive Nsababera

CHAPITRE 5
Les gouvernements pourraient faire beaucoup plus pour uniformiser les règles du jeu par le biais des politiques budgétaires **245**

Gabriela Inchauste, Christopher Hoy, Mariano Sosa, et Daniel Valderrama

Gros Plan 4: Facteurs ayant une incidence sur la pauvreté et les inégalités : dette   **305**

César Calderón

CHAPITRE 6

Politiques de lutte contre les inégalités structurelles et d'accélération de la croissance et de la réduction de la pauvreté ... 313

Gabriela Inchauste et Nistha Sinha

ENCADRÉS

FIGURES

CARTES

TABLEAUS

Avant-propos

Il est possible d'accélérer les progrès vers l'éradication de l'extrême pauvreté en Afrique en éliminant les inégalités structurelles dans la région. L'Afrique peut accomplir de grandes choses : elle possède d'immenses ressources naturelles et sa population croissante, jeune, dynamique et entreprenante est capable de saisir toutes les occasions de tirer profit de l'innovation, du commerce et de la transition mondiale vers des technologies plus vertes. Avec une population qui devrait passer de 1,4 milliard d'habitants aujourd'hui à près de 2,5 milliards d'ici 2050, l'accès à ces opportunités est crucial pour cette jeunesse. Il est essentiel que les jeunes puissent mettre à profit ces occasions.

C'est en Afrique que la bataille contre la pauvreté est la plus âpre. En 2022, plus de 60 % de la population mondiale extrêmement pauvre vivaient en Afrique. Au cours de la dernière décennie, la croissance a été plus lente, plus volatile et plus vulnérable aux chocs exogènes, tandis que le changement climatique, la fragilité et la pression de la dette ont pris de l'ampleur. Les pays de la région ont également plus de mal que le reste du monde à convertir la croissance en réduction de la pauvreté, les ménages les plus pauvres étant encore trop souvent privés des fruits de la croissance économique. Ce sont les inégalités qui expliquent la lenteur des progrès accomplis vers la prospérité. Dans plus de la moitié des pays disposant de données sur la consommation, les inégalités sont très fortes. En 2022, l'Afrique était la deuxième région du monde après l'Amérique latine à souffrir des inégalités les plus fortes.

Ce rapport phare montre que la plupart des inégalités ne découlent pas de différences de talent ou d'effort mais de problèmes structurels : plus de la moitié des inégalités de revenus résultent de circonstances qui échappent totalement aux individus. Les inégalités structurelles découlent à la fois de lois, d'institutions et de pratiques qui favorisent une minorité, au détriment de la grande majorité. Ces différences se situent dans les niveaux de vie découlant de caractéristiques héritées ou immuables, comme le lieu de naissance, le niveau d'éducation des parents, les origines ethniques, religieuses ou sexuelles. De plus, les distorsions sur les marchés et dans les institutions, notamment l'absence de concurrence, fournissent à une certaine catégorie d'entreprises, d'exploitations agricoles et de travailleurs un accès privilégié aux marchés, à l'emploi et à des débouchés, tout en limitant l'accès à la majorité de la population, réduisant ainsi son potentiel productif et ses opportunités de revenus. Les politiques fiscales et sociales sont inefficientes et inefficaces, et inaptes à compenser les inégalités structurelles, en particulier dans un contexte budgétaire tendu.

Par conséquent, les inégalités structurelles freinent la réduction de la pauvreté, la mobilité sociale et une croissance économique durable et stable. Toutefois, elles ne sont pas une fatalité : les sociétés peuvent éliminer les obstacles et accéder à des opportunités nouvelles. Sur la base des données les plus récentes et l'expérience acquise à l'échelle mondiale, ce rapport réexamine les défis et les opportunités offertes pour lutter contre la pauvreté et les inégalités en Afrique. Il propose un cadre politique tridimensionnel pour garantir l'égalité des chances grâce au renforcement des capacités productives, à la création d'emplois et de meilleures opportunités de revenus, et pour favoriser des politiques budgétaires équitables et renforcer l'efficacité des pouvoirs publics afin d'investir dans les individus, les entreprises et les exploitations agricoles.

Les décideurs désireux d'aider l'Afrique à bâtir un avenir plus prospère constateront dans ce rapport qu'il est possible de réduire la pauvreté sous toutes ses formes en promouvant l'égalité des chances. Grâce à des données exhaustives, des analyses et des expériences nationales, le rapport brosse un tableau plus précis du paysage complexe des inégalités régionales et propose les meilleurs moyens d'y remédier. Il fournit des connaissances sur les initiatives à prendre pour éradiquer l'extrême pauvreté et stimuler une prospérité partagée sur une planète viable.

Ousmane Diagana
Vice-président régional pour l'Afrique de l'Ouest et l'Afrique centrale
La Banque mondiale

Victoria Kwakwa
Vice-présidente régionale pour l'Afrique de l'Est et l'Afrique australe
La Banque mondiale

Remerciements

Ce rapport a été produit par le Pôle mondial Pauvreté et équité, en étroite collaboration avec le Bureau de l'Économiste en chef pour l'Afrique de la Banque mondiale. La préparation du rapport a été codirigée par Nistha Sinha, Gabriela Inchauste et Ambar Narayan, tandis que P. Facundo Cuevas a codirigé la rédaction durant la phase conceptuelle. L'équipe principale comprenait Aziz Atamanov (chapitres 1 et 3), Cesar Calderon (Gros plan sur la dette), Elwyn Davies (chapitre 4), Elizabeth Foster (chapitre 2), Alastair Haynes (chapitre 4), Ruth Hill (Gros plan sur le climat), Christopher Hoy (chapitre 5), Jeremy Lebow (chapitre 3), Hugo Nopo (Gros plan sur le genre), Ana Maria Oviedo (Gros plan sur le genre), Regina Pleninger (chapitre 4), Mariano Sosa (chapitre 5), Liliana Sousa (chapitres 1 et 2), Olive Nsababera (Gros plan sur les conflits), Daniel Valderrama (chapitre 5), et Haoyu Wu (chapitre 2). Tom Bundervoet a fourni des contributions essentielles sur l'élasticité de la réduction de la pauvreté. Daniel Mahler a fourni des conseils techniques sur le calcul de l'inégalité des chances. Vincenzo Di Maro a rédigé des contributions sur les revenus les plus élevés. Walker Kosmidou-Bradley a fourni des données géospatiales. Valentina Martinez-Pabon et Maria Sarrabayrouse ont apporté une aide précieuse à la finalisation du rapport. Rose-Claire Pakabomba, Santosh Sahoo, Tsehaynesh Seltan et Arlette Sourou ont fourni un appui administratif à l'équipe.

Ce travail a été réalisé sous la direction générale de Victoria Kwakwa et d'Ousmane Diagana, avec les conseils d'Abebe Adugna, Asad Alam (durant la phase conceptuelle), Andrew Dabalen, Luis Felipe Lopez Calva et Hassan Zaman. L'équipe est également reconnaissante à Johan Mistiaen et Pierella Paci pour leurs orientations, leurs conseils et leurs contributions critiques.

L'équipe tient à remercier les pairs et les conseillers externes pour leurs conseils. L'examen du rapport par les pairs a été effectué par Kathleen Beegle, Haroon Bhorat et Keith Hansen. Mary Hallward Driemeier a fourni des commentaires d'examen par les pairs durant la phase conceptuelle. L'équipe a également bénéficié de nombreuses discussions utiles avec des experts du Groupe de la Banque mondiale, notamment Tom Bundervoet, Luc Christiaensen, Wendy Cunningham, Mitja Del Bono, David Evans, Elena Glinskaya, Aparajita Goyal, Marek Hanusch, Johannes Hoogeveen, Tehmina Khan, Vinny Nagaraj, Ambika Sharma, Venkatesh Sundararaman, Paolo Verme et Ruslan Yemtsov. Nous remercions vivement les experts externes, y compris ceux du conseil consultatif du Pôle mondial Pauvreté et équité et tout particulièrement François Bourguignon, Ashwini Deshpande, Shanta Devarajan, Cecilia Garcia-Peñalosa,

Ravi Kanbur, Peter Lanjouw, Santiago Levy, Nora Lustig et Danielle Resnick. L'équipe a également bénéficié des discussions avec Nancy Benjamin.

Le rapport n'aurait pas été possible sans le soutien de Béatrice Berman et des équipes de communication, de rédaction et de publication. Paul Gallagher a apporté un soutien essentiel à la rédaction de l'abrégé de cet ouvrage. Flore Martinant de Preneuf a dirigé la stratégie de communication. L'abrégé a été édité par Michael Harrup et relu par Ann O'Malley ; le rapport complet a été édité par Kathie Porta Baker et relu par Alfred Imhoff. L'abrégé et le rapport complet ont été conçus par Melina Rose Yingling. Caroline Polk, du programme de publication de la Banque mondiale, a géré la production de l'abrégé et du rapport complet. La traduction française du rapport a été réalisée par Jean-Paul Dailly et une équipe de JPD Systems, LLC.

À propos des rédacteurs et collaborateurs

Rédacteurs

Gabriela Inchauste est économiste en chef au sein du Pôle mondial Pauvreté et équité de la Banque mondiale. Son travail se concentre sur l'impact distributif de la politique fiscale, l'analyse *ex ante* des impacts distributifs des réformes politiques, et la compréhension des canaux par lesquels la croissance économique améliore les opportunités du marché du travail pour la réduction de la pauvreté. Avant de rejoindre la Banque mondiale, elle a travaillé au Fonds monétaire international et à la Banque interaméricaine de développement. Elle a publié des articles dans des ouvrages et des revues universitaires sur la politique fiscale dans les pays à faible revenu, la décentralisation, les impacts distributifs des impôts et des dépenses sociales, les chocs macroéconomiques et les pauvres, le secteur informel et le rôle des envois de fonds dans les pays en développement. Elle est titulaire d'un doctorat en économie de l'Université du Texas à Austin.

Ambar Narayan est actuellement responsable du Pôle mondial Pauvreté et équité dans la région Europe et Asie centrale de la Banque mondiale. Dans son rôle actuel, et précédemment en tant qu'économiste principal et responsable mondial, il dirige et conseille des équipes qui mènent des analyses politiques et des recherches sur le développement d'un point de vue microéconomique. Les sujets sur lesquels il a travaillé comprennent l'inégalité des chances, la mobilité économique, l'évaluation des politiques, la transformation économique et l'impact des chocs économiques sur les ménages. Il a été l'auteur principal de plusieurs études importantes de la Banque mondiale, notamment un rapport mondial sur la mobilité intergénérationnelle et des rapports régionaux sur l'inégalité des chances, et il est coauteur de nombreuses publications scientifiques reflétant le mélange éclectique de sujets sur lesquels il a travaillé au fil des ans. Il est titulaire d'un doctorat en économie de l'université de Brown.

Nistha Sinha est économiste senior au sein du Pôle mondial Pauvreté et équité de la Banque mondiale. Elle se concentre sur les thèmes de la pauvreté, de l'inégalité et des marchés du travail. Elle est titulaire d'une maîtrise en économie de la *Delhi School of Economics* et d'un doctorat en économie de l'université de Washington à Seattle. Avant de rejoindre la Banque mondiale, Nistha était chercheuse postdoctorale au Centre de croissance économique de l'université de Yale.

Contributeurs

Aziz Atamanov est économiste senior au sein du Pôle mondial Pauvreté et équité de la Banque mondiale. Il a travaillé sur la mesure de la pauvreté et sur l'analyse du marché du travail, du genre et de la distribution dans les régions Europe et Asie centrale, Moyen-Orient et Afrique du Nord, et Afrique subsaharienne. Il a publié des articles dans des revues universitaires et contribué à de nombreux ouvrages édités sur des sujets tels que l'impact des migrations internationales et des envois de fonds sur le développement, l'analyse distributive des réformes des subventions, le rôle des parités de pouvoir d'achat dans la mesure de la pauvreté internationale et l'élasticité de la pauvreté par rapport à la croissance économique. Avant de rejoindre la Banque mondiale, il a travaillé comme chercheur au *Center for Social and Economic Research*. Il est titulaire d'un doctorat en économie du développement de l'université de Maastricht.

César Calderón, de nationalité péruvienne, est économiste principal au Bureau de l'Économiste en chef pour l'Afrique de la Banque mondiale. Il a rejoint la Banque mondiale en 2005 et a travaillé au Bureau régional de l'Économiste en chef pour l'Amérique latine et les Caraïbes et au Bureau de l'Économiste en chef pour la finance et le développement du secteur privé. Il est le chef de l'équipe d'*Africa's Pulse*, un programme phare régional sur les récents développements macroéconomiques en Afrique subsaharienne. Il a également été chef d'équipe pour des projets de recherche régionaux tels que *Africa's Macroeconomic Vulnerabilities* et *Boosting Productivity in Sub-Saharan Africa*. César a travaillé sur les questions de résilience macroéconomique, de croissance et de développement. Il est titulaire d'un doctorat en économie de l'Université de Rochester.

P. Facundo Cuevas est l'économiste principal et le chef de programme des groupes de pratique Développement humain de la Banque mondiale au Brésil, où il dirige et supervise les engagements dans les secteurs de l'éducation, de la santé, de la protection sociale et du travail avec les pouvoirs publics nationaux, étatiques et municipaux. Il a rejoint la Banque mondiale en 2007 et a depuis fourni des conseils pour les politiques, élaboré des solutions opérationnelles, fourni une assistance technique et mené des recherches sur les politiques de réduction de la pauvreté, l'égalité des chances et la protection sociale. Il a publié des articles dans des revues universitaires et politiques et a travaillé dans des pays à revenu faible ou intermédiaire dans toutes les régions du monde. Avant de rejoindre la Banque mondiale, il a vécu en Inde et travaillé sur des projets de développement communautaire. Facundo est un ancien élève de Fulbright et est titulaire d'un doctorat et d'une maîtrise en économie de l'université de Californie à Los Angeles, et il a obtenu une licence avec mention très bien de l'université nationale de Cuyo, à Mendoza, en Argentine.

Elwyn Davies est économiste senior au sein du Pôle mondial Finance, compétitivité et innovation de la Banque mondiale. Il travaille sur la dynamique des entreprises, la productivité et l'innovation dans différents pays, principalement en Afrique, en Asie centrale et en Europe. Le travail d'Elwyn se concentre sur les contraintes pesant sur la croissance et la productivité des entreprises, ainsi que sur les questions liées à la transformation structurelle et économique, y compris le rôle des services dans le développement. Il est l'un des auteurs du rapport phare *At Your Service? The Promise of Services-Led Development*. Il a publié dans le *Journal of Development Economics*, le *Journal of Economic Behavior & Organization*, le *World Bank Research Observer* et le *Journal of African Economies*, entre autres revues. De nationalité néerlandaise et britannique, Elwyn a rejoint la Banque mondiale en tant que jeune professionnel en 2017. Il est titulaire d'un doctorat de l'Université d'Oxford.

Elizabeth Foster est économiste au sein du Pôle mondial Pauvreté et équité dans la région Afrique occidentale et centrale de la Banque mondiale. Elle a plus de 15 ans d'expérience en Afrique de l'Ouest, où elle a vécu et travaillé pour l'État, des organisations non gouvernementales et en tant que chercheuse. Elle est spécialisée dans les questions techniques de la mesure de la pauvreté aux seuils de pauvreté nationaux et internationaux. Elle est titulaire d'une maîtrise en affaires publiques de l'Université de Princeton.

Alastair Haynes est économiste au sein du Pôle Pauvreté et équité de la région Afrique orientale et australe de la Banque mondiale. Ses travaux portent sur la pauvreté, les inégalités, les marchés du travail et la protection sociale. Avant de rejoindre la Banque mondiale, il a travaillé sur le suivi et l'évaluation ainsi que sur les évaluations d'impact d'une série de programmes de protection sociale en Afrique de l'Est. Il est titulaire d'un master en économie du développement de l'université de Nottingham et d'une licence en économie de l'université de Sheffield.

Ruth Hill est économiste principale au sein du Pôle mondial Pauvreté et équité de la Banque mondiale. Elle travaille à la Banque mondiale depuis 11 ans et a dirigé des travaux sur les impacts distributifs du changement climatique, de la politique fiscale, des marchés et des institutions. Elle a dirigé le rapport *Poverty and Shared Prosperity 2022* ainsi que l'élaboration des rapports *Rural Income Diagnostics*, et elle a mené des Évaluations de la pauvreté et des Diagnostics systématiques pays en Afrique de l'Est et en Asie du Sud. De 2019 à 2021, elle a été en service externe en tant qu'économiste en chef au Centre pour la protection contre les catastrophes du gouvernement britannique. Avant de rejoindre la Banque mondiale en 2013, elle était chargée de recherche senior à l'Institut international de recherche sur les politiques alimentaires (IFPRI), où elle menait des évaluations d'impact des interventions d'assurances et de marché. Ruth a publié des articles dans le *Journal of Development Economics*, le *World Bank Economic Review*, *Economic Development and Cultural Change*, *Experimental Economics*, l'*American Journal of Agricultural Economics* et *World Development*. Elle est titulaire d'un doctorat en économie de l'Université d'Oxford.

Christopher Hoy est économiste au sein du Pôle mondial Pauvreté et équité de la Banque mondiale, où il se concentre principalement sur la politique fiscale. Il a publié des articles dans des revues universitaires de premier plan, *notamment l'American*

Economic Journal : Economic Policy, et son travail a été présenté dans de grands médias tels que *The Economist.* Avant de rejoindre la Banque mondiale en tant que jeune professionnel, Christopher a travaillé comme professeur assistant à l'*Australian National University* et pour diverses organisations, dont l'UNICEF, l'ODI, l'*Abdul Latif Jameel Poverty Action Lab/Innovations for Poverty Action,* et le Trésor australien. Il a travaillé dans tout le Pacifique, l'Afrique subsaharienne et l'Asie du Sud-Est. Il est titulaire d'un doctorat en économie de l'*Australian National University.*

Jeremy Lebow est économiste au sein du Pôle mondial Protection sociale et emploi de la Banque mondiale. Il travaille principalement sur le travail, les migrations et le renforcement des compétences. Auparavant, il était jeune professionnel au Pôle mondial Pauvreté et équité pour l'Afrique de l'Est. Il a publié des articles sur divers sujets dans des revues universitaires, telles que le *Journal of Development Economics,* en particulier sur les effets économiques et sociaux des migrations de masse en Amérique latine. Il est titulaire d'un doctorat en économie de l'université Duke.

Hugo Ñopo est économiste senior spécialiste de la pauvreté pour l'Amérique latine et les Caraïbes à la Banque mondiale. Il a rejoint la Banque mondiale en 2022, après avoir travaillé pour le Groupe d'analyse du développement (GRADE – *Group for the Analysis of Development*) au Pérou. Auparavant, il a été économiste régional à l'Organisation internationale du travail et économiste principal à la Division de l'éducation et au Département de la recherche de la Banque interaméricaine de développement. Il a été professeur adjoint au *Middlebury College,* chercheur affilié au GRADE et conseiller au ministère du Travail et de la Promotion sociale du Pérou. Hugo travaille sur un large éventail de questions liées à la pauvreté, aux inégalités, à l'éducation et au marché du travail, avec un accent sur les inégalités de genre et ethniques. Il est également chercheur affilié à l'Institut pour l'étude du travail à Bonn, en Allemagne, et a été membre du conseil d'administration de l'Association économique d'Amérique latine et des Caraïbes. Il est titulaire d'un doctorat en économie de l'université *Northwestern* et d'une maîtrise en économie mathématique de l'*Instituto de Matemática Pura e Aplicada.*

Olive Nsababera est économiste au sein du Pôle mondial Pauvreté et équité de la Banque mondiale, où elle travaille à l'intersection de la pauvreté, de l'inégalité et de la migration. Elle a rejoint la Banque mondiale dans le cadre du Programme des jeunes professionnels et a depuis travaillé sur l'Afrique orientale et australe, ainsi que sur l'Amérique latine et les Caraïbes. Avant de rejoindre la Banque mondiale, elle s'est concentrée sur les contextes fragiles et touchés par des conflits, analysant l'impact des déplacements forcés sur le bien-être individuel, le développement économique local et la manière dont les sources de données alternatives et les techniques d'apprentissage machine peuvent être exploitées pour informer les politiques dans des contextes où les données sont rares. Elle est titulaire d'une licence en économie de l'université de Yale, d'un MPA de l'université de Columbia et d'un doctorat en économie de l'université du Sussex.

Ana Maria Oviedo est économiste senior spécialiste de la pauvreté dans la région Afrique orientale et australe et elle codirige l'engagement mondial envers l'égalité des sexes au sein du Pôle mondial Pauvreté et équité de la Banque mondiale. Son travail se concentre sur l'analyse intersectorielle et les prêts visant à améliorer les politiques fondées sur des données probantes et à réduire l'exclusion à l'aide de politiques fiscales et d'une prestation de services ciblées. Elle a travaillé en Amérique latine et dans les Caraïbes, en Turquie et dans les Balkans occidentaux, où elle s'est concentrée sur la pauvreté, l'égalité des sexes sur les marchés du travail, la protection sociale et l'informalité. Elle est titulaire d'un doctorat en économie de l'Université du Maryland et d'une licence en économie de l'Université de Lausanne, en Suisse.

Regina Pleninger est économiste au Bureau de l'Économiste en chef pour la Prospérité de la Banque mondiale. Ses recherches portent sur les inégalités, la pauvreté, la croissance et l'emploi. Elle a travaillé sur les impacts distributifs du développement financier, de la mondialisation et des catastrophes naturelles. Elle a publié dans la *World Bank Economic Review* et dans *World Development*, entre autres. Depuis qu'elle a rejoint la Banque mondiale en 2022, elle a travaillé sur *le Rapport 2024 sur la pauvreté, la prospérité et la planète* et a contribué à l'*Évaluation 2023 de la pauvreté en République centrafricaine*. Regina est titulaire d'un doctorat en économie de l'École polytechnique fédérale de Zurich.

Mariano Sosa est consultant pour le Pôle mondial Pauvreté et équité de la Banque mondiale où il soutient les travaux de recherche et de connaissance au sein de l'unité mondiale et de plusieurs régions du Pôle, notamment l'Asie de l'Est et le Pacifique, l'Europe et l'Asie centrale, et l'Afrique occidentale et centrale. Ses domaines d'expertise sont les politiques publiques, l'analyse de l'incidence fiscale, la politique sociale et l'impact redistributif de la politique fiscale dans les pays en développement. Avant de rejoindre la Banque mondiale, Mariano était chargé de recherche au sein du Département de la recherche de la Banque interaméricaine de développement. Il est titulaire d'un master en administration publique et développement international de la *Harvard Kennedy School*.

Liliana Sousa est économiste senior au sein du Pôle Pauvreté et équité de la Banque mondiale où elle travaille actuellement dans la région Asie de l'Est et Pacifique. Elle a précédemment travaillé dans la région Afrique orientale et australe et dans la région Amérique latine et Caraïbes. Elle est l'auteure de travaux sur divers sujets, avec un intérêt particulier pour les marchés du travail et la migration. Avant de rejoindre la Banque mondiale en 2013, elle était économiste au Centre d'études économiques du Bureau du recensement des États-Unis. Elle est titulaire d'un doctorat en économie de l'université de Cornell et d'une licence en économie du *Vassar College*.

Daniel Valderrama est économiste au sein du Pôle mondial Pauvreté et équité de la Banque mondiale. Il y travaille actuellement sur la région Afrique occidentale et centrale. Avant de rejoindre la Banque mondiale, il a travaillé à l'Office national de la statistique de Colombie, où il a été membre du Comité national pour la mesure de la pauvreté. En tant que microéconomiste appliqué, ses recherches publiées dans des revues universitaires à comité de lecture et dans des rapports sur les politiques se situent à l'intersection de l'économie du développement et de l'économie publique, et se concentrent sur l'impact distributif des politiques publiques et des distorsions politiques. Daniel est titulaire d'une maîtrise et d'un doctorat en économie de l'université de Georgetown à Washington, DC, ainsi que d'une maîtrise et d'une licence en économie de l'université *del Rosario* et de l'université d'Antioquia.

Haoyu Wu est économiste au sein du Pôle mondial Pauvreté et équité dans la région Afrique orientale et australe de la Banque mondiale. Il a travaillé sur des sujets liés à la pauvreté, aux inégalités, à la distribution du bien-être et aux systèmes de données. Il s'intéresse à la recherche statistique et méthodologique et au développement d'outils informatiques pour l'analyse des données. Il a publié des articles dans des revues universitaires et coécrit plusieurs ouvrages édités et notes méthodologiques sur divers sujets. Haoyu est titulaire d'un doctorat en économie de l'université Clark.

Principaux messages

L'état de la pauvreté et des inégalités en Afrique

- **L'élimination des inégalités structurelles en Afrique représente l'une des meilleures chances d'accélérer la réduction de la pauvreté, d'augmenter la productivité et les niveaux de revenus et de garantir l'équité sur le continent.** Pour éliminer les inégalités structurelles, il faut s'attaquer à leurs causes profondes et multiples, notamment l'inadéquation et le manque d'équité des investissements publics, le manque d'équité des investissements publics, les distorsions sur les marchés et l'exposition inégale à des risques élevés et non assurables, tels que les conflits et le changement climatique.

- **Derrière l'Amérique latine, l'Afrique est la deuxième région du monde qui enregistre les inégalités les plus fortes.** Plus de la moitié des pays africains affichent un indice de Gini supérieur à 40, indiquant des niveaux d'inégalité élevés. Les données disponibles suggèrent que les sources de ces inégalités sont structurelles. Les inégalités structurelles résultent de caractéristiques héritées ou immuables, telles que le lieu de naissance, l'origine ethnique, religieuse ou sexuelle et le niveau d'instruction des parents. Elles proviennent aussi des distorsions sur les marchés et dans les institutions qui donnent à une certaine catégorie d'entreprises, d'exploitations agricoles et de travailleurs un accès privilégié aux marchés, à l'emploi et à des débouchés, tout en limitant l'accès pour la grande la majorité, réduisant ainsi son potentiel productif et limitant ses perspectives de revenus.

- **La réduction de la pauvreté en Afrique a stagné depuis le milieu des années 2010.** Bien que l'incidence de l'extrême pauvreté soit rapidement tombée sous la barre des 10 % dans le monde entier, le rythme en Afrique a ralenti et stagné au cours de la dernière décennie. En 2022, le taux d'extrême pauvreté en Afrique s'élevait à 38 %, soit le chiffre le plus élevé de toutes les régions, le continent africain abritant plus de 60 % de la population mondiale extrêmement pauvre. La lutte contre l'extrême pauvreté est entravée par la vulnérabilité de la région aux chocs.

- **La croissance économique a été faible et volatile et son incidence sur la réduction de la pauvreté a été limitée.** Depuis 2014, la croissance économique suit à peine la croissance démographique. De plus, la croissance économique a été moins efficace pour réduire la pauvreté car une croissance de 1 % du produit intérieur brut par habitant n'est associée qu'à 1 % de réduction du taux de pauvreté en Afrique, alors qu'elle est associée à une réduction de 2,1 % dans le reste du monde. Ce faible niveau d'efficacité est étroitement lié aux fortes inégalités de la région.

- **Le moment du changement est arrivé pour la région.** L'Afrique bénéficie d'un potentiel de talents avec 8 à 11 millions de jeunes qui devraient entrer sur le marché du travail chaque année entre 2020 et 2050, ainsi qu'un important potentiel de revenus provenant des minerais verts pour soutenir la transition vers une énergie propre.

Un cadre de politique visant à garantir l'égalité pour tous et à accélérer la croissance et la réduction de la pauvreté

- **Favoriser des bases économiques et institutionnelles solides.** Promouvoir la stabilité macroéconomique et budgétaire et veiller à ce que le cadre institutionnel élimine les obstacles à la concurrence, empêche les privilèges injustifiés et protège les droits de propriété afin de permettre aux entreprises, aux exploitations agricoles et aux travailleurs productifs de prospérer.

- **S'attaquer aux inégalités dans l'acquisition du capital humain et d'autres actifs pour renforcer la capacité productive.** Investir dans l'éducation, la santé et les infrastructures de base pour améliorer significativement la capacité productive des travailleurs. Élargir l'enregistrement de la propriété foncière et les droits de propriété, encourager les investissements dans le capital naturel et améliorer la prestation de services pour renforcer les capacités productives.

- **Permettre aux marchés de fonctionner efficacement, stimuler l'utilisation des capacités productives et créer des emplois et de meilleures opportunités de revenus pour tous les travailleurs.** Éliminer les distorsions sur les marchés et permettre à ces derniers de fonctionner de manière à élargir l'accès des entreprises, des exploitations agricoles et des entreprises familiales aux capitaux et aux technologies, aux marchés intérieurs et au commerce mondial, tout en facilitant la recherche d'emploi pour les travailleurs.

- **Appliquer une politique budgétaire équitable.** Abandonner progressivement les subventions tout en renforçant les filets sociaux, adopter une fiscalité progressive et améliorer l'efficience et l'efficacité des dépenses publiques afin de renforcer les impacts redistributifs des impôts et des transferts sociaux.

Abréviations

ACCESS	Appui aux communes et communautés pour l'expansion des services sociaux (Bénin)
AFE	Afrique orientale et australe
AFR	Afrique, Afrique subsaharienne
AFW	Afrique occidentale et centrale
BBF	Besoins bruts de financement
BCG	Bacille Calmette-Guérin
COC	Comité officiel des créanciers
CP	Club de Paris
CT-OVC	Transfert monétaire en faveur des orphelins et des enfants vulnérables (*Cash transfer for orphans and vulnerable children*) (Kenya)
CVD-PFR	Cadre de viabilité de la dette des pays à faible revenu
DTC	Vaccin diphtérie-tétanos-coqueluche
EAP	Asie de l'Est et Pacifique
ECA	Europe et Asie centrale
ECAMS	Enquête camerounaise auprès des ménages
EEQ	Engagement à l'équité
EFC	État fragile et en situation de conflit
EFTP	Enseignement et formation techniques et professionnels
EHCVM	Enquête harmonisée sur les conditions de vie des ménages
EPIN	Évaluation des politiques et des institutions nationales
GDM	Base de données mondiale sur la mobilité intergénérationnelle (*Global Database on Intergenerational Mobility*)
GEP	Élasticité de la pauvreté par rapport à la croissance
GGDC	Centre de croissance et de développement de Groningue (*Groningen Growth and Development Centre*)
GIEC	Groupe d'experts intergouvernemental sur l'évolution du climat

HepB3	Vaccin à trois doses contre l'hépatite B
HFCE	Dépenses de consommation finale des ménages
HOI	Indice d'opportunité humaine (*Human Opportunity Index*)
ICH-SED	Indice de capital humain socioéconomiquement désagrégé
IDA	Association internationale de développement (*International Development Association*)
IDE	Investissement direct étranger
IDREA	*Inquérito Sobre Despesas, Receitas e Emprego em Angola* (Enquête sur les pertes, les recettes et l'emploi en Angola)
IIG	Indice d'inégalité de genre
Indice D	Indice de dissimilarité
IOF	*Inquérito sobre Orçamento Familiar* (Enquête sur le budget des familles)
IRP	Impôt sur le revenu des personnes physiques
IRS	Impôt sur le revenu des sociétés
ITIE	Initiative pour la transparence dans les industries extractives
KIHBS	Enquête intégrée sur le budget des ménages au Kenya (*Kenya Integrated Household Budget Survey*)
LAC	Amérique latine et Caraïbes
LAYS	Années de scolarisation ajustées à l'apprentissage (*learning-adjusted years of schooling*)
MGF	Mutilation génitale féminine
MIG	Mobilité intergénérationnelle
MNA	Moyen-Orient et Afrique du Nord
MPME	Micros, petites et moyennes entreprises
NA	Amérique du Nord
OCDE	Organisation de coopération et de développement économiques
OIT	Organisation internationale du travail
PFR	Pays à faible revenu
PIB	Produit intérieur brut
PISA	Programme international pour le suivi des acquis des élèves
PME	Petites et moyennes économies
PNBSF	Programme national de bourses de sécurité familiale (Sénégal)

pp	Point de pourcentage
PPG	Public et publiquement garanti
PPP	Parité de pouvoir d'achat
PRE	Pays à revenu élevé
PRII	Pays à revenu intermédiaire, tranche inférieure
PRIS	Pays à revenu intermédiaire, tranche supérieure
PSA	Protection sociale adaptative
PSSB	Programme de subventions sociales de base (Mozambique)
PSSN	Projet de filet de sécurité sociale productif (*Productive Social Safety Net Project*) (Côte d'Ivoire)
RBU	Revenu de base universel
RFS	Régime fiscal simplifié
RMP	Réglementation du marché des produits
RNB	Revenu national brut
RR	Riche en ressources
SAR	Asie du Sud
TIC	Technologies de l'information et de la communication
TM	Transfert monétaire
TVA	Taxe sur la valeur ajoutée
UEMOA	Union économique et monétaire ouest-africaine
VPI	Violence entre partenaires intimes
WDI	Indicateurs du développement dans le monde (*World Development Indicators*)
ZLECAf	Accord sur la Zone de libre-échange continentale africaine

Sauf indication contraire, tous les montants indiqués dans ce rapport sont en dollars US. Les montants ajustés en fonction de la parité de pouvoir d'achat sont indiqués en conséquence dans le texte.

CHAPITRE 1

Inégalités en Afrique

NISTHA SINHA, GABRIELA INCHAUSTE ET AMBAR NARAYAN

Messages clés du chapitre

L'Afrique se remet d'une pandémie mondiale tout en étant confrontée à des contraintes budgétaires et à une fragilité croissante.[1] Les décideurs politiques doivent relever le défi de relancer la croissance économique, renforcer la résilience, réduire la pauvreté et construire la prospérité. Ce rapport dresse le profil des inégalités de consommation et soutient que les politiques visant à remédier aux niveaux élevés d'inégalités structurelles en Afrique sont essentielles pour relancer, accélérer et maintenir les progrès dans la réduction de la pauvreté.

L'Afrique se distingue non seulement par son taux d'extrême pauvreté qui est le plus élevé du monde, mais aussi parce qu'elle est l'une des régions les plus inégalitaires. Sur les 725 millions de personnes vivant dans l'extrême pauvreté en 2022, plus de 63 % habitaient en Afrique. En même temps, avec un indice de Gini moyen – un indicateur d'inégalité – de 40,8 pour la consommation, l'Afrique est la deuxième région la plus inégalitaire du monde, et l'inégalité dans les pays africains est, en moyenne, de 10 points de Gini plus élevée que dans les pays d'autres régions ayant des niveaux de production économique similaires.

Les fortes inégalités sont à la fois un symptôme et une cause des occasions manquées d'accélérer la réduction de la pauvreté et la croissance, et de construire des sociétés et des économies plus résistantes aux chocs (Manuelyan Atinc et coll., 2005). Ce rapport s'appuie sur diverses sources de données, notamment des enquêtes auprès des ménages et des entreprises, pour analyser les sources structurelles des inégalités existant dans la région – enracinées dans les lois, les institutions et les pratiques qui créent des avantages pour quelques-uns et des désavantages pour beaucoup d'autres – et il propose un cadre politique en trois volets pour soutenir la capacité de production, créer des emplois et des opportunités de gains, et tirer parti d'une politique budgétaire équitable et de l'efficacité de l'État pour investir dans les personnes, les entreprises et les exploitations agricoles.

Il y a des raisons d'être optimiste. L'Afrique est riche en ressources naturelles et abrite une population croissante, jeune, dynamique et entreprenante qui peut saisir les opportunités de tirer le meilleur parti de l'innovation, du commerce et de la transition de l'économie mondiale vers le zéro net. La population de la région devrait passer d'environ 1,4 milliard d'habitants aujourd'hui à près de 2,5 milliards d'ici 2050, et l'accès à ces opportunités sera plus crucial que jamais pour les jeunes.

Le moment est venu de relancer, accélérer et pérenniser les progrès. Au cours des dix dernières années, la croissance a été lente, volatile et vulnérable aux chocs exogènes. Les pays de la région ont du mal à traduire la croissance en réduction de la pauvreté. Les inégalités restent également importantes, près de la moitié des pays africains disposant de données affichant un indice de Gini supérieur à 40 %.

Ce rapport se concentre sur les racines des inégalités structurelles qui sont au cœur de la lenteur des progrès de l'Afrique dans la réduction de l'extrême pauvreté. Les inégalités structurelles de niveau de vie ne résultent pas de différences de talent ou d'effort, mais dérivent plutôt soit de caractéristiques héritées ou inaltérables – telles que le lieu de naissance, l'appartenance ethnique, l'éducation des parents, la religion ou le sexe – soit de distorsions du marché et des institutions qui favorisent l'accès aux marchés, à l'emploi et aux opportunités de certaines entreprises, certaines exploitations agricoles et certains travailleurs, tout en limitant l'accès de la majorité, réduisant ainsi leur potentiel productif et limitant les possibilités de gain. Selon une mesure sommaire proposée dans ce rapport, l'inégalité structurelle représente un quart (Éthiopie) à trois quarts (Afrique du Sud) de l'inégalité globale de consommation. Profondément enracinées, les chances inégales d'apprendre et de gagner sa vie entraînent une réduction de la pauvreté nettement plus faible qu'ailleurs dans le monde.

L'inégalité structurelle n'a toutefois rien d'inéluctable. Les économies qui dressent des obstacles aux opportunités peuvent également les supprimer et les remplacer par des politiques visant à réduire ces inégalités, et à ainsi accélérer la croissance et réduire la pauvreté. En effet, dans le monde entier, les pays où l'inégalité des chances est plus faible ont tendance à croître plus rapidement et à avoir une plus faible incidence de la pauvreté. L'élargissement de l'accès aux opportunités représente l'une des principales perspectives de l'Afrique pour accélérer la réduction de la pauvreté en augmentant la productivité et les revenus et en améliorant l'équité au sein de la société. Les décideurs politiques peuvent égaliser les chances afin de créer davantage d'opportunités et de meilleurs emplois, et ils peuvent exploiter les ressources financières de manière plus efficace et efficiente.

L'Afrique se distingue par son niveau élevé d'inégalité des revenus

En tant que région, l'Afrique se distingue par son niveau élevé d'inégalité des revenus. Près de la moitié des pays africains disposant de données sur l'inégalité (22 sur 45) ont un indice de Gini supérieur à 40 et sont donc considérés comme très inégaux, selon le nouvel indicateur de la Banque mondiale pour le suivi des fortes inégalités à l'échelle mondiale.[2] Malgré une diminution de 9 % de l'inégalité moyenne par rapport à la première décennie des années 2000, avec son indice de Gini moyen de 40,8, l'Afrique figure parmi les régions les plus inégalitaires du monde, juste derrière l'Amérique latine et les Caraïbes (voir figure 1.1a).[3] En outre, comme indiqué au chapitre 5, l'inégalité pré-fiscale (avant prise en compte des impôts et des transferts) est encore plus élevée, avec un indice de Gini de 46,0.[4] Dans la figure 1.1b présentant les niveaux d'inégalité en fonction du produit intérieur brut (PIB) par habitant, le niveau d'inégalité de l'Afrique est supérieur à celui d'autres pays à revenu faible ou intermédiaire. Malgré des variations entre les pays, pour un niveau de PIB donné, l'inégalité au sein des pays d'Afrique est en moyenne supérieure de 10 points de Gini à celle des pays d'autres régions affichant des niveaux de production économique similaires.

FIGURE 1.1 Inégalités en Afrique

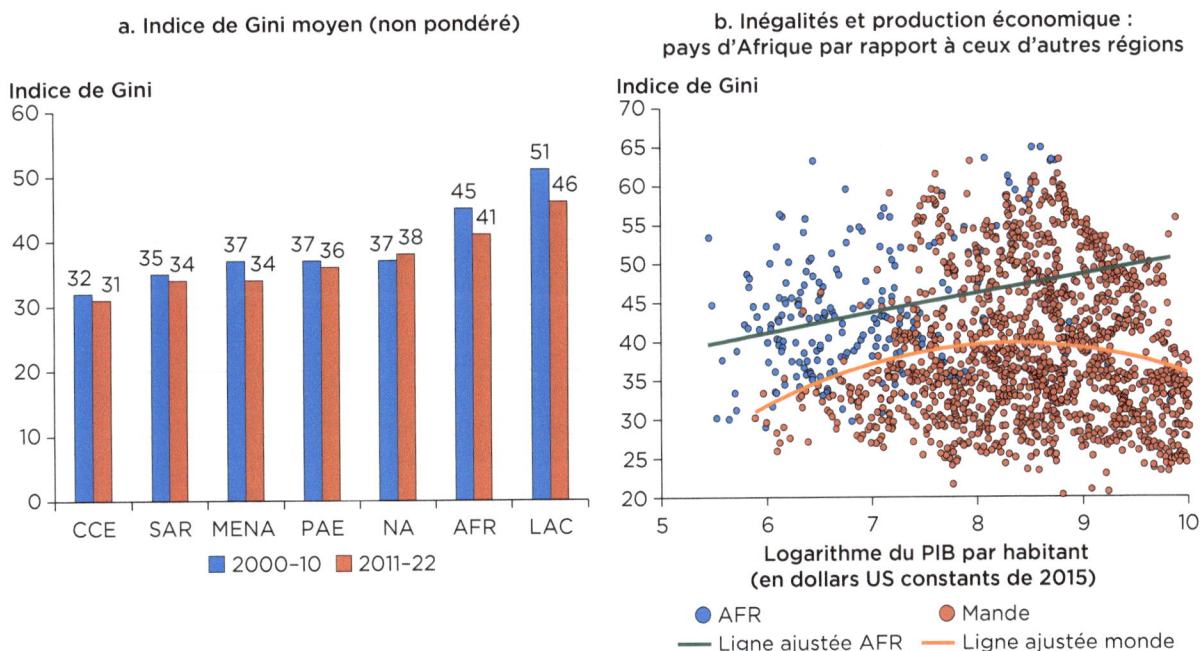

a. Indice de Gini moyen (non pondéré)

b. Inégalités et production économique : pays d'Afrique par rapport à ceux d'autres régions

Source : Banque mondiale, 2024.

Note : La figure 1.1b est un diagramme de dispersion des indices de Gini et des logarithmes du PIB par habitant entre 2000 et 2019. Pour se concentrer sur les pays à revenu faible et intermédiaire, seules sont incluses les observations dont le PIB par habitant est inférieur à 14 000 dollars US (dollars US de 2015). Les courbes ajustées reflètent les polynômes d'ordre 2 les plus appropriés pour l'ensemble des pays africains d'une part et pour tous les autres pays d'autre part. AFR = Afrique subsaharienne ; EAP = Asie de l'Est et Pacifique ; ECA = Europe et Asie centrale ; PIB = produit intérieur brut ; LAC = Amérique latine et Caraïbes ; MNA = Moyen-Orient et Afrique du Nord ; AN = Amérique du Nord ; SAR = Asie du Sud.

Les inégalités sont associées à une plus grande vulnérabilité à la pauvreté, en particulier en cas de chocs (voir encadré 1.1), mais comme l'explique en détail le présent rapport, elles ont également des effets importants sur la réduction de la pauvreté à l'aide de la croissance. Pour commencer, de fortes inégalités nuisent à la croissance, car elles impliquent une allocation inefficace des ressources, moins d'accumulation de capital humain et une plus faible productivité. L'inégalité étouffe la croissance et la rend également moins efficace pour réduire la pauvreté, car de larges pans de la population africaine sont laissés pour compte et incapables de réinvestir la croissance dans leurs activités productives. En outre, il a été démontré que l'inégalité est très persistante dans le temps parce qu'elle est associée à un plus faible degré de mobilité sociale, ce qui complique encore les perspectives de réduction de la pauvreté en Afrique. Les progrès réalisés en matière d'inclusion en Afrique détermineront le succès des efforts mondiaux de réduction de la pauvreté au cours des décennies à venir.

Les inégalités sont persistantes et renforcent les pièges de la pauvreté : aperçu de la littérature

Les inégalités sont persistantes

Une mobilité intergénérationnelle plus faible, conséquence directe d'une forte inégalité des chances, a une relation de renforcement mutuel avec l'inégalité des revenus (Corak, 2016 ; Narayan et coll., 2018). Les distorsions du marché des capitaux sont un moteur important de cette relation. Lorsque le crédit est soumis à des contraintes, une forte inégalité des revenus peut entraîner d'importantes différences dans les investissements des parents dans leurs enfants, qui à leur tour entraînent la persistance ou l'élargissement des différences de revenus entre les générations.[a] Parce que la richesse peut facilement être héritée, les revenus du capital sont davantage corrélés entre les générations que les revenus du travail, ce qui réduit la mobilité sociale et creuse les inégalités de revenus. Plus généralement, l'inégalité affecte les politiques, les institutions et l'équilibre des pouvoirs qui façonnent les opportunités dans une société. L'inégalité des chances conduit à son tour à une plus faible mobilité sociale et à une plus grande inégalité dans la génération suivante (Corak, 2013). En outre, une forte inégalité des chances et un manque de mobilité sociale, en particulier lorsque leurs manifestations sont aiguës et visibles, peuvent éroder la perception de l'équité et la confiance dans une société, affectant ainsi le contrat social qui soutient la croissance et la stabilité sociale.

Les hauts niveaux d'inégalités ont tendance à amplifier les effets distributifs des chocs, augmentant ainsi les risques d'aggravation des pièges de la pauvreté au fil du temps

Une société présentant de fortes disparités préexistantes dans les actifs et les opportunités est susceptible de subir des impacts plus inégaux d'une crise, telle que la pandémie de COVID-19 de 2020, et un processus de reprise plus inégal, avec des implications plus graves pour la pauvreté et l'inégalité au fil du temps (Hill et Narayan 2020 ; Narayan et coll. 2022). Lorsque des crises surviennent, elles ont tendance à avoir un impact plus important sur les ménages qui ont moins accès aux marchés, aux capitaux et aux services de base (Dercon, 2004 ; Hill et Porter, 2017 ;

(suite)

Les inégalités sont persistantes et renforcent les pièges de la pauvreté : aperçu de la littérature *(suite)*

Lybbert et coll., 2004 ; Thirumurthy, Zivin et Goldstein, 2008). Ainsi, toutes choses restant par ailleurs égales, les crises ont tendance à avoir des effets plus importants sur le bien-être dans les économies où l'inégalité des chances est plus grande. Les groupes défavorisés subissant des chocs plus importants et plus durables, ils sont également plus susceptibles d'adopter des mécanismes d'adaptation préjudiciables à leurs perspectives économiques futures, tels que l'endettement à des taux d'intérêt élevés et la réduction de la consommation alimentaire (Hill, Skoufias et Maher, 2019). À cause des inégalités préexistantes, une crise a des effets plus inégaux sur la formation du capital humain et la productivité. À son tour, cela réduit la mobilité sociale entre les générations et fait se creuser les disparités de revenus et de richesses au fil du temps. Par exemple, pendant la pandémie de COVID-19, l'accès inégal à l'apprentissage continu des enfants de différents milieux socioéconomiques pendant les fermetures d'écoles devrait entraîner un déclin à long terme de la mobilité intergénérationnelle dans les pays à revenu faible et intermédiaire (Azevedo et coll., 2023).

a. Pour une vue d'ensemble, voir Loury (1981) et Piketty (2000, 2014).

Les inégalités varient considérablement dans la région, mais sont particulièrement prononcées dans les pays riches en ressources qui ne souffrent pas de fragilité et de conflits. D'une part, la plupart des pays d'Afrique australe forment à l'extrémité supérieure le groupe des huit pays de la région affichant un Gini supérieur à 50 (voir figure 1.2a). D'autre part, les pays d'Afrique de l'Ouest figurent parmi les 23 pays dont les indices de Gini sont inférieurs à 40. Notamment, aucun pays de la région ne présente un indice de Gini inférieur à 30, contre 31 pays dans d'autres régions [5]. Étant donné les implications potentielles à long terme de la fragilité et de la richesse en ressources naturelles sur les trajectoires de développement et de croissance de nombreux pays d'Afrique, ce rapport classe les pays en quatre groupes distincts sur la base de leur richesse en ressources et de leur statut d'État fragile et en situation de conflit (EFC) (voir encadré 1.2). L'indice de Gini moyen des pays riches en ressources non EFC atteignait 53,5 en 2022 (voir figure 1.2b), et les dépenses du décile supérieur étaient plus de 4 fois supérieures à celles des 40 % les plus pauvres (l'indice de Palma – une autre mesure de l'inégalité des revenus – était de 4,30 ; voir figure 1.2c). Le haut niveau d'inégalité de ces pays – et le fait que près de 30 % de leur population reste dans l'extrême pauvreté – suggère que les effets délétères de la dépendance à l'égard des ressources peuvent être particulièrement prononcés dans la région : le syndrome hollandais et la dépendance excessive aux importations se traduisent par une faible diversification économique, qui limite la croissance économique et les possibilités d'emploi. Par contre, les pays considérés comme des EFC présentent des inégalités plus faibles, tant en Afrique qu'en dehors, reflétant ainsi probablement la difficulté de l'accumulation de capital dans ces contextes. Même dans ces pays, le décile supérieur a consommé environ deux fois la quantité totale consommée par les 40 % les plus pauvres.

FIGURE 1.2 Inégalités par pays, EFC et typologies des pays riches en ressources

a. Niveaux d'inégalité par pays

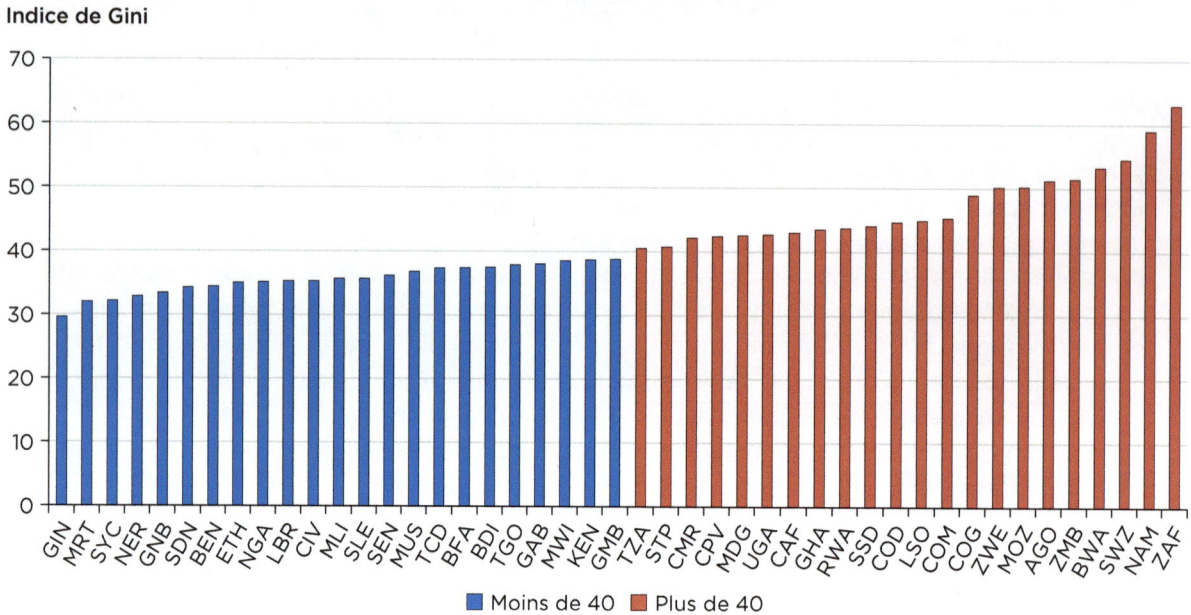

Indice de Gini

Moins de 40   Plus de 40

b. Indice de Gini

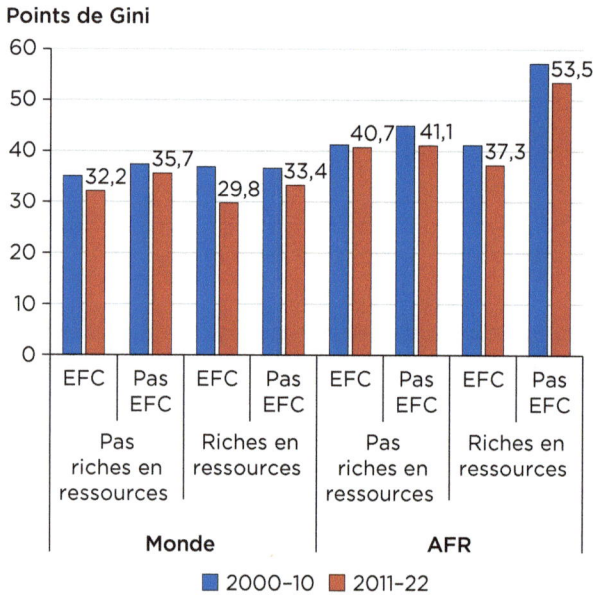

Points de Gini

Monde   AFR

2000–10   2011–22

c. Rapport entre le bien-être des 10 % les plus riches et des 40 % les plus pauvres

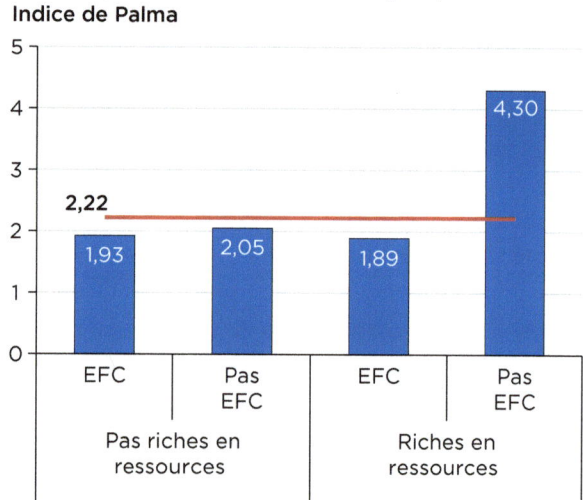

Indice de Palma

Pas riches en ressources   Riches en ressources

Source : Banque mondiale (2024) et données d'enquêtes harmonisées auprès des ménages pour les pays africains.
Note : AFR = Afrique subsaharienne ; EFC = pays ayant déjà connu des situations de fragilité et de conflit. Pour les abréviations des pays, voir https://www.iso.org/obp/ui/#search.

Piège de la fragilité et malédiction des ressources dans les trajectoires de croissance et de pauvreté en Afrique

Deux caractéristiques clés ont joué un rôle important dans les différentes tendances de la croissance et du développement des pays de la région : la fragilité et la richesse en ressources naturelles. Comme indiqué précédemment, l'Afrique abrite une part disproportionnée des pays du monde en situation de fragilité et de conflit (20 sur 39 en 2023), et ces pays abritent eux-mêmes une part disproportionnée des pauvres de la planète. Favoriser la croissance et la réduction de la pauvreté est particulièrement difficile dans ces contextes ; la fragilité et les conflits ont un impact significatif sur la croissance économique à court terme et le stock de capital, et, surtout, ils sont également très persistants parce que les pays peuvent se retrouver pris dans un piège de fragilité, où ils doivent lutter pour échapper à l'étau de la croissance lente et de la médiocre gouvernance (Andrimihaja, Cinyabuguma et Devarajan, 2011). Le piège de la fragilité est alimenté par l'instabilité politique, la violence et la corruption, y compris l'insécurité des droits de propriété. Ces facteurs se conjuguent pour entraver la croissance économique et le développement dans les pays fragiles.

Bien que les pays africains ne soient pas excessivement riches en ressources naturelles par rapport à d'autres régions, la richesse en ressources naturelles a été associée à la malédiction des ressources dans de nombreux pays de la région. La *malédiction des ressources* fait référence au phénomène où les pays riches en ressources naturelles, telles que les minéraux, le pétrole ou le gaz naturel, affichent des résultats économiques et sociaux négatifs au lieu de bénéficier de leur richesse en ressources. Ce phénomène peut se produire en raison d'une combinaison de facteurs : baisse des termes de l'échange entraînant une diminution des recettes d'exportation et une grande vulnérabilité aux fluctuations des prix extérieurs ; syndrome hollandais étouffant la diversification économique et la création d'emplois ; grande vulnérabilité des recettes publiques à la volatilité des marchés des matières premières ; faiblesse des liaisons entre les secteurs des ressources et le reste de l'économie ; et augmentation de la recherche de rente qui sape le développement institutionnel et peut alimenter les conflits internes.[a] Les pays d'Afrique dépourvus de ressources ont donc enregistré des taux de croissance par travailleur plus élevés que les pays riches en ressources, avec une moyenne de 1,2 % par an entre 1960 et 2017, contre 0,7 % dans les pays riches en ressources, et des taux de croissance par travailleur plus élevés que les pays riches en ressources (Banque mondiale 2023b). Cette différence s'explique par une augmentation significative de la productivité, mesurée par la productivité totale des facteurs, dans les pays dépourvus de richesses en ressources, alors que les pays riches en ressources ont connu des baisses globales.

Pour mieux déterminer dans quelle mesure ces caractéristiques ont influencé les tendances en Afrique, ce rapport utilise une classification utilisant ces deux dimensions pour constituer quatre catégories (voir figure B1.2.1). Les pays riches en ressources naturelles abritent 44 % de la population de la région. Ces 17 pays bénéficient de rentes issues de leurs ressources naturelles (à l'exclusion des forêts) dépassant 10 % du produit intérieur brut au cours de la dernière décennie.[b] Les pays ayant le statut d'EFC sont ceux catégorisés comme tels par la Banque mondiale entre 2006 et 2023. Cela permet de prendre en compte les effets potentiels à long terme du piège de la fragilité, même après qu'un pays soit techniquement sorti de la situation de conflit. Trente et un pays de la région figurent dans cette catégorie et représentent 72 % de la population.

(suite)

Piège de la fragilité et malédiction des ressources dans les trajectoires de croissance et de pauvreté en Afrique *(suite)*

FIGURE B1.2.1 **Typologie et répartition de la population en fonction de la fragilité et de la richesse en ressources**

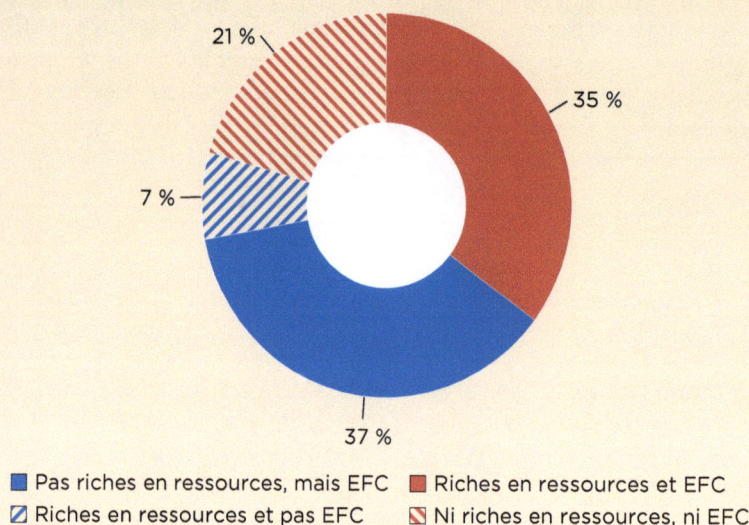

Sources : Tableaux basés sur Banque mondiale (2023a) et (2023b).
Note : EFC = État fragile et en situation de conflit.

a. Voir Badeeb, Lean et Clark (2017) pour un examen récent de la littérature.
b. Définition basée sur Calderon (2022).

L'inégalité structurelle est un obstacle majeur à la croissance économique et à la réduction de la pauvreté en Afrique

L'inégalité structurelle, au sens large, constitue un obstacle majeur et multigénérationnel à la croissance et à la réduction de la pauvreté en Afrique. Le concept d'inégalité structurelle va au-delà de l'inégalité des résultats, comme l'inégalité des revenus. L'inégalité structurelle est plutôt la mesure dans laquelle les différences de revenus entre les individus sont dues aux circonstances dans lesquelles ils sont nés et qui échappent à leur contrôle, y compris les résultats des distorsions du marché et des institutions, par opposition aux différences de talent ou d'effort individuel. Un exemple bien connu d'inégalité structurelle est ce que la littérature appelle l'inégalité des chances, c'est-à-dire l'inégalité entre des groupes différenciés par des caractéristiques héritées ou inaltérables, telles que le statut socioéconomique des parents, le lieu de naissance, l'appartenance ethnique, la religion et le sexe. Ces différences conduisent à l'accumulation de disparités dans la vie et sur le marché du travail. Le concept d'inégalité structurelle s'étend toutefois au-delà de l'inégalité des chances pour englober les défaillances et les frictions du marché (Manuelyan Atinc et coll., 2005) qui limitent systématiquement l'accès de certains groupes à des opportunités génératrices de revenus à plus forte productivité, avec de graves répercussions sur la capacité de la région à lutter contre la pauvreté et à promouvoir la croissance. Les circonstances héritées interagissent avec les distorsions du marché pour créer des cycles multigénérationnels d'exclusion et de pauvreté – que le Rapport sur le développement dans le monde 2006 désigne sous le terme de piège de l'inégalité – avec des coûts économiques significatifs à la fois pour les ménages et pour les perspectives économiques des pays (Manuelyan Atinc et coll., 2005).

Un degré élevé d'inégalité structurelle a de graves répercussions sur les perspectives de croissance et de réduction de la pauvreté en Afrique. La littérature économique démontre que les sources d'inégalité structurelle ne servent pas seulement à affaiblir le lien entre la croissance économique et l'amélioration du bien-être des ménages, mais qu'elles sapent aussi considérablement la croissance économique elle-même (voir l'encadré 1.3). Dans ce rapport, trois canaux se dégagent comme essentiels pour comprendre comment les racines de l'inégalité structurelle ont miné la réduction de la pauvreté en Afrique. Premièrement, les sources structurelles d'inégalité réduisent la croissance de la région en limitant la capacité de production des ménages et en réduisant les possibilités de mobilité ascendante entre les générations. Deuxièmement, les sources structurelles d'inégalité ont des implications directes sur la composition de la croissance même de la région – en particulier, l'absence de transformation économique de l'Afrique est elle-même partiellement attribuable à l'inégalité structurelle. Troisièmement, les faibles niveaux de capacité de production et de transformation économique des ménages nuisent également à la capacité de la croissance à réduire efficacement la pauvreté. Ces trois canaux sont examinés plus en détail au chapitre 2.

ENCADRÉ 1.3

Les sources d'inégalité structurelle réduisent la croissance et affaiblissent le lien entre la croissance et la réduction de la pauvreté : aperçu de la littérature

Les sources d'inégalité structurelle peuvent affaiblir le lien entre la croissance économique et le bien-être des ménages en perpétuant un cycle de faible mobilité sociale et d'inégalité.[a] Tout comme les opportunités favorisent fortement ceux qui bénéficient de circonstances avantageuses à la naissance, la pauvreté et l'inégalité se perpétuent d'une génération à l'autre. Un degré élevé d'inégalité des chances dans l'enfance est lié à des différences persistantes de productivité et de revenus, dues à des inégalités de formation du capital humain ainsi qu'à un accès inégal au capital

(suite)

et à l'emploi en raison de distorsions sur le marché des facteurs. Cette situation entraîne à son tour une faible mobilité intergénérationnelle, un indicateur bien connu de mobilité sociale mesuré par le degré de corrélation entre les résultats des individus (tels que le revenu ou l'éducation) et ceux de leurs parents, où une corrélation plus faible indique une plus grande mobilité. Les données empiriques montrent que les pays caractérisés par une plus grande inégalité des chances ont également tendance à afficher une plus faible mobilité intergénérationnelle.

Les sources d'inégalité structurelle peuvent également avoir un effet négatif sur la trajectoire de croissance d'un pays en réduisant l'efficacité dans l'allocation des ressources. La littérature économique montre de façon théorique que dans les économies où les contraintes de crédit affectent de manière disproportionnée les individus pauvres, une faible mobilité sociale (ou une forte inégalité des chances) et la croissance économique ont tendance à se renforcer mutuellement.[b] Intuitivement, l'égalité des chances est favorable à la croissance d'une économie, car elle conduit à une allocation plus efficace des ressources : les individus disposant de capacités innées plus élevées – plutôt que ceux privilégiés par leur naissance – sont plus susceptibles d'acquérir plus d'instruction et d'obtenir des emplois plus productifs. Les politiques visant à égaliser les chances sont donc susceptibles d'être également bénéfiques pour la croissance à long terme, en réduisant les inefficacités dues à une mauvaise allocation du capital humain et financier, dont les coûts s'accumulent au fil des générations.

Les preuves empiriques tendent à confirmer que l'inégalité des chances qui conduit à une mobilité sociale plus faible nuit aux perspectives de croissance à long terme d'un pays. Les études montrent que la réalisation du potentiel humain par l'égalisation des chances augmenterait le stock global de capital humain dans un pays, accroissant ainsi la croissance à long terme.[c] L'inégalité des chances peut être particulièrement préjudiciable à la croissance à long terme parce qu'elle décourage l'innovation et l'investissement dans le capital humain, contrairement à l'inégalité résultant de différences d'effort non liées aux circonstances à la naissance.[d] Des régressions transnationales montrent qu'une cohorte ou génération ayant atteint le quartile supérieur des économies grâce à la mobilité intergénérationnelle est associée, à l'âge adulte, à un produit intérieur brut (PIB) par habitant plus élevé de 10 % qu'une génération se trouvant dans le quartile inférieur (Narayan et coll., 2018).[e]

En outre, la perception d'une forte inégalité, et en particulier d'une forte inégalité des chances, peut éroder le soutien à des politiques favorables à la croissance et à la discipline macroéconomique, car cette inégalité constitue alors un risque pour la stabilité sociale. Les expériences comportementales montrent une forte aversion pour les inégalités perçues comme injustes (Fehr et Fischbacher, 2003 ; Fleib, 2015). En outre, des perspectives optimistes en matière de mobilité future favorisent l'acceptation de réformes augmentant la prospérité à long terme, même si elles requièrent aujourd'hui des compromis en matière d'inégalités (Benabou et Ok, 2001)[f] La perception d'une faible mobilité sociale peut également diminuer les aspirations des gens pour l'avenir et donc réduire les investissements dans le capital humain, renforçant ainsi le cycle de l'inégalité des

(suite)

ENCADRÉ 1.3

Les sources d'inégalité structurelle réduisent la croissance et affaiblissent le lien entre la croissance et la réduction de la pauvreté : aperçu de la littérature *(suite)*

chances et d'une croissance plus faible. Dans sa forme extrême, le cercle vicieux de la faible mobilité perçue et des faibles aspirations peut conduire à la marginalisation et au conflit (Esteban et Ray, 1994).

a. En plus d'avoir un impact négatif sur la croissance et d'affaiblir son impact sur la réduction de la pauvreté, l'inégalité structurelle a été associée à un risque plus élevé de conflit armé interne dans les pays à faible revenu (Ongo Nkoa et coll., 2024) et à un bien-être subjectif plus faible (Becchetti et coll., 2024).

b. Voir Narayan et coll. (2018) et le chapitre 1, encadré 1.3, pour un aperçu de la littérature.

c. Voir, par exemple, Barro (2001) pour les effets de la quantité et de la qualité des écoles ainsi que Grimm (2011) pour une vue d'ensemble des effets de la santé des enfants sur la croissance à long terme.

d. Pour des preuves des effets contrastés des circonstances à la naissance et de l'effort – les deux composantes de l'inégalité – sur la croissance au Brésil et aux États-Unis, voir Teyssier (2013) et Marrero et Rodríguez (2013), respectivement. Une plus grande inégalité des chances a également été associée à une croissance plus faible des revenus futurs des individus pauvres aux États-Unis entre 1960 et 2010 (Marrero, Rodríguez et Van der Weide, 2016).

e. Ceci est basé sur des régressions du (logarithme du) PIB ou des indices numériques de pauvreté par rapport à des mesures de la mobilité intergénérationnelle relative, au moment où la cohorte était âgée d'environ 15 ans, en tenant compte des niveaux du (log) PIB juste avant la naissance des individus et des effets spécifiques à l'économie ou à la région (voir Narayan et coll., 2018, chap. 3, pour plus de détails). Ces résultats ne signifient pas nécessairement une relation de cause à effet, mais plutôt que les économies ayant une mobilité sociale plus élevée sont également susceptibles d'avoir par la suite une croissance plus forte et une réduction de la pauvreté plus efficace.

f. Ceci semble soutenu par des preuves empiriques dans plusieurs pays (par exemple, Alesina, Stantcheva et Teso, 2018 ; Gaviria, Graham et Braido, 2007).

L'inégalité structurelle représente une part importante de l'inégalité des revenus en Afrique

Il n'est pas évident de déterminer dans quelle mesure l'inégalité structurelle affecte les résultats individuels, mais l'estimation de l'inégalité des chances apporte une réponse partielle. Cette approche consiste à décomposer l'inégalité observée dans la distribution du bien-être (consommation) en une partie attribuable, au sens statistique, à des circonstances prédéterminées et une partie indépendante de celles-ci. On y mesure alors l'inégalité des chances en quantifiant la part de l'inégalité de consommation par habitant attribuable aux circonstances à la naissance, notamment la race, le sexe, l'appartenance ethnique, le lieu de naissance et le niveau d'éducation des parents. Cette mesure capture également les effets combinés de l'inégalité structurelle à travers différentes dimensions pour les individus ayant un ensemble de circonstances prédéterminées à tous les stades du processus de génération de revenus. Il est important de reconnaître que l'inégalité des chances estimée de cette manière est susceptible de sous-estimer l'ampleur de l'inégalité structurelle dans une société, pour des raisons expliquées plus tard. La mesure reste cependant un baromètre utile de l'inégalité structurelle dans la société pour un ensemble donné de circonstances communément observables.

Même mesurée à l'aide d'un ensemble limité de circonstances (entraînant probablement une sous-estimation), l'inégalité des chances est à l'origine de l'inégalité globale en Afrique. Comme le montre la figure 1.3a, dans 13 des 18 pays d'Afrique analysés, les circonstances à la naissance (appartenance ethnique, religion, lieu de naissance, niveau d'éducation des parents et secteur d'emploi) expliquent au moins la moitié de l'inégalité globale de consommation (Atamanov et coll., 2024). Dans l'ensemble, ces circonstances expliquent 26 à 74 % de l'inégalité globale dans les différents pays. L'inégalité des chances était la plus faible en Éthiopie et la plus élevée en Afrique du Sud. Pour les autres pays, l'inégalité des chances se situait entre 41 et 64 %. Ces chiffres sont supérieurs à de nombreuses estimations antérieures pour l'Afrique (voir, par exemple, Brunori, Palmisano et Peragine, 2019) et mettent en évidence le rôle prépondérant des circonstances à la naissance dans l'accroissement des inégalités en Afrique. Une comparaison interrégionale suggère que l'inégalité des chances en Afrique se situe globalement dans la même fourchette que celle de l'Amérique latine et de l'Asie du Sud, bien que des preuves supplémentaires soient nécessaires, et qu'elle est notablement plus élevée qu'en Asie du Sud-Est, en Asie centrale et dans les pays à revenu élevé (Ferreira et coll., 2018). D'autres analyses utilisant des méthodes comparables ont montré que l'inégalité des chances est beaucoup plus élevée en Afrique qu'en Europe, où elle ne dépasse jamais 15 % (Brunori, Palmisano et Peragine, 2019).

FIGURE 1.3 **Inégalité des chances**

a. Part des inégalités expliquée par les circonstances à la naissance

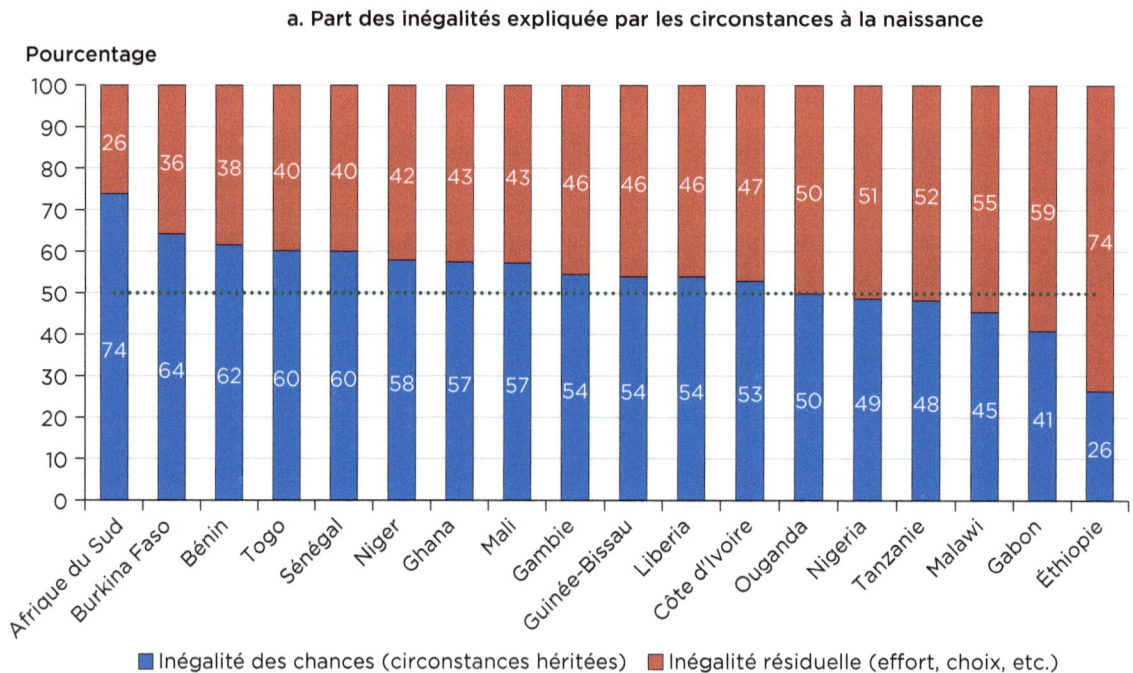

Pourcentage

Pays	Inégalité des chances (circonstances héritées)	Inégalité résiduelle (effort, choix, etc.)
Afrique du Sud	74	26
Burkina Faso	64	36
Bénin	62	38
Togo	60	40
Sénégal	60	40
Niger	58	42
Ghana	57	43
Mali	57	43
Gambie	54	46
Guinée-Bissau	54	46
Liberia	54	46
Côte d'Ivoire	53	47
Ouganda	50	50
Nigeria	49	51
Tanzanie	48	52
Malawi	45	55
Gabon	41	59
Éthiopie	26	74

■ Inégalité des chances (circonstances héritées)   ■ Inégalité résiduelle (effort, choix, etc.)

(suite)

FIGURE 1.3 **Inégalité des chances** *(suite)*

b. Importance de chaque circonstance pour la consommation

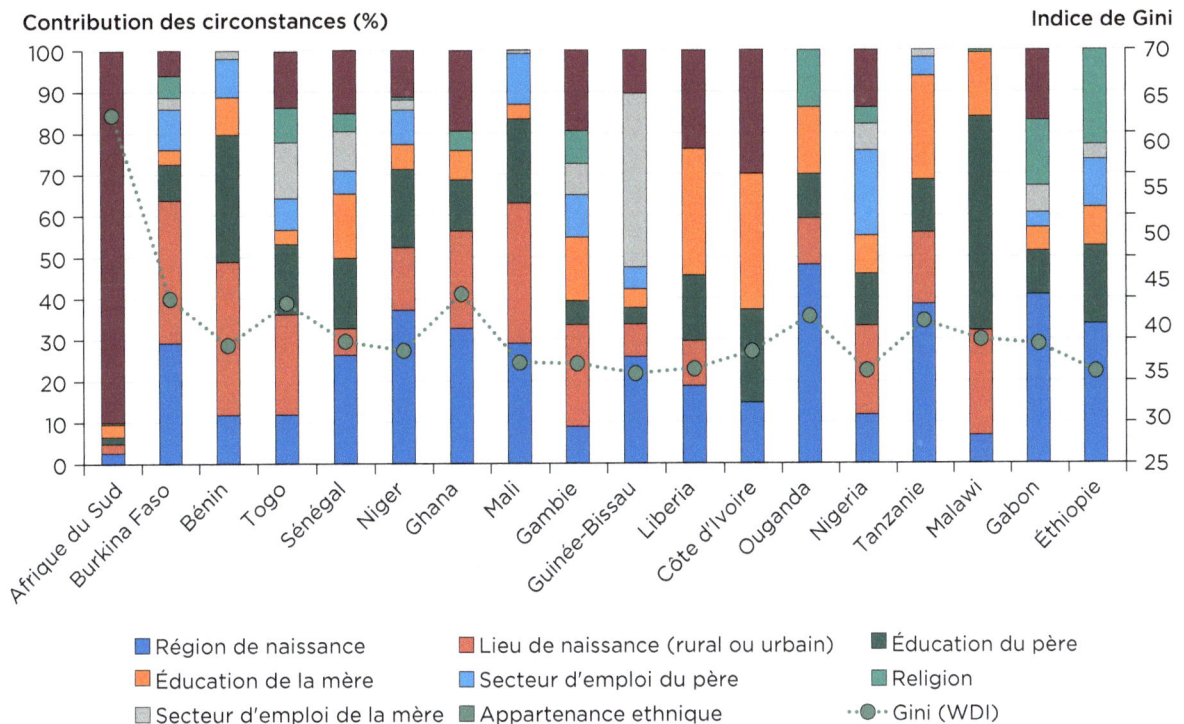

Sources : Tableaux de la Banque mondiale basés sur les enquêtes auprès des ménages dans Atamanov et coll. (2024).
Note : Dans le volet a, la ligne pointillée indique 50 %. Pour plus de détails sur la méthodologie et les enquêtes utilisées, voir l'annexe 1.1. Le Gini est tiré des WDI de l'année de l'enquête ou, s'ils ne sont pas disponibles, de ceux de l'année la plus récente. WDI = Indicateurs du développement dans le monde.

Bien que le lieu de naissance soit la circonstance la plus pertinente pour prédire la consommation, il existe des variations entre les pays. La figure 1.3b montre l'importance de chaque circonstance pour prédire l'inégalité de consommation dans les différents pays (Atamanov et coll., 2024). La moyenne de l'importance de chaque facteur dans l'ensemble des pays donne un aperçu des circonstances les plus étroitement associées aux niveaux de bien-être des ménages. Ainsi, la région de naissance est la circonstance la plus importante, suivie de l'appartenance ethnique, bien qu'en Afrique du Sud, ce soit surtout la race qui est déterminante. Viennent ensuite le lieu de naissance (urbain ou rural) et l'éducation du père et de la mère. Les circonstances les plus importantes varient quelque peu d'un pays à l'autre. La région et le lieu de naissance sont les circonstances les plus importantes au Mali et au Burkina Faso. Par contre, au Malawi, l'éducation du père est la circonstance la plus importante ; au Liberia, en Tanzanie et en Ouganda, c'est l'éducation de la mère qui est importante, tandis qu'en Guinée-Bissau, le secteur d'emploi de la mère compte le plus. L'appartenance ethnique est la deuxième circonstance la plus importante en Côte d'Ivoire et au Liberia, comme c'est le cas pour la religion en Éthiopie.[6]

Bien que ces résultats soient utiles pour illustrer l'importance de l'inégalité des chances dans les pays d'Afrique, ils ne doivent pas être considérés comme des mesures précises de l'ampleur de l'inégalité structurelle. Tout d'abord, ces estimations ne sont pas des mesures complètes de l'inégalité des chances ; il est probable que d'autres circonstances soient significatives pour l'inégalité des chances dans un pays donné, mais qu'elles ne soient pas incluses dans la mesure en raison d'un manque de données et de la nécessité de constituer un ensemble de circonstances commun à tous les pays pour permettre les comparaisons. Il est donc préférable de considérer les estimations comme des limites inférieures de l'ampleur de l'inégalité des chances dans un pays et de ne les utiliser à des fins de comparaison entre les pays que pour l'ensemble commun de circonstances. Deuxièmement, le concept d'inégalité structurelle va au-delà de l'inégalité des chances, comme expliqué précédemment. Les distorsions des marchés et des institutions pourraient conduire à des inégalités de consommation au-delà de ce que reflètent les différences de circonstances à la naissance, qui ne sont pas prises en compte par cette mesure. Par exemple, la mesure peut ne pas saisir l'inégalité structurelle en raison du pouvoir de monopsone des grandes entreprises qui peuvent payer de faibles salaires, dictés par le pouvoir de négociation des travailleurs et non par l'effort ou le talent requis de ceux-ci. Plus généralement, dans la mesure où les distorsions du marché engendrent des conditions de concurrence inégales, une inégalité structurelle des revenus des individus peut apparaître sous des formes sans rapport avec les circonstances à la naissance, en raison de l'inégalité des opportunités d'utiliser les capacités productives, même dans un monde hypothétique où l'acquisition de capacités productives et de compétences serait dépourvue d'inégalités. Enfin, dans la mesure où l'inégalité des chances et les distorsions du marché et des institutions peuvent être aggravées par les politiques financières, certaines interventions financières, mais pas toutes, sont prises en compte dans cette mesure. Tout comme le revenu disponible, la consommation inclut l'impact des impôts directs et des transferts, mais pas celui des impôts indirects et des subventions.

Pour libérer le potentiel de l'Afrique en matière de réduction accélérée de la pauvreté, il faut s'attaquer aux inégalités structurelles

Les sources d'inégalité structurelle constituent un obstacle majeur à la réduction de la pauvreté en Afrique, et ce de plusieurs manières. Premièrement, les sources d'inégalité structurelle entraînent un gaspillage du potentiel humain, une sous-utilisation des capacités de production et une mauvaise répartition des ressources qui affectent la trajectoire à long terme de la croissance. Deuxièmement, les sources d'inégalité structurelle affectent la nature et la composition de la croissance d'une manière qui affaiblit le lien entre la croissance économique et le bien-être moyen des ménages. Troisièmement, l'inégalité des revenus découlant de l'inégalité structurelle

FIGURE 1.4 Cadre de politique à trois volets pour assurer des conditions égales pour tous et accélérer la réduction de la pauvreté et la croissance

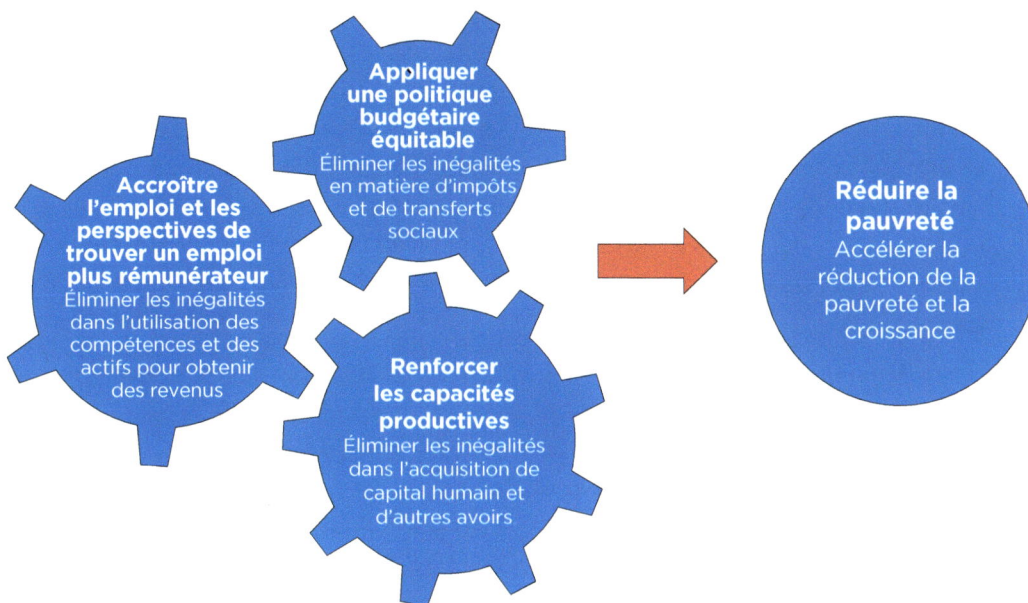

Appliquer une politique budgétaire équitable
Éliminer les inégalités en matière d'impôts et de transferts sociaux

Accroître l'emploi et les perspectives de trouver un emploi plus rémunérateur
Éliminer les inégalités dans l'utilisation des compétences et des actifs pour obtenir des revenus

Renforcer les capacités productives
Éliminer les inégalités dans l'acquisition de capital humain et d'autres avoirs

Réduire la pauvreté
Accélérer la réduction de la pauvreté et la croissance

Source : Figure originale conçue pour cette publication.

affecte le rythme de la réduction de la pauvreté en diminuant la capacité des revenus du bas de l'échelle à refléter une amélioration du bien-être moyen des ménages. En outre, la perception de l'inégalité des chances, ou de l'« équité » en particulier, peut affaiblir le contrat social, éroder le soutien du public aux politiques nécessaires à la croissance et accroître le risque d'instabilité sociale. Enfin, des niveaux élevés d'inégalité tendent à amplifier les effets régressifs des chocs sur la répartition, entraînant une plus faible mobilité sociale et des pièges de la pauvreté plus persistants au fil du temps.

Pour aider à identifier les priorités politiques visant à réaliser le potentiel de l'Afrique en matière de réduction accélérée de la pauvreté, ce rapport utilise un cadre politique en trois volets (voir figure 1.4). Ces trois volets ne doivent pas être interprétés comme des étapes séquentielles du cycle de vie d'un individu ou du processus d'élaboration des politiques. Il s'agit plutôt d'un concept analytique facilitant l'analyse des différentes dimensions de l'inégalité structurelle qui affectent le processus de génération de revenus. Ces volets interagissent d'une manière complexe et multidirectionnelle, ce qui nécessite des politiques tenant compte de ces interactions. Les trois volets ou dimensions du cadre politique sont définis comme suit :

- *Renforcer les capacités de production.* Dans cette première dimension, l'inégalité structurelle est la mesure dans laquelle les différences de dotations productives entre individus (telles que l'éducation et la terre) sont dues aux circonstances à leur naissance et sont indépendantes de leur volonté, par opposition aux différences dans les talents ou les efforts individuels. Le chapitre 3 examine la nature des disparités dans ces opportunités à travers le prisme des enfants afin d'analyser les moteurs structurels de l'inégalité à ce stade.[7] La formation du capital humain représente une part substantielle de cette opportunité, étant donné son impact sur la capacité de production. Les politiques relatives à cette dimension favoriseraient les dotations, les opportunités et les investissements susceptibles d'améliorer le potentiel productif des individus.

- *Créer des emplois et de meilleures opportunités de revenus.* Dans cette dimension, l'inégalité structurelle est l'inégalité de revenu qui résulte des distorsions du marché et des institutions qui touchent les performances des travailleurs, des entreprises et des exploitations agricoles et qui, à leur tour, affectent le nombre d'emplois de qualité créés. Ces distorsions peuvent amplifier les effets de l'inégalité structurelle dans le renforcement des capacités productives, entraînant une plus grande inégalité des revenus. Les distorsions conduisent également à une mauvaise répartition des ressources, préjudiciable à la croissance. Le chapitre 4 se penche sur les inégalités de revenus survenant lorsque les imperfections institutionnelles et de marché amènent les politiques à viser les microfondements du comportement des entreprises et des exploitations agricoles. Les politiques de cette dimension cherchent à améliorer le fonctionnement des marchés et des institutions pour les entreprises et les exploitations agricoles et à favoriser ainsi la création d'emplois bien rémunérés.

- *Appliquer une politique budgétaire équitable.* Dans cette dimension, l'inégalité structurelle est la mesure dans laquelle les impôts et les dépenses renforcent les inégalités dans les autres dimensions. Le chapitre 5 se concentre sur ce sujet pour examiner comment le système d'impôts, de prestations et de subventions peut renforcer ou réduire l'inégalité et la pauvreté associées aux inégalités structurelles rencontrées dans les deux premiers volets. Les politiques relevant de cette dimension devraient favoriser la redistribution et la protection des ménages pauvres et vulnérables. Les personnes, les entreprises et les exploitations agricoles réagissent également aux impôts et aux instruments de dépenses, ce qui implique que les politiques de ce volet influencent celles des deux autres volets.

Les trois volets du cadre politique sont interdépendants, car les mesures prises à un stade donné auront des conséquences sur les autres stades. Ce fait est particulièrement évident pour les inégalités du premier volet, qui affectent l'accumulation de capital (humain et physique) influençant la distribution des revenus générés sur le marché du travail, qui à son tour influence les impôts perçus et les dépenses publiques qui en découlent, et affecte donc la capacité d'une société à développer et utiliser équitablement ses capacités de production. Toutefois, cela est tout aussi vrai lorsque l'on considère les inégalités créées par les politiques fiscales et de prestations, qui produisent pour les travailleurs, les entreprises et les exploitations agricoles, des incitations et distorsions affectant les investissements et les résultats relatifs au renforcement et à l'utilisation des capacités de production.

Le cadre tient compte des politiques favorisant la croissance et la transmission de la croissance à la réduction de la pauvreté. En effet, le processus de croissance économique et son lien avec le bien-être des populations sont le produit d'interactions entre des conditions macroéconomiques et de multiples facteurs microéconomiques relatifs aux ménages, aux exploitations agricoles et aux entreprises. Les revenus des ménages sont fonction de leurs actifs (financiers, humains et naturels), du taux d'utilisation de ces actifs (emploi) et du rendement des actifs (salaires, bénéfices et loyers). Les revenus sont générés par les exploitations agricoles et les entreprises qui utilisent le capital humain et d'autres intrants productifs tout en accédant aux marchés des produits et des facteurs. Ces processus sont à leur tour fortement influencés par les sources d'inégalité structurelle évoquées plus haut dans ce chapitre. La croissance des revenus et la répartition de la croissance sont donc déterminées conjointement, dans une large mesure, par les facteurs d'inégalité structurelle.

Comme le montrent les chapitres suivants, l'inégalité structurelle en Afrique est due à un large éventail de facteurs requérant une perspective multisectorielle. Ils comprennent les défaillances du marché (notamment concernant la terre et le crédit), les investissements publics inadéquats et inéquitables (dans l'éducation, la santé et les infrastructures), le manque d'ampleur du marché (faible densité de population, manque d'intégration du marché), et des risques élevés et non assurables (dont le changement climatique et les conflits). En outre, la possibilité d'utiliser des politiques de redistribution fiscale pour combler les écarts de bien-être apparus aux premiers stades est limitée, compte tenu de l'ampleur des besoins par rapport à l'espace fiscal disponible dans la plupart des pays. Pour réduire les écarts de bien-être, il faut donc s'attaquer aux facteurs d'inégalité dans la construction et l'utilisation des capacités productives et ne pas s'en remettre uniquement à la redistribution fiscale. Pour ce faire, les politiques et les institutions doivent être guidées par des objectifs se chevauchant et se renforçant mutuellement – promouvoir l'équité pour créer une égalité des chances et renforcer la capacité de production de la région. La thèse de ce rapport est que l'identification et la hiérarchisation de ces politiques permettront de promouvoir à la fois l'équité et la prospérité, au lieu de choisir l'une aux dépens de l'autre.

Feuille de route pour le rapport

Le reste de ce rapport est structuré comme suit. Le chapitre 2 décrit le défi que représente la réduction de la pauvreté en Afrique, en s'appuyant sur les dernières données disponibles pour la région. Il met ensuite l'accent sur le climat, compte tenu de l'exposition et de la vulnérabilité de la région aux événements climatiques et de leur lien avec la pauvreté. Le chapitre 3 est consacré au premier volet du cadre présenté dans ce chapitre, qui met l'accent sur l'inégalité structurelle dans le renforcement des capacités productives. Il est suivi d'un éclairage sur le genre, étant donné que les filles et les femmes ne bénéficient souvent pas des mêmes opportunités que leurs homologues masculins. Le chapitre 4 se concentre sur le deuxième volet du cadre, en analysant les sources structurelles d'inégalité dans l'utilisation de la capacité de production, ce qui pourrait ouvrir la voie à la croissance de l'emploi et à de meilleures opportunités de revenus. Vient ensuite un GROS PLAN sur la fragilité et les conflits dans la région et sur la manière dont ils affectent la pauvreté et le bien-être. Le chapitre 5 se concentre sur le troisième volet du cadre et analyse l'impact distributif de la politique fiscale. Il est suivi d'un coup d'œil sur la dette publique, soulignant les conditions budgétaires tendues dans la région. Le chapitre 6 conclut en rassemblant les leçons tirées d'épisodes réussis de réduction de la pauvreté et des inégalités dans six pays et en décrivant les actions de politiques à mener dans les trois volets pour s'attaquer aux inégalités structurelles et accélérer la réduction de la pauvreté.

Annexe 1A : Mesurer l'inégalité des chances

L'estimation d'une mesure *ex ante* de l'inégalité des chances nécessite deux étapes préliminaires. La première consiste à identifier la variable de résultat et les circonstances qui échappent au contrôle de l'individu. La seconde consiste à manipuler la distribution originale de la variable de résultat pour obtenir la distribution contre-factuelle reflétant l'inégalité des chances (Brunori, 2016). Le résultat sélectionné doit satisfaire à la condition d'être également désirable pour tous les individus. Dans la littérature empirique, le résultat type est le revenu ou la consommation, deux mesures privilégiées du bien-être économique individuel.[8] Le choix des circonstances dépend de la disponibilité des données et peut inclure le sexe, l'âge, l'appartenance ethnique, la race, la région de naissance ou les antécédents parentaux, qui échappent au contrôle de l'individu, mais affectent de manière exogène la capacité à générer des revenus.

Une fois la variable de résultat et les circonstances sélectionnées, la part de l'inégalité globale liée aux circonstances doit être estimée. Cela se fait en deux étapes. Dans la première, le résultat attendu est estimé en fonction des circonstances, et son inégalité sera une mesure de l'inégalité des chances. Celle-ci est mesurée soit par l'écart logarithmique moyen (ELM), soit par l'indice de Gini.[9] Étant donné que les données disponibles ne contiennent souvent qu'un sous-ensemble de toutes les circonstances affectant les opportunités, il y a toujours un problème d'omission de variables liées aux circonstances. Par conséquent, les estimations de l'inégalité des chances sont souvent considérées comme des estimateurs de la limite inférieure de la véritable inégalité des chances, c'est-à-dire l'inégalité qui serait obtenue en observant le vecteur complet des circonstances. Les estimations de l'inégalité des chances peuvent être présentées en valeur absolue ou relative en tant que part de l'inégalité totale.

L'inégalité des chances économiques a été mesurée pour toutes les régions du monde, avec de plus en plus d'éléments probants pour l'Afrique. Par exemple, Brunori et coll. (2019) ont estimé l'inégalité des chances dans 10 pays africains à l'aide de 13 enquêtes sur le budget des ménages menées entre 2003 et 2013. Les circonstances suivantes ont été utilisées : le lieu de naissance, l'éducation des parents, la profession des parents et l'appartenance ethnique. Ces circonstances étaient responsables d'environ la moitié des inégalités de consommation observées. Pour étudier la relation entre l'inégalité des chances et la croissance économique, Ferreira et coll. (2018) ont combiné 117 enquêtes sur les revenus et les dépenses des ménages et 134 enquêtes démographiques et de santé (EDS) utilisant l'indice de richesse comme résultat dans 42 pays. La région Afrique était représentée par 20 pays, principalement par des EDS. Les variables de circonstances comprenaient le sexe, la race, la langue, l'appartenance ethnique, le lieu de naissance, le handicap et le statut d'immigrant, mais ne comprenaient pas les caractéristiques parentales. L'inégalité relative des chances allait de 2 % à 40 %. Sulla, Zikhali et Cuevas (2022) ont estimé l'inégalité des chances pour la consommation et les revenus dans cinq pays africains de l'Union douanière d'Afrique australe en utilisant comme circonstances le sexe, l'âge et la région de résidence. Les estimations de l'inégalité relative des chances varient de 12 % à 22 % pour les revenus et de 15 % à 26 % pour la consommation. La race et les antécédents parentaux ont été pris en compte pour l'Afrique du Sud, et l'estimation de l'inégalité des chances était beaucoup plus importante, principalement en fonction de la race. L'inégalité des chances a augmenté au fil du temps dans tous les pays, à l'exception de la Namibie.

L'analyse présentée dans ce rapport porte sur 18 pays d'Afrique entre 2012 et 2019, incluant des pays d'Afrique de l'Ouest, d'Afrique de l'Est et d'Afrique australe, ainsi que des pays hébergeant une nombreuse population, tels que l'Éthiopie, le Nigeria, l'Afrique du Sud, la Tanzanie et l'Ouganda (tableau 1A.1). Les circonstances suivantes ont été utilisées dans tous les pays : région de naissance, lieu de naissance, statut urbain ou rural, éducation des parents, type d'activité des parents, religion et appartenance ethnique (race, dans le cas de l'Afrique du Sud). L'éducation des parents et le type d'activité des parents ont été harmonisés entre les pays afin que les catégories similaires soient définies de la même façon. Bien que la plupart des circonstances ne soient pas disponibles pour chaque pays, nous avons sélectionné ces pays à condition qu'ils disposent tous de la région de naissance et de l'éducation des parents. Il s'agit de deux des circonstances les plus importantes pour l'inégalité des chances, et cela reflète une grande amélioration des données disponibles par rapport aux tentatives précédentes d'estimation de l'inégalité des chances en Afrique. Nous utilisons la consommation des ménages par habitant comme résultat. Pour estimer l'inégalité des chances, nous utilisons une méthode d'apprentissage machine identifiant le rôle des circonstances d'une manière nécessitant moins de sélection de modèles *ad hoc* par le chercheur et produisant des estimations plus fiables (voir Atamanov, Cuevas et Lebow, 2024 pour plus de détails).

TABLEAU 1A.1 Liste des enquêtes utilisées pour calculer l'inégalité des chances en Afrique subsaharienne

Pays	Année	Enquête
Afrique du Sud	2017	Étude sur la dynamique du revenu national
Bénin	2018-2019	Enquête harmonisée sur les conditions de vie des ménages
Burkina Faso	2018-2019	Enquête harmonisée sur les conditions de vie des ménages
Côte d'Ivoire	2018-2019	Enquête harmonisée sur les conditions de vie des ménages
Éthiopie	2018-2019	Enquête socioéconomique en Éthiopie
Gabon	2017	Enquête gabonaise pour l'évaluation de la pauvreté
Gambie	2015-2016	Enquête intégrée auprès des ménages
Ghana	2016-2017	Enquête sur le niveau de vie au Ghana
Guinée-Bissau	2018-2019	Enquête harmonisée sur les conditions de vie des ménages
Liberia	2016	Enquête sur les revenus et les dépenses des ménages
Malawi	2019-2020	Enquête intégrée auprès des ménages
Mali	2018-2019	Enquête harmonisée sur les conditions de vie des ménages
Niger	2018-2019	Enquête harmonisée sur les conditions de vie des ménages
Nigeria	2018-2019	Enquête sur les niveaux de vie
Ouganda	2012-2013	Enquête par panel national de l'Ouganda
Sénégal	2018-2019	Enquête harmonisée sur les conditions de vie des ménages
Tanzanie	2017-2018	Enquête sur le budget des ménages
Togo	2018-2019	Enquête harmonisée sur les conditions de vie des ménages

FIGURE 1A.1 Inégalité des chances sur la base de listes complètes ou comparables de circonstances

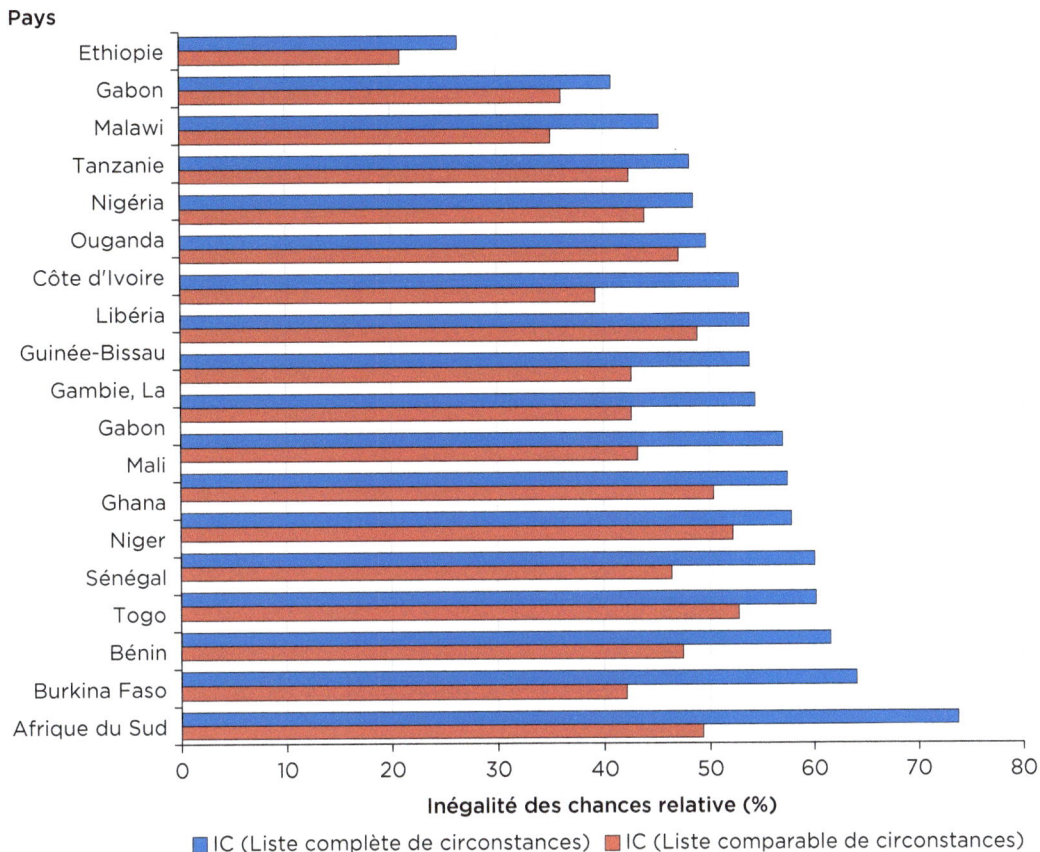

Source : Estimations des services de la Banque mondiale basées sur des enquêtes sur le budget des ménages.

Note : IC = inégalité des chances.

Annexe 1B : Décomposition de l'inégalité de bien-être des ménages

Cette décomposition de l'inégalité dans le bien-être des ménages est basée sur la méthodologie de Fields (2003).[10] Cette méthodologie est basée sur une fonction génératrice de revenus standard dans laquelle le logarithme du résultat considéré (bien-être par habitant, mesuré le plus souvent par les dépenses ou la consommation) est régressé sur une série de caractéristiques des ménages associées au bien-être des ménages. Les principaux facteurs d'inégalité sont ainsi identifiés sur la base des contributions de ces variables explicatives (telles que l'éducation, les facteurs du marché du travail et la démographie).

Plus précisément, la spécification de la base de référence

$$\Delta Log(y_i) = \beta \boldsymbol{X}_i + \epsilon_i \tag{1}$$

peut être réécrite comme un modèle linéaire de la forme

$$y = \beta_0 + z_1 + z_2 + z_3 + \cdots + z_k + \epsilon, \tag{2}$$

où y_i est le bien-être par habitant du ménage, $\boldsymbol{X}_i$ est une matrice de k caractéristiques du ménage (incluant les caractéristiques du chef de ménage ou du principal soutien économique), et z_n est le produit du coefficient de régression et de la variable associée. L'équation 2 est de la même forme que celle utilisée par Shorrocks (1982) pour la dérivation des règles de décomposition de l'inégalité entre les facteurs. Fields (2003) applique la règle de décomposition de Shorrocks pour calculer les contributions de chaque facteur à l'inégalité de y.

Deux approches sont utilisées pour calculer la décomposition :

$$y = b_0 + \widehat{z_1} + \widehat{z_2} + \widehat{z_3} + \ldots + \widehat{z_k} + \widehat{\epsilon_1} \tag{3}$$

et

$$\widehat{y} = b_0 + \widehat{z_1} + \widehat{z_2} + \widehat{z_3} + \ldots + \widehat{z_k} \tag{4}$$

L'équation 4 modélise la valeur ajustée de y et n'a donc pas de résidus, tandis que l'équation 3 estime la part de la variable qui n'est pas expliquée par les facteurs (c'est-à-dire les résidus). Le chapitre 1 comprend les résultats des deux séries de régressions (avec et sans les résidus).

Les deux régressions sont effectuées pour chacun des 43 pays disposant de données d'enquête récentes. Les résultats de la décomposition sont moyennés entre les pays pour l'agrégat régional et sur le sous-ensemble de pays pour les résultats par typologie.

Les facteurs pris en compte dans cette analyse sont les suivants :

- *Capital humain* : âge du chef de ménage ; sexe du chef de ménage ; si le chef de ménage a terminé l'enseignement primaire, secondaire ou supérieur.
- *Situation géographique* : variables muettes région ou province, rural ou urbain.
- *Données démographiques du ménage* : proportion des enfants parmi les membres du ménage ; proportion des personnes âgées parmi les membres du ménage.
- *Marché du travail* : secteur d'emploi du chef de ménage (industrie, services) et chef de ménage ne travaillant pas (hors de la population active ou au chômage).

Notes

1. Dans le présent rapport, l'Afrique fait référence à l'Afrique subsaharienne.
2. Selon le tableau de bord de la Banque mondiale pour 2024 (Banque mondiale, 2023 c).

3. Il s'agit de la moyenne non pondérée des indices de Gini de tous les pays de la région pour lesquels des données sont disponibles, en utilisant pour chaque pays la dernière année d'enquête entre 2011 et 2019. Les comparaisons entre régions s'accompagnent d'une mise en garde importante : en Amérique latine et dans les Caraïbes, l'inégalité est mesurée sur la base des revenus (par opposition à la consommation ou aux dépenses), et les revenus entraînent une plus grande inégalité. Par conséquent, la différence de niveaux d'inégalité entre l'Afrique et l'Amérique latine et les Caraïbes est probablement surévaluée.

4. Cette estimation est basée sur une analyse de l'inégalité pré-fiscale réalisée par *Commitment to Equity*, comme détaillée dans le chapitre 5. Il convient de noter que ces estimations de l'inégalité sont probablement sous-estimées, car les enquêtes sur les ménages ne couvrent généralement pas bien les personnes ayant des revenus très élevés.

5. Sur la base de la Plateforme sur la pauvreté et les inégalités (octobre 2024).

6. Une des limites de cette approche est que les comparaisons de l'inégalité des chances entre pays sont limitées par la disponibilité de données mesurant des variables circonstancielles similaires dans les différents pays. En outre, des variables telles que l'appartenance ethnique et la religion sont regroupées différemment d'un pays à l'autre. Les estimations de l'inégalité des chances axées sur des variables mesurées de la même manière pour chaque pays (lieu de naissance et éducation des parents) sont plus comparables, l'inégalité des chances restant élevée, représentant 35 à 53 % de l'inégalité totale dans tous les pays à l'exception de l'Éthiopie (voir annexe A, figure 1A.1). Le classement entre les pays n'est que vaguement préservé, avec un coefficient de corrélation de Spearman égal à 0,87 et significativement différent de zéro. Notamment, l'Afrique du Sud tombe à la septième place une fois la race exclue. Les six premiers pays se trouvent tous en Afrique de l'Ouest. L'Éthiopie, le Gabon et le Mali restent les pays où les estimations sont les plus faibles.

7. Les volets 1 et 2 ne sont pas parfaitement séparables, mais une large distinction entre eux est toujours utile pour une discussion politique plus claire. Par exemple, dans le deuxième volet, les individus continuent d'accumuler une capacité productive grâce à l'accumulation continue d'expérience professionnelle et d'autres formes de capital.

8. Il existe de nombreuses autres mesures de l'inégalité des chances, notamment l'accès à l'éducation, les infrastructures de base, les résultats en matière de santé, etc. ; nous les examinons au chapitre 3.

9. L'écart logarithmique moyen est entièrement décomposable, mais il est sensible aux valeurs extrêmes et n'est pas limité. Le Gini est limité, moins sensible aux valeurs extrêmes, mais n'est pas parfaitement décomposable.

10. Cette note méthodologique s'inspire également de Fiorio et Jenkins (2007), à la suite de Fields (2003)

Bibliographie

Alesina, Alberto, Stefanie Stantcheva et Edoardo Teso. 2018. « Intergenerational Mobility and Preferences for Redistribution ». *American Economic Review* 108 (2) : 521-54.

Andrimihaja, Noro Aina, Matthias M. Cinyabuguma et Shantayanan Devarajan. 2011. « Avoiding the Fragility Trap in Africa ». Document de travail de recherche politique 5884, Banque mondiale, Washington, DC.

Atamanov, Aziz, Pablo Facundo Cuevas, Jeremy Aaron Lebow et Daniel Gerszon Mahler. 2024. « New Evidence on Inequality of Opportunity in Sub-Saharan Africa: More Unequal Than We Thought ». Document de travail de recherche politique 10723, Banque mondiale, Washington, DC. http://documents.worldbank.org/curated/en/099558203182421649/IDU1a3c568111b02514f9d19e221936be7486403.

Azevedo, João Pedro, Alexandru Cojocaru, Veronica Talledo et Ambar Narayan. 2023. « COVID-19 School Closures, Learning Losses and Intergenerational Mobility ». Document de travail de recherche politique 10381, Banque mondiale, Washington, DC. http://hdl.handle.net/10986/39607.

Badeeb, Ramez A., Hooi H. Lean et Jeremy Clark. 2017. « The Evolution of the Natural Resource Curse Thesis: A Critical Literature Survey ». *Resources Policy* 51 : 123-34.

Banque mondiale. 2023a. Africa's Pulse, n° 28, octobre : *Créer de la croissance pour tous grâce à de meilleurs emplois*. Washington, DC : Banque mondiale. http://documents.worldbank.org/curated /en/099640010082380558/IDU0e69daaf70331304af60958804d56c23ba700.

Banque mondiale. 2023b. « Classification of Fragile and Conflict-Affected Situations ». Mise à jour le 28 juin 2024. https://worldbank.org/en/topic/fragilityconflictviolence/brief/harmonized -list-of-fragile-situations.

Banque mondiale. 2023c. *New World Bank Group Scorecard FY24–FY30: Driving Action, Measuring Results*. Washington, DC : Banque mondiale. https://documents.worldbank.org/curated/en /099121223173511026 /BOSIB1ab32eaff0051a2191da7db5542842.

Banque mondiale. 2024. Plateforme sur la pauvreté et les inégalités (version 20240627_2017_01_02_ PROD [ensemble de données] ; consulté en juillet 2024). https://pip.worldbank.org/.

Barro, Robert J. 2001. « Human Capital and Growth ». *American Economic Review* 91 (2) : 12-17.

Becchetti, Leonardo, Francesco Colcerasa, Vitorocco Peragine et Fabio Pisani. 2024. « Inequality of Opportunity and Life Satisfaction ». *Oxford Economic Papers*, gpae011. https://doi.org/10.1093/oep /gpae011.

Benabou, Roland, et Efe A. Ok. 2001. « Social Mobility and the Demand for Redistribution: The POUM Hypothesis ». *Quarterly Journal of Economics* 116 (2) : 447-87.

Brunori, Paolo, Flaviana Palmisano et Vitorocco Peragine. 2019. « Inequality of Opportunity in Sub -Saharan Africa ». *Applied Economics* 51 (60) : 6428-58.

Brunori, Paolo. 2016. "How to Measure Inequality of Opportunity: A Hands-On Guide". Document de travail LCC 2016-04, Institut de recherche en sciences sociales, Université du Queensland, Indooroopilly, Queensland, Australie.

Calderon, Cesar. 2022. *Boosting Productivity in Sub-Saharan Africa: Policies and Institutions to Promote Efficiency*. Washington, DC : Banque mondiale. http://hdl.handle.net/10986/36786.

Corak, Miles. 2013. « Income Inequality, Equality of Opportunity, and Intergenerational Mobility ». *Journal of Economic Perspectives* 27 (3) : 79-102.

Corak, Miles. 2016. "How Much Social Mobility? More, but Not Without Other Things". Dans *The US Labor Market : Questions and Challenges for Public Policy*, édité par Michael R. Strain, 2-13. Washington, DC : American Enterprise Institute.

Dercon, Stefan. 2004. "Growth and Shocks: Evidence from Rural Ethiopia". *Journal of Development Economics* 74 (2) : 309-29.

Esteban, Joan-Maria, et Debraj Ray. 1994. « On the Measurement of Polarization ». *Econometrica : Journal of the Econometric Society* 62 (4) : 819-51.

Fehr, Ernst, et Urs Fischbacher. 2003. "The Nature of Human Altruism". *Nature* 425 (6960) : 785.

Ferreira, Francisco H. G., Christoph Lakner, Maria Ana Lugo, et Berk Özler, B. 2018. « Inequality of Opportunity and Economic Growth: How Much Can Cross-Country Regressions Really Tell Us? » *Review of Income and Wealth* 64 (4) : 800-827.

Fields, Gary S. 2003. "Accounting for Income Inequality and Its Change: A New Method, With Application to the Distribution of Earnings in the United States". Dans *Worker Well-Being and*

Public Policy, édité par S. W. Polachek, 1-38. Vol. 22 de *Research in Labor Economics*. Bingley, R.-U. : Emerald Group Publishing. https://doi.org/10.1016/S0147-9121(03)22001-X.

Fiorio, Carlo V., et Stephen P. Jenkins. 2007. « ineqrbd : Regression-Based Inequality Decomposition ». Présentation PowerPoint. https://www.stata.com/meeting/13uk/fiorio_ineqrbd_UKSUG07.pdf

Fleib, Jurgen. 2015. "Merit Norms in the Ultimatum Game : An Experimental Study of the Effect of Merit on Individual Behavior and Aggregate Outcomes." *Central European Journal of Operations Research* 23 (2) : 389-406.

Gaviria, Alejandro, Carol Graham et Luis H. B. Braido. 2007. « Social Mobility and Preferences for Redistribution in Latin America ». *Economía* 8 (1) : 55-96.

Grimm, Michael. 2011. « Does Inequality in Health Impede Economic Growth ? » *Oxford Economic Papers* 63 (3) : 448-74.

Hill, Ruth Vargas, et Ambar Narayan. 2020. « Covid-19 and Inequality: A Review of the Evidence on Likely Impact and Policy Options ». Document de travail 3, Centre for Disaster Protection, Londres.

Hill, Ruth Vargas, et Catherine Porter. 2017. « Vulnerability to Drought and Food Price Shocks: Evidence from Ethiopia ». *World Development* 96 : 65-77.

Hill, Ruth, Emmanuel Skoufias et Barry Maher. 2019. *The Chronology of a Disaster: A Review and Assessment of the Value of Acting Early on Household Welfare*. Washington, DC : Banque mondiale. http://hdl.handle.net/10986/31721.

Loury, Glenn C. 1981. "Intergenerational Transfers and the Distribution of Earnings". *Econometrica* 49 (4) : 843-67.

Lybbert, Travis J, Christopher B. Barrett, Solomon Desta et D. Layne Coppock. 2004. « Stochastic Wealth Dynamics and Risk Management among a Poor Population ». *Economic Journal* 114 (498) : 750-77.

Manuelyan Atinc, Tamar, Abhijit Banerjee, Francisco H. G. Ferreira, Peter F. Lanjouw, Marta Menendez, Berk Ozler, Giovanna Prennushi, Vijayendra Rao, James Robinson, Michael Walton et Michael Woolcock. 2005. *Rapport sur le développement dans le monde 2006 : Équité et développement*. Washington, DC : Banque mondiale. https://documents.banquemondiale.org/fr/publication/documents-reports/documentdetail/435331468127174418/world-development-report-2006-equity-and-development.

Marrero, Gustavo A., et Juan G. Rodríguez. 2013. « Inequality of Opportunity and Growth ». *Journal of Development Economics* 104 : 107-22.

Marrero, Gustavo A., Juan Gabriel Rodríguez et Roy Van der Weide. 2016. « Unequal Opportunity, Unequal Growth ». Document de travail de recherche politique 7853, Banque mondiale, Washington, DC. https://documents.banquemondiale.org/fr/publication/documents-reports/documentdetail/473031476192890227/unequal-opportunity-unequal-growth.

Narayan, Ambar, Alexandru Cojocaru, Sarthak Agrawal, Tom Bundervoet, Maria Davalos, Natalia Garcia, Christoph Lakner, Daniel Mahler, Veronica Talledo, Andrey Ten et Nishant Yonzan. 2022. « COVID-19 and Economic Inequality : Short-Term Impacts with Long-Term Consequences ». Document de travail de recherche politique 9902, Banque mondiale, Washington, DC. https://documents1.worldbank.org/curated/en/219141642091810115/pdf/COVID-19-and-Economic-Inequality-Short-Term-Impacts-with-Long-Term-Consequences.pdf.

Narayan, Ambar, Roy Van der Weide, Alexandru Cojocaru, Christoph Lakner, Silvia Redaelli, Daniel G. Mahler, Rakesh G. N. Ramasubbaiah et Stefan Thewissen. 2018. *Fair Progress ? Economic Mobility across Generations around the World*. Washington, DC : Banque mondiale.

Ongo Nkoa, Bruno Emmanuel, Luis Jacinto Ela Alene et Ludé Djam'Angai, L. 2024. « New Wave of Internal Armed Conflicts in Developing Countries: Does Inequality of Opportunity Matter? » *African Development Review* 36 : 15-29. https://doi.org/10.1111/1467-8268.12738.

Piketty, Thomas. 2000. "Theories of Persistent Inequality and Intergenerational Mobility". Dans *Handbook of Income Distribution*, vol. 1, édité par Anthony B. Atkinson et François Bourguignon, 429-76. Amsterdam : North Holland.

Piketty, Thomas. 2014. *Le capital au XXIe siècle*. Le Seuil, Paris.

Shorrocks, A. F. 1982. "Inequality Decomposition by Factor Components". *Econometrica* 50 (1) : 193–211. https://doi.org/10.2307/1912537.

Sulla, Victor, Precious Zikhali et Pablo Facundo Cuevas. 2022. *Inequality in Southern Africa: An Assessment of the Southern African Customs Union—Country Brief : South Africa*. Washington, DC : Banque mondiale. http://documents.worldbank.org/curated/en/099125003072240961/P1649270b73 f1f0b5093fb0e644d33bc6f1.

Teyssier, Geoffrey. 2013. « Inequality, Inequality of Opportunity, and Growth: What Are We Talking about? Theory and Empirical Investigation in Brazil ». Thèse de doctorat, Université Paris I Panthéon-Sorbonne. https://dumas.ccsd.cnrs.fr/dumas-00906310.

Thirumurthy, Harsha, Joshua Graff Zivin et Markus Goldstein. 2008. « The Economic Impact of AIDS Treatment: Labor Supply in Western Kenya ». *Journal of Human Resources* 43 (3) : 511-52.

CHAPITRE 2

Le défi de la réduction de la pauvreté en Afrique

AMBAR NARAYAN, LILIANA SOUSA, HAOYU WU ET ELIZABETH FOSTER

Messages clés du chapitre

L'Afrique concentre de plus en plus la pauvreté mondiale, et dans les années 2000, l'écart de bien-être entre elle et le reste du monde s'est creusé. Plus de 60 % des 725 millions de personnes vivant dans l'extrême pauvreté en 2022 s'y trouvent. Près d'un tiers des personnes extrêmement pauvres de la région vivent dans deux pays : la République démocratique du Congo et le Nigeria. Avec Madagascar, le Mozambique et la Tanzanie, ces pays représentent près de la moitié de la population pauvre de la région. La pauvreté ne se limite toutefois pas aux 38 % de la population africaine qui vivent dans l'extrême pauvreté : plus de la moitié de la population vit une situation de pauvreté multidimensionnelle (54 %), et l'incidence de la pauvreté comparée à des normes mondiales plus élevées n'a diminué que de façon marginale depuis 2000. Une part importante de la population reste donc très vulnérable à la pauvreté en cas de choc. Selon le nouvel indicateur de l'écart de prospérité (EP), le revenu (consommation) des individus en Afrique devrait être multiplié par 12, en moyenne, pour atteindre le revenu de référence de la prospérité mondiale, contre un facteur de 5 pour le reste du monde. Le creusement de l'écart entre l'Afrique et le reste du monde au cours de la dernière décennie est lié à la lenteur de la croissance des revenus moyens, ainsi qu'à une faible évolution des inégalités.

La lutte contre la grande pauvreté en Afrique est d'autant plus compliquée que la région est très vulnérable aux chocs : elle compte une part disproportionnée de pays confrontés à la fragilité et aux conflits, et nombre d'entre eux figurent parmi les plus vulnérables et les moins bien préparés au monde face au changement climatique. Bien que la pauvreté soit particulièrement prononcée dans les pays touchés par la fragilité ou les conflits, la réduction de la pauvreté a été plus lente dans les pays riches en ressources. En fait, de tous les pays, ce sont ceux qui n'étaient ni fragiles ni riches en ressources qui ont enregistré les gains les plus importants en matière de réduction de la pauvreté au cours des

20 dernières années. Les pays riches en ressources naturelles qui ont connu une situation de fragilité ou de conflit ont enregistré le taux de pauvreté le plus élevé, avec un taux de pauvreté moyen de 46 % en 2022. Les chocs climatiques constituent un autre frein à la réduction de la pauvreté : on estime que 42 % de la population de la région est exposée aux inondations, aux sécheresses et à d'autres chocs liés au climat.

En outre, la croissance économique globale de la région, faible et volatile, et ses liens ténus avec la croissance des revenus des ménages ont également freiné la réduction de la pauvreté. Pourtant, la croissance du revenu des ménages est importante : la réduction de la pauvreté en Afrique depuis 2000 est due à la croissance du revenu moyen des ménages (niveau de revenu) plutôt qu'à l'amélioration de la distribution de la croissance du revenu des ménages (qui bénéficie de la croissance du revenu). En outre, la croissance économique globale de la région a faibli ces dernières années – en particulier dans les pays riches en ressources naturelles – et depuis 2014, elle est à peine restée au niveau de la croissance démographique. Dans le même temps, la croissance économique en Afrique a été moins efficace pour réduire la pauvreté, comme le montre l'élasticité médiane de la pauvreté par rapport à la croissance (GEP), qui est la plus faible de toutes les régions. Cette moindre efficacité est étroitement liée à la forte inégalité des revenus (consommation) dans la région, qui résulte d'inégalités structurelles. Prises ensemble, ces tendances de croissance et de réduction de la pauvreté en Afrique indiquent que des gains potentiels importants peuvent être réalisés avec une distribution plus équitable de la croissance, en particulier dans les pays riches en ressources qui ne sont pas en situation de fragilité.

En plus de réduire l'efficacité de la croissance, la présence d'inégalités structurelles ralentit la réduction de la pauvreté en Afrique en limitant la mobilité socio-économique des personnes et la transformation structurelle de l'économie. La mobilité ascendante des individus pauvres est entravée par un degré élevé d'inégalité des chances – un moindre accès à l'éducation et à l'emploi rémunéré –, qui affecte également la trajectoire de la croissance économique. Les pauvres ont également moins de chances d'avoir accès aux services de base essentiels pour stimuler la productivité des microentreprises et de l'emploi indépendant, tels qu'eau propre et assainissement, électricité, moyens de communication et information. Les inégalités structurelles dans la région peuvent également avoir contribué à la lenteur de la transformation structurelle de l'économie du fait d'une mauvaise répartition des ressources entre les secteurs et les entreprises. En conséquence, l'Afrique reste très dépendante de l'agriculture pour le revenu des ménages, et la part des emplois et de la valeur ajoutée manufacturière dans le produit intérieur brut (PIB) y sont les plus faibles au monde.

L'écart de bien-être entre l'Afrique et le reste du monde s'est creusé dans les années 2000

L'Afrique se distingue au niveau mondial par son niveau élevé d'extrême pauvreté, la région dépassant l'Asie du Sud en 2011 pour le nombre de personnes en situation d'extrême pauvreté. Sur les 725 millions de personnes vivant dans l'extrême pauvreté en 2022, plus de 60 %, soit près de 460 millions, vivent en Afrique (voir figure 2.1a).[1] Avec 38 %, le taux de pauvreté de l'Afrique est le plus élevé de toutes les régions et dépasse de plus de 30 points celui de la région suivante (l'Asie du Sud, avec un taux de pauvreté de 10 % ; voir figure 2.1b). Il est à prévoir que la pauvreté mondiale se concentrera de plus en plus en Afrique, car la lenteur de la croissance économique continue de s'accompagner d'une croissance démographique rapide. Même si le taux de pauvreté en Afrique a reculé de 56 % à 38 % au cours d'années de croissance relativement élevée, le nombre de pauvres n'a baissé que de 2 millions, soit de 376 millions en 2000 à 374 millions en 2014, du fait du rythme de la croissance démographique. Dans le même temps, le nombre de pauvres dans le monde a diminué de plus de moitié. La part de la population pauvre mondiale vivant en Afrique devrait atteindre 87 % d'ici 2030 (Banque mondiale 2022).

FIGURE 2.1 Extrême pauvreté dans la région Afrique par rapport à la pauvreté mondiale, 2000-2022

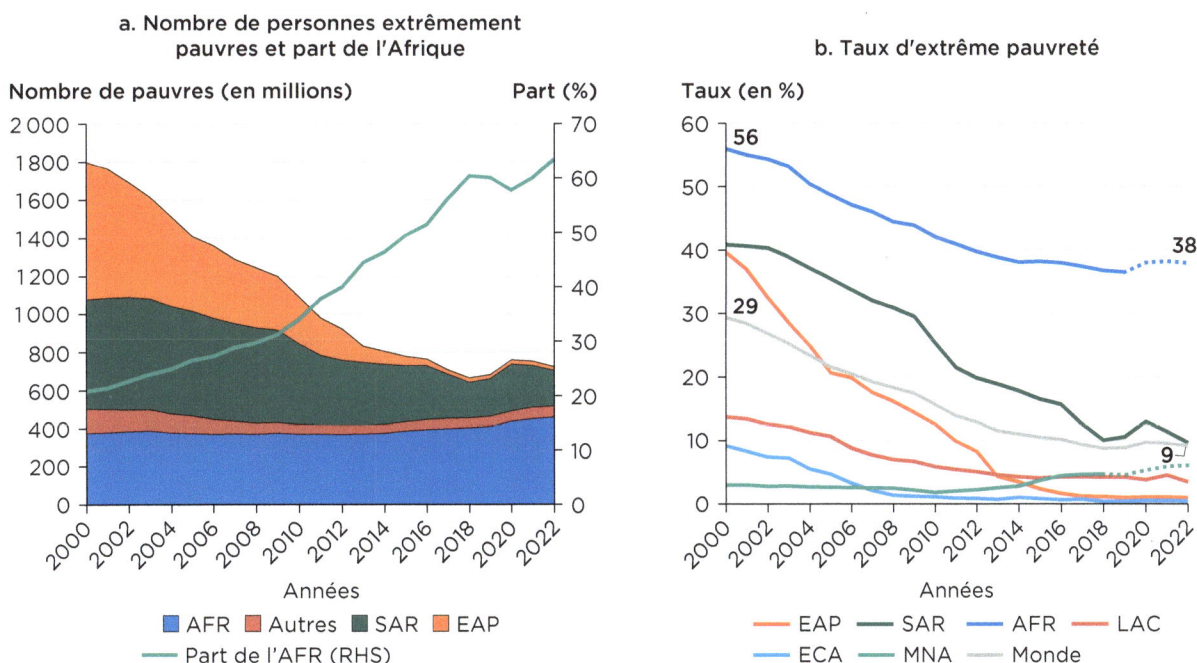

a. Nombre de personnes extrêmement pauvres et part de l'Afrique

b. Taux d'extrême pauvreté

Source : Banque mondiale 2024a.

Note : Estimations basées sur un seuil d'extrême pauvreté de 2,15 dollars par jour (PPA 2017). Dans la région Afrique, moins de 50 % de la population ont été couverts entre 2020 et 2022. Dans la région MNA, la couverture de la population était inférieure à 50 % entre 2019 et 2022. AFR = Afrique subsaharienne ; EAP = Asie de l'Est et Pacifique ; ECA = Europe et Asie centrale ; LAC = Amérique latine et Caraïbes ; MNA = Moyen-Orient et Afrique du Nord ; PPA = parité de pouvoir d'achat ; RHS = axe des ordonnées (y) à droite ; SAR = Asie du Sud.

La réduction de la pauvreté en Afrique est au point mort depuis le milieu des années 2010

Depuis le début des années 1990, le monde a fait des progrès rapides dans la réduction de l'extrême pauvreté, mais l'évolution en Afrique a été plus lente et s'est arrêtée depuis le milieu des années 2010. Le taux de pauvreté dans le monde, défini par le seuil d'extrême pauvreté de la Banque mondiale de 2,15 dollars par jour (en parité de pouvoir d'achat [PPA] de 2017), est passé de 38 % en 1990 à 9 % en 2022.

Ces progrès ont été principalement le fait de la région de l'Asie de l'Est et du Pacifique et, dans une moindre mesure, de la région de l'Asie du Sud. Après deux décennies largement perdues, il semblait que l'Afrique allait jouer le rôle de moteur de la réduction de la pauvreté dans le monde au début des années 2000, car la croissance s'est accélérée à partir de la fin des années 1990 et la pauvreté a chuté de 56 % en 2000 à 38 % en 2014. Cependant, la croissance de la région s'étant arrêtée à partir de 2014, le rythme de la réduction de la pauvreté a lui aussi considérablement ralenti. Le niveau élevé d'extrême pauvreté dans la région a eu un impact considérable sur les capacités humaines, comme en témoignent les taux toujours élevés d'insécurité alimentaire, de malnutrition et de retard de croissance chez les enfants (voir l'encadré 2.1).

ENCADRÉ 2.1
Les résultats en matière de santé dans la région reflètent le bilan humain de l'extrême pauvreté et ses implications à long terme pour le capital humain

Le niveau élevé d'extrême pauvreté dans la région a des répercussions importantes sur la santé et le capital humain à long terme. Comme l'explique plus en détail le chapitre 3 du présent rapport, malgré des progrès notables en matière d'accès à la santé, les principaux indicateurs de santé continuent de mettre en évidence le coût humain de l'extrême pauvreté persistante de la région. L'espérance de vie de 60 ans en Afrique est inférieure de plus de 10 ans à la moyenne mondiale et de sept ans à celle de la région qui vient immédiatement après (l'Asie du Sud). Environ un tiers des enfants africains de moins de cinq ans, soit environ 63,1 millions en 2022, souffrent d'un retard de croissance (UNICEF, OMS et Banque mondiale 2023). Ce retard de croissance est corrélé à un risque plus élevé de déficits cognitifs et à des opportunités économiques moindres, ce qui suggère des implications à long terme pour le développement économique et le stock de capital humain. Pourtant, l'insécurité alimentaire reste répandue et pernicieuse dans toute la région, en raison des conflits et des chocs climatiques et économiques. Selon la Mise à jour semestrielle du Rapport mondial sur les crises alimentaires (GRFC) 2023, 156 millions de personnes en Afrique souffriraient d'insécurité alimentaire aiguë en 2023, en raison de conflits (dans des pays comme la République démocratique du Congo, le Nigeria et le Soudan), de chocs climatiques (notamment de graves sécheresses en Angola, en Éthiopie et en Somalie) et d'une inflation alimentaire élevée (dépassant 40 % dans des pays comme le Burundi, le Ghana, la Sierra Leone et le Zimbabwe).[a]

a. L'insécurité alimentaire aiguë est définie comme un état de crise nécessitant une assistance humanitaire immédiate, selon les données du Cadre intégré de classification de la sécurité alimentaire (IPC) et du Cadre harmonisé (CH) (IPC/CH Phase 3 ou supérieure ; FSIN et GRFC 2023).

Avant la pandémie mondiale de COVID-19 en 2020, l'Afrique connaissait déjà un ralentissement de la réduction de la pauvreté par rapport à d'autres pays à faible revenu. Cette lenteur a été attribuée à des taux de fécondité élevés, à la faible capacité de production des individus pauvres et à une qualité de croissance qui n'a pas favorisé l'augmentation des revenus des ménages (Beegle et Christiaensen 2019 ; Beegle et al. 2016). Le taux d'extrême pauvreté en Afrique a diminué de seulement 0,8 % par an entre 2015 et 2019, soit nettement moins que pour les périodes 2000-2009 (2,7 %) et 2010-2014 (2,8 % ; voir figure 2.2a). Parmi les pays qui ont le mieux réussi à réduire la pauvreté dans la région figurent le Bénin, la Guinée et la Namibie, qui ont respectivement enregistré des baisses de la pauvreté de 14,1 % par an (entre 2018 et 2021), 12,6 % (2007-2012) et 8,7 % (2009-2015).[2] L'écart des taux annuels réduction de la pauvreté entre l'Afrique et le reste du monde, qui était d'environ 4 points de pourcentage en 2000-2009, a atteint 10 points de pourcentage en 2010-2014 et 9 points de pourcentage en 2015-2019. Ainsi, la réduction de la pauvreté en Afrique, qui était déjà à la traîne par rapport au reste du monde avant 2010, a pris encore plus de retard dans les années 2010.[3]

La pandémie de COVID-19 et les chocs qui ont suivi, dont les perturbations de la chaîne d'approvisionnement, la guerre en Ukraine et divers chocs climatiques, ont encore freiné la réduction de la pauvreté dans la région, qui est restée plus élevée en 2022 qu'en 2019. En raison d'un fort ralentissement de l'activité économique pendant la pandémie, la région a connu une augmentation de l'extrême pauvreté de 1,7 point de pourcentage sur deux ans, contre une augmentation de 0,9 point de pourcentage sur un an dans le reste du monde (voir figure 2.2b). Cette hausse a été suivie d'une reprise lente et inégale, qui a fait que la pauvreté en 2022 est restée plus élevée qu'elle ne l'était avant la pandémie. Il est à noter que la pauvreté dans le reste du monde est revenue en 2022 à des niveaux inférieurs à ceux d'avant la pandémie. Outre la pandémie et les perturbations mondiales liées à la guerre, les chocs liés au climat – inondations et sécheresses notamment – ont touché quelque 42 % de la population de la région, comme l'indique le point fort 1 (climat) du présent rapport. En raison de la pandémie et des chocs qui ont suivi, 34 millions de personnes supplémentaires en Afrique – soit une augmentation de 2,9 points de pourcentage (pp) de la population – vivraient dans l'extrême pauvreté en 2022 par rapport à un scénario dans lequel les tendances antérieures à la pandémie auraient prévalu (voir les figures 2.2c et 2.2d).

Les chocs d'origines multiples continuent d'être les principaux responsables des lenteurs enregistrées dans la réduction de la pauvreté en Afrique. La région a été affectée par l'impact cumulé des chocs, qui comprennent les conflits et, de plus en plus, les chocs liés au climat, contribuant à des taux élevés de pauvreté et d'insécurité alimentaire aiguë (voir l'encadré 1.2). En fait, 20 des 39 pays considérés comme étant en situation de fragilité et de conflit (SFC) en 2023 se trouvent en Afrique. Dans l'ensemble, les 30 pays d'Afrique qui sont ou ont été en situation de SFC à tout moment depuis 2006 (deux tiers des pays de la région) comptent près des trois quarts de la population extrêmement pauvre de la région (74 %) et plus de 70 % de sa population. Dans le même temps, les pays africains sont nombreux parmi les plus vulnérables et les moins préparés aux chocs liés au changement climatique dans le monde, et comprennent 13 des 15 pays les moins bien classés au niveau mondial (Notre Dame Global Adaptation Initiative 2023).

FIGURE 2.2 Évolution de la pauvreté en Afrique jusqu'en 2022

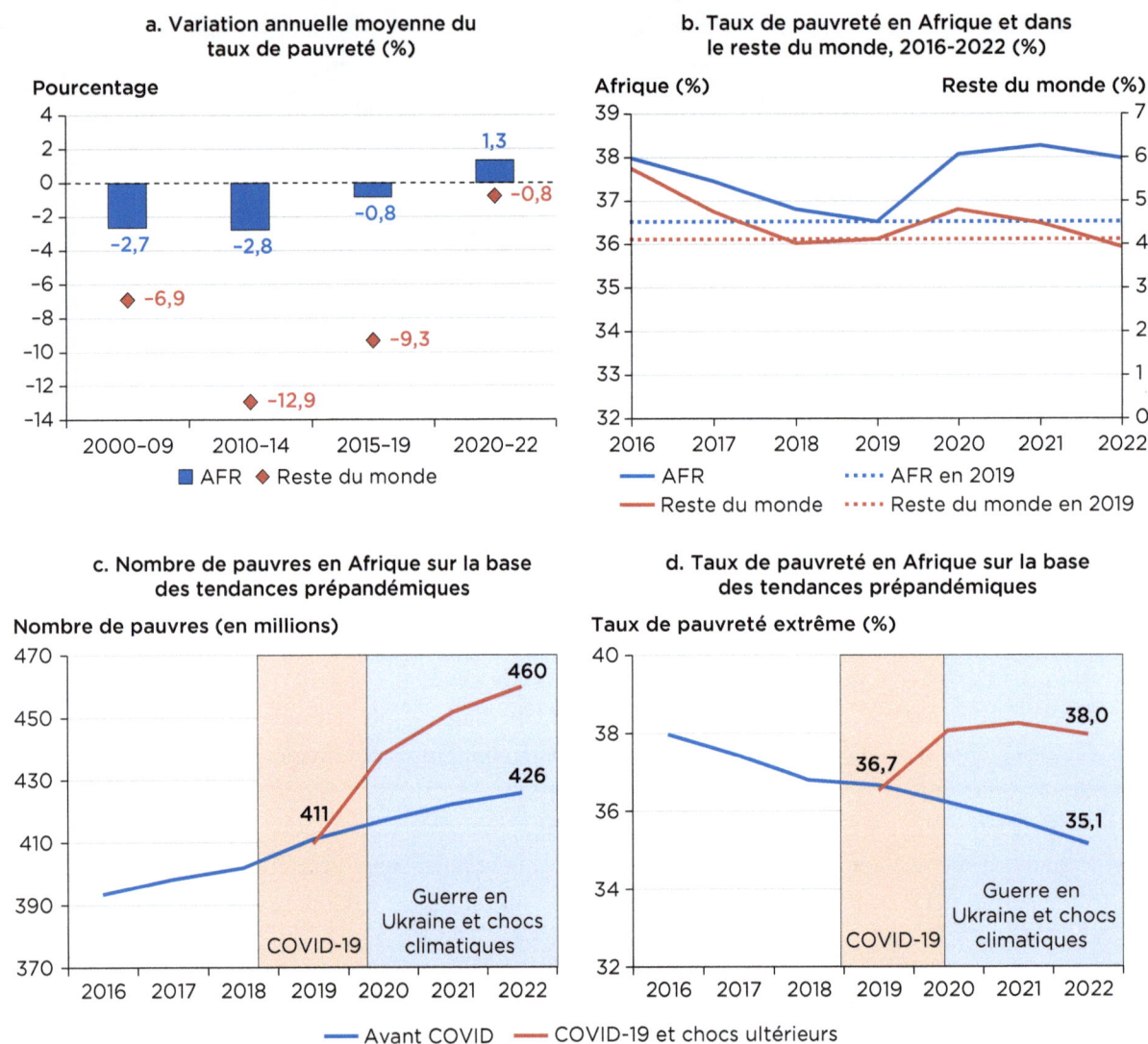

a. Variation annuelle moyenne du taux de pauvreté (%)

b. Taux de pauvreté en Afrique et dans le reste du monde, 2016-2022 (%)

c. Nombre de pauvres en Afrique sur la base des tendances prépandémiques

d. Taux de pauvreté en Afrique sur la base des tendances prépandémiques

Source : Tabulations basées sur les données de la Banque mondiale 2024a et des enquêtes harmonisées sur les ménages pour les pays africains.

Note : Les lignes pointillées dans le graphique b montrent les taux de pauvreté de 2019. Les graphiques c et d présentent les prévisions actuelles du nombre de pauvres et du taux de pauvreté sur la base des tendances prépandémiques par rapport aux tendances réalisées, suivant la méthodologie de Yonzan, Mahler et Lakner 2023. Les estimations pour 2023 sont des projections fondées sur la croissance. La prévision immédiate pour 2023 repose sur une transposition sans tenir compte de la distribution du taux de croissance du produit intérieur brut de 0,7 %. AFR = Afrique subsaharienne.

Même si l'extrême pauvreté a considérablement diminué en Afrique, la part de la population ne vivant pas dans la pauvreté selon des normes mondiales plus élevées ne s'est améliorée que de façon marginale depuis 2000. En 2022, seuls 12 % des Africains étaient considérés comme non pauvres (vivant avec plus de 6,85 dollars par jour), contre 8 % en 2000 (voir figure 2.2b). En d'autres termes, si de nombreux Africains ont échappé à l'extrême pauvreté, la plupart d'entre eux ont continué à vivre dans la pauvreté, telle qu'elle est définie par des normes de bien-être plus élevées. Au cours de la même période, la part de la population mondiale ne vivant pas dans la pauvreté est passée de 34 % à 63 %, soit une réduction beaucoup plus rapide de la pauvreté, même avec des seuils de bien-être plus élevés. Les seuils plus élevés de 3,65 $ et 6,85 $ par personne et par jour (PPA 2017), qui sont dérivés des normes de bien-être généralement utilisées dans les pays à revenu intermédiaire inférieur et supérieur, sont de plus en plus pertinents pour l'Afrique, car 25 pays, soit plus de la moitié des pays de la région, sont des pays à revenu intermédiaire inférieur ou supérieur.[4] La pauvreté en Afrique, calculée sur la base de ces seuils, a diminué de 13,4 et 4,0 points de pourcentage respectivement, entre 2000 et 2022, contre 19,0 points de pourcentage si l'on applique le seuil d'extrême pauvreté de 2,15 $.

La réduction plus lente de la pauvreté en Afrique à des seuils de bien-être plus élevés reflète non seulement la lenteur de la croissance de la classe moyenne, mais aussi la vulnérabilité généralisée à l'extrême pauvreté. La part de la population se situant entre les seuils de pauvreté de 2,15 et 3,65 dollars est passée de 22 % en 2000 à 27 % en 2022, et la part de la population se situant entre les seuils de pauvreté de 2,15 et 6,85 dollars est passée de 36 % à 51 % (voir figure 2.3). Cela a deux implications majeures. Tout d'abord, le fait que la part de la population se situant entre les seuils de pauvreté supérieur et inférieur augmente suggère que de nombreuses personnes qui sortent de l'extrême pauvreté restent vulnérables et risquent d'y retomber. En effet, la vulnérabilité, ou le risque de retomber dans l'extrême pauvreté, diminue (toutes choses étant égales par ailleurs) à mesure que l'on s'éloigne du seuil de pauvreté. Cette tendance est particulièrement préoccupante, compte tenu de la fréquence et de l'ampleur accrues des chocs liés au changement climatique, qui constituent une source particulière de vulnérabilité, car les ménages disposant de peu d'actifs et dépourvus de couverture d'assurance et d'épargne peuvent facilement basculer dans la pauvreté. Deuxièmement, le revers de la médaille de la première préoccupation est que la classe moyenne dans la région ne croît pas rapidement en termes de proportion de la population, si l'on définit la « classe moyenne » en termes de sécurité financière (ou de faible vulnérabilité), comme cela a été fait dans plusieurs publications (voir, par exemple, Bussolo et coll. 2018 ; Ferreira et coll. 2012 ; Banque mondiale 2012). Une classe moyenne croissante et en devenir contribue à la stabilité sociale et à la prospérité économique, et la lenteur de l'expansion de ce groupe peut limiter les progrès de différentes manières, comme la capacité des sociétés à faire corps autour de bonnes politiques et à demander des comptes aux responsables politiques.

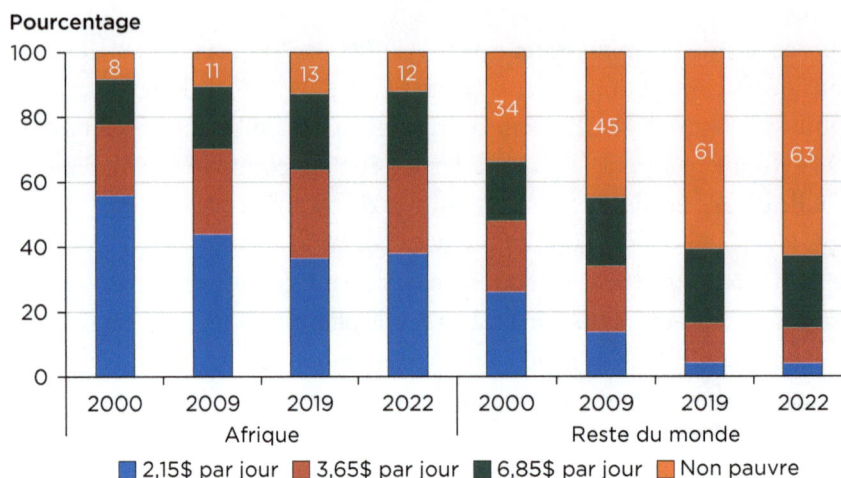

FIGURE 2.3 Composition de la population par statut de pauvreté, 2000-2022

Pourcentage

Afrique | Reste du monde

2000: 8, 2009: 11, 2019: 13, 2022: 12 | 2000: 34, 2009: 45, 2019: 61, 2022: 63

Légende : ■ 2,15$ par jour ■ 3,65$ par jour ■ 6,85$ par jour ■ Non pauvre

Source : Tabulations basées sur la Banque mondiale 2024a.

Note : Part de la population vivant sous le seuil international de pauvreté (en parité de pouvoir d'achat de 2017).

La pauvreté varie considérablement dans la région en raison de la fragilité et de la richesse des ressources

Les taux de pauvreté varient considérablement d'un pays à l'autre de la région, reflétant les différences dans les trajectoires de développement des économies nationales en raison de facteurs tels que l'histoire, la démographie, la géographie, la politique et l'exposition aux chocs. L'Afrique est confrontée au double défi des zones à forte incidence de pauvreté et des régions comptant un grand nombre de personnes pauvres. L'extrême pauvreté va de taux négligeables dans les pays à revenu élevé et intermédiaire supérieur (tels que Maurice et les Seychelles) à plus de 70 % dans les pays à faible revenu ou touchés par un conflit, tels que la République démocratique du Congo, Madagascar, le Mozambique, le Malawi et le Soudan du Sud (voir la carte 2.1). Quelques grands pays représentent une part importante de la population en situation d'extrême pauvreté de la région, près d'une personne sur trois vivant dans l'extrême pauvreté résidant dans les deux pays les plus peuplés d'Afrique, à savoir la République démocratique du Congo et le Nigeria (voir figure 2.4). Ces deux pays, combinés à trois autres (Madagascar, Mozambique et Tanzanie), représentent près de la moitié des personnes vivant dans l'extrême pauvreté dans la région. Les personnes vivant dans des zones où le taux de pauvreté est élevé auront probablement plus de difficultés à échapper à la pauvreté, ce qui souligne la nécessité de se concentrer non seulement sur les régions comptant le plus grand nombre de pauvres, mais aussi sur les zones où le taux de pauvreté est élevé (Beegle et Christiaensen 2019).

CARTE 2.1 Taux de pauvreté au seuil de 2,15 dollars par jour, PPA 2017, par pays

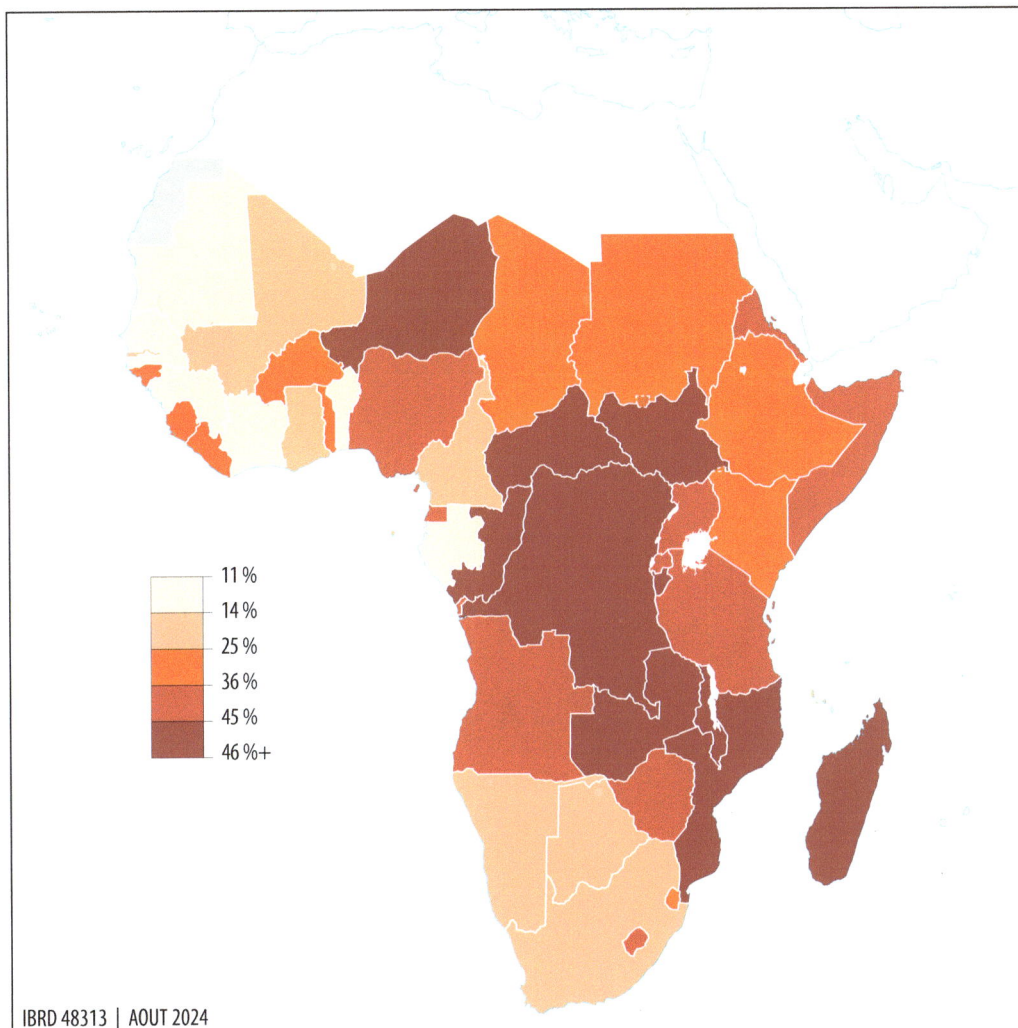

	11 %
	14 %
	25 %
	36 %
	45 %
	46 %+

IBRD 48313 | AOUT 2024

Note : PPA = pouvoir de parité d'achat

Bien que les taux de pauvreté aient baissé dans les zones urbaines et rurales au cours de la première décennie des années 2000, les gains de pauvreté après 2010 sont davantage attribuables à la poursuite de l'urbanisation (le déplacement de la population des zones rurales vers les zones urbaines). L'Afrique est la région la moins urbanisée du monde, avec environ 41 % de sa population vivant dans des zones urbaines en 2020 (DAES de l'ONU, Division de la population 2018). En moyenne, le taux de pauvreté dans les zones rurales est plus de deux fois supérieur à celui des zones urbaines : 50 % des Africains vivant en milieu rural disposent de moins de 2,15 dollars par jour, contre moins de 20 % de ceux vivant en milieu urbain (voir figure 2.5a). Compte tenu de sa part importante, la réduction de la pauvreté rurale a été le moteur de la réduction globale de la pauvreté en Afrique au cours de la première décennie des années 2000, représentant deux tiers de la réduction totale de la pauvreté.[5] La réduction des taux de pauvreté urbaine y a contribué à hauteur d'un quart supplémentaire. L'urbanisation y a contribué pour moins de 10 %. Cependant, au cours de la période 2010-2019, le taux de pauvreté a augmenté de façon marginale dans les zones rurales comme urbaines : la réduction de la pauvreté qui s'est produite résulte exclusivement de la poursuite de l'urbanisation (voir figure 2.5b).

FIGURE 2.4 **Part des personnes pauvres au seuil de pauvreté de 2,15 $/jour en Afrique, par pays, 2022**

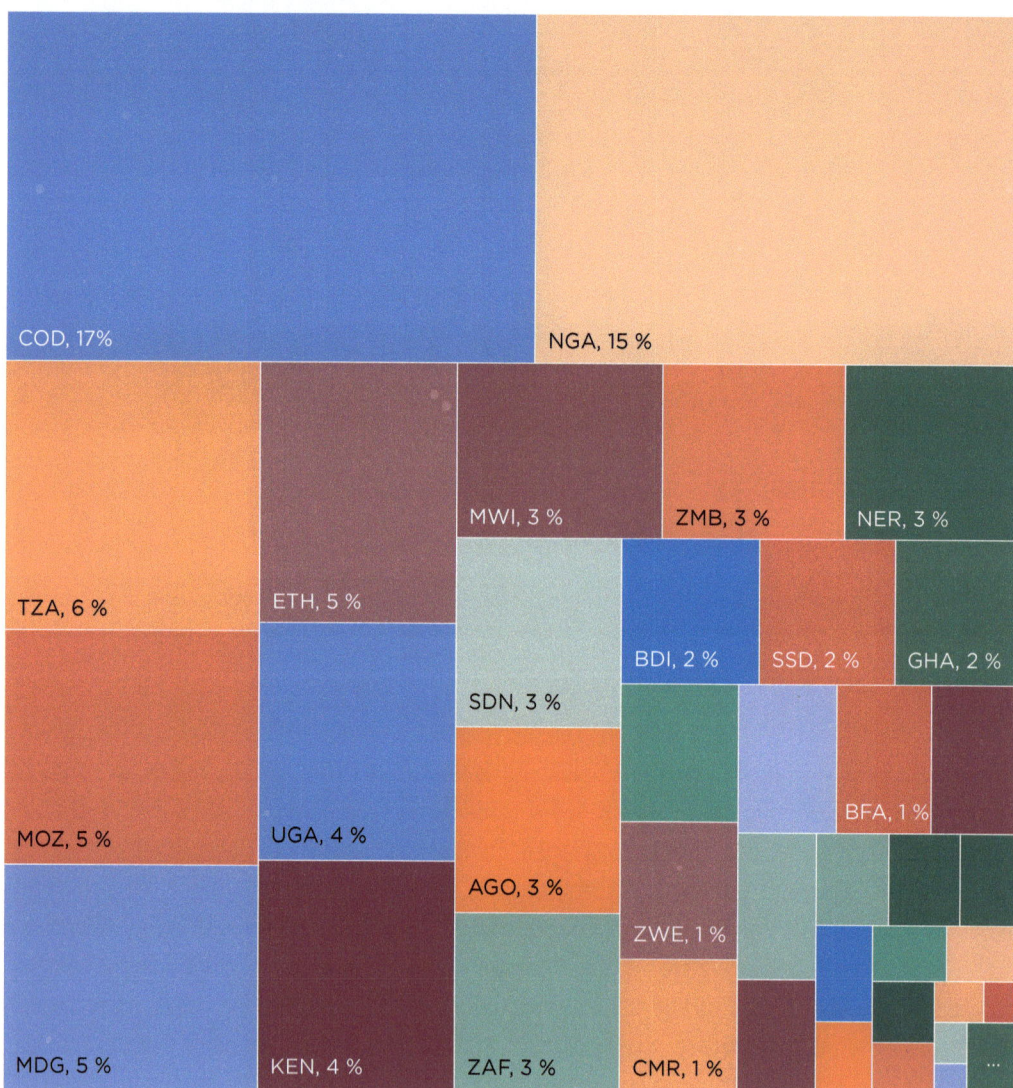

Source : Banque mondiale 2024a.

Note : Afrique = Afrique subsaharienne ; PPA = parité de pouvoir d'achat.

Bien que la majeure partie de la population africaine – et de la pauvreté – soit concentrée dans les zones rurales, les défis liés à la pauvreté urbaine prennent une importance croissante en raison de l'urbanisation rapide de l'Afrique. L'Afrique est la région du monde qui s'urbanise le plus rapidement, la population urbaine étant appelée à augmenter de plus de 300 millions de personnes entre 2000 et 2035 et venir dépasser la population rurale. Les défis environnementaux et humains associés à cette urbanisation rapide dans le contexte d'un faible niveau de richesse et de ressources publiques limitées sont importants (Lall, Henderson et Venables 2017). On estime que 60 % de la population urbaine africaine vit dans des zones d'habitat informel, généralement caractérisées par des niveaux d'infrastructure médiocres et un accès limité aux services essentiels de base, tels que l'assainissement et l'eau. Les outils permettant de lutter contre la pauvreté urbaine, d'améliorer la planification urbaine et de lutter contre l'étalement urbain sont de plus en plus importants pour les décideurs politiques de la région.

La pauvreté en Afrique est particulièrement prononcée dans les pays en situation de fragilité ou de conflit, alors que le rythme de la réduction de la pauvreté a été plus lent dans les pays riches en ressources (voir figure 2.6a). La figure 2.6 montre que, parmi les pays qui ne sont pas riches en ressources, les pays qui n'étaient pas fragiles ont

FIGURE 2.5 Évolution de l'urbanisation et de la pauvreté dans les zones urbaines et rurales d'Afrique

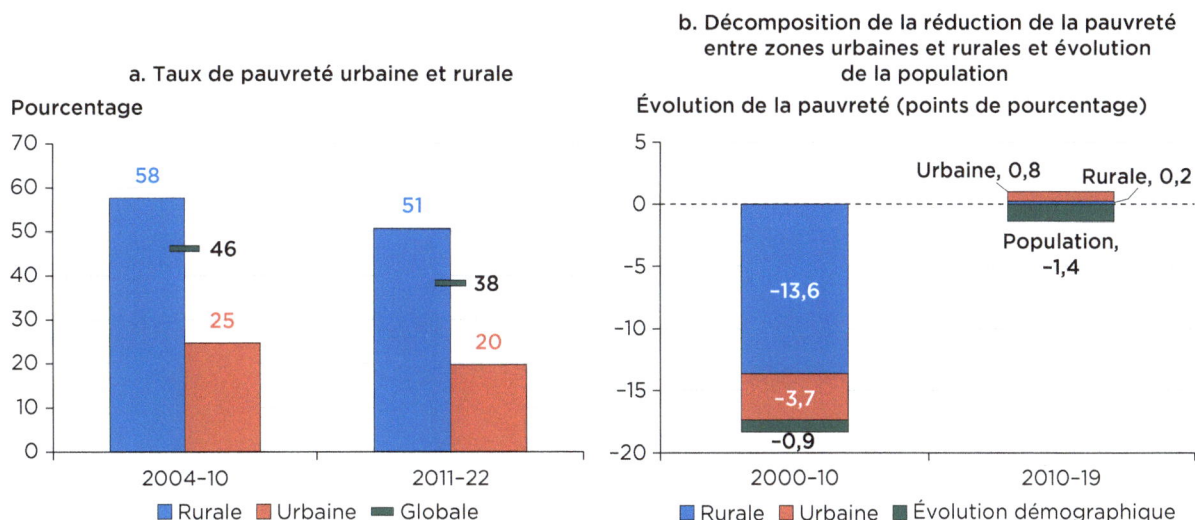

a. Taux de pauvreté urbaine et rurale

b. Décomposition de la réduction de la pauvreté entre zones urbaines et rurales et évolution de la population

Source : Banque mondiale 2024a et données harmonisées de l'enquête sur les ménages pour les pays africains.
Note : Le graphique a été établi sur la base du seuil de pauvreté international de 2,15 $/jour (PPA 2017). En raison du manque de données, les taux de pauvreté urbaine et rurale sont extrapolés sur la base d'un sous-ensemble de pays africains et ajustés pour refléter le taux de pauvreté global de la région. La figure b est basée sur une décomposition de Huppi-Ravallion (Ravallion et Huppi 1991), à partir de données d'un sous-ensemble de 17 pays pour lesquels des données comparables sur la pauvreté étaient disponibles pour les années pertinentes de l'analyse (2000, 2010 et 2019). Afrique = Afrique subsaharienne ; PPA = parité de pouvoir d'achat.

réduit la pauvreté plus rapidement que ceux qui l'étaient, à un rythme annuel de 2,5 % contre 1,8 % pour les pays fragiles (voir figure 2.6b). Cela leur a permis de combler intégralement l'écart entre les taux de pauvreté des deux types de pays en 2010. En fait, parmi les quatre groupes de pays, ceux qui n'étaient ni fragiles ni riches en ressources ont enregistré les gains les plus importants en matière de réduction de la pauvreté au cours de cette période. La richesse en ressources dans un contexte de fragilité ou de conflit est associée à la pauvreté la plus élevée, avec un taux de pauvreté moyen de 46 % en 2022, soit 17 points de pourcentage de plus que celui des pays riches en ressources et qui ne sont pas en situation de fragilité ou de conflit. Bien que ce dernier groupe – pays riches en ressources naturelles qui ne sont pas en situation de fragilité – ait les taux de pauvreté les plus bas, ils n'ont pas été en mesure de réaliser des gains substantiels en matière de réduction de la pauvreté depuis 2007, ce qui s'est traduit par une baisse globale de seulement 1,2 % par an. Comme indiqué au chapitre 1, c'est aussi le groupe de pays qui présente le niveau d'inégalité le plus élevé de la région.

FIGURE 2.6 **Pauvreté par typologie des États fragiles et affectés par des conflits (EFC) et des pays riches en ressources naturelles**

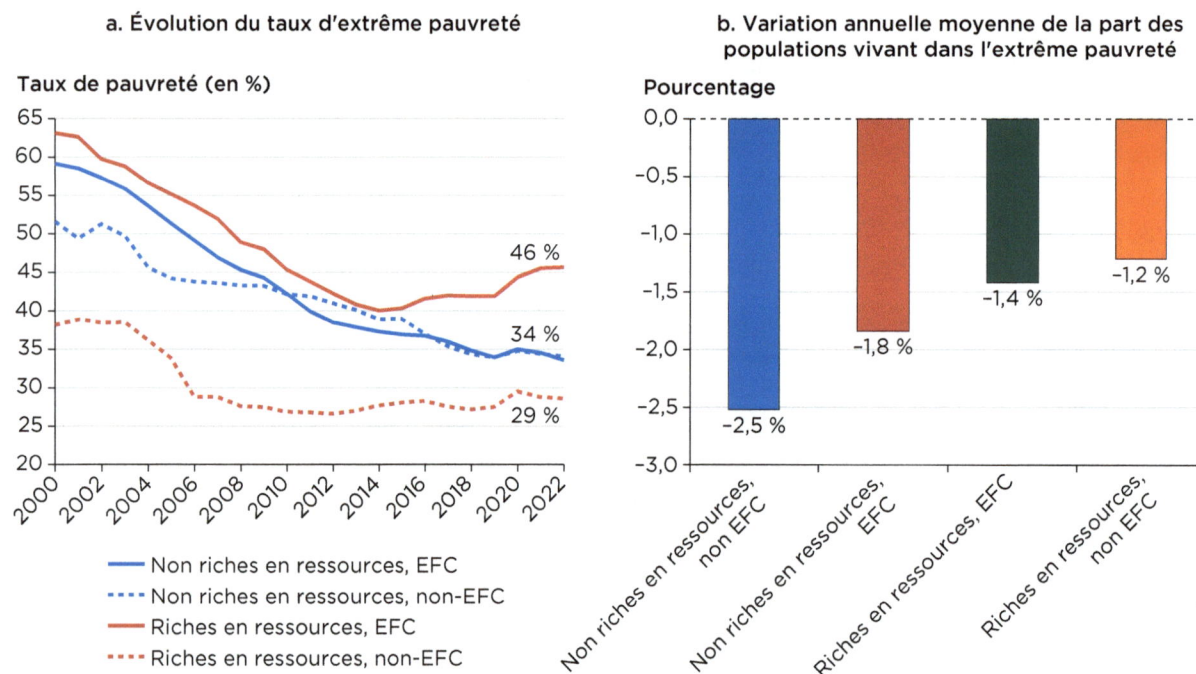

a. Évolution du taux d'extrême pauvreté

b. Variation annuelle moyenne de la part des populations vivant dans l'extrême pauvreté

Source : Tabulations basées sur les données de la Banque mondiale 2024a et des données harmonisées de l'enquête sur les ménages pour les pays africains.
Note : Les estimations se fondent sur un seuil de pauvreté de 2,15 dollars par jour (PPA 2017). Pays ayant déjà connu des situations de fragilité ou de conflit. PPA = parité de pouvoir d'achat.

La privation des services de base nécessaires au capital humain et à la croissance de la productivité s'étend bien au-delà des personnes vivant dans l'extrême pauvreté

Environ 54 % de la population africaine vit dans un état de pauvreté multidimensionnelle : outre le tiers de la population en situation de pauvreté monétaire extrême, 40 % souffrent de privations dans l'accès aux services de base (éducation et infrastructures). La Mesure de la pauvreté multidimensionnelle (MPM) ne se limite pas à compter les ménages qui n'ont pas les moyens d'acheter un ensemble de biens de base (méthodologie utilisée pour identifier les pauvres dans le monde), mais inclut également ceux qui souffrent de privations substantielles dans l'accès aux services clés nécessaires à une vie en bonne santé et productive : éducation et infrastructures de base (eau, assainissement et électricité).[6] L'Afrique est nettement moins performante que les autres régions du monde, et connaît des niveaux de pauvreté multidimensionnelle nettement plus élevés, même à des niveaux de PIB similaires (voir figure 2.7a). Sur les 20 pays du monde dont le taux de pauvreté multidimensionnelle est supérieur à 50 %, un seul (la Papouasie-Nouvelle-Guinée) ne se trouve pas en Afrique. Dans cinq pays de la région – Tchad, République démocratique du Congo, Madagascar, Mozambique et Soudan du Sud – plus de 80 % de la population vit une situation de pauvreté multidimensionnelle. Comme pour la pauvreté monétaire, la pauvreté multidimensionnelle est particulièrement élevée dans les pays fragiles et en conflit. Les pays fragiles et riches en ressources ont les taux de pauvreté multidimensionnelle les plus élevés, avec en moyenne 60 % de la population privée d'accès aux services de base (voir figure 2.7b).

Dans certains pays, une pauvreté multidimensionnelle élevée indique des besoins importants non satisfaits en matière de services de base au-delà des ménages touchés par la pauvreté aiguë. Dans la moitié des pays d'Afrique, la pauvreté multidimensionnelle parmi les personnes qui ne vivent pas dans la pauvreté monétaire ne touche qu'une petite partie de la population (10 % ou moins).[7] Le Cabo Verde et l'Afrique du Sud sont les plus performants à cet égard ; leur taux de pauvreté multidimensionnelle est nettement plus bas que l'on s'y attendrait, eu égard à la relation entre pauvreté multidimensionnelle et pauvreté monétaire observée dans la région (voir figure 2.7d). Cependant, dans d'autres pays de la région, la part de la population qui n'est pas pauvre, mais qui est privée d'éducation ou de services de base est importante : au Tchad et en Éthiopie, cette part atteint respectivement 50 % et 46 % de la population (voir figure 2.7c). La Mauritanie, l'un des pays les moins densément peuplés au monde, avec une importante population agropastorale, est l'exception la plus significative à cet égard, avec un faible taux de pauvreté monétaire – 5 % seulement –, mais près de la moitié de la population est en situation de pauvreté multidimensionnelle (42 %).[8]

FIGURE 2.7 Pauvreté multidimensionnelle en Afrique

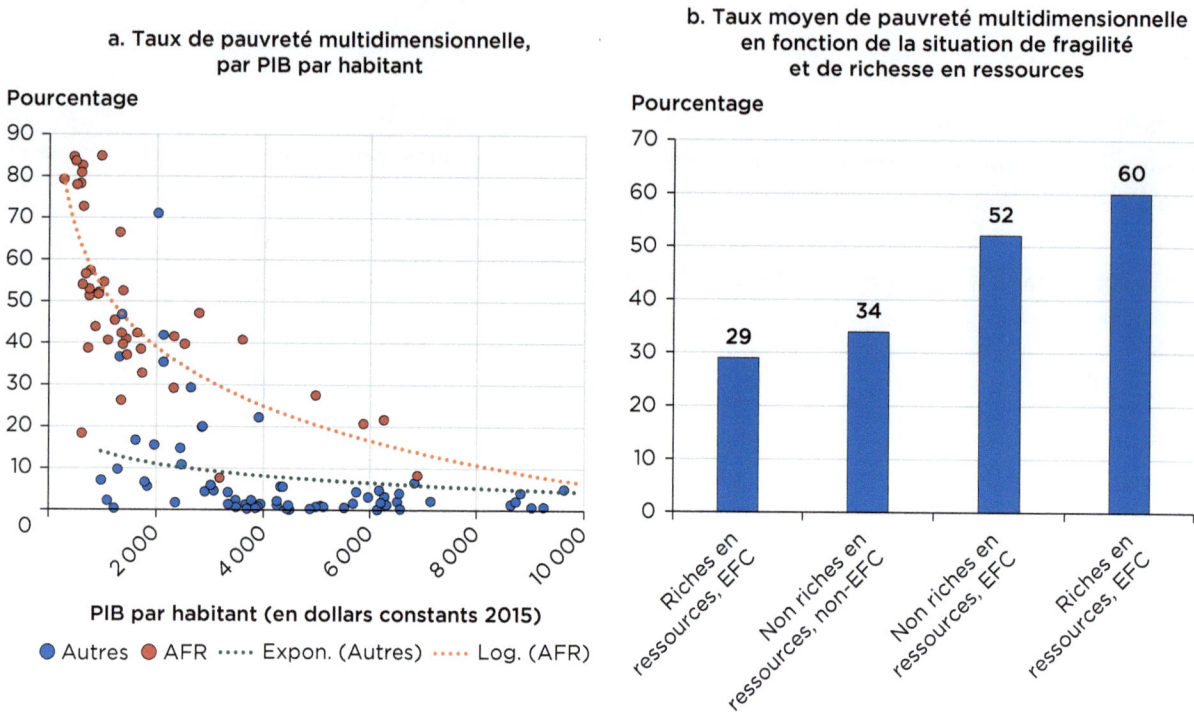

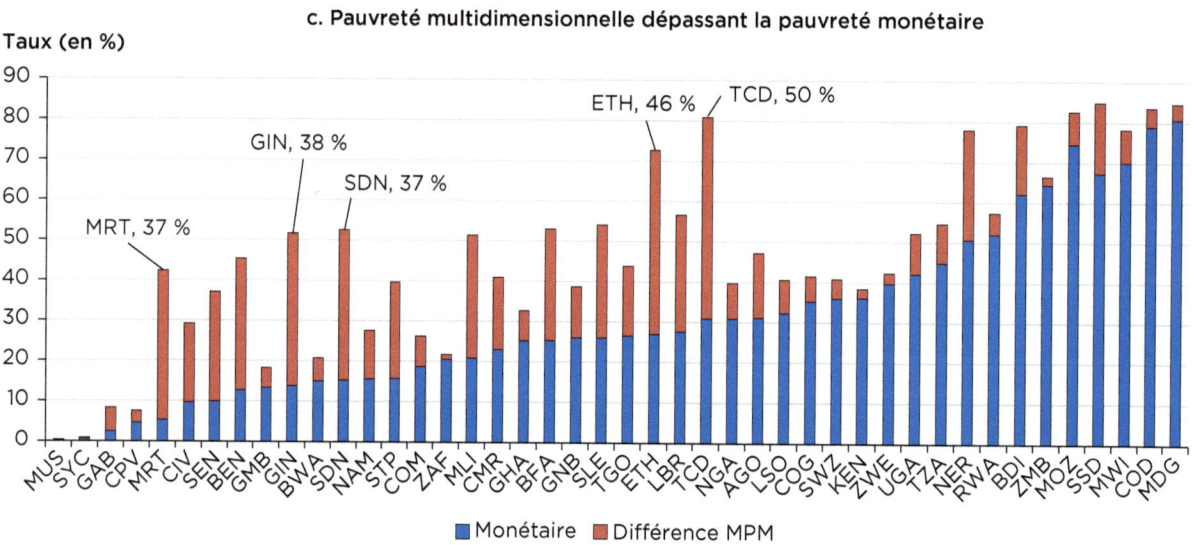

a. Taux de pauvreté multidimensionnelle, par PIB par habitant

Pourcentage

PIB par habitant (en dollars constants 2015)

● Autres ● AFR ····· Expon. (Autres) ····· Log. (AFR)

b. Taux moyen de pauvreté multidimensionnelle en fonction de la situation de fragilité et de richesse en ressources

Pourcentage

- Riches en ressources, EFC : 29
- Non riches en ressources, non-EFC : 34
- Non riches en ressources, EFC : 52
- Riches en ressources, EFC : 60

c. Pauvreté multidimensionnelle dépassant la pauvreté monétaire

Taux (en %)

MRT, 37 %   GIN, 38 %   SDN, 37 %   ETH, 46 %   TCD, 50 %

■ Monétaire ■ Différence MPM

(suite)

FIGURE 2.7 **Pauvreté multidimensionnelle en Afrique** *(suite)*

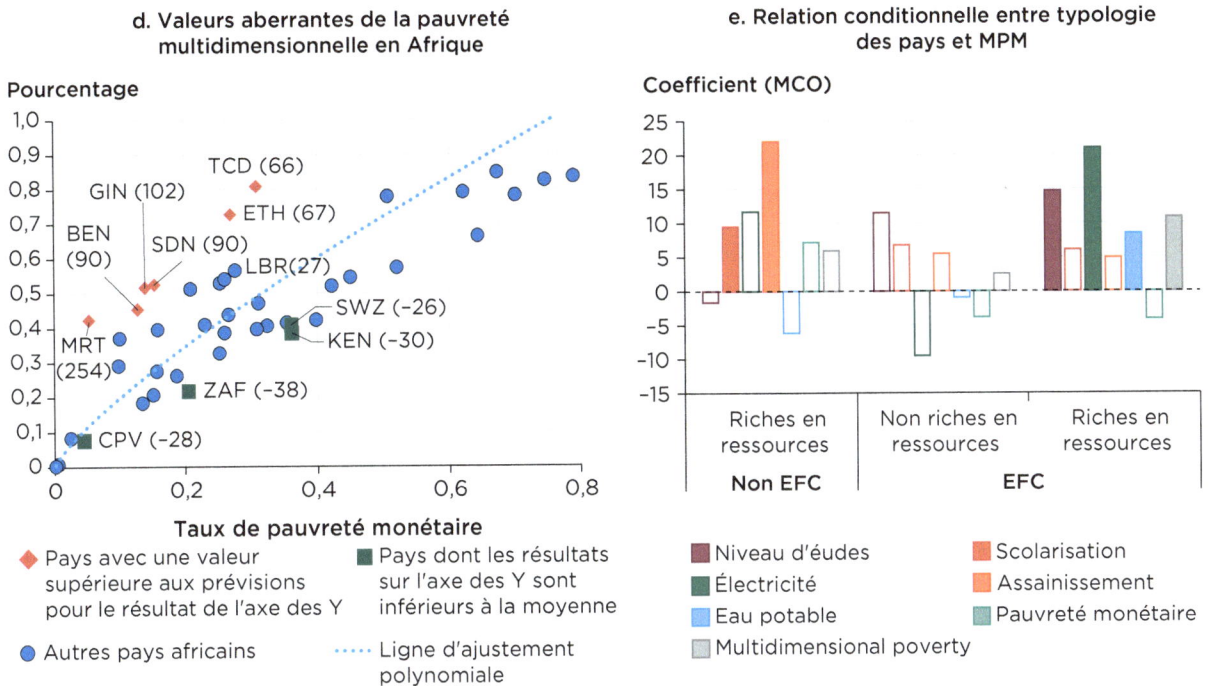

d. Valeurs aberrantes de la pauvreté multidimensionnelle en Afrique

e. Relation conditionnelle entre typologie des pays et MPM

Source : Tabulations basées sur les données de la Banque mondiale 2024a et les données de l'enquête harmonisée sur les ménages pour les pays africains.

Note : L'analyse MPM est limitée au sous-ensemble de pays dont les enquêtes sont suffisamment détaillées pour estimer la MPM. Les valeurs aberrantes de la MPM dans le graphique d sont identifiées sur la base d'un ajustement polynomial. Le graphique e présente les coefficients provenant d'une série de régressions linéaires MCO dans lesquelles la variable dépendante est chacune des dimensions de la MPM (qui inclut la pauvreté monétaire) et de la MPM globale (voir annexe 2B). Les barres indiquent l'effet conditionnel de la typologie des pays sur chaque résultat par rapport à la base de référence des pays qui ne sont ni EFC ni riches en ressources, en tenant compte du logarithme naturel du PIB, du fait qu'un pays est enclavé ou non, et du fait que le résultat se situe dans la première ou la deuxième décennie des années 2000. Un coefficient positif indique des niveaux de privation plus élevés. Les barres pleines reflètent les coefficients qui sont statistiquement significativement différents de zéro. AFR = Afrique subsaharienne ; Expon. = exponentielle ; EFC = État en situation fragile et affecté par un conflit ; PIB = produit intérieur brut ; Log. = logarithme naturel ; MPM = mesure de la pauvreté multidimensionnelle ; MCO = moindres carrés ordinaires. Pour les abréviations des pays, voir https://www.iso.org/obp/ui /#search.

Les privations se manifestent dans de multiples dimensions non monétaires qui présentent un chevauchement considérable (mais pas parfait) avec la pauvreté monétaire, l'accès à des installations sanitaires améliorées étant particulièrement à la traîne. Dans plus de deux tiers des pays d'Afrique, le taux de privation en matière de scolarisation est inférieur au taux de pauvreté monétaire, ce qui indique que même les plus pauvres ont accès à la scolarisation (voir annexe 2A). Cependant, l'accès à des installations sanitaires améliorées, autre élément important pour le développement du capital humain en raison de son impact sur la propagation des maladies, est la dimension dans laquelle la majeure partie de la population est à la traîne. La privation d'accès aux infrastructures de base – eau potable et électricité, en plus de l'assainissement – est supérieure à la MPM dans la plupart des pays. Dans trois d'entre eux – le Burundi, l'Éthiopie et le Soudan – plus de 90 % de la population n'a pas accès à des installations sanitaires améliorées.

Les niveaux de privation dans les pays riches en ressources suggèrent un accès aux services de base plus faible qu'on pourrait s'y attendre au vu de leur niveau de production économique ; cela est particulièrement vrai pour les pays qui sont également touchés par la fragilité (voir figure 2.7e). Si l'on considère le niveau de PIB d'un pays, les pays riches en ressources qui n'ont pas connu d'histoire récente de fragilité affichent des niveaux d'accès à la scolarisation et à l'assainissement plus faibles qu'on pourrait s'y attendre. Pour les pays fragiles ou ayant un passé récent de fragilité, la pauvreté multidimensionnelle est supérieure aux attentes, tout comme le taux de privation du niveau d'éducation de la population adulte, d'électricité et d'eau potable. Cela montre une fois de plus à quel point la malédiction des ressources peut affecter la réduction de la pauvreté dans la région. Aucune relation significative n'est trouvée avec le statut de fragilité, ce qui suggère que les résultats sont largement alignés sur les niveaux de production économique.

Le bien-être monétaire a progressé en Afrique, mais reste loin des niveaux atteints par le reste du monde

L'écart de prospérité de l'Afrique par rapport au reste du monde montre ses progrès limités dans le relèvement des revenus de la population pour les amener au niveau de la norme de prospérité mondiale. L'écart de prospérité représente le facteur moyen par lequel le revenu (ou la consommation) de tous les individus d'un pays ou d'une région doit être multiplié pour atteindre la norme mondiale de prospérité de 25 dollars par personne et par jour (en PPA de 2017 ; voir l'encadré 2.2). En 2023, le revenu des individus en Afrique aurait dû augmenter, en moyenne, d'un facteur d'extrapolation de 12 pour atteindre la norme mondiale de prospérité, contre un facteur d'extrapolation de 5 pour le monde dans son ensemble (voir figure 2.8a). Bien que ces facteurs d'extrapolation soient plus faibles qu'en 2000, où ils étaient respectivement de 17 et 9, la différence entre les facteurs d'extrapolation pour l'Afrique et le monde est passée de 87 % en 2000 à 144 % en 2023. Les pays touchés par la fragilité – en particulier ceux qui sont également riches en ressources – ont de moins bons résultats que les autres groupes de pays, comme le montre leur rôle disproportionné dans l'écart de prospérité de l'Afrique (voir l'annexe 2A).

Le creusement de l'écart de prospérité entre l'Afrique et le monde au cours de la décennie écoulée est lié à la lenteur de la croissance des revenus moyens et à la faible évolution des inégalités. Après un resserrement rapide de l'écart de prospérité pendant la première décennie du siècle, les progrès se sont arrêtés en Afrique depuis le milieu des années 2010. Cette tendance reflète largement ce qui a été observé pour les taux de pauvreté. L'écart de prospérité pour l'Afrique ne s'est que légèrement amélioré entre 2010 et 2019, passant de 13,0 à 11,9. L'impact économique du COVID-19 et la lenteur de la reprise qui s'en est suivie ont fait que l'écart de prospérité est resté inchangé entre 2019 et 2022. La majeure partie de la réduction de la prospérité de la région au cours de la première décennie des années 2000 est due à la croissance des revenus moyens (voir figure 2.8b). L'évolution des inégalités a modérément contribué à la réduction rapide de l'écart de prospérité au cours de cette période. Au cours de la décennie suivante, la contribution des inégalités a été moindre et la croissance du revenu moyen a été beaucoup plus faible, ce qui a entraîné une diminution beaucoup moins forte de l'écart de prospérité. Une analyse plus approfondie montre que la contribution de (la variation de) l'inégalité à la réduction de l'écart de prospérité est due à une légère diminution de l'inégalité entre les pays d'Afrique, les inégalités au niveau national restant pratiquement inchangées. La réduction des inégalités a diminué l'écart de prospérité depuis 2019, mais a été compensée par une baisse des revenus moyens.

ENCADRÉ 2.2
L'écart de prospérité : une mesure intuitive de ce qu'il faut faire pour parvenir à la prospérité pour tous

Bien que le terme de *prospérité partagée* n'ait pas de définition communément admise, une nouvelle mesure appelée écart de prospérité (EP), introduite par Kraay et coll. (2023), lui donne une interprétation intuitive, combinant l'idée de distance par rapport à une norme de prospérité fixe avec la sensibilité à la distribution dans la manière dont les individus sont pondérés en fonction de leur distance par rapport à la norme. L'EP mesure l'insuffisance moyenne globale des revenus par rapport à une norme de prospérité fixée à 25 dollars par jour (ajustée pour tenir compte des différences de parité de pouvoir d'achat entre les pays). Il s'agit du seuil de pauvreté typique (médian) dans les pays à revenu élevé aujourd'hui, qui constitue un point de référence idéal pour la plupart des pays à faible revenu. L'EP est défini comme le facteur moyen par lequel les revenus doivent être multipliés pour que chacun atteigne la norme de prospérité. Une valeur de l'EP supérieure à 1 signale un déficit de prospérité, indiquant la nécessité d'augmenter les revenus d'un multiple moyen égal à l'EP pour atteindre la norme de prospérité.

L'EP se resserre (ou s'améliore) lorsque les revenus augmentent où que ce soit dans le monde, mais il s'améliore davantage lorsque les revenus des plus pauvres augmentent. Par exemple, dans la figure B2.2.1, la personne A, avec un revenu de 2,50 $, contribue cinq fois plus à l'EP que la personne B, qui a un revenu de 12,50 $, et dix fois plus que la personne C, avec un revenu de 25,00 $. Ainsi, l'EP s'améliorerait davantage si le revenu de A augmentait d'un taux donné que si le revenu de B ou de C augmentait dans la même proportion.

L'EP peut être décomposé de manière cohérente entre sous-groupes (zones géographiques ou groupes démographiques) au sein d'un pays ou d'une région, ce qui en fait un outil utile pour évaluer la prospérité partagée des pays et des régions d'une manière qui soit cohérente avec la mesure globale. L'EP peut également être décomposé en revenu moyen et en inégalité, ce qui permet de quantifier la manière dont les réductions des inégalités et les augmentations du revenu moyen contribuent séparément à l'amélioration de l'EP.

(suite)

L'écart de prospérité : une mesure intuitive de ce qu'il faut faire pour parvenir à la prospérité pour tous *(suite)*

FIGURE B2.2.1 **L'écart de prospérité s'améliore davantage lorsque les revenus des plus pauvres augmentent**

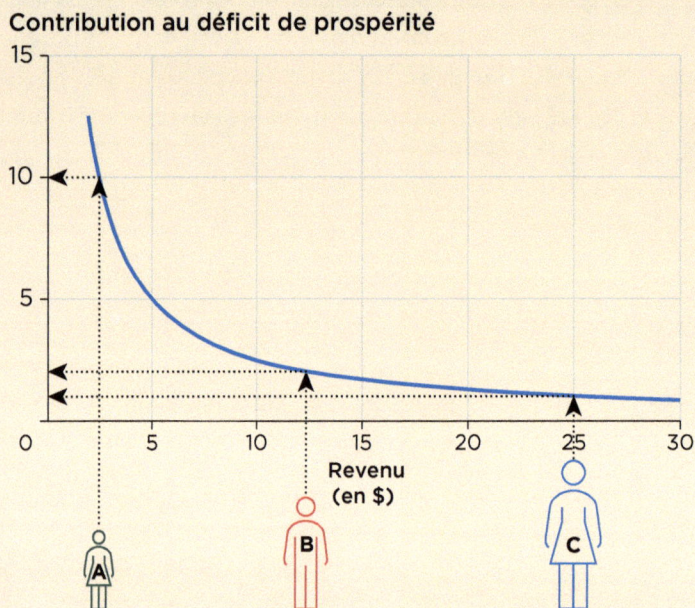

Contribution au déficit de prospérité

Source : D'après Kraay et coll. 2023.

FIGURE 2.8 **Écart de prospérité : une nouvelle mesure de la prospérité partagée**

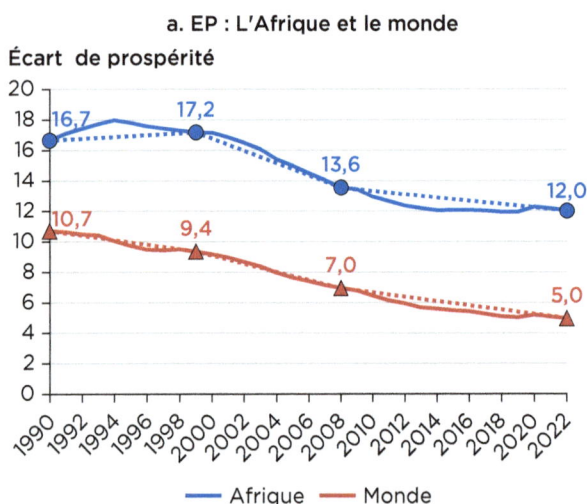

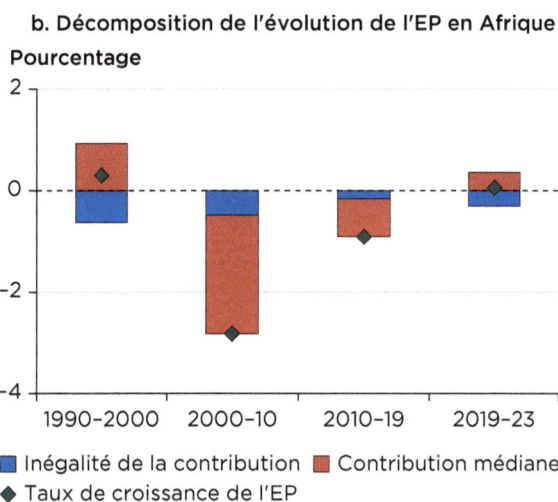

a. EP : L'Afrique et le monde

Écart de prospérité

b. Décomposition de l'évolution de l'EP en Afrique

Pourcentage

— Afrique — Monde

■ Inégalité de la contribution ■ Contribution médiane
◆ Taux de croissance de l'EP

Sources : Tabulations basées sur Banque mondiale 2024a et Kraay et coll. 2023.
Note : EP désigne le facteur moyen par lequel les revenus doivent être multipliés pour atteindre la norme de prospérité mondiale de 25 \$/personne/jour (PPA 2017). Voir l'annexe 2A pour des chiffres supplémentaires.
Afrique = Afrique subsaharienne ; EP = écart de prospérité ; PPA = parité de pouvoir d'achat.

La lenteur de la réduction de la pauvreté dans la région est liée à une croissance faible, inéquitable et inefficace

La réduction de la pauvreté est due à l'augmentation du revenu des ménages plutôt qu'à une répartition plus équitable des revenus

Depuis 2000, la réduction de la pauvreté en Afrique s'explique principalement par la croissance du revenu moyen des ménages, par opposition aux changements dans la distribution du revenu des ménages qui résulteraient d'une croissance plus rapide du revenu des personnes vivant dans la pauvreté. La décomposition de Datt-Ravallion calcule la contribution à la réduction de la pauvreté à partir de deux canaux : la composante de croissance mesure la contribution des changements dans la moyenne de la distribution du bien-être (revenu ou consommation), et la composante de redistribution mesure la contribution des changements dans l'inégalité de la distribution du bien-être. À titre d'illustration, la pauvreté pourrait être réduite sans changement du niveau de revenu moyen si les revenus du haut de la distribution étaient réaffectés aux personnes vivant dans la pauvreté au bas de la distribution. Cette décomposition montre que la croissance du niveau moyen de bien-être a représenté 87 % de la réduction de la pauvreté entre 2000 et 2010 (voir figure 2.9). La redistribution, sous la forme d'une réduction des inégalités en matière de bien-être, a représenté les 13 % restants. Au cours de la période de croissance plus faible,

FIGURE 2.9 Décomposition de la réduction de la pauvreté par la croissance des revenus par rapport à la redistribution des revenus, 2000-2019

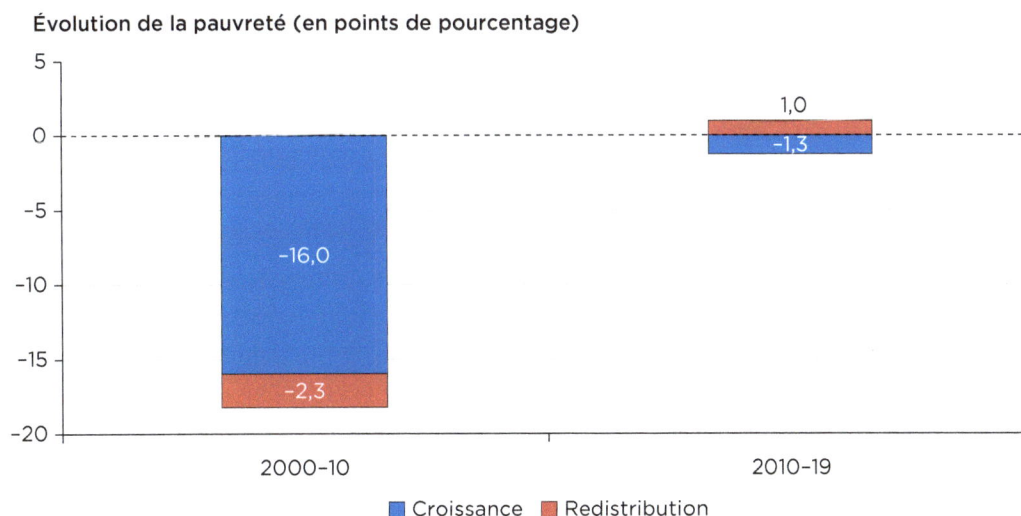

Source : Ce chiffre est basé sur une décomposition de Datt-Ravallion (Datt et Ravallion 1992), utilisant des données harmonisées de l'enquête auprès des ménages d'un sous-ensemble de 17 pays africains disposant de données comparables sur la pauvreté pour les années pertinentes de l'analyse (2000, 2010 et 2019).

de 2010 à 2019, la croissance a été à l'origine de la totalité de la réduction de la pauvreté observée dans la région, et l'augmentation des inégalités a eu un effet inverse, réduisant l'ampleur de la réduction de la pauvreté au cours de cette période. Bien que la croissance ait été le principal moteur de la réduction de la pauvreté dans la région, l'absence de redistribution constitue une occasion manquée de poursuivre la réduction de la pauvreté. Les fortes inégalités observées dans la région suggèrent cependant qu'il existe des gains potentiels importants à réaliser par la redistribution, en particulier dans les pays riches en ressources naturelles qui ne sont pas en situation de fragilité.

La réduction de la pauvreté a été limitée par une faible croissance économique

Le ralentissement de la réduction de la pauvreté depuis le milieu des années 2010 suit de près le ralentissement de la croissance du PIB dans la région, qui comprend une période prolongée de croissance du PIB par habitant négative (voir figure 2.10). Après près de deux décennies d'expansion économique rapide (1996-2014), la croissance dans la région a commencé à s'essouffler dans les années qui ont précédé la pandémie de COVID-19. La croissance du PIB est passée d'un taux annuel moyen de 5 % sur la période 2000-2014 à 2,4 % sur la période 2014-2019. Plusieurs facteurs ont joué un rôle, notamment la volatilité des prix des produits de base et la faiblesse des exportations, qui ont particulièrement affecté les pays riches en ressources (Banque mondiale 2019a). Un défi plus ancien du côté de l'offre a été la croissance relativement faible de la productivité du travail dans la région, la croissance provenant principalement de l'accumulation de facteurs et de la contribution limitée de la croissance de la productivité totale des facteurs (Calderón 2021). De même, bien que l'accumulation de capital public ait été un moteur important de la croissance de la productivité du travail, il semble que cet investissement public ait été inefficace (Calderón 2021).

La croissance démographique rapide de la région a ralenti l'éradication de la pauvreté et contribué à la baisse du taux de convergence du PIB par habitant. En bref, la région a besoin d'une croissance moyenne supérieure à 3 % par an pour se maintenir au niveau de la croissance démographique. Depuis 2014, la croissance est à peine à ce niveau, de sorte que le PIB régional réel par habitant en 2021 était inférieur de 5 % par rapport à celui de 2014. De ce fait, lorsque l'écart de PIB par habitant entre les pays à faible revenu et les économies avancées s'est réduit sur la période 2000-2019, la convergence a été plus lente pour les pays africains que pour le monde en développement dans son ensemble. Des recherches récentes montrent que, bien que les pays pauvres réduisent leur retard sur les pays riches en termes de PIB par habitant depuis le milieu des années 1990 (convergence inconditionnelle), le coefficient de convergence sans les pays africains est nettement plus élevé qu'avec ces pays, ce qui indique que ces derniers freinent la convergence globale (Patel, Sandefur et Subramanian 2021).

FIGURE 2.10 PIB et croissance démographique en Afrique

Pourcentage

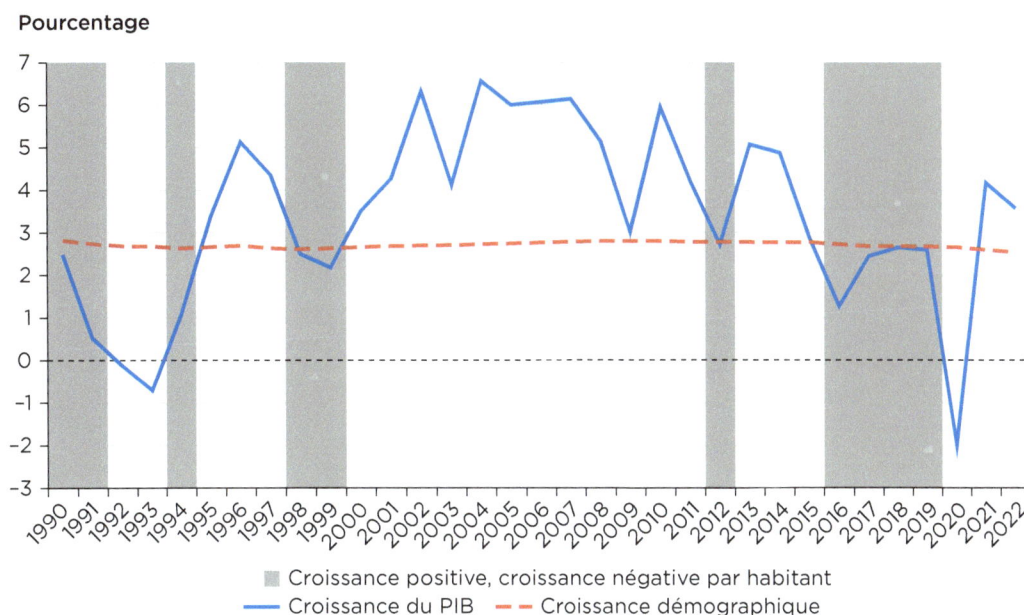

Source : Tabulations basées sur les indicateurs de développement mondial de la Banque mondiale.
Note : Afrique = Afrique subsaharienne ; PIB = produit intérieur brut.

Les grandes économies de la région – en particulier celles qui sont riches en ressources naturelles – ont vu leur croissance chuter considérablement dans les années 2010. En analysant la résilience de la croissance des pays par comparaison de la croissance du PIB de 1995-2008 à celle de 2015-2019, la Banque mondiale (2019) constate que 21 pays de la région, représentant 64 % du PIB et 42 % de la population de la région, ont connu une baisse de performance. Ce groupe comprend des pays d'Afrique australe ainsi que le Nigeria, plus grande économie de la région et où vit 16 % de la population pauvre de la région. En fait, la plus forte baisse de la croissance a été enregistrée par les pays riches en ressources naturelles qui ne souffrent pas de fragilité, ce qui reflète à la fois leur succès significatif au début des années 2000 et le fait que leur croissance dépend des prix des produits de base (voir figure 2.11). Ces pays ont enregistré une croissance moyenne par habitant de plus de 3 % par an avant la crise de 2009, mais la reprise après la crise de 2009 a été de courte durée, car les taux de croissance ont de nouveau chuté en 2015, entraînant une croissance du PIB par habitant négative entre 2012 et 2019. La tendance était similaire, bien que moins prononcée, pour les pays riches en ressources naturelles et fragiles. En moyenne, seuls les pays africains non riches en ressources sont parvenus à réaliser une croissance du PIB par habitant positive dans les années 2010, les pays fragiles de ce groupe ayant connu une augmentation de la croissance par rapport à la première décennie.

FIGURE 2.11 Croissance du PIB par habitant par typologie, 2000-2022

a. Pays riches en ressources

Croissance annuelle du PIB par habitant

b. Pays non riches en ressources

Croissance annuelle du PIB par habitant

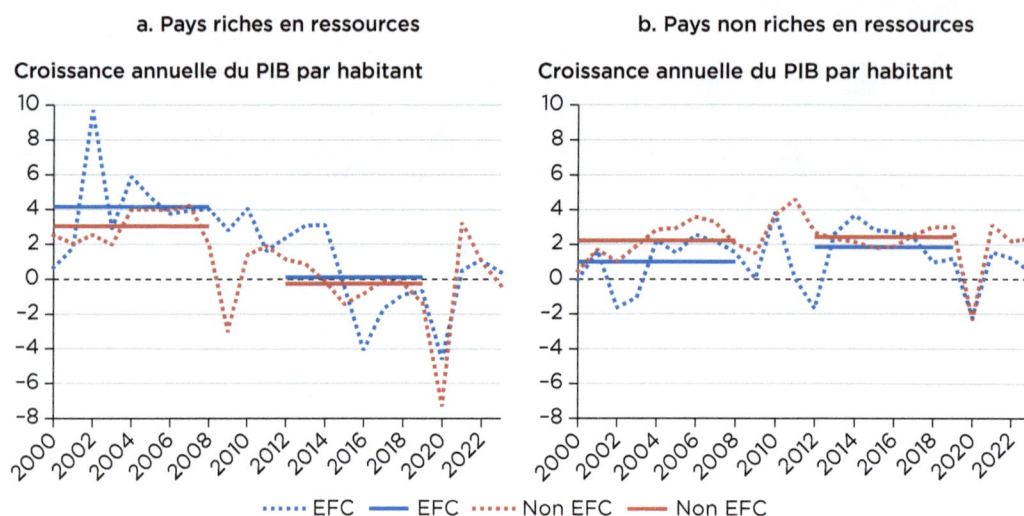

········ EFC ▬▬ EFC ········ Non EFC ▬▬ Non EFC

Source : Indicateurs du développement mondial.

Note : Les lignes épaisses indiquent la croissance moyenne du PIB par habitant sur les deux séries d'années suivantes : 2000-2008 et 2012-2019. EFC = États en situation de fragilité et affectés par un conflit ; PIB = produit intérieur brut.

La réduction de la pauvreté a été limitée par une croissance qui est également moins efficace pour réduire la pauvreté

La réduction de la pauvreté dépend non seulement des taux de croissance économique par habitant, mais aussi de la mesure dans laquelle la croissance se traduit par des améliorations du bien-être au bas de l'échelle des revenus (c'est-à-dire l'efficacité de la croissance à réduire la pauvreté (GEP)). En ce sens, la croissance dans la région n'a pas été très efficace pour réduire la pauvreté. En moyenne, la croissance économique dans les pays d'Afrique a été moins efficace pour réduire la pauvreté que dans le reste du monde. Même pendant la période de forte croissance de l'Afrique, des préoccupations ont été exprimées quant à la mesure limitée dans laquelle cette croissance a bénéficié à la population pauvre (voir, par exemple, Bhorat et Naidoo 2018 ; Fosu 2023 ; Thorbecke 2023). Une analyse complète de la période comprise entre 1981 et 2021, fondée sur un échantillon de 575 épisodes de croissance successifs et comparables pour des pays du monde entier entre 1981 et 2021, révèle que la croissance économique en Afrique a moins réduit la pauvreté que dans d'autres régions parce que la GEP a été systématiquement plus faible (Wu et coll. 2024).[9] La GEP médiane en Afrique s'avère être la plus faible de toutes les régions à la fois pour la croissance de la consommation des ménages et le PIB par habitant (voir figure 2.12a). L'écart est plus important quand la GEP est exprimée en croissance du PIB par habitant, mesure par laquelle l'Afrique se classe de très loin au dernier rang des régions du monde.[10] L'élasticité de la pauvreté par rapport à la croissance du PIB par habitant n'a pas changé de manière significative au fil du temps, ce qui constitue une preuve supplémentaire que le ralentissement de la croissance est le principal moteur du récent ralentissement de la réduction de la pauvreté, au niveau mondial comme en Afrique.

La GEP de la croissance du PIB est plus faible en Afrique que dans les autres régions, même après prise en compte des différences initiales en matière de pauvreté, de niveaux de revenus et d'inégalité. Bien que les GEP moyennes des pays africains soient inférieures (comme indiqué précédemment), cela pourrait s'expliquer par des différences dans certaines conditions initiales des pays. Par exemple, il est à prévoir qu'un pays pauvre aura une GEP plus faible, car son taux de pauvreté devrait changer davantage pour produire le même pourcentage de variation de la pauvreté qu'un pays dont le taux de pauvreté initial serait plus faible. Après prise en compte des taux de pauvreté initiaux, des valeurs médianes de bien-être initial et de l'inégalité initiale pour chaque épisode de croissance du pays, on constate toutefois que la croissance du PIB par habitant en Afrique est toujours associée à un rythme de réduction de la pauvreté

FIGURE 2.12 Élasticité de la réduction de la pauvreté par rapport à la croissance

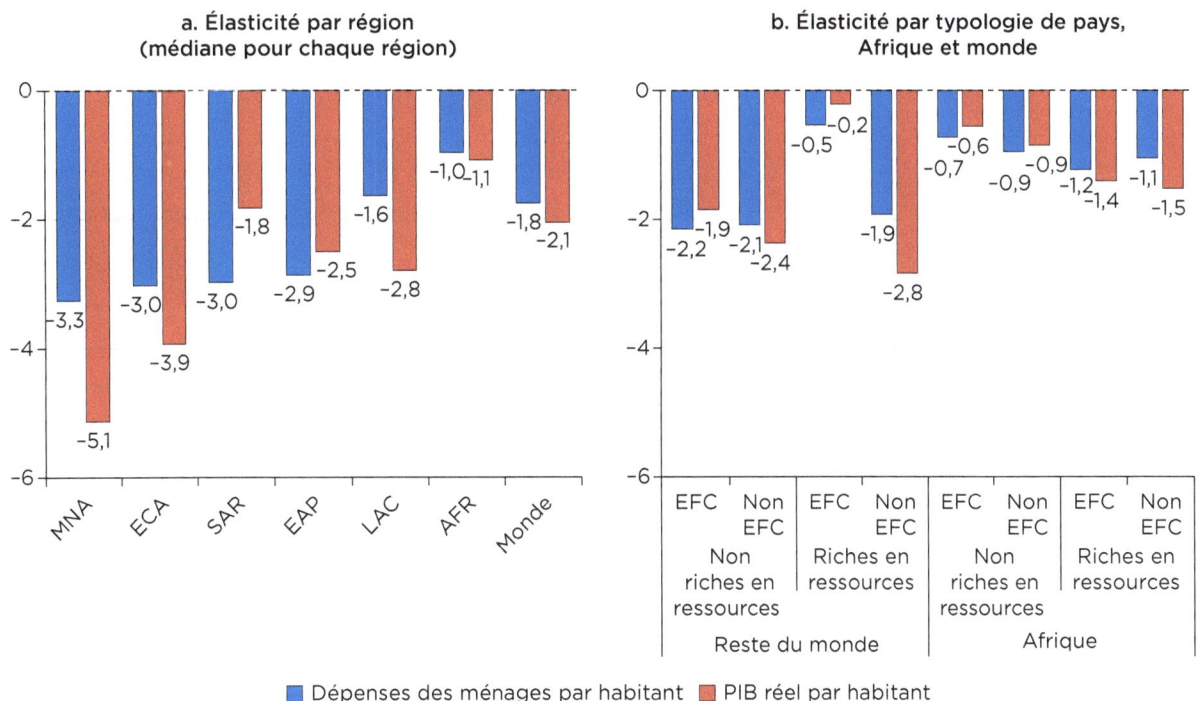

Source : Wu et coll. 2024. Voir méthodologie en annexe 2C.
Note : Basé sur l'élasticité de la variation de la pauvreté par rapport à la croissance des dépenses des ménages et du PIB par habitant, pour tous les épisodes qui ne se chevauchent pas et pour lesquels des données sont disponibles pour chaque pays, entre 1990 et 2019 (limité aux cas où le taux de pauvreté > 2 % et winsorisé pour éliminer les valeurs aberrantes). Afrique = Afrique subsaharienne ; EAP = Asie de l'Est et Pacifique ; ECA = Europe et Asie centrale ; EFC = situation fragile et affectée par un conflit ; PIB = produit intérieur brut ; LAC = Amérique latine et Caraïbes ; MNA = Moyen-Orient et Afrique du Nord ; SAR = Asie du Sud.

nettement plus lent que dans les autres régions.[11] Le regroupement des pays par typologie révèle que les pays de la région sont à la traîne des pays du même groupe dans le reste du monde en ce qui concerne l'élasticité de la réduction de la pauvreté (voir figure 2.12b). La seule exception concerne les pays africains riches en ressources et en situation de fragilité, qui obtiennent de meilleurs résultats que les pays extérieurs à la région.

Il ressort de la littérature sur la croissance internationale et de la recherche sur les déterminants du bien-être des ménages que trois grandes catégories de variables – capital humain, structure économique et dépendance vis-à-vis des ressources naturelles – influencent le lien entre la croissance économique et le bien-être des ménages.[12] Ces constatations suggèrent l'importance du développement du capital humain, de la transformation structurelle et de la diversification économique pour répartir plus largement les bénéfices de la croissance économique. L'amélioration de l'enseignement primaire, ainsi que l'assainissement de base et l'eau potable, qui sont susceptibles de réduire la charge de morbidité, peuvent favoriser la mobilité ascendante des personnes pauvres par l'amélioration du capital humain, et la transformation structurelle accroît les possibilités pour les travailleurs de se tourner vers des activités à plus forte productivité. Ces effets s'ajoutent aux effets positifs directs de la transformation structurelle et de l'amélioration du capital humain sur la croissance économique elle-même. Une plus grande diversification de l'économie par rapport à la dépendance vis-à-vis des ressources naturelles est associée à une croissance qui améliore davantage le bien-être, peut-être parce que la croissance fondée sur les ressources naturelles peut avoir des effets plus limités en termes de création d'emplois et de retombées sous forme de revenus dans d'autres secteurs.

En général, les pays d'Afrique sont en retard par rapport au reste du monde en ce qui concerne les facteurs associés à la réduction de la pauvreté plus sensibles à la croissance. En moyenne, les variables qui amplifient l'effet de la croissance économique – scolarisation primaire, taux d'alphabétisation et accès à l'électricité et à l'eau potable notamment – sont plus rares dans les pays africains, et les variables qui inhibent l'effet de réduction de la pauvreté de la croissance – emploi et valeur ajoutée dans l'agriculture, dépendance vis-à-vis des ressources naturelles – sont plus abondantes (voir annexe 2D, tableau D2.4).

Les inégalités structurelles ralentissent la réduction de la pauvreté en Afrique en limitant la mobilité, la transformation structurelle et l'efficacité de la croissance

Une part importante de l'inégalité des résultats entre les ménages de la région est imputable à une inégalité structurelle de longue date résultant de défaillances du marché, d'un accès inégal au capital humain et d'un manque d'opportunités pour les femmes. Une analyse de décomposition à l'échelle nationale basée sur Fields (2003) reflète l'importance relative de ces sources clés d'inégalités structurelles.[13] Cette analyse montre que, sur les 40 % d'inégalités qui peuvent être expliquées par des caractéristiques de base des ménages (voir la note relative à la figure 2.13), trois caractéristiques en représentent les deux tiers :[14] le taux de fécondité plus élevé des ménages pauvres, les inégalités spatiales importantes au sein des pays et l'accès limité à l'enseignement tertiaire.

• Les obstacles structurels qui limitent les possibilités et l'action des femmes et des filles contribuent à la forte fécondité de la région, notamment les taux élevés de naissances chez les adolescentes, étroitement liés aux mariages précoces. Dans l'ensemble de la région, on dénombre 100,4 naissances pour 1 000 chez les adolescentes (contre 53,4 pour l'Amérique latine et les Caraïbes, la région suivante) en 2021. Il s'agit d'un point particulièrement préoccupant, car l'Afrique n'a pas connu les baisses importantes observées dans d'autres régions où la fécondité des adolescentes était élevée en 2000, notamment l'Asie du Sud, l'Amérique latine et les Caraïbes. Les taux de dépendance élevés qui en résultent pour les ménages pauvres (le nombre relatif d'enfants par rapport aux adultes) constituent le principal facteur d'inégalité des revenus en général, qui explique près d'un quart des inégalités.

FIGURE 2.13 **Facteurs contribuant à l'inégalité en Afrique**

a. Cinq principaux facteurs contribuant à l'inégalité des ménages, par typologie de pays

b. Évolution des taux de fécondité des adolescentes par région, 2000-2021

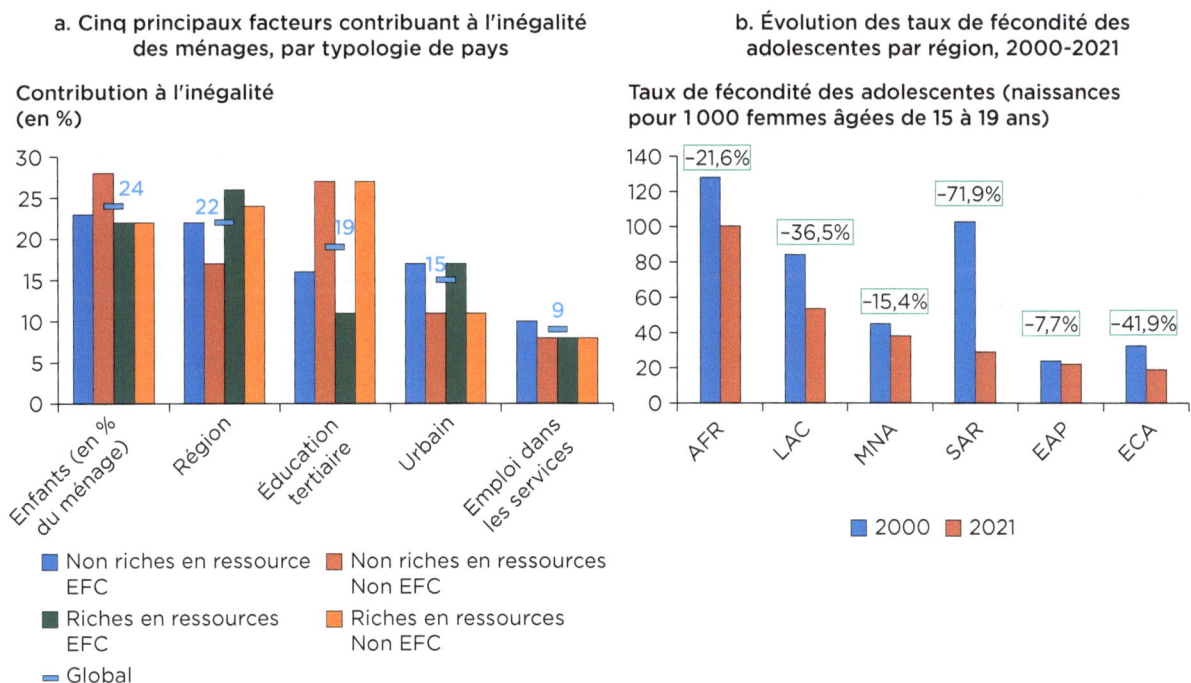

Sources : Graphique a basé sur la Banque mondiale 2024a panel b basé sur les indicateurs du développement mondial. *Note :* Le graphique a rapporte les résultats des décompositions basées sur la régression moyenne pour un ensemble de pays. La méthodologie est présentée en annexe 1F. La figure b présente l'évolution des taux de fécondité des adolescentes entre 2000 et 2021 par région pour les pays membres de la Banque internationale pour la reconstruction et le développement ou de l'Association internationale de développement. AFR = Afrique subsaharienne ; EAP = Asie de l'Est et Pacifique ; ECA = Europe et Asie centrale ; EFC = situation fragile et affectée par un conflit ; MNA = Moyen-Orient et Afrique du Nord ; SAR = Asie du Sud.

- L'inégalité spatiale entre les régions explique 22 % des inégalités, et est particulièrement importante dans les pays riches en ressources. Elle reflète les défaillances et les frictions du marché qui entraînent une concentration spatiale des activités commerciales et des emplois mieux rémunérés dans certaines régions, tandis que d'autres régions sont en difficulté en raison d'un manque d'accès aux marchés et aux infrastructures (par manque de routes par exemple). Cet effet s'ajoute aux inégalités dues au clivage urbain/rural, qui représente à lui seul 15 % des inégalités. Ensemble, les inégalités régionales et urbaines/rurales représentent donc un tiers des inégalités.

- L'accès limité à l'enseignement supérieur explique les 19 % supplémentaires. Les pays d'Afrique voient des primes importantes associées à l'enseignement supérieur, en particulier dans les pays non EFC. Cela peut refléter une combinaison de deux canaux. Les salaires plus élevés peuvent refléter une plus grande productivité, mais ils peuvent aussi refléter une prime à la compétence plus élevée en raison de la faible offre de main-d'œuvre qualifiée due à la forte inégalité de richesse intergénérationnelle de la région et à l'accès extrêmement limité à l'éducation au-delà de l'enseignement de base, en particulier au niveau universitaire.

Le chapitre 1 a introduit le concept d'inégalité structurelle et a établi son importance pour la croissance économique et la réduction de la pauvreté en Afrique. Trois voies ont été identifiées par lesquelles l'inégalité structurelle a sapé la réduction de la pauvreté en Afrique :

- En réduisant les possibilités de mobilité ascendante,

- En sapant la transformation structurelle de la région, et

- En réduisant l'efficacité de la croissance à réduire la pauvreté.

Ces trois canaux sont étudiés plus en détail ici.

Les inégalités structurelles limitent la mobilité ascendante et renforcent les trappes à bas revenus

La faible capacité de production des personnes pauvres réduit le potentiel de croissance économique de la région tout en limitant les possibilités de sortir des trappes à bas revenus pour une grande partie de la population africaine. Certaines des principales contraintes dans la région ressortent du tableau croisé des caractéristiques des différents segments de revenus de la population africaine (voir figure 2.14). Celles-ci sont fortement associées aux sources d'inégalité structurelle identifiées précédemment : celles fondées sur le sexe, sur la localisation et sur l'accès aux services, en particulier à l'enseignement supérieur. La démographie des ménages est importante : le nombre d'enfants dans le ménage et le taux de dépendance tendent à être progressivement plus élevés pour les ménages situés en bas de l'échelle économique. Le fait de ne pas avoir fait d'études secondaires, d'être employé dans l'agriculture et d'habiter en zone rurale est également associé à un niveau de bien-être inférieur pour les ménages. Les personnes pauvres ont également moins de chances d'avoir accès à des services de base tels que l'eau et l'assainissement améliorés et, en particulier, l'électricité, ainsi qu'à des moyens de communication et d'information tels que les téléphones portables, la radio et la télévision. Il ne s'agit pas seulement d'intrants essentiels à la constitution du capital humain, mais aussi de productivité du travail et d'opportunités économiques, y compris dans l'agriculture et les microentreprises, qui représentent une part importante de l'emploi dans la région.

FIGURE 2.14 Profils de pauvreté et d'inégalité, selon la démographie, l'éducation et les moyens de subsistance

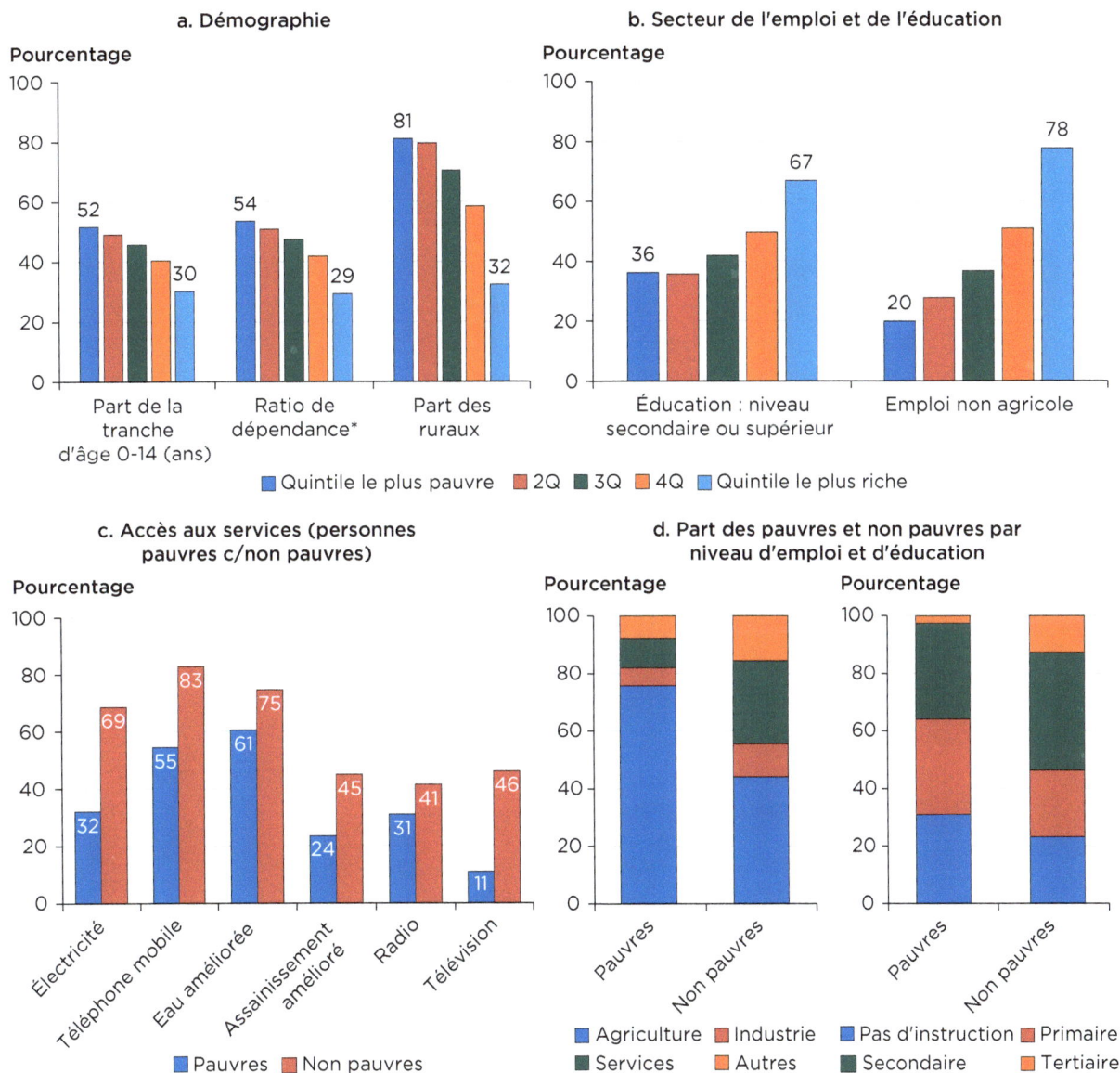

a. Démographie

b. Secteur de l'emploi et de l'éducation

c. Accès aux services (personnes pauvres c/non pauvres)

d. Part des pauvres et non pauvres par niveau d'emploi et d'éducation

Sources : Tabulations basées sur la base de données du Global Monitoring et les indicateurs du développement mondial.

Note : Quintiles selon la consommation par habitant pour l'ensemble de l'Afrique subsaharienne. Pour le ratio de dépendance, quintiles des ménages ; pour le reste, quintiles de la population totale. Pauvres contre non pauvres suivant le seuil de 2,15 $/jour (PPA 2017). PPA = parité de pouvoir d'achat ; Q = quintile.

La mobilité ascendante des pauvres est limitée par un degré élevé d'inégalité des chances qui affecte également la trajectoire de la croissance économique. Dans les pays africains, la mobilité intergénérationnelle dans l'éducation, qui est un résultat direct de l'inégalité des chances dans l'enfance, est en moyenne bien inférieure à celle du monde en développement, plusieurs pays se situant dans le quintile inférieur du monde (Narayan et al. 2018 ; Van der Weide et coll. 2024 ; voir aussi Suarez et coll. 2015). Ainsi, dans la plupart des pays d'Afrique, le statut social des parents (exprimé par le niveau d'études) a une forte influence sur le niveau scolaire atteint par la progéniture, ce qui indique un manque de mobilité sociale qui, dans certains pays, est l'une des plus faibles au monde. Les données internationales montrent une forte corrélation entre mobilité intergénérationnelle faible et forte inégalité des revenus et entre une plus grande mobilité intergénérationnelle dans l'éducation au sein d'une génération associée à une croissance économique plus forte et une moindre pauvreté lorsque cette génération atteint l'âge adulte (Narayan et al. 2018). L'ampleur de la mobilité intergénérationnelle est analysée plus en détail au chapitre 3 du présent rapport.

L'inégalité fondée sur le genre constitue une source d'inégalité structurelle dont l'effet sur la réduction de la pauvreté et la croissance dans la région est particulièrement fort. L'inégalité des chances pour les femmes et les filles compromet l'accumulation de capital humain et leurs perspectives de mobilité intergénérationnelle (Delprato, Akyeampong et Dunne 2017). Certaines normes sociales, et dans certains cas des restrictions légales, entraînent également l'iniquité de la répartition des ressources et du temps au sein des ménages, ce qui limite encore davantage l'action et l'indépendance économique des femmes. Ces iniquités ont une incidence directe sur la forte fécondité des adolescentes, qui a peut-être l'effet le plus concret sur la croissance et la réduction de la pauvreté dans la région. Tous ces facteurs se traduisent par d'importants écarts entre les hommes et les femmes en matière de résultats économiques, notamment en ce qui concerne le rendement de l'entrepreneuriat (écart de 31 % des bénéfices au Malawi, de 49 % en République démocratique du Congo et de 45 % en Éthiopie) (Banerjee et al. 2014 ; Banque mondiale 2019b) et les rendements agricoles (13 % en Ouganda, 25 % au Malawi et 23 % en Éthiopie). L'incidence des inégalités de genre sur la pauvreté et les résultats en Afrique est étudiée plus en détail dans le point fort 2 (genre) de ce rapport.

La région accuse un retard important par rapport au reste du monde en matière de développement du capital humain, d'offre d'un enseignement de qualité et de réduction des écarts entre les sexes (comme le montre le chapitre 3), malgré des progrès significatifs dans la plupart des pays de la région, dont témoigne le faible taux de privation en matière de scolarisation des enfants d'âge scolaire par rapport à celui des générations précédentes. Cela représente un changement intergénérationnel significatif dans l'accès à l'enseignement de base et un potentiel de développement du capital humain, en particulier pour les femmes. Bien qu'il existe un écart significatif entre les sexes chez les adultes en fin de cycle primaire dans la plupart des pays de la région, les taux de scolarisation primaire récents tendent à présenter des écarts nettement moins prononcés entre les sexes (voir figure 2.15). Il est important de remarquer que pour les

FIGURE 2.15 **Écart entre les sexes en matière de privation d'accès à l'éducation**

Écart entre les sexes (en pp)

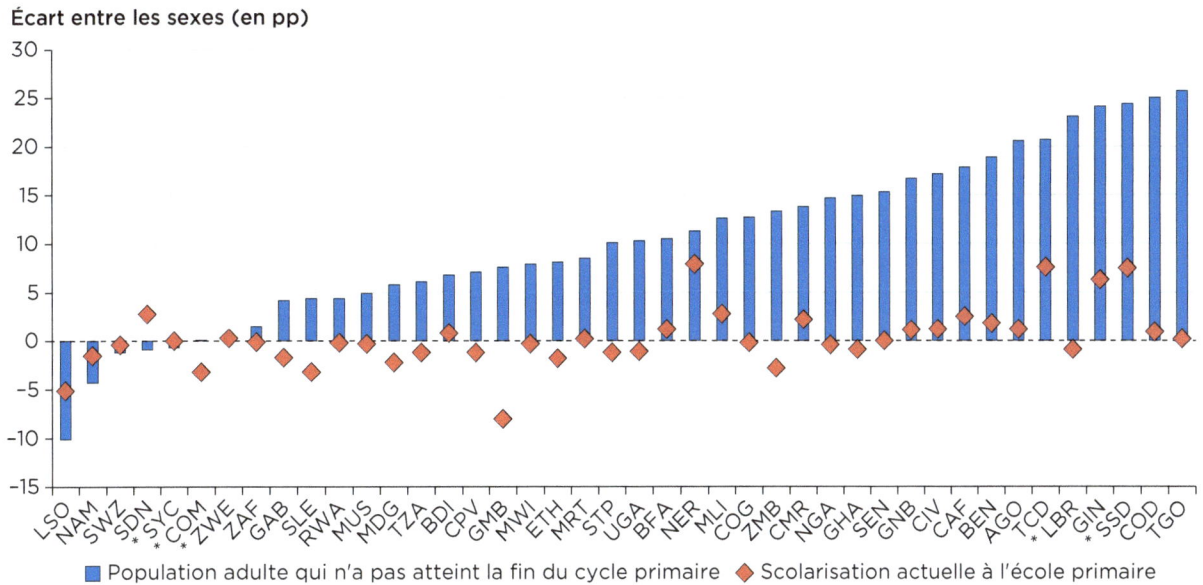

■ Population adulte qui n'a pas atteint la fin du cycle primaire ◆ Scolarisation actuelle à l'école primaire

Sources : Tabulations basées sur Banque mondiale 2024a et les indicateurs de développement mondial.
Note : L'écart entre les sexes est la part du taux de privation des femmes et des filles qui dépasse celle des hommes et des garçons. Des valeurs négatives indiquent que les hommes et les garçons présentent un taux de privation plus élevé que les femmes et les filles. En raison de différences d'une enquête à l'autre, un astérisque signale les pays dans lesquels l'indicateur utilisé était la population adulte ayant été scolarisée, sans indication de niveau, plutôt que la population adulte ayant atteint la fin du cycle primaire. pp = point de pourcentage. Pour les abréviations des noms de pays, voir https://www.iso.org/obp.ui/#search.

perspectives de croissance et d'inclusion de la région, un meilleur accès à l'enseignement de base ne se traduit pas automatiquement par un apprentissage et un renforcement des compétences. Ce point est examiné plus en détail au chapitre 3.

L'inégalité structurelle contribue à la lenteur de la transformation structurelle et à la limitation de la création d'emplois

L'inégalité structurelle peut également avoir contribué à la lenteur de la transformation structurelle de la région et à la faible croissance de la productivité du travail qui en résulte. En s'appuyant sur l'analyse de Duclos et O'Connell (2015), deux moyens clairs par lesquels l'inégalité structurelle génératrice de pauvreté peut affecter la composition de la croissance de la région sont, premièrement, les imperfections régressives du marché, telles que le fait de ne faire crédit qu'à des personnes détentrices de richesse (pour la garantie) en raison des défaillances de l'information et de l'application et, deuxièmement, les distorsions d'origine politique, telles que les institutions qui favorisent les entreprises en place par l'allocation de ressources publiques ou des politiques conçues pour dissuader la concurrence.

Ces distorsions entraînent une mauvaise répartition des ressources entre les secteurs et les entreprises, influençant ainsi la composition de la croissance et le rythme de la transformation structurelle. Elles contribueraient à expliquer la faible croissance de la productivité et la lenteur de la transformation structurelle observées aujourd'hui dans la région.

La croissance économique de l'Afrique est dominée par des services à faible productivité et le secteur de l'agriculture y reste le principal pourvoyeur d'emplois. Cette croissance axée sur les services et la forte dépendance à l'égard de l'agriculture à faible productivité limitent les possibilités pour les ménages d'utiliser leur capacité de production pour augmenter leurs revenus, même dans les économies en croissance. La part de l'agriculture (en termes de valeur ajoutée) dans le PIB, bien que nettement inférieure à celle des services et de l'industrie, reste plus élevée en Afrique que dans toute autre région, à l'exception de l'Asie du Sud (voir figure 2.16b). Ce secteur emploie la plus grande proportion de travailleurs, même si la valeur ajoutée par travailleur, ou la productivité du travail dans l'agriculture est la plus faible des trois secteurs, comme le montre la forte proportion de ménages agricoles parmi les pauvres (voir figure 2.14d). La dépendance à l'égard de l'agriculture pour les moyens de subsistance implique une dépendance importante des ménages vis-à-vis des ressources naturelles et des précipitations, ce qui rend de nombreux ménages très vulnérables aux effets du changement climatique. Comme indiqué précédemment, dans l'ensemble des pays, la

FIGURE 2.16 Composition sectorielle de la croissance et de la valeur ajoutée

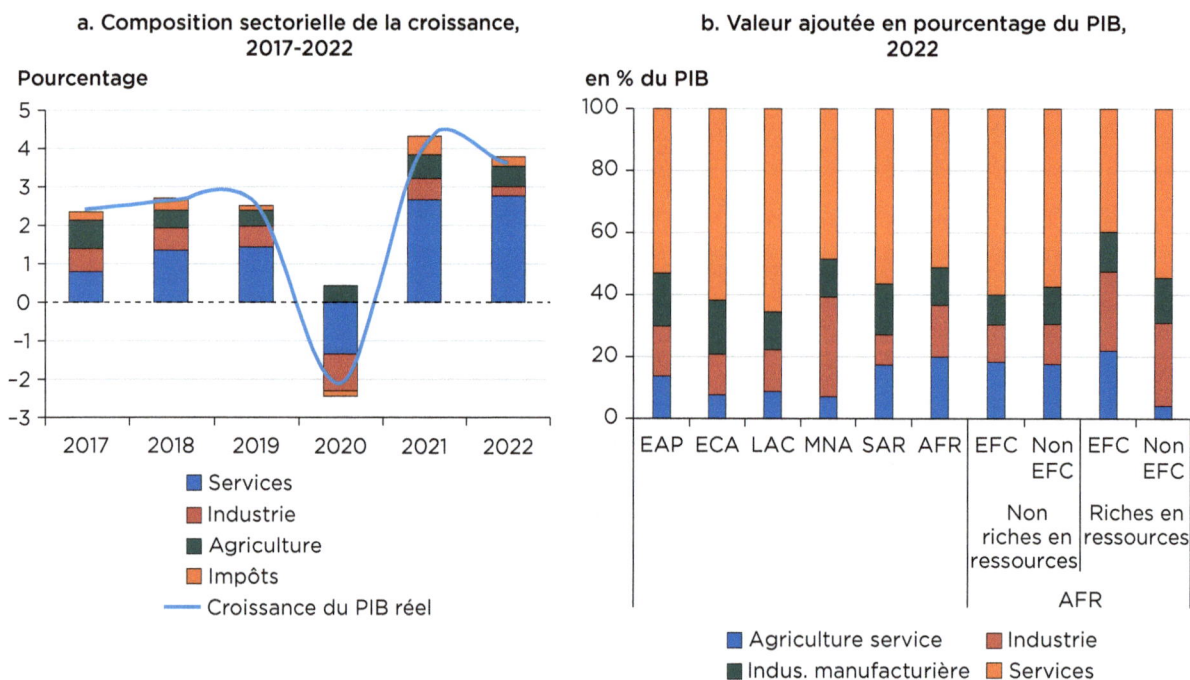

a. Composition sectorielle de la croissance, 2017-2022

b. Valeur ajoutée en pourcentage du PIB, 2022

Sources : Graphique a, Banque mondiale 2024b ; graphique b, Indicateurs de développement mondial
Note : Dans le graphique a, les cumuls régionaux ne comprennent pas les pays à revenu élevé. AFR = Afrique subsaharienne ; EAP = Asie de l'Est et Pacifique : ECA = Europe et Asie centrale ; EFC = États en situation de fragilité et affectés par des conflits ; PIB = produit intérieur brut ; LAC = Amérique latine et Caraïbes ; MNA = Moyen-Orient et Afrique du Nord ; SAR = Asie du Sud.

Partir sur un pied d'égalité

part plus importante de l'emploi et de la valeur ajoutée dans l'agriculture est associée à un lien plus faible entre la croissance du PIB et le niveau de vie moyen des ménages.

La valeur ajoutée manufacturière de l'Afrique en pourcentage du PIB est la plus faible au monde, ce qui correspond à ce que l'on a appelé la « désindustrialisation prématurée » de l'Afrique (McMillan et Zeufack 2022 ; voir figure 2.16b). Cette situation limite le potentiel de création d'emplois, car l'industrie manufacturière est largement considérée comme une source d'emplois de qualité pour les pays à faible revenu, sur la base de l'expérience de l'Asie de l'Est. En fait, la recherche montre que l'Afrique connaît un pic de la part de l'emploi dans l'industrie manufacturière à des niveaux de PIB par habitant bien moins élevés, en raison d'une combinaison de facteurs liés à l'évolution de la demande, à la mondialisation et aux progrès technologiques (Goldberg et Reed, 2023 ; Rodrik, 2016). La transformation structurelle dans la région a plutôt pris la forme d'un déplacement des travailleurs de l'agriculture vers les services. Ce déplacement pourrait accroître les inégalités : les résultats d'une analyse transnationale suggèrent une corrélation entre le déplacement de la part de l'emploi de l'agriculture vers les services avec une augmentation des inégalités de revenus, alors qu'une évolution similaire de l'agriculture vers l'industrie ne présente pas cette corrélation (Baymul et Sen 2019, utilisant des données du Groningen Growth and Development Center et des données sur les inégalités de la Base de données sur les inégalités de revenu dans le monde).

Les changements structurels de l'emploi qui se sont produits n'ont pas donné l'impulsion escomptée à la productivité du travail en Afrique. Diao, McMillan et Rodrik (2017) montrent que les changements structurels favorisant la croissance ont été importants en Afrique, mais qu'ils se sont accompagnés d'une croissance de la productivité du travail essentiellement négative dans les secteurs non agricoles. Cela s'explique par le fait que les petites entreprises absorbent une grande partie de la croissance de l'emploi dans les pays africains (Baymul et Sen 2019). Par conséquent, bien que le passage de l'agriculture à d'autres secteurs plus productifs s'accompagne de gains de revenus pour les ménages, la croissance de la productivité du travail au sein du secteur non agricole n'est pas substantielle, ce qui fait baisser la croissance globale de la productivité du travail. Dans certains pays riches en ressources naturelles, le secteur industriel est dominé par les activités à forte intensité de capital que sont l'exploitation minière et les industries extractives. La croissance de l'industrie ne conduit donc pas nécessairement à un taux plus élevé de création de bons emplois si la croissance s'est produite principalement dans les industries minières et extractives.

L'inégalité structurelle réduit l'efficacité de la croissance en matière de réduction de la pauvreté

La faible transmission de la croissance macroéconomique au bien-être moyen des ménages est le principal facteur explicatif du lien nettement plus faible que dans les autres régions entre la croissance du PIB et la réduction de la pauvreté, comme exposé plus haut dans ce chapitre (Wu et coll. 2024). Intuitivement, l'élasticité (réactivité) de la pauvreté à la croissance du PIB par habitant est le produit de deux composantes : premièrement, la transmission de la croissance du PIB par habitant à la croissance du bien-être moyen (par habitant) des ménages, telle que mesurée par des enquêtes et, deuxièmement, la transmission de la croissance du bien-être moyen des ménages à l'évolution de la pauvreté. La première composante est le principal facteur du GEP moins élevé en Afrique.[15] La corrélation entre le PIB et la croissance de la consommation des ménages s'avère nettement plus faible en Afrique, ce qui suggère que, par rapport à d'autres régions, les pays africains ont besoin d'une plus forte croissance du PIB pour obtenir des améliorations similaires du bien-être monétaire moyen des ménages. Cette constatation valide également la robustesse du résultat principal précédent (voir figure 2.12) selon lequel la GEP de la croissance du PIB est nettement plus faible en Afrique que dans d'autres régions à faible revenu.[16] Comme indiqué précédemment, la faible transmission de la croissance au bien-être des ménages est associée à de moindres niveaux de développement du capital humain, de transformation structurelle et de diversification économique.

Les niveaux plus élevés d'inégalité des revenus en Afrique, conséquence d'une forte inégalité structurelle, se traduisent également par un lien plus faible entre la croissance du bien-être moyen des ménages et la réduction de la pauvreté. Une inégalité initiale plus élevée (au début d'un épisode de croissance) a un effet significatif et positif sur la relation entre la croissance de la consommation moyenne des ménages et l'évolution de la pauvreté, ce qui confirme que des niveaux élevés d'inégalité affaiblissent la transmission de la croissance à la réduction de la pauvreté, comme l'ont constaté d'autres études (Bergstrom 2022 ; Bourguignon 2003). Étant donné que les mesures actuelles de l'inégalité ne tiennent pas compte des revenus situés au sommet de la distribution, cet effet peut être encore plus important (voir l'encadré 2.3). À titre d'illustration, la GEP moyenne est de -2,3 pour les épisodes avec un indice de Gini initial inférieur à 40, mais s'affaiblit à -1,4 lorsque le Gini initial est de 40 ou plus.[17] Par conséquent, les pays qui présentent des niveaux d'inégalité plus élevés doivent parvenir à une croissance plus rapide de la consommation moyenne des ménages pour réduire la pauvreté dans la même mesure. Un examen attentif des tendances en matière de bien-être au Botswana et au Tchad illustre ce point. Les deux pays ont pu réduire leur taux de pauvreté aiguë d'environ un tiers (39,3 % pour le Botswana et 36,6 % pour le Tchad) au cours de périodes comparables. Cependant, en raison de la réduction des inégalités, le Botswana a pu y parvenir avec une croissance moyenne du bien-être des ménages de 2 % par an seulement, contre une croissance de plus de 5 % par an au Tchad (voir figure 2.17).[18] En d'autres termes, le Botswana a atteint le même niveau de réduction de la pauvreté par la combinaison de la réduction des inégalités et d'une croissance plus faible que le Tchad avec une croissance plus élevée accompagnée d'une augmentation des inégalités.

FIGURE 2.17 Courbes d'incidence de la croissance au Botswana et au Tchad

a. Botswana (2002–09)

Croissance de la consommation des ménages, par tête (en %)

b. Tchad (2003–11)

Croissance de la consommation des ménages, par tête (en %)

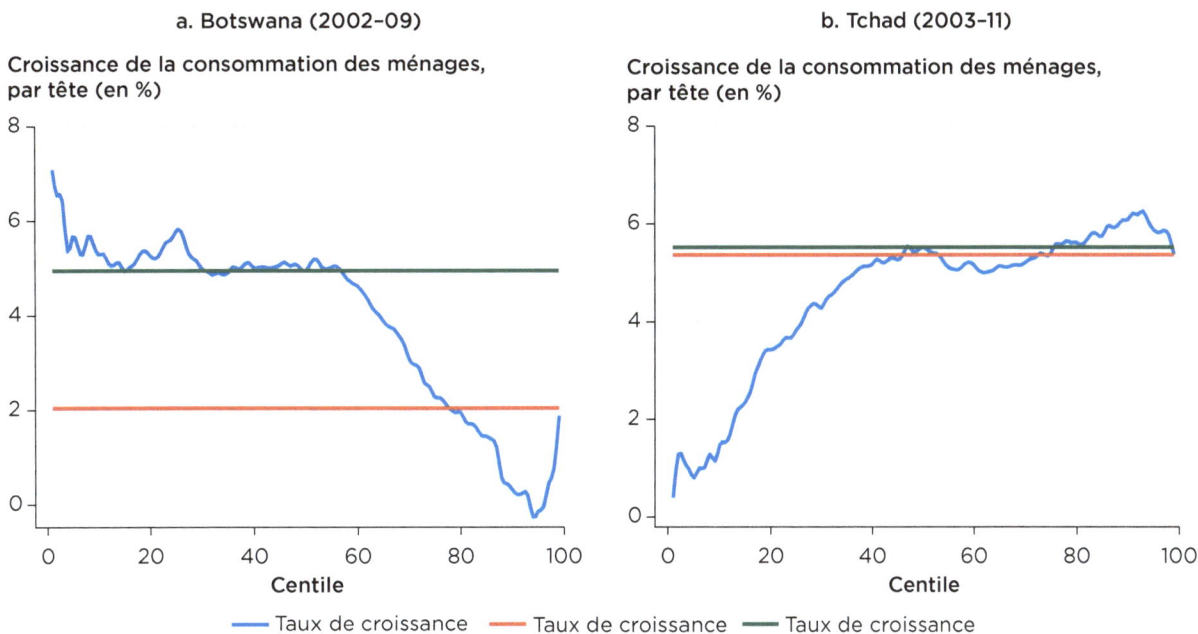

Centile — Taux de croissance — Taux de croissance — Taux de croissance

Source : Tabulations basées sur la Banque mondiale 2024a.

Note : La courbe d'incidence de la croissance montre le taux de croissance à chaque centile de la distribution des revenus ou de la consommation entre deux années.

ENCADRÉ 2.3

Revenus les plus élevés en Afrique

Les inégalités en Afrique pourraient être plus élevées que les estimations réalisées à partir des données d'enquêtes auprès des ménages. La première raison est que l'inégalité en Afrique est principalement mesurée en utilisant la consommation comme indicateur du bien-être, ce qui conduit généralement à une inégalité estimée plus faible que l'inégalité mesurée avec le revenu, car la consommation ne tient pas compte du rôle de l'épargne ou de la richesse (Blundell et al. 2008 ; Banque mondiale 2016). Une autre raison importante est la difficulté de mesurer les revenus au sommet de la distribution, soit parce que les personnes fortunées ne répondent pas aux enquêtes, soit parce qu'elles sous-déclarent leurs revenus lorsqu'elles y répondent.[a] Une abondante littérature s'est penchée sur ces défis et a proposé des solutions (Choumert-Nkolo et al. 2023 ; JEI 2022 ; Kerr et Zondi 2024 ; Lustig 2020 ; Ravallion 2022). Des avancées récentes consistent à combiner les données d'enquêtes auprès des ménages avec les données de la comptabilité nationale et les données administratives, telles que les registres fiscaux (voir les comptes nationaux distributifs, Blanchet 2024, Piketty et coll. 2022, et la base de données sur les inégalités dans le monde [https://wid.world/]). Un article récent utilisant cette approche se concentre sur l'Afrique et montre qu'il s'agit de la région où le rapport entre les 10 % de revenus les plus élevés et les 50 % de revenus les plus faibles est le plus élevé au monde (Chancel et coll. 2023). En outre, 55 % du revenu régional total va aux 10 % supérieurs de la distribution, ce qui est proche de la situation de régions ou de pays caractérisés par une inégalité extrême, comme l'Amérique latine et les Caraïbes ou l'Inde.

Revenus les plus élevés en Afrique *(suite)*

FIGURE B2.3.1 **Répartition des revenus et de la consommation dans le monde par rapport à celle de l'Afrique**

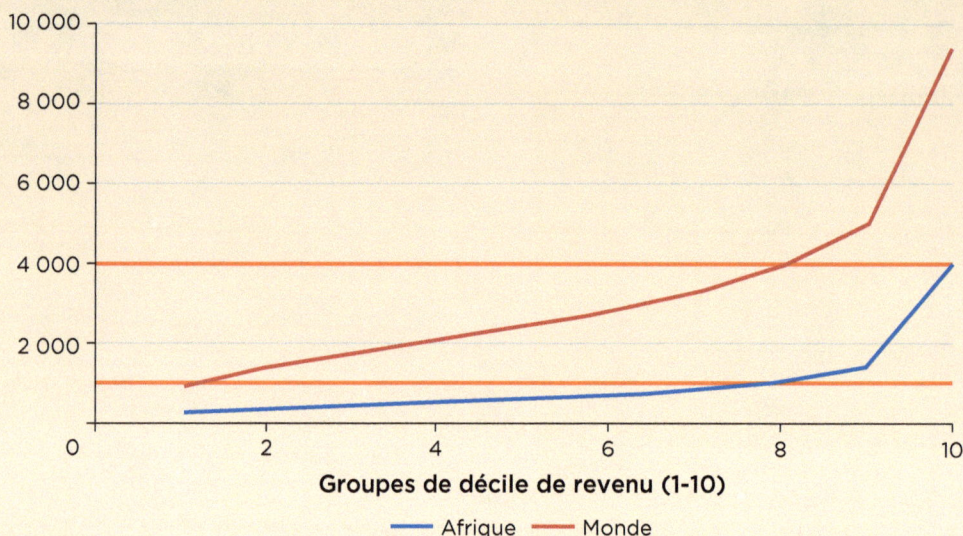

Sources : Estimations du personnel de la Banque mondiale basées sur les données de Lakner et Milanovic 2016. Les données sont disponibles dans le catalogue de données de la Banque mondiale ou sur https://stonecenter .gc.cuny.edu/research/lakner-milanovic-world-panel-income-distribution/.
Note : La ligne horizontale orange du haut est le revenu moyen ou la consommation moyenne par personne pour le décile 10 en Afrique, et la ligne horizontale orange du bas est le revenu moyen ou la consommation moyenne par personne pour le décile 8 en Afrique.

Les revenus les plus élevés en Afrique ne sont pas très éloignés de ceux des super riches ailleurs. Alors que dans les années 1990, presque personne en Afrique n'était plus riche que les personnes ayant le revenu médian dans le pays le plus pauvre de l'Organisation de coopération et de développement économiques, en 2018, ce groupe n'a augmenté que légèrement, pour atteindre 1,1 % (Milanovic 2024). Cela indique que seules les personnes les plus riches d'Afrique pourraient avoir bénéficié de la croissance au cours des quelque 30 dernières années, et les estimations suggèrent en effet que la croissance (de la consommation) a été très inégale, de sorte que les 5 % d'Africains les plus riches ont reçu environ 40 % des gains totaux (Jirasavetakul et Lakner 2020). La figure B2.3.1 montre que tous les groupes de déciles en Afrique sont bien en dessous du décile correspondant pour la distribution mondiale des revenus, ce qui signifie que les Africains sont globalement plus pauvres que les habitants du reste du monde à n'importe quel point de la

(suite)

Revenus les plus élevés en Afrique *(suite)*

distribution mondiale. Toutefois, les revenus les plus élevés en Afrique s'en sortent extrêmement bien par rapport à leurs homologues non africains, du moins en termes relatifs. Par exemple, le décile supérieur en Afrique se situerait toujours dans la partie haute de la distribution mondiale (autour du décile 8 ; voir la ligne rouge du haut dans la figure B2.3.1). Cependant, d'autres déciles riches en Afrique seraient parmi les plus pauvres du monde ; par exemple, le décile 8 en Afrique se situerait autour du décile 1 au niveau mondial (voir la ligne rouge du bas dans la figure B2.3.1). Dans l'ensemble, bien que plus pauvres que les super riches au même décile au niveau mondial, les revenus les plus élevés en Afrique ne sont pas très éloignés de ceux des super riches ailleurs. Il en va tout autrement pour le reste des déciles en Afrique, qui sont parmi les plus pauvres au niveau mondial.

a. Il s'est avéré difficile de mesurer la partie supérieure de la distribution à l'aide d'enquêtes sur les ménages pour diverses raisons, notamment la non-réponse de certains ménages interrogés (les personnes ayant les revenus les plus élevés sont plus susceptibles de ne pas répondre aux enquêtes) et le refus de répondre à certaines questions (notamment celles concernant les revenus), la sous-déclaration des revenus et le faible nombre de répondants (peu d'observations dans la partie supérieure de la distribution si les revenus sont très concentrés).

Conclusion

Pour réussir à réduire la pauvreté dans la région, il faut s'attaquer aux inégalités structurelles. Comme le montrent les chapitres suivants, l'inégalité structurelle en Afrique est le résultat d'un large éventail de facteurs, et il faut adopter une perspective multisectorielle pour y remédier. Ces facteurs comprennent des investissements publics inadéquats et inéquitables (dans l'éducation, la santé et les infrastructures), des défaillances du marché (comme dans le domaine foncier et du crédit) et des marchés trop petits (faible densité de population et manque d'intégration des marchés), ainsi que des risques élevés et non assurables (dont changement climatique et conflits). Des niveaux inférieurs de développement du capital humain et d'accès aux services de base, par exemple, sont liés à un degré élevé d'inégalité des chances, et l'absence de transformation structurelle et de diversification économique est associée à des inégalités dans l'accès aux facteurs d'amélioration de la productivité, tels que le financement et l'accès au marché. Le chapitre suivant examine comment les inégalités structurelles limitent l'accès de nombreux Africains aux opportunités de base, notamment par l'accumulation de capital humain, garantissant ainsi des conditions inégales dès la naissance.

Annexe 2A : Données supplémentaires pour le chapitre 2

TABLEAU 2A.1 Taux de pauvreté (2,15 US$/jour, PPA 2017), par région et moyenne mondiale, 2000-2022

Année	EAP	SAR	AFR	LAC	ECA	MNA	Monde
2000	39,7	40,9	56,0	13,7	9,2	3,0	29,4
2001	37,0	40,7	55,0	13,5	8,3	3,0	28,4
2002	32,5	40,4	54,4	12,6	7,4	2,8	26,9
2003	28,5	38,9	53,2	12,2	7,3	2,8	25,3
2004	24,9	37,2	50,4	11,3	5,5	2,7	23,4
2005	20,7	35,5	48,7	10,7	4,7	2,7	21,6
2006	19,9	33,8	47,2	8,8	3,3	2,6	20,6
2007	17,6	32,1	46,0	7,7	2,2	2,5	19,3
2008	16,2	30,9	44,5	7,0	1,4	2,5	18,4
2009	14,5	29,5	43,9	6,7	1,2	2,2	17,5
2010	12,6	25,4	42,1	5,9	1,2	1,9	15,7
2011	9,9	21,6	41,0	5,4	0,9	2,0	13,9
2012	8,3	19,8	39,8	5,1	0,9	2,2	13,0
2013	4,3	18,9	38,9	4,5	0,7	2,5	11,6
2014	3,4	17,8	38,1	4,3	1,0	2,8	11,0
2015	2,3	16,6	38,2	4,0	0,8	3,7	10,5
2016	1,7	15,7	38,0	4,2	0,7	4,4	10,2
2017	1,2	12,6	37,5	4,3	0,7	4,7	9,4
2018	1,2	10,1	36,8	4,2	0,4	4,7	8,7
2019	1,0	10,6	36,5	4,2	0,5	4,6	8,8
2020	1,1	13,0	38,1	3,8	0,5	5,3	9,7
2021	1,1	11,4	38,3	4,5	0,5	5,9	9,6
2022	1,0	9,7	38,0	3,4	0,5	6,1	9,1

Source : Poverty and Inequality Platform, Banque mondiale (octobre 2024 ; https://pip.worldbank.org/home).
Note : AFR = Afrique subsaharienne ; EAP = Asie de l'Est et Pacifique ; ECP = Europe et Asie centrale ;
MNA = Moyen-Orient et Afrique du Nord ; PPP = parité de pouvoir d'achat ; SAR = Asie du Sud.

TABLEAU 2A.2 **Taux de pauvreté en Afrique, selon le seuil international de pauvreté, 2000-2022**

Année	2,15 USD/jour	3,65 USD/jour	6,85 USD/jour
2000	56,0	77,6	91,6
2001	55,0	77,2	91,6
2002	54,4	76,9	91,6
2003	53,2	76,6	91,7
2004	50,4	74,9	91,3
2005	48,7	73,7	91,0
2006	47,2	72,4	90,3
2007	46,0	71,6	90,0
2008	44,5	70,6	89,5
2009	43,9	70,2	89,4
2010	42,1	69,0	88,9
2011	41,0	68,2	88,7
2012	39,8	67,4	88,4
2013	38,9	66,6	88,1
2014	38,1	65,8	87,7
2015	38,2	65,7	87,5
2016	38,0	65,4	87,5
2017	37,5	64,8	87,4
2018	36,8	64,2	87,3
2019	36,5	63,7	87,2
2020	38,1	65,2	87,9
2021	38,3	65,2	87,8
2022	38,0	65,0	87,8

Source : Poverty and Inequality Platform, Banque mondiale (octobre 2024 ; https://pip.worldbank .org/home).

TABLEAU 2A.3 Pauvreté multidimensionnelle, par pays

Économie	Année	Dimension de privation (en %)					Taux de MPM (en %)	Taux de pauvreté monétaire (en %)
		Niveau d'éducation atteint	Scolarisation	Électricité	Assainissement	Eau		
Angola	2018	30	27	53	54	32	47	31
Bénin	2021	49	32	35	77	24	45	13
Botswana	2015	8	4	35	52	4	21	15
Burkina Faso	2021	48	51	35	59	17	53	25
Burundi	2020	45	34	91	91	12	79	62
Cabo Verde	2015	12	3	10	30	11	8	5
Cameroun	2021	56	24	37	52	19	41	23
Tchad	2022	49	53	94	96	43	81	31
Comores	2014	15	7	28	67	6	26	19
Congo, Rép. Dém,	2020	22	10	69	82	36	84	79
Congo, Rép.	2011	13	2	30	47	23	42	35
Côte d'Ivoire	2021	44	25	9	60	17	29	10
Eswatini	2016	11	0	36	46	28	41	36
Éthiopie	2015	67	31	64	96	43	73	27
Gabon	2017	11	8	9	68	12	8	2
Gambie	2020	29	40	29	53	13	36	17
Ghana	2016	15	9	19	80	41	33	25
Guinée	2018	61	25	56	71	21	52	14
Guinée Bissau	2021	20	31	28	60	21	39	26
Kenya	2021	10	1	25	22	36	38	36
Lesotho	2017	18	5	59	55	14	41	32
Liberia	2016	31	54	80	62	26	57	28
Madagascar	2012	82	35	13	77	60	85	81
Malawi	2019	54	4	89	75	11	78	70
Mali	2021	64	46	16	48	19	51	21
Mauritanie	2019	56	34	20	56	38	42	5

(suite)

Partir sur un pied d'égalité

Pauvreté multidimensionnelle, par pays (*suite*)

Économie	Année	Dimension de privation (en %)					Taux de MPM (en %)	Taux de pauvreté monétaire (en %)
		Niveau d'éducation atteint	Scolarisation	Électricité	Assainissement	Eau		
Maurice	2017	7	0	0	.	.	0	0
Mozambique	2019	47	7	68	72	49	82	75
Namibie	2015	11	6	54	68	9	28	16
Niger	2021	72	47	74	83	34	78	51
Nigeria	2018	18	9	39	45	33	40	31
Rwanda	2016	37	4	64	28	25	57	52
São Tomé et Principe	2017	11	4	31	62	88	40	16
Sénégal	2021	39	33	30	32	11	37	10
Seychelles	2018	0	.	0	0	5	1	1
Sierra Leone	2018	29	19	69	87	34	54	26
Afrique du Sud	2014	2	2	4	35	10	22	21
Soudan du Sud	2016	39	62	.	88	14	85	67
Soudan	2014	40	23	49	93	45	53	15
Tanzanie	2018	13	19	44	72	29	55	45
Togo	2021	30	12	32	86	26	44	27
Ouganda	2019	31	12	41	71	24	52	42
Zambie	2022	16	23	45	54	27	67	64
Zimbabwe	2019	1	6	38	38	19	42	40

Source : Poverty and Inequality Platform, Banque mondiale (octobre 2024 ; https://pip.worldbank.org/home).

Note : MPM = Mesure de la pauvreté multidimensionnelle.

TABLEAU 2A.4 **Moyennes de certains indicateurs de développement, Afrique et monde, 2022**

Indicateur	2022	
	AFR	Monde
Taux d'alphabétisation, total de la population jeune (en % des personnes âgées de 15 à 24 ans)	67,7	87,0
Accès à l'électricité (en % de la population)	51,4	91,4
Personnes utilisant au moins des services d'eau potable de base (en % de la population)	50,6	83,8
Personnes utilisant au moins des services d'assainissement de base (en % de la population)	34,6	80,6
Agriculture, valeur ajoutée (en % du PIB)	17,3	4,3
Rente forestière (en % du PIB)	2,4	0,1
Emploi dans les services (en % de l'emploi total) (estimation modélisée de l'OIT)	36,8	49,7

Source : Indicateurs du développement dans le monde (octobre 2024).
Note : AFR = Afrique subsaharienne ; PIB = produit intérieur brut ; OIT = Organisation internationale du travail.

TABLEAU 2A.5 **Typologie des pays, par EFC et par statut de richesse en ressources**

Non riche en ressources et jamais EFC	Riche en ressources et jamais EFC	Non riche en ressources et EFC	Riche en ressources et EFC
Bénin	Botswana	Burkina Faso	Angola
Cabo Verde	Guinée Équatoriale	Burundi	Chad
Eswatini	Gabon	Cameroun	République démocratique du Congo
Ghana	Namibie	République centrafricaine	Guinée
Kenya	Afrique du Sud	Comores	Liberia
Lesotho	Zambie	Côte d'Ivoire	Mauritanie
Maurice		Érythrée	Niger
Rwanda		Éthiopie	Nigeria
Sénégal		La Gambie	Sierra Leone
Seychelles		Guinée-Bissau	Soudan du Sud
Tanzanie		Madagascar	République du Congo
Ouganda		Malawi	
		Mali	
		Mozambique	
		São Tomé and Príncipe	
		Somalie	
		Soudan	
		Togo	
		Zimbabwe	

Source : Original pour cette publication basé sur Banque mondiale 2023a, 2023b.
Note : EFC = État en situation de fragilité et affecté par un conflit.

FIGURE 2A.1 Taux de privation en matière de scolarisation et d'accès à un assainissement amélioré, par taux de pauvreté

Part de la population (en %)

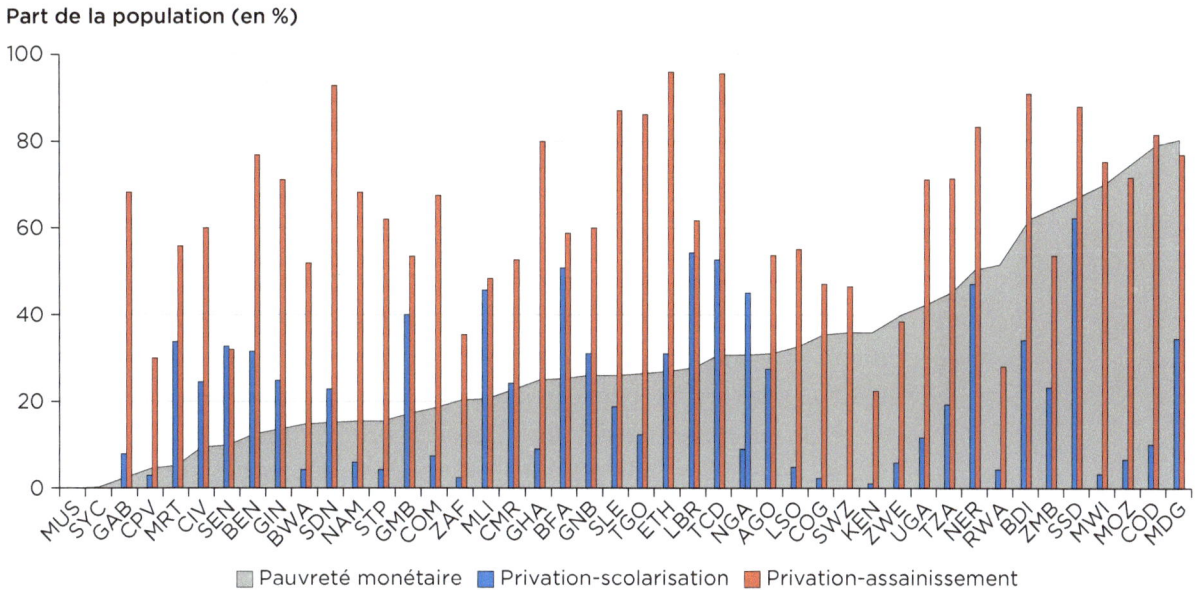

☐ Pauvreté monétaire ☐ Privation-scolarisation ☐ Privation-assainissement

Source : Tabulations basées sur la Plateforme sur la pauvreté et les inégalités (octobre 2024).
Note : En utilisant le seuil de pauvreté international de 2,15 $/jour (parité de pouvoir d'achat de 2017). L'analyse de la MPM est limitée au sous-ensemble de pays dont les enquêtes sont suffisamment détaillées pour estimer la MPM. MPM = Mesure de la pauvreté multidimensionnelle.

FIGURE 2A.2 Écart de prospérité : chiffres supplémentaires

a. Part de l'AFR dans l'EP mondial

Écart de prospérité

b. Parts des groupes de pays dans l'EP, AFR, 2022

Pourcentage

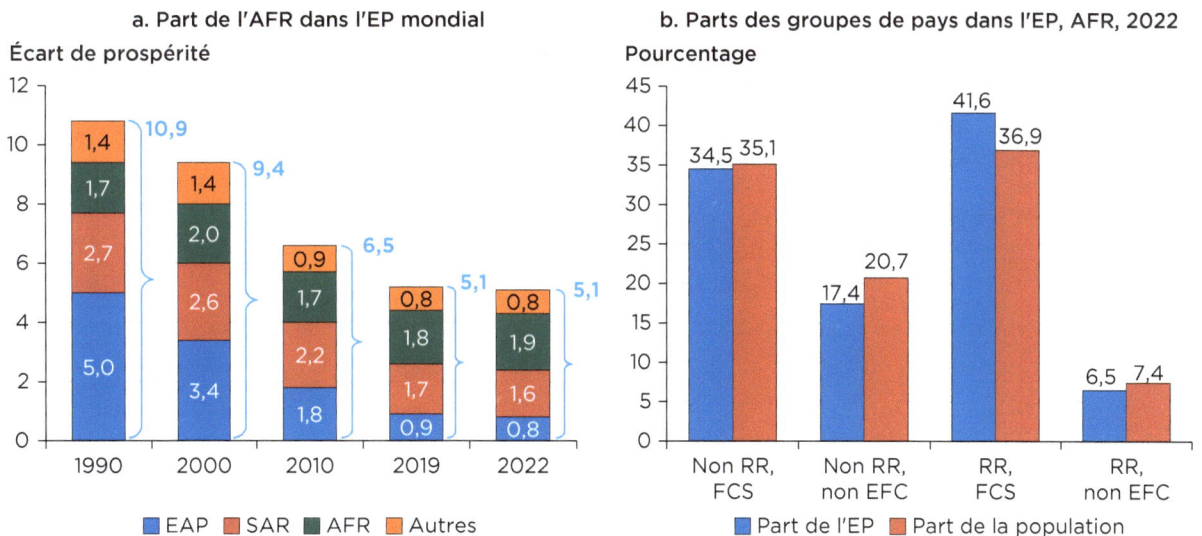

Source : Plate-forme sur la pauvreté et les inégalités (octobre 2024).
Notes : AFR = Afrique subsaharienne ; EAP = Asie de l'Est et Pacifique ; EFC = État en situation de fragilité et affecté par un conflit ; EP = écart de prospérité ; RR = riche en ressources ; SAR = Asie du Sud.

Annexe 2B : Estimation de la relation conditionnelle entre la typologie des pays et la mesure de la pauvreté multidimensionnelle

Cette annexe décrit le processus d'estimation de la relation entre la typologie des pays et la pauvreté, telle que définie par la mesure de la pauvreté multidimensionnelle.

Description des données

Cette analyse utilise deux ensembles de données. Le premier est la mesure de la pauvreté multidimensionnelle (MPM) de la Banque mondiale (2023 c). Cet ensemble de données contient les résultats de l'enquête la plus récente pour chaque pays, menée entre 2011 et 2020. Le second est l'indicateur de développement mondial (mise à jour du 26 octobre 2023), qui comprend des données sur le produit intérieur brut (PIB) par habitant en dollars américains courants. En outre, tous les pays sont classés sur la base de la typologie des pays riches en ressources et des pays fragiles et affectés par un conflit utilisée dans le présent rapport, ainsi que selon leur enclavement (Botswana, Burkina Faso, Burundi, Éthiopie, Eswatini, Lesotho, Malawi, Mali, Niger, Ouganda, Rwanda, Soudan du Sud, Tchad, Zambie et Zimbabwe).[19]

Régression

La méthodologie est une extension de celle utilisée pour la figure A.4 dans Beegle et coll. (2016). Tour à tour, chacune des dimensions de la MPM (qui inclut la pauvreté monétaire) et la mesure globale est soumise à une régression en fonction des indicateurs des quatre typologies, en prenant en compte le logarithme du PIB par habitant (dans l'année où l'enquête a été menée), si le pays est enclavé, et si l'enquête date de 2011-2016 ou de 2017-2020. La figure 2.7e du présent rapport montre la valeur des coefficients et leur importance statistique.

Annexe 2C : Estimation de l'élasticité de la pauvreté par rapport à la croissance économique

Cette annexe présente une vue d'ensemble des données et de la méthodologie utilisées par Wu et coll. (2024b).

Description des données

Les données utilisées pour l'analyse de Wu et coll. (2024b) proviennent de la Plateforme sur la pauvreté et les inégalités (Banque mondiale 2022a), la base de données de la Banque mondiale pour le suivi de la pauvreté dans le monde (voir Banque mondiale 2022b pour une description des sources de données et des méthodes utilisées). Elle contient les distributions du bien-être des ménages (revenu ou consommation, selon l'enquête) provenant d'enquêtes sur les ménages représentatives au niveau national et utilisées pour le suivi de la pauvreté au niveau national et international.

Suivant l'approche traditionnelle de la recherche sur l'élasticité de la pauvreté par rapport à la croissance (GEP), une base de données d'épisodes est créée en combinant chaque paire d'enquêtes consécutives comparables dans chaque pays. Pour chaque épisode, on calcule le bien-être moyen des ménages par habitant (en parité de pouvoir d'achat de 2017) et le taux de pauvreté de 2,15 dollars par jour au début et à la fin de l'épisode. Chacune des années de l'épisode est fusionnée avec les données de la comptabilité nationale (produit intérieur brut [PIB] et dépenses de consommation finale des ménages [DCFM], exprimées en dollars constants et par habitant) tirées des Indicateurs du développement dans le monde[20]. En raison de la sensibilité des estimations de l'élasticité aux valeurs aberrantes de faible ampleur, les épisodes pour lesquels le taux de pauvreté de l'année initiale et de l'année finale est inférieur à 2 % ont été éliminés de l'échantillon.[21] Il en résulte un échantillon de 575 épisodes comparables entre 1981 et 2021, fondé sur 715 enquêtes auprès des ménages représentatives au niveau national pour 89 pays, représentant plus de 92 % de la population des pays à revenu faible et intermédiaire.

Enfin, pour corriger le biais en faveur des pays disposant de nombreuses enquêtes, les observations sont pondérées en fonction de l'inverse du nombre d'épisodes dans chaque pays. Cela donne un poids égal à chaque pays indépendamment du nombre d'épisodes disponibles et modifie la distribution régionale des épisodes en donnant plus de poids aux pays ayant moins d'observations.

Analyse de régression

Wu et coll. (2024a) utilisent la spécification de base suivante de Ravallion et Chen (1997) pour estimer la GEP et tester les différences entre régions et périodes :

$$\Delta Log P_{it} = \alpha + \beta \Delta Log \mu_{it} + \Delta \in_{it}, \qquad (2C.1)$$

où le taux de réduction de la pauvreté est calculé par régression par rapport au taux de croissance (de la consommation des ménages par habitant, du PIB par habitant ou du HFCE par habitant). $\Delta Log P_{it}$ représente la variation du logarithme des taux de pauvreté au cours de l'épisode t dans le pays i (exprimée en termes annuels), tandis que $\Delta Log \mu_{it}$ est la variation du PIB réel par habitant (ou des moyennes réelles par habitant issues de l'enquête) dans le même pays au cours de la même période. Cette spécification de base est estimée avec et sans effets fixes de pays.

Bien que l'équation 2C.1 constitue le cœur de l'analyse, plusieurs variables sont ajoutées successivement pour prendre en compte les différences initiales (de taux de pauvreté, d'inégalités, etc.) et pour évaluer si les élasticités diffèrent de manière significative d'une région ou d'une période à l'autre.

Pour tester si l'Afrique présente des élasticités plus faibles que d'autres régions, si les élasticités ont changé au fil du temps, et si l'effet de la croissance sur la réduction de la pauvreté est modéré par le niveau d'inégalité, Wu et coll. (2024a) augmentent l'équation 2C.1 comme suit :

$$\Delta Log P_{it} = \alpha + \beta \Delta Log \mu_{it} + \gamma X_{i0} + \delta (\Delta Log \mu_{it} * X_{i0}) + \in_{it}, \qquad (2C.2)$$

X_{i0} étant la caractéristique pertinente dont l'influence modératrice est testée (région, période ou inégalité initiale) et est le coefficient de l'interaction entre la croissance de la consommation des ménages et la caractéristique pertinente. Si δ est statistiquement significatif, la caractéristique X_{i0} a une influence sur la mesure dans laquelle la croissance se traduit par une réduction de la pauvreté.

Dans une dernière étape de l'analyse, Wu et coll. (2024a) évaluent les facteurs qui influencent l'effet de la croissance économique (mesurée par le PIB par habitant ou le HFCE par habitant) sur le bien-être des ménages à l'aide de l'équation suivante :

$$\Delta Log Y_{it} = \alpha + \beta \Delta LogGDP\_Cap_{it} + \gamma X_{i0} + \delta (\Delta LogGDP\_Cap_{it} * X_{i0}) + \in_{it}, \quad (2C.3)$$

où $Log Y_{it}$ est la variation du bien-être des ménages au cours de l'épisode t, $\Delta LogGDP\_Cap_{it}$ est la variation du PIB par habitant (d'après les comptes nationaux) pendant la période, et X_{i0} est la variable qui modère potentiellement l'effet de la croissance du PIB sur la croissance du bien-être des ménages.[22] Cette régression est effectuée séparément pour chacune des 68 variables testées.[23] Pour rechercher les erreurs de type I, Wu et coll. (2024a) prennent en compte le taux de fausse découverte attendu en calculant des valeurs de q affinées (plutôt que des valeurs de p ordinaires), comme le proposent Benjamini, Krieger et Yekutieli (2006) et Anderson (2008).

Annexe 2D : Décomposition de l'inégalité du bien-être des ménages

Cette décomposition de l'inégalité du bien-être des ménages repose sur la méthodologie de Fields (2003)[24]. Cette dernière est fondée sur une fonction génératrice de revenus standard dans laquelle le logarithme du résultat d'intérêt (bien-être par habitant, mesuré le plus souvent par les dépenses ou la consommation) fait l'objet d'une régression par rapport à une série de caractéristiques des ménages associées au bien-être des ménages. Les principaux facteurs d'inégalité sont ainsi identifiés sur la base des contributions de ces variables explicatives (telles que l'éducation, les facteurs du marché du travail et la démographie).

Plus précisément, la spécification de base de

$$\Delta Log (y_i) = \beta \boldsymbol{X}_i + \in_i \qquad (2D.1)$$

peut-être réécrite comme un modèle linéaire revêtant la forme

$$y = \beta_0 + z_1 + z_2 + z_3 + \cdots + z_k + \in, \qquad (2D.2)$$

où y_i est le bien-être du ménage par habitant, $\boldsymbol{X}_i$ est une matrice de k caractéristiques du ménage (y compris les caractéristiques du chef de ménage ou du principal soutien économique), et z_n est le produit du coefficient de régression et de la variable associée.

L'équation 2D.2 revêt la même forme que celle utilisée par Shorrocks (1982) pour dériver les règles de décomposition de l'inégalité entre les facteurs. Fields (2023) applique la règle de décomposition de Shorrocks pour calculer les contributions de chaque facteur à l'inégalité de y.

Deux approches sont utilisées pour calculer la décomposition :

$$y = b_0 + \widehat{z_1} + \widehat{z_2} + \widehat{z_3} + ... + \widehat{z_k} + \widehat{\epsilon_l} \qquad (2D.3)$$

et

$$\hat{y} = b_0 + \widehat{z_1} + \widehat{z_2} + \widehat{z_3} + ... + \widehat{z_k}. \qquad (2D.4)$$

L'équation 2D.4 modélise la valeur ajustée de y et n'a donc pas de résidu, tandis que l'équation 2D.3 estime la part de la variable qui n'est pas expliquée par les facteurs (c'est-à-dire les résidus). Le chapitre 1 comprend les résultats des deux séries de régressions (avec et sans résidus).

Les deux régressions sont effectuées pour chacun des 43 pays disposant de données d'enquête récentes. Les résultats de la décomposition sont ramenés à une moyenne entre les pays pour le cumul régional et pour le sous-ensemble de pays pour les résultats par typologie.

Les facteurs pris en compte dans cette analyse sont les suivants :

- *Capital humain* : âge du chef de ménage ; sexe du chef de ménage ; et si le chef de ménage a bénéficié d'une éducation au niveau primaire, secondaire ou supérieur.

- *Localisation* : variables nominales région-province et rural-urbain

- *Données démographiques du ménage* : proportion d'enfants et de personnes âgées au sein du ménage

- *Marché du travail* : secteur d'emploi du chef de ménage (industrie, services) et si le chef du ménage ne travaille pas (hors de la population active ou au chômage).

Notes

1. L'extrême pauvreté est mesurée par rapport au seuil international de pauvreté, qui s'élève à 2,15 dollars par personne et par jour à PPA 2017.

2. Il s'agit des meilleurs résultats de l'ensemble des pays de la région qui disposent d'enquêtes multiples et comparables au cours de la période d'analyse. L'analyse exclut Maurice et les Seychelles en raison de taux de pauvreté initiaux très faibles.

3. En termes de variations en points de pourcentage (pp) plutôt qu'en pourcentage, la pauvreté a reculé à un taux annuel moyen de 0,54 pp en 2014-2019 contre 1,35 pp en 2000-2014, tandis que la pauvreté mondiale a diminué à des taux moyens de 1,30 pp et 0,53 pp au cours des périodes correspondantes. Étant donné que le taux de pauvreté mondial a été beaucoup plus faible tout au long de la période, le fait que l'évolution en Afrique ait été proche de celle du monde implique que l'Afrique a progressivement pris du retard par rapport au reste du monde en termes proportionnels.

4. Outre les 25 pays à revenu intermédiaire, les Seychelles sont le seul pays à revenu élevé d'Afrique, les 22 pays restants étant à faible revenu.

5. Cela se limite au sous-ensemble de pays disposant d'informations suffisantes pour examiner les tendances entre le début et la fin de la décennie.

6. La mesure de la pauvreté multidimensionnelle (MPM) est basée sur les privations dans trois dimensions également pondérées : la consommation (le ménage passe en dessous du seuil de pauvreté international de 2,15 $/jour [parité de pouvoir d'achat de 2017]) ; le manque d'éducation (aucun adulte n'a terminé l'école primaire, au moins un enfant en âge d'être scolarisé n'est pas inscrit à l'école) et le manque d'accès aux infrastructures de base (eau potable de qualité limitée, assainissement standard limité et électricité). Comme tous les ménages vivant dans la pauvreté monétaire sont considérés comme démunis selon la MPM, cet indicateur de pauvreté multidimensionnelle est, par définition, au moins aussi élevé que le taux de pauvreté. Les personnes sont considérées comme multidimensionnellement démunies si elles sont en retard pour au moins une dimension ou une combinaison d'indicateurs ayant le même poids qu'une dimension complète.

7. Maurice et les Seychelles sont exclues de cette analyse en raison du manque de données.

8. La faible densité de la population mauritanienne et son importante dissémination sur les terres pastorales contribuent probablement à des privations relativement élevées en matière d'accès aux services d'infrastructure de base.

9. L'élasticité de la croissance par rapport à la pauvreté (GEP) est la variation en pourcentage du taux de pauvreté pour une variation en pourcentage d'un indicateur de bien-être par habitant. Par rapport aux recherches antérieures sur la GEP (telles que Ravallion 2004 ; Ravallion et Chen 1997), ce rapport tire parti de l'augmentation rapide du nombre d'enquêtes auprès des ménages depuis le début des années 2000 pour augmenter la taille de l'échantillon et couvrir une plus grande partie de la population des pays à faible revenu. L'échantillon étudié se compose de 575 épisodes comparables entre 1981 et 2021, où les taux de pauvreté au début et à la fin de l'année sont supérieurs à 2 %, sur la base d'enquêtes auprès des ménages pour 89 pays représentant 92 % de la population des pays à faible revenu. L'Afrique représente 80 de ces épisodes, soit 36 % de l'ensemble des épisodes (pondérés par l'inverse du nombre d'épisodes pour chaque pays afin d'assurer une représentation égale).

10. En moyenne, dans tous les pays du monde, une augmentation de 1 % de la consommation (ou du revenu) des ménages par habitant, telle que mesurée par les enquêtes, est associée à une baisse de 2 % du taux de pauvreté, ce qui implique une GEP moyenne de -2. Ce résultat est similaire à celui obtenu par Ravallion (2004) avec un échantillon beaucoup plus petit. Une augmentation de 1 % du produit intérieur brut (PIB) par habitant est associée à une diminution de 2,8 % du taux de pauvreté, en moyenne. La GEP moyenne est estimée comme étant le coefficient de la régression du taux de réduction de la pauvreté sur le taux de croissance (de la consommation des ménages par habitant ou du PIB par habitant) dans le même pays au cours de la même période, pour tous les épisodes de croissance et tous les pays qui ne se chevauchent pas, avec des effets fixes par pays. Pour plus de détails, voir Wu et coll. (2024).

11. Ces résultats sont sensiblement différents de ceux obtenus par Beegle et Christiaensen (2019), qui montrent que la faible GEP de l'Afrique est similaire à celle des pays ayant un niveau de pauvreté comparable hors de la région et que la plupart des différences intrarégionales de la GEP peuvent être attribuées à des niveaux de pauvreté initiaux élevés en Afrique. Les résultats rapportés ici (provenant de Wu et coll. 2024) se fondent sur un échantillon beaucoup plus large et actualisé de pays et d'épisodes de croissance, ce qui permet d'être très confiant dans leur robustesse. Les résultats sont dérivés de la régression du taux de réduction de la pauvreté par rapport au taux de croissance

(de la consommation des ménages ou du PIB par habitant) pour tous les pays et épisodes de croissance, en tenant en outre compte du taux de pauvreté, de la moyenne du bien-être et de l'inégalité au début de chaque épisode pour chaque pays, et l'interaction du taux de croissance et de la région à laquelle appartient le pays concerné. Des coefficients positifs et significatifs pour l'interaction avec la région Afrique indiquent que la croissance en Afrique est associée à un rythme de réduction de la pauvreté nettement plus lent que dans les autres régions, en particulier lorsque la croissance est mesurée par le PIB. Une série de tests de robustesse et la limitation de l'échantillon aux seuls pays à faible revenu ne modifient pas les résultats. En outre, pour contourner le problème des effets de base (les taux de pauvreté de base élevés en Afrique), Wu et coll. (2024) ont également estimé l'élasticité entre la variation du PIB et la variation de la consommation des ménages (par opposition à la variation du PIB et la variation de la pauvreté). Les résultats sont similaires, en ce sens que la transmission entre la croissance du PIB et la croissance de la consommation des ménages est nettement plus faible en Afrique, en tenant compte des niveaux de bien-être de base. Enfin, l'estimation de l'appariement au plus proche voisin, suivant Beegle et Christiaensen (2019), produit également une différence significative entre l'Afrique et d'autres pays pauvres comparables.

12. Plus précisément, comme l'indiquent Wu et coll. (2024), le capital humain – une meilleure éducation de base (taux net de scolarisation dans le primaire et alphabétisation des jeunes plus élevés) – est associé à une transmission plus forte de la croissance du PIB par habitant à l'évolution de la pauvreté, mais pas à la croissance du bien-être moyen des ménages, et l'accès aux infrastructures de base – des niveaux plus élevés d'électrification, d'eau potable sûre et d'assainissement de base – amplifie l'effet de la croissance économique sur le bien-être moyen des ménages, la pauvreté, ou les deux à la fois. En ce qui concerne la structure économique, une part plus importante de l'emploi et de la valeur ajoutée dans l'agriculture est associée à un lien plus faible entre la croissance du PIB et le bien-être moyen des ménages, tandis qu'une part plus importante de l'emploi dans les services et l'industrie est associée à une transmission plus forte de la croissance au bien-être. En ce qui concerne la dépendance à l'égard des ressources naturelles, une part plus élevée des rentes minières et forestières dans le PIB semble affaiblir le lien entre la croissance du PIB et le bien-être des ménages. En revanche, les rentes provenant du pétrole, du gaz naturel ou du charbon ne sont pas fortement associées à la transmission de la croissance économique au bien-être des ménages.

13. Sulla, Zikhali et Cuevas (2022) ont utilisé cette méthodologie pour évaluer les facteurs d'inégalité en Afrique australe. Fields (2003) utilise une approche basée sur la régression pour estimer les équations standard de génération de revenus ou de consommation. Les contributions relatives à l'inégalité sont calculées sur la base de la valeur composite des variables explicatives (telles que l'éducation, les facteurs du marché du travail et la démographie) et de leurs coefficients. Fields (2003) se base sur le résultat ajusté ; il ne produit donc aucun résidu. Il s'agit de l'ensemble de résultats présentés dans la figure 2.13.

14. Sur la base d'une version de Fields (2003) admettant des résidus, 57 % des inégalités ne sont pas expliquées par le modèle.

15. Cette relation est estimée par régression des variations de la consommation ou du revenu moyen par habitant de l'enquête au cours d'un épisode de croissance du PIB par habitant, en tenant compte des différences initiales. Les résultats sont qualitativement similaires lorsque l'on effectue une régression des dépenses de consommation des ménages tirées des enquêtes par rapport aux dépenses de consommation finales des ménages (HFCE), telles que mesurées par les comptes nationaux.

16. D'aucuns diront que la baisse de la GEP en Afrique ne devrait pas être une surprise, étant donné que les élasticités ont tendance à être plus faibles dans les pays où les taux de pauvreté de base sont élevés, ce qui est un artefact de la manière dont est calculée la GEP. Même si les régressions

tiennent compte des taux de pauvreté initiaux, on pourrait toujours soutenir que ces ajustements sont insuffisants. Cependant, cet argument ne peut pas être étendu aux régressions des moyennes issues des enquêtes par rapport au PIB par habitant ou au HFCE – parce que ces deux variables présentent une base basse similaire en Afrique – qui montrent que la croissance économique a un lien nettement plus faible avec le bien-être des ménages en Afrique que dans d'autres régions. La pauvreté étant mesurée par le bien-être des ménages (consommation ou revenu), on s'attendrait donc à ce que la croissance du PIB par habitant ait un effet moins prononcé sur la réduction de la pauvreté en Afrique que dans d'autres régions.

17. L'inégalité initiale n'affecte cependant pas la mesure dans laquelle la croissance du PIB par habitant se traduit par une réduction de la pauvreté dans l'échantillon d'épisodes de croissance considéré par Wu et coll. (2024). L'ensemble des preuves suggère donc que la distribution initiale du bien-être n'affecte pas la manière dont la croissance macroéconomique se traduit par des variations du bien-être des ménages, mais qu'elle affecte la manière dont la croissance du bien-être moyen se traduit par une croissance au bas de l'échelle.

18. Au Botswana, l'inégalité a reculé de 64,7 à 60,5 points du coefficient de Gini, tandis qu'au Tchad, elle a augmenté de 39,8 à 43,3 points du coefficient de Gini.

19. La République centrafricaine est également enclavée, mais ne figure pas dans les données des MPM et n'est donc pas incluse dans l'analyse.

20. Lorsqu'une enquête s'étend sur deux ans, nous utilisons le PIB pondéré sur les deux années comme mesure du PIB par habitant.

21. Des variations absolues de la pauvreté de faible ampleur, lorsque les taux de pauvreté de base sont bas, ont tendance à être importantes en termes relatifs, ce qui augmente mécaniquement la valeur absolue des élasticités estimées.

22. Toutes les régressions comprennent également des variables muettes régionales (pour prendre en compte les variables omises invariantes dans le temps au niveau régional), le bien-être moyen des ménages au début de l'épisode et une variable muette indiquant le type de variable agrégée de bien-être utilisée dans l'enquête (consommation ou revenu).

23. Voir Wu et coll. (2024a) pour une liste complète des variables.

24. Cette note méthodologique s'inspire également de Fiorio et Jenkins (2007), à la suite de Fields (2003).

Bibliographie

Anderson, Michael L. 2008. « Multiple Inference and Gender Differences in the Effects of Early Intervention : A Reevaluation of the Abecedarian, Perry Preschool, and Early Training Projects ». *Journal of the American Statistical Association* 103 (484) : 1481-95.

Banerjee, Raka, Kajal Gulati, Michael B. O'Sullivan, Arathi S. Rao et Margaux L. Vinez. 2014. « Améliorer les perspectives des agricultrices en Afrique et lutter contre les inégalités hommes-femmes ». Banque mondiale, Washington, DC.

Banque mondiale. 2012. *Rapport sur le développement dans le monde 2012 : l'égalité des sexes et le développement*. Washington, DC : Banque mondiale.

Banque mondiale. 2016. *Poverty and Shared Prosperity 2016 : Taking on Inequality*. Washington, DC : Banque mondiale. https://doi.org/10.1596/978-1-4648-0958-3.

Banque mondiale. 2019a. *An Analysis of Issues Shaping Africa's Economic Future*. Africa's Pulse 19 (avril). Washington, DC : Banque mondiale. https://hdl.handle.net/10986/31499.

Banque mondiale. 2019b. « Les bénéfices de la parité : Libérons le potentiel de l'entrepreneuriat féminin en Afrique ». Banque mondiale, Washington, DC.

Banque mondiale. 2022a. « Poverty and Inequality Platform ». Washington, DC : Banque mondiale. Version 20220909_2017_01_02_ PROD, consulté en septembre 2022. https://www.pip.worldbank.org.

Banque mondiale. 2022b. *Poverty and Inequality Platform Methodology Handbook*. Washington, DC : Banque mondiale.

Banque mondiale. 2022c. *Rapport 2022 sur la pauvreté et la prospérité partagée : Corriger le tir.* Washington DC : Banque mondiale.

Banque mondiale. 2023a. « Créer de la croissance pour tous grâce à de meilleurs emplois ». *Africa's Pulse* 28 (octobre). https://doi.org/10.1596/978-1-4648-2043-4.

Banque mondiale. 2023b. « Classification des situations de fragilité et de conflit ». Mise à jour du 28 juin 2024. https://www.worldbank.org/en/topic/fragilityconflictviolence/brief/harmonized -list-of-fragile-situations.

Banque mondiale. 2023c. « Multidimensional Poverty Measure ». 5e éd. Mise à jour en avril 2024. https://www.worldbank.org/en/topic/poverty/brief/multidimensional-poverty-measure.

Banque mondiale. 2024a. Poverty and Inequality Platform (version 20240627_2017_01_02_PROD) [dataset], consulté en juillet 2024, https://pip.worldbank.org/.

Banque mondiale. 2024b. « Lutter contre les inégalités pour revitaliser la croissance et réduire la pauvreté en Afrique ». *Africa's Pulse* 29. Banque mondiale, Washington, DC. https://doi .org/10.1596/978-1-4648-2109-7.

Baymul, Cinar, et Kunal Sen. 2019. "Kuznets Revisited: What Do We Know About the Relationship Between Structural Transformation and Inequality? » *Asian Development Review* 36 (1) : 136-67.

Beegle, Kathleen, Luc Christiaensen, Andrew Dabalen et Isis Gaddis. 2016. *La pauvreté dans une Afrique en essor*. Washington, DC : Banque mondiale.

Beegle, Kathleen, et Luc Christiaensen, eds. 2019. *Accélérer la réduction de la pauvreté en Afrique*. Washington, DC : Banque mondiale. https://hdl.handle.net/10986/32354.

Benjamini, Yoav, Abba M. Krieger et Daniel Yekutieli. 2006. « Adaptive Linear Step-Up Procedures That Control the False Discovery Rate ». *Biometrika* 93 (3) : 491-507.

Bergstrom, Katy. 2022. « The Role of Income Inequality for Poverty Reduction ». *World Bank Economic Review* 36 (3) : 583–604. https://doi.org/10.1093/wber/lhab026.

Bhorat, Haroon, et Karmen Naidoo. 2018. « Economic Growth and the Pursuit of Inequality Reduction in Africa ». Document de travail, Groupe des 24 et Friedrich Ebert Stiftung, New York. https://g24 .org/economic-growth-and-pursuit-of-inequality-reduction-in-africa/.

Blanchet, T., L. Chancel, I. Flores et M. Morgan. 2024. « Distributional National Accounts Guidelines, Methods and Concepts Used in the World Inequality Database ». Laboratoire sur les inégalités mondiales. https://wid .world/document/distributional-national-accounts -guidelines-2020-concepts -et-methods-used -in-the-world-inequality-database/.

Blundell, Richard, Luigi Pistaferri et Ian Preston. 2008. « Consumption Inequality and Partial Insurance ». *American Economic Review* 98 (5) : 1887-1921.

Bourguignon, François. 2003. « The Growth Elasticity of Poverty Reduction: Explaining Heterogeneity Across Countries and Time Periods ». In *Inequality and Growth: Theory and Policy Implications*, édité par Theo S. Eicher et Stephen J. Turnovsky, 3-26. Cambridge, MA : MIT Press. https://doi .org/10.7551/mitpress/3750.003.0004.

Bussolo, Maurizio, María E. Dávalos, Vito Peragine et Ramya Sundaram. 2018. *Toward a New Social Contract: Taking on Distributional Tensions in Europe and Central Asia*. Washington, DC : Banque mondiale. http://hdl.handle.net/10986/30393.

Calderón, César. 2021. *Boosting Productivity in Sub-Saharan Africa: Policies and Institutions to Promote Efficiency*. Washington, DC : Banque mondiale. http://hdl.handle.net/10986/36786.

Chancel, L., D. Cogneau, A. Gethin, A. Myczkowski et A. S. Robilliard. 2023. « Income Inequality in Africa, 1990–2019: Measurement, Patterns, Determinants ». *World Development* 163 : 106162. https://doi.org/10.1016/j.worlddev.2022.106162.

Choumert-Nkolo, J., G. Santana Tavera et P. Saxena. 2023. « Addressing Non-Response Bias in Surveys of Wealthy Households in Low- and Middle-Income Countries: Strategies and Implementation ». *Journal of Development Studies* 59 (9) : 1427–42. https://doi.org/10.1080/00220388.2023.2217998.

Datt, Gaurav, et Martin Ravallion. 1992. « Growth and Redistribution Components of Changes in Poverty Measures: A Decomposition with Applications to Brazil and India in the 1980s ». *Journal of Development Economics* 38 (2) : 275-95.

Delprato, Marcos, Kwame Akyeampong et Máiréad Dunne. 2017. « Intergenerational Education Effects of Early Marriage in Sub-Saharan Africa ». *World Development* 91 : 173-92. https://doi.org/10.1016/j.worlddev.2016.11.010.

Diao, Xinshen, Margaret McMillan et Dani Rodrik. 2017. « The Recent Growth Boom in Developing Economies: A Structural Change Perspective », Document de travail 23132, National Bureau of Economic Research, Cambridge, MA.

Duclos, Jean-Yves, et Stephen A. O'Connell. 2015. « Is Poverty a Binding Constraint on Growth in Sub-Saharan Africa? » In *Economic Growth and Poverty Reduction in Sub-Saharan Africa: Current and Emerging Issues*, édité par Andrew McKay et Erik Thorbecke, 54-90. Oxford : Oxford University Press. https://doi.org/10.1093/acprof:oso/9780198728450.003.0003.

Ferreira, Francisco H. G., Julian Messina, Jamele Rigolini, Luis-Felipe López-Calva, Maria Ana Lugo et Renos Vakis. 2012. *Economic mobility and the Rise of the Latin American Middle Class*. Washington, DC : Banque mondiale.

Fields, Gary S. 2003. « Accounting for Income Inequality and Its Change: A New Method, With Application to the Distribution of Earnings in the United States ». In *Worker Well-Being and Public Policy*, édité par S. W. Polachek, 1-38. Vol. 22 de *Research in Labor Economics*. Bingley, Royaume-Uni : Emerald Group Publishing. https://doi.org/10.1016/S0147-9121(03)22001-X.

Fiorio, Carlo V., et Stephen P. Jenkins. 2007. « ineqrbd : Regression-Based Inequality Decomposition ». Présentation PowerPoint. https://www.stata.com/meeting/13uk/fiorio_ineqrbd_UKSUG07.pdf.

Fosu, Augustin Kwasi. 2023. « Pogress on Poverty in Africa: The Importance of Growth and Inequality ». *Journal of African Economies* 32 (Supplement 2) : ii164-82. https://doi.org/10.1093/jae/ejac047.

FSIN (Food Security Information Network) et GRFC (Global Network Against Food Crises). 2023. *GRFC 2023 Mid-Year Update*. Rome : FSIN. https://www.fsinplatform.org/sites/default/files/resources/files/GRFC2023-MYU.pdf.

Goldberg, Pinelopi Koujianou et Tristan Reed. 2023. « Presidential Address: Demand-Side Constraints in Development–The Role of Market Size, Trade, and (In)Equality ». *Econometrica* 91 (6) : 1915–50. https://doi.org/10.3982/ecta20787.

JEI. 2022. *Journal of Economic Inequality*, « Special Issue : Finding the Upper Tail ». https://link.springer.com/journal/10888/volumes-and-issues/20-1.

Jirasavetakul, La-Bhus Fah, et Christoph Lakner 2020. « The Distribution of Consumption Expenditure in Sub-Saharan Africa: The Inequality Among All Africans ». *Journal of African Economies* 29 (1) : 1–25. https://doi.org/10.1093/jae/ejz016.

Kerr, Andrew, et Mxolisi Zondi. 2024. « Measuring the Upper Tail of the Income and Wealth Distributions », non publié, document commandé par la Banque mondiale, Data for Policy initiative, Global Solutions Group.

Kraay, Aart, Christoph Lakner, Berk Ozler, Benoit Marie A. Decerf, Dean Mitchell Jolliffe, Olivier Christian Brigitte Sterck et Nishant Yonzan. 2023. « A New Distribution Sensitive Index for Measuring Welfare, Poverty, and Inequality ». Policy Research Working Paper 10470, Banque mondiale, Washington, DC.

Lakner, Christoph, et Branko Milanovic. 2016. « Global Income Distribution: From the Fall of the Berlin Wall to the Great Recession ». *Revue économique de la Banque mondiale* 30 (2) : 203-32.

Lall, Somik Vinay, J. Vernon Henderson, et Anthony J. Venables. 2017. *Ouvrir les villes africaines au monde*. Washington, DC : Banque mondiale.

Lustig, N. 2020. « The 'Missing Rich' in Household Surveys : Causes and Correction Approaches », Vol. 520. ECINEQ, Society for the Study of Economic Inequality.

McMillan, Margaret, et Albert Zeufack. 2022. « Labor Productivity Growth and Industrilization in Africa ». *Journal of Economic Perspectives* 36 (1) : 3–32. https://doi.org/10.1257/jep.36.1.3.

Milanovic, B. 2024. « The Three Eras of Global Inequality, 1820–2020 with the Focus on the Past Thirty Years ». *World Development* 177.

Narayan, Ambar, Roy Van der Weide, Alexandru Cojocaru, Christoph Lakner, Silvia Redaelli, Daniel Gerszon Mahler, Rakesh Gupta N. Ramasubbaiah et Stefan Thewissen. 2018. *Des progrès satisfaisants ? La mobilité économique d'une génération à l'autre à travers le monde*. Washington, DC : Banque mondiale. https://hdl.handle.net/10986/28428.

Notre Dame Global Adaptation Initiative. 2023. *ND-GAIN Country Index*. https://gain.nd.edu/our-work/country-index/rankings/.

ONU DAES (Nations Unies, Département des affaires économiques et sociales), Division de la population. 2018. *World Urbanization Prospects: The 2018 Revision, Online Edition*. New York : Nations unies. https://population.un.org/wup/Publications/Files/WUP2018-Report.pdf.

Patel, Dev, Justin Sandefur et Arvind Subramanian. 2021. « The New Era of Unconditional Convergence ». *Journal of Development Economics* 152 : 102687.

Piketty, T., E. Saez et G. Zucman. 2022. « Twenty Years and Counting: Thoughts about Measuring the Upper Tail ». *Journal of Economic Inequality* 20 (1) : 255-64.

Ravallion, Martin. 2004. « Pro-Poor Growth: A Primer ». Policy Research Working Paper 3242, Banque mondiale, Washington DC.

Ravallion, Martin. 2022. « Missing Top Income Recipients ». *Journal of Economic Inequality* 20 : 205-22.

Ravallion, Martin, et Shaohua Chen. 1997. « What Can New Survey Data Tell Us about Recent Changes in Distribution and Poverty? » *Revue économique de la Banque mondiale* 11 (2) : 357-82. https://doi.org/10.1093/wber/11.2.357.

Ravallion, Martin, et Monika Huppi. 1991. « Measuring Changes in Poverty: A Methodological Case Study of Indonesia during an Adjustment Period ». *Revue économique de la Banque mondiale* 5 (1) : 57–82. https://doi.org/10.1093/wber/5.1.57.

Rodrik, Dani. 2016. « Premature Deindustrialization ». *Journal of Economic Growth* 21 (1) : 1–33. https://doi.org/10.1007/s10887-015-9122-3.

Shorrocks, A. F. 1982. « Inequality Decomposition by Factor Components ». *Econometrica* 50 (1) : 193–211. https://doi.org/10.2307/1912537.

Suarez, Alejandro Hoyos, Andrew Dabalen, Ambar Narayan, Jaime Saavedra-Chanduvi, Alejandro Hoyos Suarez, Ana Abras et Sailesh Tiwari. 2015. *Do African Children Have an Equal Chance? A Human Opportunity Report for Sub-Saharan Africa*. Washington, DC : Banque mondiale. http://hdl.handle.net/10986/20458.

Sulla, Victor, Precious Zikhali et Pablo F. Cuevas. 2022. *Inequality in Southern Africa: An Assessment of the Southern African Customs Union*. Washington, DC : Banque mondiale.

Thorbecke, E. 2023. « The Interrelationships among Growth, Inequality and Poverty in Africa ». *Journal of African Economies* 32 (Supplement 2) : ii81-86. https://doi.org/10.1093/jae/ejac055.

UNICEF (Fonds des Nations unies pour l'enfance), OMS (Organisation mondiale de la santé) et Banque mondiale. 2023. *Levels and Trends in Child Malnutrition: UNICEF / WHO / World Bank Group Joint Child Malnutrition Estimates – Key Findings of the 2023 Edition*. New York : UNICEF et OMS. https://iris.who.int/bitstream/handle/10665/368038/9789240073791-eng.pdf?sequence=1.

Van der Weide, Roy, Christoph Lakner, Daniel Gerszon Mahler, Ambar Narayan et Rakesh Gupta. 2024. « Intergenerational Mobility around the World: A New Database ». *Journal of Development Economics* 166 : 103167. https://doi.org/10.1016/j.jdeveco.2023.103167.

Wu, Haoyu, Aziz Atamanov, Tom Bundervoet et Pierella Paci. (2024a). « Is Economic Growth Less Welfare Enhancing in Africa? Evidence From the Last Forty Years ». *World Development* 184 : 106759. https://doi.org/10.1016/j.worlddev.2024.106759

Wu, Haoyu, Aziz Atamanov, Tom Bundervoet et Pierella Paci. (2024b). « The Growth Elasticity of Poverty: Is Africa Any Different? » Policy Research Working Paper 10690, Banque mondiale, Washington, DC. https://hdl.handle.net/10986/40997.

Yonzan, Nishant, Daniel Gerszon Mahler et Christoph Lakner. 2023. « Poverty Is Back to Pre-COVID Levels Globally, but Not for Low-Income Countries ». *Data Blog*. Banque mondiale, 3 octobre. https://blogs.worldbank.org/en/opendata/poverty-back-pre-covid-levels-globally-not-low-income-countries.

Facteurs ayant une incidence sur la pauvreté et les inégalités : changement climatique

RUTH HILL

Climat, pauvreté et inégalités en Afrique

La lutte contre la pauvreté passe par un accompagnement des ménages dans l'acquisition et l'utilisation d'un capital (financier, physique, humain, social et naturel) ainsi que la garantie d'un bon retour sur investissement. Les ménages pauvres dépendent souvent du capital naturel, comme l'agriculture, le pastoralisme ou la pêche, pour leurs moyens de subsistance ; 81 % de ceux qui vivent sous le seuil mondial de pauvreté extrême résident dans des zones rurales (contre 51 % de la population mondiale) et 62 % d'entre eux exercent principalement des activités agricoles (Banque mondiale 2020, 2022).

Ce n'est toutefois pas la seule raison pour laquelle le changement climatique représente un défi particulier pour les ménages pauvres. Le manque de capital associé à une vie de pauvreté aggrave les conséquences des risques climatiques. Les habitations sont généralement caractérisées par une isolation insuffisante, un manque d'étanchéité et des matériaux de construction de mauvaise qualité. Les ménages pauvres sont donc plus vulnérables aux conditions météorologiques extrêmes (cf. figure S1.1a). L'éloignement géographique de la plupart d'entre eux accentue l'impact des phénomènes météorologiques locaux sur les prix des produits dont elles ont besoin. Ils ne disposent généralement pas d'économies, d'un accès au crédit ou à une assurance pour faire face à une perte de revenus ou d'actifs (voir figure S1.1b). Ils sont rarement couverts par une assurance sociale et ont peu de possibilités de recourir à d'autres moyens de subsistance en raison de leur faible niveau d'éducation, de leurs ressources financières limitées et d'un accès restreint au marché. Les ménages pauvres réagissent alors souvent aux chocs en épuisant leurs ressources déjà limitées, ce qui transforme des chocs temporaires en pertes permanentes. Les effets peuvent durer longtemps. Les chocs renforcent donc les inégalités (voir figure S1.2).

FIGURE S1.1 L'impact des risques climatiques selon la répartition des revenus en Afrique

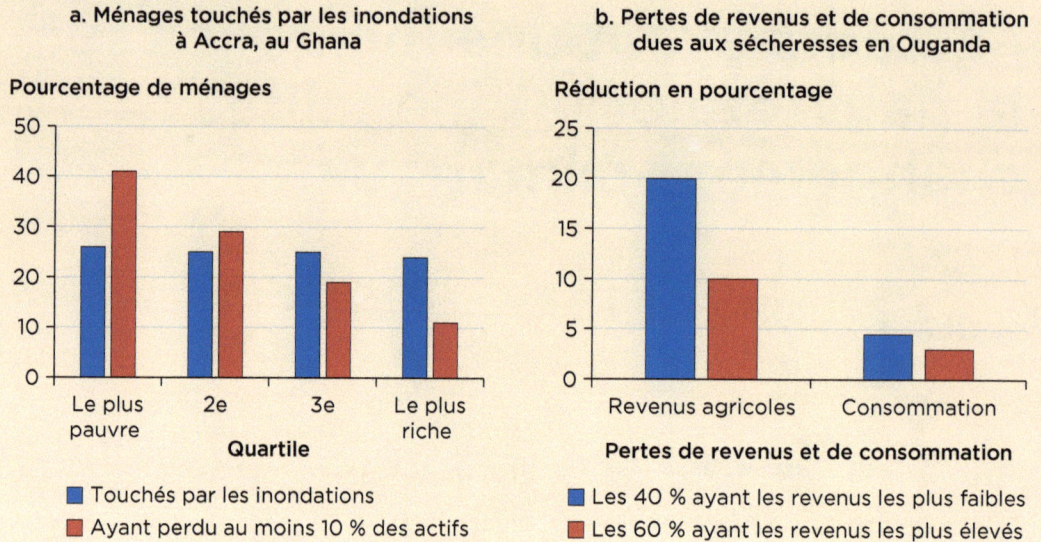

a. Ménages touchés par les inondations à Accra, au Ghana

Pourcentage de ménages

Quartile

■ Touchés par les inondations
■ Ayant perdu au moins 10 % des actifs

b. Pertes de revenus et de consommation dues aux sécheresses en Ouganda

Réduction en pourcentage

Pertes de revenus et de consommation

■ Les 40 % ayant les revenus les plus faibles
■ Les 60 % ayant les revenus les plus élevés

Sources : Panel a, Erman et coll. 2018 ; panel b, Banque mondiale 2016.

FIGURE S1.2 Inégalités et chocs climatiques : un cercle vicieux

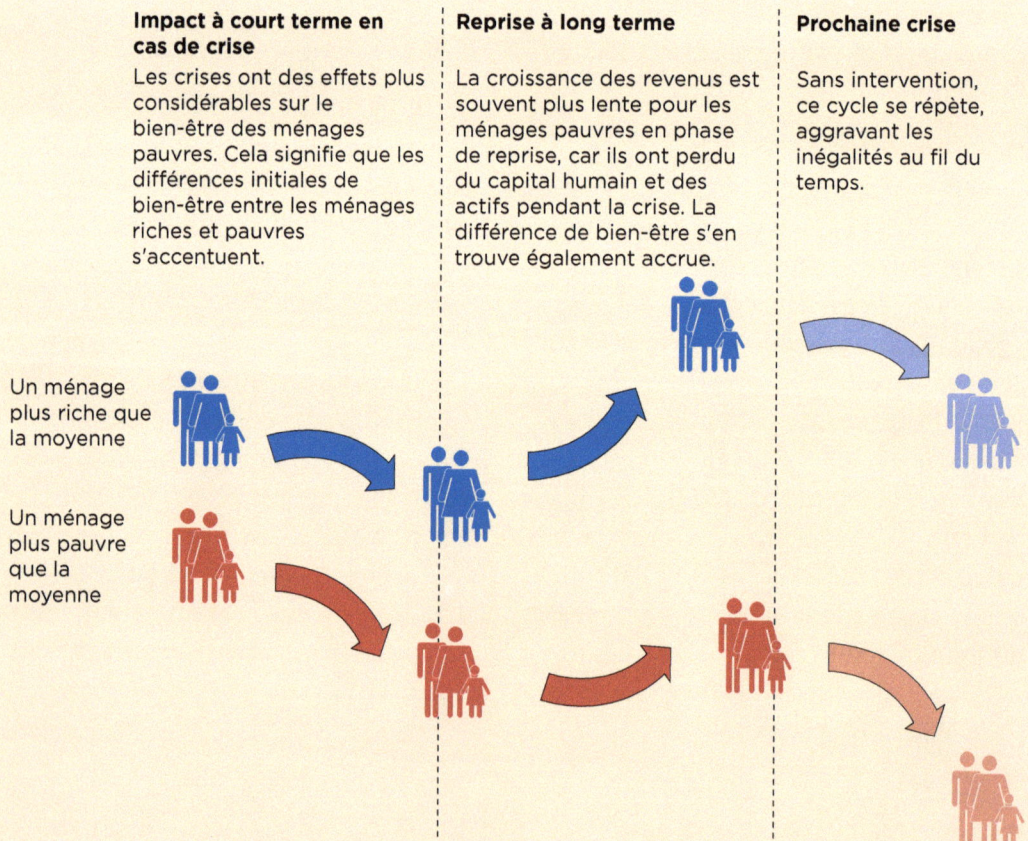

Impact à court terme en cas de crise

Les crises ont des effets plus considérables sur le bien-être des ménages pauvres. Cela signifie que les différences initiales de bien-être entre les ménages riches et pauvres s'accentuent.

Reprise à long terme

La croissance des revenus est souvent plus lente pour les ménages pauvres en phase de reprise, car ils ont perdu du capital humain et des actifs pendant la crise. La différence de bien-être s'en trouve également accrue.

Prochaine crise

Sans intervention, ce cycle se répète, aggravant les inégalités au fil du temps.

Un ménage plus riche que la moyenne

Un ménage plus pauvre que la moyenne

Source : Hill et Narayan 2020

L'impact plus subtil sur le bien-être cependant n'est pas lié à la survenance d'une catastrophe. Les ménages adoptent des comportements coûteux pour anticiper les chocs auxquels ils ne sont pas en mesure de faire face. Même s'il est moins évident, cet impact peut, dans certains contextes, constituer le principal obstacle à l'accélération de la réduction de la pauvreté. Au Zimbabwe, on a constaté que le manque d'investissement en raison des risques climatiques avait un impact deux fois plus important sur la croissance des revenus (Elbers, Gunning et Kinsey 2007). Dix études bien identifiées menées dans différents contextes montrent que lorsque les ménages ont un meilleur accès aux instruments de gestion des risques climatiques, les investissements augmentent de 15 à 30 %, que les chocs se produisent ou non (voir Mobarak et Rosenzweig 2013 pour l'assurance indicielle basée sur les précipitations en Inde ; Elabed et Carter 2018 pour l'assurance rendement de la zone au Mali ; Karlan et coll. 2014 pour l'assurance indicielle basée sur les précipitations au Ghana ; Cai et al. 2015 pour l'assurance porcine en Chine ; Cai 2016 pour l'assurance rendement de la zone en Chine ; Fuchs Tarlovsky et Wolff 2016 pour l'assurance indicielle basée sur les précipitations au Mexique ; Jensen, Barrett et Mude 2017 pour l'assurance bétail au Kenya ; Hill et al. 2019 pour l'assurance précipitations et rendement de la zone au Bangladesh ; Stoeffler et coll. 2022 pour l'assurance rendement de la zone au Burkina Faso ; et Bulte et coll. 2020 pour l'assurance multirisque climatique des récoltes au Kenya).

Le changement climatique, caractérisé par des températures plus élevées, des précipitations extrêmes et des tempêtes, altère le capital naturel et affecte donc particulièrement la capacité des pauvres à générer un revenu. Des estimations récentes du nombre de personnes exposées, vulnérables et à risque face à des conditions météorologiques extrêmes quantifient et soulignent le défi auquel l'Afrique est confrontée (Doan et al. 2023). Le tableau S1.1 présente la taille et la proportion de la population exposée aux phénomènes météorologiques extrêmes dans le monde et en Afrique. Il présente également la proportion de la population qui est à la fois exposée et en situation de pauvreté, selon les seuils de pauvreté internationaux de 2,15 dollars et de 6,85 dollars. En 2019, 42 % de la population africaine était exposée au risque de subir au moins l'un des phénomènes météorologiques extrêmes pris en compte : inondations, sécheresses, vagues de chaleur et cyclones. Ce pourcentage est très proche de la moyenne mondiale de 55 %. Mais, la population de l'Asie du Sud et de l'Asie de l'Est et Pacifique est encore davantage exposée. La sécheresse est le choc auquel la plus grande partie de la population africaine est exposée, suivie des inondations et des vagues de chaleur. Le taux d'exposition à la sécheresse en Afrique est beaucoup plus élevé que dans d'autres régions du monde.

L'enjeu que représente le risque climatique pour l'Afrique apparaît beaucoup plus clairement lorsqu'on tient compte de la proportion de la population qui est à la fois exposée et pauvre. Si 29 % de la population mondiale est à la fois exposée et pauvre (par rapport au seuil de pauvreté de 6,85 dollars), ce taux est de 38 % en Afrique. Au seuil de la pauvreté extrême de 2,15 dollars, la différence est encore plus marquée : 5 % de la population mondiale est exposée et pauvre, mais en Afrique, le taux est un peu plus de trois fois plus élevé, soit 16 %.

TABLEAU S1.1 Exposition aux chocs climatiques extrêmes en Afrique

Choc	Au niveau mondial				En Afrique			
	Population exposée		Population exposée et pauvre (%)		Population exposée		Population exposée et pauvre (%)	
	Millions d'euros	%	2,15 $	6,85 $	Millions d'euros	%	2,15 $	6,85 $
Inondation	962	12	1	5	66	6	2	5
Sécheresse	1,383	18	2	9	314	28	11	26
Vague de chaleur	2,737	35	3	21	186	17	6	15
Cyclone	601	8	0	3	5	0	0	0
Tout choc	4,335	55	5	29	471	42	16	38

Source : Doan et al 2023.

TABLEAU S1.2 Population exposée aux chocs climatiques

Population	Proportion de la population vulnérable et exposée à un choc (%)							
	Eau	Électricité	Revenu	Éducation	Protection sociale	Accès au financement	≥1	≥2
Afrique	14	22	25	18	29	23	42	9
Le monde	6	17	12	16	31	18	42	12

Source : Doan et al 2023.
Note : Le tableau n'inclut que les pays pour lesquels il existe des données sur toutes les dimensions de la vulnérabilité.

Le tableau S1.2 examine la vulnérabilité aux phénomènes météorologiques extrêmes sous un angle multidimensionnel. Il présente la part de la population qui est à la fois exposée et vulnérable selon les six dimensions ci-après : manque d'eau potable, manque d'électricité (tous deux des actifs d'infrastructures qui peuvent aider à réduire l'impact initial des phénomènes météorologiques extrêmes), manque de revenus pour gérer le choc, manque d'éducation pour pouvoir s'adapter aux impacts du choc, manque de protection sociale, ou manque d'accès au financement (un compte mobile money ou un autre compte bancaire pour pouvoir recevoir des transferts). Ce tableau souligne une fois de plus que le défi auquel l'Afrique est confrontée n'est pas seulement son exposition aux conditions météorologiques extrêmes, mais aussi les niveaux élevés de vulnérabilité des ménages africains qui les exposent aux aléas. Si l'on considère qu'être à risque signifie être vulnérable dans une dimension, la quasi-totalité (90 %) de la population exposée est à risque[1]. Ce pourcentage est identique à la proportion des personnes à risque au niveau mondial, même si les taux d'exposition mondiaux sont plus élevés.

Une analyse de l'impact des sécheresses sur le bien-être en Afrique, réalisée dans huit pays à partir de données d'enquête provenant de près de 100 000 ménages, quantifie l'impact des conditions météorologiques historiques sur la pauvreté et met en évidence le risque que la variabilité de ces conditions météorologiques fait peser sur les résultats en matière de pauvreté (Gascoigne et al. 2024). La pauvreté est de 1 à 12 % plus élevée dans les pires conditions météorologiques par rapport aux meilleures conditions observées au cours des 13 dernières années. Cela équivaut à une augmentation de l'écart de pauvreté totale qui varie de 4 millions de dollars US à 2,4 milliards de dollars US (parité de pouvoir d'achat 2011).

L'impact d'un monde où les phénomènes météorologiques extrêmes s'intensifient ne peut être surestimé pour l'Afrique en termes de pauvreté et d'inégalités. Un monde où la température moyenne augmente chaque année et où certaines régions du continent deviennent plus arides, a un impact considérable sur l'Afrique. La carte S1.1 montre l'impact estimé du changement climatique en termes de pauvreté selon les projections d'une croissance plus faible induite par le changement climatique, réalisées par Burke, Hsaing et Miguel (2015). L'impact sur la pauvreté en Afrique est très grave (en tenant compte des changements démographiques attendus).

CARTE S1.1 **Aggravation de la pauvreté en raison du changement climatique en Afrique**

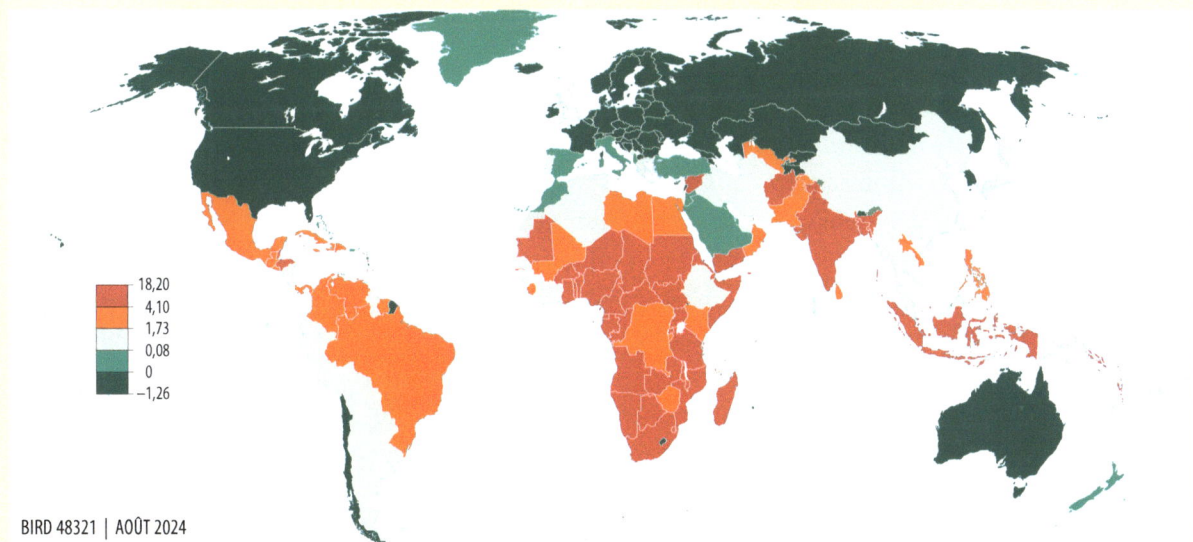

BIRD 48321 | AOÛT 2024

Source : Burke, Hsiang et Miguel 2015.
Note : Ces projections de pauvreté utilisent les estimations de croissance présentées par Burke, Hsiang et Miguel (2015) pour estimer la pauvreté en 2050. Elles appliquent à cet effet des taux de croissance à la distribution des revenus dans chaque pays. Elles prennent également en compte les changements démographiques entre aujourd'hui et 2050. Les estimations de croissance avec et sans changement climatique sont utilisées pour projeter la pauvreté avec et sans changement climatique, et calculer la différence. Voir Corral et Nguyen (à paraître) pour plus de détails.

Hallegatte et coll. (2016) estiment que l'impact du changement climatique sur les revenus agricoles et les prix des denrées alimentaires sera l'un des principaux facteurs de l'impact du changement climatique sur la pauvreté. Une nouvelle étude qui repose sur un modèle commercial basé sur une enquête auprès des ménages, quantifie les importantes pertes de revenus dues à la baisse des rendements causée par le changement climatique (Artuc, Porto et Rijkers 2023). Ce modèle montre qu'il s'agira de l'impact le plus important du changement climatique sur la pauvreté, bien plus important que les effets indirects observés sur les prix du fait des pénuries alimentaires. Ces conclusions cadrent avec celles de la littérature sur l'économie spatiale concernant l'impact du changement climatique. Les pertes de revenus des ménages projetées sont particulièrement élevées pour certains pays africains (voir figure S1.3), mais d'autres pays connaîtront une augmentation en moyenne des rendements et des revenus agricoles. Lorsque des pertes surviennent, elles sont systématiquement plus élevées pour le quart des ménages les plus pauvres (19 %), par rapport à la moyenne (16 %) et au quart des ménages les plus riches (14 %) ; ce qui souligne l'impact que le changement climatique aura à la fois sur la pauvreté et sur les inégalités si aucune mesure n'est prise pour y remédier.

Réduire la pauvreté et les inégalités et améliorer la qualité de vie en Afrique

La réduction de l'impact du changement climatique sur les ménages pauvres et vulnérables est essentielle pour accélérer la lutte contre la pauvreté. Pour concevoir des mesures politiques dans ce sens, il est utile d'utiliser le même cadre d'analyse des risques, de l'exposition et des vulnérabilités que celui utilisé pour comprendre les impacts physiques du changement climatique (GIEC 2022). Le *risque* fait référence aux événements et tendances physiques liés au climat qui peuvent causer des dommages et des pertes en termes de bien-être, l'*exposition* indique la présence de personnes et de moyens de subsistance dans des endroits qui pourraient être affectés, et la *vulnérabilité* indique dans quelle mesure l'exposition à un risque donné affecte le revenu ou le bien-être d'un ménage. Les risques climatiques comprennent, entre autres, les sécheresses, les vagues de chaleur, les inondations, les tempêtes violentes, les glissements de terrain, les feux de forêt et l'élévation du niveau de la mer. Comme indiqué, les ménages pauvres sont particulièrement vulnérables à ces aléas, car ils dépendent de manière disproportionnée du capital naturel pour gagner des revenus et l'absence de ressources alternatives rend la gestion des impacts beaucoup plus difficile.

Des mesures politiques sont nécessaires dans chacun de ces domaines. Les mesures d'atténuation peuvent modifier à long terme la répartition de la probabilité du risque à l'avenir, car l'accumulation des émissions de gaz à effet de serre au niveau mondial est une cause du changement climatique.

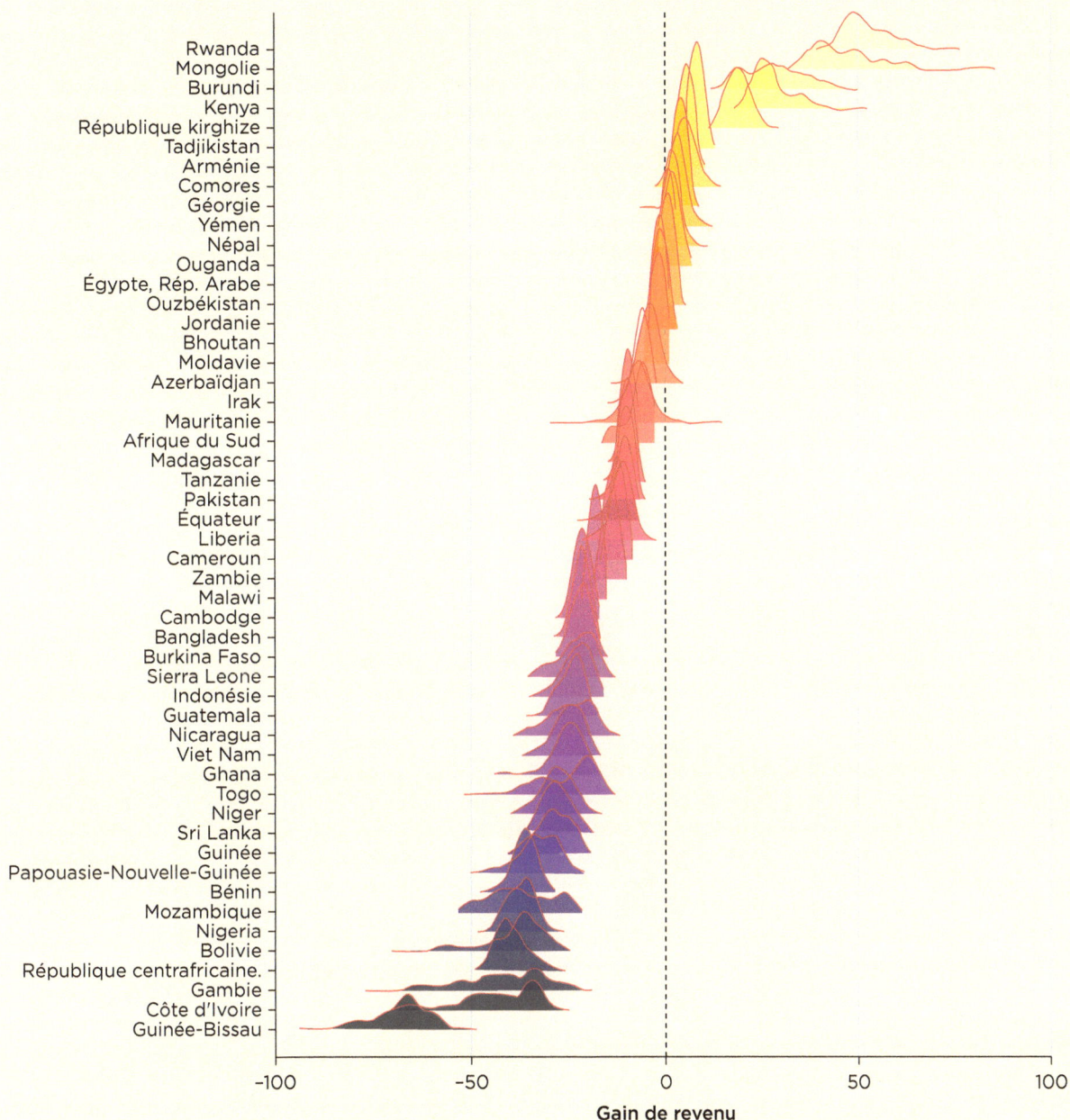

FIGURE S1.3 Répartition des effets du changement climatique sur les revenus, par pays

Source : Artuc, Porto et Rijkers 2024.

Les taxes carbone, par exemple, réduisent les émissions, en particulier dans les pays fortement émetteurs (voir Rafaty, Dolphin et Pretis 2021 ; pour l'Europe, Lin et Li 2011 ; pour le Royaume-Uni, Martin, de Preux et Wagner 2014 ; pour le Canada, Rivers et Schaufele 2015 et Metcalf 2019 ; et pour la Suède, Andersson 2019). D'autres mesures toutefois, comme celles qui encouragent l'augmentation du couvert végétal, peuvent également modifier plus rapidement les conditions météorologiques locales (voir, par exemple, Harlan et coll. 2006, Schwaab et coll. 2021, et Ziter et al. 2019).

Les mesures politiques qui permettent aux ménages de se déplacer ou de déplacer leurs biens vers des lieux moins touchés par les aléas peuvent agir sur l'exposition. Les mesures qui modifient la vulnérabilité d'un ménage aux risques comprennent les mesures d'adaptation, telles que l'encouragement des ménages à investir dans la gestion de l'eau et la qualité des sols ou dans des logements de meilleure qualité. Elles englobent également des politiques de développement plus générales qui augmentent le capital des ménages pauvres, ce qui leur permet de mieux faire face aux chocs climatiques ou de gagner plus de revenus grâce à des activités moins exposées aux risques. L'amélioration de la qualité de l'éducation, la construction de meilleures routes pour relier les ménages aux marchés, l'amélioration de la planification urbaine, l'adoption de systèmes d'alerte précoce et d'évacuation, et la promotion de l'inclusion financière illustrent toutes des mesures qui peuvent contribuer à réduire la vulnérabilité d'un ménage.

Les réductions d'émissions, en réalité, auront pour l'Afrique un impact négligeable sur la répartition des risques, car le continent a très peu contribué aux émissions passées et actuelles à l'origine du changement climatique (voir Chancel, Both et Voituriez 2023 ; Ritchie, Rosado et Roser 2023). À l'exception de certains pays, comme l'Afrique du Sud, la réduction des émissions en Afrique aura très peu d'impact sur le total des émissions mondiales. L'éradication de l'extrême pauvreté en Afrique aura également très peu d'impact sur les émissions (Wollburg, Hallegatte et Mahler 2023). Ces limites toutefois ne signifient pas nécessairement que les stratégies de développement ne doivent pas prendre en compte la réduction des émissions. La réduction des émissions peut rester une priorité pour deux raisons. Premièrement, les politiques de réduction des émissions peuvent avoir des effets bénéfiques au niveau local grâce à une diminution de la pollution de l'air et à un investissement accru dans la nature (ex. : une couverture végétale plus importante qui réduit la température). Deuxièmement, le maintien d'une production énergétique à forte intensité d'émissions contribuera davantage aux émissions mondiales à l'avenir, une augmentation que le monde ne peut pas se permettre, car les économies à revenu élevé ont consommé bien plus que leur part équitable du carbone de la planète. L'Afrique aurait donc intérêt à envisager dès maintenant une transition vers l'énergie verte. Cela revient toutefois à demander aux pays africains d'agir plus tôt dans leur processus de développement que ne l'ont fait les économies à revenu élevé, et ils devraient donc recevoir une compensation en retour. Cette compensation pourrait passer par une estimation des réductions des émissions potentielles de carbone et par l'utilisation du coût social du carbone pour l'évaluation de ce bien public mondial auquel les pays africains contribuent (Kanbur 2023). Les ménages situés au bas de l'échelle de la distribution de la consommation doivent recevoir une compensation lors de la planification des transitions énergétiques, pour la hausse des coûts de l'énergie (et des engrais), faute de quoi la pauvreté s'aggravera.

La priorité pour les pays africains sera, dans la plupart des cas, de mettre en place des politiques qui favorisent à la fois la croissance des revenus et la réduction de la vulnérabilité des ménages pauvres, un double gain, pour ainsi dire. Le soutien à la croissance des revenus, combiné à la protection contre les revers causés par des phénomènes météorologiques extrêmes, devient une priorité accrue à mesure que le risque de tels phénomènes augmente en Afrique.

De nombreuses politiques qui améliorent la capacité des ménages à gagner un revenu réduisent également l'impact des phénomènes météorologiques extrêmes sur le bien-être. Le système de transactions financières via un téléphone mobile, par exemple, stimule le développement, qui favorise le bien-être (Batista et Vicente, à paraître). Ce système permet également aux ménages, lors des crises climatiques, de recevoir rapidement des transferts ou envois de fonds de la part de proches ou de membres de familles qui ont migré ailleurs (Jack et Suri 2014). Il en va de même d'un meilleur accès aux routes dans les zones reculées qui améliore l'accès aux marchés, aux biens et aux services et favorise ainsi le développement. Lorsque la sécheresse réduit la disponibilité des aliments au niveau local, un meilleur accès aux marchés réduit l'impact de ce choc climatique sur les prix locaux des produits alimentaires (Burgess et Donaldson 2010). L'éducation augmente la capacité des ménages à gagner des revenus. Elle leur permet également de changer de secteur d'activité lorsque les chocs climatiques réduisent les rendements dans le secteur dans lequel ils exercent (Hill et Mejia-Mantilla 2017). Certes, aucune de ces mesures ou mesures similaires ne sont des investissements d'adaptation destinés à réduire la vulnérabilité des ménages aux événements climatiques, mais elles peuvent être très efficaces pour réduire la vulnérabilité en général.

La vulnérabilité au changement climatique, vulnérabilité à la fois aux chocs extrêmes et aux baisses annuelles de revenus qu'un climat changeant entraînera, peut être réduite grâce à des investissements dans les infrastructures et à des changements dans les pratiques de production qui réduisent l'impact initial d'un aléa climatique sur les revenus ou les actifs. Par exemple, les investissements dans l'irrigation et l'accès à une eau potable ou améliorée peuvent réduire l'impact immédiat de la pénurie d'eau sur les revenus et la santé. Des changements dans les pratiques de production peuvent aussi réduire cet impact. Outre les investissements dans la conservation des sols mentionnés dans l'encadré S1.1, les investissements dans des variétés résistantes à la sécheresse (qu'il s'agisse d'investissements dans la recherche et le développement ou d'investissements des ménages dans l'adoption de variétés résistantes à la sécheresse) réduisent l'impact des déficits hydriques sur la production agricole. Des exemples similaires existent pour les inondations (l'investissement dans des défenses contre les inondations, des routes et des ponts résistants aux inondations, un meilleur parc immobilier ...) et les vagues de chaleur (l'électricité pour les ventilateurs, la réfrigération et l'air conditionné, ou la plantation d'arbres pour réduire les températures locales ...). Ces types d'investissements sont souvent le moyen le plus rentable de réduire l'impact des phénomènes météorologiques sur le bien-être.

Tous les risques ne peuvent cependant pas être réduits. Le risque résiduel doit donc être bien géré pour diminuer son impact sur le bien-être. Ce risque peut être géré en transférant le risque dans le temps grâce aux marchés de l'épargne et du crédit et en transférant le risque dans l'espace grâce à l'assurance (filets de sécurité publics et marchés privés) et aux transferts informels entre membres de famille et amis (la portée géographique de ces types de transferts est grandement facilitée par le système de transfert de fonds par téléphone mobile). Les moyens les plus appropriés pour renforcer la capacité des ménages à gérer les risques varieront d'un contexte à l'autre et d'un type de ménages à l'autre. Pour les ménages très pauvres de certaines régions, la protection sociale adaptative pourrait être le seul moyen de gérer le risque de chocs extrêmes. Pour les agriculteurs à vocation plus commerciale, l'assurance peut s'avérer utile.

La réduction et la gestion des risques nécessitent des investissements de la part des ménages et de l'État. L'identification des contraintes qui entravent les investissements des ménages dans la réduction et la gestion des risques, ainsi que leur élimination, peut débloquer l'investissement privé des ménages dans ces domaines. Les nombreux besoins d'adaptation auxquels l'Afrique est confrontée obligent à en faire une priorité. L'encadré S1.1 présente certaines données liées aux contraintes qui freinent les investissements dans la conservation des sols au Sahel, notamment l'absence de connaissances. Les investissements publics dans ce domaine peuvent y remédier par le biais de formations. Les données relatives à l'irrigation pratiquée par les petits exploitants en Afrique montrent que cette technique est très souvent rentable, mais que les ménages n'y investissent généralement pas. Cette situation peut être attribuée en partie à un manque d'accès aux connaissances et aux équipements, mais elle reflète surtout un manque d'accès au type de financement à long terme nécessaire aux ménages pour cet investissement, car les coûts sont engagés bien longtemps avant que les bénéfices ne puissent être engrangés. Les résultats des prêts innovants pour l'achat d'actifs sont très prometteurs pour débloquer les investissements dans les équipements d'irrigation.

Dans certains cas, cependant, des investissements publics seront nécessaires, et les besoins en matière d'investissement sont importants. D'après Chancel, Bothe et Voituriez (2023), l'Afrique est non seulement celle qui a le moins contribué au changement climatique, mais aussi celle qui a le moins les moyens de financer les investissements nécessaires à l'adaptation. Un financement public supplémentaire des investissements visant à accroître la résilience est nécessaire sur le continent.

Certaines politiques ne se contentent pas de soutenir la croissance des revenus et de réduire la vulnérabilité, mais améliorent également les résultats climatiques futurs par une réduction des émissions ou une amélioration de l'environnement local (triple gain, pour ainsi dire). Les pratiques de conservation des sols dans le domaine de l'agriculture, la plantation d'arbres et l'investissement dans les mangroves sont tous des exemples de mesures qui rapportent dans les bonnes comme dans les mauvaises années, réduisent la vulnérabilité aux chocs climatiques, séquestrent le carbone et réduisent les émissions et la température locale. La base de données disponible pour ces types d'actions peut aider à donner la priorité à celles qui présentent des avantages significatifs. L'encadré S1.1 détaille les données probantes déjà recensées.

Triple gain

Le sixième rapport d'évaluation du GIEC (2022), intitulé « *Changements climatiques 2022 : impacts, adaptation et vulnérabilité* », examine les données relatives aux mesures politiques qui réduisent la vulnérabilité et la pauvreté tout en fournissant des services écosystémiques. Il met l'accent sur l'aquaculture et la pêche durables, l'amélioration de la gestion des terres cultivées, les infrastructures vertes et les services écosystémiques dans les zones urbaines, ainsi que les services climatiques, y compris les systèmes d'alerte précoce.

Au Sahel, les agriculteurs utilisent des pratiques traditionnelles peu coûteuses et efficaces, telles que l'agroforesterie et les techniques conventionnelles de collecte des eaux de pluie, pour capter les précipitations, réduire le ruissellement et restaurer les sols. Les sols jouent un rôle important en tant qu'agents passifs dans l'élimination du dioxyde de carbone atmosphérique (Manning 2008). Au Niger, ces pratiques ont permis d'augmenter les rendements (Aker et Jack 2021). Les résultats de cette étude cadrent avec les résultats d'études précédentes qui ont montré que les rendements étaient de 16 à 30 % plus élevés pour les agriculteurs qui mettent en œuvre ces techniques, avec des gains de rendement similaires au Burkina Faso (Matlon 1985). Ces pratiques réduisent également la vulnérabilité aux faibles précipitations et permettent ainsi d'accroître les rendements lors des années de faible pluviométrie (Hill et Baquié 2023). La formation augmente l'adoption de ces pratiques (Aker et Jack 2021).

La réduction de l'inefficacité des échanges commerciaux est un autre moyen par lequel la réforme politique peut soutenir la croissance des revenus tout en réduisant la vulnérabilité et les émissions actuelles. L'inefficacité du transport routier est un défi majeur dans de nombreux pays africains. Les réglementations qui restreignent la concurrence favorisent souvent une utilisation non optimale des flottes de transport ou alors des cargos vides (Teravaninthorn et Raballand 2009). La réforme de la réglementation, en encourageant davantage à investir dans une flotte et des pratiques de camionnage plus efficaces, réduit les inefficacités dans le commerce et la quantité d'émissions liée aux échanges sur le continent.

Les filets de sécurité sociale sont considérés comme particulièrement bénéfiques pour les ménages pauvres, mais ils ne sont généralement pas très bénéfiques pour l'environnement. Ils peuvent toutefois l'être lorsqu'ils sont associés à une conditionnalité qui accroît l'investissement dans l'environnement local, comme la plantation d'arbres dans le cadre du programme éthiopien de filet de sécurité productif (Hirvonen et al. 2022).

Note

1. La proportion des ménages exposés dans les pays pour lesquels des données sur la vulnérabilité sont disponibles est plus élevée que les chiffres mondiaux d'exposition présentés dans ce Coup de projecteur. Dans les pays pour lesquels des données sur la vulnérabilité sont disponibles, 47 % de la population est exposée.

Bibliographie

Aker, Jenny C., et Kelsey Jack. 2021. "Harvesting the Rain: The Adoption of Environmental Technologies in the Sahel." Working Paper 29518, National Bureau of Economic Research, Cambridge, MA. https://doi.org/10.3386/w29518.

Andersson, Julius J. 2019. "Carbon Taxes and CO_2 Emissions: Sweden as a Case Study." *American Economic Journal: Economic Policy* 11 (4): 1–30.

Artuc, Erhan, Guido Porto et Bob Rijkers. 2024. "Crops, Conflict and Climate Change." Unpublished manuscript. Last modified August 15, 2023. https://www.colorado.edu/economics/sites/default/files/attached-files/artuc.pdf.

Banque mondiale. 2016. *The Uganda Poverty Assessment Report 2016: Farms, Cities, and Good Fortune—Assessing Poverty Reduction in Uganda from 2006 to 2014*. Washington, DC: Banque mondiale.

Banque mondiale. 2020. *Poverty and Shared Prosperity Report 2020: Reversals of Fortune*. Washington, DC: Banque mondiale.

Banque mondiale. 2022. *Poverty and Shared Prosperity Report 2022: Correcting Course*. Washington, DC: Banque mondiale.

Batista, Cátia, et Pedro C. Vicente. À paraître. "Is Mobile Money Changing Rural Africa ? Evidence from a Field Experiment". *Review of Economics and* Statistics.

Bulte, Erwin, Francesco Cecchi, Robert Lensink, Ana Marr et Marcel van Asseldonk. 2020. "Does Bundling Crop Insurance with Certified Seeds Crowd-in Investments? Experimental Evidence from Kenya." *Journal of Economic Behavior & Organization* 180: 744–57. https://doi.org/10.1016/j.jebo.2019.07.006.

Burgess, Robin, et Dave Donaldson. 2010. "Can Openness Mitigate the Effects of Weather Shocks? Evidence from India's Famine Era." *American Economic Review: Papers & Proceedings* 100 (2): 449–53.

Burke, Marshall, Solomon M. Hsiang et Edward Miguel. 2015. "Global Non-Linear Effect of Temperature on Economic Production." *Nature* 527 (7577): 235–39.

Cai, Hongbin, Yuyu Chen, Hanming Fang et Li-An Zhou. 2015. "The Effect of Microinsurance on Economic Activities: Evidence from a Randomized Field Experiment." *Review of Economics and Statistics* 97 (2): 287–300.

Cai, Jing. 2016. "The Impact of Insurance Provision on Household Production and Financial Decisions." *American Economic Journal: Economic Policy* 8 (2): 44–88.

Chancel, Lucas, Philipp Bothe et Tancrède Voituriez. 2023. *Climate Inequality Report 2023*. World Inequality Lab Study 2023/1. Paris: World Inequality Lab.

Corral, P., et M. Nguyen. Forthcoming. *The Future of Poverty: Projecting the Impact of Climate Change on Global Poverty through 2050*. Washington, DC: World Bank.

Doan, Miki Khan, Ruth Hill, Stephane Hallegatte, Paul Corral, Ben Brunckhorst, Minh Nguyen, Samuel Freije-Rodriguez et Esther Naikal. 2023. "Counting People Exposed to, Vulnerable to, or at

High Risk from Climate Shocks: A Methodology." Policy Research Working Paper 10619, World Bank, Washington, DC. http://documents.worldbank.org/curated/en/099602511292336760/IDU07639ca570f3cb048db09bf60fc2cc82df22d.

Elabed, Ghada, et Michael Carter. 2018. "*Ex-Ante* Impacts of Agricultural Insurance: Evidence from a Field Experiment in Mali." https://arefiles.ucdavis.edu/uploads/filer_public/2c/e8/2ce82578-e1d3-4aeb-9ca1-62b8bec093eb/impact_evaluation_nov_2018.pdf.

Elbers, Chris, Jan Willem Gunning et Bill Kinsey. 2007. "Growth and Risk: Methodology and Micro Evidence." *World Bank Economic Review* 21 (1): 1–20. https://doi.org/40282230.

Erman, Alvina, Elliot Motte, Radhika Goyal, Aakosua Asare, Shinya Takamatsu, Xiaomeng Chen, Silvia Malgioglio, Alexander Skinner, Nobuo Yoshida et Stephane Hallegatte. 2018. "The Road to Recovery: The Role of Poverty in the Exposure, Vulnerability and Resilience to Floods in Accra." Policy Research Working Paper 8469, World Bank, Washington, DC.

Fuchs Tarlovsky, Alan, et Hendrik Wolff. 2016. "Drought and Retribution: Evidence from a Large-Scale Rainfall-Indexed Insurance Program in Mexico." Policy Research Working Paper 7565, World Bank, Washington, DC. http://documents.worldbank.org/curated/en/458801467991945790/Drought-and-retribution-evidence-from-a-large-scale-rainfall-indexed-insurance-program-in-Mexico.

Gascoigne, Jon, Sandra Baquie, Katja Vinha, Emmanuel Skoufias, Evie Calcutt, Varun Sridhar Kshirsagar, Conor Meenan et Ruth Hill. 2024. "The Welfare Cost of Drought in Sub-Saharan Africa." Policy Research Working Paper 10683, World Bank, Washington, DC. http://documents.worldbank.org/curated/en/099325301292478621/IDU1ae0eac0e145d214c6218002156b672eb8155

Hallegatte, Stephane, Mook Bangalore, Laura Bonzanigo, Marianne Fay, Tamaro Kane, Ulf Narloch, Julie Rozenberg, David Treguer et Adrien Vogt-Schilb. 2016. *Shock Waves: Managing the Impacts of Climate Change on Poverty*. Climate Change and Development Series. Washington, DC: World Bank. https://doi.org/10.1596/978-1-4648-0673-5.

Harlan, Sharon L., Anthony J. Brazel, Lela Prashad, William L. Stefanov et Larissa Larsen. 2006. "Neighborhood Microclimates and Vulnerability to Heat Stress." *Social Science & Medicine* 63 (11): 2847–63. https://doi.org/10.1016/j.socscimed.2006.07.030.

Hill, Ruth Vargas, et Sandra Baquié. 2023. "Case Study 11: Improving Water Availability and Restoring Soil Fertility in the Sahel." In *Decarbonization Policy Implementation: Illustrative Case Studies*, 89–93. Washington, DC: World Bank. https://api.knack.com/v1/applications/5b23f04fd240aa37e01fa362/download/asset/6566307b904dc70028106796/thesahelimprovingwateravailabilityandrestoringsoilfertilityworldbank2023.pdf.

Hill, Ruth Vargas, Neha Kumar, Nicholas Magnan, Simrin Makhija, Francesca de Nicola, David J. Spielman et Patrick S. Ward. 2019. "Ex Ante and Ex Post Effects of Hybrid Index Insurance in Bangladesh." *Journal of Development Economics* 136 1–17. https://doi.org/10.1016/j.jdeveco.2018.09.003.

Hill, Ruth Vargas, et Carolina Mejia-Mantilla. 2017. "With a Little Help: Shocks, Agricultural Income, and Welfare in Uganda." Policy Research Working Paper 7935, World Bank, Washington, DC. http://hdl.handle.net/10986/25944.

Hill, Ruth Vargas, et Ambar Narayan. 2020. "Covid-19 and Inequality: A Review of the Evidence on Likely Impact and Policy Options." Working Paper 3, Centre for Disaster Protection, London.

Hirvonen, Kalle, Elia A. Machado, Andrew M. Simons et Vis Taraz. 2022. "More Than a Safety Net: Ethiopia's Flagship Public Works Program Increases Tree Cover." *Global Environmental Change* 75: 102549. https://doi.org/10.1016/j.gloenvcha.2022.102549.

IPCC (Intergovernmental Panel on Climate Change). 2022: "Summary for Policymakers." Edited by H.-O. Pörtner, D. C. Roberts, E. S. Poloczanska, K. Mintenbeck, M. Tignor, A. Alegría, M. Craig, S. Langsdorf, S. Löschke, V. Möller, and A. Okem. In *Climate Change 2022: Impacts, Adaptation, and Vulnerability*, edited by H.-O. Pörtner, D. C. Roberts, M. Tignor, E. S. Poloczanska, K. Mintenbeck, A. Alegría, M. Craig, S. Langsdorf, S. Löschke, V. Möller, A. Okem, and B. Rama, 3–33. Contribution of Working Group II to the Sixth Assessment Report of the Intergovernmental Panel on Climate Change. New York: Cambridge University Press. https://doi.org/10.1017/978100 9325844.001.

Jack, William, et Tavneet Suri. 2014. "Risk Sharing and Transactions Costs: Evidence from Kenya's Mobile Money Revolution." *American Economic Review* 104 (1): 183–223.

Jensen, Nathaniel D., Christopher B. Barrett et Andrew G. Mude. 2017. "Cash Transfers and Index Insurance: A Comparative Impact Analysis from Northern Kenya." *Journal of Development Economics* 129: 14-28.

Kanbur, R. 2023. "What Is the World Bank Good for?" Paper presented at the EFI Africa Directors Inspirational Breakfast Series, Washington, DC, November 28.

Karlan, Dean, Robert Osei, Isaac Osei-Akoto et Christopher Udry. 2014. "Agricultural Decisions after Relaxing Credit and Risk Constraints." *Quarterly Journal of Economics* 129 (2): 597–652. https://www.jstor.org/stable/26372558.

Lin, Boqiang, et Xuehui Li. 2011. "The Effect of Carbon Tax on Per Capita CO2 Emissions." *Energy Policy* 39 (9): 5137–46.

Manning, D. A. C. 2008. "Biological Enhancement of Soil Carbonate Precipitation: Passive Removal of Atmospheric CO2." *Mineralogical Magazine* 72 (2): 639–49.

Martin, Ralf, Laure B. de Preux et Ulrich B. Wagner. 2014. "The Impact of a Carbon Tax on Manufacturing: Evidence from Microdata." *Journal of Public Economics* 117: 1–14.

Matlon, P. J. 1985. *Annual Report of ICRISAT/Burkina Economics Program.* Ouagadougou, Burkina Faso: International Crops Research Institute for the Semi-Arid Tropics.

Metcalf, Gilbert E. 2019. "On the Economics of a Carbon Tax for the United States." *Brookings Papers on Economic Activity*, Brookings Institution, Washington, DC.

Mobarak, Ahmed Mushfiq, et Mark R. Rosenzweig. 2013. "Informal Risk Sharing, Index Insurance, and Risk Taking in Developing Countries." *American Economic Review* 103 (3): 375–80.

Rafaty, Ryan, Geoffroy Dolphin et Felix Pretis. 2021. "Carbon Pricing and the Elasticity of CO2 Emissions." Working Paper 21-33, Resources for the Future, Washington, DC.

Ritchie, Hannah, Pablo Rosado et Max Roser. 2023. "CO2 and Greenhouse Gase Emissions." OurWorldInData.org. https://ourworldindata.org/co2-and-greenhouse-gas-emissions.

Rivers, Nicholas, et Brandon Schaufele. 2015. "Salience of Carbon Taxes in the Gasoline Market." *Journal of Environmental Economics and Management* 74: 23–36.

Schwaab, Jonas, Ronny Meier, Gianluca Mussetti, Sonia Seneviratne, Christine Bürgi et Edouard L. Davin. 2021. "The Role of Urban Trees in Reducing Land Surface Temperatures in European Cities." *Nature Communications* 12 (1): 1–11. https://doi.org/10.1038/s41467-021-26768-w.

Stoeffler, Quentin, Michael Carter, Catherine Guirkinger et Wouter Gelade. 2022. "The Spillover Impact of Index Insurance on Agricultural Investment by Cotton Farmers in Burkina Faso." *World Bank Economic Review* 36 (1): 114–40. https://doi.org/10.1093/wber/lhab011.

Teravaninthorn, Supee, et Gaël Raballand. 2009. *Le prix et le coût du transport en Afrique : étude des principaux corridors.* Directions pour le développement ; Infrastructures. Washington, DC : Banque mondiale. http://hdl.handle.net/10986/6610.

Wollburg, Philip, Stephane Hallegatte et Daniel Gerszon Mahler. 2023. "Ending Extreme Poverty Has a Negligible Impact on Global Greenhouse Gas Emissions." *Nature* 623 (7989): 982–86.

Ziter, Carly D., Eric J. Pedersen, Christopher J. Kucharik et Monica G. Turner. 2019. "Scale- Dependent Interactions between Tree Canopy Cover and Impervious Surfaces Reduce Daytime Urban Heat during Summer." *Proceedings of the National Academy of Sciences* 116 (15): 7575–80. https://doi.org/10.1073/pnas.1817561116.

Les populations africaines ne partent pas sur un pied d'égalité dans la course à l'amélioration de leurs capacités productives

AZIZ ATAMANOV, P. FACUNDO CUEVAS ET JEREMY LEBOW

Messages clés du chapitre

Les actifs productifs et l'accès aux services essentiels, comme la santé et l'éducation, sont des moteurs importants du potentiel de génération de revenus des personnes. En Afrique, ces capacités productives et services essentiels sont répartis de manière inégale, en particulier dans les pays en situation de fragilité ou de conflit (EFC). Ce chapitre se concentre sur les facteurs structurels d'inégalité dans le renforcement des capacités productives. L'inégalité structurelle résulte du rôle prépondérant des situations et caractéristiques héritées, et elle détermine qui reçoit une éducation, possède des actifs ou a accès aux services de base. L'inégalité d'accès aux biens, aux infrastructures de base et à l'acquisition du capital humain affecte le potentiel de génération de revenus tout au long de la vie et la capacité à se connecter au moteur de croissance d'une économie, et par là même, à échapper à la pauvreté. L'inégalité structurelle résultant de caractéristiques héritées ou de circonstances indépendantes de la volonté d'une personne est socialement injuste, conduit à une allocation sous-optimale des ressources et limite la croissance économique. Elle implique également une mobilité économique plus faible, ce qui pérennise la pauvreté et l'inégalité.

L'inégalité structurelle est évidente dans l'accès des enfants aux services essentiels. L'inégalité d'accès des enfants aux services de base est également due, dans une large mesure, aux circonstances dans lesquelles l'enfant est né, comme la localisation de son foyer. L'Afrique a enregistré des progrès significatifs en matière de scolarisation depuis la fin des années 1990, bien que des inégalités persistent au niveau de la qualité. Les données sur les individus qui n'ont pas été exposés à cette expansion suggèrent que les perspectives d'éducation des enfants sont plus étroitement liées à l'éducation de leurs parents. Les enfants d'Afrique, les filles en particulier, sont ceux qui ont le moins de chances de dépasser le niveau d'éducation de leurs parents. L'augmentation des inscriptions au cours des deux dernières décennies a peut-être renforcé la mobilité des générations suivantes, mais il est encore difficile de le vérifier en raison du manque de données plus récentes.

Les chocs climatiques, l'augmentation de la population en âge de travailler et l'intensification des conflits ont le potentiel d'exacerber ces inégalités structurelles. Les populations pauvres et vulnérables sont souvent plus susceptibles de subir des chocs. Dans le même temps, elles ont le moins de moyens pour y faire face. Par exemple, les enfants des familles pauvres vivant en zone rurale ont eu un accès moindre, voire nul, à des possibilités d'apprentissage pendant les fermetures d'écoles liées à la pandémie de COVID-19. Des pertes d'apprentissage plus importantes chez les enfants moins scolarisés exacerberont les inégalités existantes en matière de capital humain et de capacité de production future. De même, les chocs climatiques sont susceptibles d'affecter davantage les ménages pauvres, car ils exercent généralement des activités agricoles qui dépendent de la pluviométrie et d'autres aléas naturels. Dans le même temps, les ménages pauvres ont la plus faible résilience en raison de leur faible capacité à s'adapter et à faire face aux chocs climatiques.

Pour remédier aux inégalités structurelles existantes en matière de renforcement des capacités productives, il faut donner la priorité aux personnes pauvres et cibler les populations mal desservies dans les régions en retard. Dans le cas des services les moins égalitaires en termes de fourniture et de couverture, comme l'électricité, l'assainissement et s'assurer que les enfants entrent en cycle primaire et le terminent à temps, les meilleurs résultats pourraient être obtenus en mettant délibérément l'accent sur l'équité et une meilleure couverture. Cependant, le simple maintien du niveau actuel d'accès aux services de base nécessitera plus de ressources que la plupart des pays ne peuvent actuellement allouer en raison de l'augmentation rapide de la population et de la stagnation de la croissance économique. La mobilisation des recettes et l'amélioration de l'efficacité des dépenses budgétaires dans les domaines qui contribuent à l'accumulation de capital humain seront nécessaires pour remédier aux inégalités actuelles et futures.

Inégalité structurelle dans le renforcement des capacités de production

Les inégalités d'accès aux facteurs qui affectent la capacité des individus à générer des revenus (ou capacité de production) commencent à s'accumuler tôt dans la vie. Cette partie examine la mesure dans laquelle les enfants disposent d'un accès universel à un large éventail de services essentiels et de capacités productives de base, comme l'éducation, la santé, l'accès à l'électricité et aux services de technologies de l'information et de la communication (TIC). L'analyse porte ensuite sur le degré de détermination de ces inégalités d'accès par les circonstances dans lesquelles naît l'enfant et sur la mesure dans laquelle ces inégalités pourraient conduire à une faible mobilité intergénérationnelle (MIG). Enfin, on y trouve une analyse des données disponibles sur la propriété foncière dans la région.

L'Afrique a progressé dans le renforcement des capacités de production

Au cours des deux dernières décennies, des progrès impressionnants ont été réalisés dans le domaine des services de santé pour les enfants, mais les progrès en matière d'éducation et de compétences ont été plus mitigés. Des progrès ont été réalisés en Afrique en ce qui concerne les résultats sanitaires tels que la vaccination contre la rougeole et l'hépatite, ainsi que la réduction de la prévalence des retards de croissance (voir la figure 3.1 pour l'Afrique et la figure 3A.4 de l'annexe 3A pour les autres régions). Par exemple, la prévalence du retard de croissance en Afrique a été ramenée à 32 % en 2020, ce qui est remarquablement proche de la moyenne de 28 % des pays à revenu intermédiaire de la tranche inférieure. La vaccination contre la rougeole (enfants âgés de 12 à 23 mois) et l'hépatite (enfants âgés d'un an) a atteint plus de 70 %, ce qui reste inférieur aux moyennes observées dans les pays à revenu intermédiaire de la tranche inférieure (83 % et 81 %, respectivement), mais s'en rapproche. En termes d'éducation, bien que l'Afrique ait réalisé des progrès impressionnants et rattrapé d'autres régions en ce qui concerne la scolarisation primaire universelle, elle reste à la traîne pour d'autres indicateurs (voir la figure 3.1 pour l'Afrique et la figure 3A.[1] de l'annexe 3A pour les autres régions). L'accès à l'enseignement préprimaire est le plus faible, à 28 % en 2020 contre 58 % dans les pays à revenu intermédiaire de la tranche inférieure. En 2020, le taux d'achèvement des études primaires en Afrique atteignait 71 %, soit une augmentation de plus de 15 points de pourcentage depuis 2000, mais il reste inférieur à la moyenne de 92 % des pays à faible revenu des autres régions. Les taux de scolarisation dans l'enseignement secondaire ont également augmenté, à 44 % en 2020 contre 71 % dans les pays à revenu intermédiaire de la tranche inférieure. Au-delà des différences dans les taux de scolarisation et d'achèvement des études, les performances en matière de résultats d'apprentissage suggèrent que la région est à la traîne dans le développement des compétences des enfants qui vont à l'école (Arias Diaz, Evans et Santos 2019).

Malgré des progrès significatifs dans l'amélioration de l'accès aux infrastructures de base au cours de la dernière décennie, comme l'accès à l'eau potable de base, à l'électricité et à un assainissement amélioré non partagé, l'Afrique n'a pas atteint le niveau des pays à revenu intermédiaire de la tranche inférieure en 2020 et affiche un retard sur les autres régions. En ce qui concerne l'accès aux infrastructures, les différences les plus frappantes concernent l'accès à l'électricité et à l'assainissement de base (voir la figure 3.1 pour l'Afrique et la figure 3A.1 pour les autres régions).

FIGURE 3.1 Quelques services de base en Afrique en 2000 et 2020 par rapport au niveau moyen observé dans les pays à revenu intermédiaire de la tranche inférieure en 2020

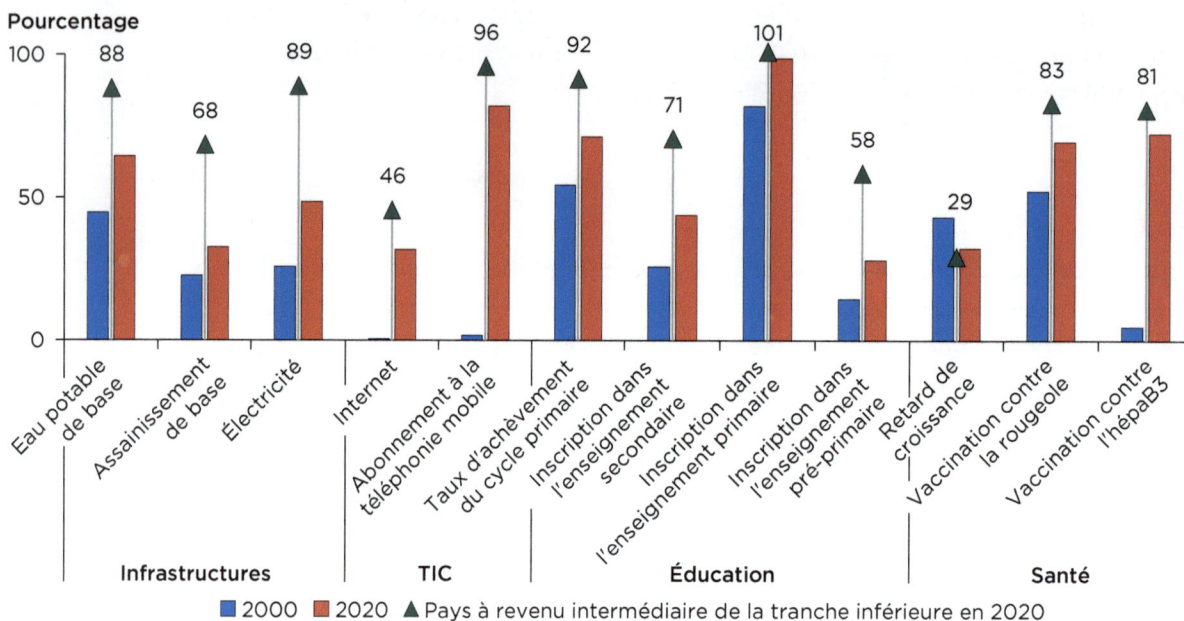

Source : Calculs effectués par les services de la Banque mondiale à partir de données provenant des indicateurs du développement mondial (https://databank.worldbank.org/source/world-development-indicators).
Note : HépB3 = hépatite B, trois doses ; TIC = technologies de l'information et de la communication.

L'accès à l'assainissement de base non partagé a presque atteint 70 % dans les pays à revenu intermédiaire de la tranche inférieure en 2020, mais est resté inférieur de près de moitié à ce chiffre (33 %) en Afrique la même année.

L'accès à l'électricité en Afrique est passé de 26 % à 48 % entre 2000 et 2020, mais est resté bien inférieur aux près de 90 % en moyenne dans les pays à revenu intermédiaire de la tranche inférieure. Les pays à revenu intermédiaire de la tranche inférieure sont utilisés ici non pas comme référence, car ils présentent un développement économique plus élevé[2], mais plutôt comme un objectif à atteindre. Il convient toutefois de mentionner qu'en 2000, l'assainissement de base était encore plus faible en Asie du Sud qu'en Afrique, et qu'il s'est amélioré depuis lors au point de rattraper la moyenne des pays à revenu intermédiaire de la tranche inférieure en 2020.

Enfin, l'accès aux services TIC, mesuré par les abonnements de téléphonie mobile et l'accès à Internet, a connu une croissance exponentielle dans toutes les régions, y compris en Afrique. L'accès à Internet est passé en Afrique de zéro en 2000 à 32 % en 2020, et les abonnements à la téléphonie mobile sont passés de zéro à 82 %. Malgré cela, les taux d'accès moyens en Afrique restaient inférieurs aux valeurs moyennes dans les pays à revenu moyen inférieur en 2020 ; cependant, en termes de performance régionale, l'Afrique était au même niveau que l'Asie du Sud.

Les pays africains en tête et en queue de peloton ont convergé en ce qui concerne la plupart des indicateurs sélectionnés mesurant l'accès aux services de base au cours de la période 2000-2020. Les pays ayant initialement un moindre accès à l'eau potable, à l'électricité, à la scolarisation dans l'enseignement secondaire et à l'achèvement de l'enseignement primaire ont connu une croissance plus forte sur la période 2000-2020 (voir figure 3A.5). L'assainissement est une exception notable : les pays qui avaient peu accès à l'assainissement en 2000 n'ont pas amélioré leur accès plus rapidement que les pays ayant un accès initial élevé.

Les tendances régionales et nationales en matière d'accès aux infrastructures de base, aux services de santé et aux TIC masquent les écarts d'accès entre les différents groupes de population. La figure 3.2 présente une sélection d'indicateurs pour les 20 % les plus pauvres et les 20 % les plus riches de la population, sur la base de la consommation par habitant. L'écart entre les deux groupes est extrêmement important et particulièrement prononcé en ce qui concerne l'achèvement de l'école primaire à temps pour les enfants âgés de 13 à 16 ans et l'accès à l'électricité. Par exemple, au Cameroun en 2014, l'accès à l'électricité parmi le quintile le plus riche de la population était supérieur à 90 %, contre un peu plus de 10 % pour le quintile le plus pauvre. Il existe également un fossé important dans l'accès aux services de base entre les zones rurales et urbaines des pays africains. Ces différences sont en partie dues au temps nécessaire pour accéder aux prestataires de services, comme le montre l'encadré 3.1. Cette analyse descriptive montre qu'en dépit des progrès réalisés dans la fourniture de services, ceux-ci ne sont pas accessibles à tous et diffèrent en fonction de caractéristiques socio-économiques (voir figure 3A.3).

FIGURE 3.2 Accès aux services de base pour les 20 % les plus pauvres et les 20 % les plus riches de la population

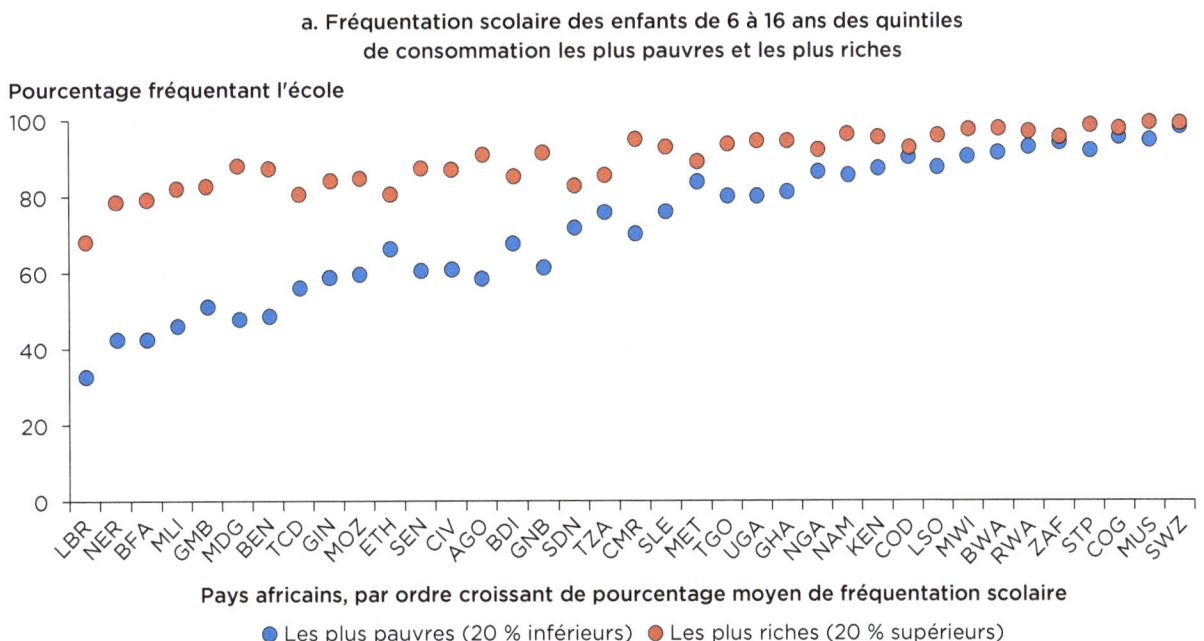

a. Fréquentation scolaire des enfants de 6 à 16 ans des quintiles de consommation les plus pauvres et les plus riches

Pourcentage fréquentant l'école

Pays africains, par ordre croissant de pourcentage moyen de fréquentation scolaire

● Les plus pauvres (20 % inférieurs)   ● Les plus riches (20 % supérieurs)

(suite)

FIGURE 3.2 Accès aux services de base pour les 20 % les plus pauvres et les 20 % les plus riches de la population *(suite)*

b. Part de la population âgée de 13 à 16 ans des quintiles de consommation les plus pauvres et les plus riches terminant l'école primaire à temps

Pourcentage finissant le cycle primaire à temps

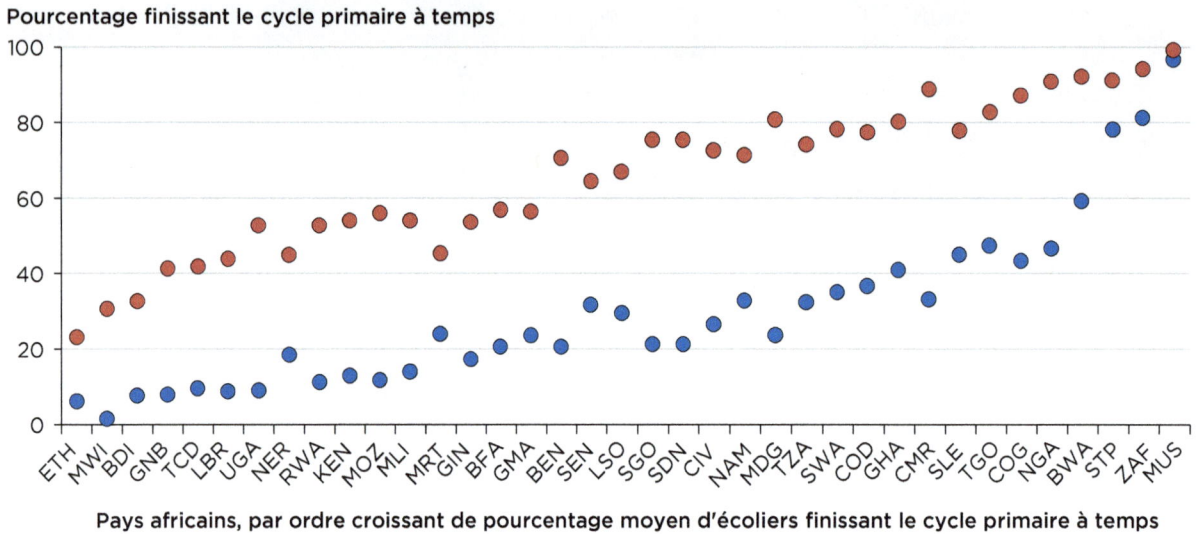

Pays africains, par ordre croissant de pourcentage moyen d'écoliers finissant le cycle primaire à temps

c. Accès à l'électricité dans les quintiles de consommation les plus pauvres et les plus riches

Pourcentage de la population ayant accès à l'électricité

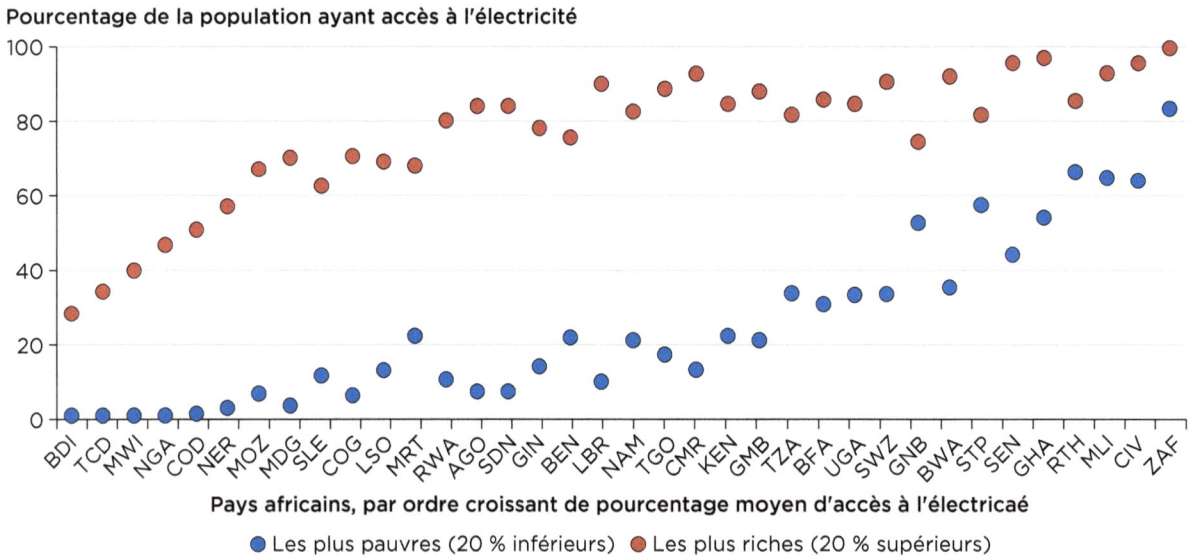

Pays africains, par ordre croissant de pourcentage moyen d'accès à l'électricaé

● Les plus pauvres (20 % inférieurs)   ● Les plus riches (20 % supérieurs)

(suite)

Partir sur un pied d'égalité

FIGURE 3.2 **Accès aux services de base pour les 20 % les plus pauvres et les 20 % les plus riches de la population *(suite)***

d. Accès au téléphone mobile pour les personnes âgées de 15 ans et plus, selon les quintiles de consommation les plus pauvres et les plus riches

Pourcentage de la population ayant accès à la téléphonie mobile

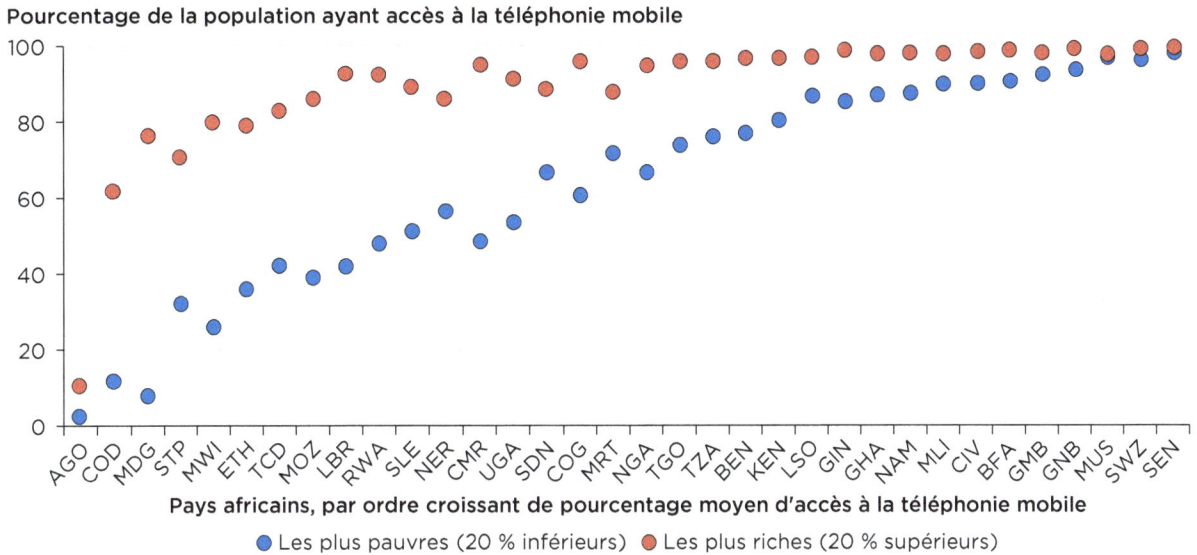

Pays africains, par ordre croissant de pourcentage moyen d'accès à la téléphonie mobile

● Les plus pauvres (20 % inférieurs) ● Les plus riches (20 % supérieurs)

Source : Calculs des services de la Banque mondiale à partir des données de la base de données Global Monitoring de la Banque mondiale.

Note : Pour les abréviations des pays, voir https://www.iso.org/obp/ui/#search.

ENCADRÉ 3.1

Accès à la santé en milieu urbain ou rural

L'accès physique de la population aux établissements de santé est un facteur important qui influe sur l'accès aux résultats sanitaires et contribue aux disparités régionales et entre zones rurales et urbaines. Pour le démontrer, la distance de déplacement pondérée par la population vers un établissement de santé est indiquée pour les zones rurales et urbaines de pays africains (voir figure B3.1.1). Le temps de trajet est scindé en quatre catégories : moins de 60 minutes (référence), une à deux heures, deux à trois heures et plus de quatre heures. Même si de nombreuses variations à l'intérieur des pays sont cachées, la différence entre les zones rurales et urbaines est flagrante. Dans 43 des 47 pays africains, il faut moins d'une heure pour atteindre un établissement de santé en zone urbaine. En revanche, dans les zones rurales, ce n'est le cas que pour 20 pays africains sur 47.

Les variations régionales de l'accès physique des populations aux établissements de santé sont importantes et sont corrélées aux résultats sanitaires (figure 3A.10 de l'annexe 3A). L'éloignement des établissements de santé est associé à une plus faible proportion d'accouchements assistés par du personnel de santé qualifié, à une plus faible proportion de nouveau-nés recevant des soins postnatals dans les deux jours suivant l'accouchement et à une plus faible immunisation des enfants d'un an par les vaccins diphtérie-tétanos-coqueluche et Bacillus Calmette-Guérin.

(suite)

Accès à la santé en milieu urbain ou rural *(suite)*

CARTE B3.1.1 **Temps de marche moyen pondéré par la population pour se rendre dans un établissement de santé dans les zones rurales et urbaines de pays africains**

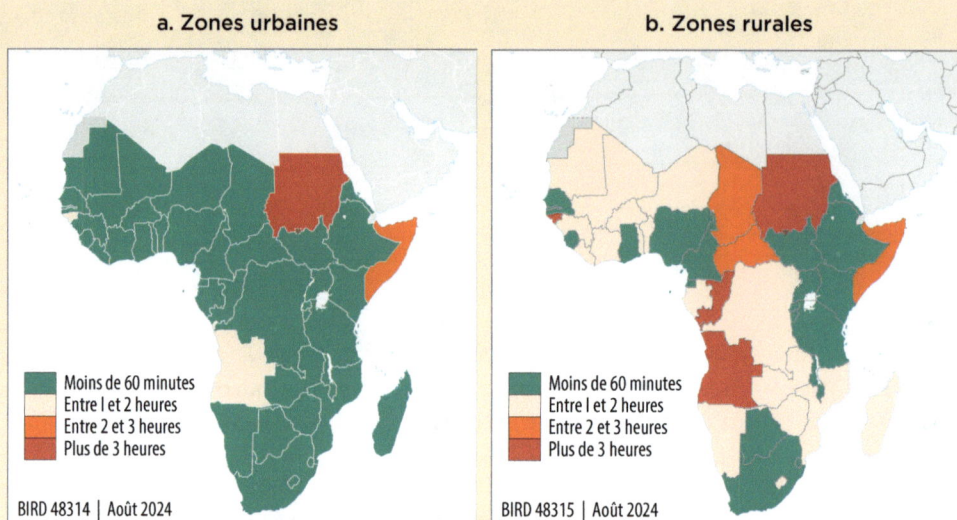

a. Zones urbaines

b. Zones rurales

Moins de 60 minutes
Entre 1 et 2 heures
Entre 2 et 3 heures
Plus de 3 heures

BIRD 48314 | Août 2024

BIRD 48315 | Août 2024

Source : Calculs des services de la Banque mondiale à partir de la base de données des établissements de santé de Maina et coll. (2019).

Malgré les progrès accomplis, l'inégalité d'accès aux services pour les enfants persiste

La mesure de l'inégalité d'accès aux services de base et l'identification des groupes défavorisés peuvent fournir des informations importantes aux décideurs politiques. Pour ce faire, on peut utiliser l'indice des opportunités humaines (IOH), un indicateur composite élaboré pour les enfants, qui combine deux éléments :

1. Le niveau de couverture des opportunités de base nécessaires au développement humain et

2. La mesure dans laquelle la répartition de ces opportunités est conditionnée par la situation des enfants, telle que mesurée par l'indice de dissimilarité (indice D), un indicateur de l'inégalité des chances qui pénalise l'indice des opportunités humaines en cas de répartition inéquitable de l'accès aux services.

Cette pénalité implique que si l'IOH est inférieur au taux de couverture, il existe des inégalités dans l'accès aux services. Une explication détaillée de l'indice et de la manière dont il a été interprété pour cette étude est décrite à l'annexe 3B.

Les enfants vivant dans des pays non affectés par la fragilité et les conflits ont un accès plus élevé et plus égal à la plupart des opportunités. Le graphique 3.3 présente les taux de couverture et les IOH moyens pour différentes opportunités, réduis à une moyenne pour des groupes de pays en fonction de leur statut en termes de ressources et de fragilité. Dans l'ensemble, pour presque toutes les opportunités, vivre dans des pays EFC entraîne des taux de couverture et des IOH plus bas, que ces pays soient riches en ressources ou non. Commencer l'école primaire à temps est une exception, mais cela peut être lié à des différences dans l'âge officiel d'entrée à l'école. Par exemple, l'IOH moyen d'achèvement de l'école primaire à temps dans les pays riches en ressources et les pays EFC est d'environ 40 %, ce qui est bien inférieur aux 62 % enregistrés dans les pays riches en ressources et non EFC. L'IOH moyen pour l'accès à l'électricité dans les pays riches en ressources et les pays EFC est d'environ 25 %, contre 57 % dans les pays riches en ressources, mais non EFC. Comme il fallait s'y attendre, l'inégalité moyenne des chances, mesurée par l'indice D, tend également à être plus faible dans les pays non-EFC pour toutes les opportunités, comme le montre la figure 3.4.

L'accès à l'éducation est limité et inégal. La figure 3A.6 montre les taux de couverture au niveau des pays et l'IOH pour plusieurs opportunités liées à l'éducation, telles que la fréquentation scolaire et le fait de commencer et d'achever l'école primaire à temps. La couverture des opportunités d'éducation est loin d'être universelle dans la plupart des pays. En outre, la couverture moyenne est plus élevée que l'IOH moyen, ce qui révèle d'importantes inégalités d'accès. Par exemple, le taux de couverture pour l'achèvement de l'école primaire à temps est en moyenne d'environ 46 %, alors que l'IOH moyen est de 39 %. En outre, une corrélation significative entre les IOH liés à l'éducation d'un pays à l'autre indique que les progrès réalisés dans une dimension d'opportunité d'éducation sont corrélés avec ceux réalisés dans d'autres dimensions d'opportunité d'éducation. Enfin, et surtout, il existe une différence marquée entre les IOH et les taux de couverture en ce qui concerne les opportunités liées à la fréquentation scolaire et les opportunités liées à l'entrée à l'école primaire et à l'achèvement de celle-ci dans les temps. Ces taux reflètent la qualité de la scolarisation, bien qu'imparfaitement. Ainsi, l'IOH relatif aux taux de fréquentation scolaire est plus élevé que celui des taux d'achèvement de la scolarité, ce qui indique une plus grande inégalité dans l'achèvement du cycle d'études à temps. Par exemple, l'IOH moyen de la fréquentation scolaire (pour les enfants âgés de 13 à 16 ans) était proche de 76 %, alors que l'IOH moyen de l'achèvement du cycle primaire était de 39 %. Cela correspond à l'écart largement documenté entre la croissance rapide des inscriptions et le retard des résultats d'apprentissage en Afrique, et indique une forte inégalité dans les résultats d'apprentissage (Bashir et al. 2018). De meilleures mesures de la qualité de l'éducation révèlent des inégalités plus graves dans les possibilités d'apprentissage, comme exposé dans l'encadré 3.2.

FIGURE 3.3 Couverture et IOH dans les pays africains, en fonction des ressources et du statut EFC

Valeur moyenne de l'indicateur (en %)

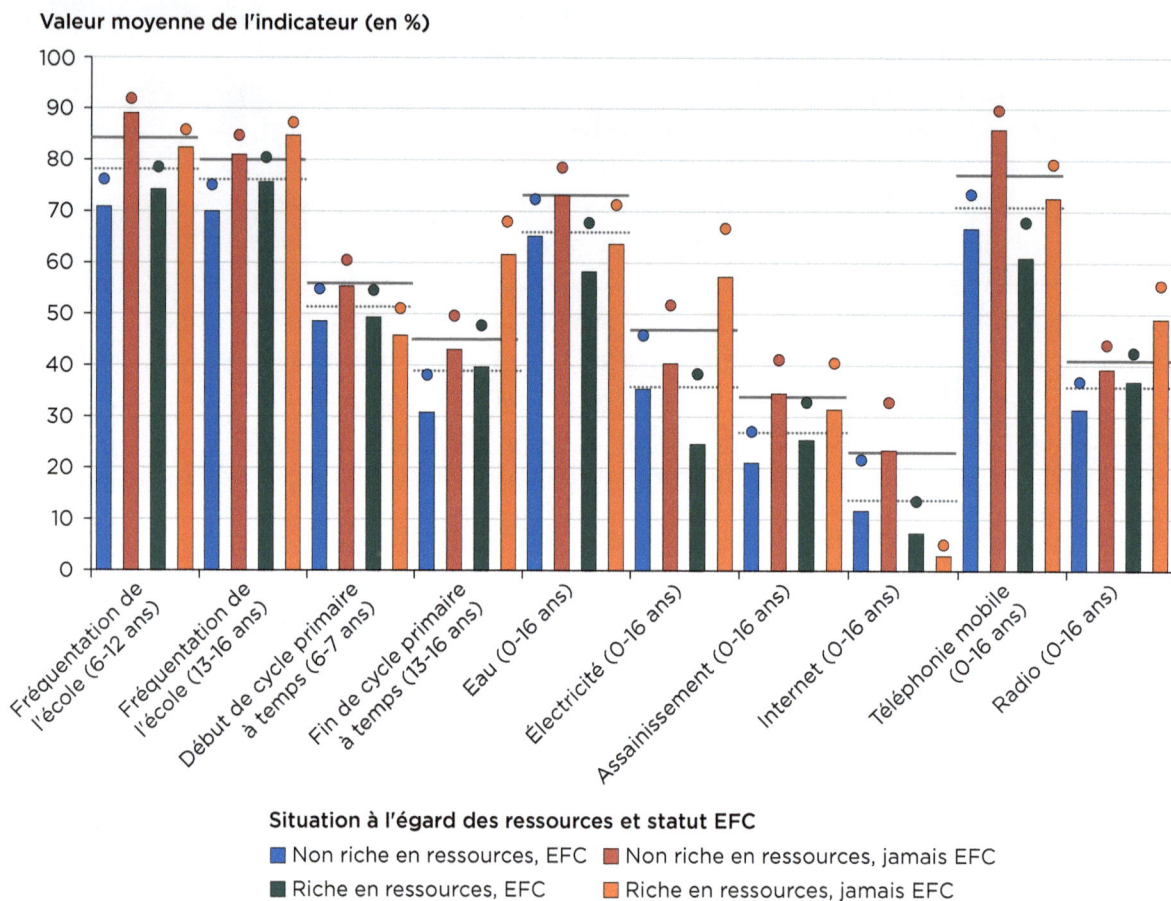

Situation à l'égard des ressources et statut EFC

- Non riche en ressources, EFC
- Non riche en ressources, jamais EFC
- Riche en ressources, EFC
- Riche en ressources, jamais EFC

Source : Calculs des services de la Banque mondiale à partir des données de la base de données Global Monitoring de la Banque mondiale.
Note : Les lignes gris foncé indiquent la couverture moyenne pour chaque opportunité, et les lignes pointillées indiquent l'IOH moyen pour l'ensemble des pays. Les points représentent la couverture et les barres indiquent l'indice d'opportunité humaine. EFC = État en situation de fragilité et affecté par un conflit ; IOH = indice des opportunités humaines.

L'accès aux services de base va d'un accès relativement élevé à une eau de qualité améliorée (IOH moyen simple de 66 %) à un accès faible et inégal à l'électricité (36 %) et un accès encore plus faible à un assainissement amélioré (27 %). L'utilisation de critères plus stricts tenant compte de la qualité des services d'eau et d'électricité se traduit par un accès encore plus faible et plus inégal, comme le montre l'encadré 3.2. En outre, des pays présentant des taux de couverture similaires peuvent différer en termes d'inégalité d'accès. Par exemple, l'accès à l'eau potable de base était similaire en Éthiopie et en Mauritanie (55 % et 57 %, respectivement), mais l'IOH est plus élevé en Éthiopie (50 % contre 42 %), ce qui indique une inégalité moins forte (voir figure 3A.7). En effet, la vérification d'une seule dimension montre que l'écart des taux d'accès à l'eau potable entre les zones rurales et urbaines était beaucoup plus important en Mauritanie

FIGURE 3.4 **Indice D moyen (inégalité des opportunités) dans les pays africains, en fonction des ressources et du statut EFC**

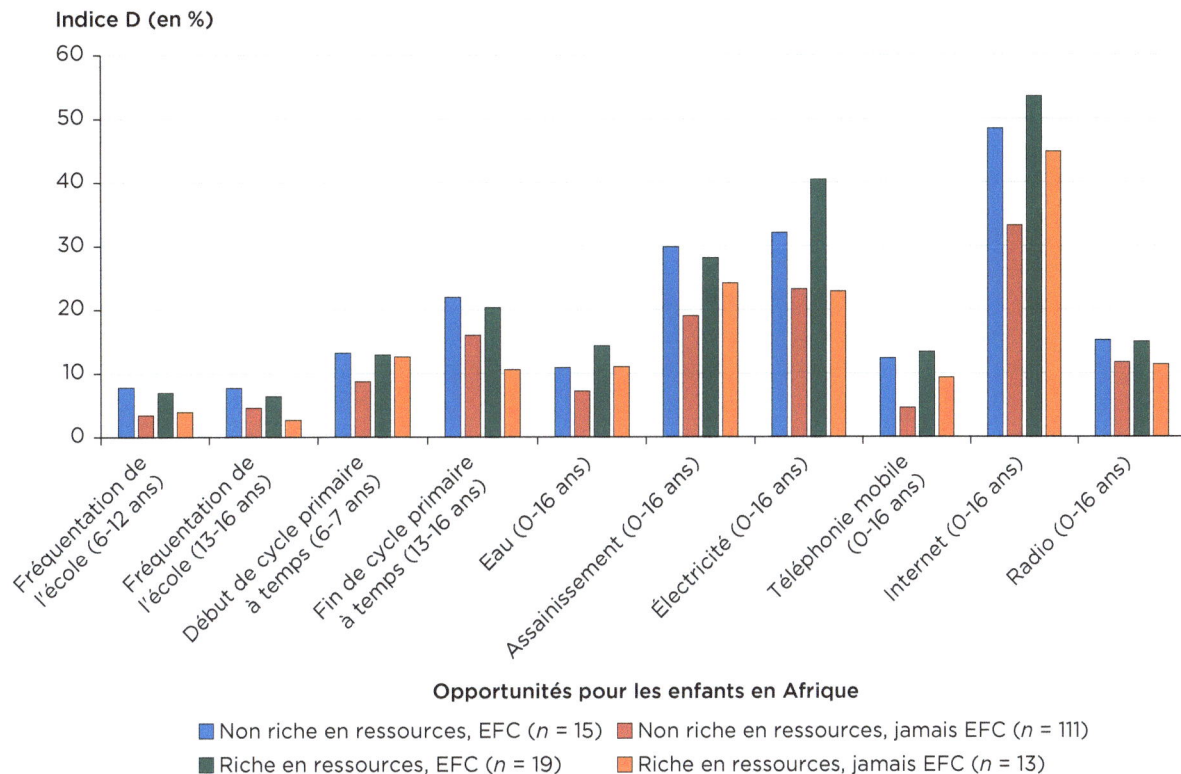

Indice D (en %)

Opportunités pour les enfants en Afrique

- Non riche en ressources, EFC (*n* = 15)
- Riche en ressources, EFC (*n* = 19)
- Non riche en ressources, jamais EFC (*n* = 111)
- Riche en ressources, jamais EFC (*n* = 13)

Source : Calculs des services de la Banque mondiale à partir des données de la base de données Global Monitoring de la Banque mondiale.
Note : Indice D = indice de dissimilarité ; EFC = État en situation de fragilité et affecté par un conflit.

(35 % et 87 %, respectivement) qu'en Éthiopie (51 % et 79 %, respectivement). Bien qu'il ne soit pas possible d'élaborer des indicateurs IOH pour les services de santé à partir d'enquêtes standard auprès des ménages, des éléments provenant d'autres enquêtes indiquent également des inégalités d'accès (voir l'encadré 3.3). De même, une analyse récente axée sur les inégalités horizontales en matière de bien-être des enfants (mortalité infantile, retard de croissance et années de scolarisation) entre les groupes – spatiaux, ethniques, de genre ou religieux – révèle des inégalités nettement plus importantes en Afrique que dans d'autres pays à revenu faible ou intermédiaire (Tetteh-Baah et al. 2024).

La pénétration de la téléphonie mobile est relativement élevée en Afrique, avec un IOH moyen proche de 71 %, ce qui est plus élevé que l'accès aux services de base.[2] L'accès moyen à Internet en Afrique n'a été mesuré que dans une poignée de pays. Néanmoins, les chiffres existants montrent qu'il est faible et très inégal, avec un IOH d'accès à Internet égal à 14 %. Un accès à Internet aussi faible peut sembler contredire les taux élevés de pénétration de la téléphonie mobile, mais il est important de se rappeler que de nombreuses personnes en Afrique possèdent des téléphones de base sans accès à Internet (voir, par exemple, Atamanov et coll. 2022).

Évolution de l'indice des opportunités humaines en tenant compte de la dimension qualitative

Une limite importante de l'analyse actuelle utilisant l'indice des opportunités humaines (IOH) est que l'accès aux services ne reflète pas la qualité de ces services. Par exemple, les indicateurs relatifs à l'accès à l'électricité ne prennent pas en compte les heures d'approvisionnement, et les indicateurs sur l'accès à une eau potable de base ne tiennent pas compte du temps nécessaire pour atteindre la source d'eau. Cet encadré fournit quelques exemples illustratifs des changements de l'IOH lorsque l'on ajoute des informations supplémentaires sur la qualité des services fournis. La figure B3.2.1a montre la couverture, l'IOH et l'indice de dissimilarité (indice D, ou inégalité des chances) en ce qui concerne les opportunités d'accès à l'eau et à l'électricité au Ghana en 2016. Les indicateurs originaux sur l'eau ont été élargis à la prise en compte de la distance de la source d'eau et de la qualité de l'eau. Une fois ces deux facteurs pris en compte, l'IOH pour l'eau potable recule de 54 % à 42 %, avec une légère augmentation de l'inégalité. Les possibilités d'accès à l'électricité ont été élargies de manière à tenir compte de la disponibilité ou non de l'électricité 24 heures sur 24. Cela a réduit l'IOH correspondant d'un peu plus de la moitié (de 70 % à 37 %), avec une augmentation substantielle de l'inégalité. La figure B3.2.1b montre la couverture, l'IOH et l'indice D relatifs aux opportunités d'accès à l'eau et à l'électricité au Nigeria en 2018. Comme dans le cas du Ghana, l'IOH baisse considérablement une fois que les informations sur la distance et la disponibilité de l'approvisionnement en eau sont ajoutées. Cependant, la différence la plus frappante concerne l'électricité lorsque la durée de l'approvisionnement est prise en compte. Il s'avère que presque personne n'a accès à l'électricité 24 heures sur 24, alors que la couverture est de 57 % sans cette information supplémentaire.

FIGURE B3.2.1 **Indice des opportunités humaines, couverture et indice D pour les opportunités élargies**

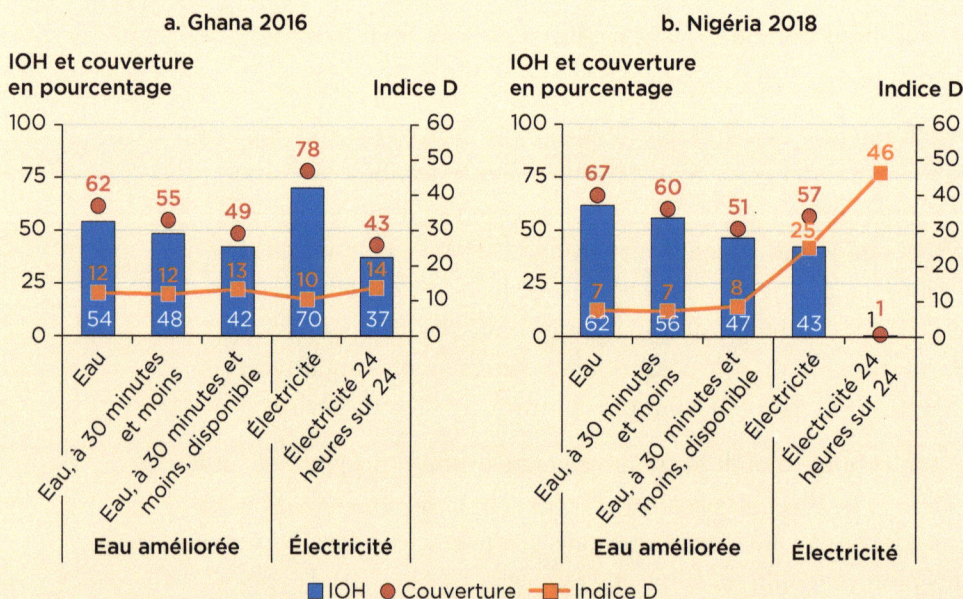

a. Ghana 2016

b. Nigéria 2018

Source : Calculs des services de la Banque mondiale à partir des données de la base de données Global Monitoring de la Banque mondiale.

Note : Indice D = indice de dissimilarité ; IOH = indice d'opportunités humaines.

(suite)

Évolution de l'indice des opportunités humaines en tenant compte de la dimension qualitative *(suite)*

De même, la mesure de la qualité de l'éducation a jusqu'à présent été limitée par l'utilisation de la progression à temps au sein du cycle scolaire. Un meilleur indicateur serait une mesure directe des apprentissages par des résultats de tests standardisés. Les enquêtes sur le budget des ménages ne recueillent pas ces informations et il convient d'utiliser d'autres enquêtes qui mesurent spécifiquement les apprentissages. Une sous-composante scolaire de l'indice du capital humain, à savoir les résultats de tests standardisés, est utilisée pour illustrer la manière dont les résultats des tests varient sur une seule dimension liée au bien-être des ménages (voir figure B3.2.2). Dans l'ensemble, l'Afrique a le score standardisé moyen le plus bas, 374, à égalité avec l'Asie du Sud. Il convient de noter que 400 dénote le niveau de référence correspondant à une compétence faible de l'élève, défini par de l'étude Trends in International Mathematics and Science Study, tandis que 625 correspond à une compétence avancée. En Afrique, les chiffres nationaux varient beaucoup, en particulier s'ils sont rapportés pour les quintiles les plus pauvres et les plus riches (voir figure B3.2.3). Par exemple, le score moyen des élèves du quintile le plus pauvre en Tanzanie était d'environ 331, alors qu'il était de 407 pour le quintile le plus riche. L'utilisation des résultats des tests confirme que la qualité de l'éducation et les inégalités dans les apprentissages sont une source importante de préoccupation dans la majorité des pays d'Afrique pour lesquels des données sont disponibles.

FIGURE B3.2.2 **Résultats de tests harmonisés vers 2020, moyennes par régions de la Banque mondiale**

Score des tests harmonisés

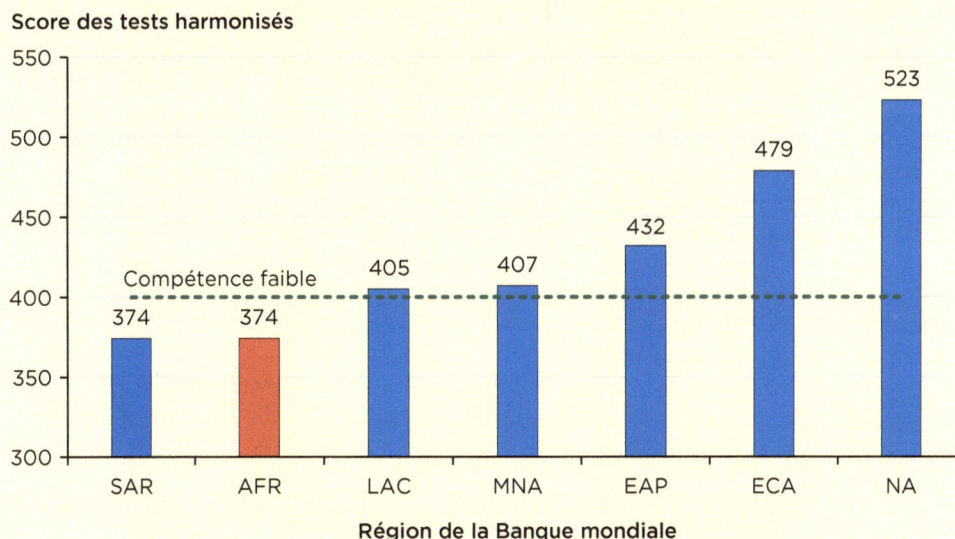

Région de la Banque mondiale

Source : Banque mondiale 2021.
Note : La ligne pointillée indique le seuil de faible compétence dans l'étude Trends in International Mathematics and Science Study au niveau de l'élève. AFR = Afrique subsaharienne ; EAP = Asie de l'Est et Pacifique ; ECA = Europe et Asie centrale ; LAC = Amérique latine et Caraïbes ; MNA = Moyen-Orient et Afrique du Nord ; SAR = Asie du Sud.

(suite)

ENCADRÉ 3.2

Évolution de l'indice des opportunités humaines en tenant compte de la dimension qualitative *(suite)*

FIGURE B3.2.3 **Résultats des tests harmonisés vers 2020 dans les quintiles de bien être les plus pauvres et les plus riches**

Score des tests harmonisés

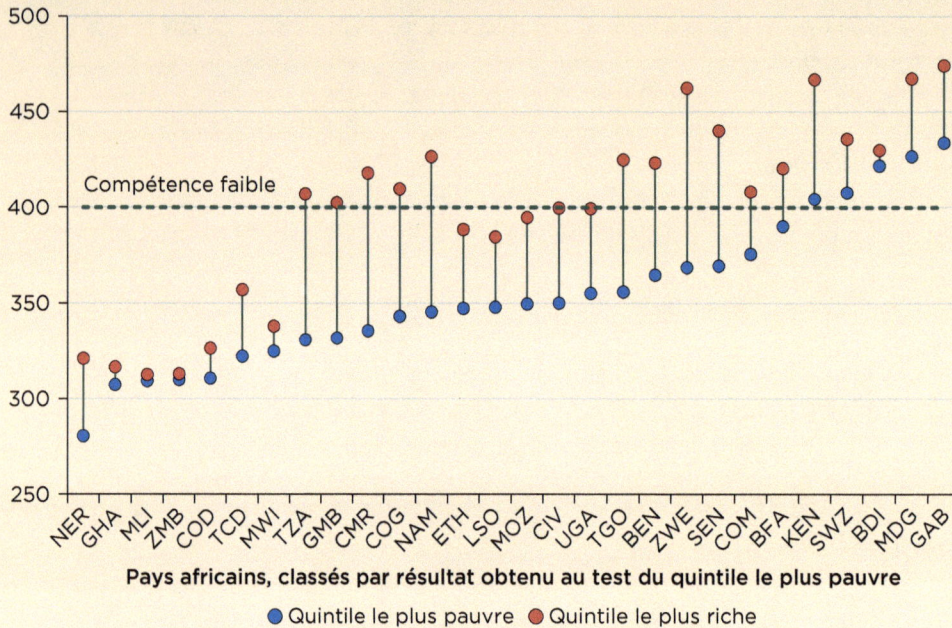

Pays africains, classés par résultat obtenu au test du quintile le plus pauvre

● Quintile le plus pauvre ● Quintile le plus riche

Source : ICH désagrégé en fonction de critères socio-économiques (SES-HCI).

Note : Les données SES-HCI au niveau des quintiles, ramenées à une moyenne nationale, ne sont pas entièrement comparables ou cohérentes avec l'ICH mondial. La ligne en pointillé indique le seuil de faible compétence dans l'étude Trends in International Mathematics and Science Study au niveau de l'élève. SES-HCI = Indice de capital humain désagrégé suivant des critères socio-économiques. Pour les abréviations des pays, voir https://www.iso.org/obp/ui/#search.

Inégalité d'accès aux services de santé

Une précédente étude régionale de l'Afrique (Dabalen et al. 2015) a utilisé les enquêtes démographiques et sanitaires pour construire l'indice des opportunités humaines (IOH) pour les opportunités de santé et a constaté que la richesse et le niveau d'éducation de la mère constituaient les principaux éléments contribuant à l'inégalité vaccinale, expliquant 56 % de l'indice de dissimilarité. La richesse et le sexe de l'enfant sont les deux facteurs qui contribuent le plus (avec une ampleur similaire) aux chances de ne pas souffrir d'un retard de croissance, suivis par le niveau d'éducation de la mère et le lieu de résidence. Ce rapport n'élabore pas d'IOH pour les opportunités en matière de santé, car ces données ne sont généralement pas collectées dans les enquêtes sur le budget des ménages utilisées ici pour mesurer l'IOH. Au lieu de cela et à des fins d'illustration, les taux de vaccination contre la rougeole et de retard de croissance les plus récents sont indiqués, le premier indicateur étant scindé selon le niveau d'éducation de la mère et le second par quintiles de richesse.

Malgré le niveau élevé de vaccination contre la rougeole au niveau national et régional, de nombreux pays présentent des disparités importantes dans les taux de vaccination en fonction du niveau d'éducation de la mère. En moyenne, le taux de vaccination des enfants dont la mère n'a pas fait d'études était d'environ 68 %, contre 85 % pour les enfants dont la mère a fait des études secondaires ou supérieures (voir figure B3.3.1).

Les taux de prévalence du retard de croissance chez les enfants de moins de cinq ans sont également très différents d'un quintile de richesse à l'autre. La figure B3.3.2 présente les taux de retard de croissance les plus récents pour les quintiles de richesse les plus pauvres et les plus riches dans les pays africains. En moyenne, la prévalence du retard de croissance est plus de deux fois inférieure chez les enfants du quintile de richesse le plus élevé par rapport aux enfants du quintile le plus pauvre : 16 % contre 37 %. Dans certains pays, l'écart de richesse s'avère extrêmement élevé, avec un multiple de quatre pour le Cameroun et de cinq pour le Gabon.

(suite)

Inégalité d'accès aux services de santé *(suite)*

FIGURE B3.3.1 Couverture vaccinale contre la rougeole chez les enfants de deux ans dans les pays africains, par niveau d'éducation de la mère

a. Pas d'éducation

Pays africains, par ordre de pourcentage des enfants vaccinés ayant une mère n'ayant pas reçu d'instruction

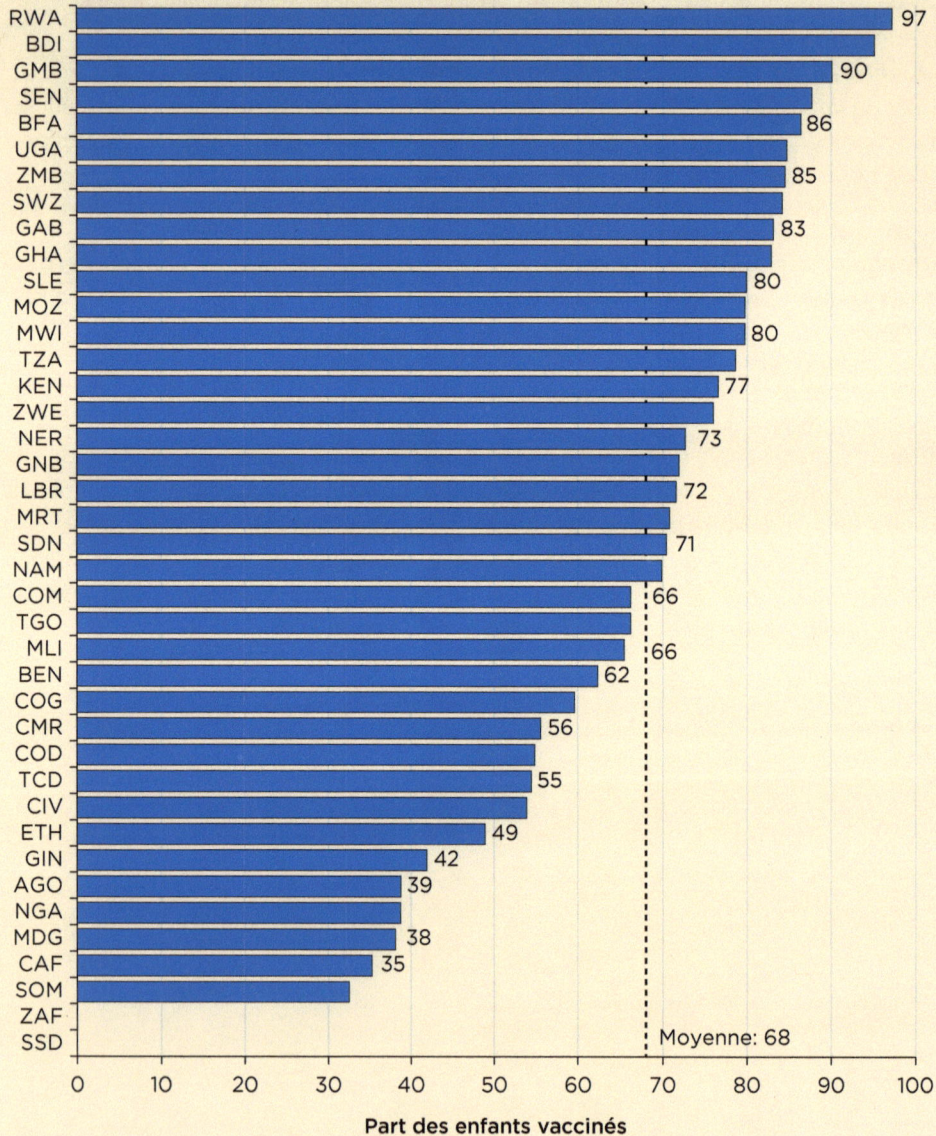

Part des enfants vaccinés

(suite)

Inégalité d'accès aux services de santé *(suite)*

FIGURE B3.3.1 Couverture vaccinale contre la rougeole chez les enfants de deux ans dans les pays africains, par niveau d'éducation de la mère *(suite)*

b. Éducation de niveau secondaire ou supérieur

Pays africains, par ordre de pourcentage des enfants vaccinés
ayant une mère n'ayant pas reçu d'instruction

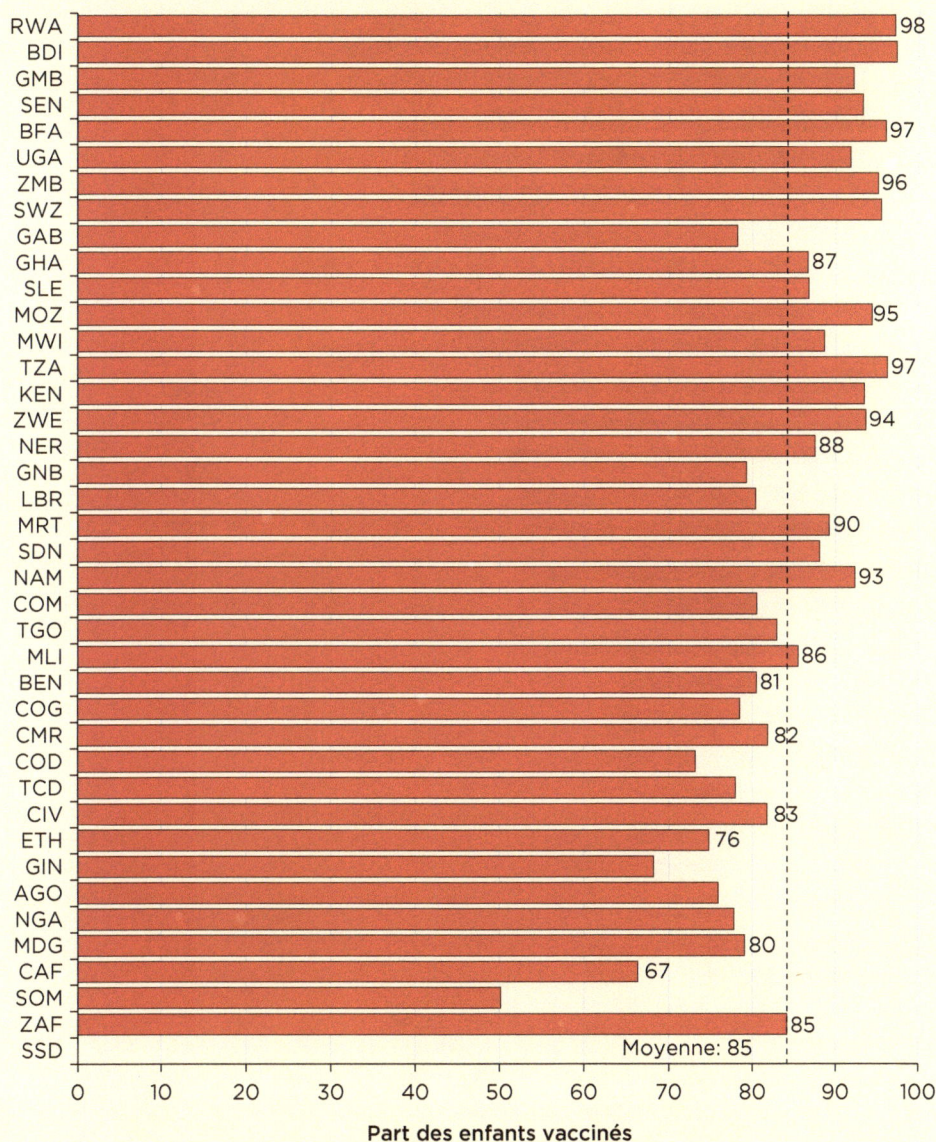

Part des enfants vaccinés

Source : WHO Health Inequality Data Repository, Organisation mondiale de la santé (https://www.who.int/data/inequality-monitor/data). Consulté en juillet 2023.

Note : Pour les abréviations des pays, voir https://www.iso.org/obp/ui/#search.

(suite)

Inégalité d'accès aux services de santé *(suite)*

FIGURE B3.3.2 **Prévalence du retard de croissance chez les enfants de moins de 5 ans dans les pays africains, dans les quintiles les plus pauvres et les plus riches**

a. Quintile 1 (le plus pauvre)

Pays africains, par ordre de prévalence du retard de croissance dans le quintile le plus pauvre

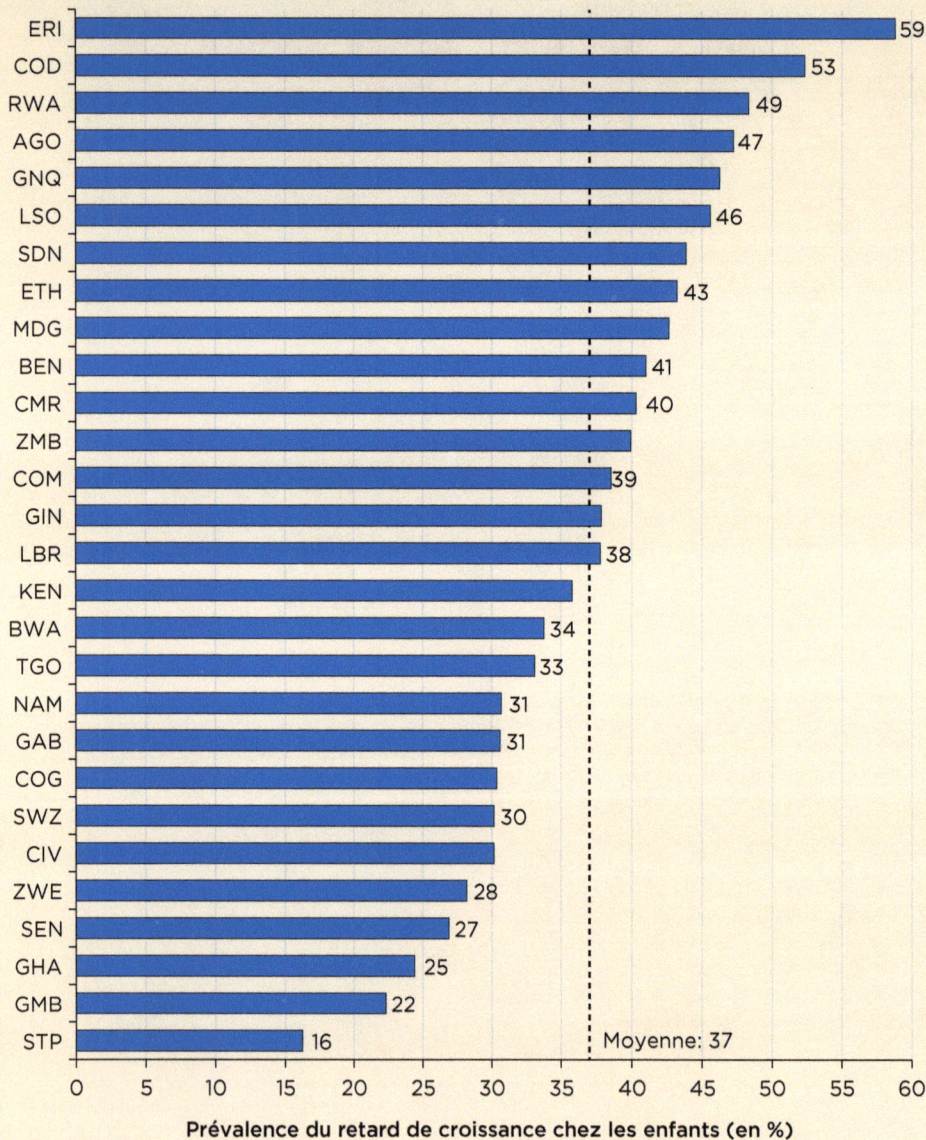

ERI	59
COD	53
RWA	49
AGO	47
GNQ	46
LSO	46
SDN	
ETH	43
MDG	
BEN	41
CMR	40
ZMB	
COM	39
GIN	
LBR	38
KEN	
BWA	34
TGO	33
NAM	31
GAB	31
COG	
SWZ	30
CIV	
ZWE	28
SEN	27
GHA	25
GMB	22
STP	16

Moyenne: 37

Prévalence du retard de croissance chez les enfants (en %)

(suite)

Inégalité d'accès aux services de santé *(suite)*

FIGURE B3.3.2 **Prévalence du retard de croissance chez les enfants de moins de 5 ans dans les pays africains, dans les quintiles de richesse les plus pauvres et les plus riches *(suite)***

b. Quintile 5 (le plus riche)

Pays africains, par ordre de prévalence du retard de croissance dans le quintile le plus pauvre

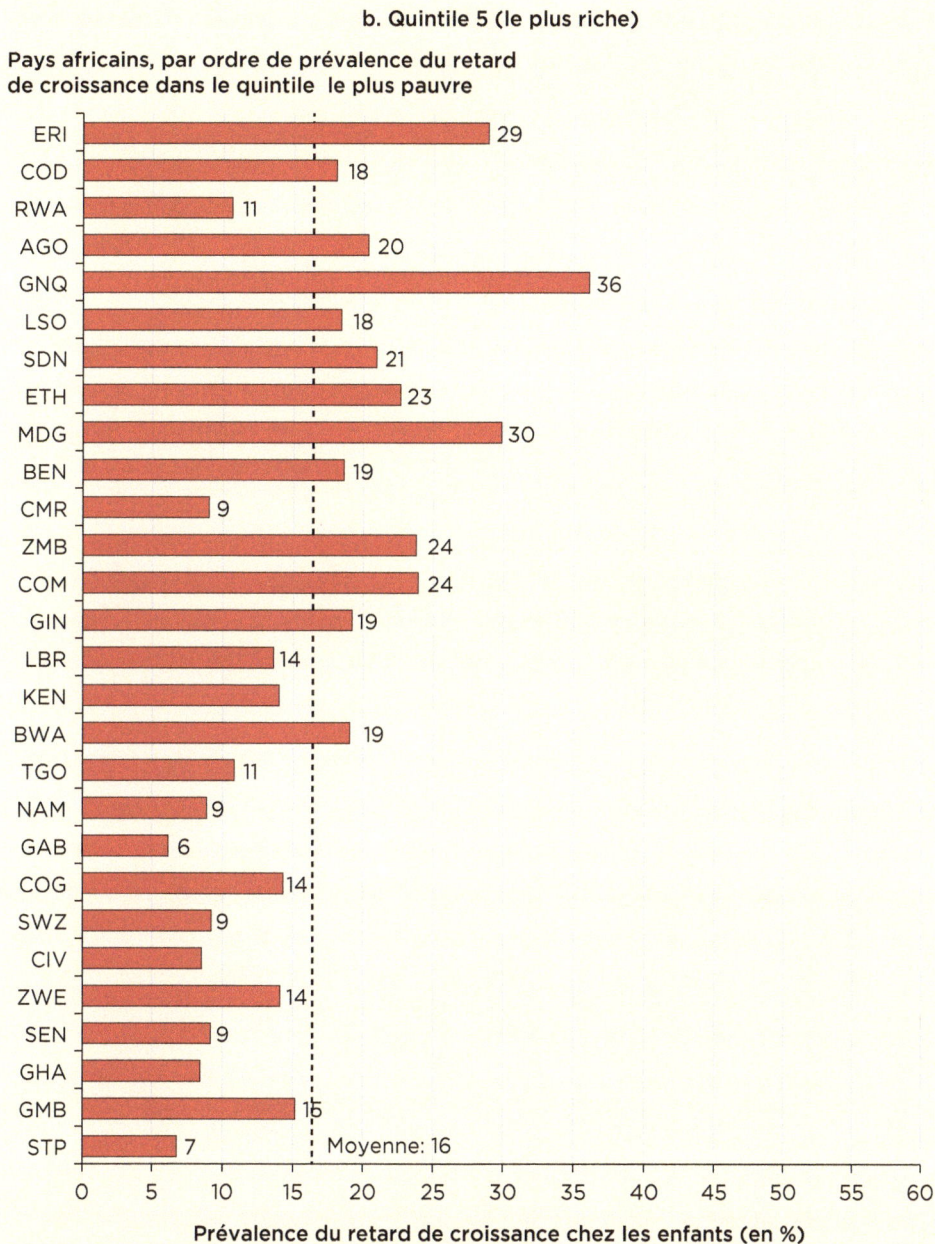

Prévalence du retard de croissance chez les enfants (en %)

Source : WHO Health Inequality Data Repository, Organisation mondiale de la santé (https://www.who.int/data/inequality-monitor/data). Consulté en juillet 2023.
Note : Pour les abréviations des pays, voir https://www.iso.org/obp/ui/#search.

Les inégalités en matière d'accès aux services sont fortement influencées par les circonstances entourant la naissance d'un enfant

Ayant établi plus haut dans ce chapitre qu'il existe d'importantes inégalités dans l'accès aux services pour les enfants, ce rapport évalue dans quelle mesure ces inégalités sont dues aux circonstances entourant la naissance d'un enfant. Le rapport identifie les éléments de la situation des enfants qui contribuent le plus à l'inégalité des chances observée. Dans la présentation des résultats, l'accent est mis principalement sur la contribution moyenne de chaque facteur à l'inégalité des chances, la moyenne étant calculée sur l'ensemble ou un sous-ensemble des pays de l'échantillon. Lors de la vérification et de l'interprétation des résultats, il est important de garder à l'esprit que le niveau d'inégalité est très différent selon les opportunités.

En moyenne, le lieu de vie d'un enfant (rural-urbain et région) est responsable pour plus de moitié de l'inégalité d'accès aux services de base (eau, électricité et assainissement). Pour certains pays, le lieu de vie représente plus de 75 % de l'inégalité des chances (indice D). Toutefois, les contributions relatives des disparités rurales-urbaines et régionales varient considérablement d'un pays à l'autre et d'une opportunité à l'autre. Les disparités régionales représentent 73 % de l'inégalité d'accès à l'eau de base au Burundi, tandis que les disparités rurales-urbaines représentent plus de la moitié de l'inégalité d'accès à l'électricité au Mozambique. Pour d'autres opportunités, les effets de localisation représentent encore plus de 40 % de l'inégalité. L'inégalité d'accès à des opportunités telles que le fait de commencer l'école primaire à temps et la fréquentation de l'école primaire et secondaire était associée à des disparités régionales dans une bien plus large mesure qu'à la distinction entre zones rurales et urbaines. Ces résultats concordent avec des travaux récents montrant que les inégalités spatiales sont plus importantes que les inégalités ethniques, sexuelles et religieuses pour d'autres indicateurs de bien-être, notamment la mortalité infantile, le retard de croissance de l'enfant et le nombre d'années de scolarisation (Tetteh-Baah et al. 2024). Il existe toutefois d'importantes différences entre les pays. L'effet combiné du lieu de vie (urbain et régional) est particulièrement prononcé lorsque l'indice D est mesuré dans les pays riches en ressources, en particulier les EFC. Par exemple, les disparités urbaines et régionales représentaient en moyenne 54 % de l'inégalité toutes opportunités confondues dans les pays riches en ressources et les EFC, ce qui est nettement plus élevé que les 42 % observés dans les pays non riches en ressources et qui n'ont jamais été des EFC (voir figure 3.5).

L'accessibilité financière est une contrainte majeure pour l'accès à la téléphonie mobile, à l'électricité, à Internet et à l'assainissement. Le bien-être monétaire des ménages, mesuré par la consommation par habitant, est le principal facteur d'inégalité dans l'accès à la téléphonie mobile, représentant en moyenne 24 % de l'inégalité (voir tableau 3.1). Dans certains pays, comme le Malawi, Maurice et le Rwanda, les disparités de consommation comptent pour plus de 40 % dans l'inégalité d'accès aux téléphones mobiles, ce qui indique que le coût des services de téléphonie mobile reste un obstacle

FIGURE 3.5 Contributions moyennes des facteurs circonstanciels à l'inégalité des chances (indice D)

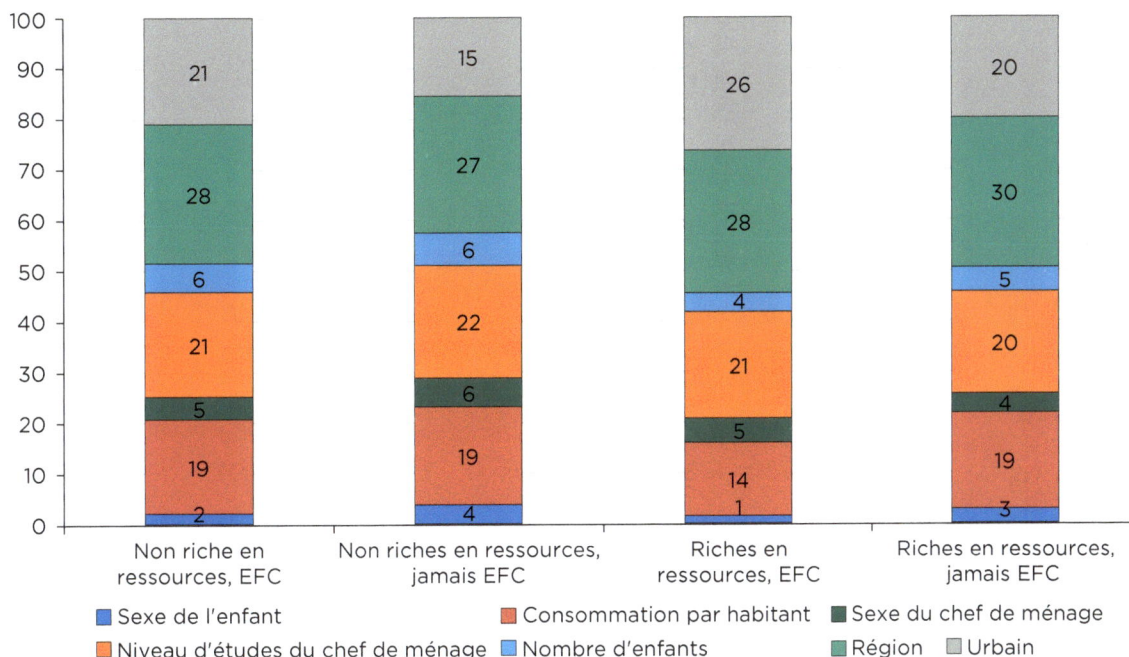

Données de la figure (valeurs affichées dans les barres empilées) :

Facteur	Non riche en ressources, EFC	Non riches en ressources, jamais EFC	Riches en ressources, EFC	Riches en ressources, jamais EFC
Urbain	21	15	26	20
Région	28	27	28	30
Nombre d'enfants	6	6	4	5
Niveau d'études du chef de ménage	21	22	21	20
Sexe du chef de ménage	5	6	5	4
Consommation par habitant	19	19	14	19
Sexe de l'enfant	2	4	1	3

Légende : ■ Sexe de l'enfant ■ Consommation par habitant ■ Sexe du chef de ménage ■ Niveau d'études du chef de ménage ■ Nombre d'enfants ■ Région ■ Urbain

Source : Calculs des services de la Banque mondiale à partir des données de la base de données Global Monitoring de la Banque mondiale.
Note : Indice D = indice de dissimilarité ; EFC = états en situation de fragilité et affecté par des conflits.

important à l'augmentation des taux de pénétration. Le bien-être monétaire des ménages mesuré par la consommation joue également un rôle important dans l'inégalité d'accès à l'électricité, à Internet et à l'assainissement, ce qui met en évidence la question de l'accessibilité financière.

Le niveau d'instruction du chef de ménage a contribué de manière importante à l'inégalité des chances en matière d'éducation, représentant en moyenne 26 % de l'inégalité des taux de fréquentation scolaire, 24 % de l'inégalité de l'accès à Internet et des taux d'achèvement du cycle primaire, et 23 % de l'inégalité d'accès aux téléphones portables. Le sexe du chef de famille n'est pas un important facteur d'inégalité dans l'accès aux opportunités, à l'exception de la radio, où il représente 20 % de l'inégalité globale. Les données nationales montrent que les femmes chefs de famille sont nettement moins susceptibles de posséder une radio que les hommes, même après prise en considération d'autres facteurs tels que le niveau d'instruction du chef de famille, le niveau de bien-être, etc. Au Mozambique par exemple, l'accès à la radio pour les enfants des ménages ayant une femme à leur tête était d'environ 27 %, contre 49 % pour les ménages ayant un homme à leur tête. Le sexe de l'enfant n'est pas apparu comme un facteur important d'inégalité, mais il a contribué de manière notable à l'inégalité des chances en ce qui concerne l'achèvement du cycle primaire à temps et la scolarisation des enfants âgés de 13 à 16 ans.

TABLEAU 3.1 Contributions moyennes des facteurs circonstanciels à l'inégalité des chances (indice D)

Facteurs circonstanciels	Opportunités									
	Éducation				Services de base			TIC		
	Fréquentation de l'école (6-12 ans)	Fréquentation de l'école (13-16 ans)	Début de cycle primaire à temps (6-7 ans)	Fin de cycle primaire à temps (13-16 ans)	Eau (O-16 ans)	Assainissement (O-16 ans)	Électricité (O-16 ans)	Téléphonie mobile (O-16 ans)	Internet (O-16 ans)	Radio (O-16 ans)
Sexe de l'enfant	4	6	3	7	0	1	0	0	1	1
Consommation par habitant	16	15	15	16	14	22	24	24	21	12
Sexe du chef de famille	4	4	2	2	3	3	2	5	3	20
Niveau d'instruction du chef de famille	26	26	24	23	13	18	17	23	24	18
Nombre d'enfants	5	5	6	6	4	6	4	6	4	9
Région	29	28	31	23	36	28	25	21	24	30
Urbain	17	16	17	23	29	24	28	20	24	10
Total	100	100	100	100	100	100	100	100	100	100

Source : Calculs des services de la Banque mondiale à partir des données de la base de données Global Monitoring de la Banque mondiale.

Note : Indice D = indice de dissimilarité ; TIC = technologies de l'information et de la communication.

Les pays où la dissimilarité est plus faible ont un produit intérieur brut (PIB) par habitant plus élevé et des taux de pauvreté plus faibles. Les pays dont le développement économique est plus élevé, mesuré par le PIB par habitant en parité de pouvoir d'achat (PPA) en USD de 2017, ont tendance à avoir un indice D[3] plus faible, calculé comme une moyenne simple de toutes les opportunités. De même, la pauvreté internationale mesurée sur la base du seuil de pauvreté de 2,15 USD PPA de 2017 présente une corrélation positive avec l'indice D moyen.[4] Le fonctionnement de la corrélation entre le PIB par habitant et l'indice D n'est toutefois pas clair. Il se peut que les pays les plus riches soient en mesure de réduire les disparités dans l'accès à l'éducation et aux services de base, ou que l'inégalité persistante en matière d'accès conduise à des inefficacités dans l'investissement et l'utilisation du capital physique et humain, limitant ainsi la croissance économique. Molina, Narayan et Saavedra-Chanduvi (2013) ont cependant constaté que l'inégalité des chances révélée par les résultats des tests du Programme international pour le suivi des acquis des élèves (PISA) entravait le développement mesuré par le PIB par habitant dans une étude transnationale.

Avant le développement de la scolarisation, la probabilité qu'un enfant africain dépasse le niveau d'éducation de ses parents était la plus faible de toutes les régions, avec peu de progrès au fil du temps et un écart entre les garçons et les filles

Dans quelle mesure l'inégalité des chances en matière d'éducation se perpétue-t-elle d'une génération à l'autre ? La partie qui précède a établi que l'accès aux services de base essentiels pour les enfants, tels que l'éducation, est loin d'être universel et reste très inégal. En outre, cette inégalité dépend souvent de la situation des parents. Cette situation est problématique non seulement au niveau individuel, mais aussi parce qu'elle a des répercussions sur l'ensemble de l'économie, car elle met en péril la capacité de production de ces enfants à l'avenir. De plus, dans la mesure où l'inégalité des chances en matière d'éducation limite la mobilité économique, elle pourrait perpétuer la pauvreté et l'inégalité d'une génération à l'autre. La présente partie mesure la mobilité intergénérationnelle (MIG) en utilisant des informations sur le niveau d'éducation des enfants et de leurs parents avant la récente expansion de la scolarisation. La mesure de l'évolution de la MIG d'une cohorte à l'autre n'est possible que pour un ensemble limité de 19 pays africains, et la comparaison interrégionale la plus précise n'est possible que pour la cohorte des années 1980, avec des résultats provenant de 43 pays africains. Des informations détaillées sur la Base de données sur la mobilité intergénérationnelle dans le monde (GDIM ; Banque mondiale 2023a) et ses limites sont fournies dans l'annexe 3C.

La mobilité éducative est généralement mesurée à l'aide de deux indicateurs distincts, mais liés : la MIG absolue et la MIG relative. La MIG ascendante absolue est la mesure dans laquelle l'éducation d'une génération est supérieure à celle de ses parents. Elle reflète l'aspiration humaine universelle des parents à une vie meilleure pour leurs enfants. La MIG relative est la mesure dans laquelle l'éducation d'un individu est indépendante de celle de ses parents.[5] Une mobilité relative plus élevée (une persistance intergénérationnelle plus faible en matière d'éducation) entre les générations est associée à une plus faible inégalité des chances. Ces deux indicateurs sont liés et importants pour le progrès économique. Sans mobilité absolue, il est difficile d'augmenter le niveau de vie. L'absence de mobilité relative est injuste et limite la mobilité ascendante absolue (Van der Weide et coll. 2021).

La probabilité pour un enfant africain de dépasser le niveau d'éducation de ses parents est beaucoup plus faible et progresse beaucoup plus lentement que dans les autres régions. Malheureusement, les résultats scolaires n'ont pas beaucoup changé en Afrique entre les cohortes des années 1960 et 1980 (voir figure 3.6a). Cette situation contraste fortement avec les régions de l'Asie de l'Est et du Pacifique, de l'Amérique latine et des Caraïbes, et du Moyen-Orient et de l'Afrique du Nord, où la MIG absolue a augmenté d'une génération à l'autre et où les résultats scolaires de la cohorte des années 1980 sont aujourd'hui équivalents, voire supérieurs, à ceux des pays à revenu élevé (voir figure 3.6b).[6]

Les filles ont dépassé les garçons en termes de MIG absolue et ont rapidement comblé l'écart dans les économies en développement, sauf en Afrique, où l'écart s'est réduit, mais est resté substantiel. La figure 3.6d montre que dans les pays en développement hors Afrique, les filles ont été désavantagées par rapport aux garçons en termes de mobilité absolue jusqu'aux années 1980, après quoi l'écart a été totalement comblé. En Afrique en revanche, l'écart de mobilité absolue entre les sexes s'est réduit dans les années 1960, mais est resté important (figure 3.6c). L'écart entre les sexes en Afrique pour la cohorte des années 1980 s'avère toutefois plus faible, si l'on utilise toutes les enquêtes, indépendamment de la manière dont le niveau d'instruction des parents est mesuré (voir figure 3A.8).

FIGURE 3.6 **Évolution de la mobilité ascendante absolue dans le temps**

a. Pays à revenu élevé, pays en développement hors Afrique et Afrique

Probabilité qu'un enfant dépasse le niveau d'instruction de ses parents

b. Dans toutes les régions

Probabilité qu'un enfant dépasse le niveau d'instruction de ses parents

c. Tous les enfants d'Afrique

Probabilité qu'un enfant dépasse le niveau d'instruction de ses parents

d. Parmi les enfants des pays en développement autres que l'Afrique

Probabilité qu'un enfant dépasse le niveau d'instruction de ses parents

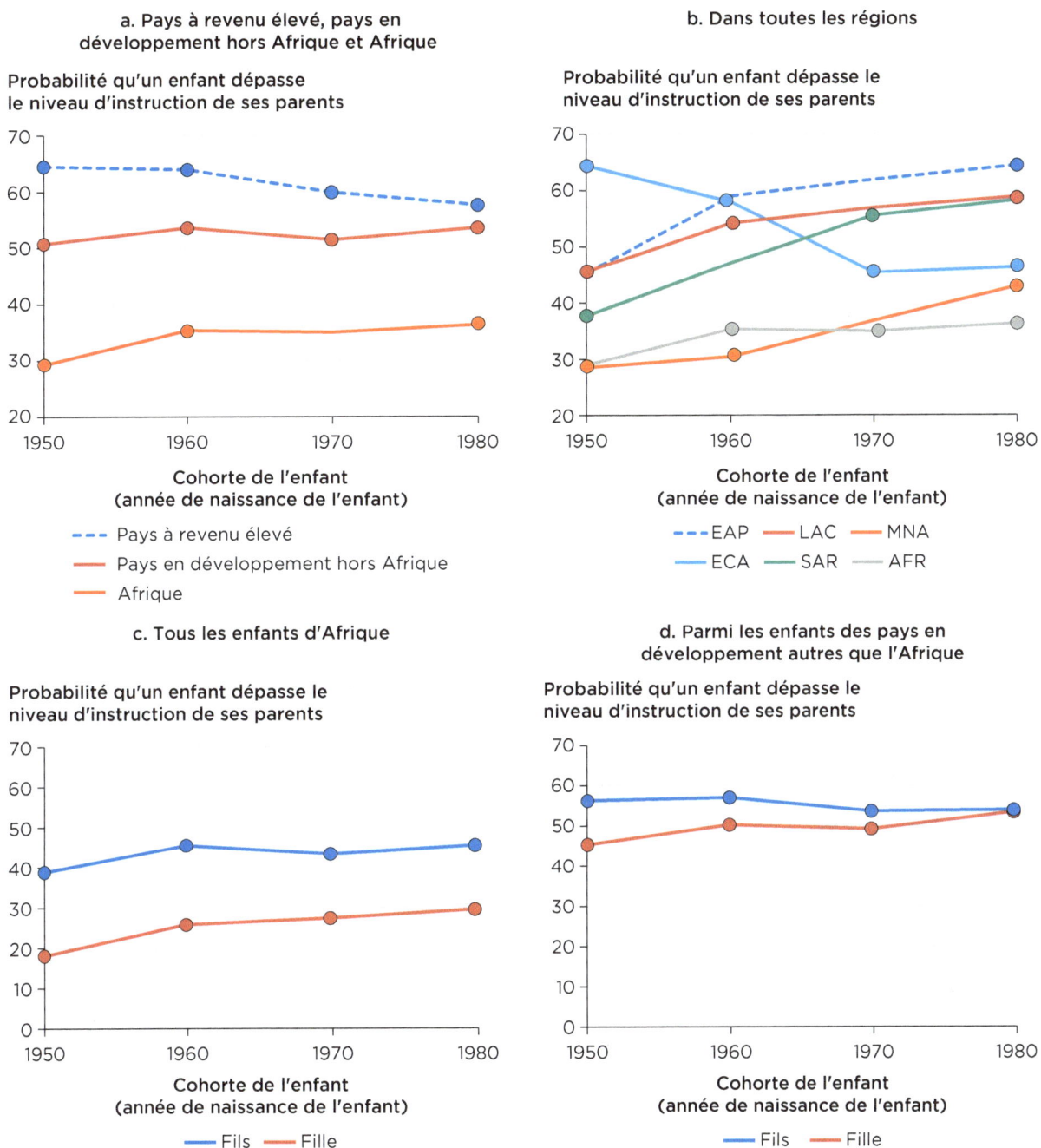

Source : Calculs des services de la Banque mondiale à partir des données de la base de données sur la mobilité intergénérationnelle dans le monde (mars 2023).

Note : à partir d'enquêtes avec des questions rétrospectives uniquement. AFR = Afrique subsaharienne ; EAP = Asie de l'Est et Pacifique ; ECA = Europe et Asie centrale ; LAC = Amérique latine et Caraïbes ; MNA = Moyen-Orient et Afrique du Nord ; SAR = Asie du Sud.

La mobilité absolue en Afrique est particulièrement faible dans les pays affectés par des conflits violents et présentant des niveaux élevés de fragilité institutionnelle et sociale. La figure 3.7a ne montre pas de différence significative entre les pays riches en ressources et les pays non riches en ressources de la région pour ce qui est de la probabilité qu'un enfant dépasse la catégorie de niveau d'instruction de ses parents. Les pays EFC présentent cependant une mobilité absolue nettement plus faible. La situation d'EFC réduit considérablement la mobilité absolue dans tous les pays concernés, quel que soit leur niveau de richesse en ressources naturelles (voir figure 3.7b). Ainsi, la probabilité qu'un enfant dépasse la catégorie de niveau d'instruction de ses parents est d'environ 50 % dans les pays riches en ressources naturelles qui n'ont jamais été en situation d'EFC, mais de seulement 32 % dans les pays riches en ressources naturelles en situation d'EFC.

Tout comme la mobilité absolue a stagné, la mobilité relative en Afrique n'a pas beaucoup changé entre les cohortes des années 1960 et 1980. La mobilité relative, mesurée ici par le coefficient obtenu par une régression du nombre d'années d'études

FIGURE 3.7 Mobilité ascendante absolue, cohorte des années 1980

a. En fonction des ressources et du statut EFC

Probabilité qu'un enfant dépasse la catégorie de niveau d'instruction de ses parents

b. Tous statuts EFC confondus

Probabilité qu'un enfant dépasse la catégorie de niveau d'instruction de ses parents

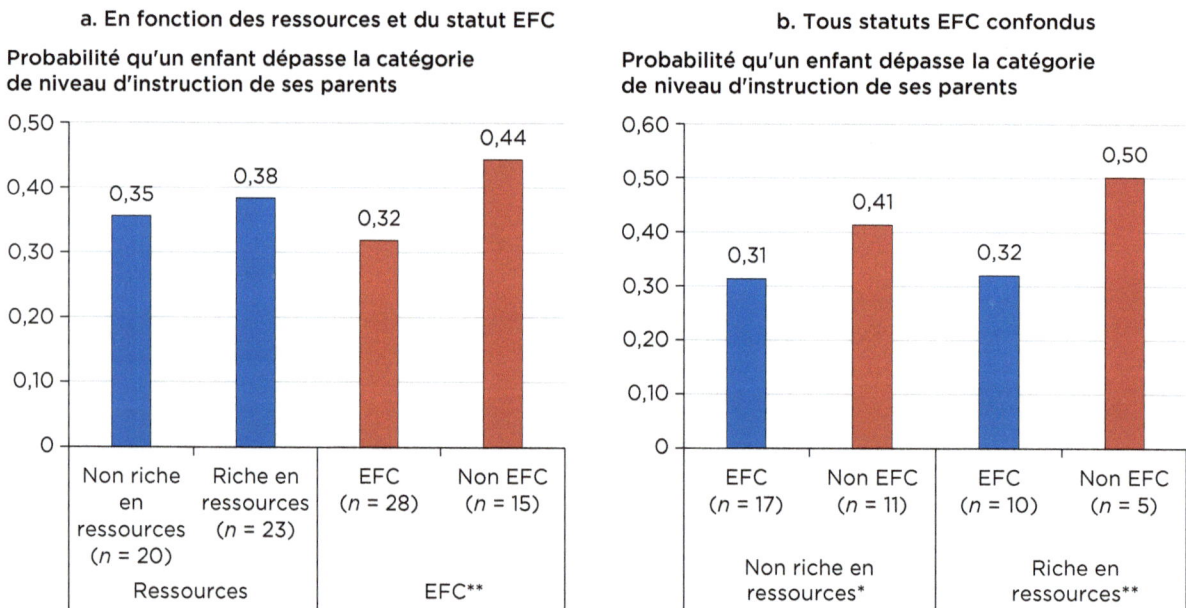

Source : Calculs des services de la Banque mondiale à partir des données de la base de données sur la mobilité intergénérationnelle dans le monde (mars 2023).
Note : à partir de toutes les enquêtes avec des questions rétrospectives et corésidentes. EFC = État en situation de fragilité et affecté par un conflit.
* Significatif à 10 % ; ** significatif à 5 %.

des enfants par rapport au nombre d'années d'études des parents, montre également que l'Afrique est en retard sur les autres pays en développement, mais qu'elle fait mieux que l'Asie du Sud (voir figure 3.8). Cela signifie que les perspectives des enfants continueront à être liées au niveau d'instruction atteint par les parents. En résumé, les régions ayant le PIB par habitant le plus bas et les taux de pauvreté les plus élevés, à savoir l'Asie du Sud et l'Afrique, sont les régions dans lesquelles le contexte parental – qu'il s'agisse d'éducation ou de revenu – compte le plus pour les perspectives d'avenir de leurs enfants.

La persistance intergénérationnelle dans l'éducation est également plus élevée dans les pays EFC. La figure 3.9a ne montre pas de différence statistiquement significative de mobilité relative entre les pays riches en ressources et ceux qui ne le sont pas. Cependant, les EFC ont en moyenne une persistance intergénérationnelle significativement plus élevée (ou une mobilité relative plus faible). Cette constatation vaut pour tous les pays, indépendamment de leurs ressources (voir figure 3.9b).

FIGURE 3.8 **Évolution de la mobilité relative dans le temps**

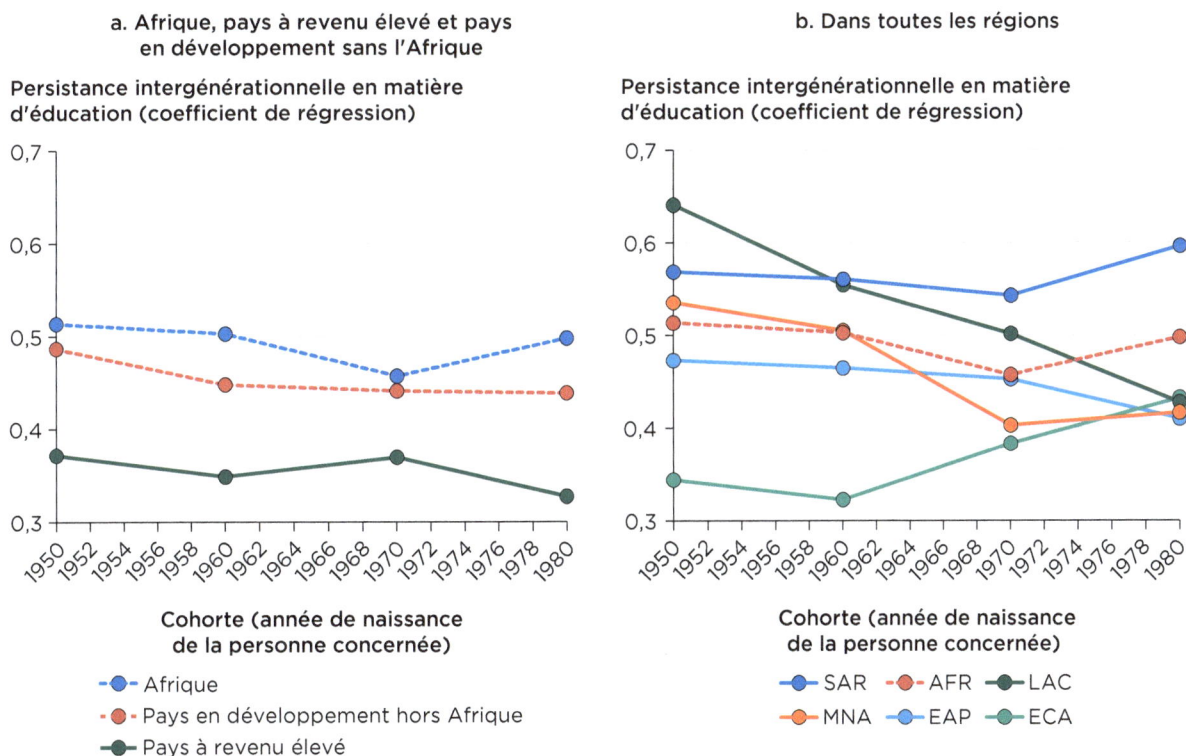

a. Afrique, pays à revenu élevé et pays en développement sans l'Afrique

b. Dans toutes les régions

Persistance intergénérationnelle en matière d'éducation (coefficient de régression)

Cohorte (année de naissance de la personne concernée)

- Afrique
- Pays en développement hors Afrique
- Pays à revenu élevé

- SAR
- AFR
- LAC
- MNA
- EAP
- ECA

Source : Calculs des services de la Banque mondiale à partir des données de la base de données sur la mobilité intergénérationnelle dans le monde (mars 2023).
Note : à partir d'enquêtes avec des questions rétrospectives uniquement. Une persistance élevée indique une mobilité plus faible. AFR = Afrique subsaharienne ; EAP = Asie de l'Est et Pacifique ; ECA = Europe et Asie centrale ; LAC = Amérique latine et Caraïbes ; MNA = Moyen-Orient et Afrique du Nord ; SAR = Asie du Sud.

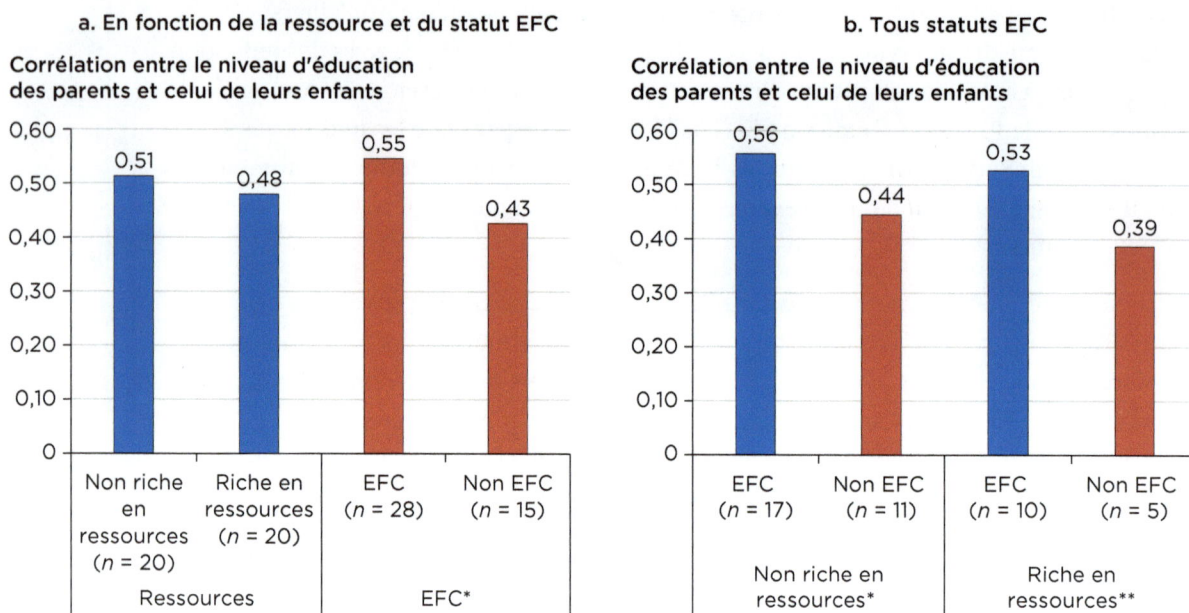

FIGURE 3.9 Mobilité relative, cohorte des années 1980

a. En fonction de la ressource et du statut EFC

Corrélation entre le niveau d'éducation
des parents et celui de leurs enfants

b. Tous statuts EFC

Corrélation entre le niveau d'éducation
des parents et celui de leurs enfants

Source : Calculs des services de la Banque mondiale à partir des données de la base de données sur la mobilité intergénérationnelle dans le monde (mars 2023).
Note : à partir de toutes les enquêtes avec des questions rétrospectives et des questions sur les co-résidents. Une persistance plus élevée indique une mobilité plus faible. EFC = État en situation de fragilité et affecté par un conflit.
* Significatif à 10 % ; ** significatif à 5 %.

L'analyse transnationale démontre qu'une plus grande mobilité dans l'éducation est associée à de meilleurs résultats économiques. Narayan et coll. (2018) utilisent des données mondiales pour montrer qu'une plus grande mobilité est associée à des niveaux de PIB plus élevés, bien qu'avec quelques différences importantes tant pour la mobilité relative que pour la mobilité absolue. La MIG relative ne commence à augmenter avec le PIB par habitant qu'après que ce dernier dépasse 2 500 dollars par habitant (PPA 1990), tandis que la MIG absolue commence à augmenter à de faibles niveaux de revenu et continue à croître jusqu'à ce que le PIB par habitant atteigne 5 000 dollars par habitant. Ils expliquent l'évolution observée pour la mobilité relative par le fait que l'infrastructure nécessaire à l'égalisation des chances peut rester inabordable même si le pays connaît une croissance. Par exemple, le budget nécessaire pour financer le type d'interventions publiques permettant d'égaliser les chances n'est peut-être pas encore disponible.

La focalisation sur les pays africains semble produire des résultats similaires. Il existe une forte corrélation positive de 0,66 entre le PIB par habitant et la MIG absolue pour la cohorte des années 1980 (voir figure 3.10a), mais une corrélation négative moins forte, de -0,48, avec la mobilité relative ou la persistance intergénérationnelle de l'éducation, ce qui pourrait indiquer que les pays d'Afrique n'ont peut-être pas atteint un niveau de développement économique suffisamment élevé pour réduire la corrélation entre les résultats scolaires des parents et ceux de leurs enfants (voir figure 3.10b). En effet, si l'on exclut les pays ayant un PIB par habitant élevé (Gabon, Maurice et Afrique du Sud), la corrélation entre le PIB par habitant et la mobilité relative n'est pas significativement différente de zéro, alors que la corrélation entre le PIB par habitant et la mobilité absolue reste significative.

FIGURE 3.10 **Mobilité en Afrique, cohorte des années 1980, par PIB par habitant**

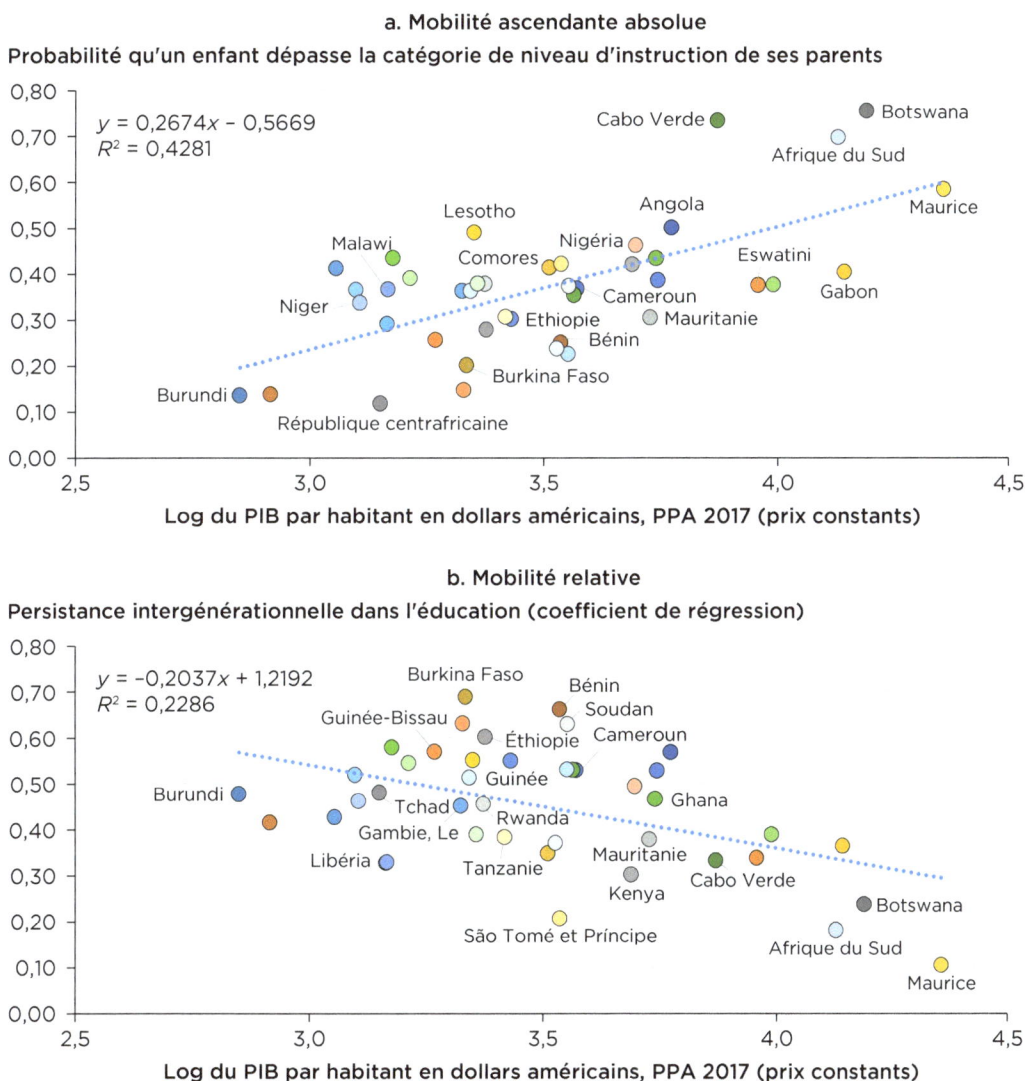

a. Mobilité ascendante absolue
Probabilité qu'un enfant dépasse la catégorie de niveau d'instruction de ses parents

$y = 0,2674x - 0,5669$
$R^2 = 0,4281$

Log du PIB par habitant en dollars américains, PPA 2017 (prix constants)

b. Mobilité relative
Persistance intergénérationnelle dans l'éducation (coefficient de régression)

$y = -0,2037x + 1,2192$
$R^2 = 0,2286$

Log du PIB par habitant en dollars américains, PPA 2017 (prix constants)

Source : Calculs des services de la Banque mondiale à partir des données de la base de données sur la mobilité intergénérationnelle dans le monde (mars 2023) et des indicateurs du développement mondial pour les derniers chiffres du PIB par habitant.
Note : PIB = produit intérieur brut ; PPA = parité de pouvoir d'achat.

Une relation positive entre la MIG et les résultats économiques observés une fois que les pays atteignent un certain niveau de développement signifie que les deux phénomènes se renforcent mutuellement, mais la fragilité institutionnelle et les conflits peuvent affaiblir ces liens en Afrique. La littérature économique montre qu'une plus grande mobilité peut favoriser l'accumulation de capital humain, tandis qu'une plus grande mobilité relative peut stimuler une allocation plus efficace du capital humain, contribuant ainsi à la croissance. Les pays plus riches, à leur tour, peuvent avoir des niveaux de dépenses publiques plus élevés, égalisant les disparités dans les opportunités et facilitant la MIG. Cependant, comme nous l'avons vu précédemment et conformément aux conclusions présentées au chapitre 5, le fait d'être un pays riche en ressources en Afrique ne garantit pas que le gouvernement consacre des ressources à l'amélioration de la MIG, en particulier dans les environnements fragiles et affectés par des conflits.

L'accès à la terre est concentré, ce qui accroît les inégalités structurelles

Les données d'enquête sur les ménages disponibles montrent que la propriété et l'enregistrement des terres sont inégalement répartis dans le monde et en Afrique. Bauluz, Govind et Novokmet (2020) rapportent des coefficients de Gini de 50 et plus pour la superficie des terres agricoles détenues en propriété dans 10 pays africains (voir figure 3.11).[7] Dans un sous-ensemble des pays africains étudiés, le taux d'agriculteurs sans terres varie de 40 % (en Éthiopie) à 21 % (en Tanzanie). Leur comparaison globale de l'inégalité entre la superficie des terres agricoles détenues en propriété et la valeur marchande des terres montre que les inégalités sont élevées en Afrique, mais pas autant que dans les pays d'Amérique latine et d'Asie du Sud. Ces auteurs montrent également que les inégalités de valeur marchande des terres agricoles détenues en propriété (évaluées aux prix du marché en vigueur) sont beaucoup plus importantes que l'inégalité en matière de superficie des terres, ce qui indique que la propriété des terres de valeur est concentrée. En Éthiopie, en Gambie, au Malawi, au Niger, au Nigeria et en Tanzanie, 10 % des propriétaires fonciers possèdent plus de 30 % des terres en superficie et 40 % ou plus en valeur. Dans les cas de l'Éthiopie et de la Tanzanie, les 10 % les plus riches possèdent près de 60 % du total des terres, en valeur. La prise en compte de la population sans terre augmente l'inégalité mesurée. Au-delà de la propriété autodéclarée, la part des ménages possédant des terres enregistrées est faible et très inégale en termes de répartition des revenus et de sexe du propriétaire (Deininger et Goyal 2023, à partir de données d'enquêtes sur les ménages des pays de l'Union économique et monétaire ouest-africaine).

FIGURE 3.11 Accès à la terre pour les 10 % les plus riches : valeur des terres par rapport à la superficie

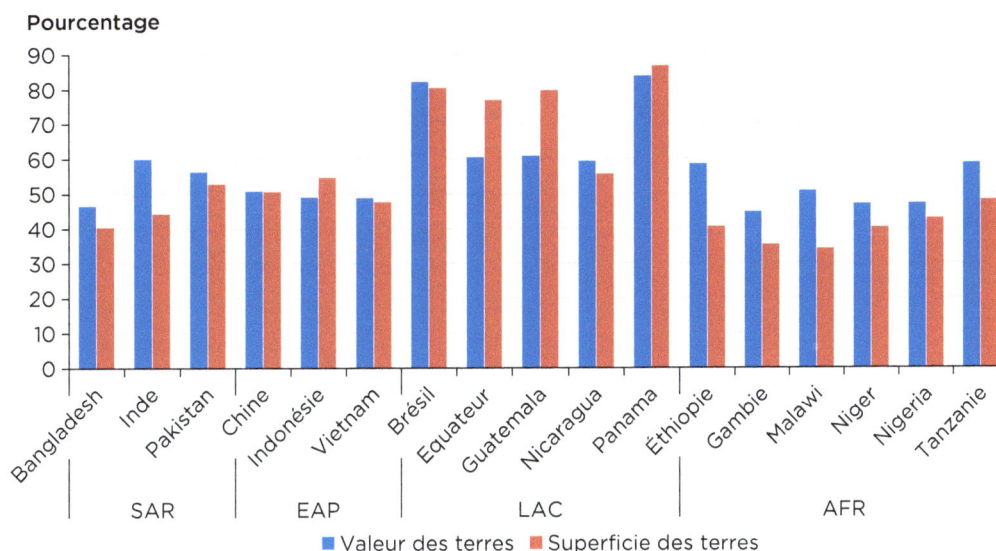

Pourcentage

■ Valeur des terres ■ Superficie des terres

Source : Bauluz, Govind et Novokmet 2020, figure 3 © World Inequality Lab. Adapté avec l'autorisation du World Inequality Lab ; toute réutilisation nécessite une autorisation supplémentaire.
Note : La figure est basée sur des données d'enquêtes auprès des ménages et comprend des estimations de la part de la superficie et de la valeur détenue par les 10 % des plus gros propriétaires (des zones urbaines et rurales) ou par ceux qui ont des droits d'utilisation de la terre. AFR = Afrique subsaharienne ; EAP = Asie de l'Est et Pacifique ; LAC = Amérique latine et Caraïbes ; SAR = Asie du Sud.

L'héritage colonial de l'Afrique australe s'est traduit par des schémas de propriété foncière inégaux (Sulla, Zikhali et Cuevas 2022), en particulier en Namibie et en Afrique du Sud. La race constitue une dimension importante de cette inégalité. Sulla, Zikhali et Cuevas (2022) indiquent qu'en 2018, 70 % des terres agricoles commerciales de Namibie étaient détenues par des personnes d'origine européenne, et 16 % seulement par des Namibiens noirs.

Tendances actuelles et futures : implications pour l'inégalité dans le renforcement de la capacité de production

En présence d'inégalités structurelles, les risques récents et futurs pourraient encore accroître les inégalités dans le renforcement des capacités productives. La COVID-19, les chocs climatiques, l'augmentation de la population en âge de travailler et l'intensification des conflits sont susceptibles d'accroître l'inégalité des chances en Afrique. Les populations pauvres et vulnérables sont souvent plus exposées au risque de subir des chocs. Dans le même temps, ce sont elles qui ont le moins de moyens pour y faire face. Cette partie examine la manière dont ces risques pourraient modifier l'inégalité des chances et la MIG.

Les pertes d'apprentissage résultant de la COVID-19 devraient aggraver les inégalités existantes en matière d'éducation et de compétences de base

Outre l'impact immédiat sur la mortalité, la croissance économique et la pauvreté, la pandémie de COVID-19 a érodé l'accumulation de capital humain, affectant l'éducation et la santé des enfants qui ont manqué de scolarisation, de nutrition et de soins de santé. Ces crises précoces dans la vie peuvent avoir des effets négatifs sur plusieurs générations. Les fermetures d'écoles ont affecté les résultats scolaires dans tous les pays en augmentant le décrochage scolaire et en empêchant les apprentissages. La figure 3.12 montre les pertes simulées en années de scolarité ajustées du facteur apprentissage (LAYS) pour toutes les régions[8], en distinguant les pertes dues aux fermetures d'écoles de celles dues au décrochage scolaire (Schady et al. 2023). L'impact de la COVID-19 sur les pertes d'apprentissage a été moindre en Afrique, car, en moyenne, les écoles ont été fermées moins longtemps que dans d'autres régions (bien qu'il y ait des variations d'un pays à l'autre) et parce que les écoles produisaient déjà moins d'apprentissages (en moyenne) au départ. La perte simulée en LAYS pour l'Afrique était d'environ une demi-année – proche des pertes en Asie de l'Est et Pacifique et au Moyen-Orient et Afrique du Nord, mais bien inférieure à celles de l'Asie du Sud et de l'Amérique latine et des Caraïbes. Toutefois, en termes de part de LAYS pré-pandémiques, l'Afrique s'en sortait moins bien. C'est ce que montre la figure 3.13, dans laquelle de nombreux pays africains présentent de faibles pertes en LAYS liées à la pandémie, mais des pertes relatives remarquablement élevées par rapport aux LAYS pré-pandémiques. L'Afrique se distingue également comme ayant subi les plus fortes pertes relatives en raison du décrochage scolaire, qui représente 21 % de l'ensemble des pertes ; dans d'autres régions, la contribution du décrochage scolaire aux pertes globales n'a pas dépassé 9 %.

Les enquêtes téléphoniques menées pour mesurer l'impact de la COVID-19 montrent que les enfants des ménages les plus pauvres étaient les plus susceptibles d'être affectés par les fermetures d'écoles. En Éthiopie, par exemple, 91 % des ménages ayant des enfants d'âge scolaire les avaient inscrits à l'école avant la pandémie (Wieser et al. 2020). Cependant, après la fermeture des écoles, seuls 20 % environ de ces ménages ont déclaré que les enfants participaient à des activités d'apprentissage ou éducatives, et cette proportion était beaucoup plus élevée dans les ménages urbains que dans les ménages ruraux (39 % contre 12 %, respectivement). En Ouganda, 92 % des ménages ayant au moins un enfant dans la tranche d'âge 3-18 ans avaient au moins un enfant inscrit à l'école avant les fermetures (Banque mondiale 2020). Après les fermetures, la part des ménages ayant un enfant participant à une activité d'apprentissage à distance était d'environ 60 % et répartie de manière très inégale. Par exemple, elle allait de 44 % dans le quintile de consommation le plus pauvre avant COVID-19 à 74 % dans le quintile le plus riche. Cela indique que les pertes d'apprentissage pendant la COVID-19 ont été réparties de manière inégale, aggravant encore l'inégalité des chances existante.

FIGURE 3.12 Années de scolarisation ajustées du facteur apprentissage perdues du fait de la pandémie, par perte d'apprentissages et décrochage scolaire, par région

(LAYS) perdues du fait de la pandémie (en années)

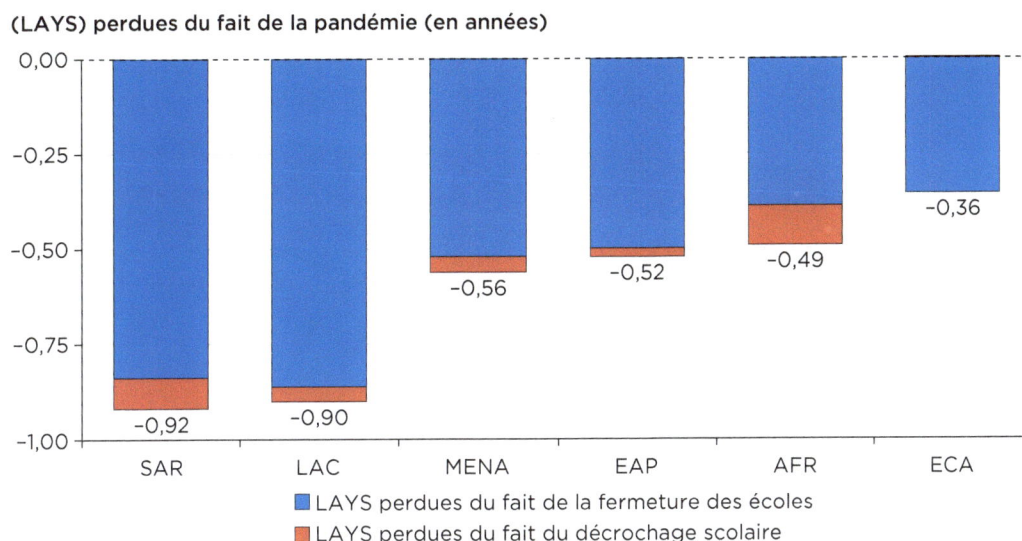

■ LAYS perdues du fait de la fermeture des écoles
■ LAYS perdues du fait du décrochage scolaire

Source : Estimations préliminaires de Schady et coll. 2023. Les données sur la durée des fermetures d'écoles proviennent du tableau de bord de l'UNESCO intitulé Global Monitoring of School Closures Caused by the COVID-19 Pandemic (https://covid19.uis.unesco.org/global-monitoring-school -closures-covid19/). Les données sur les taux de scolarisation sont simulées pour chaque pays à partir des données sur le logarithme du PIB par habitant et la durée des fermetures d'écoles.
Note : AFR = Afrique subsaharienne ; EAP = Asie de l'Est et Pacifique ; ECA = Europe et Asie centrale ; LAC = Amérique latine et Caraïbes ; LAYS = années de scolarisation ajustées du facteur apprentissage ; MNA = Moyen-Orient et Afrique du Nord ; SAR = Asie du Sud.

La croissance rapide de la population et la marge de manœuvre budgétaire limitée rendront plus difficile la réduction des inégalités dans l'accès aux services de base

En tant que continent à la population très jeune, les économies africaines peuvent exploiter le potentiel de talent des 8 à 11 millions de jeunes qui devraient entrer sur le marché du travail dans la région chaque année. L'Afrique connaît une croissance démographique rapide due à la combinaison d'une baisse de la mortalité et d'un taux de natalité parmi les plus élevés au monde. D'ici 2050, la population africaine constituera près de 25 % de la population mondiale (UN DESA 2022). Quatre des huit pays qui devraient représenter plus de la moitié de la croissance démographique mondiale d'ici 2050 se trouvent en Afrique, le Nigeria devant devenir le troisième pays le plus peuplé au monde.[9] D'ici 2060, l'Afrique sera la seule région dont la part de la population en âge de travailler augmentera (voir figure 3.14). Ces changements démographiques devraient s'accompagner d'une urbanisation – une autre tendance lourde pour la région. Cela représente à la fois un défi et une opportunité. La population croissante en âge de travailler pourra contribuer à la croissance et à la productivité si elle dispose des

FIGURE 3.13 **LAYS perdues en raison de la pandémie par rapport aux parts de LAYS pré-pandémiques**

Proportion de LAYS pré-pandémique perdues (en %)

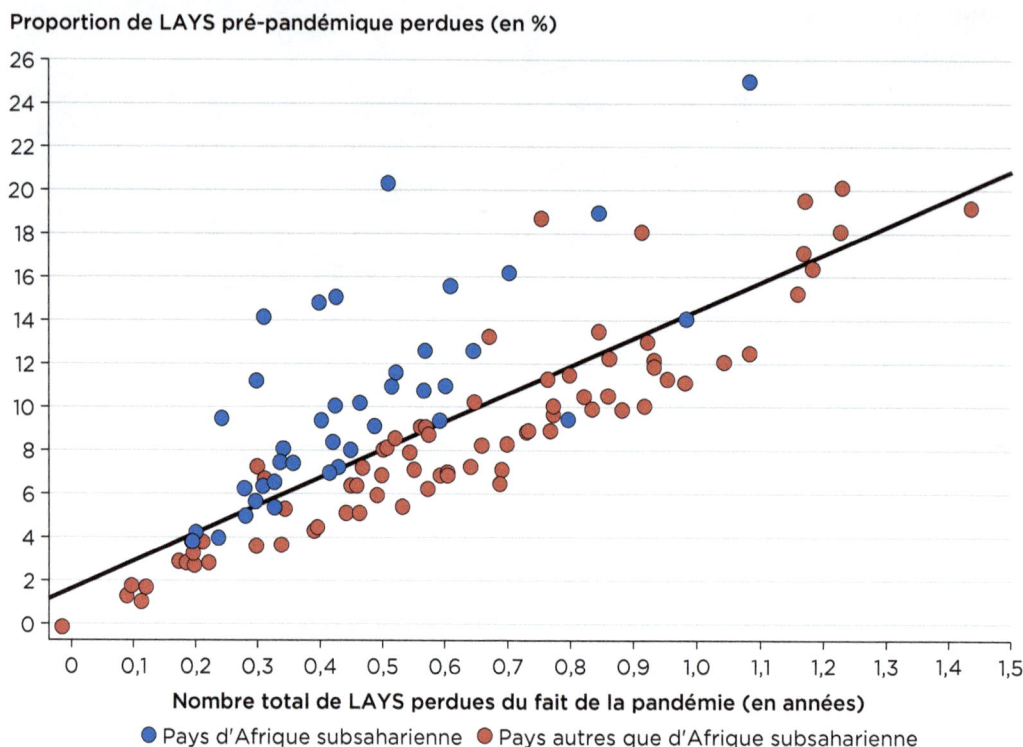

Nombre total de LAYS perdues du fait de la pandémie (en années)

● Pays d'Afrique subsaharienne ● Pays autres que d'Afrique subsaharienne

Source : Estimations préliminaires de Schady et coll. 2023. Les données sur la durée des fermetures d'écoles proviennent du tableau de bord de l'UNESCO intitulé Global Monitoring of School Closures Caused by the COVID-19 Pandemic (https://covid19.uis.unesco.org/global-monitoring-school-closures-covid19/). Les données sur les taux de scolarisation sont simulées pour chaque pays à partir de données sur le logarithme du PIB par habitant et la durée des fermetures d'écoles.
Note : LAYS = années de scolarisation ajustées du facteur apprentissage.

compétences et des opportunités adéquates. Cependant, elle pose également des défis étant donné le nombre considérable d'enfants (âgés de 0 à 14 ans) entrant dans le système scolaire, qui entreront plus tard sur le marché du travail. Si les inégalités structurelles en matière de renforcement des capacités productives ne sont pas résolues, elles désavantageront une grande partie de la main-d'œuvre, ce qui aura des conséquences sur la croissance future et la réduction de la pauvreté.

Les dépenses publiques d'éducation et de santé sont faibles. Si l'on prend l'exemple du secteur de l'éducation, l'Afrique répond aux critères internationaux communs en matière de dépenses d'éducation (4 à 6 % du PIB), mais elle dépense encore très peu par enfant d'âge scolaire en raison de budgets restreints et d'une population jeune

Proportion de LAYS pré-pandémique perdues (en %)

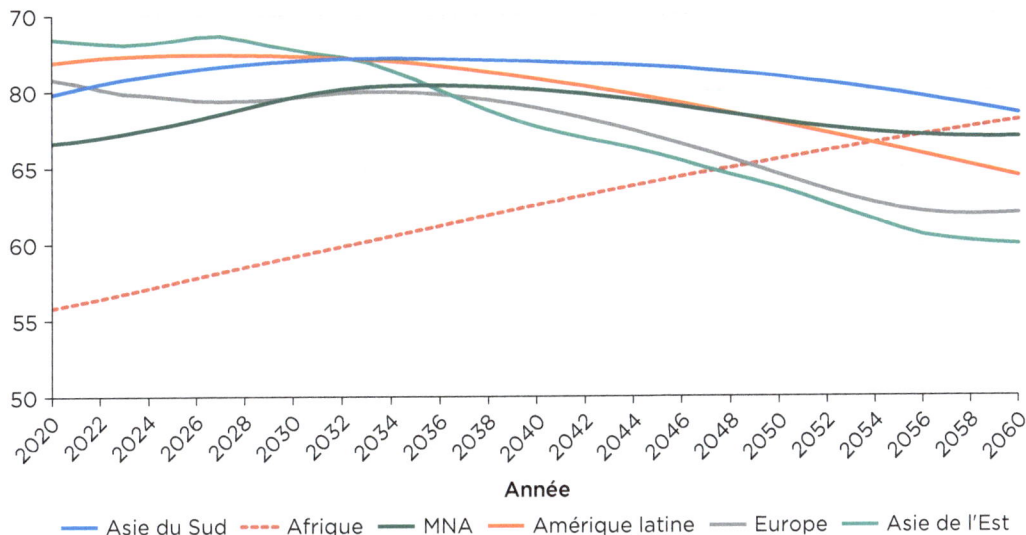

Source : Calculs des services de la Banque mondiale sur la base des chiffres de population des Nations unies.
Note : Les chiffres régionaux ne comprennent que les pays en développement suivant la méthodologie de la Banque mondiale. MNA = Moyen-Orient et Afrique du Nord.

nombreuse (Arias Diaz et Kheyfets 2023). La figure 3.15a l'illustre en montrant les dépenses globales d'éducation (privées et publiques) en proportion du PIB et par habitant exprimées en PPA de 2017 (l'utilisation des PPA permet de tenir compte des différences de prix de l'éducation entre les pays) dans les différentes régions. Bien que la part des dépenses d'éducation dans le PIB en Afrique ait été supérieure à la moyenne mondiale, les dépenses d'éducation par habitant étaient au moins trois fois plus faibles que ce qui était dépensé en moyenne dans le monde et étaient les plus faibles de toutes les régions. L'augmentation des dépenses d'éducation pour tenir compte de la croissance de la population jeune et pour améliorer la qualité de l'éducation nécessitera une plus grande mobilisation des ressources nationales. La figure 3.15b présente les dépenses de santé en pourcentage du PIB et par habitant. Pour ces deux mesures, l'Afrique affiche les chiffres les plus bas de tous les comparateurs. Les dépenses de santé représentaient 3,8 % du PIB en 2017, tandis que les dépenses de santé moyennes par habitant étaient égales à 201 dollars en PPA 2017, soit deux fois moins que la moyenne en Asie du Sud.

FIGURE 3.15

FIGURE 3.15 Dépenses d'éducation et de santé, Afrique par rapport à d'autres régions

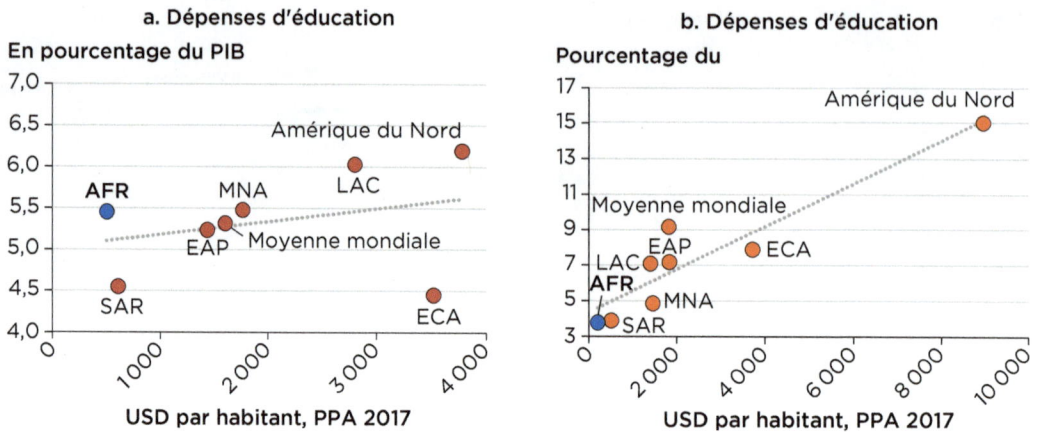

a. Dépenses d'éducation

En pourcentage du PIB

b. Dépenses d'éducation

Pourcentage du

Source : Calculs des services de la Banque mondiale à partir des données du Programme de comparaison internationale 2017 et des Indicateurs du développement dans le monde.
Note : La ligne pointillée représente une corrélation simple. AFR = Afrique subsaharienne ; EAP = Asie de l'Est et Pacifique ; ECA = Europe et Asie centrale ; PIB = produit intérieur brut ; LAC = Amérique latine et Caraïbes ; MNA = Moyen-Orient et Afrique du Nord ; PPA = parité de pouvoir d'achat ; SAR = Asie du Sud.

En outre, les dépenses d'éducation et de santé en Afrique ont un effet d'égalisation moindre que dans les autres régions. Bien que les dépenses d'éducation et de santé réduisent les inégalités dans tous les pays d'Afrique, c'est particulièrement le cas en Afrique australe (voir figure 3.16). L'impact égalisateur des dépenses de santé est particulièrement faible pour les pays hors de l'Afrique australe, par rapport à d'autres pays à revenu faible ou intermédiaire, malgré son importance pour la croissance, l'égalité des chances et la réduction de la pauvreté à long terme. Les établissements de santé manquent souvent de produits de première nécessité, notamment de médicaments essentiels, d'équipements de diagnostic simples, d'eau et d'installations sanitaires adéquates (Gatti et al. 2021).

Les dépenses dans ces secteurs pourraient avoir plus d'impact si l'on améliorait leur répartition intra-sectorielles. Par exemple, non seulement les dépenses du secteur de la santé sont inférieures à celles d'autres régions, mais les dépenses publiques sont également orientées vers les services tertiaires, qui sont utilisés de manière disproportionnée par les personnes aisées. Au Sénégal, l'incidence des prestations de santé publique basée sur l'utilisation déclarée des services suggère une concentration régressive en 2019, les 40 % les plus riches de la population recevant 50 % des prestations de santé de base et les 40 % les plus pauvres n'en recevant que 30 %. En Tanzanie, 60 % des dépenses de santé ont été allouées aux services aux hospitalisés en 2018. Les 20 % les plus riches de la population ont reçu 41 % de ces prestations, et les 20 % les plus pauvres n'en ont reçu que 6 %. Cette répartition des prestations contraste avec celle des soins ambulatoires, pour lesquels les 20 % les plus riches ont reçu une part proportionnelle de 20 % des dépenses, soit autant que les 20 % les plus pauvres. Bien que tout le monde puisse bénéficier de ces prestations de santé, les riches les

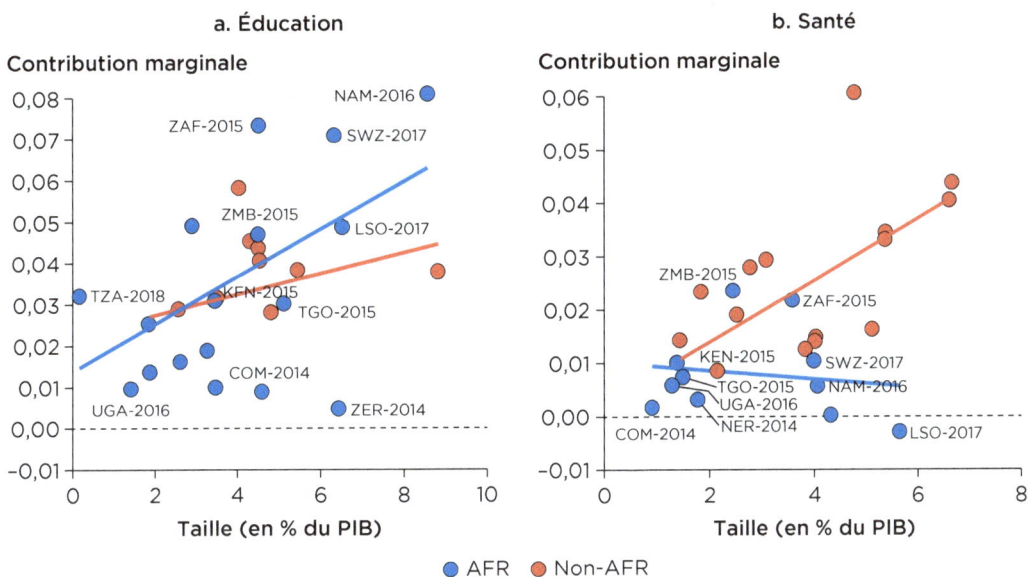

FIGURE 3.16 Dépenses publiques et contributions marginales à l'équité

a. Éducation

Contribution marginale

b. Santé

Contribution marginale

● AFR   ● Non-AFR

Source : Estimations du personnel basées sur des études de l'Institut CEQ menées par la Banque mondiale et l'Institut CEQ de l'Université de Tulane.
Note : AFR = Afrique subsaharienne ; CEQ = Commitment to Equity ; PIB = produit intérieur brut.
Pour les abréviations des pays, voir https://www.iso.org/obp/ui/#search.

utilisent davantage, ce qui suggère des problèmes d'accès liés à l'asymétrie de l'information, à des contraintes financières pour faire face au ticket modérateur, ou à la distance des centres de santé. Dans le domaine de l'éducation, peu d'élèves des quintiles inférieurs atteignent le deuxième cycle de l'enseignement secondaire ou l'enseignement supérieur (Bashir et al. 2018). Selon l'UNICEF (2021), un enfant du quintile le plus riche peut bénéficier de 12 fois plus de ressources publiques qu'un enfant du quintile le plus pauvre. L'inégalité provient principalement de l'enseignement secondaire et supérieur, et les dépenses consacrées à l'enseignement primaire sont beaucoup plus égales. En outre, dans certains pays, davantage de ressources publiques sont allouées aux écoles situées dans des zones plus riches et plus urbaines. Par exemple, 72 % des dépenses pour l'enseignement supérieur en Côte d'Ivoire vont aux 20 % les plus riches de la population, contre 11 % et 24 % du budget alloués à l'enseignement primaire et secondaire, respectivement, qui profitent aux deux déciles supérieurs. Cela reflète en partie le fait que la répartition des enseignants formés et expérimentés est biaisée en faveur des écoles urbaines, ainsi que le fait que les écoles publiques urbaines disposent souvent d'infrastructures et de matériel pédagogique de meilleure qualité (Beegle et de la Fuente 2019 ; Gatti et coll. 2021). En outre, bien que l'enseignement primaire soit particulièrement important pour l'égalité des chances et qu'il contribue le plus à réduire les inégalités post-fiscales (voir figure 3.17), les dépenses par enfant sont plus élevées dans l'enseignement supérieur. Étant donné que les enfants issus de ménages à faible revenu sont moins susceptibles de fréquenter l'université, les dépenses consacrées à l'enseignement supérieur augmentent l'inégalité post-commercialisation.[10]

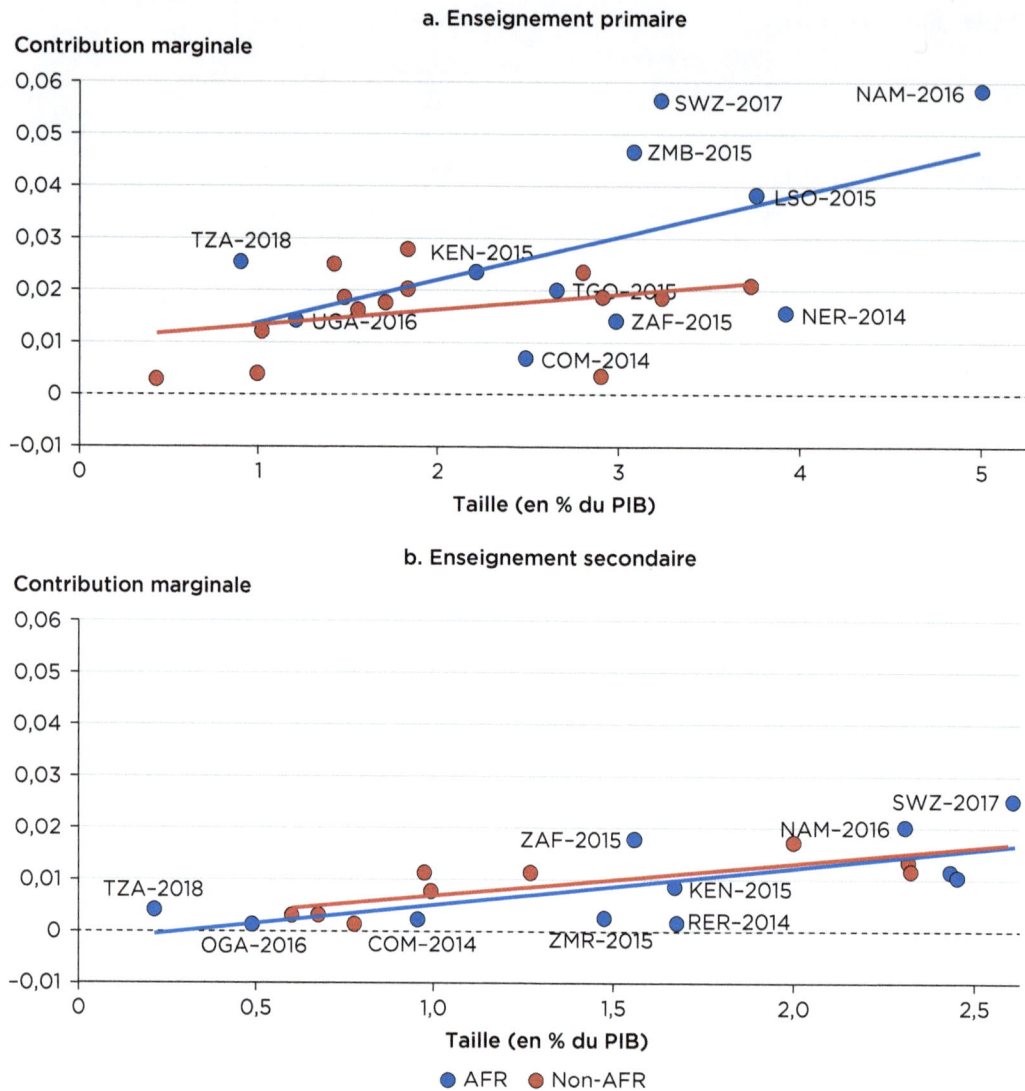

FIGURE 3.17 Les contributions marginales à la réduction des inégalités sont les plus élevées pour l'enseignement primaire

a. Enseignement primaire

b. Enseignement secondaire

(suite)

FIGURE 3.17 **Les contributions marginales à la réduction des inégalités sont les plus élevées pour l'enseignement primaire *(suite)***

c. Enseignement tertiaire

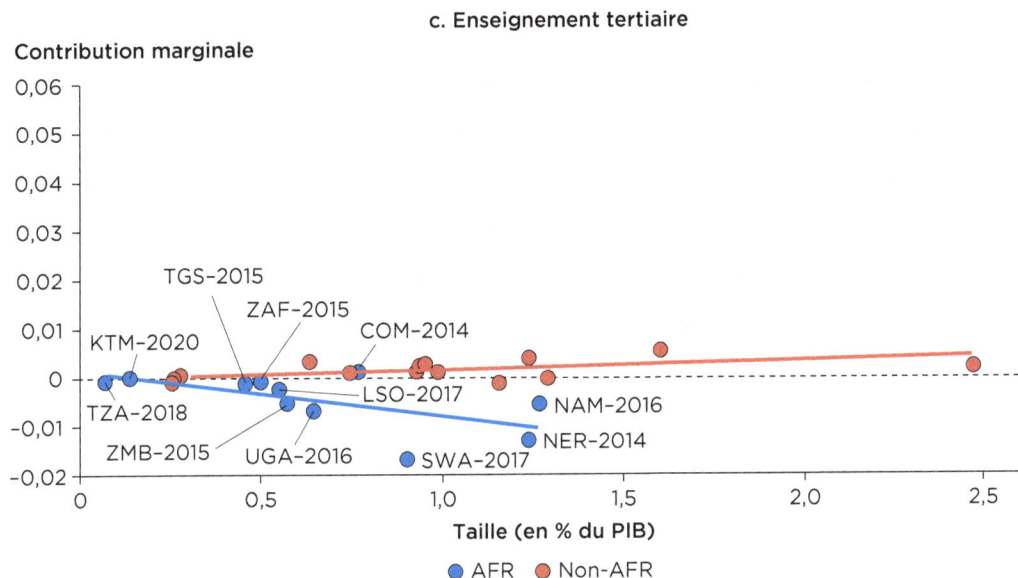

Source : Estimations du personnel basées sur des études du CEQ menées par la Banque mondiale et l'Institut CEQ de l'Université de Tulane.

Note : L'importance de chaque niveau de dépenses d'éducation (primaire, secondaire, tertiaire) est estimée comme le produit de deux composantes : (1) les dépenses totales d'éducation en pourcentage du PIB et (2) un facteur d'ajustement calculé comme le rapport entre l'incidence de chaque niveau d'éducation et l'incidence des dépenses totales d'éducation. AFR = Afrique subsaharienne ; CEQ = Commitment to Equity ; PIB = produit intérieur brut. Pour les abréviations des pays, voir https://www.iso.org/obp/ui/#search.

L'efficacité et la qualité des dépenses d'éducation et de santé pourraient également être améliorées. La qualité des services publics d'enseignement, de santé et des autres services est généralement faible, même lorsqu'elle est ajustée aux niveaux de dépenses. Par exemple, l'apprentissage mesuré des élèves est faible dans tous les pays d'Afrique, moins de la moitié des étudiants étant capables de lire une phrase simple ou d'effectuer des opérations mathématiques de base (Gatti et al. 2021). Cependant, les différences d'apprentissage sont importantes, d'un pays à l'autre et à l'intérieur de chaque pays, les écoles les moins performantes étant concentrées dans les zones rurales. Il y a plusieurs raisons à cela, dont le fait que les compétences des enseignants sont faibles, tant au niveau de la connaissance du contenu que de la pédagogie, et que l'on peut s'attendre à ce que près d'un quart des enseignants soient absents un jour donné. De même, on peut s'attendre à ce que plus de 20 % des prestataires de soins de santé soient absents, et leurs compétences cliniques, mesurées par la précision de leur diagnostic et de leur traitement, sont particulièrement mauvaises dans les établissements de bas niveau (Gatti et al. 2021). Ces résultats plaident en faveur de réformes sectorielles qui amélioreraient les compétences, garantiraient une combinaison adéquate d'intrants (médicaments, matériel pédagogique et investissements dans l'eau et l'assainissement) et amélioreraient la responsabilité et la transparence financières. Des politiques à même d'améliorer les résultats tout en renforçant l'efficacité des dépenses pourraient également être mises en place.[11] Par exemple, affecter plus d'élèves à de meilleurs enseignants pourrait potentiellement conduire à de meilleurs résultats d'apprentissage et à des économies substantielles, même s'il y a des effets négatifs liés à la taille des classes (Bold et al. 2019). En veillant à ce que tous les nouveaux enseignants aient accumulé le nombre d'années d'études effectives officiellement prescrites, et en augmentant le temps consacré à l'enseignement suivant le calendrier officiel, on pourrait presque doubler l'apprentissage des élèves dans les 30 prochaines années.

L'intensification des conflits risque d'exacerber les inégalités structurelles existantes en matière de renforcement des capacités de production et de réduire à néant les gains fragiles réalisés par l'Afrique en matière de capital humain et d'accès aux services de base

Le fait d'être en conflit a un impact profond sur le bien-être socioéconomique. Comme indiqué précédemment, l'extrême pauvreté est de plus en plus concentrée dans des situations de fragilité et de conflit (EFC). En plus d'une pauvreté monétaire élevée, les personnes vivant dans des EFC sont plus susceptibles d'être défavorisées en termes de résultats scolaires et de ne pas avoir accès à des services de base tels que l'eau améliorée, l'assainissement et l'électricité. En utilisant la mesure de la pauvreté multidimensionnelle de la Banque mondiale, Corral et coll. (2020) montrent qu'environ la moitié de toutes les personnes vivant dans des EFC connaissaient une pauvreté multidimensionnelle, contre une sur cinq dans les économies non EFC. En effet, les parties précédentes de ce chapitre montrent que les enfants des pays EFC sont confrontés, en moyenne, à un accès plus faible aux services de base et à une plus grande inégalité.

Outre l'impact négatif immédiat sur le bien-être, l'exposition à des conflits peut avoir un impact négatif à long terme par le biais du capital humain et réduire la MIG. L'exposition à un conflit est associée à une mortalité néonatale, infantile et juvénile plus élevée et à des taux plus élevés de retard de croissance et d'insuffisance pondérale (Corral et coll. 2020). De plus, on relève des effets de deuxième génération sur la santé des enfants dont les mères ont été exposées à des conflits. Les conflits ont également un impact négatif sur le niveau d'éducation atteint et perturbent le développement cognitif. Les personnes exposées à des degrés élevés de violence[12] ont environ 40 % de chances de dépasser le niveau d'éducation de leurs deux parents, alors que celles qui n'ont pas été exposées à une telle violence dans leur enfance ont, en moyenne, plus de 55 % de chances d'y parvenir (Corral et coll. 2020).

L'augmentation du nombre de conflits impliquant des États en Afrique risque d'inverser les fragiles progrès réalisés dans le renforcement des capacités productives en Afrique. Rien qu'entre 2017 et 2022, le nombre d'événements conflictuels a plus que triplé, et dépassé 28 000 en 2022. Par rapport à d'autres régions, l'Afrique a connu la plus forte augmentation relative et absolue des conflits au cours de la dernière décennie

(Palik, Obermeier et Rustad 2022). L'intensification des conflits pourrait réduire à néant les gains fragiles réalisés par l'Afrique en matière de capital humain et exacerber les inégalités structurelles existantes dans la capacité des pays à renforcer leurs capacités de production, ce qui affecterait leurs trajectoires de développement à court et à long terme.

Le changement climatique exacerbera les inégalités structurelles existantes en matière de renforcement des capacités productives de la région, en raison d'une exposition et d'une sensibilité élevées, associées à une faible capacité d'adaptation

Le changement climatique aura une incidence sur les résultats en matière de santé par le biais des déterminants économiques, sociaux et environnementaux de la santé, tels que l'air pur, l'eau potable, une alimentation suffisante et un abri sûr. Les phénomènes météorologiques extrêmes peuvent réduire la disponibilité de l'eau potable, compromettre l'assainissement et augmenter l'incidence des maladies, entraînant l'absentéisme et le retrait éventuel des enfants de l'école et des personnes âgées du travail (Caruso, de Marcos et Noy 2024). De même, les sécheresses et l'augmentation des températures entraînent de mauvaises récoltes et l'insécurité alimentaire, ce qui affecte défavorablement les revenus des ménages agricoles et augmente le risque de mortalité infantile, de retard de croissance et d'effets permanents sur le développement cognitif (Dimitrova et Bora 2020 ; Le et Nguyen 2022 ; Miller 2017). Avec un réchauffement de 1,2 à 1,9 °C d'ici à 2050, la proportion de la population sous-alimentée en Afrique devrait augmenter de 25 à 90 % (Banque mondiale 2013). Les conséquences pour les enfants in utero et dans la petite enfance peuvent être particulièrement graves et durables (Andrabi, Daniels et Das 2023, Almond et Currie 2011). Les autres impacts comprennent une mortalité et une morbidité accrues résultant d'événements tels que les chaleurs extrêmes et les inondations. Par exemple, des travaux récents sur l'Afrique de l'Ouest ont montré que l'exposition à des chaleurs extrêmes augmente la prévalence de la malnutrition chronique et aiguë chez les enfants âgés de 3 à 36 mois (Blom, Ortiz-Bobea et Hoddinott 2022). Les températures extrêmes devraient également accroître les risques de maladies non transmissibles, de stress thermique physiologique et de maladies liées à la chaleur. Enfin, les risques climatiques peuvent également affecter les établissements de santé en raison de la hausse des températures, des inondations, des dégâts causés par le vent et de perturbations des transports.

Le changement climatique devrait également avoir une incidence sur les résultats en matière d'éducation. L'exposition à la chaleur influe sur le taux d'acquisition des compétences et sur la scolarisation. Par exemple, une étude transnationale utilisant les données provenant de 58 pays pour l'examen PISA de l'Organisation de coopération et de développement économiques a révélé que les élèves de 15 ans obtenaient de moins bons résultats aux examens passés après des années plus chaudes que la moyenne (Park, Behrer et Goodman 2021). Les effets étaient plus marqués dans les pays à faible revenu et parmi les élèves pauvres et les groupes minoritaires, qui n'ont peut-être pas accès à des adaptations efficaces. Les températures plus élevées peuvent affecter les étudiants et leur capacité à étudier. Des températures supérieures à la moyenne sont également associées à un nombre réduit d'années de scolarisation (Randell et Gray 2019), à l'obtention d'un diplôme (Park 2022) et aux résultats aux examens d'entrée à l'université (Zivin et coll. 2020). Les enfants plus âgés en âge d'être scolarisés peuvent également souffrir davantage des conséquences à long terme de l'impossibilité d'aller à l'école ou de la sortie totale du système éducatif formel (Garg, Jagnani et Taraz 2020 ; Shah et Steinberg 2017). Ces constatations indiquent que la hausse des températures extrêmes pourrait aggraver les inégalités existantes dans le secteur de l'éducation. Enfin, les phénomènes météorologiques extrêmes sont également susceptibles d'endommager les établissements d'enseignement, ce qui peut avoir des conséquences sur les résultats scolaires (Baéz, de la Fuente et Santos 2010).

Politiques visant à renforcer les capacités de production dans l'équité

Ce chapitre se concentre sur l'évaluation et la quantification des disparités qui se produisent lorsque les gens renforcent leur capacité de production avant d'entrer sur les marchés. L'accès des enfants aux services de base, qui sont essentiels au renforcement de la capacité de production, s'est avéré loin d'être universel et très inégal, avec des écarts substantiels liés à différentes situations circonstancielles sur lesquelles les enfants n'ont aucun contrôle. Cela a des implications importantes : si l'on n'y remédie pas, l'inégalité des chances accumulée tôt dans la vie se traduira par une inégalité des opportunités économiques plus tard, telles que les options d'emploi et les revenus, créant ainsi un environnement dans lequel la pauvreté et l'inégalité se perpétuent d'une génération à l'autre. Cette dernière partie en forme de conclusion présente les options politiques que les pays peuvent mettre en œuvre pour mettre tout le monde sur un pied d'égalité et réduire l'inégalité des chances. Elles peuvent être résumées comme suit :

- Investir dans la santé et l'éducation des enfants défavorisés, ce qui non seulement produit des bénéfices futurs sur le marché du travail, mais a également des effets externes positifs sur d'autres résultats tels que l'adaptation au changement climatique et son atténuation, la prévention de la violence, l'âge du premier mariage et les grossesses chez les adolescentes, entre autres ;

- Investir dans les infrastructures de base afin de réduire le déficit de couverture des services d'électricité, d'eau et d'assainissement dans les régions mal desservies ; et

- Améliorer l'enregistrement des terres et des actifs et les droits de propriété.

Chacune de ces trois options politiques est examinée tour à tour.

Premièrement, il est essentiel de renforcer l'efficacité et l'efficience des investissements dans la santé et l'éducation afin d'accélérer l'accumulation de capital humain par les populations mal desservies. L'analyse présentée dans ce chapitre montre que les pays africains ont atteint l'accès universel à l'école primaire et ont réalisé des progrès importants en matière de santé. Cependant, la qualité des services d'éducation et de santé reste faible et inégale. Pour y remédier, il faudra une action concertée tant du côté de la demande (c'est-à-dire des enfants et des ménages au sein desquels ils vivent) que du côté de l'offre (c'est-à-dire des prestataires de services). En termes d'éducation, il est important d'investir dans des politiques ciblées pour s'assurer que les enfants défavorisés non seulement vont à l'école, mais sont également prêts à apprendre. Les programmes de protection sociale, tels que les transferts monétaires (conditionnels et inconditionnels) et les programmes d'alimentation scolaire, constituent un instrument efficace à cet égard.

Du côté de l'offre, l'amélioration de la prestation de services nécessitera d'investir dans les enseignants, d'améliorer la gestion et l'infrastructure des écoles et d'accroître la participation des parents pour un suivi à l'échelle de la communauté. Les interventions les plus efficaces pour améliorer les résultats d'apprentissage en Afrique sont celles qui combinent la formation des enseignants avec un soutien continu en leur faveur et du matériel pédagogique pour les élèves (Bashir et al. 2018). Dans l'ensemble de la région, les lacunes en matière d'apprentissage présentent une corrélation avec le faible niveau de connaissances des contenus de la part des enseignants et à l'insuffisance de leurs compétences pédagogiques. Certaines écoles manquent également d'équipements essentiels, tels que des tableaux noirs ou des toilettes privées et genrées, et sont confrontées à des ratios élèves-enseignant élevés (Gatti et al. 2021). En Gambie par exemple, 14 % des enseignants étaient absents de l'école au moins une fois par semaine en 2019, les absences étant plus nombreuses dans les écoles rurales que dans les écoles urbaines. En outre, 10 % des enseignants ont signalé des absences de la salle de classe pendant qu'ils étaient à l'école, et 10 % d'entre eux ont déclaré avoir passé peu de temps à travailler (Centre de recherche Innocenti de l'UNICEF 2021). La pandémie a créé des défis supplémentaires ; en août 2021, les deux tiers des répondants à l'enquête téléphonique ont déclaré que la qualité de l'enseignement et des apprentissages était plus mauvaise qu'avant le début de la pandémie (Banque mondiale 2022).

Cependant, même si des efforts sont déployés pour former, suivre et soutenir les enseignants, ils peuvent s'avérer insuffisants. Les relations de pouvoir et les normes empêchent les lois et les politiques d'être mises en œuvre telles qu'elles sont écrites. Par exemple, les décideurs politiques peuvent avoir pour mandat de veiller à ce que les enseignants dispensent un meilleur apprentissage, mais ils peuvent dans le même temps dépendre de l'appui politique des enseignants, ce qui peut diminuer leur volonté de contrôler les performances et de faire respecter les dispositions prises. Il existe plusieurs façons de modifier les incitations et les normes. La sensibilisation du public aux niveaux d'apprentissage inacceptables dans certaines zones d'un pays donné peut être utilisée pour inciter les enseignants et les décideurs politiques à améliorer la qualité de l'éducation. L'ajout de nouveaux acteurs – les parents, par exemple – peut également modifier la dynamique du pouvoir si les parents peuvent appliquer des sanctions de manière crédible. Promouvoir des normes qui favorisent un meilleur comportement et attirer des enseignants qui adhèrent à ces normes, comme le professionnalisme des enseignants et le sens du devoir, peut contribuer à améliorer la prestation de services (Banque mondiale 2017).

L'amélioration de la fourniture de services de santé est également un défi, mais des principes politiques similaires peuvent contribuer à guider une réforme des soins de santé plus efficace. Les établissements de santé manquent de médicaments essentiels, d'équipements de diagnostic de base, d'eau et d'installations sanitaires adéquates. En outre, l'absentéisme du personnel soignant est préoccupant, tout comme sa faible capacité à diagnostiquer et à traiter correctement des affections banales, en particulier dans les zones rurales (Gatti et al. 2021). Comme dans le cas de l'éducation, une meilleure formation, une meilleure supervision et la fourniture de services d'eau et d'assainissement peuvent aider. Cela ne suffit cependant pas à garantir l'amélioration des résultats en matière de santé. L'implication d'acteurs plus impartiaux dans la pratique du recrutement des agents de santé peut contribuer à briser le favoritisme, lorsque les nominations sont faites sur la base de relations et de réseaux personnels. L'implication des communautés, avec des mandats clairs et des outils de contrôle des prestataires, peut contribuer à renforcer la qualité des soins médicaux. Une décentralisation exécutée correctement peut accroître la responsabilité des décideurs politiques, car les électeurs peuvent mieux observer les effets des politiques de santé (Banque mondiale 2017).

L'accent mis sur la santé des femmes mérite une attention particulière et devrait inclure des interventions visant à améliorer la santé génésique et à éliminer les mariages d'enfants et d'autres pratiques néfastes, telles que les mutilations génitales féminines (MGF). Ces dernières sont encore répandues dans 33 pays africains, avec des taux élevés en Gambie, en Guinée, au Mali et en Somalie, et touchent plus de 70 % des femmes âgées de 15 à 19 ans (UNICEF 2024). Les MGF constituent non seulement un risque pour la santé, mais elles ont également des conséquences à long terme sur la capacité des filles à étudier, à travailler et à devenir des membres productifs de la société (OMS 2023).

Les investissements dans la santé génésique peuvent conduire à des économies futures en matière de soins de santé, égaliser le marché du travail et stimuler la croissance économique (Canning et Schultz 2012). Le relèvement de l'âge du premier mariage s'est également avéré efficace, mais seuls 13 pays d'Afrique ont fixé l'âge légal du mariage à 18 ans, 17 n'ont pas d'âge minimum et les autres fixent un âge minimum inférieur à 18 ans (Banque mondiale 2023b). Dans l'ensemble, les investissements dans l'éducation et la santé des filles sont très rentables et ont des effets considérables : ils influencent des facteurs tels que l'âge du premier mariage, la fécondité, la productivité et la transmission de la pauvreté d'une génération à l'autre.

Une dernière recommandation sur la dimension du capital humain est qu'il s'agit d'une stratégie à haut rendement qui se concentre sur les interventions en faveur de la petite enfance. En ce qui concerne l'éducation, l'accent mis sur un développement de la petite enfance de haute qualité devrait faire partie intégrante des plans nationaux visant à accélérer les apprentissages (Bendini et Devercelli 2022). Les programmes d'éducation de la petite enfance ont toujours eu un impact positif sur les résultats à long terme des enfants de familles à faible revenu (Narayan et al. 2018). L'amélioration de l'accès à la scolarisation préprimaire, en donnant la priorité aux communautés rurales et pauvres, pourrait conduire à une meilleure réussite à l'école primaire (Bashir et al. 2018 ; Schütz, Ursprung et Wößmann 2008). De même, les interventions sanitaires précoces devraient être prioritaires, car elles sont cruciales pour le développement physique et mental. Les interventions sanitaires de base, telles que le déparasitage et la fourniture de suppléments en vitamine A, sont connues pour générer des impacts importants par rapport aux coûts initiaux (Bhula, Mahoney et Murphy 2020). De même, un récent essai randomisé a révélé des améliorations substantielles de la santé infantile grâce à un programme malien de soins gratuits pour les enfants, suivi de visites d'agents de santé communautaires (Dean et Sautmann 2022).

Deuxièmement, les conclusions de ce chapitre soulignent l'importance d'investir dans les infrastructures de base en ciblant les populations et les régions mal desservies. Les dépenses publiques consacrées aux services de base comme l'électricité, l'eau et l'assainissement se justifient essentiellement par le fait qu'il s'agit d'investissements que le secteur privé ne fera probablement pas. Pour obtenir les résultats escomptés, il faudra mettre l'accent sur l'équité et sur la couverture. Les inégalités en matière d'accès et de qualité des services d'électricité, d'eau et d'assainissement vont s'aggraver et devenir plus coûteuses à résoudre en raison de l'augmentation de la population. En Afrique, la réalisation de l'accès universel à l'eau courante et à l'électricité par la fourniture de services fortement subventionnés n'a pas fonctionné et est largement passée à côté des groupes les plus nécessiteux (Foster et Briceño-Garmendia 2010). Quatre stratégies clés sont suggérées pour l'expansion des services. Premièrement, avant de déployer de nouveaux réseaux, il faut s'efforcer de comprendre les obstacles au raccordement aux réseaux existants. Deuxièmement, l'augmentation de la couverture peut se faire de manière plus efficace en se concentrant sur les populations mal desservies qui vivent à proximité physique des réseaux d'infrastructure. Troisièmement, une meilleure compréhension des besoins de la communauté et des obstacles liés à la demande est essentielle pour étendre la couverture. Quatrièmement, il convient de repenser la manière dont les frais de raccordement sont recouvrés, en passant éventuellement de frais de ponctuels initiaux uniques à un remboursement étalé sur plusieurs années, dans le cadre de tarifs généraux partagés par l'ensemble de la clientèle, ou en les subventionnant directement. Il serait possible d'améliorer le ciblage en limitant les subventions au raccordement dans le cadre du déploiement de nouveaux réseaux plutôt que de densifier le réseau existant.

Compte tenu des mouvements de population des zones rurales vers les zones urbaines, il est essentiel de se concentrer sur la manière dont la fourniture de services de base peut être rendue plus efficace et plus équitable dans les zones urbaines et, en particulier, d'éviter la fragmentation par une planification urbaine judicieuse. Les plans d'urbanisme définissent le schéma selon lequel la population future s'installera, soit dans des zones d'expansion définies, soit sur des terrains inoccupés dans une zone urbaine. Cependant, dans de nombreuses villes, des cadres juridiques inadaptés, associés à une mauvaise politique d'urbanisme, ont entraîné un développement urbain ad hoc, l'accaparement de terres publiques, la captation des bénéfices par des acteurs privés et des conflits entre les communautés et le gouvernement sur l'utilisation de l'espace public (Kaw, Lee et Wahba 2020). En outre, dans la plupart des pays en développement, les villes n'accordent que peu ou pas d'attention à l'accueil d'une augmentation inattendue de la population. En conséquence, on estime que 55 % de la population urbaine africaine vit dans des bidonvilles, bien plus que les 30 % estimés en Asie du Sud et 20 % en Amérique latine, en partie à cause d'une planification urbaine inadéquate, mais aussi à cause des marchés du logement et du foncier (Rains et Krishna 2021).

Troisièmement, il est important d'améliorer l'enregistrement des terres et des actifs ainsi que les droits de propriété. Parmi les problèmes graves liés à la gestion des terrains urbains, on peut citer le zonage restreint, la construction non réglementée, le manque de clarté des droits de propriété et de leur application. En particulier, la planification de l'utilisation des sols et le zonage sont essentiels pour rendre les villes vivables et pour renforcer leur résistance aux chocs. Pour améliorer la résilience des individus, les autorités municipales ont la tâche fondamentale de fournir des informations précises pour permettre aux marchés fonciers, du logement et de l'assurance de fonctionner efficacement (Lall et al. 2023). De manière plus générale, les registres fonciers sont importants pour une utilisation optimale des ressources foncières dans les zones urbaines comme rurales. Deininger et Goyal (2023) examinent le potentiel d'expansion de l'enregistrement, en citant des exemples de réussite dans la région, tels que l'Éthiopie et le Rwanda. Les politiques publiques de ces pays ont facilité l'enregistrement et la formalisation des droits d'usage, ce qui a eu des retombées significatives en termes d'augmentation des revenus individuels et de mobilisation des recettes provenant de l'impôt foncier. Enfin, il est nécessaire de mettre un accent particulier sur les femmes ; dans 37 pays, seulement 8 % des femmes mariées possèdent un terrain ou un logement, contre 25 % des hommes mariés (Banque mondiale 2023b). L'élimination des obstacles réglementaires à la propriété des biens par les femmes, notamment par le biais des lois sur l'héritage et la famille, contribuerait grandement à réduire l'inégalité des chances pour les femmes.

FIGURE 3A.1 Accès aux infrastructures de base selon les régions et les années

a. Personnes utilisant au moins des services de base en matière d'eau potable

b. Personnes utilisant au moins des services d'assainissement de base

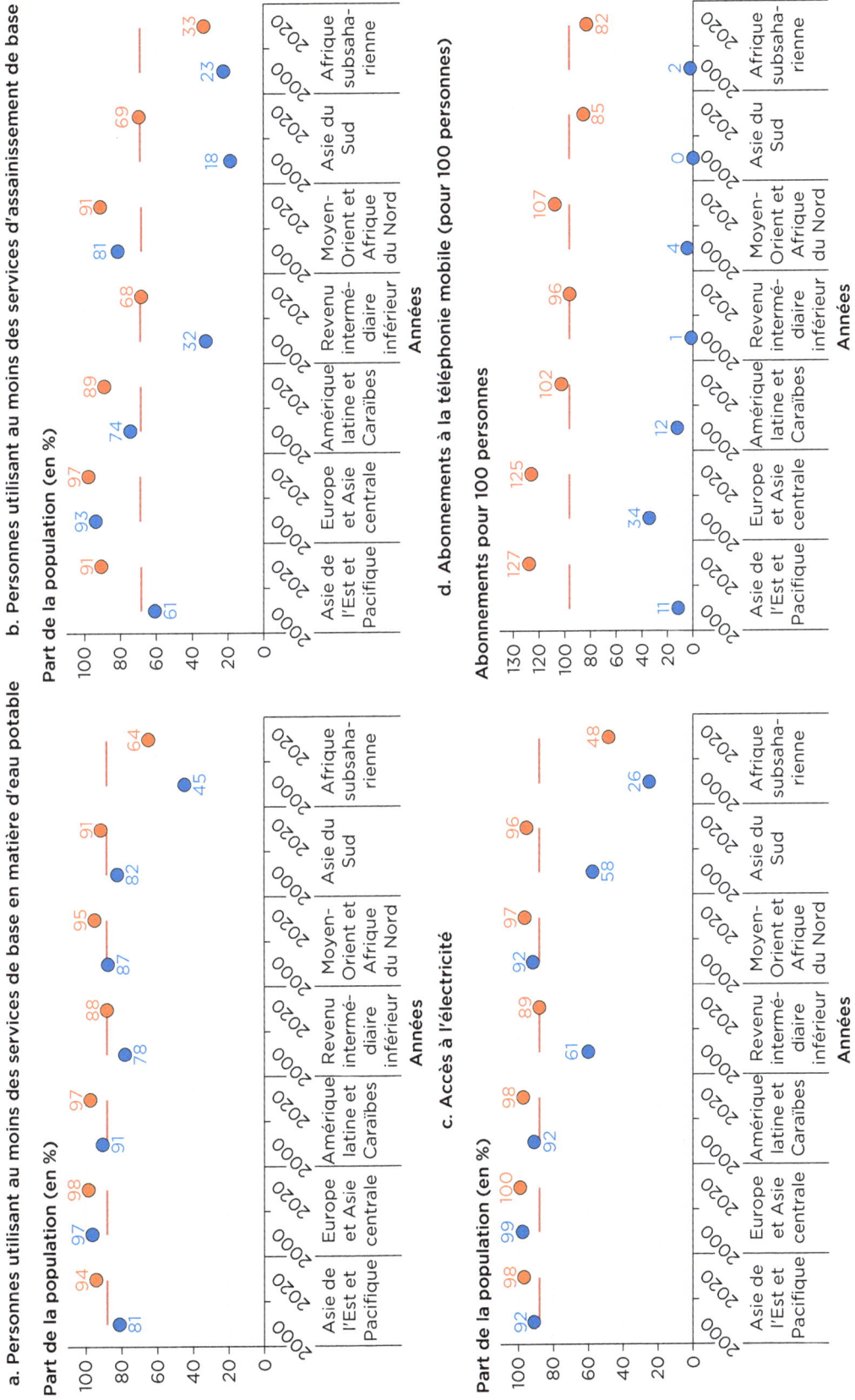

c. Accès à l'électricité

d. Abonnements à la téléphonie mobile (pour 100 personnes)

Source : Calculs des services de la Banque mondiale sur la base des indicateurs du développement mondial.

FIGURE 3A.2 Accès à l'éducation selon les régions et les années

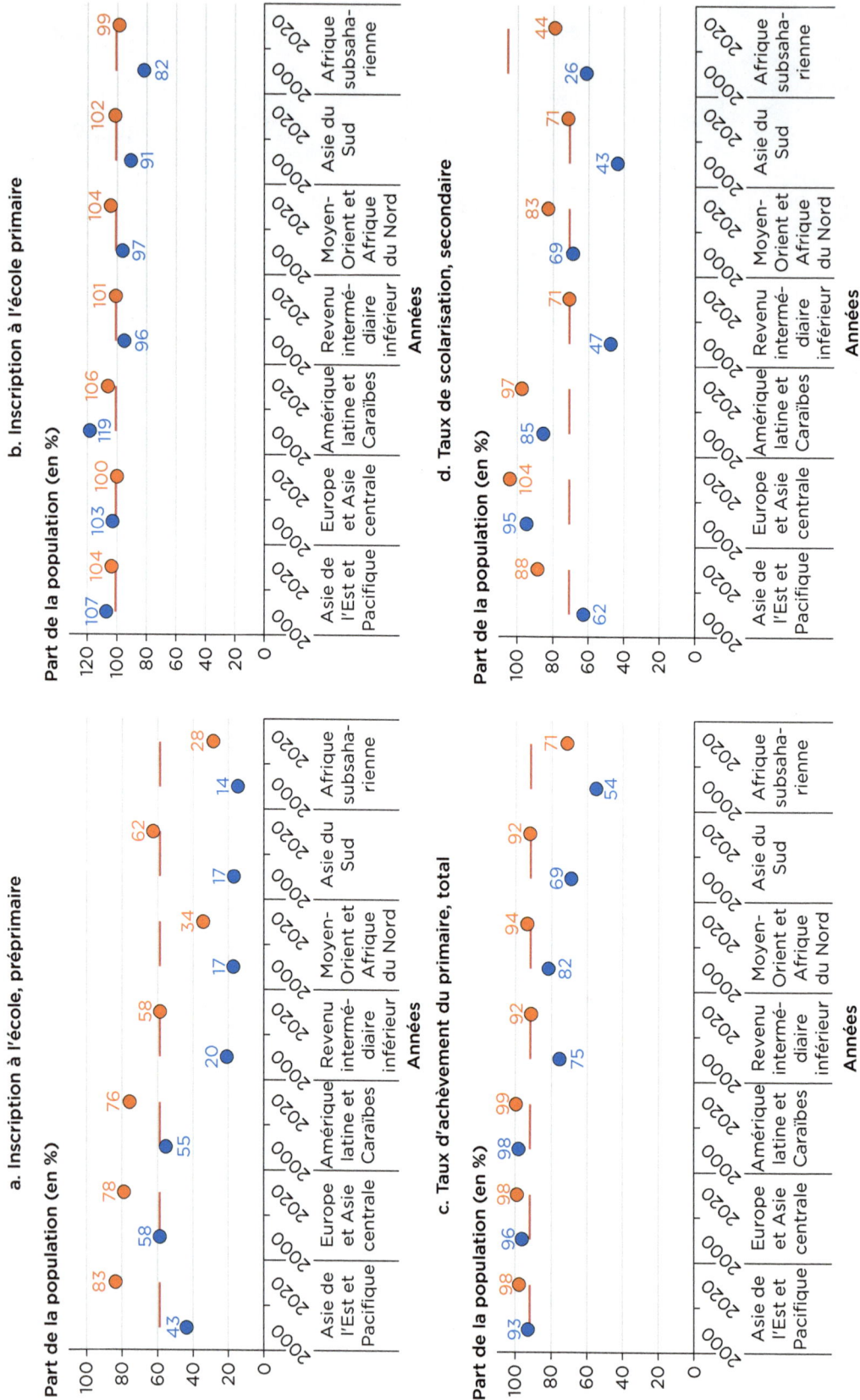

a. Inscription à l'école, préprimaire

b. Inscription à l'école primaire

c. Taux d'achèvement du primaire, total

d. Taux de scolarisation, secondaire

Source : Calculs des services de la Banque mondiale sur la base des indicateurs du développement mondial.

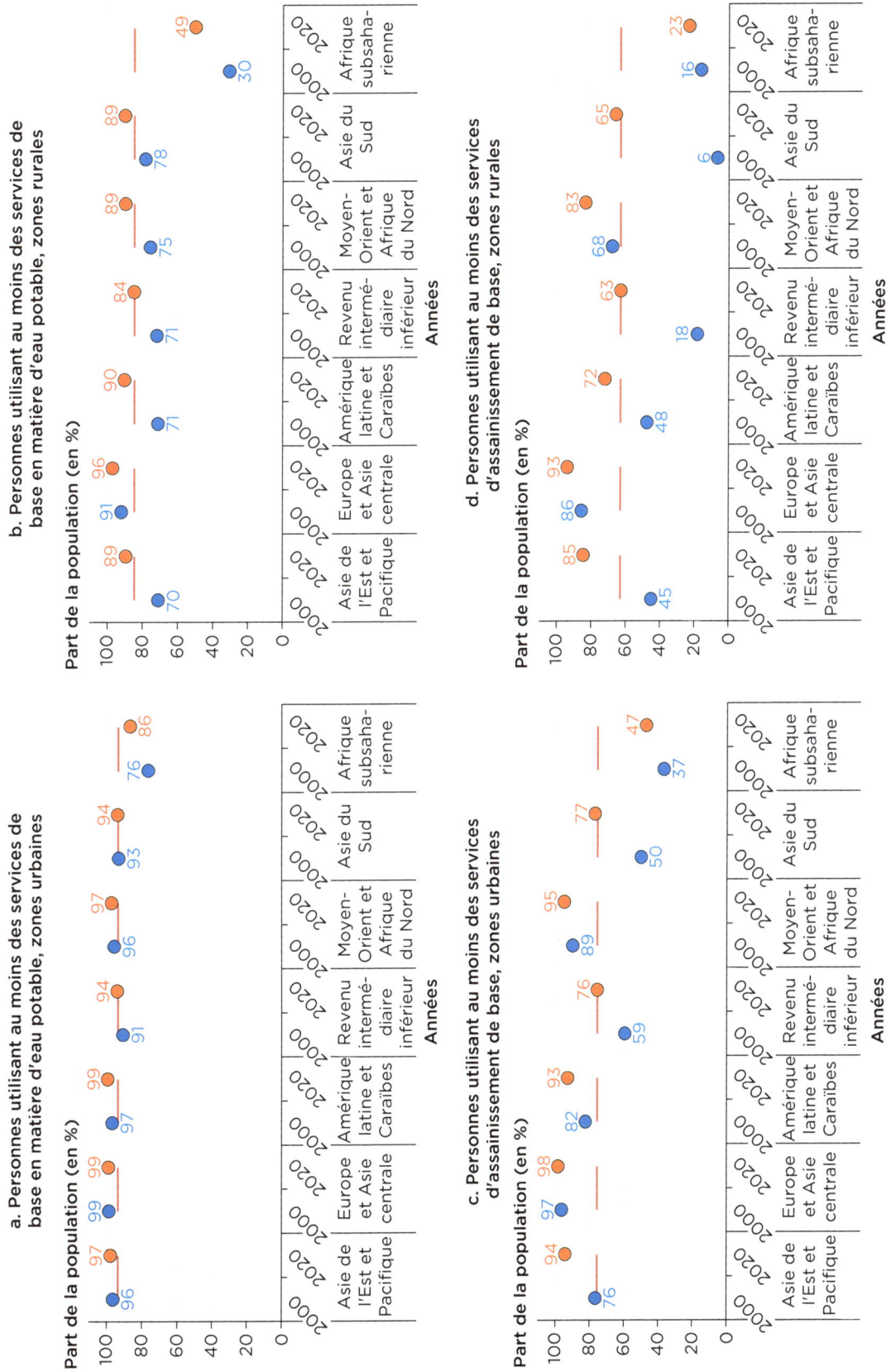

FIGURE 3A.3 Écart urbain-rural en matière d'accès à l'eau et aux services d'assainissement selon les régions et les années

a. Personnes utilisant au moins des services de base en matière d'eau potable, zones urbaines

b. Personnes utilisant au moins des services de base en matière d'eau potable, zones rurales

c. Personnes utilisant au moins des services d'assainissement de base, zones urbaines

d. Personnes utilisant au moins des services d'assainissement de base, zones rurales

Source : Calculs des services de la Banque mondiale sur la base des indicateurs du développement mondial.

FIGURE 3A.4 Accès aux services de santé à l'aide d'indicateurs indirects dans les différentes régions et années

a. Estimation modélisée, part des enfants de moins de cinq ans (en %)

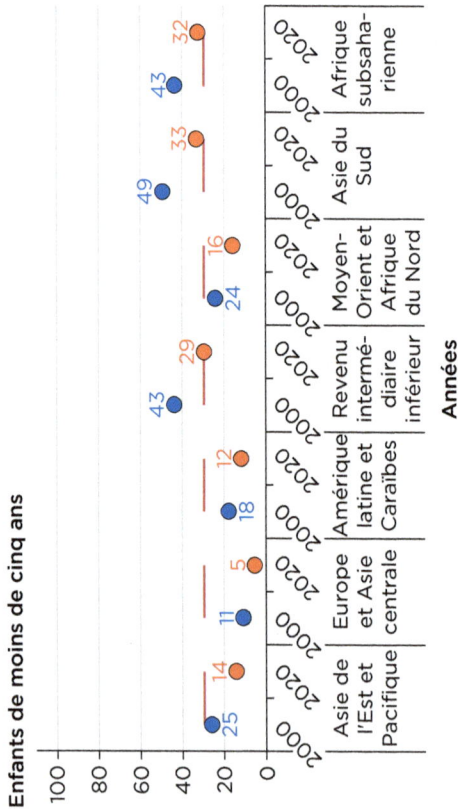

b. Part des enfants âgés de 12 à 23 mois

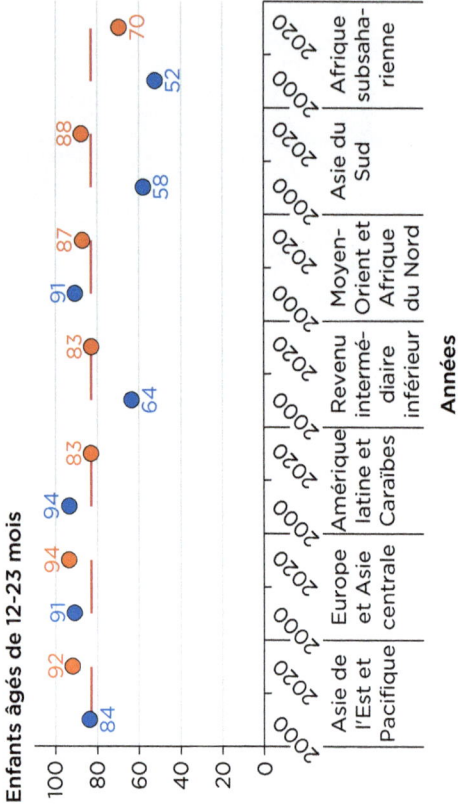

c. Part des enfants âgés d'un an

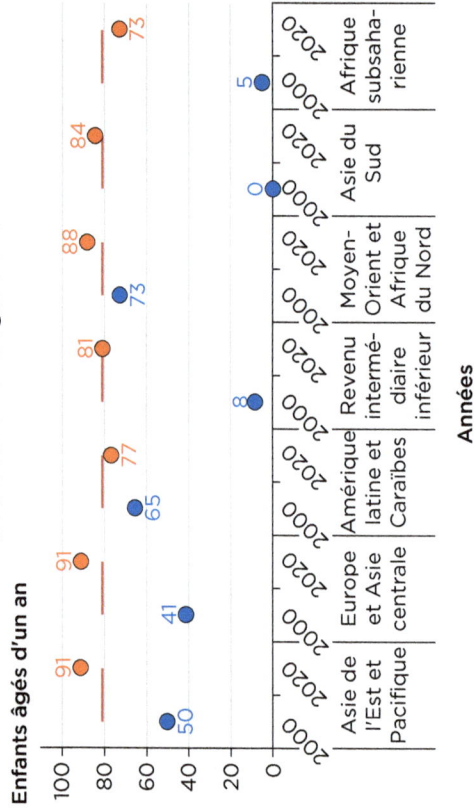

Source : Calculs des services de la Banque mondiale sur la base des indicateurs du développement mondial.

Note : HepB3 = vaccin à trois doses contre l'hépatite B.

Partir sur un pied d'égalité

FIGURE 3A.5 **Évolution de l'accès à certains services de base en Afrique, en points de pourcentage, au cours de la période 2000-2020, en fonction des résultats obtenus en 2000**

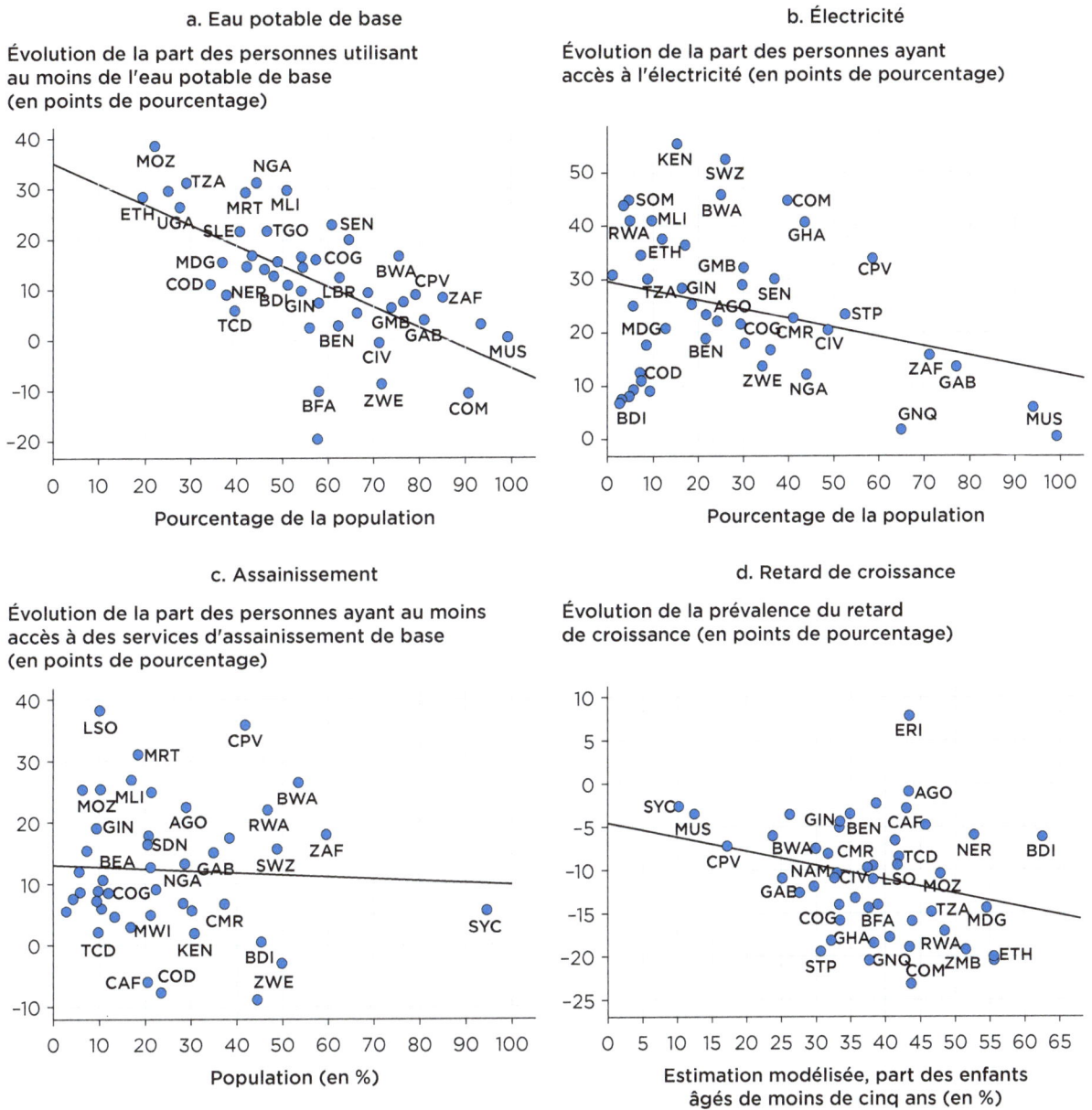

a. Eau potable de base

Évolution de la part des personnes utilisant au moins de l'eau potable de base (en points de pourcentage)

b. Électricité

Évolution de la part des personnes ayant accès à l'électricité (en points de pourcentage)

c. Assainissement

Évolution de la part des personnes ayant au moins accès à des services d'assainissement de base (en points de pourcentage)

d. Retard de croissance

Évolution de la prévalence du retard de croissance (en points de pourcentage)

(suite)

FIGURE 3A.5 **Évolution de l'accès à certains services de base en Afrique, en points de pourcentage, au cours de la période 2000-2020, en fonction des résultats obtenus en 2000** *(suite)*

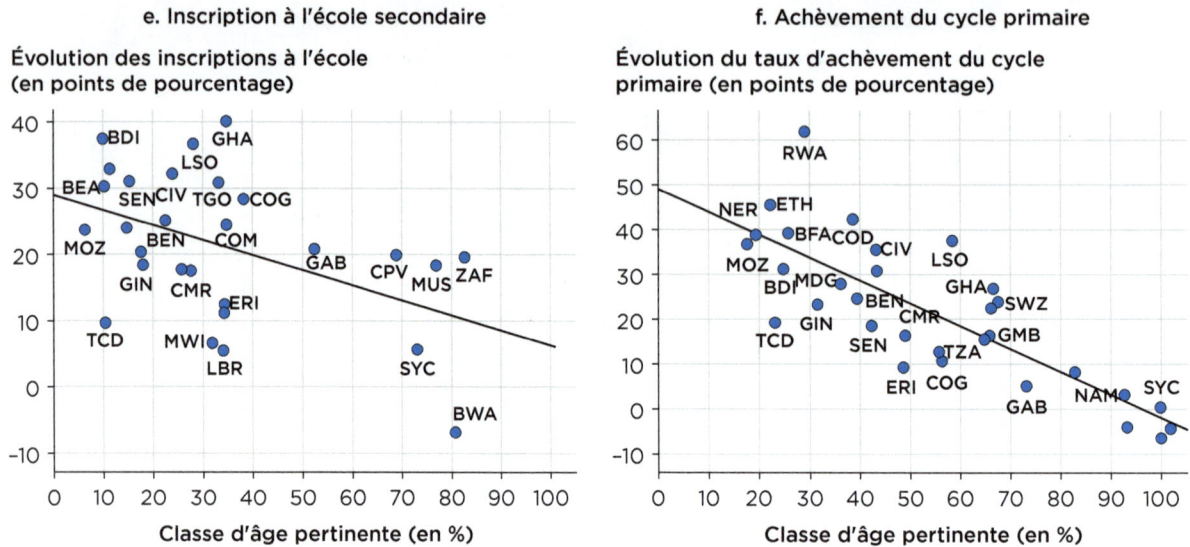

e. Inscription à l'école secondaire

Évolution des inscriptions à l'école
(en points de pourcentage)

Classe d'âge pertinente (en %)

f. Achèvement du cycle primaire

Évolution du taux d'achèvement du cycle
primaire (en points de pourcentage)

Classe d'âge pertinente (en %)

Source : Calculs des services de la Banque mondiale sur la base des indicateurs du développement dans le monde.
Note : Les chiffres de 2000 et 2020 sont calculés en utilisant la médiane des valeurs de 1998-2002 et 2018-2020, respectivement. Pour les abréviations des pays, voir https://www.iso.org/obp/ui/#search.

FIGURE 3A.6 **IOH et taux de couverture de l'éducation dans les pays**

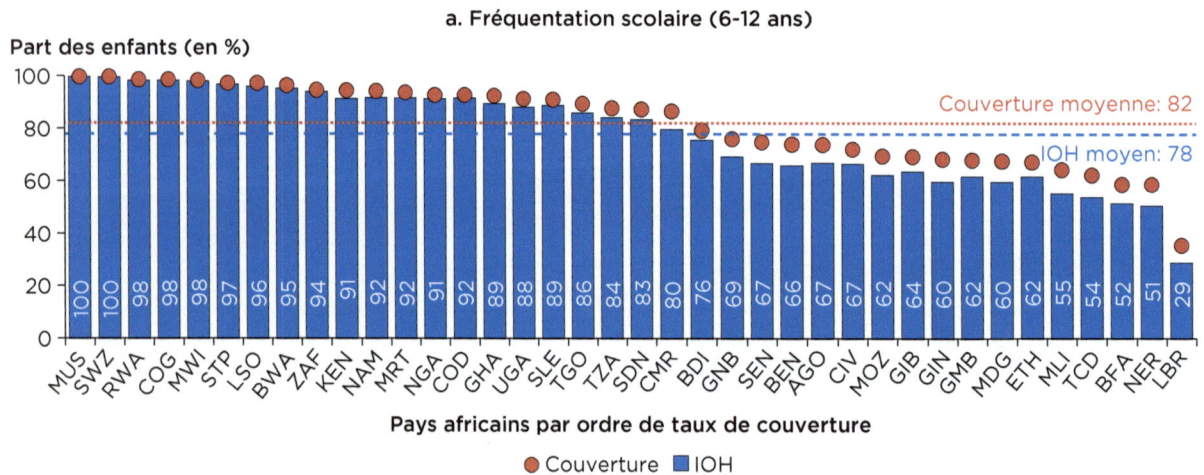

a. Fréquentation scolaire (6-12 ans)

Part des enfants (en %)

Pays africains par ordre de taux de couverture

● Couverture ■ IOH

(suite)

b. Fréquentation scolaire (13-16 ans)

Part des enfants (en %)

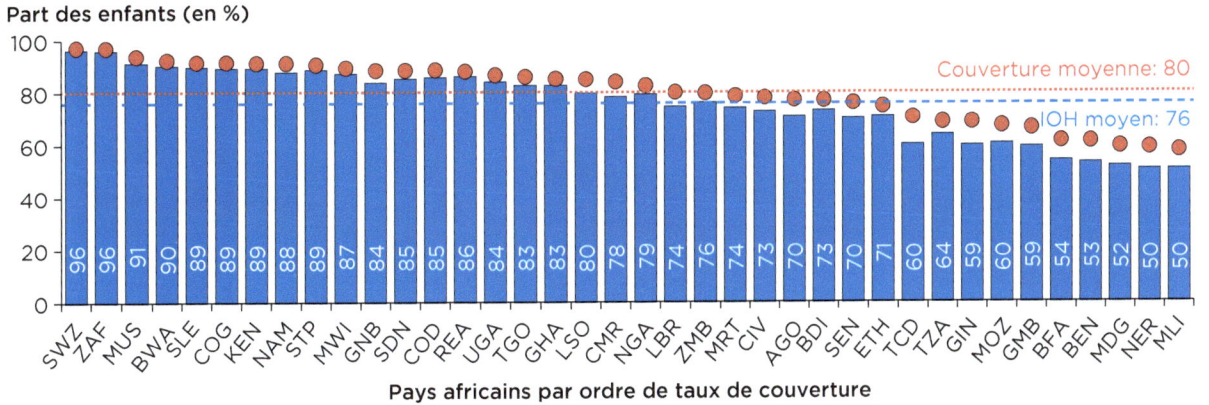

Pays africains par ordre de taux de couverture

SWZ 96, ZAF 96, MUS 91, BWA 90, SLE 89, COG 89, KEN 89, NAM 88, STP 89, MWI 87, GNB 84, SDN 85, COD 85, REA 86, UGA 84, TGO 83, GHA 83, LSO 80, CMR 78, NGA 79, LBR 74, ZMB 76, MRT 74, CIV 73, AGO 70, BDI 73, SEN 70, ETH 71, TCD 60, TZA 64, GIN 59, MOZ 60, GMB 59, BFA 54, BEN 53, MDG 52, NER 50, MLI 50

Couverture moyenne: 80

IOH moyen: 76

c. Enfants ayant débuté l'école primaire à temps (6-7) ans

Part des enfants (en %)

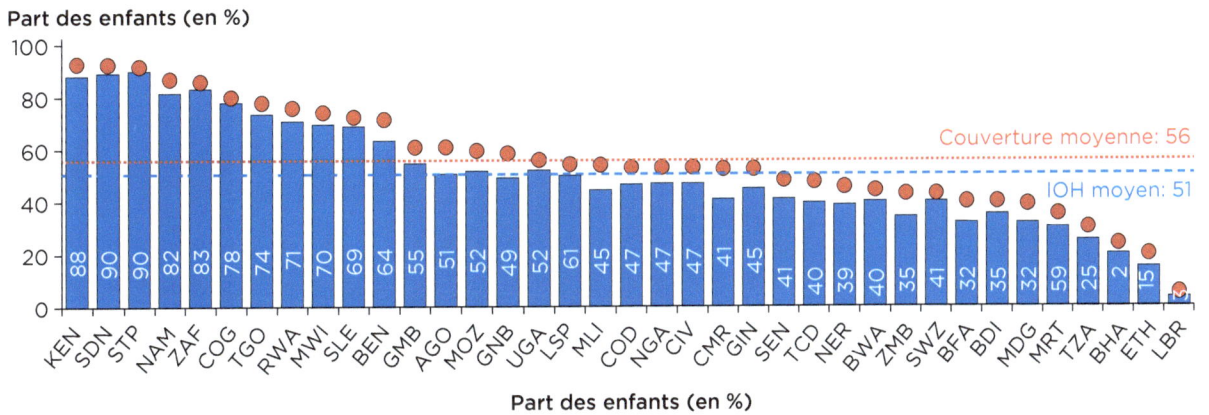

KEN 88, SDN 90, STP 90, NAM 82, ZAF 83, COG 78, TGO 74, RWA 71, MWI 70, SLE 69, BEN 64, GMB 55, AGO 51, MOZ 52, GNB 49, UGA 52, LSP 61, MLI 45, COD 47, NGA 47, CIV 47, CMR 41, GIN 45, SEN 41, TCD 40, NER 39, BWA 40, ZMB 35, SWZ 41, BFA 32, BDI 35, MDG 32, MRT 59, TZA 25, BHA 2, ETH 15, LBR 3

Couverture moyenne: 56

IOH moyen: 51

Part des enfants (en %)

d. Enfants ayant terminé le cycle primaire à temps (13-16 ans)

Part des enfants (en %)

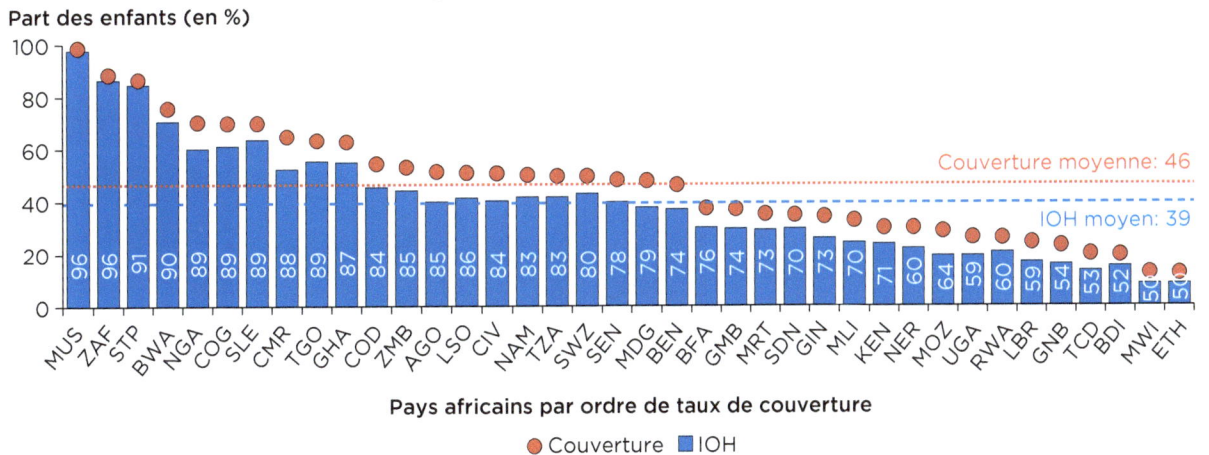

MUS 96, ZAF 96, STP 91, BWA 90, NGA 89, COG 89, SLE 89, CMR 88, TGO 89, GHA 87, COD 84, ZMB 85, AGO 85, LSO 86, CIV 84, NAM 83, TZA 83, SWZ 80, SEN 78, MDG 79, BEN 74, BFA 76, GMB 74, MRT 73, SDN 70, GIN 73, MLI 70, KEN 71, NER 60, MOZ 64, UGA 59, RWA 60, LBR 59, GNB 54, TCD 53, BDI 52, MWI 50, ETH 50

Couverture moyenne: 46

IOH moyen: 39

Pays africains par ordre de taux de couverture

● Couverture ■ IOH

Source : Calculs effectués par les services de la Banque mondiale à partir de la base de données Global Monitoring.
Note : IOH = Indice des Opportunités Humaines. Pour les abréviations des pays, voir https://www.iso.org/obp/ui
/#search.

FIGURE 3A.7 IOH et taux de couverture des services de base dans les pays

a. Eau potable améliorée (0-16 ans)

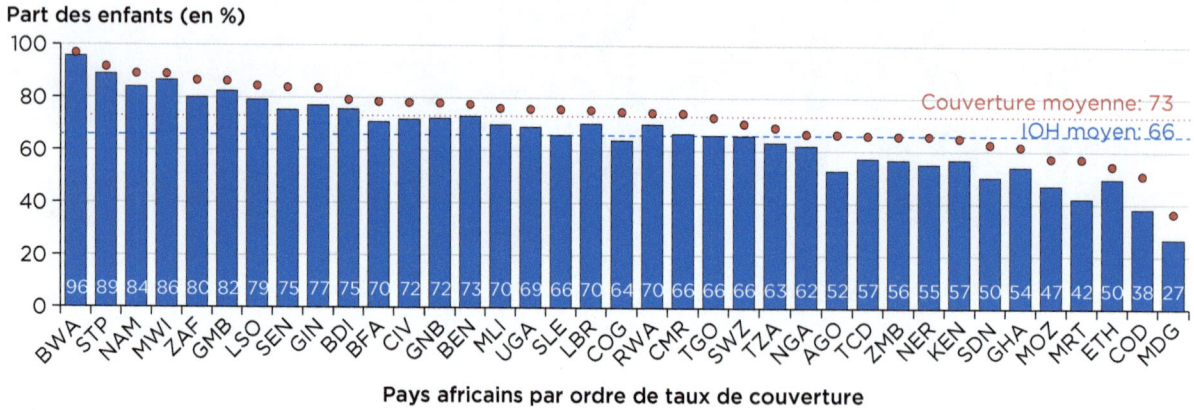

Part des enfants (en %)

Couverture moyenne: 73

IOH moyen: 66

Pays africains par ordre de taux de couverture

b. Assainissement amélioré et non partagé (0-16 ans)

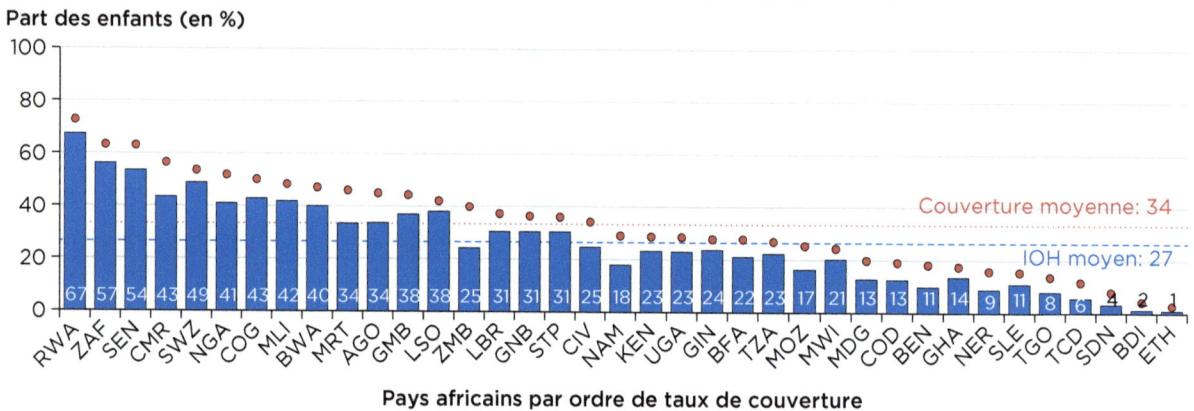

Part des enfants (en %)

Couverture moyenne: 34

IOH moyen: 27

Pays africains par ordre de taux de couverture

c. Électricité (0-16 ans)

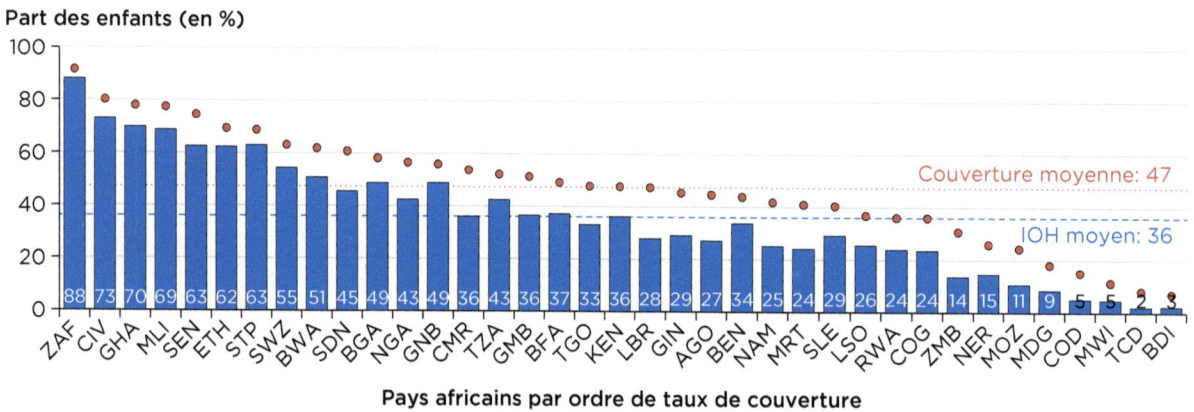

Part des enfants (en %)

Couverture moyenne: 47

IOH moyen: 36

Pays africains par ordre de taux de couverture

● Coverage ■ IOH

(suite)

FIGURE 3A.7 IOH et taux de couverture des services de base dans les pays *(suite)*

e. Accès à Internet (0-16 ans)

Part des enfants (en %)

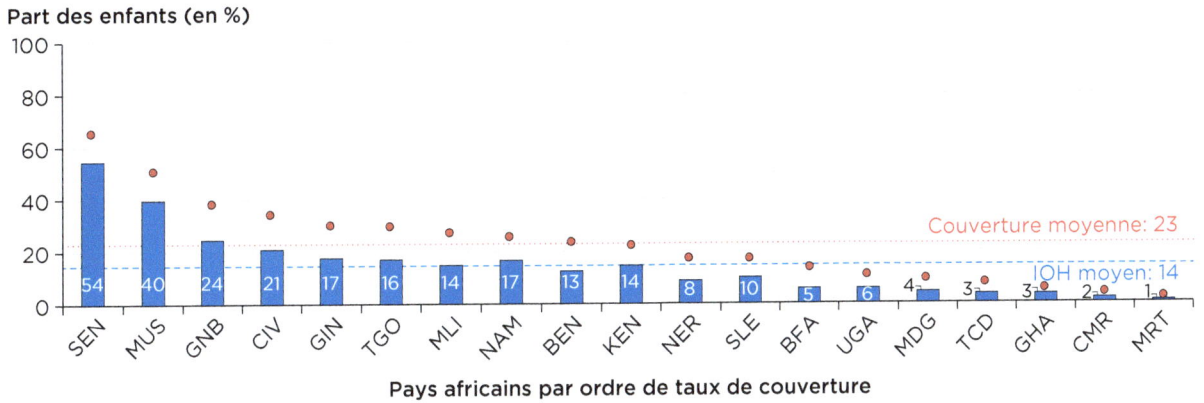

Pays africains par ordre de taux de couverture

Couverture moyenne: 23

IOH moyen: 14

Bars: SEN 54, MUS 40, GNB 24, CIV 21, GIN 17, TGO 16, MLI 14, NAM 17, BEN 13, KEN 14, NER 8, SLE 10, BFA 5, UGA 6, MDG 4, TCD 3, GHA 3, CMR 2, MRT 1

f. Accès à la radio (0-16 ans)

Part des enfants (en %)

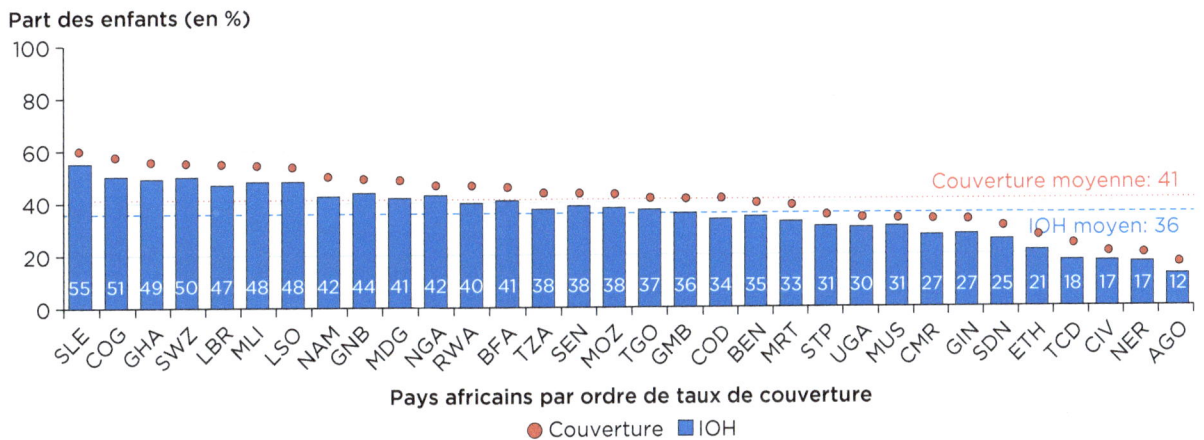

Pays africains par ordre de taux de couverture

Couverture moyenne: 41

IOH moyen: 36

Bars: SLE 55, COG 51, GHA 49, SWZ 50, LBR 47, MLI 48, LSO 48, NAM 42, GNB 44, MDG 41, NGA 42, RWA 40, BFA 41, TZA 38, SEN 38, MOZ 38, TGO 37, GMB 36, COD 34, BEN 35, MRT 33, STP 31, UGA 30, MUS 31, CMR 27, GIN 27, SDN 25, ETH 21, TCD 18, CIV 17, NER 17, AGO 12

● Couverture ■ IOH

Source : Calculs des services de la Banque mondiale à partir de la base de données Global Monitoring.
Note : IOH = indice des opportunités humaines. Pour les abréviations des pays, voir https://www.iso.org/obp/ui/#search.

FIGURE 3A.8 **Mobilité ascendante absolue, cohorte des années 1980**

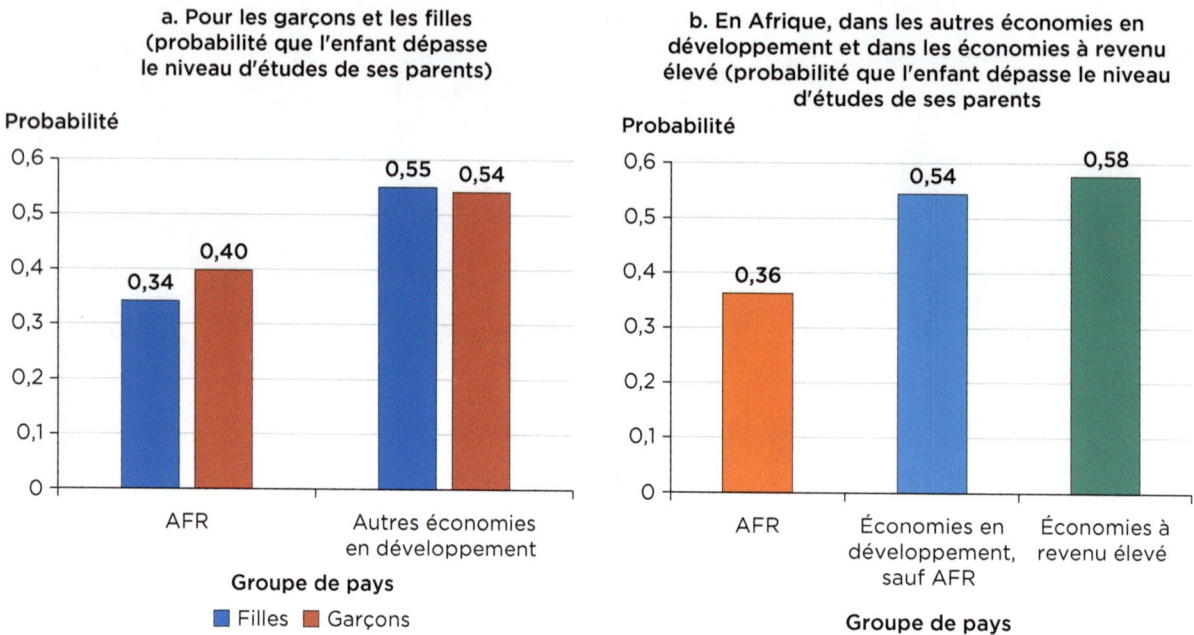

a. Pour les garçons et les filles
(probabilité que l'enfant dépasse
le niveau d'études de ses parents)

Probabilité

```
0,6
0,5                            0,55  0,54
0,4              0,40
      0,34
0,3
0,2
0,1
0
      AFR        Autres économies
                en développement
         Groupe de pays
      ■ Filles  ■ Garçons
```

b. En Afrique, dans les autres économies en
développement et dans les économies à revenu
élevé (probabilité que l'enfant dépasse le niveau
d'études de ses parents

Probabilité

```
0,6
0,5                              0,58
                    0,54
0,4
      0,36
0,3
0,2
0,1
0
      AFR      Économies en    Économies à
               développement,  revenu élevé
               sauf AFR
               Groupe de pays
```

Source : Base de données MIG à partir de mars 2023, calculs des services de la Banque mondiale.
Note : Utilisation de toutes les enquêtes avec des questions rétrospectives et corésidentes. AFR = Afrique subsaharienne.

FIGURE 3A.9 **Mobilité relative, cohorte des années 1980**

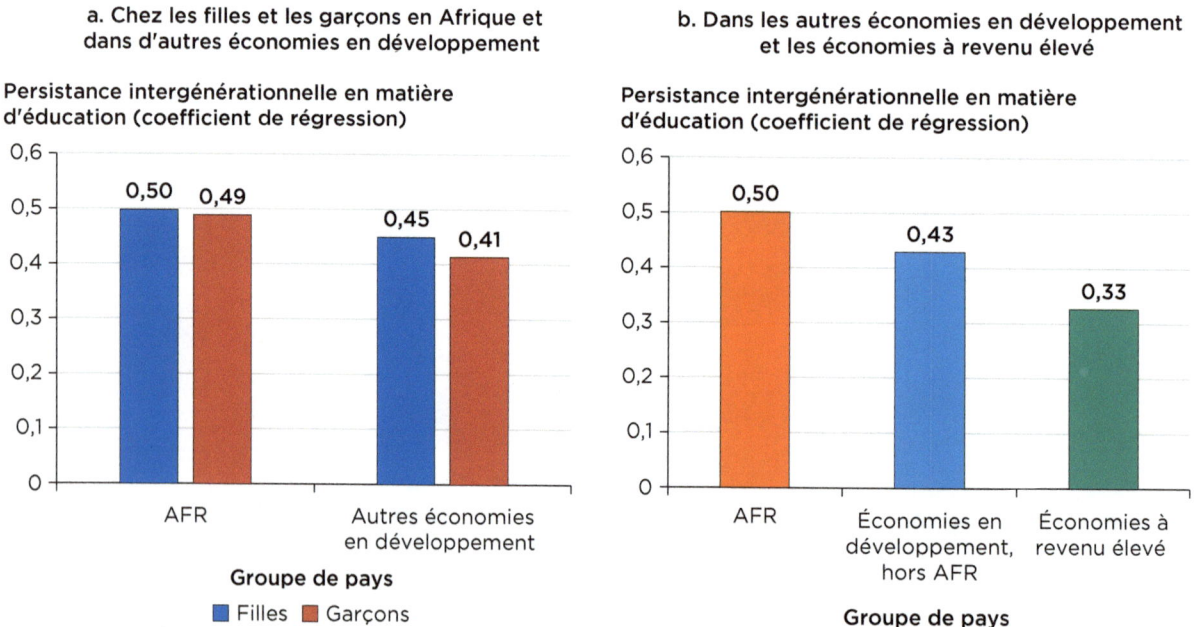

a. Chez les filles et les garçons en Afrique et
dans d'autres économies en développement

Persistance intergénérationnelle en matière
d'éducation (coefficient de régression)

```
0,6
0,5  0,50  0,49
0,4              0,45  0,41
0,3
0,2
0,1
0
     AFR        Autres économies
                en développement
        Groupe de pays
     ■ Filles  ■ Garçons
```

b. Dans les autres économies en développement
et les économies à revenu élevé

Persistance intergénérationnelle en matière
d'éducation (coefficient de régression)

```
0,6
0,5  0,50
0,4        0,43
0,3              0,33
0,2
0,1
0
     AFR    Économies en   Économies à
            développement, revenu élevé
            hors AFR
            Groupe de pays
```

Source : Base de données MIG à partir de mars 2023, calculs des services de la Banque mondiale.
Note : Une persistance plus élevée indique une mobilité plus faible. En utilisant toutes les enquêtes avec des questions rétrospectives et corésidentes. AFR = Afrique subsaharienne.

FIGURE 3A.10 Distance des établissements de santé

a. Par rapport aux accouchements assistés par du personnel de santé qualifié au cours des cinq années précédant l'enquête

Estimation de l'OMS (en %)

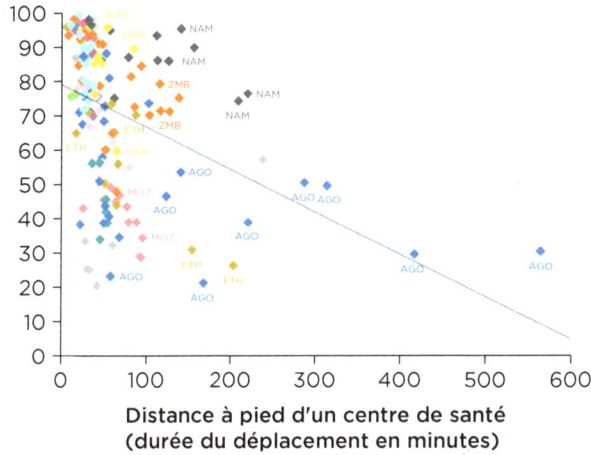

Distance à pied d'un centre de santé
(durée du déplacement en minutes)

b. Par rapport à la part des nouveau-nés ayant reçu des soins postnatals dans les deux jours suivant l'accouchement

Estimation de l'OMS (en %)

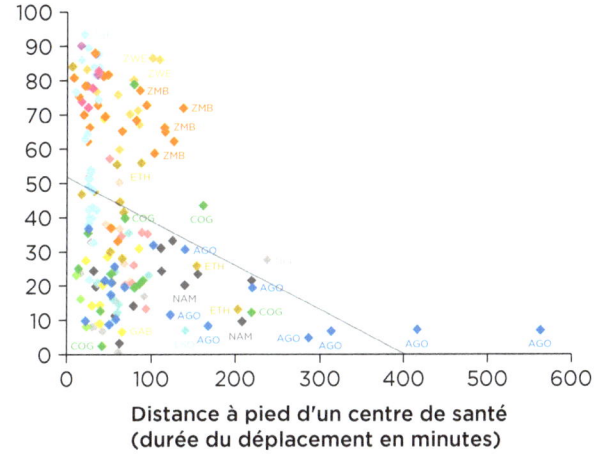

Distance à pied d'un centre de santé
(durée du déplacement en minutes)

c. Par rapport à la couverture vaccinale du BCG des enfants d'un an

Estimation de l'OMS (en %)

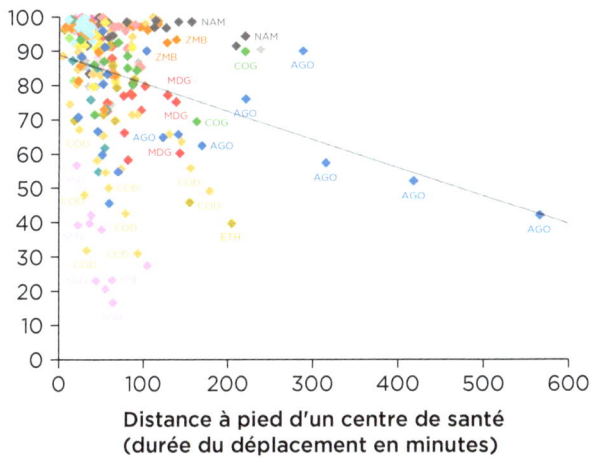

Distance à pied d'un centre de santé
(durée du déplacement en minutes)

d. Par rapport à la part des enfants d'un an qui n'ont reçu aucune dose du vaccin DTC

Estimation de l'OMS (en %)

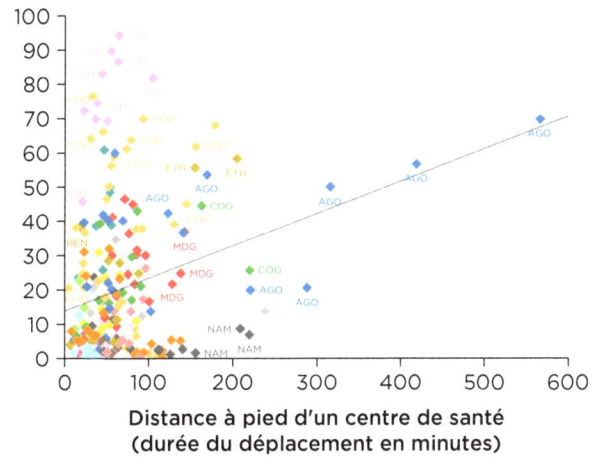

Distance à pied d'un centre de santé
(durée du déplacement en minutes)

Source : Health Inequality Monitor, OMS (https://www.who.int/data/inequality-monitor/data).
Note : BCG = Bacillus Calmette-Guerin ; DTC = diphtérie-tétanos-coqueluche ; OMS = Organisation mondiale de la santé.

Annexe 3B : Mesure de l'indice d'opportunité humaine

Sur le plan conceptuel, l'indice des opportunités humaines (IOH) repose sur l'idée qu'il existe un ensemble d'opportunités de base qui sont nécessaires pour réaliser le potentiel économique de la société et qui devraient être universellement offertes à chacun, quelles que soient les circonstances. Les opportunités sont matérialisées sous la forme d'accès à des biens et services, ce qui rend leur mesure aisée.[13] L'IOH étant calculé pour les enfants, il limite le problème de l'endogénéité, en s'assurant que toutes les inégalités observées peuvent être considérées en toute sécurité comme des inégalités de chances, car un enfant ne peut être tenu responsable de ses actions et l'accès aux opportunités est contrôlé par la famille ou la société. Le fait de se concentrer sur l'enfance limite aussi l'espace des opportunités à celles qui sont essentielles au développement humain et abordables. En règle générale, ces opportunités comprennent l'accès à l'éducation, aux infrastructures de base, à la vaccination, à des minima de nutrition et à un acte de naissance.

Dans son interprétation la plus simple, la mesure de l'IOH implique le calcul du taux de couverture des services nécessaires pour progresser dans la vie (C), réduit ou « pénalisé » par la répartition inéquitable des services au sein de la population (P). L'IOH peut varier de 0 à 100, 100 % correspondant à une prestation universelle :

$$IOH = C - P.$$

L'IOH peut également être calculé comme suit

$$IOH = C(1 - P/C),$$

où P/C est appelé l'indice de dissimilarité (indice D), qui peut être considéré comme une mesure indirecte de l'inégalité des chances. Il indique la part du nombre total d'opportunités qui devrait être réattribuée à tous les groupes de la population ayant des situations différentes afin de garantir l'égalité des chances. Prenons l'exemple simple du tableau 3B.1 pour illustrer la façon dont sont élaborés l'IOH et l'indice D.

TABLEAU 3B.1 Exemple hypothétique d'IOH : nombre d'enfants âgés de 6 à 10 ans inscrits à l'école primaire dans les pays A et B, par groupe de bien-être

Groupes par situation	Pays A	Pays B
Groupe 1, 50 % des ménages les plus riches	40	35
Groupe 2, 50 % des ménages les plus pauvres	20	25
Total	60	60

Source : Banque mondiale
Note : IOH = indice des opportunités humaines.

Imaginons deux pays ayant chacun une population de 100 enfants en âge de fréquenter l'école primaire. Le taux moyen de scolarisation primaire dans les deux pays est de 60 % ; cependant, les possibilités d'éducation ne sont pas réparties de manière égale entre les groupes. Dans chaque pays, les enfants sont répartis entre le groupe des 50 plus pauvres et le groupe des 50 plus riches, sur la base du revenu du ménage par tête. Le principe d'égalité ne sera respecté que si chaque groupe compte 30 enfants inscrits à l'école primaire et le même taux de couverture (50 %). Or, dans le pays A, seuls 20 enfants appartenant aux 50 % de revenus les plus faibles sont inscrits à l'école primaire, et dans le pays B, seuls 25 enfants appartenant aux 50 % de revenus les plus faibles sont inscrits à l'école primaire. Cela suggère une inégalité des chances dans les deux pays et que le pays A est plus inégalitaire que le pays B. Plus formellement, l'indice D pour le pays A est de 10/60 (10 opportunités doivent être réattribuées du groupe 1 au groupe 2 pour parvenir à la parité) et de 5/60 pour le pays B (cinq opportunités doivent être réattribuées du groupe 1 au groupe 2 pour parvenir à la parité). Par conséquent, l'indice IOH est égal à 0,50 pour le pays A et à 0,55 pour le pays B. En résumé, malgré des taux de couverture égaux, l'IOH est plus faible et l'indice D plus élevé pour le pays A, ce qui indique que l'inégalité d'accès aux opportunités d'éducation est plus importante que dans le pays B :

$$IOH_a = C_a (1 - D_a) = 0,6 \times (10/60) = 0,50 \text{ et}$$

$$IOH_b = C_b (1 - D_b) = 0,6 \times (1 - 5/60) = 0,55.$$

Le calcul de l'indice D en cas de circonstances multiples devient plus complexe et est effectué de manière économétrique. L'IOH présente plusieurs caractéristiques attrayantes. Par exemple, il augmente d'un facteur k si la couverture de tous les groupes augmente d'un facteur k. Si la couverture pour un groupe augmente sans que la couverture pour les autres groupes ne baisse, l'IOH augmente. Si l'inégalité baisse et la couverture globale reste constante, ou si la couverture globale augmente alors que l'inégalité reste constante, l'IOH s'améliore toujours.

L'IOH a été élaboré pour la première fois pour 19 pays de la région Amérique latine et Caraïbes (Paes de Barros et al. 2009) pour l'ensemble d'opportunités suivant : achèvement de la sixième année à l'âge de 13 ans ; fréquentation scolaire pour les enfants de 10-14 ans ; accès à l'eau, aux services d'assainissement et à l'électricité pour les enfants de 0-16 ans. L'IOH était plus faible pour l'assainissement que pour les services d'eau, avec une moyenne régionale de 67 % dans le cas de l'eau et de 43 % dans le cas de l'assainissement. En ce qui concerne l'électricité, seuls quelques pays ont atteint l'accès universel, et de nombreux autres ont obtenu des scores d'IOH voisins de 50 %. En ce qui concerne le rôle des différentes circonstances, le niveau d'éducation des parents a été un point de bascule important pour les possibilités d'éducation en Amérique latine et dans les Caraïbes. La localisation est le plus important facteur explicatif de l'inégalité des chances dans les conditions de logement des enfants.

L'IOH a également été calculé pour les pays africains. Une étude régionale (Dabalen et al. 2015) a calculé l'IOH pour 20 pays africains, en utilisant les données de l'Enquête démographique et de santé de la fin des années 2000. L'IOH a été estimé pour les opportunités suivantes : taux de fréquentation scolaire ; début et fin de cycle primaire à temps ; accès à l'eau, à l'assainissement et à l'électricité ; être complètement vacciné et ne pas souffrir d'un retard de croissance. Les facteurs circonstanciels comprenaient le sexe de l'enfant, la présence d'enfants et de personnes âgées au sein du ménage, la localisation rurale ou urbaine, le niveau d'éducation du chef de ménage et les quintiles de l'indice de richesse. Dabalen et coll. (2015) ont constaté que, dans la plupart des pays, la fréquentation scolaire était beaucoup plus élevée que les indicateurs de réussite tels que l'achèvement du cycle primaire. Selon la norme utilisée pour définir l'adéquation, l'accès à l'eau potable, à l'assainissement et à l'électricité dans les pays africains allait d'inégal à médiocre. L'inégalité des chances était plus élevée pour la vaccination que pour la nutrition dans la plupart des pays, étant entendu que la nutrition dépendait de nombreux facteurs dépassant le seul accès aux soins de santé. Au cours de la période considérée, les années 1990-2000, l'IOH a augmenté dans de nombreux pays et pour la plupart des opportunités. En ce qui concerne les facteurs circonstanciels, le contexte socio-économique d'un enfant (richesse et niveau d'éducation des parents) est déterminant pour expliquer ses chances d'accéder aux services et biens de base, devant la localisation (rurale ou urbaine) du ménage. Pour toutes les opportunités, le fait d'appartenir à un ménage plus riche, urbain et dont les parents sont instruits est favorable. Le niveau d'éducation de la mère était important pour expliquer l'inégalité des chances en matière de santé.

Dans ce rapport, l'IOH est calculé à partir des enquêtes les plus récentes sur le budget des ménages de 38 pays africains (20 d'entre elles ont été menées en 2017 ou plus tard).[14] Conformément aux études régionales précédentes, trois grands groupes d'opportunités ont été sélectionnés pour l'IOH : l'éducation, les infrastructures de base et les services de télécommunications. La liste complète des opportunités avec les définitions et les groupes d'âge pris en compte est fournie dans le tableau 3B.2.

TABLEAU 3B.2 Opportunités utilisées dans le calcul de l'IOH pour les pays africains

Opportunité	Définition
Éducation	Fréquentation scolaire (6-12 ans)
	Fréquentation scolaire (13-16 ans)
	Début du cycle primaire à temps (6-7 ans)
	Achèvement du cycle primaire à temps (13-16 ans)
Services de base	Eau potable améliorée (0-16 ans)
	Assainissement amélioré et non partagé (0-16 ans)
	Électricité (0-16 ans)
Accès aux technologies de l'information et de la communication	Téléphone mobile dans le ménage (0-16 ans)
	Internet (0-16 ans)
	Radio (0-16 ans)

Source : Banque mondiale.
Note : IOH = indice des opportunités humaines.

En ce qui concerne l'éducation, deux indicateurs mesurent la fréquentation scolaire, et les deux autres visent à mesurer les résultats obtenus en matière de qualité de l'école et de capacité d'un enfant à utiliser l'éducation pour atteindre un niveau d'apprentissage de base. Les groupes d'âge pour la fréquentation scolaire reflètent largement les âges correspondant aux cycles primaire et secondaire. Cette distinction est importante, car, dans la plupart des pays, l'école primaire est obligatoire et entièrement gratuite, alors que l'accès à l'école secondaire est associé à des coûts, même dans les pays où l'enseignement secondaire est gratuit. Commencer et terminer le cycle primaire à temps sont tout aussi importants l'un que l'autre et se renforcent mutuellement. Les enfants qui commencent l'école primaire à temps ont plus de chances de recevoir les apports éducatifs nécessaires à un âge précoce. Le fait de commencer l'école plus tard que l'âge officiel d'entrée a été l'un des facteurs de sur-inscription en première année en Afrique. Les enfants qui terminent l'école primaire à temps ont plus de chances d'avoir acquis les connaissances minimales nécessaires pour passer d'une classe à l'autre sans redoubler, ce qui est un autre problème courant dans de nombreux pays africains (Bashir et al. 2018).

L'accès aux infrastructures de base est appréhendé par des indicateurs d'accès à une eau potable améliorée, à l'assainissement amélioré et non partagé et à l'électricité. L'accès à l'eau potable et l'assainissement amélioré sont des facteurs clés de santé publique qui réduisent l'incidence de la diarrhée et d'autres maladies évitables, de la malnutrition et d'autres problèmes de santé. L'accès à l'électricité est un déterminant important de la qualité de vie et facilite l'accès à d'autres opportunités, notamment l'accès aux technologies numériques, à l'information et à l'étude. L'accès des ménages aux technologies de l'information et de la communication (TIC) est considéré comme une source de gains économiques importants en Afrique (Calderón et Cantu 2021). Cependant, l'accès aux TIC n'a pas été généralement utilisé dans la mesure de l'IOH dans les études précédentes, principalement parce que peu d'enquêtes recueillaient cette information. Aujourd'hui, la plupart des enquêtes comportent des questions sur l'accès aux services numériques. Trois indicateurs ont été retenus pour mesurer les possibilités offertes par les TIC : l'accès aux téléphones mobiles, à Internet et à la radio. L'inclusion de la radio est logique en Afrique, car il s'agit de l'un des moyens de communication de masse les plus utilisés.[15]

Étant donné que l'IOH dans ce rapport est basé sur des enquêtes sur le budget des ménages, qui ne mesurent généralement pas très bien les opportunités et l'accès à la santé, des sources secondaires sont utilisées pour illustrer les écarts pour certains indicateurs tels que la vaccination et le retard de croissance (taille insuffisante par rapport à l'âge). La possibilité d'être correctement nourri est un facteur clé qui influe sur le capital humain et les revenus tout au long de la vie. Contrairement à d'autres indicateurs, il ne s'agit pas d'un indicateur d'entrée, mais d'un résultat de multiples politiques différentes, notamment l'accès à l'eau, à l'assainissement, aux services de santé, etc.

TABLEAU 3B.3 Liste des facteurs circonstanciels utilisés pour calculer l'IOH des pays africains

Facteur circonstanciel	Définition
Caractéristiques des membres du ménage	Nombre d'enfants au sein du ménage (0-16 ans)
Caractéristiques de l'enfant	Sexe
Caractéristiques du chef de ménage	Sexe
	Niveau d'éducation
Bien-être monétaire	Consommation moyenne du ménage par tête en PPA 2017 exprimée en USD
Localisation	Zones urbaines-rurales
	Régions

Source : Banque mondiale.
Note : IOH = indice des opportunités humaines ; PPA = parité de pouvoir d'achat.

Les facteurs circonstanciels, c'est-à-dire les caractéristiques exogènes de l'enfant, ne sont pas censés affecter l'accès aux opportunités sélectionnées. L'ensemble de facteurs circonstanciels suivant a été utilisé : la composition démographique du ménage mesurée par le nombre d'enfants dans le ménage, le sexe de l'enfant, le niveau d'éducation du chef de ménage, le bien-être monétaire et la localisation saisie par les dimensions rurale-urbaine et régionale (voir tableau 3B.3). Il est important de se rappeler que l'IOH change si les circonstances changent, de sorte que les résultats de cette étude sont valables pour un ensemble de circonstances précis et sont susceptibles de changer si les circonstances changent. Si de nouveaux facteurs circonstanciels sont ajoutés, l'IOH sera toujours plus bas et l'inégalité plus élevée, ce qui signifie que l'IOH et l'inégalité servent toujours de limites supérieure et inférieure à l'IOH « réel » et à l'inégalité, toutes circonstances confondues.

Annexe 3C : Mesurer la mobilité intergénérationnelle

Les caractéristiques parentales sont souvent considérées comme des facteurs potentiels contribuant à l'inégalité des chances et à l'inégalité d'accès aux services de base. L'inégalité se transmettra d'une génération à l'autre si les résultats d'un enfant dépendent des caractéristiques parentales. La mobilité intergénérationnelle (MIG) mesure directement si les résultats de la vie des enfants, tels que les revenus, le niveau d'éducation et la profession, dépendent de ceux de leurs parents. Dans une société où l'égalité des chances est plus grande, le lien entre les résultats des enfants et ceux des parents serait faible et les individus seraient plus mobiles socialement. Étant donné que l'éducation est une dimension clé du progrès humain – des revenus, en particulier – la mobilité éducative est importante en soi et constitue un élément essentiel de la mobilité économique. D'autres raisons justifient l'utilisation d'informations sur l'éducation intergénérationnelle plutôt que sur le revenu intergénérationnel pour mesurer la mobilité économique. Tout d'abord, les données sur l'éducation entre les générations sont beaucoup plus largement disponibles. Deuxièmement, il est plus facile pour les personnes interrogées de déclarer le niveau d'éducation de leurs parents avec une grande précision que leur revenu. Troisièmement, le niveau d'éducation des adultes ne varie pas beaucoup au cours du cycle de vie, et un seul cycle d'enquête peut saisir toutes les informations nécessaires, alors qu'un suivi précis du revenu individuel nécessitera des données de panel.

Pour mesurer la MIG, ce rapport s'appuie sur la Base de données sur la mobilité intergénérationnelle dans le monde (GDIM) de la Banque mondiale (2023a), utilisée dans Van der Weide et coll. (2021, 2024).[16] Il s'agit de la plus grande base de données couvrant 153 pays du monde et représentant 97 % de la population mondiale. La base de données contient des estimations de la MIG en matière d'éducation par cohortes de 10 ans, couvrant les personnes nées entre 1940 et 1989 et utilisant essentiellement des enquêtes représentatives sur le budget des ménages. Les estimations de la MIG pour la génération née entre 1980 et 1989 contiennent des estimations de MIG par type (sous-groupe démographique) de niveau d'éducation des parents (mères, pères, moyenne, maximum) et par type (sous-groupe démographique) de niveau d'éducation atteint par l'enfant (fils, filles, tous les répondants aux enquêtes). Cela permet une estimation plus granulaire entre, par exemple, la relation entre la MIG de la mère et celle de sa fille.

Le niveau d'éducation parentale est mesuré différemment selon les enquêtes. Certaines enquêtes le mesurent en posant à tous les répondants adultes des questions rétrospectives sur l'éducation de leurs parents, ainsi que sur leur propre éducation. D'autres enquêtes ne collectent pas de données rétrospectives et prennent plutôt en compte les données sur les corésidents. Dans ces enquêtes, les informations sur le niveau d'études atteint par les parents sont obtenues pour le sous-ensemble de tous les répondants âgés de 21 à 25 ans qui vivent avec leurs parents. Cela limite les informations de ces enquêtes à une seule cohorte : les années 1980. C'est dans les pays africains que l'on observe le plus grand nombre d'enquêtes sur les corésidents : 21 sur 43. Il est donc difficile de mesurer la mobilité intergénérationnelle au fil du temps en Afrique. Par conséquent, la comparaison la plus précise de l'Afrique avec d'autres régions peut être effectuée pour la dernière cohorte des années 1980, alors que les estimations de la MIG au fil du temps en Afrique ne sont basées que sur un ensemble limité d'enquêtes comportant des questions rétrospectives.

Notes

1. Tous les montants en dollars sont des dollars américains, sauf indication contraire. Les montants en dollars ajustés de la parité de pouvoir d'achat sont indiqués dans le texte. Par exemple, le produit intérieur brut (PIB) par habitant en prix constants de parité de pouvoir d'achat de 2017 était de 6 544 USD dans les pays à revenu intermédiaire de la tranche inférieure en 2020, contre 3 655 USD en Afrique (pays en développement uniquement).

2. Une mise en garde importante s'impose ici : les différences de période de collecte des données dans les différents pays peuvent avoir un impact significatif sur les résultats.

3. Le coefficient de corrélation de rang entre le PIB par habitant et l'indice de dissimilarité moyen (indice D) était de -0,56 (p = 0,0003).

4. Le coefficient de corrélation de rang entre la pauvreté internationale et l'indice D moyen était de 0,4732 (p = 0,0027).

5. La mobilité intergénérationnelle relative peut être mesurée à l'aide de coefficients de corrélation entre les années de scolarisation des enfants et des parents, de coefficients de régression des années de scolarisation des enfants sur les années de scolarisation des parents, ou des deux.

6. Les résultats restent qualitativement les mêmes pour la cohorte des années 1980 si l'on utilise toutes les enquêtes, quelle que soit la manière dont le niveau d'éducation parentale est mesuré.

7. Déterminé par les enquêtes de mesure du niveau de vie pour le Burkina Faso, l'Éthiopie, la Gambie, le Ghana, le Malawi, le Mali, le Niger, le Nigeria, la Tanzanie et l'Ouganda.

8. Les années de scolarisation ajustées des apprentissages sont simplement le produit du nombre d'années de scolarisation attendues d'un pays et de sa mesure harmonisée des apprentissages (résultats des tests) par rapport à une norme.

9. Les quatre pays sont la République démocratique du Congo, l'Éthiopie, le Nigeria et la Tanzanie. Voir Stanley (2023).

10. Les dépenses consacrées à l'enseignement supérieur sont sans aucun doute importantes pour le développement des compétences et la croissance économique potentielle ; toutefois, des efforts supplémentaires sont nécessaires pour garantir que ces dépenses sont plus inclusives, notamment par le biais de bourses destinées aux enfants talentueux à faibles revenus.

11. Kerwin et Thornton (2021) mettent toutefois en garde contre le fait que la réduction des coûts d'un programme très efficace peut le rendre moins efficace, laissant certains élèves dans une situation moins favorable.

12. Soit 10 000 décès dus à des conflits pour 100 000 personnes dans le cadre de leurs années de formation.

13. En utilisant l'accès comme synonyme d'opportunités, nous posons l'hypothèse que l'accès implique l'utilisation d'un service. Le fait d'avoir une école à proximité n'implique pas l'accès, mais la fréquentation de l'école sera considérée comme un accès (une opportunité). Il est également important de s'assurer que la qualité est prise en compte dans la définition de l'accès en fixant un seuil minimum de qualité pour chaque bien ou service de base.

14. Il ne s'agit pas de la liste complète des pays pour lesquels des enquêtes sont disponibles, mais de la liste des pays pour lesquels il a été possible de calculer toutes les opportunités sélectionnées et de créer tous les facteurs circonstanciels.

15. À titre d'illustration, l'indice d'opportunité humaine pour les services de base sera élargi pour tenir compte de la qualité des services. Par exemple, l'accès à l'électricité prendra en compte les heures de disponibilité du service et l'accès à l'eau potable prendra en compte la distance jusqu'à la source. C'est ce qui est fait pour plusieurs pays pour lesquels ces informations ont été collectées.

16. La base de données est constamment mise à jour et le présent rapport utilise la version 3 (mars 2023).

Bibliographie

Almond, Douglas, et Janet Currie. 2011. « Human Capital Development before Age Five ». Dans *Handbook of Labor Economics*, vol. 4, partie B, sous la direction de Orley C. Ashenfelter et David E. Card, 1315-1486. Amsterdam : North-Holland.

Andrabi, Tahir, Benjamin Daniels et Jishnu Das. 2023. « Human Capital Accumulation and Disasters : Evidence from the Pakistan Earthquake of 2005 ». *Journal of Human Resources* 58 (4) : 1057–96. https://doi.org/10.3368/jhr.59.2.0520-10887R1.

Arias Diaz, Omar, David Evans et Indhira Vanessa Santos. 2019. *Le développement des compétences en Afrique subsaharienne, un exercice d'équilibre Investir dans les compétences pour la productivité, l'inclusion et l'adaptabilité*. Washington, DC : Banque mondiale. https://documents.worldbank.org /en/publication/documents-reports/documentdetail/677651600186095508/the-skills-balancing -act-in-sub-saharan-africa-investing-in-skills-for-productivity-inclusivity-and-adaptability.

Arias Diaz, Omar S., et Igor Kheyfets. 2023. *The Adequacy of Public Expenditure on Education and the Needs Post-Covid-19*. Washington, DC : Banque mondiale http://documents.worldbank.org /curated/en/099103123163731570/P1781350d855aa0170ab8f0f8644bd8efd7.

Atamanov, Aziz, Eduardo Alonso Malsquez Carbonel, Takaaki Masaki, Cara Ann Myers, Rogelio Granguillhome Ochoa, et Nistha Sinha. 2022. *Uganda Poverty Assessment: Strengthening Resilience to Accelerate Poverty Reduction*. Washington, DC : Banque mondiale. http://documents.worldbank .org/curated/en/099135006292235162/P17761605286900b10899b0798dcd703d85.

Báez, Javier E., Alejandro de la Fuente, et Indhira Vanessa Santos. 2010. "Do Natural Disasters Affect Human Capital ? An Assessment Based on Existing Empirical Evidence". Discussion Paper 5164, Institute of Labor Economics, Bonn.

Banque mondiale. 2013. *Turn Down the Heat : Climate Extremes, Regional Impacts, and the Case for Resilience*. Washington, DC. Banque mondiale.

Banque mondiale. 2017. *World Bank Development Report 2017 : Governance and the Law*. Washington, DC : Banque mondiale.

Banque mondiale. 2020. *COVID-19 Impact Monitoring : Uganda, Round 1*. Washington, DC : Banque mondiale. http://hdl.handle.net/10986/34395.

Banque mondiale. 2021. *The Human Capital Index 2020 Update: Human Capital in the Time of COVID-19*. Washington, DC : Banque mondiale. http://hdl.handle.net/10986/34432.

Banque mondiale. 2022. *The Gambia Poverty and Gender Assessment 2022 : Securing a Robust and Inclusive Recovery*. Washington, DC : Banque mondiale. http://hdl.handle.net/10986/38310.

Banque mondiale. 2023a. "Global Database on Intergenerational Mobility". Washington, DC : Groupe de la Banque mondiale. https://datacatalog.worldbank.org/search/dataset/0050771/Global -Database-on-Intergenerational-Mobility

Banque mondiale. 2023b. *What Works to Narrow Gender Gaps and Empower Women in Sub-Saharan Africa? An Evidence-Review of Selected Impact Evaluation Studies*. Washington, DC : Banque mondiale. https://documents1.worldbank.org/curated/en/099061623110030316/pdf/P1804940a8a 04e0ab0988e0e90727152914.pdf.

Bashir, Sajitha, Marlaine Lockheed, Elizabeth Ninan, et Jee-Peng Tan. 2018. *Perspectives : L'école au service de l'apprentissage en Afrique*. Série Forum pour le développement de l'Afrique. Washington, DC : Banque mondiale. https://doi.org/10.1596/978-1-46481260-6.

Bauluz, Luis, Yajna Govind et Filip Novokmet. 2020. "Global Land Inequality. Document de travail 10, Base de données sur les inégalités dans le monde. https://wid.world/document/global-land -inequality-world-inequality-lab-wp-2020-10/.

Beegle, Kathleen, et Alejandro de la Fuente. 2019. "Mobilisation de ressources pour les pauvres". In *Accélérer la réduction de la pauvreté en Afrique*, édité par Kathleen Beegle et Luc Christiaensen, 247-85. Washington, DC : Banque mondiale.

Bendini, Magdalena, et Amanda E. Devercelli. 2022. *Quality Early Learning: Nurturing Children's Potential*. Washington, DC : Banque mondiale. https://www.worldbank.org/en/topic/education/publication/quality-early-learning-nurturing-children-s-potential.

Bhula, Radhika, Meghan Mahoney et Kyle Murphy. 2020. "Conducting Cost-Effectiveness Analysis (CEA)". Cambridge, MA : Abdul Latif Jameel Poverty Action Lab. https://www.povertyactionlab.org/resource/conducting-cost-effectiveness-analysis-cea.

Blom, Sylvia, Ariel Ortiz-Bobea et John F. Hoddinott. 2022. "Heat Exposure and Child Nutrition: Evidence from West Africa". *Journal of Environmental Economics and Management* 115 : 102698.

Bold, Tessa, Deon Filmer, Ezequiel Molina et Jakob Svensson. 2019. "The Lost Human Capital: Teacher Knowledge and Student Achievement in Africa." Policy Research Working Paper 8849, Banque mondiale, Washington, DC. http://hdl.handle.net/10986/31673.

Calderón, Cesar, et Catalina Cantu. 2021. "The Impact of Digital Infrastructure on African Development". Policy Research Working Paper 9853, Banque mondiale, Washington, DC. https://documents1.worldbank.org/curated/en/382651637242152978/pdf/The-Impact-of-Digital-Infrastructure-on-African-Development.pdf.

Canning, D., et T. P. Schultz. 2012. "The Economic Consequences of Reproductive Health and Family Planning. *Lancet* 380 (9837) : 165-71.

Caruso, Germán, Inés de Marcos et Ilan Noy. 2024. "Climate Changes Affect Human Capital". *Economics of Disasters and Climate Change* 8 : 157-96. https://doi.org/10.1007/s41885-023-00140-2.

Corral, Paul, Alexander Irwin, Nandini Krishnan, Daniel Gerszon Mahler et Tara Vishwanath. 2020. *Fragilité et conflits : En première ligne de la lutte contre la pauvreté*. Washington, DC : Banque mondiale. https://doi.org/10.1596/978-1-4648-1540-9.

Dabalen, Andrew, Ambar Narayan, Jaime Saavedra-Chanduvi, Alejandro Hoyos Suarez, Ana Abras, et Sailesh Tiwari. 2015. *Do African Children Have an Equal Chance? A Human Opportunity Report for Sub-Saharan Africa*. Directions in Development-Poverty. Washington, DC : Banque mondiale.

Dean, Mark, et Anja Sautmann. 2022. "The Effects of Community Health Worker Visits and Primary Care Subsidies on Health Behavior and Health Outcomes for Children in Urban Mali". Policy Research Working Paper 9986, Banque mondiale, Washington, DC. http://hdl.handle.net/10986/37245.

Deininger, Klaus, et Aparajita Goyal. 2023. "Land Institutions to Address New Challenges in Africa : Implications for the World Bank's Land Policy". Policy Research Working Paper 10389, Banque mondiale, Washington, DC. http://hdl.handle.net/10986/39634.

Dimitrova, Anna, et Jayanta Kumar Bora. 2020. "Monsoon Weather and Early Childhood Health in India". *PLOS ONE* 15 (4) : e0231479.

Foster, Vivien, et Cecilia Briceño-Garmendia, eds. 2010. *Infrastructures africaines : Une transformation impérative*. Washington, DC : Banque mondiale.

Garg, Teevrat, Maulik Jagnani, et Vis Taraz. 2020. "Temperature and Human Capital in India". *Journal of the Association of Environmental and Resource Economists* 7 (6) : 1113-50.

Gatti, Roberta, Kathryn Andrews, Ciro Avitabile, Ruben Conner, Jigyasa Sharma et Andres Yi Chang. 2021. *The Quality of Health and Education Systems Across Africa: Evidence from a Decade of Service Delivery Indicators Surveys*. Washington, DC : Banque mondiale. http://hdl.handle.net/10986/36234.

Kaw, Jon Kher, Hyunji Lee et Sameh Wahba. 2020. *La richesse cachée des villes : développer, financer et gérer les espaces publics*. Washington, DC : Banque mondiale. http://hdl.handle.net/10986/33186.

Kerwin, J., et Thornton, R. 2021. "Making the Grade : The Sensitivity of Education Program Effectiveness to Input Choices and Outcome Measures". *Review of Economics and Statistics* 103 (2) : 251–64. https://doi.org/10.1162/rest_a_00911.

Lall, Somik V., Jon Kher Kaw, Forhad Shilpi et Sally Beth Murray. 2023. *Des villes dynamiques – prenant appui sur la stabilité, la prospérité et la durabilité*. Washington, DC : Banque mondiale. http://hdl.handle.net/10986/40712.

Le, Kien, et My Nguyen. 2021. "In-Utero Exposure to Rainfall Variability and Early Childhood Health". *World Development* 144 : 105485.

Maina, Joseph, Paul O Ouma, Peter M. Macharia, Victor A. Alegana, Benard Mitto, Ibrahimo Socé Fall, Abdisalan M. Noor, Robert W. Snow, et Emelda A. Okiro. 2019. "A Spatial Database of Health Facilities Managed by the Public Health Sector in Sub-Saharan Africa". *Scientific Data* 6 : 134.

Miller, Ray. 2017. "Childhood Health and Prenatal Exposure to Seasonal Food Scarcity in Ethiopia". *World Development* 99 : 350-76.

Molina, Ezequiel, Ambar Narayan, et Jaime Saavedra-Chanduvi. 2013. "Outcomes, Opportunity and Development: Why Unequal Opportunities and not Outcomes Hinder Economic Development". Policy Research Working Paper 6735, Banque mondiale, Washington, DC.

Narayan, Ambar, Roy Van der Weide, Alexandru Cojocaru, Christoph Lakner, Silvia Redaelli, Daniel Gerszon Mahler, Rakesh Gupta N. Ramasubbaiah, et Stefan Thewissen. 2018. *Des progrès satisfaisants ? Mobilité économique intergénérationnelle dans le monde*. Washington, DC : Banque mondiale. https://hdl.handle.net/10986/28428.

OMS (Organisation mondiale de la santé). 2023. "Mutilations sexuelles féminines. Fiche d'information. https://www.who.int/news-room/fact-sheets/detail/female-genital-mutilation.

Paes de Barros, Ricardo, Francisco H. G. Ferreira, Jose R. Molinas Vega, Jaime Saavedra Chanduvi, Mirela De Carvalho, Samuel Franco, Samuel Freije-Rodriguez et Jeremie Gignoux. 2009. *Measuring Inequality of Opportunities in Latin America and the Caribbean*. Forum sur le développement de l'Amérique latine. Washington, DC : Banque mondiale. http://documents.worldbank.org/curated/en/219971468045038979/Measuring-inequality-of-opportunities-in-Latin-America-and-the-Caribbean.

Palik, Júlia, Anna Marie Obermeier et Siri Aas Rustad. 2022. "Conflict Trends in Africa, 1989-2021". Document PRIO. Oslo : Peace Research Institute Oslo.

Park, R. Jisung. 2022. "Hot Temperature and High-Stakes Performance". *Journal of Human Resources* 57 (2) : 400-34.

Park, R. Jisung, A. Patrick Behrer et Joshua Goodman. 2021. "Learning Is Inhibited by Heat Exposure, Both Internationally and within the United States". *Nature Human Behavior* 5 (1) : 19–27. https://doi.org/10.1038/s41562-020-00959-9.

Rains, Emily, et Anirudh Krishna. 2021. "Informalities, Volatility, and Precarious Social Mobility in Urban Slums". In *Social Mobility in Developing Countries : Concepts, Methods, and Determinants*, édité par Vegard Iversen, Anirudh Krishna et Kunal Sen, 351-73. Oxford : Oxford University Press.

Randell, Heather, et Clark Gray. 2019. "Climate Change and Educational Attainment in the Global Tropics". *Proceedings of the National Academy of Sciences* 116 (18) : 8840-45.

Schady, Norbert, Alaka Holla, Shwetlena Sabarwal, Joana Silva et Andres Yi Chang. 2023. *Collapse and Recovery: How the COVID-19 Pandemic Eroded Human Capital and What to Do about It*. Washington, DC : Banque mondiale. https://hdl.handle.net/10986/39403

Schütz, Gabriela, Heinrich W. Ursprung, et Ludger Wößmann. 2008. "Education Policy and Equality of Opportunity". *Kyklos* 61 (2) : 279-308.

Shah, Manisha, et Bryce Millett Steinberg. 2017. "Drought of Opportunities: Contemporaneous and Long-Term Impacts of Rainfall Shocks on Human Capital". *Journal of Political Economy* 125 (2) : 527-61.

Stanley, Andrew. 2023. *Siècle africain : La transformation démographique en Afrique pourrait très bien modifier l'ordre mondial*. Washington, DC : Fonds monétaire international. https://www.imf.org/fr/Publications/fandd/issues/2023/09/PT-african-century

Sulla, Victor, Precious Zikhali et Pablo Facundo Cuevas. 2022. *Inequality in Southern Africa: An Assessment of the Southern African Customs Union*. Washington, DC : Banque mondiale. http://documents.worldbank.org/curated/en/099125303072236903/P1649270c02a1f06b0a3ae02e57eadd7a82

Tetteh-Baah, Samuel, Kenneth Harttgen, Rahul Lahoti et Isabel Günther. 2024. "Horizontal Inequalities in Africa". *Review of Income and Wealth*. https://doi.org/10.1111/roiw.12669

UN DESA (Département des affaires économiques et sociales des Nations unies), Division de la population. 2022. "World Population Prospects 2022: Summary of Results. UN DESA/POP/2022/TR/NO. 3.

UNICEF (Fonds des Nations unies pour l'enfance). 2021. "Analysis of Education Spending in the West and Central Africa Region: A Policy Brief for Ministers of Education and Finance." New York : UNICEF.

UNICEF (Fonds des Nations unies pour l'enfance). 2024. "Plus de 230 millions de filles et de femmes actuellement en vie ont subi des mutilations génitales féminines". New York : UNICEF. https://data.unicef.org/topic/child-protection/female-genital-mutilation/.

Centre de recherche Innocenti de l'UNICEF. 2021. *Time to Teach : Teacher Attendance and Time on TAsk in Primary Schools in The Gambia*. Florence : Bureau de recherche Innocenti de l'UNICEF. https://www.unicef-irc.org/publications/1233-time-to-teach-teacher-attendance-and-time-on-task-in-primary-schools-in-the-gambia.html.

van der Weide, Roy, Christoph Lakner, Daniel Gerszon Mahler, Ambar Narayan et Rakesh Gupta. 2024. "Intergenerational Mobility around the World: A New Database". *Journal of Development Economics* 166 : 103167.

van der Weide, Roy, Christoph Lakner, Daniel Gerszon Mahler, Ambar Narayan et Rakesh Ramasubbaiah. 2021. "Intergenerational Mobility around the World, Policy Research Working Paper 9707, Banque mondiale, Washington, DC. https://documents1.worldbank.org/curated/en/817351624329601595/pdf/Intergenerational-Mobility-around-the-World.pdf.

Wieser, Christina, Alemayehu A. Ambel, Tom Bundervoet, et Asmelash Haile Tsegay. 2020. "Monitoring COVID-19 Impacts on Households in Ethiopia (Vol. 3) : Results from a High-Frequency Phone Survey of Households". Washington, DC : Banque mondiale.

Zivin, Joshua Graff, Yingquan Song, Qu Tang et Peng Zhang. 2020. "Temperature and High-Stakes Cognitive Performance : Evidence from the National College Entrance Examination in China". *Journal of Environmental Economics and Management* 104 : 102365.

Facteurs ayant une incidence sur la pauvreté et les inégalités : inégalités fondées sur le genre

ANA MARIA OVIEDO ET HUGO ÑOPO

> Toute femme a droit au respect de sa personne et au libre développement de sa personnalité.
>
> –Article III.2, *Protocole de la Charte africaine des droits de l'homme et des peuples relatif aux droits de la femme en Afrique* (Union africaine 2003)

L'égalité entre les sexes est un principe fondamental de la justice sociale et un moteur du développement économique. Elle favorise des conditions équitables tout en contribuant à l'égalité d'accès aux opportunités et aux ressources. L'égalité des chances permet une utilisation optimale du capital humain par l'élargissement du vivier de talents et la stimulation de l'innovation et de l'entrepreneuriat, ce qui contribue à une économie plus robuste, plus inclusive et plus durable. (Banque mondiale 2012). En Afrique cependant, l'égalité des sexes est encore loin d'être une réalité, avec des progrès variables dans la région (BAD et ECA 2020 ; Beegle et Christiaensen 2019 ; Broccolini, Fruttero et Jain 2023).

Les fondamentaux : l'égalité devant la loi, les normes sociales et les investissements précoces

En 2022, 47 pays avaient signé le *Protocole de la Charte africaine des droits de l'homme et des peuples relatif aux droits de la femme en Afrique,* ou Protocole de Maputo (Union africaine 2003), s'engageant à promouvoir l'égalité des droits pour les femmes. De nombreux obstacles juridiques cependant persistent. Le rapport *Les Femmes, l'Entreprise et le Droit 2024* (Banque mondiale 2024) indique que sur les 2,5 milliards de femmes en âge de travailler qui ne bénéficient pas de droits égaux dans le monde, 346 millions se trouvent en Afrique.

Même si la région a récemment réalisé des progrès notables, les droits juridiques des femmes varient considérablement d'un pays à l'autre. 24 économies ont un score inférieur à la moyenne mondiale (77,9) et 04 un score inférieur à 50, ce qui signifie que dans ces pays, les femmes disposent de moins de la moitié des droits des hommes dans les domaines considérés. La période 2021-2023 mérite une attention particulière, car elle a été le témoin d'une augmentation notable des réformes visant à promouvoir l'égalité entre les hommes et les femmes en Afrique. Le rapport *Les Femmes, l'Entreprise et le Droit 2024* montre une augmentation de 1,15 point du score moyen de la région depuis octobre 2022 pour atteindre un score de 74, supérieur à celui de l'Asie de l'Est et Pacifique. Cette tendance positive peut être attribuée aux contributions substantielles, au cours des deux dernières années, du Bénin, de la Côte d'Ivoire, du Gabon, de la Guinée équatoriale, du Lesotho, du Malawi, de l'Ouganda, de la République du Congo, du Rwanda, du Sénégal, de la Sierra Leone et du Togo. Au fil du temps, le Rwanda, la Sierra Leone et le Togo ont mis en œuvre de multiples réformes qui leur ont permis d'obtenir des scores supérieurs à 90. Les réformes récentes comportent des mesures clés et diversifiées, notamment des ajustements juridiques visant à renforcer la participation des femmes dans tous les secteurs, la mise en œuvre de politiques de congé parental, la garantie d'un salaire égal pour un travail égal et l'interdiction de la discrimination fondée sur le sexe dans l'accès au crédit, entre autres mesures significatives.

L'inégalité entre les sexes se manifeste tout au long du cycle de vie et touche de manière disproportionnée les femmes pauvres (Beegle et Christiaensen 2019). Les disparités au sein des ménages exposent les femmes à des violations de droits humains, telles que les mutilations génitales féminines (MGF), la formation précoce d'une famille et l'augmentation des tâches ménagères. Ces facteurs entravent régulièrement l'accumulation du capital humain et limitent les opportunités, perpétuant ainsi la pauvreté d'une génération à l'autre. Les MGF restent une pratique préoccupante dans 33 pays africains, avec une forte prévalence en Gambie, en Guinée, au Mali et en Somalie, affectant plus de 7 femmes sur 10 âgées de 15 à 19 ans (UNICEF 2024). On observe des tendances positives au Burkina Faso, en Côte d'Ivoire, en Éthiopie, en Mauritanie, en Sierra Leone et au Tchad, où le plaidoyer, les réformes juridiques et l'évolution des normes sociales ont fait baisser la prévalence chez les plus jeunes.

La faiblesse des mesures de protection juridiques, les normes culturelles et l'accès limité à l'éducation et aux opportunités économiques contribuent à la prévalence des mariages et de la parentalité précoces parmi les jeunes femmes en Afrique (Melesse et al. 2021 ; Parsons et al. 2015). Dans la région, une minorité de pays (13) ont adopté une législation fixant l'âge légal du mariage à 18 ans, tandis que 17 pays n'ont pas fixé d'âge minimum et que les autres ont fixé un âge minimum inférieur à 18 ans (Costa et al. 2023). En Afrique de l'Ouest, 40 à 60 % des femmes âgées de 15 à 19 ans sont en couple ou mariées. Cette situation est également courante dans les pays très pauvres, tels que Madagascar et le Mozambique, et elle maintient les filles pauvres dans un engrenage de pauvreté (Melesse et al. 2021 ; Parsons et al. 2015).

L'enseignement primaire s'est étendu depuis 1990, mais les enfants du quintile le plus pauvre affichent toujours des taux de fréquentation et d'achèvement faibles. Les écarts entre les sexes dans l'enseignement secondaire se creusent vers la fin du premier cycle secondaire, notamment en Afrique de l'Ouest, en Éthiopie et à Madagascar. Dans la région du Sahel en outre, les données de l'Enquête démographique et de santé, postérieures à 2010, révèlent que des proportions importantes de femmes âgées de 15 à 24 ans dans tous les quintiles de richesse n'ont aucun niveau d'instruction (voir figure S2.1). L'augmentation par ailleurs du nombre d'heures de travail ménager non rémunéré pendant l'adolescence a une incidence négative sur la qualité de l'emploi et les revenus à l'âge adulte (Carmichael et al. 2023).

FIGURE S2.1 Proportion des femmes âgées de 15 à 24 ans sans instruction, par quintile de richesse en Afrique

Pourcentage sans instruction

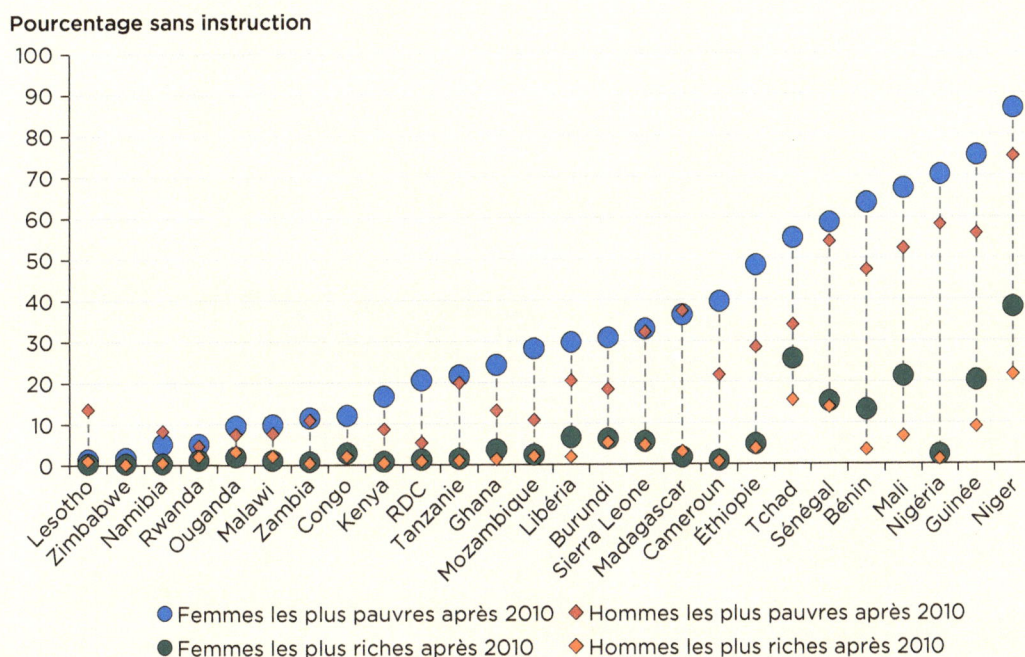

● Femmes les plus pauvres après 2010 ◆ Hommes les plus pauvres après 2010
● Femmes les plus riches après 2010 ◆ Hommes les plus riches après 2010

Source : Banque mondiale, données de l'Enquête démographique et de santé, multiples années (https://dhsprogram.com/).

Résultats en matière de développement : l'insaisissable parité économique

Si les progrès sont visibles sur le plan juridique, les écarts entre les sexes en matière de développement humain et de résultats économiques restent si importants en Afrique qu'elle est aujourd'hui le continent où les inégalités entre les sexes sont les plus marquées (voir carte S2.1). L'indice d'inégalité de genre des Nations Unies pour 2022 classe la région derrière toutes les autres et montre peu de progrès au fil du temps (PNUD 2022a, 2022b).

Les femmes africaines sont plus actives sur le marché du travail et dans les services publics que les femmes d'autres régions, mais leurs indicateurs de développement humain, tels que l'enseignement secondaire, la mortalité maternelle et la fécondité des adolescentes, sont nettement inférieurs à ceux d'autres régions (Costa et al. 2023).

Les femmes en Afrique occupent principalement des emplois vulnérables, et leur productivité et leurs revenus sont inférieurs à ceux des hommes (Costa et al. 2023). Les différences documentées entre les sexes en matière de qualité de l'emploi, de productivité et de revenus contribuent à un écart de rémunération hétérogène, étroitement lié au stade de transformation structurelle et de développement économique des pays. Dans les pays plus riches, en effet, les travailleurs ont un meilleur accès à l'emploi salarié (généralement supérieur à l'emploi indépendant) et l'écart entre les hommes et les femmes est plus faible. Il en va de même pour les revenus (Van den Broeck, Kilic et Pieters 2023). Le Nigeria, par exemple, à un stade plus avancé, présente un écart de rémunération entre les hommes et les femmes plus faible que le Malawi et la Tanzanie. Les écarts d'éducation, la ségrégation professionnelle et la localisation (urbaine ou rurale) expliquent également l'écart de rémunération.

CARTE S2.1 Les inégalités entre les hommes et les femmes dans le monde

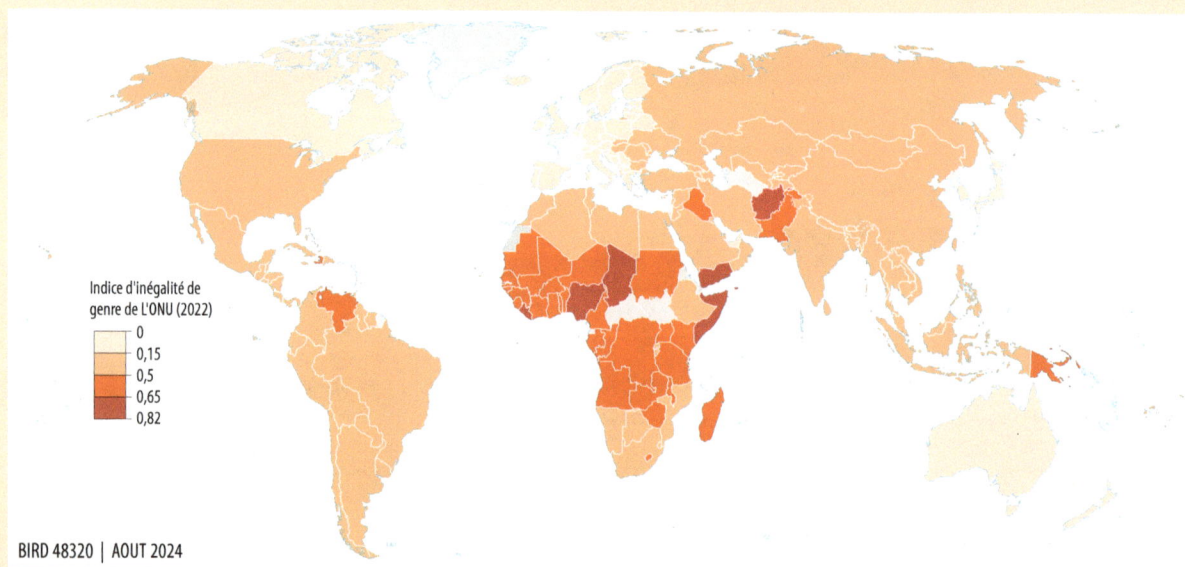

Indice d'inégalité de genre de L'ONU (2022)
0
0,15
0,5
0,65
0,82

BIRD 48320 | AOUT 2024

Source : PNUD 2022b.

Les écarts de productivité touchent aussi bien les entrepreneurs que les travailleurs agricoles. Les entreprises détenues par des femmes sont systématiquement moins performantes que celles détenues par des hommes, car elles sont confrontées à des défis tels qu'un nombre inférieur d'employés, des ventes plus faibles et une valeur ajoutée moindre (Banque mondiale 2019). Selon les estimations, la productivité agricole est inférieure de 13 à 25 % pour les parcelles contrôlées par les femmes, même en tenant compte de la taille et de la région (Banque mondiale et ONE 2014).

L'égalité devant la loi est cruciale pour obtenir ces résultats. Pour les femmes entrepreneurs, les contraintes juridiques et les normes sociétales constituent des obstacles, limitant la propriété des entreprises et perpétuant les pratiques discriminatoires (Banque mondiale 2019). La violence basée sur le genre nuit encore plus au bien-être et aux capacités de gestion (Morrison et Orlando 2004 ; Ouedraogo et Stenzel 2021). Les disparités en termes d'éducation et de compétences agissent sur la confiance des femmes et les ressources dont elles disposent pour être compétitives dans les secteurs dominés par les hommes (Carranza, Dhakal et Love 2018 ; Banque mondiale 2022). L'accès limité aux ressources financières entrave la capacité d'investissement (Suri et Jack 2016). Dans l'agriculture, des facteurs tels que les régimes fonciers, les problèmes de contrôle et l'accès restreint aux réseaux sociaux nuisent à la productivité des femmes, qui par ailleurs ont un pouvoir limité sur la gestion des ressources du ménage (Gaddis, Lahoti et Li 2018 ; Banque mondiale et ONE 2014) et consacrent un temps considérable à des activités non rémunérées (Dinkelman et Ngai 2022).

Les normes sociales et le cadre juridique perpétuent une inégalité fondamentale : le pouvoir d'agir

En Afrique, les écarts entre les sexes sont largement alimentés par les disparités en matière d'action, qui sont particulièrement visibles dans les contraintes juridiques liées au mariage et au divorce. Quatre pays, notamment la Guinée équatoriale, le Mali, la Mauritanie et le Soudan, ont des dispositions légales qui obligent les femmes à obéir à leurs maris, et neuf pays empêchent les femmes d'assumer des rôles de chef de famille similaires à ceux des hommes (Banque mondiale 2024). Des procédures de divorce différentes pour les hommes et les femmes existent dans 10 pays, et 25 nations maintiennent des procédures de remariage distinctes. Il est choquant de constater que 12 pays n'ont pas de législation spécifique concernant la violence domestique.

La reconnaissance légale des contributions non monétaires des femmes aux ménages reste absente dans 40 % des économies africaines, ce qui limite leur autonomie économique. Neuf économies refusent aux femmes l'égalité des droits de propriété sur des biens immobiliers. Neuf autres également les empêchent de contrôler des biens communs. Les droits de succession sont aussi inégaux dans 12 économies, et favorisent les fils au détriment des filles. Des disparités systématiques entre hommes et femmes persistent en matière de propriété, sans surprise (voir figure S2.2), avec dans 37 pays près de 8 % des femmes mariées qui sont propriétaires d'un terrain ou d'un logement, contre environ 25 % des hommes mariés. Ces écarts entre les sexes sont plus prononcés en Afrique de l'Ouest, tandis que l'Afrique australe répartit plus équitablement la propriété.

FIGURE S2.2 Propriété exclusive des actifs chez les femmes et les hommes

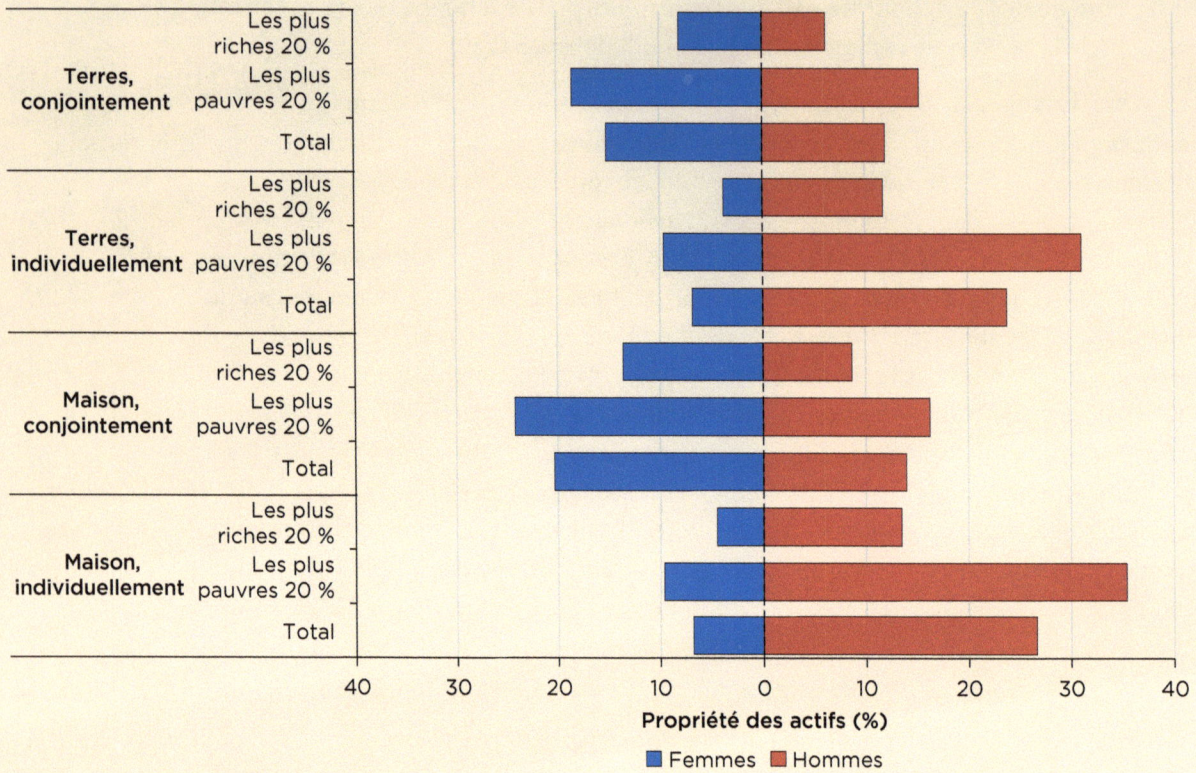

Source : Banque mondiale, données de l'Enquête démographique et de santé, dernière année disponible.

Des études soulignent le rôle essentiel de la propriété des actifs par les femmes dans les résultats au niveau du ménage. Elle influence le pouvoir de décision, la consommation, l'investissement dans le capital humain et les transferts intergénérationnels. Le statut maternel influence de manière significative le bien-être de la génération suivante. Il a une influence sur la nutrition, la santé et le développement en général. Un compromis observé entre le renforcement de l'autonomie des femmes et la violence entre partenaires intimes (VPI) révèle cependant une association positive entre l'emploi des femmes d'une part ainsi que l'acceptation et l'expérience de la VPI, d'autre part, en particulier dans les zones où la tolérance aux abus et les inégalités économiques sont plus élevées (Cools et Kotsadam 2017 ; González-Brenes 2004).

Le genre et le potentiel économique non réalisé

L'impact de l'inégalité entre les sexes sur le potentiel économique d'un pays est souvent sous-estimé, en particulier lorsque l'on se concentre sur la pauvreté en tant que dimension principale. Au Sénégal, on a constaté que les disparités entre les sexes dans la consommation non alimentaire au sein des ménages augmentaient l'inégalité globale de consommation de 14 % (De Vreyer et Lambert 2021), ce qui souligne l'importance de l'inégalité entre les sexes au sein des ménages dans l'identification des populations vulnérables. Les privations non monétaires persistent particulièrement chez les femmes, même dans les ménages qui ne sont pas considérés comme pauvres (Brown, Ravallion et van de Walle 2019).

L'élimination des disparités entre les sexes n'est pas seulement une question de justice sociale, mais aussi une étape cruciale pour libérer tout le potentiel économique de la région. Plusieurs études soulignent les avantages économiques de la lutte contre les disparités entre les hommes et les femmes, en particulier sur le marché du travail. Les estimations mondiales suggèrent que les écarts entre les sexes dans l'activité économique, y compris le taux de participation à la main-d'œuvre, la ségrégation professionnelle et les disparités salariales, contribuent à une perte de revenu moyenne de 15 % (dont 40 % sont attribués aux disparités dans l'entrepreneuriat), ce qui affecte de manière disproportionnée les pays en développement (Cuberes et Teignier 2016). Inversement, l'amélioration des perspectives d'emploi des femmes, mesurée par une participation accrue sur le marché du travail, renforce l'efficacité technique globale et favorise la croissance économique, en particulier dans les économies en développement (Bargain et Lo Bue 2022 ; Bertay, Dordevic et Sever 2020 ; Hazarika, Khraiche et Kutlu 2023 ; Pervaiz et coll. 2023).

Piste de solution : rompre l'inertie des progrès lents

Les disparités entre les hommes et les femmes, même si elles sont fréquentes dans la région, ont connu quelques progrès ces dernières années, notamment sur le plan juridique. Un fait marquant révèle à la fois des aspects positifs et négatifs : la plupart des progrès juridiques de la région proviennent d'environ un quart des pays. D'un point de vue pessimiste, la plupart des organes législatifs de la région n'ont pris aucune mesure en faveur de l'égalité entre les sexes. Selon une perspective optimiste, il existe une demi-douzaine de modèles intéressants à suivre. Quelles sont les mesures prises par ces pays ? Qu'est-ce qui a provoqué cette dynamique ? Ces expériences peuvent-elles être répliquées ? Les réponses à ces questions seront précieuses pour ouvrir la voie à une action sur le plan juridique et réduire les obstacles inutiles qui entravent l'égalité des chances entre les hommes et les femmes.

Le changement nécessaire doit cependant transcender la loi et transformer le cercle vicieux entre les normes et les lois en un cercle vertueux (Benabou et Tirole 2011). La lutte contre les inégalités doit donc se mener à la fois dans les ménages (violations des droits de l'homme, rôles des hommes et des femmes, investissements dans le capital humain, entre autres) et dans les espaces publics (égalité des chances sur le marché du travail, dans le développement des entreprises et dans l'accumulation d'actifs, etc.). Pour la plupart de ces questions, les interventions et politiques isolées ne suffisent pas. Des données récentes montrent clairement que les progrès les plus significatifs résultent d'approches multisectorielles qui combinent l'élimination des obstacles financiers, le renforcement des compétences, l'amélioration de l'accès à la santé sexuelle et reproductive et la modification du discours sur les rôles des hommes et des femmes (Costa et al. 2023 ; Starrs et coll. 2023).

L'investissement dans le capital humain des femmes, la réforme des lois pour garantir les droits fondamentaux, et la promotion de changements dans les normes sociales permettront de consolider durablement les progrès naissants en matière de capital humain et de résultats économiques, ce qui favorisera l'élargissement du cercle vertueux et la réalisation du potentiel de sociétés plus égalitaires sur la voie du développement.

Bibliographie

BAD (Banque africaine de développement) et CEA (Commission économique des Nations Unies pour l'Afrique). 2020. Rapport sur l'indice de genre en Afrique, 2019. Abidjan, Côte d'Ivoire : Groupe de la Banque africaine de développement.

Banque mondiale. 2024. Les femmes, l'Entreprise et le Droit 2024. Washington, DC : Banque mondiale. https://openknowledge.worldbank.org/server/api/core/bitstreams/ab667156-6bfd-46d9-be83-de42d4e0c8ed/content

Banque mondiale. 2012. World Development Report 2012: Gender Equality and Development. Washington, DC: World Bank. https://openknowledge.worldbank.org/entities/publication/51c285f6-0200-590c-97d3-95b937be3271.

Banque mondiale. 2019. Les bénéfices de la parité. Libérons le potentiel de l'entrepreneuriat féminin en Afrique. Washington, DC : Banque mondiale. https://documents1.worldbank.org/curated/en/691251563902252416/pdf/Main-Report.

Banque mondiale et ONE. 2014. Harmoniser les règles du jeu : Améliorer les perspectives des femmes agricultrices en Afrique. Washington, DC: Banque mondiale. https://documents1.worldbank.org/curated/fr/663921467990384399/pdf/860390WP0FRENC00Box382147B00PUBLIC0.pdf

Banque mondiale. 2022. Breaking Barriers: Female Entrepreneurs Who Cross Over to Male-Dominated Sectors. Washington, DC: World Bank. http://hdl.handle.net/10986/36940.

Bargain, Olivier, et Maria C. Lo Bue. 2021. «The Economic Gains of Closing the Employment Gender Gap : Evidence from Morocco (Les gains économiques de la réduction de l'écart entre les hommes et les femmes en matière d'emploi : données du Maroc). Document de travail 2021-79, Institut mondial de recherche sur l'économie du développement, Helsinki.

Beegle, Kathleen, et Luc Christiaensen. 2019. Accélérer la réduction de la pauvreté en Afrique. Washington, DC : Banque mondiale. https://documents1.worldbank.org/curated/en/875861570689184199/pdf/Accelerating-Poverty-Reduction-in-Africa.pdf

Benabou, Roland, et Jean Tirole. 2011. "Laws and Norms. Document de travail 17579, National Bureau of Economic Research, Cambridge, MA.https://www.nber.org/system/files/working_papers/w17579/w17579.pdf.

Bertay, Ata Can, Ljubica Dordevic et Can Sever. 2020. «Inégalité de genre et croissance économique: Evidence from Industry-Level Data». Document de travail 20/119, Fonds monétaire international, Washington, DC.

Broccolini, Chiara, Anna Fruttero et Saanya Jain. 2023. "Revisiting Trends in Gender Equality". Dans Gender Equality and Economic Development in Sub-Saharan Africa, édité par Lisa L. Kolovich et Monique Newiak, 9-42. Washington, DC : Fonds monétaire international.

Brown, Caitlin, Martin Ravallion et Dominique van de Walle. 2019. "Most of Africa's Nutritionally Deprived Women and Children Are Not Found in Poor Households." Review of Economics and Statistics 101 (4): 631–44.

Carmichael, Fiona, Christian Darko, Shireen Kanji et Nicholas Vasilakos. 2023. "The Contribution of Girls' Longer Hours in Unpaid Work to Gender Gaps in Early Adult Employment: Evidence from Ethiopia, India, Peru and Vietnam." Feminist Economics 29 (1): 1–37.

Carranza, Eliana, Chandra Dhakal et Inessa Love. 2018. "Female Entrepreneurs: How and Why Are They Different?" Jobs Working Paper 20, World Bank, Washington, DC.

Cools, Sara, et Andreas Kotsadam. 2017. "Resources and Intimate Partner Violence in Sub-Saharan Africa," World Development 95, issue C, 211–30.

Costa, Rita D., Alina Kalle, Diana Milena Lopez Avila, Marilia Castelo Magalhaes, Miriam Muller et Elizabeth Salazar. 2023. What Works to Narrow Gender Gaps and Empower Women in Sub-Saharan Africa? An Evidence-Review of Selected Impact Evaluation Studies. Washington, DC: World Bank. http://documents.worldbank.org/curated/en/099061623110030316 /P1804940a8a04e0ab0988e0e90727152914.

Cuberes, David, et Marc Teignier. 2016. "Aggregate Effects of Gender Gaps in the Labor Market: A Quantitative Estimate." Journal of Human Capital 10 (1): 1–32.

De Vreyer, Philippe, et Sylvie Lambert. 2021. "Inequality, Poverty, and the Intra-Household Allocation of Consumption in Senegal," World Bank Economic Review, 35 (2): 414–435. https://doi.org /10.1093/wber/lhz052.

Dinkelman, Taryn, et L. Rachel Ngai. 2022. "Time Use and Gender in Africa in Times of Structural Transformation." Journal of Economic Perspectives 36 (1): 57–80.

González-Brenes, M. 2004. "Domestic Violence and Household Decision-Making: Evidence from East Africa." Unpublished manuscript, University of Massachusetts, Amherst. https://www.sscnet.ucla .edu/polisci/wgape/papers/7_Gonzalez.pdf.

Gaddis, Isis, Rahul Lahoti et Wenjie Li. 2018. "Gender Gaps in Property Ownership in Sub-Saharan Africa." Policy Research Working Paper 8573, World Bank, Washington, DC.

Hazarika, Gautam, Maroula Khraiche et Levant Kutlu. 2023. "Gender Equity in Labor Market Opportunities and Aggregate Technical Efficiency: A Case of Equity Promoting Efficiency." Applied Economics 56 (23): 2806–17. https://doi.org/10.1080/00036846.2023.2203451.

Melesse, Dessalegn, Réka M. Cane, Aveneni Mangombe, Macellina Y. Ijadunola, Adom Manu, Eniola Bamgboye, Abdu Mohiddin, Rornald M. Kananura, Elsie Akwara, Elsabé du Plessis, Yohannes D. Wado, Martin K. Mutua, Wubegzier Mekonnen, Cheikh M. Faye, Sarah Neal et Ties Boerma. 2021. "Inequalities in Early Marriage, Childbearing and Sexual Debut among Adolescents in Sub Saharan Africa." Reproductive Health 18 (Supplement 1): 117. https://doi.org/10.1186/s12978 -021-01125-8.

Morrison, Andrew R., et Maria Beatriz Orlando. 2004. "The Costs and Impacts of Gender-Based Violence in Developing Countries: Methodological Considerations and New Evidence." Working Paper. Washington, DC: World Bank. http://documents.worldbank.org/curated/en/4422814 68339624395/The-cost-and-impacts-of-gender-based-violence-in-developing-countries -methodological-considerations-and-new-evidence.

Ouedraogo, Rasmané, et David Stenzel. 2021. "The Heavy Economic Toll of Gender-Based Violence: Evidence from Sub-Saharan Africa." Working Paper 21/277, International Monetary Fund, Washington, DC.

Parsons, J., J. Edmeades, A. Kes, S. Petroni, M. Sexton et Q. Wodon. 2015. Economic Impacts of Child Marriage: A Review of the Literature." Review of Faith & International Affairs 13 (3): 12–22. https://doi.org/10.1080/15570274.2015.1075757.

Pervaiz, Zahid, Shahla Akram, Sajjad Ahmad Jan et Amatul R. Chaudhary. 2023. "Is Gender Equality Conducive to Economic Growth of Developing Countries?" Cogent Social Sciences 9: 2. https://doi.org/10.1080/23311886.2023.2243713.

PNUD (Programme des Nations Unies pour le développement). 2022a. "Gender Development Index (GDI)." Human Development Reports. New York: UNDP. https://hdr.undp.org/gender-development-index#/indicies/GDI.

PNUD (Programme des Nations Unies pour le développement). 2022b. "Gender Inequality Index (GII)." Human Development Reports. New York: UNDP. https://hdr.undp.org/data-center/thematic-composite-indices/gender-inequality-index#/indicies/GII.

Starrs, Ann, Alex Ezeh, Gilda Sedgh et Susheela Singh. 2023. "To Achieve Development Goals, Advance Sexual and Reproductive Health and Rights." Lancet 403 (10429): 787–89. https://doi.org/10.1016/S0140-6736(23)02360-7.

Suri, Tavneet, et William Jack. 2016. "The Long-Run Poverty and Gender Impacts of Mobile Money." Science 354 (6317): 1288–92.

UNICEF (United Nations Children's Fund). 2024. "Over 230 Million Girls and Women Worldwide Have Undergone Female Genital Mutilation." https://data.unicef.org/topic/child-protection/female-genital-mutilation/.

Union africaine. 2003. Protocole à la Charte africaine des droits de l'homme et des peuples relatif aux droits de la femme en Afrique. Maputo, Mozambique : Union africaine. https://au.int/sites/default/files/treaties/37077-treaty-0027_-_protocol_to_the_african_charter_on_human_and_peoples_rights_on_the_rights_of_women_in_africa_f.pdf.

Van den Broeck, Goedele, Talip Kilic et Janneke Pieters. 2023. "Structural Transformation and the Gender Pay Gap in Sub-Saharan Africa." PLoS ONE 18 (4): e0278188. https://doi.org/10.1371/journal.pone.0278188.

Les travailleurs, les entreprises et les exploitations agricoles sont confrontés à des conditions inégales dans l'utilisation de leurs capacités productives

NISTHA SINHA, ELWYN DAVIES, ALASTAIR HAYNES ET REGINA PLENINGER

Messages clés du chapitre

Les revenus dans la région Afrique sont très inégaux à cause des inégalités dans l'utilisation des capacités de production. Ces inégalités créent des sources structurelles d'inégalité des revenus. Les distorsions auxquelles sont confrontées les entreprises et les exploitations agricoles freinent leur accès à des possibilités intéressantes de s'assurer un revenu de deux manières : premièrement, elles freinent la création d'emplois salariés de qualité et bien rémunérés, dont l'accès est limité à un nombre réduit de travailleurs, principalement dans le secteur public ; deuxièmement, elles limitent la productivité et la rentabilité des entreprises et des exploitations agricoles, réduisant ainsi les revenus de ceux qui sont engagés dans ces activités. En conséquence, de nombreuses personnes se retrouvent dans des activités de repli peu productives et peu rémunératrices. La compréhension des distorsions qui créent des situations de concurrence inégales pour les entreprises et les exploitations agricoles ouvre des perspectives d'action pour lutter contre l'inégalité du côté de la production de l'économie :

- promouvoir les innovations fondées sur le marché pour améliorer l'accès des entreprises et des exploitations agricoles au capital et à la technologie ;

- élargir leur accès au marché ;

- faciliter la mise en relation des travailleurs et des employeurs ;

- promouvoir la concurrence, l'égalité des sexes dans le droit du travail, la stabilité macroéconomique et l'accès à la justice.

La mise en œuvre de ces politiques pourrait également s'avérer payante en stimulant la croissance de productivité à l'échelle de l'économie.

L'inégalité structurelle dans l'exploitation des capacités de production est liée aux distorsions du marché

Contrairement à la concentration de la plupart des études sur l'inégalité des revenus sur les milliardaires et les personnes ayant les revenus les plus élevés, ce chapitre examine l'inégalité des revenus au sein de la majorité de la population. Les données sur les milliardaires africains sont rares, mais des données d'enquête sur les revenus des ménages africains sont disponibles pour plusieurs pays depuis 2010. Les gens déploient leur capacité de production pour gagner des revenus à partir de trois sources : le travail salarié dans les entreprises ou le secteur public, la gestion des entreprises familiales, et le travail salarié ou indépendant dans l'agriculture. Les ménages africains comptent généralement des membres qui perçoivent des revenus de sources multiples. Le revenu total des ménages provenant de ces sources rémunérées et non rémunérées (envois de fonds, transferts de sécurité sociale) présente des niveaux élevés d'inégalité. Dans 12 pays étudiés dans le cadre de ce rapport, les indices de Gini des revenus totaux par habitant dépassent 50 (voir figure 4.1). Une décomposition de l'inégalité totale des revenus montre que les revenus salariaux et les revenus des entreprises familiales sont responsables de la quasi-totalité des disparités de revenus ; tandis que les salaires et les revenus des entreprises familiales accroissent l'inégalité, les revenus agricoles tendent à avoir un effet égalisateur[1].

FIGURE 4.1 Inégalité du revenu total et du revenu salarial : Indice de Gini

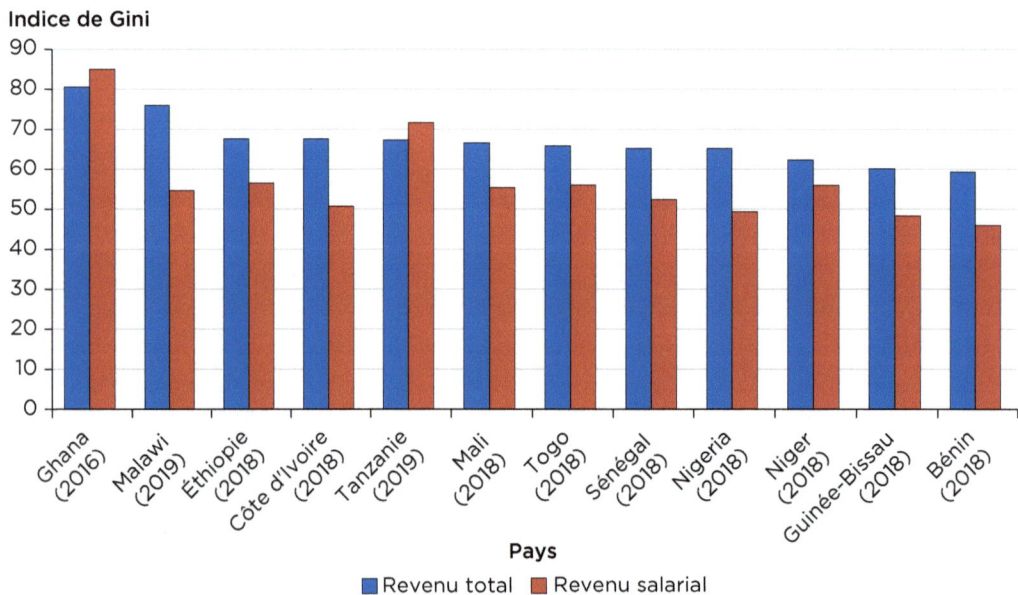

Indice de Gini

Sources : Calculs des services de la Banque mondiale basés sur l'étude de mesure des niveaux de vie (https://www.worldbank.org/en/programs/lsms) et les enquêtes de l'Union économique et monétaire ouest-africaine pour chaque pays (ANSD 2022).
Note : Le revenu total des ménages est par habitant ; le revenu salarial est au niveau individuel.

L'utilisation de la capacité de production et le type d'emploi varient selon la distribution des revenus (voir figures 4.2a et 4.2b). Les revenus des ménages des déciles inférieurs sont dominés par les revenus agricoles. Les revenus des déciles supérieurs sont dominés par les salaires. L'emploi salarié dans les établissements productifs tend à fournir les possibilités de revenus les plus élevées et les plus solides. Les entreprises non agricoles des ménages – qui comprennent les travailleurs indépendants – contribuent aux revenus dans l'ensemble de la distribution de la consommation. Après l'agriculture, les familles rurales dépendent des revenus des entreprises familiales non agricoles. La contribution des revenus salariaux est plutôt limitée dans les zones rurales, mais sa contribution au revenu total augmente avec les déciles de consommation. Les familles urbaines tirent principalement leurs revenus du travail pour leur propre compte, des entreprises familiales et du travail salarié. Parmi les familles urbaines les plus pauvres, les revenus provenant du travail pour compte propre et des entreprises familiales constituent la principale source de revenus pour un peu moins de 40 % des ménages. La dépendance des familles urbaines à l'égard des revenus salariaux augmente fortement avec le revenu, les salaires constituant la principale source de revenu total pour les 40 % de familles les plus riches (sixième décile et plus).

FIGURE 4.2 **Part des ménages dont la principale source de revenu est l'agriculture, les entreprises familiales ou les emplois salariés, par déciles de consommation**

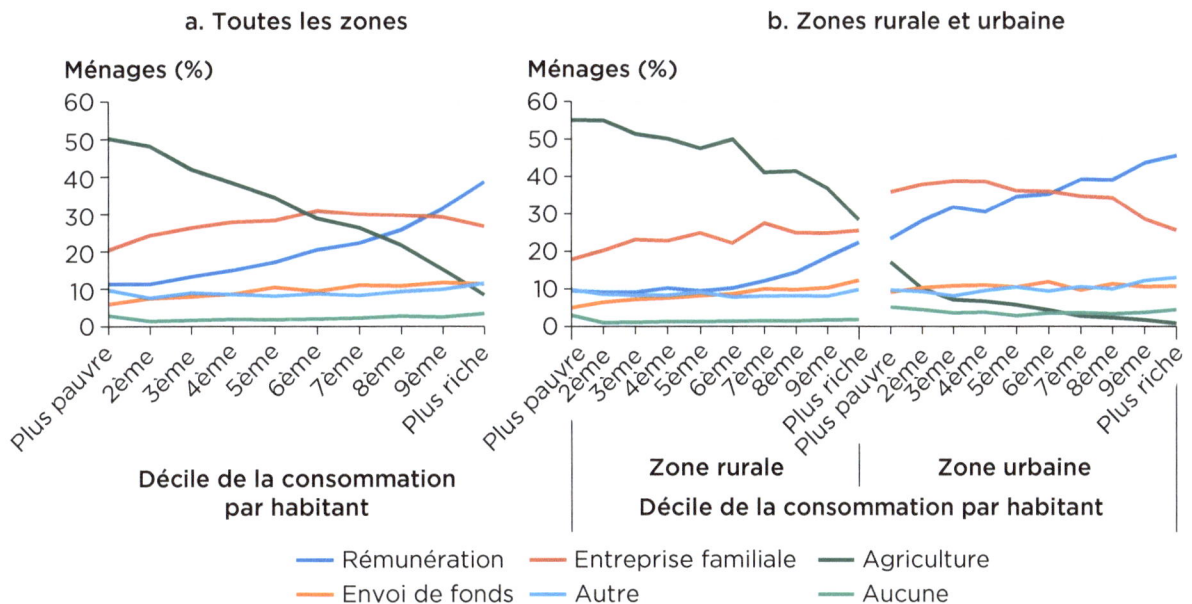

a. Toutes les zones

b. Zones rurale et urbaine

Sources : Calculs des services de la Banque mondiale basés sur les enquêtes de l'Étude de mesure des niveaux de vie (https://www.worldbank.org/fr/programmes/lsms) de l'Éthiopie, du Ghana, du Malawi, du Nigeria, de la Tanzanie, de l'Ouganda et de l'Union économique et monétaire ouest-africaine (ANSD 2022).
Note : Les entreprises des ménages comprennent les travailleurs indépendants. Les parts présentées sont la moyenne transnationale pour chaque décile de consommation.

Les disparités entre riches et pauvres dans les sources de revenus ont plusieurs origines, y compris la quantité de capacités de production que les gens possèdent, les normes de genre concernant le travail et l'intensité des compétences de la technologie de production. Ce chapitre décrit principalement le rôle des conditions structurelles – les distorsions auxquelles sont confrontées les entreprises et les exploitations agricoles au cours du processus de production – qui façonnent la distribution des revenus dans la région. Les faits montrent que ces distorsions sont importantes en Afrique (Calderón 2022). Ces distorsions créent une inégalité d'accès aux bonnes possibilités de revenus de deux manières. Premièrement, elles freinent la création d'emplois salariés de qualité et bien rémunérés, les rendant accessibles à un nombre restreint de travailleurs. Ces emplois se trouvent souvent dans le secteur public. Deuxièmement, elles limitent la productivité et la rentabilité des entreprises et des exploitations agricoles, ce qui a pour effet de réduire les revenus des personnes engagées dans ces activités. En conséquence, nombre d'entre elles se retrouvent à exercer des activités de repli peu productives et mal rémunérées. À l'échelle mondiale, l'inégalité de la consommation au niveau national tend à être plus élevée dans les pays où la proportion d'emplois salariés est faible (et où la proportion d'emplois indépendants est proportionnellement plus élevée ; voir figure 4.3).

FIGURE 4.3 **Corrélation entre l'indice de Gini et la taille du secteur salarié dans les différents pays**

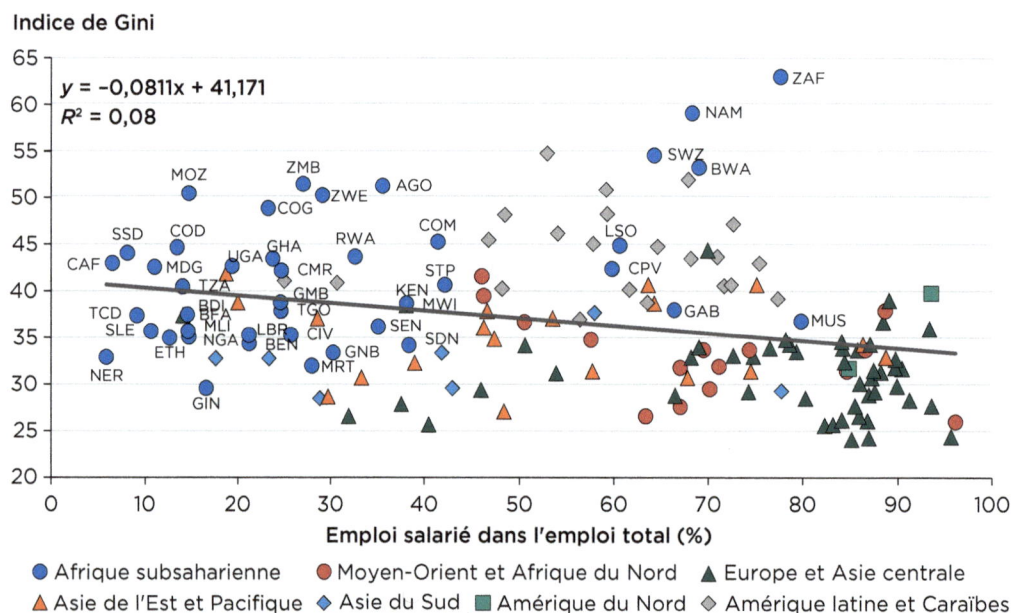

Indice de Gini

$y = -0,0811x + 41,171$
$R^2 = 0,08$

Emploi salarié dans l'emploi total (%)

- ● Afrique subsaharienne
- ● Moyen-Orient et Afrique du Nord
- ▲ Europe et Asie centrale
- ▲ Asie de l'Est et Pacifique
- ◆ Asie du Sud
- ■ Amérique du Nord
- ◆ Amérique latine et Caraïbes

Source : la figure originale pour cette publication est basée sur des estimations utilisant les données des indicateurs de développement mondial de la Banque mondiale (https://databank.worldbank .org/source/world-development-indicators).
Note : La ligne grise représente la corrélation. Indice de Gini pour la distribution de la consommation, sauf pour les pays d'Amérique latine et des Caraïbes. Pour les abréviations des pays, voir https://www.iso.org/obp/ui/#search.

En Afrique même, la corrélation négative entre l'inégalité de la consommation et la part des emplois salariés est moins évidente en raison des pays d'Afrique australe qui sont riches en ressources et ont historiquement connu des niveaux d'inégalité élevés.

La compréhension des distorsions qui créent des conditions de concurrence inégales pour les entreprises et les exploitations agricoles offre des perspectives d'action pour lutter contre l'inégalité des revenus. Une conséquence importante de ces distorsions est que les différences de productivité entre les entreprises et les exploitations agricoles sont dues à la manière dont les marchés fonctionnent, plutôt qu'aux différences de talents, de capacités de gestion et d'efforts au sein de l'entreprise. Par exemple, un salarié d'une entreprise qui ne peut pas vendre à de nouveaux clients en raison d'un accès inéquitable au marché peut voir son travail moins bien rémunéré qu'un salarié d'une entreprise qui bénéficie d'un accès privilégié au marché. Les frictions sur le marché du travail peuvent empêcher un travailleur d'aller travailler dans l'entreprise la mieux rémunérée. Une autre conséquence des distorsions est que la plupart des entreprises et des exploitations agricoles sont plus petites qu'elles ne pourraient l'être en l'absence de distorsions, ce qui entraîne moins de création d'emplois salariés et donc moins de possibilités de mobilité des revenus. Si l'entreprise non privilégiée ne peut pas se développer en raison de ces frictions du marché, elle peut renoncer à recruter un nouveau travailleur, qui peut dans ce cas se retrouver à son compte et atteindre une productivité et des revenus inférieurs dans cette activité. Même si ces travailleurs ont un potentiel productif similaire, ces distorsions du marché créeront probablement des inégalités de résultats. Dans la mesure où les distorsions du marché et des institutions créent des conditions inégales, certaines entreprises et exploitations agricoles ne pourront pas atteindre leur potentiel de production. Ces distorsions entraînent également une mauvaise répartition des ressources dans l'économie, ce qui nuit à la croissance (Restuccia et Rogerson 2017). S'attaquer à ces distorsions du marché aurait donc pour avantage supplémentaire de stimuler la croissance de la productivité.

Le reste du chapitre est organisé en trois sections. Une description du paysage de l'emploi dans la région détaille les caractéristiques des sources de revenus – les entreprises et les exploitations agricoles où les gens utilisent leurs capacités de production. Elle est suivie d'un diagnostic sur la manière dont les distorsions des marchés des intrants, des produits et du travail affectent les performances des entreprises et des exploitations agricoles. Bien que les origines historiques des faibles performances de l'Afrique en matière de productivité aient été bien documentées, ce rapport se concentre sur l'examen de ces disparités telles qu'elles existent aujourd'hui et sur leurs implications pour l'avenir (voir, par exemple, Nunn 2007, 2014). Sur la base de ces résultats diagnostiques, la dernière section conclut le chapitre par une discussion sur quatre orientations politiques que les pays de la région pourraient suivre pour uniformiser les règles du jeu pour les entreprises et les exploitations agricoles.

Le défi de l'Afrique en matière d'emploi et de revenus réside dans le lieu où les gens travaillent, et non dans le fait qu'ils travaillent ou non

Les revenus non salariaux constituent la principale source de revenus dans la région. La plupart des emplois sont également concentrés dans des activités non salariées. Étant donné que le processus de développement économique s'accompagne généralement d'une augmentation de l'emploi salarié, ce rapport fait référence à l'agriculture et aux entreprises familiales non agricoles en tant que secteurs de repli. Compte tenu des possibilités limitées d'emploi salarié, ces secteurs de repli jouent un rôle essentiel en offrant des possibilités de revenus, en particulier pour les personnes peu ou pas éduquées. Les entreprises familiales sont un élément important du processus de transformation structurelle dans la région, car elles offrent des sources de revenus non agricoles, en particulier dans les zones urbaines (Beegle et Christiaensen 2019). Le rôle important joué par les entreprises familiales en tant que source d'emploi non agricole pourrait diminuer si l'emploi salarié se développe, comme cela a été constaté au Vietnam (Oostendorp, Trung et Tung 2009). Le défi de la région en matière d'emplois et de revenus découle de la faible taille moyenne des entreprises, y compris les entreprises familiales et les exploitations agricoles, laquelle contribue à l'inégalité des revenus décrite dans la section précédente. Néanmoins, les travailleurs des secteurs de repli ont tendance à être hétérogènes en matière de potentiel et de performance ; certains peuvent avoir les capacités de se reconvertir, mais en sont incapables à cause d'autres contraintes, tandis que d'autres optent pour l'auto-emploi par préférence plutôt que par nécessité.

La participation à la population active est élevée et concerne principalement des emplois non rémunérés

Une grande partie de la population en âge de travailler de la région participe à la population active. Selon des estimations comparables au niveau mondial, la part des personnes âgées de 15 à 64 ans (c'est-à-dire celles en âge de travailler) en 2022 qui ont participé à des activités économiques en Afrique est l'une des plus élevées, à 68 %, semblable à celle de l'Amérique latine (69 %) et supérieure à celle de l'Asie du Sud (55 %) et du Moyen-Orient et de l'Afrique du Nord (45 %)[2]. En Afrique, les taux de participation à la population active ne varient pas en fonction du statut de pauvreté, et le statut d'emploi (le fait de travailler ou non) n'est pas en soi un facteur majeur de pauvreté ou d'inégalité des revenus (voir figure 4.4a)[3], malgré des différences entre les pays. L'emploi en pourcentage de la population totale en âge de travailler est inférieur à 50 % dans les pays riches en ressources, mais non fragiles, un groupe qui comprend les pays d'Afrique australe (voir figure 4.4b). Ces pays ont également des taux de chômage élevés en raison de distorsions structurelles qui affectent à la fois la demande et l'offre sur le marché du travail (Sulla, Zikhali et Cuevas 2022). Les taux d'activité des pays d'Afrique australe sont également conformes à ceux des pays à revenu moyen supérieur, car les pays riches ont tendance à avoir des taux d'emploi plus faibles. Les pays plus pauvres ont tendance à avoir des taux de participation à la population active plus élevés parce que beaucoup doivent compter sur des emplois de nécessité. En conséquence, les taux d'activité sont les plus élevés dans les pays riches en ressources et fragiles, un groupe de pays dont le produit intérieur brut par habitant est le plus faible et où l'extrême pauvreté est élevée.

La plupart des travailleurs exercent des activités non rémunérées et dépendent de secteurs de repli plus importants que dans d'autres régions. Selon des estimations comparables à l'échelle mondiale, un peu moins d'un quart (22 %) des travailleurs sont salariés dans les pays africains. Cette proportion reste inférieure à celle de l'Asie du Sud (27 %) et moins de la moitié de celle observée dans les régions de l'Asie de l'Est et du Pacifique (52 %), de l'Amérique latine et des Caraïbes (63 %), et du Moyen-Orient et de l'Afrique du Nord (65 %) (Indicateurs du développement dans le monde et Estimations modélisées de l'OIT (base de données ILOEST))[4]. Les enquêtes auprès des ménages dans la région montrent qu'environ la moitié des travailleurs sont des travailleurs indépendants. La part de l'emploi salarié augmente avec le revenu, mais l'emploi

FIGURE 4.4 Caractéristiques de la population active, 15-64 ans, région Afrique

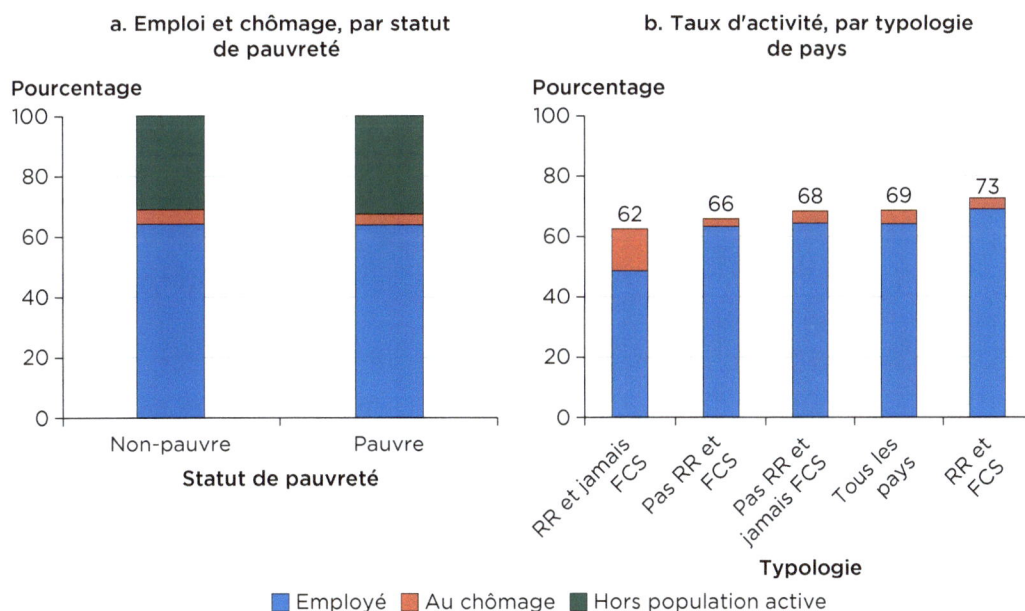

a. Emploi et chômage, par statut de pauvreté

b. Taux d'activité, par typologie de pays

■ Employé ■ Au chômage ■ Hors population active

Source : données harmonisées des enquêtes sur les ménages pour les pays africains (2013-19)
Données harmonisées des enquêtes auprès des ménages pour les pays africains (2013-19).
Note : Le panel a. montre les parts de ceux qui ont un emploi, qui sont au chômage et qui n'exercent aucune activité parmi la population en âge de travailler qui est pauvre et non pauvre en utilisant le seuil de pauvreté international de 2,15 dollars (parité de pouvoir d'achat de 2017). Les chômeurs sont ceux qui cherchent du travail, mais ne sont pas employés. Dans le panel b, la participation à la force de travail se compose de ceux qui sont employés dans des activités économiques et de ceux qui sont à la recherche d'un emploi, mais qui ne sont pas employés. EFC = pays ayant déjà connu une situation de fragilité, de conflit et de violence ; RR = pays riches en ressources.

indépendant dans les entreprises familiales ou le travail agricole reste important (voir figure 4.5a). Le travail non rémunéré dans les exploitations agricoles familiales et les entreprises familiales, principalement effectué par les femmes, diminue fortement avec le revenu. Les femmes sont plus susceptibles d'exercer une activité indépendante (en particulier dans le cadre de la gestion d'entreprises familiales) et moins susceptibles d'être salariées. La part de l'activité économique consacrée aux emplois salariés est la plus élevée dans les pays qui n'ont pas connu de fragilité ou de conflit ; pour ce groupe de pays, la part des emplois salariés est proche de 30 % (voir figure 4.5b). Les pays fragiles et touchés par un conflit, quelle que soit leur dépendance à l'égard des ressources naturelles, ont moins d'emplois salariés. La dépendance à l'égard de l'agriculture comme principale source de revenus est élevée. En moyenne, près de 60 % de tous les travailleurs dans les pays en situation de fragilité et de conflit (EFC) et 40 % de ceux issus de pays autres que les EFC travaillent dans l'agriculture. Au fil du temps, la part moyenne de l'emploi dans l'agriculture a diminué en Afrique parce que de nombreux travailleurs sont passés à des emplois non agricoles, en particulier dans des entreprises familiales non agricoles (Christiaensen et Maertens 2022).

Le secteur public est une source importante d'emplois salariés, mais sa part varie (voir figure 4.6). Dans des pays comme l'Éthiopie et le Nigeria, plus de 40 % de tous les

FIGURE 4.5 **Structure de l'emploi, région Afrique**

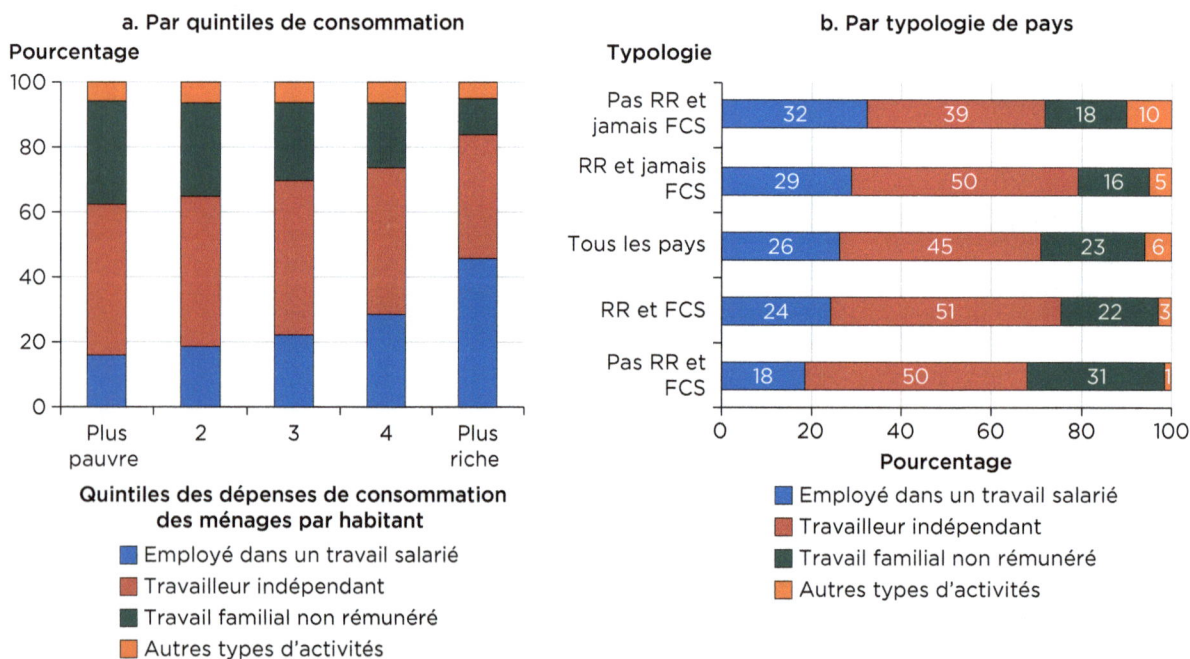

a. Par quintiles de consommation

b. Par typologie de pays

Source : Données harmonisées des enquêtes auprès des ménages pour les pays africains (2013-19).
Note : Les données reflètent la part des personnes employées âgées de 15 à 64 ans qui occupent un emploi salarié, un emploi indépendant, un travail non rémunéré et des activités non classées. L'emploi indépendant comprend le travail dans l'agriculture. EFC = pays qui ont déjà connu des situations de fragilité, de conflit et de violence ; RR = pays riches en ressources.

Partir sur un pied d'égalité

FIGURE 4.6 Part de l'emploi salarié dans le secteur public

Pourcentage

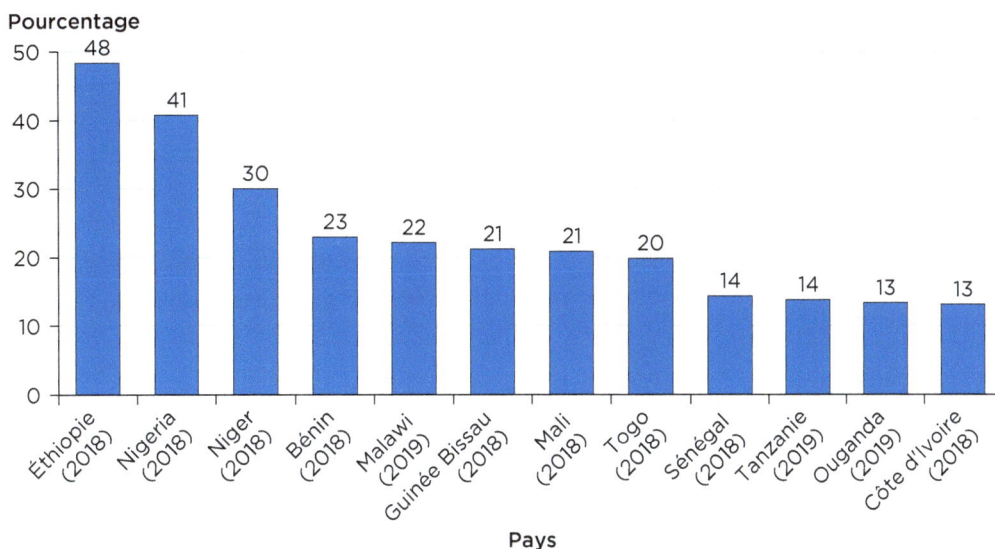

Sources : Estimations basées sur l'étude de mesure des niveaux de vie (https://www.worldbank.org
/en/programs/lsms) et les enquêtes de l'Union économique et monétaire ouest-africaine pour
2018-19 (ANSD 2022).

travailleurs salariés sont employés dans le secteur public en tant qu'administrateurs,
enseignants et médecins. Cependant, la part du secteur public dans l'emploi salarié est
inférieure à 15 % dans des pays comme la Côte d'Ivoire, le Sénégal, la Tanzanie et
l'Ouganda. Lorsque le secteur public représente une part importante des travailleurs
salariés, il est également un employeur important de travailleurs diplômés de
l'enseignement supérieur : plus de 60 % des travailleurs diplômés de l'enseignement
supérieur en Éthiopie, au Nigeria et au Niger travaillent dans le secteur public. Dans
tous les pays, ce sont principalement les ménages les plus aisés qui dépendent des
salaires du secteur public. L'inégalité des chances d'accès à l'emploi salarié dans le
secteur public peut être une autre source d'inégalité.

Les revenus provenant de chacune des sources de revenus sont hétérogènes

Étant donné que les mouvements des travailleurs entre les secteurs salariés et non-
salariés tendent à être limités, la productivité au sein des secteurs salariés et de repli est
déterminante pour la répartition des revenus. Partout dans le monde, les données
longitudinales des ménages sur les transitions professionnelles des travailleurs
montrent que les transitions entre les entreprises ou les exploitations agricoles des
ménages et les structures économiques organisées plus importantes sont limitées
(Donovan, Lu et Schoellman, 2023). Les données d'une enquête longitudinale sur les
ménages en Ouganda montrent également peu de mouvements des travailleurs des
entreprises familiales vers le secteur des emplois salariés entre 2016 et 2018, mais ceux
qui occupaient des emplois salariés étaient susceptibles de passer à l'agriculture ou aux

entreprises familiales ; les travailleurs étaient plus susceptibles de passer du travail agricole au travail dans les entreprises familiales. Des études menées au Ghana, en Afrique du Sud, en Tanzanie et en Ouganda ont également montré qu'il y avait peu de mouvements entre l'emploi indépendant et l'emploi salarié, ce qui n'est pas le cas dans les pays d'Amérique latine (Danquah, Schotte et Sen 2019).

Bien que les salaires moyens soient plus élevés, les propriétaires d'entreprises familiales ne gagnent pas nécessairement moins que les travailleurs salariés, et la répartition des revenus des entreprises recouvre dans une large mesure la répartition des salaires (voir figure 4.7). Les revenus de ces entreprises sont très dispersés. La contribution significative des entreprises familiales au revenu total des ménages urbains les plus riches suggère que certaines de ces entreprises peuvent être très productives. Une enquête menée en Côte d'Ivoire montre que pour la plupart des propriétaires d'entreprises informelles urbaines, l'activité est une option préférée ; 30 % indiquent que cette préférence est due à de meilleurs revenus par rapport à un travail salarié, et 35 % indiquent qu'ils apprécient l'indépendance (Karlen et al. 2023). Des études menées dans les usines des parcs industriels éthiopiens confirment également que les travailleurs sont confrontés à de mauvaises conditions de travail qui affectent également la rétention des travailleurs (Abebe, Buehren et Goldstein 2020). Les revenus des cultures et du bétail des exploitations familiales sont généralement les plus faibles de toutes les sources de revenus des ménages. Cette constatation est cohérente avec la faible productivité du secteur agricole. Une étude portant sur six pays (Éthiopie, Malawi, Mali, Niger, Nigeria et Tanzanie) a révélé qu'entre 2008 et 2019, la productivité des petits exploitants agricoles n'a pratiquement pas augmenté (Wollburg et al. 2024).

FIGURE 4.7 Répartition du salaire par habitant, des entreprises familiales et des revenus agricoles

Densité de probabilités

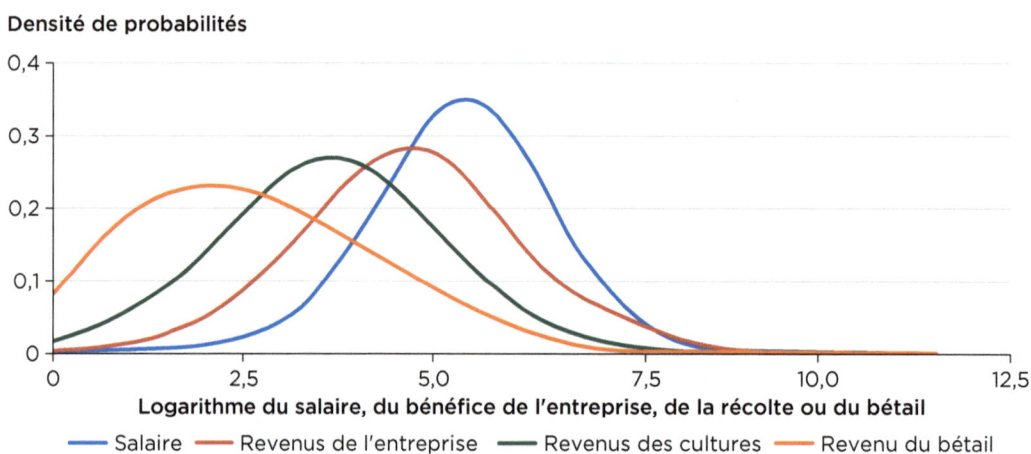

Logarithme du salaire, du bénéfice de l'entreprise, de la récolte ou du bétail

— Salaire — Revenus de l'entreprise — Revenus des cultures — Revenu du bétail

Sources : Sur la base de l'étude harmonisée de la mesure des niveaux de vie et des enquêtes de l'Union économique et monétaire ouest-africaine.
Note : La figure montre les fonctions de densité de probabilité de chaque source de revenu (salaire, profit de l'entreprise, profit de la culture, profit du bétail) exprimées en parité de pouvoir d'achat ($). Log désigne le logarithme naturel.

Partir sur un pied d'égalité

La faible taille des exploitations affecte la productivité et les revenus

Une grande partie de l'activité économique en Afrique se déroule dans des entreprises et des exploitations agricoles de petite taille, même dans les entreprises du secteur formel organisé. Les entreprises manufacturières africaines emploient en moyenne six travailleurs, contre 19 en Asie de l'Est et 16 dans les pays à revenu élevé. Une tendance similaire peut être observée dans le secteur des services. Les grandes entreprises sont peu nombreuses : les recensements des établissements commerciaux dans quatre pays, qui couvrent à la fois les établissements enregistrés et non enregistrés dans l'ensemble de la distribution des tailles, suggèrent que seuls 5 % des établissements commerciaux emploient 10 salariés ou plus (Abreha et al. 2022). Ce chiffre est bien inférieur à celui des économies développées. Par exemple, aux États-Unis, 28 % des établissements emploient 10 salariés ou plus (voir figure 4.8). En Afrique, seul un quart (26 %) des travailleurs sont employés dans des entreprises de plus de 100 salariés, contre 45 % aux États-Unis. Les enquêtes auprès des ménages montrent une image

FIGURE 4.8 **Taille des entreprises et répartition de l'emploi en Afrique et aux États-Unis**

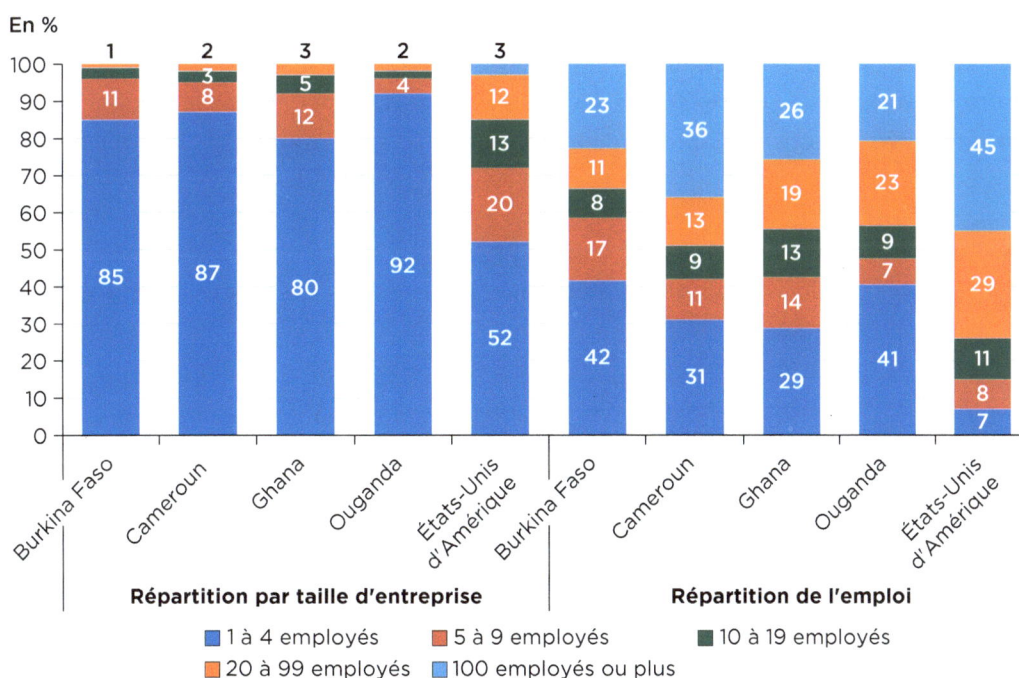

Source : Abreha et coll. (2022), sur la base des données de recensement des établissements et des statistiques américaines sur la dynamique des entreprises.
Note : La taille de l'entreprise est mesurée par le nombre d'employés. La figure montre la part des entreprises par taille d'entreprise et la part de l'emploi dans les entreprises par taille d'entreprise. Les données pour l'Afrique sont basées sur des données de recensement couvrant à la fois les établissements commerciaux enregistrés et non enregistrés, dans tous les secteurs de l'économie. Les années concernées sont les suivantes : Burkina Faso, 2015 ; Cameroun, 2008 ; Ghana, 2013 ; Rwanda, 2013, et États-Unis, 2013.

similaire d'emplois salariés limités dans les grandes entreprises. Par exemple, au Nigeria et en Ouganda, seuls 5 et 6 % de tous les travailleurs, respectivement, sont employés dans un établissement de plus de 20 salariés.

Les transitions limitées entre les types d'entreprises et l'emploi, ainsi que la croissance limitée des entreprises, entraînent des écarts importants entre les entreprises les plus productives et le reste de l'économie. Dans nombre de pays africains, il existe des écarts de productivité importants entre les entreprises pionnières les plus productives et le reste de l'économie. Les distributions de l'emploi dans les entreprises ainsi que les distributions de la productivité dans les exploitations agricoles semblent avoir un « milieu manquant » – une surreprésentation des petites entreprises, peu d'entreprises de taille moyenne, et un groupe petit, mais important d'entreprises pionnières (voir, par exemple, Abreha et coll. 2022)[5]. Ceci est le résultat non seulement d'une prépondérance de nombreuses petites entreprises, souvent informelles, mais aussi d'un manque général de croissance des entreprises. Alors qu'une entreprise manufacturière mature (âgée de 11 à 15 ans) aux États-Unis emploie environ 15 salariés de plus qu'une entreprise entrante et est trois fois plus grande, les entreprises manufacturières matures au Burkina Faso, au Ghana et au Rwanda n'emploient que deux ou trois travailleurs de plus et ne font qu'un peu plus que doubler de taille (voir figure 4.9).

Comme dans le secteur organisé, les entreprises de type familial sont généralement de petite taille. Dans un échantillon de 12 pays ayant des définitions comparables des entreprises familiales, entre 60 % et 80 % des entreprises sont gérées par des particuliers (cf. figure 4.10). Entre 12 et 30 % des entreprises emploient deux personnes

FIGURE 4.9 **Taille moyenne de l'entreprise au cours de son cycle de vie**

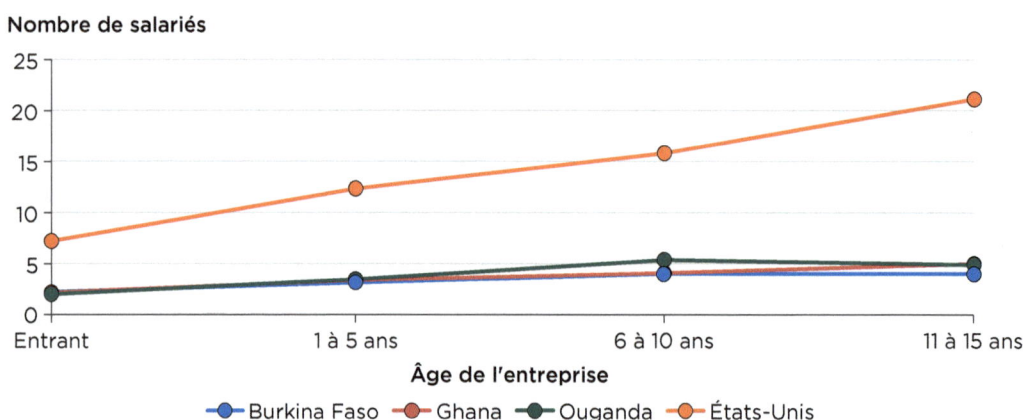

Nombre de salariés

Source : Abreha et coll. (2022), sur la base des données de recensement des établissements et des statistiques américaines sur la dynamique des entreprises.
Note : Les répartitions de l'emploi pour l'Afrique sont basées sur des données de recensement couvrant les établissements commerciaux enregistrés et non enregistrés dans le secteur manufacturier. Les années concernées sont les suivantes : Burkina Faso, 2015 ; Cameroun, 2008 ; Ghana, 2013 ; Rwanda, 2013, et États-Unis, 2013.

FIGURE 4.10 Répartition par taille des entreprises des ménages en fonction du nombre de travailleurs, y compris les propriétaires-exploitants

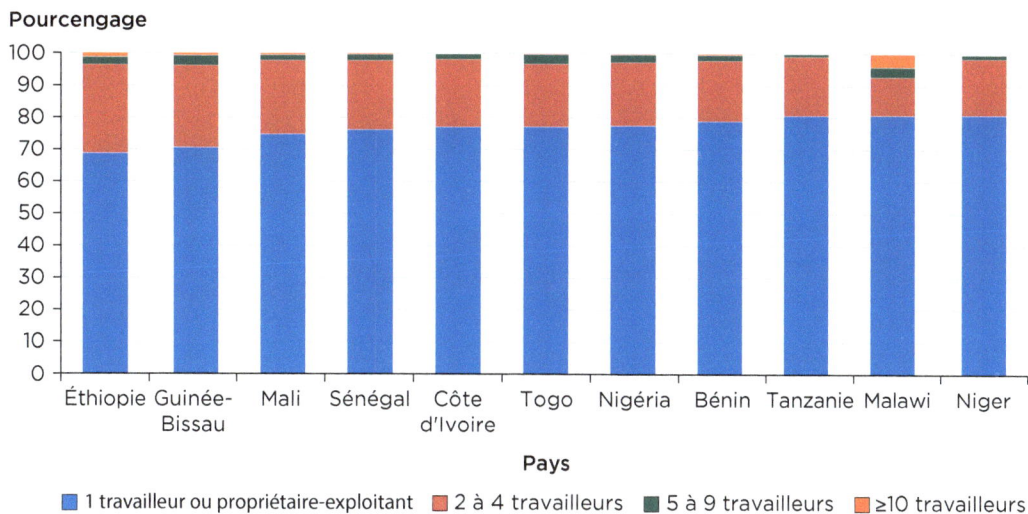

Pourcengage

Sources : Calculs de la Banque mondiale à partir des données d'enquêtes sur les ménages de l'Étude de mesure des niveaux de vie (https://www.worldbank.org/en/programs/lsms) et des enquêtes de l'Union économique et monétaire ouest-africaine (ANSD 2022).
Note : La somme des chiffres n'est pas égale à 100 %, car certains ménages n'ont pas indiqué le nombre de travailleurs.

ou plus (y compris le propriétaire). Une petite partie des entreprises, allant de 9 % en Guinée-Bissau, au Malawi et en Ouganda à 20 % au Niger, déclarent embaucher de la main-d'œuvre, un facteur qui a une incidence sur leur productivité. Les entreprises familiales sont généralement non organisées et non enregistrées, s'appuyant principalement sur la main-d'œuvre familiale et opérant à domicile ou dans des lieux mobiles. Ce groupe d'entreprises est souvent associé à l'informalité, bien que l'informalité couvre de nombreuses pratiques différentes et qu'il s'agisse d'un secteur présentant une hétérogénéité considérable (voir l'encadré 4.1). Ces entreprises sont également très hétérogènes, comme le montrent les enquêtes récemment menées dans les pays de l'Union économique et monétaire ouest-africaine (UEMOA). Les ménages pauvres et non pauvres exploitent des entreprises familiales. En Guinée-Bissau, au Sénégal et au Togo, plus de 60 % des ménages pauvres et non pauvres exploitent une entreprise. Dans l'ensemble des pays de l'UEMOA, par exemple, 60 % ou plus des entreprises familiales sont détenues par des femmes (sauf au Mali et au Niger). Des études qualitatives menées en Angola et au Libéria montrent que pour les femmes, cette activité de repli est une occasion de gagner un revenu de manière flexible tout en s'occupant de leur famille (Banque mondiale 2023c). Les entreprises détenues par les femmes sont plus susceptibles d'être exploitées en solo que celles détenues par les hommes.

ENCADRÉ 4.1

L'informalité : un moteur ou un symptôme de faibles performances ?

De nombreuses activités économiques en Afrique – et en particulier celles dans lesquelles les individus pauvres sont engagés – sont caractérisées par l'informalité. L'informalité décrit généralement toute une série de pratiques qui ne sont pas conformes à la loi, notamment les entreprises qui n'ont pas d'enregistrement ou de licence (informalité commerciale), les travailleurs qui sont employés sans contrat ou pour lesquels aucune cotisation de sécurité sociale n'est versée (informalité de l'emploi), et l'évasion fiscale (informalité fiscale). Dans certains cas, l'informalité est considérée comme synonyme de manque d'organisation (par exemple, absence de tenue de registres) ou d'entreprises de petite taille (voir par exemple, La Porta et Shleifer 2014).

Le statut informel est généralement associé à une baisse des revenus, des bénéfices, de l'emploi et de la productivité. La littérature a soulevé la question de savoir si l'informalité est un moteur de la faible performance ou si elle est surtout un symptôme. La Porta et Shleifer (2014) décrivent trois points de vue sur l'informalité : celui qui met l'accent sur le fait que l'informalité retient les entreprises (généralement associé à De Soto 2007), celui qui met l'accent sur la concurrence déloyale du secteur informel pour les entreprises du secteur formel (le point de vue du parasite), et celui qui met l'accent sur l'informalité en tant que conséquence de faibles capacités (le point de vue de la survie).

L'hétérogénéité du secteur informel est de mieux en mieux comprise. Ulyssea (2018) soutient que les trois points de vue décrits par La Porta et Shleifer (2014) ne sont pas contradictoires, mais décrivent plutôt l'hétérogénéité du secteur informel : certaines entreprises pourraient prospérer dans le secteur formel, d'autres pourraient profiter du fait de ne pas avoir à se conformer à toutes les réglementations, et d'autres encore pourraient être le résultat d'un « entrepreneuriat de nécessité ». Diao, Kweka et McMillan (2016) utilisent des données au niveau de l'entreprise en Tanzanie pour affirmer que, bien que de nombreuses entreprises informelles aient des performances inférieures à celles des entreprises formelles, il existe un important secteur « intermédiaire » d'entreprises informelles dont la productivité chevauche celle des entreprises formelles et informelles. Les analyses des données des enquêtes sur les entreprises de la Banque mondiale concernant les entreprises informelles, collectées à l'aide d'une méthode d'échantillonnage en grappes adaptative, montrent une importante hétérogénéité des caractéristiques et des performances des entreprises informelles. Aga et coll. (2021) montrent que, bien que la plupart des entreprises informelles soient moins performantes que leurs homologues formelles, il existe un groupe de 7,6 % d'entreprises informelles dont les caractéristiques et les niveaux de productivité ressemblent à ceux des entreprises formelles.

Les interventions axées sur la formalisation ont réussi à augmenter les taux d'enregistrement en simplifiant la procédure (Kaplan, Piedra et Seira 2011 ; Mullainathan et Schnabl 2010), en fournissant des informations pour accroître la transparence (Campos, Goldstein et McKenzie 2023), en renforçant l'application de la loi (De Andrade, Bruhn et McKenzie 2014) ou en offrant des incitations financières (De Mel, McKenzie et Woodruff 2013). Cependant, les preuves de l'augmentation de la performance des entreprises par la formalisation sont plus mitigées. Par exemple, l'expérience de terrain menée au Malawi par Campos, Goldstein et McKenzie (2023) a permis à 70 % des entreprises ciblées de s'enregistrer, mais n'a pas eu d'incidence sur les performances des entreprises.

(suite)

L'informalité : un moteur ou un symptôme de faibles performances ? *(suite)*

Les interventions complémentaires – par exemple, la combinaison de la formalisation et de la facilitation de l'accès au financement (Campos et coll. 2018) – ou lorsque l'accent est mis sur des groupes spécifiques d'entreprises à fort potentiel, ont donné de meilleurs résultats. De Mel et coll. (2013) soulignent que la formalisation après une incitation financière a augmenté les performances de manière significative pour environ 5 % des entreprises.

Compte tenu de l'hétérogénéité du secteur informel, de la spécificité du contexte des exigences locales en matière de formalisation et des corrélations avec d'autres facteurs explicatifs, ce rapport n'utilise pas l'informalité comme caractéristique organisationnelle clé pour les entreprises, mais se concentre plutôt sur les types d'emploi (emploi salarié ou non) et la taille de l'entreprise (y compris si l'entreprise est un entrepreneur individuel ou une plus grande entreprise). Cela ne veut pas dire que l'informalité n'est pas importante ; elle est souvent en forte corrélation avec le type d'emploi, la taille de l'entreprise et les performances de l'entreprise, et comme l'a montré la littérature, la formalisation peut être significative pour certains groupes d'entreprises ou lorsqu'elle est combinée à d'autres interventions.

Les exploitations familiales sont de petite taille, avec des exploitations de moins de 2 hectares. Selon une estimation mondiale du nombre et de la taille des exploitations agricoles, il y avait 570 millions d'exploitations en 2000, 475 millions d'entre elles étaient inférieures à 2 hectares et 500 millions étaient des exploitations familiales qui reposaient entièrement sur la main-d'œuvre familiale (Lowder, Skoet et Raney 2016). Conformément à ces chiffres, on estime que 70 à 80 % des exploitations agricoles en Afrique ont une superficie inférieure à 2 hectares. En Éthiopie, par exemple, la propriété foncière moyenne dans les zones rurales est proche d'un hectare (Banque mondiale 2022). Le processus de transformation structurelle devrait apporter la consolidation des terres agricoles et l'émergence du travail salarié dans l'agriculture. Certaines données montrent que des pays africains tels que le Ghana, le Kenya, la Tanzanie et la Zambie ont commencé à connaître une consolidation des terres agricoles, avec une augmentation de la part des propriétés agricoles de plus de 5 hectares, ce qui soulève des inquiétudes quant à une augmentation des inégalités dans les zones rurales (Jayne et al. 2016). L'acquisition de terres par les ménages urbains semble être à l'origine de cette consolidation.

La taille de l'exploitation a une incidence sur la productivité et sur les revenus des travailleurs d'une entreprise. Le rôle limité des établissements de grande taille en Afrique a des conséquences sur la productivité et les revenus. La taille est un déterminant important de la productivité : les économies d'échelle augmentent l'efficacité de la production des entreprises. Une grande entreprise manufacturière dans un pays à revenu faible ou intermédiaire est environ 2,4 fois plus productive qu'une microentreprise, et dans le secteur des services, elle est environ 1,6 fois plus productive (Nayyar, Hallward-Driemeier et Davies 2021)[6]. En contrôlant le sexe et le niveau d'éducation des travailleurs, les salariés des grandes entreprises (≥ 20 employés) dans un échantillon de pays africains, y compris l'Éthiopie et le Nigeria, gagnent significativement plus (voir figure 4.11a). C'est également le cas des entreprises familiales – les entreprises comptant plus de deux travailleurs ou plus gagnent des revenus significativement plus élevés que celles qui sont gérées par des particuliers (voir figure 4.11b). Les entreprises de type familial qui embauchent des travailleurs pourraient constituer un groupe sélectionné (plus grand talent entrepreneurial, capital de départ plus élevé ou autres caractéristiques non observées) qu'il est difficile de prendre en considération. L'achèvement du cycle primaire ou d'un niveau d'enseignement supérieur se traduit par des revenus salariaux plus élevés ainsi que par des revenus d'entreprise plus importants. Dans l'ensemble, ces résultats montrent que le passage à l'échelle associé à un niveau d'éducation plus élevé peut augmenter les revenus de manière significative. L'inégalité des chances d'augmenter la taille de l'entreprise ou d'obtenir plus d'éducation pourrait dès lors se traduire par une répartition inégale des revenus.

Les femmes sont moins bien loties que les hommes en ce qui concerne les revenus. Toutes choses égales par ailleurs, les entreprises familiales dirigées par des hommes gagnent beaucoup plus que les entreprises dirigées par des femmes, et les travailleurs salariés masculins gagnent plus que les travailleurs salariés féminins. Ces écarts entre les sexes résultent de l'inégalité dans l'utilisation des intrants et l'accès aux clients, ainsi que de la discrimination sur le marché du travail. Dans l'ensemble, les femmes se heurtent à des obstacles supplémentaires, non seulement en raison des distorsions du marché, mais aussi des normes sociales, des attitudes à l'égard du travail des femmes et des différences entre les sexes en ce qui concerne les normes relatives au mariage et aux responsabilités familiales. Cette inégalité est non seulement injuste, mais aussi inefficace – elle peut conduire à une mauvaise répartition des talents et freiner la croissance économique (voir Cuberes et Teignier 2016).

En ce qui concerne les exploitations agricoles, la relation entre l'échelle et la productivité n'est pas aussi claire que pour les entreprises. Dans les économies émergentes en général et en Afrique en particulier, les grandes exploitations ont tendance à être moins productives que les petites. Ce constat s'explique par la présence de coûts de transaction et d'imperfections sur le marché du travail qui entravent le déploiement de la main-d'œuvre et des intrants en cas de besoin et atténuent donc les rendements d'échelle (Dillon et Barrett 2017 ; Foster et Rosenzweig 2022). Cette situation contraste avec celle des pays développés, où l'augmentation de l'échelle des exploitations est associée à une plus grande productivité. Les rôles que les imperfections et les défaillances du marché jouent en affectant les performances des entreprises et des exploitations agricoles font l'objet de la section suivante.

FIGURE 4.11 Rendements liés au sexe du propriétaire, à l'éducation et à la taille de l'entreprise

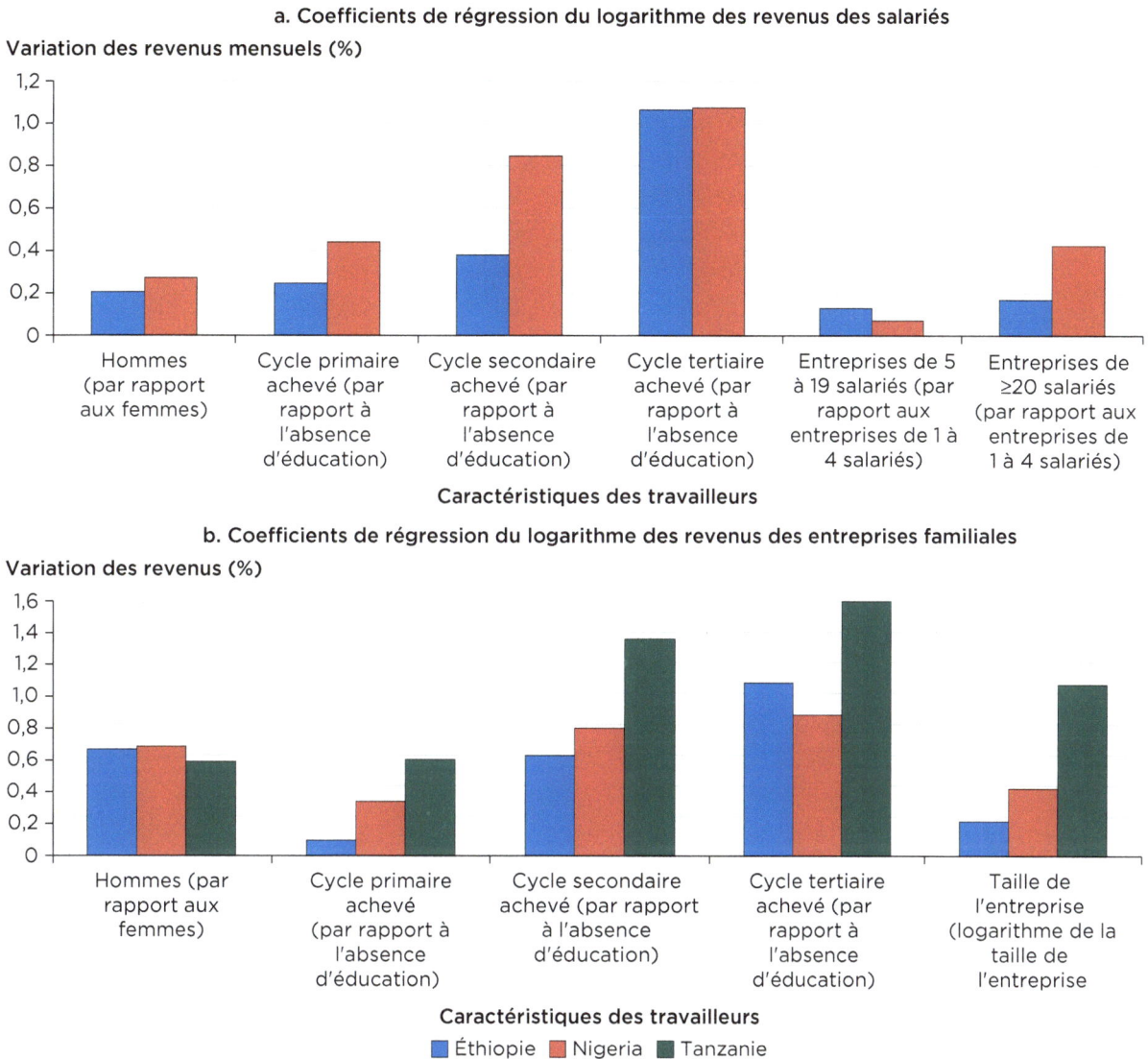

a. Coefficients de régression du logarithme des revenus des salariés

b. Coefficients de régression du logarithme des revenus des entreprises familiales

Source : Calculs des services de la Banque mondiale basés sur l'étude de mesure des niveaux de vie (https://www .worldbank.org/en/programmes/lsms) pour les pays respectifs.
Note : Panel a : les coefficients proviennent d'une régression du logarithme des salaires mensuels sur les caractéristiques des travailleurs, notamment le sexe, l'éducation, la taille de l'entreprise, le secteur public et le secteur (agriculture, industrie, services). Le coefficient de la taille de l'entreprise (5-19) n'est pas statistiquement significatif. Le coefficient de l'école primaire achevée n'est pas statistiquement significatif pour l'Éthiopie. Panel b : les coefficients proviennent d'une régression du logarithme des revenus des entreprises familiales sur les caractéristiques du propriétaire de l'entreprise et la taille de l'entreprise.

Les distorsions de trois marchés ont une incidence sur l'inégalité structurelle des revenus

En limitant l'expansion et l'embauche, les distorsions du marché exacerbent les inégalités de revenus. Les données mondiales suggèrent que le comportement des producteurs et l'allocation des ressources entre eux ont une incidence sur la répartition des revenus. Plusieurs études ont analysé le rôle des facteurs propres aux entreprises dans la dispersion des salaires qui contribue à l'inégalité globale des salaires. S'appuyant sur des recherches menées aux États-Unis et dans d'autres pays développés, Lazear et Shaw (2018) examinent le rôle des entreprises dans la formation de l'inégalité des revenus. Certaines inégalités de revenus découlent des différences entre les entreprises dans lesquelles les travailleurs sont employés, de sorte que des travailleurs ayant des qualifications similaires peuvent gagner des montants différents en fonction de leur entreprise. Kurz (2023) montre comment le pouvoir de marché détenu par les entreprises aux États-Unis peut entraîner des écarts de salaires et des inégalités de revenus[7]. Dans une étude adaptée au paysage productif de l'Afrique, Rud et Trapeznikova (2021) montrent que la présence de coûts d'entrée dans l'entreprise décourage la réaffectation des travailleurs du travail indépendant au travail salarié et permet la coexistence d'entreprises à forte et à faible productivité, ce qui se traduit par une productivité globale plus faible, des salaires plus bas et une forte dispersion des salaires. Dans le cas des pays en développement, les grandes entreprises peuvent également exercer un pouvoir de monopsone pour faire baisser les salaires et ainsi exacerber l'inégalité des revenus (Abebe, Buehren et Goldstein 2020 ; Amodio, Medina et Morlacco 2022). Dans ce cadre, à l'instar de Restuccia et Rogerson (2017), les distorsions du marché conduisent à une mauvaise allocation des ressources, à la coexistence d'entreprises à faible et à forte productivité et à l'inégalité des revenus (voir annexe 4A).

Le rapport se concentre sur quatre types de distorsions qui affectent la taille des entreprises et des exploitations agricoles, la création d'emplois et les revenus et qui, en fin de compte, façonnent la répartition des revenus. Quatre types de distorsions sont importants (Restuccia et Rogerson 2017 ; voir également le chapitre 3) :

- l'inégalité des chances, dans laquelle les caractéristiques héritées d'un individu, et non ses efforts ou son talent, influencent la quantité de capital humain ou physique qu'il acquiert (voir chapitre 3) ;

- les imperfections du marché, telles que le pouvoir de monopole et de monopsone, les frictions du marché, la faible contestabilité et la faible application des contrats ;

- les réglementations qui varient en fonction de la taille (ou de l'âge ou du secteur), telles que les politiques de crédit spéciales, les zones industrielles, les réglementations qui restreignent l'accès au marché, telles que les réglementations du marché des produits, et les dispositions légales qui restreignent l'accès au marché pour les femmes, telles que restrictions sur le secteur de travail ;

- les dispositions discrétionnaires qui traitent différemment des producteurs similaires en raison de leurs relations politiques.

Les distorsions peuvent être causées par les politiques fiscales et de l'emploi, qui ne sont pas abordées dans ce chapitre. La conception des impôts directs et indirects, par exemple, peut affecter les performances et la croissance des entreprises, aspect examiné plus en détail au chapitre 5. La législation du travail peut également affecter les producteurs.

Presque tous les pays d'Afrique ont adopté des lois sur le salaire minimum pour les travailleurs salariés ; toutefois, seuls quelques pays, comme l'Afrique du Sud, ont des répercussions sur l'emploi et les revenus (Bhorat, Kanbur et Stanwix 2017). Conformément à l'expérience d'autres pays en développement, les données de la région montrent que l'introduction de lois sur le salaire minimum n'a qu'une faible incidence négative sur l'emploi, bien que l'ampleur des effets varie d'un pays à l'autre en fonction de la rigueur de l'application et de l'endroit où le salaire plancher est fixé par rapport au salaire moyen (Bhorat, Kanbur et Stanwix 2017 ; Neumark et Munguía Corella 2021).

Les distorsions sur les marchés des intrants et des produits semblent plus importantes en Afrique que dans d'autres régions. Les données du Programme de comparaison internationale montrent que les prix en Afrique (et dans les pays à faible revenu) ont tendance à être plus élevés que dans d'autres régions en raison de la faible concurrence et de la petite taille des marchés (Beirne et Kirchberger 2021 ; Leone, Macchiavello et Reed 2021). Les indicateurs mondiaux de la concurrence montrent également que les pays africains sont à la traîne par rapport à d'autres régions en ce qui concerne l'étendue de la concurrence sur le marché (Reda Cherif et coll. 2020 ; Banque mondiale 2023b). Par exemple, selon le Transformation Index 2024 de la Bertelsmann Stiftung, une majorité de pays africains ont les scores les plus bas au niveau mondial en ce qui concerne l'organisation du marché, la politique de concurrence, la protection de la propriété privée, les garanties légales pour l'entreprise privée et l'égalité des chances. Les entreprises africaines ont tendance à avoir des marges bénéficiaires plus élevées – un indicateur du pouvoir de marché – que les entreprises d'autres régions (Reda Cherif et coll. 2020). La concurrence a un effet important sur la réaffectation des ressources vers des entreprises plus productives. Des données provenant de pays à revenu élevé suggèrent que le fait de permettre aux entreprises productives de se développer est le principal canal par lequel la croissance de la productivité conduit à la croissance de l'emploi ; bien que les gains de productivité puissent se traduire par des économies de main-d'œuvre, ces pertes sont compensées par les gains d'emploi résultant de la capacité de ces entreprises à étendre leur part de marché (Calligaris et al. 2023)[8]. Pour favoriser la productivité et la croissance de l'emploi, il faut donc que les marchés soient contestables, ce qui semble être le cas en Afrique.

Dans les différents groupes de pays, ceux qui sont exposés à un conflit sont susceptibles de subir des distorsions et des contraintes supplémentaires. Les conflits peuvent avoir des répercussions importantes sur les performances des entreprises en raison des problèmes de sécurité, des perturbations de la chaîne d'approvisionnement et du commerce, et de la destruction du capital physique. Le conflit en Côte d'Ivoire a réduit la productivité des entreprises de 16 à 23 % en moyenne (Klapper, Richmond et Tran 2013), et bon nombre de ces effets ont duré plusieurs années (Léon et Dosso 2022). Les conflits armés en République démocratique du Congo et en Ouganda (Eberhard-Ruiz 2022) et les violences postélectorales au Kenya (Ksoll, Macchiavello et Morjaria 2022) ont entraîné une réduction des exportations. Les données relatives aux conflits en dehors de l'Afrique – par exemple en Libye, en République arabe syrienne, en Cisjordanie et à Gaza – montrent des effets perturbateurs similaires sur les entreprises[9]. Bien que les conflits eux-mêmes aient des répercussions importantes sur la productivité, la croissance et les performances globales d'une entreprise, les facteurs climatiques peuvent avoir un impact considérable sur la survenue d'un conflit. La littérature suggère que les sécheresses augmentent la probabilité de conflits (Couttenier et Soubeyran 2014 ; Hsiang, Burke, et Miguel 2013 ; Jia 2014 ; Miguel, Satyanath, et Sergenti 2004). De même, les chocs météorologiques défavorables pendant la saison de croissance des cultures locales affectent de manière persistante l'incidence des conflits en Afrique (Harari et La Ferrara 2018).

Cadre analytique : distorsions et comportement des entreprises et des exploitations agricoles

Les distorsions du marché sont présentes dans les différentes interactions du marché, empêchant la croissance des entreprises et des exploitations agricoles et l'expansion des possibilités de gains productifs, et renforçant l'inégalité structurelle[10]. Les distorsions du marché qui empêchent l'expansion des possibilités de gains productifs agissent à travers trois canaux principaux (voir figure 4.12) :

- Les distorsions des marchés des capitaux et des intrants empêchent les entreprises d'acquérir des capacités de production. Il s'agit notamment des intrants que les exploitations agricoles utilisent, du capital physique que les entreprises possèdent, de la technologie qu'elles utilisent et des pratiques managériales et organisationnelles qu'elles adoptent.

- L'accès limité et inéquitable aux marchés de produits nationaux et étrangers empêche les entreprises de réaliser des économies d'échelle. Ces contraintes limitent par voie de conséquence les capacités de production et la capacité des entreprises et des exploitations agricoles à se développer. Le manque de contestabilité sur les marchés nationaux – y compris ceux induits par la présence d'entreprises publiques – et l'intégration limitée dans les chaînes de valeur régionales et mondiales limitent les économies d'échelle qui peuvent être réalisées.

- Les frictions sur le marché du travail limitent l'embauche de travailleurs et réduisent ainsi la création d'emplois salariés, que ce soit dans les exploitations agricoles ou dans les entreprises. Les recherches d'emploi coûteuses, les frais de transport élevés,

FIGURE 4.12 Marchés et performances des entreprises et des exploitations agricoles : cadre analytique

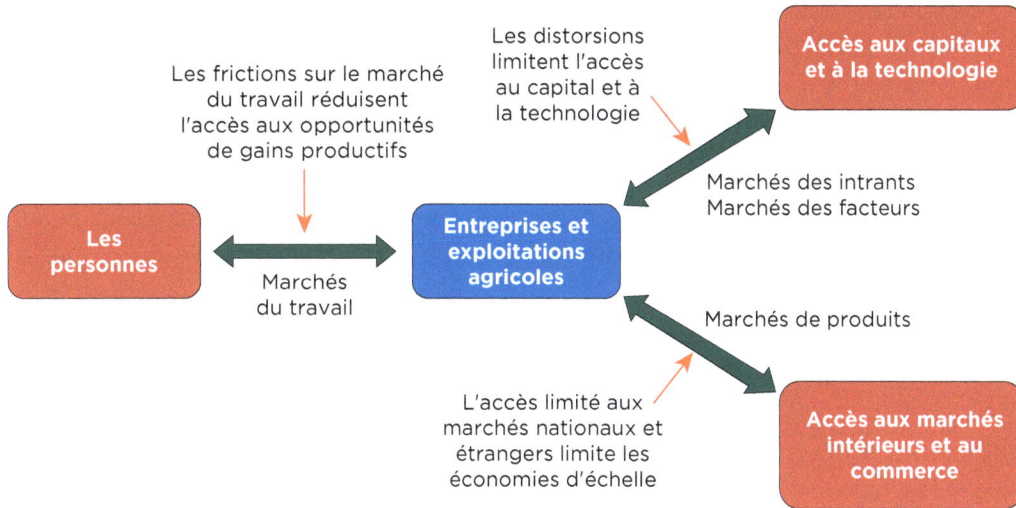

Source : figure originale pour cette publication.

le manque d'informations sur les travailleurs et la sélection coûteuse des travailleurs peuvent être à l'origine de frictions sur le marché du travail.

Accès limité aux capitaux et à la technologie

Le premier canal qui freine la croissance des entreprises et des exploitations agricoles est constitué par les distorsions entourant l'accès au capital et aux technologies, qui réduisent leurs capacités de production et leurs investissements. Bien que certaines capacités productives, telles que l'éducation et les compétences, soient acquises avant de travailler, les entreprises et les exploitations agricoles acquièrent d'importantes capacités productives au cours de leurs activités. Il s'agit notamment des intrants que les exploitations utilisent, du capital physique que les entreprises possèdent, de la technologie qu'elles utilisent et des pratiques managériales et organisationnelles qu'elles adoptent (Sutton 2012). Le développement de ces capacités productives nécessite des investissements, soit dans des ressources matérielles, telles que les machines, les équipements et les bâtiments, soit dans des formes immatérielles de capital, telles que les capacités des travailleurs et des gestionnaires. Les évaluations d'impact et d'autres études menées dans les pays africains et ailleurs suggèrent que certains microentrepreneurs ont un retour sur investissement important (Banerjee et Duflo 2005)[11]. L'acquisition de capacités productives dépend du bon fonctionnement des marchés du crédit et du capital, mais elle est souvent entravée par des défaillances du marché, notamment des asymétries d'information (par exemple, sur la solvabilité des emprunteurs, des lacunes d'information sur les pratiques commerciales ou les technologies), ce qui entraîne un sous-investissement et un manque d'adoption de technologies et de pratiques organisationnelles appropriées. Les asymétries d'information augmentent le coût des prêts accordés par les institutions financières à ce segment à travers des produits axés sur le marché. Les défis institutionnels affectent également l'offre de crédit ; le coût élevé du recours aux systèmes judiciaires en cas de défaillance est un autre élément qui freine le flux de crédit (Fafchamps 2001, 2003).

Les distorsions du marché du crédit affectent de manière disproportionnée les moins bien lotis et aggravent les inégalités. Les prêteurs surmontent le manque d'informations sur les capacités de remboursement des emprunteurs en exigeant des informations et des garanties. Les institutions de microcrédit qui n'exigent pas de garantie ont utilisé des approches telles que le prêt de groupe pour pallier le manque d'informations sur la productivité et la solvabilité des emprunteurs pauvres, mais ces approches n'ont été efficaces que dans certains cas (Cai et al. 2023). Dans le cas du financement formel via les banques, la dépendance à l'égard des garanties traditionnelles reste élevée en Afrique. L'inégalité dans la propriété d'actifs tels que la terre, évoquée au chapitre 3, ne fait donc pas qu'exacerber l'inégalité des revenus, mais entraîne également une mauvaise répartition des ressources et une perte de productivité, car il n'y a aucune raison a priori pour que les plus aisés soient toujours plus efficaces dans l'utilisation du capital que les plus pauvres. Cumulativement, de faibles capacités de production limitent les possibilités de gains des entreprises ainsi que l'échelle qu'elles peuvent atteindre.

En outre, il existe des données probantes selon lesquelles les agriculteurs et les entreprises sont confrontés à des contraintes de crédit. Par exemple, les agriculteurs ont tendance à vendre leurs produits immédiatement après la récolte lorsque les prix sont bas et à revenir plus tard pendant la période de soudure pour acheter des produits lorsque les prix sont élevés (« vendre à bas prix, acheter au prix fort ») ; il peut s'agir du résultat d'un manque de crédit. Burke, Bergquist et Miguel (2019) étudient le cas des céréaliers au Kenya et constatent que les agriculteurs vendent juste après la récolte pour répondre à des besoins de trésorerie (comme le paiement des frais de scolarité). Le manque de crédit ou de possibilités d'épargne empêche les agriculteurs de déplacer les ventes de céréales des périodes où les prix sont bas (période de récolte) vers les périodes où les prix sont élevés (période de soudure). Cette situation réduit considérablement les revenus des agriculteurs et contribue aux fortes variations saisonnières des prix. Il est bien établi que les agriculteurs dans la région concluent des accords contractuels relationnels avec les commerçants pour obtenir l'accès au crédit et à d'autres intrants en échange de ventes à un prix déterminé (voir la discussion dans la section suivante). En ce qui concerne les entreprises, plusieurs études, y compris en Afrique, ont mis en évidence d'importants retours sur investissement chez certains microentrepreneurs (Banerjee et Duflo 2005). Par exemple, les programmes qui fournissent des subventions aux microentrepreneurs au Ghana et aux aspirants entrepreneurs au Nigeria ont montré des retours positifs sur la réception du financement (Fafchamps et coll. 2014 ; McKenzie 2017). Une analyse des entreprises en

Éthiopie montre que les petites entreprises du secteur des services qui ont obtenu un prêt étaient également plus susceptibles connaître une croissance de l'emploi (Banque mondiale 2017).

Signe des difficultés des marchés du crédit, l'utilisation par les entreprises de sources de financement externes est faible. La plupart des travailleurs indépendants et des entreprises familiales comptent sur leurs propres ressources, sur celles de leur famille et de leurs amis, ou sur des sources informelles pour obtenir le capital nécessaire au démarrage de leur entreprise (voir figure 4.13). Dans les cinq pays disposant de données appropriées issues d'enquêtes auprès des ménages, 85 % en moyenne des travailleurs pour leur compte propre et des entreprises familiales indiquent que les ressources propres ou celles provenant de la famille et des amis ont été la principale source de financement. Les petites entreprises de région pourraient préférer emprunter auprès d'amis et de membres de la famille – les coûts de transaction moins élevés et les relations personnelles offrent une meilleure possibilité d'obtenir des remboursements (Fafchamps 1994). De nombreuses entreprises autres que les entreprises familiales, y compris les plus grandes, s'appuient sur des ressources non bancaires comme principale source de financement pour leurs opérations quotidiennes (voir figure 4.14). Pour les entreprises de moins de 19 salariés, seule une entreprise sur dix environ a recours au financement bancaire. Ces entreprises sont également plus susceptibles de déclarer que l'accès au crédit est une contrainte majeure. Environ un tiers des grandes entreprises font appel aux banques pour leur financement. Cusolito et Didier (à paraître) soulignent que l'écart de financement entre les pays à revenu intermédiaire et les pays à revenu élevé est particulièrement important pour les entreprises de petite taille (c'est-à-dire celles qui comptent moins de 100 employés).

FIGURE 4.13 Sources de capital de départ pour les entreprises familiales

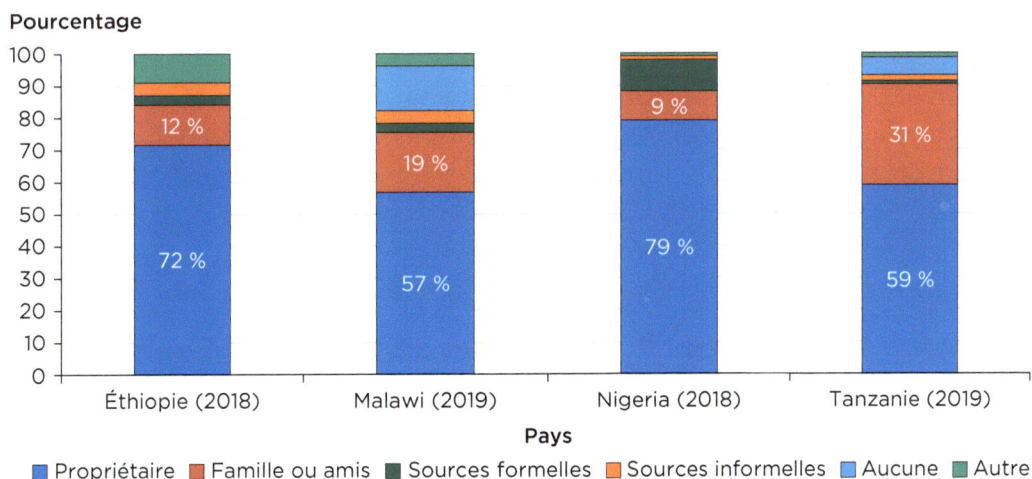

Pourcentage

Propriétaire ■ Famille ou amis ■ Sources formelles ■ Sources informelles ■ Aucune ■ Autre

Source : Calculs des services de la Banque mondiale à partir des données d'enquêtes sur les entreprises des ménages de l'étude de mesure des niveaux de vie (https://www.worldbank.org/en/programs/lsms) pour les pays concernés.

FIGURE 4.14 Sources de financement pour les opérations quotidiennes

Entreprises disposant d'une source de financement (%)

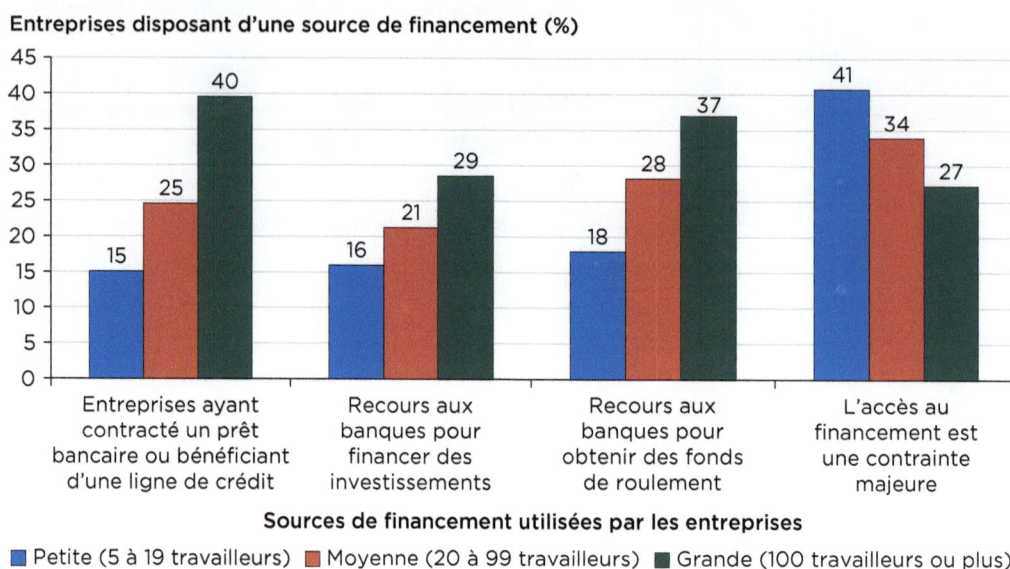

Sources de financement utilisées par les entreprises

■ Petite (5 à 19 travailleurs) ■ Moyenne (20 à 99 travailleurs) ■ Grande (100 travailleurs ou plus)

Source : Analyse basée sur les enquêtes de la Banque mondiale sur les entreprises de la région Afrique (https://www.enterprisesurveys.org/en/enterprisesurveys).
Note : Les entreprises peuvent sélectionner plusieurs options.

Outre les défis liés au marché du crédit, des pratiques commerciales inadéquates et un faible degré de sophistication technologique affectent également la productivité. L'adoption de pratiques de gestion structurées en matière de marketing, de tenue de registres et de planification financière reste faible dans de nombreuses microentreprises et petites entreprises, bien que l'adoption de ces pratiques soit fortement corrélée à la performance de l'entreprise (McKenzie et Woodruff 2017). Dans les grandes entreprises, l'adoption de pratiques de gestion structurées, telles que la fixation d'objectifs, le suivi ou l'utilisation d'incitations, est plus faible dans les pays africains (Bloom et coll. 2014). L'enquête de la Banque mondiale sur l'adoption de la technologie au niveau de l'entreprise – également menée dans cinq pays africains – souligne que le degré de sophistication technologique des entreprises africaines est faible, ce qui nuit à la productivité (Cirera, Comin et Cruz 2022). Les asymétries d'information, lorsque le propriétaire d'entreprise ne connait pas le type de technologie ou de pratique dont pourrait bénéficier son entreprise, constituent un obstacle important à l'adoption de technologies plus sophistiquées et de pratiques organisationnelles plus structurées.

L'adoption des technologies par les agriculteurs est influencée par plusieurs facteurs (Suri et Udry 2022). La productivité de l'agriculture africaine est plombée par la disponibilité limitée des technologies qui ont été mises au point pour les cultures courantes, telles que le manioc, la patate douce et l'igname (Gollin 2015). Les grandes variations dans les environnements de production à travers les zones agroécologiques de la région rendent également difficile le développement de technologies agricoles reproductibles. L'utilisation de technologies telles que la mécanisation, l'irrigation et les engrais est également faible dans la région (Suri et Udry 2022). Le manque de compétences, le climat et la géographie défavorables, et la dépendance à l'égard de l'agriculture pluviale sont d'autres facteurs qui contribuent à la faible productivité des cultures dans la région (Gollin 2015 ; Suri et Udry 2022).

En Afrique, le coût des intrants tels que le ciment et les engrais est plus élevé qu'il ne pourrait l'être parce que les marchés de ces intrants sont généralement caractérisés par de faibles niveaux de concurrence et une faible contestabilité. En utilisant les données du cycle 2017 du Programme de comparaison internationale, Beirne et Kirchberger (2021) rapportent que le prix du ciment en Afrique est 1,5 fois le prix du ciment aux États-Unis aux taux de change du marché et 3,6 fois le prix en termes de parité de pouvoir d'achat. Le ciment étant un produit homogène fabriqué dans des usines de transformation, les différences de prix entre les régions indiquent le pouvoir de marché des producteurs plutôt que des différences de qualité. La faiblesse de la demande et la petite taille du marché intérieur pourraient également jouer un rôle, comme l'expliquent Leone, Macchiavello et Reed (2021), mais l'essor de la construction dans de nombreuses villes africaines laisse entrevoir une augmentation de la demande. Contrairement au ciment, qui n'est pas échangeable, l'engrais est un bien échangeable. Les prix des engrais dans la région sont également affectés par la faible concurrence entre les importateurs et les fournisseurs en gros (la région dépend des importations d'engrais). Roberts et coll. (2023) documentent la présence d'un oligopole et d'une faible contestabilité dans les importations d'engrais en Afrique orientale et australe, où le prix des engrais a augmenté en 2021-23, mais n'a pas baissé au même rythme que les prix mondiaux.

L'accès aux marchés est souvent entravé, ce qui réduit effectivement la taille des marchés de produits

Le deuxième canal affectant la croissance et la productivité des entreprises et des exploitations agricoles est constitué par les distorsions qui restreignent l'accès aux marchés. Ces distorsions reflètent en grande partie les coûts de transport élevés et la faible concurrence sur les marchés de produits, qui créent des obstacles à l'entrée des entreprises. La participation aux chaînes de valeur, au niveau national et régional, et aux marchés mondiaux est faible.

Les entreprises de la région participent peu aux chaînes de valeur mondiales ou régionales. La Commission de l'Union africaine et l'OCDE (2022) estiment que l'Afrique représentait 1,7 % de la participation aux chaînes de valeur mondiales en 2019, et que les chaînes de valeur régionales ne représentaient que 2,7 % de la participation de l'Afrique aux chaînes de valeur mondiales, contre 26,4 % pour l'Amérique latine et les Caraïbes et 42,9 % pour l'Asie (voir figure 4.15). Pour saisir les possibilités d'expansion des exportations, il faut une intégration régionale, améliorer la connectivité sous-régionale (physique et numérique) et s'attaquer aux barrières non tarifaires. Il est à craindre que le pouvoir monopsonique des entreprises étrangères axées sur l'achat n'entraîne de

FIGURE 4.15 Part de la participation aux chaînes de valeur régionales en pourcentage de la participation aux chaînes de valeur mondiales, 2019

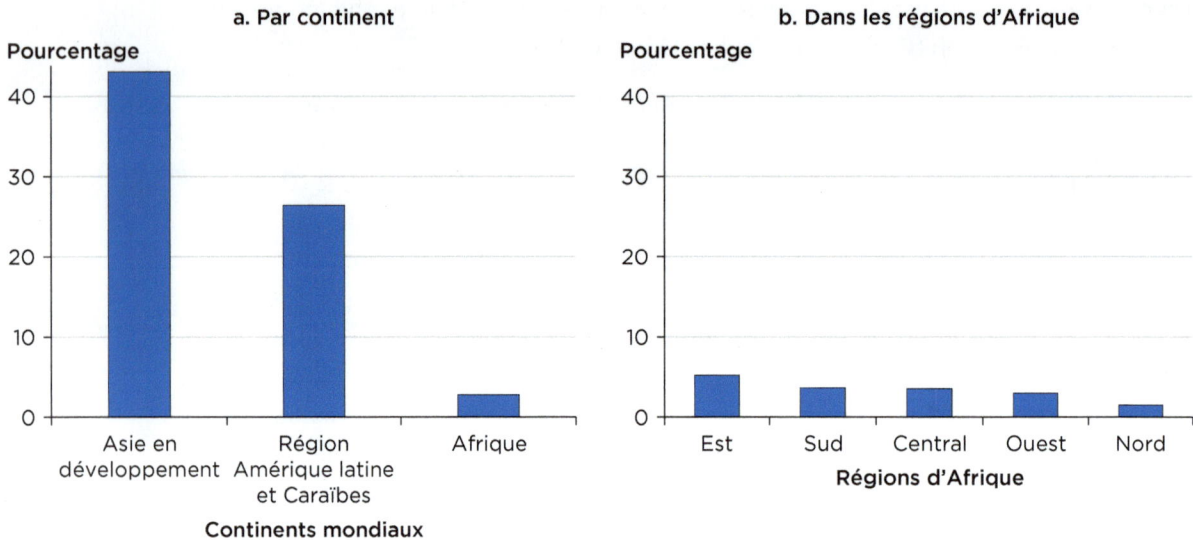

Source : AUC et OCDE (2022) D'après la Commission de l'Union africaine et l'OCDE (2022).
Note : ALC = Amérique latine et Caraïbes.

mauvaises conditions de travail (dans le cas des usines) ou de faibles revenus pour les agriculteurs (par exemple, dans les chaînes de valeur du café) s'il n'existe pas de réglementation complémentaire pour faire respecter les normes de travail (Abebe, Buehren et Goldstein 2020 ; Boudreau, Cajal-Grossi et Macchiavello 2023).

À l'intérieur des pays, une population urbaine croissante constitue une possibilité d'expansion du marché pour les agriculteurs, mais les coûts de transport élevés ont des effets en cascade en limitant l'intégration du marché intérieur, en encourageant les producteurs à servir les clients locaux et en conférant un pouvoir de marché aux négociants locaux. Le secteur agricole et alimentaire est une source importante de demande. En Éthiopie, au Malawi, au Nigeria, en Tanzanie et en Ouganda, on estime que la transformation, le commerce et les services alimentaires représentent 24 % de l'emploi rural (équivalent temps plein) et 41 % de tous les emplois ruraux non agricoles (Christiaensen et Maertens 2022). L'essor des supermarchés en Afrique est un moyen important pour les agriculteurs et les acteurs de la chaîne de valeur alimentaire d'accéder à une demande croissante (Barrett et coll. 2022). Toutefois, une étude des différences de prix spatiales en Éthiopie et au Nigeria réalisée par Atkin et Donaldson (2015) a révélé que les coûts commerciaux à l'intérieur d'un pays sont quatre à cinq fois plus élevés qu'aux États-Unis. Ce coût commercial élevé est cohérent avec les coûts de transport élevés estimés pour la région par Teravaninthorn et Raballand (2009).

Les coûts de transport élevés reflètent à leur tour plusieurs facteurs. Il s'agit notamment d'une mauvaise infrastructure routière, d'une faible concurrence dans le secteur des transports, de la topographie et de l'insécurité, qui augmentent encore les coûts de transport des marchandises vers des lieux éloignés. Près de 25 des entreprises interrogées dans le cadre des enquêtes de la Banque mondiale sur les entreprises ont déclaré que le transport constituait une contrainte majeure, soit l'une des proportions les plus élevées de toutes les régions (voir figure 4.16). Les prix des transports sont particulièrement élevés en Afrique de l'Ouest et en Afrique centrale en raison de la faible concurrence dans le secteur (Bove et al. 2018). Les études portant sur la région Afrique révèlent systématiquement des différences spatiales dans les prix des biens importés (alimentaires et non alimentaires) ainsi que dans les produits agricoles de base non échangés, ce qui indique que les marchés ne sont pas bien intégrés et que les prix de détail des produits sont affectés par la distance (Abdulai 2006 ; Fackler et Goodwin 2001)[12]. Les marchés agricoles ne sont pas non plus intégrés et les prix varient dans l'espace, de sorte que les petits exploitants gagnent moins à la sortie de l'exploitation et que les consommateurs paient des prix plus élevés. Il est prouvé que dans le cas de certaines cultures, les négociants ont un pouvoir de marché (Bergquist et Dinerstein 2020).

La majorité des entreprises et des agriculteurs africains vendent donc localement, essentiellement à des consommateurs proches, et peu d'entreprises sont exposées aux marchés mondiaux par des exportations. Pour environ 9 travailleurs indépendants et entreprises familiales sur 10, les clients locaux constituent la source de demande la plus importante (voir figure 4.17). Parmi les grandes entreprises comptant au moins cinq employés, environ 14 % des entreprises africaines exportent directement ou indirectement, contre 17 % des entreprises au niveau mondial. Les petits exploitants agricoles qui disposent d'un excédent commercial vendent leurs produits sur les marchés voisins. En Éthiopie, la part des petits exploitants qui dépendent des marchés locaux augmente à mesure qu'ils s'éloignent d'un centre urbain. Au Malawi et au Nigeria, les principaux acheteurs sont les amis, la famille et les marchés locaux, quelle que soit la distance qui sépare le petit exploitant d'une zone urbaine.

FIGURE 4.16 **Entreprises identifiant le transport comme une contrainte majeure**

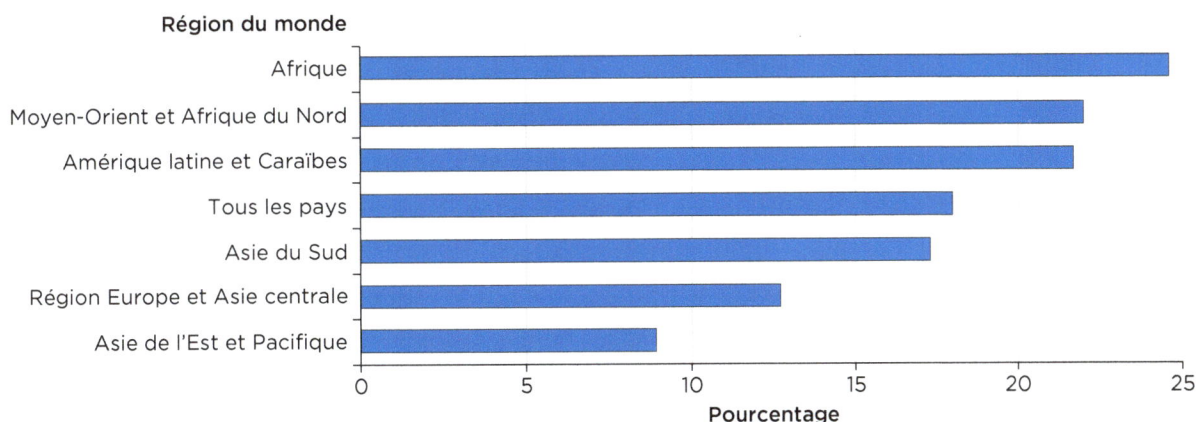

Région du monde

Source : Banque mondiale : Enquêtes de la Banque mondiale sur les entreprises (https://www.enterprisesurveys.org /en/enterprisesurveys).

FIGURE 4.17 **Principaux clients des travailleurs pour compte propre et des entreprises familiales**

Pourcentage

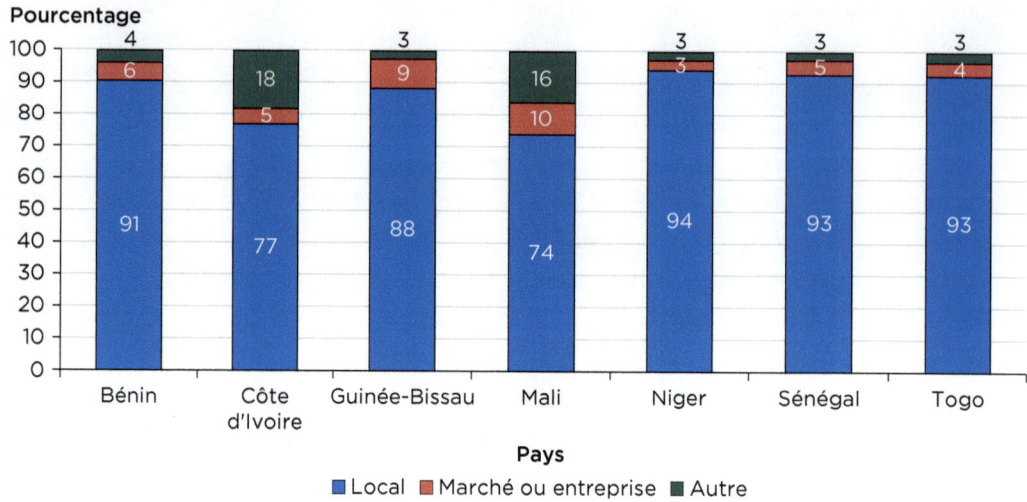

Source : Calculs basés sur des enquêtes auprès des ménages.
Note : Les chiffres sont basés sur les travailleurs indépendants et les entreprises familiales.

FIGURE 4.18 **Entreprises exportant directement ou indirectement**

Pourcentage

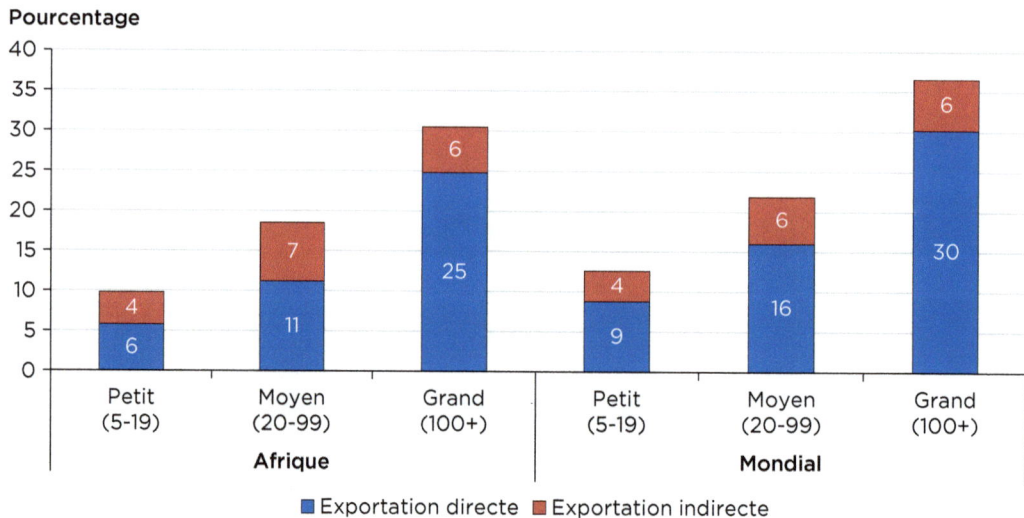

Source : Enquêtes sur les entreprises, Banque mondiale (https://www.enterprisesurveys.org/en/enterprisesurveys).
Note : Une entreprise est considérée comme exportatrice (directe ou indirecte) si au moins 10 % de ses ventes sont exportées.

La contestabilité limitée des marchés nationaux est un facteur contraignant supplémentaire qui augmente les coûts d'entrée des entreprises. L'analyse globale des indices de la Banque mondiale et des statistiques de l'OCDE sur la réglementation des marchés de produits suggère qu'entre 2013 et 2018, les obstacles à la concurrence sur les marchés de produits ont eu tendance à être plus élevés dans les pays africains en raison du degré élevé d'implication de l'État dans les marchés, des obstacles administratifs à l'entrepreneuriat et des obstacles au commerce et à l'investissement (voir figure 4.19). La participation de l'État à des marchés qui peuvent être desservis efficacement par le secteur privé limite encore les perspectives. Des données récentes de la base de données Business of the State de la Banque mondiale montrent qu'en 2023, dans des pays comme le Ghana, le Kenya et l'Ouganda, près de la moitié ou plus de la moitié des secteurs étaient occupés par des entreprises détenues par l'État, souvent dans des secteurs où le secteur privé pourrait fournir des produits et des services de manière efficace, tels que les secteurs de l'hôtellerie et de la restauration, l'industrie manufacturière, le commerce de gros et de détail (voir figure 4.20). L'Éthiopie, le Kenya et l'Afrique du Sud ont des exemples d'entreprises publiques qui bénéficient de manière disproportionnée de réglementations favorables, ce qui crée des conditions de concurrence inégales pour les entreprises (Banque mondiale 2023a). Dans l'agriculture, l'implication de l'État par le biais de commissions agricoles et de soutiens aux prix pour stabiliser les prix des denrées alimentaires et la fourniture d'intrants subventionnés servent à décourager la participation du secteur privé dans les importations de denrées alimentaires et les ventes d'intrants (Jayne 2012 ; Mather et Jayne 2018).

FIGURE 4.19 Réglementation des marchés de produits en Afrique, indices

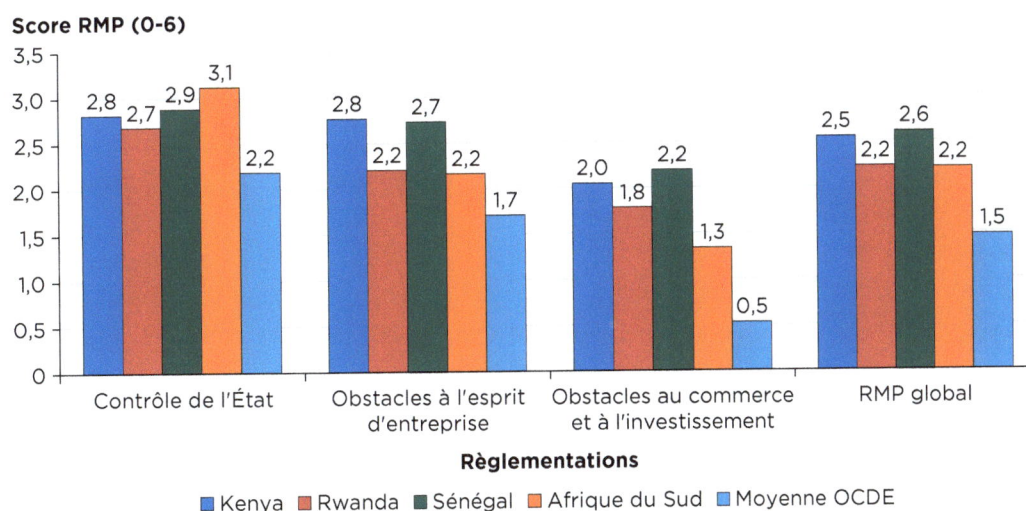

Score RMP (0-6)

Source : OCDE et Banque mondiale, Réglementations des marchés de produits.
Note : La période correspond à la dernière année disponible entre 2013 et 2018. Des scores RMP élevés signifient que les marchés sont plus restreints. OCDE = Organisation de coopération et de développement économiques ; RMP = réglementation des marchés de produits.

FIGURE 4.20 Présence d'entreprises publiques sur des marchés concurrentiels

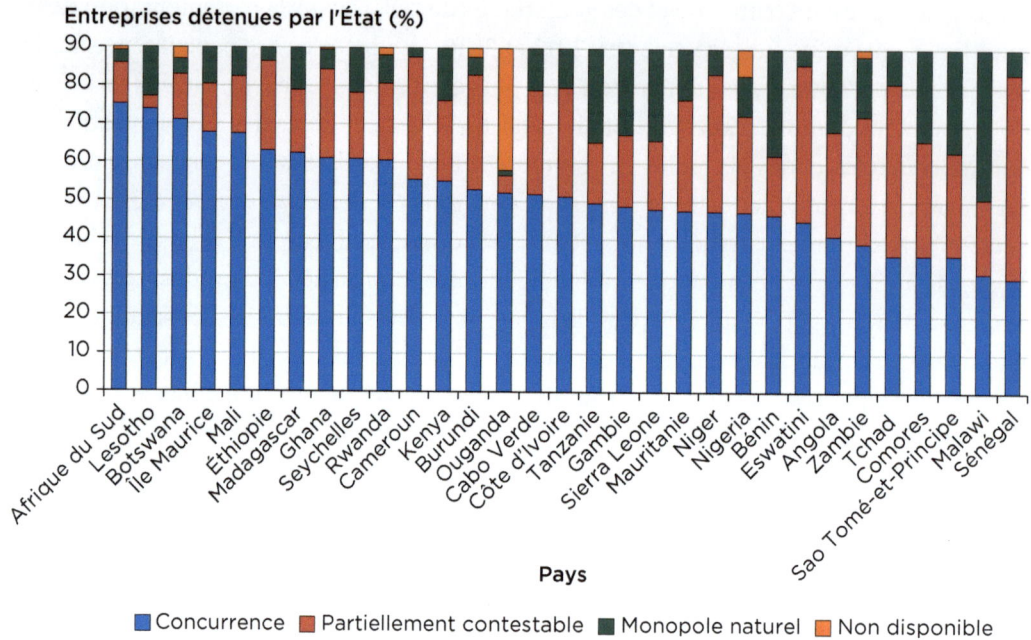

Entreprises détenues par l'État (%)

■ Concurrence ■ Partiellement contestable ■ Monopole naturel ■ Non disponible

Sources : Banque mondiale (2023a), à partir de la base de données Business of the State de la Banque mondiale.

Note : Comprend les entreprises détenues à au moins 10 % par l'État.

L'accès aux possibilités de travail productif est réduit

Le troisième canal concerne les frictions sur les marchés du travail qui empêchent les entreprises et les exploitations agricoles de trouver des travailleurs lorsqu'elles en ont besoin et empêchent les travailleurs de trouver des emplois qui leur conviendraient. Les marchés du travail sont caractérisés par des frictions qui empêchent les travailleurs d'accéder aux possibilités de gains productifs et les entreprises et les exploitations agricoles de recruter les travailleurs nécessaires à leur expansion. Du côté des travailleurs (offre de main-d'œuvre), ces frictions comprennent des coûts de transport élevés et des recherches d'emploi coûteuses. Du côté des entreprises (demande de main-d'œuvre), les frictions comprennent les asymétries d'information et la sélection coûteuse des travailleurs. Le manque d'intégration spatiale évoqué précédemment crée également des frictions sur le marché du travail. Une autre source de friction est constituée par les restrictions légales au travail des femmes – généralement des lois qui limitent les heures ou les secteurs de travail.

Les frictions sur le marché du travail empêchent les travailleurs d'accéder à des opportunités de travail productif[13]. Les frictions auxquelles sont confrontées les entreprises résultent d'un accès inégal à l'information sur les employés potentiels et d'une sélection coûteuse des travailleurs. Un fait bien connu des demandeurs d'emploi du monde entier est que les réseaux et les personnes que l'on connaît jouent un rôle important dans la recherche d'un emploi – ces réseaux contribuent à réduire les frictions liées à l'information. Pour les petites entreprises, il peut être coûteux de recruter et de former des travailleurs, en particulier des jeunes sans expérience professionnelle. Une étude portant sur un programme de placement en apprentissage au Ghana a révélé que les petites entreprises qui ont accueilli des apprentis ont augmenté leur taille, leur chiffre d'affaires et leurs bénéfices parce que le programme a réduit les coûts de sélection des travailleurs pour les entreprises (Hardy et McCasland 2023). De même, pour les exploitations agricoles, il peut s'avérer difficile d'embaucher de la main-d'œuvre en cas de besoin, étant donné la faible densité de population dans les zones rurales de la région. Pour les ménages agricoles, le recours à la main-d'œuvre familiale plutôt qu'à la main-d'œuvre salariée répond à la difficulté de trouver des travailleurs, et le fait d'avoir une capacité limitée à embaucher des travailleurs peut entraver la capacité des agriculteurs à récolter les bénéfices de l'adoption de technologies (Dillon et Barrett 2017 ; Suri et Udry 2022).

La connectivité et le transport peuvent être une autre source de friction sur le marché du travail. Du côté des travailleurs, le coût des trajets domicile-travail et la distance par rapport à l'emplacement des entreprises peuvent être des sources de friction qui les empêchent d'accéder à des emplois de bonne qualité. Franklin (2018) illustre l'effet des déplacements coûteux en utilisant les données de l'enquête sur les forces de travail de 2013 en Éthiopie. Plus les travailleurs sont éloignés du centre d'Addis-Abeba, plus ils sont susceptibles d'occuper des emplois moins qualifiés, et la part des emplois moyennement et hautement qualifiés diminue avec la distance. Ainsi, pour accéder à de bons emplois, il faut pouvoir se rendre à des emplois plus proches du centre-ville. Les faibles taux de migration interne observés dans de nombreux pays malgré les différences de productivité entre les secteurs agricole et non agricole reflètent également les frictions du marché du travail.

Pour les femmes, ces frictions sur le marché du travail interagissent également avec l'accès à des services de garde d'enfants abordables. En raison des normes sociales, le temps consacré aux soins, aux tâches ménagères et à l'entretien est un déterminant important du temps consacré par les femmes aux activités économiques. Des études menées dans le monde entier montrent que la présence d'enfants dans le ménage est associée à une probabilité plus faible pour les femmes de travailler (Ahmed et coll. 2023).

Les obstacles juridiques peuvent encore exacerber les frictions. Pour les femmes, ces frictions peuvent être aggravées par des dispositions légales restrictives et sexistes. Bien que l'Afrique obtienne de bons résultats au niveau mondial, des lois discriminatoires existent dans plusieurs pays. Par exemple, en 2022, les femmes au Cameroun, au Tchad, en Guinée équatoriale, en Guinée-Bissau, en Mauritanie et au Niger ne pouvaient pas obtenir un emploi sans l'autorisation de leur mari.

Effets cumulatifs

Cumulées, ces caractéristiques exacerbent l'inégalité des revenus en affectant négativement la croissance des entreprises, en limitant l'expansion des possibilités d'emploi salarié et la croissance de la productivité agricole, et elles sont à l'origine de la composition de l'emploi que l'on observe en Afrique. Ces distorsions permettent également aux plus hauts revenus de prospérer, en particulier dans les secteurs où la rente est importante (immobilier, pétrole, mines, télécommunications et ciment, entre autres). En général, l'accumulation de richesse liée à la politique peut avoir un effet négatif sur la croissance (Burgis 2015 ; Gandhi et Walton 2012). Pour l'Afrique en particulier, le lien entre des rentes de ressources plus élevées et davantage de corruption, notamment dans les pays moins démocratiques, a été documenté (Rabah et Gylfason 2013). Il est donc essentiel de supprimer les distorsions structurelles du marché et des institutions pour s'attaquer aux inégalités de revenus, à tous les niveaux de la distribution des revenus.

Ouvrir des portails de politiques pour développer l'emploi et améliorer les possibilités de rémunération pour tous les travailleurs

Pour les travailleurs africains qui se retrouvent dans des petites entreprises, des exploitations agricoles ou des secteurs de repli, la disponibilité d'emplois et de meilleures possibilités de revenus dépend de la suppression des distorsions du marché et de son bon fonctionnement. Les marchés doivent fonctionner pour élargir l'accès au capital et à la technologie, aux marchés intérieurs et au commerce mondial ; et faciliter la recherche d'emploi des travailleurs. Lorsque l'accès à ces possibilités est universalisé sans distorsion, les sources structurelles d'inégalité des revenus disparaissent. Bien entendu, l'efficacité de ces politiques dépend de politiques macrobudgétaires saines, d'une politique fiscale équitable (voir chapitre 5) et d'institutions de marché solides.

L'égalisation des conditions de concurrence peut débloquer la croissance économique. Les politiques qui permettent au marché de bien fonctionner libèrent également un grand nombre des contraintes qui pèsent sur la croissance des entreprises et des exploitations agricoles, tant du point de vue de l'efficacité de la production (côté offre) que de la taille des marchés auxquels les entreprises et les exploitations agricoles participent (côté demande). Comme le soulignent Goldberg et Reed (2023), des gains sur les deux fronts sont nécessaires pour progresser dans le développement. Du point de vue de la transformation sectorielle, ils peuvent éliminer les obstacles auxquels sont confrontées les entreprises manufacturières et de services pour accéder aux intrants, aux marchés de produits et aux travailleurs, car ce sont les secteurs qui sont en bonne place pour créer de bons emplois et des possibilités de revenus pour un plus grand nombre de travailleurs (voir encadré 4.2). Lorsqu'elles sont mises en œuvre de manière coordonnée, ces actions politiques peuvent également contribuer à renforcer les fondements microéconomiques de la croissance et à réduire la mauvaise répartition des ressources, renforçant ainsi la relation entre la croissance de l'ensemble de l'économie et l'augmentation des revenus des personnes. Ce potentiel gagnant-gagnant de la lutte contre les inégalités et de la réalisation de gains de croissance est important pour une région qui a lutté pour augmenter la productivité, créer des emplois et stimuler la transformation structurelle.

La suppression des distorsions du marché doit s'accompagner de la mise en place d'institutions appropriées pour garantir un fonctionnement sain, ainsi que d'un suivi des incidences au fur et à mesure des réformes. Toutefois, les effets positifs sur l'inégalité ou la réduction de la pauvreté ne se matérialisent qu'après une période plus longue ou dans un environnement politique redistributif approprié. Par exemple, l'intensification de la concurrence sur les marchés de produits peut entraîner des pertes de revenus et d'emplois à court terme pour les personnes travaillant dans les entreprises en place qui sont confrontées à des pressions accrues sur le marché. La libéralisation du commerce peut générer des possibilités d'emploi plus productives, mais pourrait profiter davantage aux travailleurs qualifiés qu'aux autres. Il est essentiel que les réformes du marché s'accompagnent d'institutions solides garantissant que les pratiques anticoncurrentielles ne s'enracinent pas, ainsi que d'un plan de transition définissant le calendrier et l'enchaînement appropriés des réformes et, le cas échéant, des politiques de redistribution (voir chapitre 5) afin de garantir que la suppression des distorsions conduise effectivement à une amélioration des moyens de subsistance dans l'ensemble de la répartition des revenus.

ENCADRÉ 4.2

Création d'emplois, transformation structurelle et rôle de l'industrie manufacturière et des services

L'industrie manufacturière a joué un rôle important dans la croissance et la création d'emplois dans les pays à revenu élevé actuels ainsi que dans les pays d'Asie de l'Est. En Afrique, ce rôle a été plus limité, car la majeure partie de la croissance s'est faite dans des secteurs de services moins productifs. Pour développer le secteur manufacturier en Afrique, il faudra accroître la productivité du secteur et l'accès aux marchés mondiaux qui facilitent la participation aux chaînes de valeur mondiales. Pour ce faire, il faut s'attaquer aux frictions importantes mises en évidence dans ce chapitre, notamment les frictions liées au transport.

Le choix entre l'industrie manufacturière et les services pourrait être un faux dilemme. Bon nombre des économies actuellement en croissance dépendent beaucoup moins de l'industrie manufacturière que par le passé (voir figure B4.2.1). Les secteurs de services habilitants – tels que le transport, la logistique et les services administratifs et de soutien – jouent un rôle important en facilitant la croissance d'autres secteurs – y compris l'industrie manufacturière et l'agriculture – et en employant des travailleurs dans tout l'éventail des compétences. La numérisation crée de nouvelles possibilités d'emploi productif. Bien que certains de ces services numériques dépendent d'un niveau élevé de compétences, de nombreuses tâches au sein des services numériques nécessitent un niveau plus élémentaire de compétences, telles que l'alphabétisation et les compétences informatiques de base, qui pourraient être à la portée d'un plus grand nombre de personnes.

(suite)

Création d'emplois, transformation structurelle et rôle de l'industrie manufacturière et des services *(suite)*

FIGURE B4.2.1 **PIB par habitant à long terme et parts de l'emploi dans le secteur industriel, 1801-2021**

Part de l'emploi dans les secteurs industriels (%)

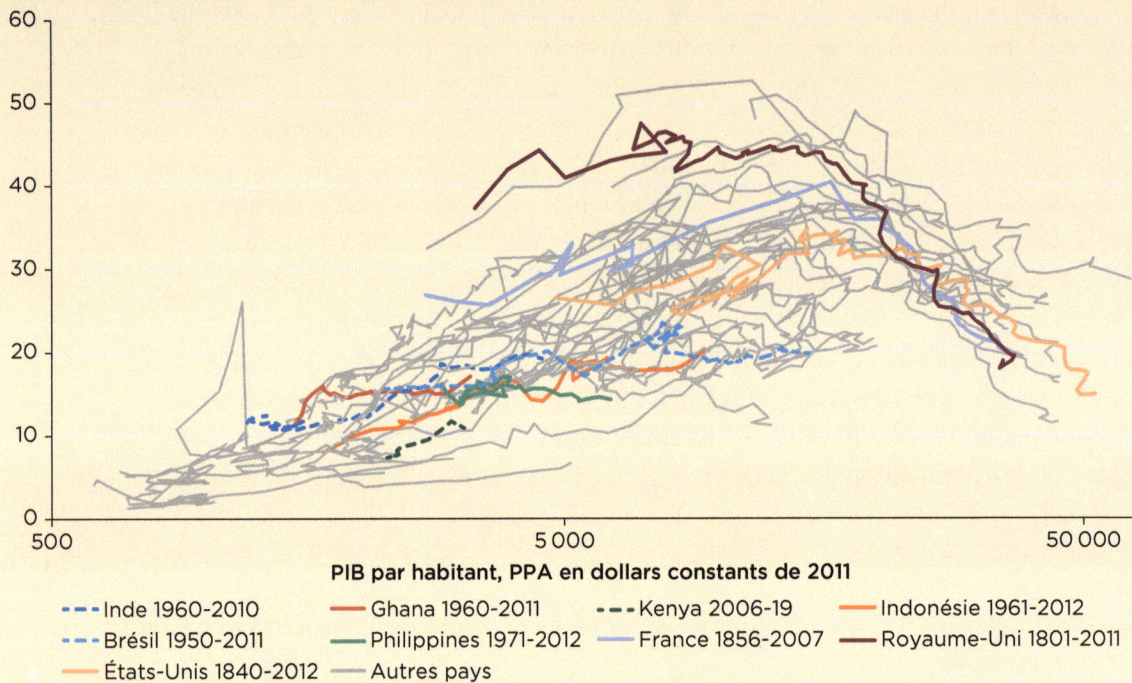

Sources : Adapté de Banque mondiale (2023d), sur la base de Herrendorf, Rogerson et Valentinyi (2014), de la GGDC 10-Sector Database (https://www.rug.nl/ggdc/structuralchange/) et du projet Maddison de la GGDC (Bolt et Van Zanden 2024). Les données kenyanes sont des estimations modélisées par l'Organisation internationale du travail sur la base des statistiques du Bureau national des statistiques du Kenya.
Note : PIB = produit intérieur brut ; GGDC = Centre de croissance et de développement de Groningue ; PPA = parité de pouvoir d'achat.

Les circonstances propres à chaque pays, telles que la présence de secteurs de ressources ou la fragilité, déterminent également les politiques envisageables. Dans les pays dotés de secteurs riches en ressources, il existe généralement peu de liens, à l'exception des liens de consommation, entre les secteurs des ressources et les autres secteurs de l'économie, ce qui limite le potentiel de retombées en termes de productivité. Il peut être prometteur d'établir ces liens, par exemple en encourageant les entreprises nationales à fournir des intrants à ce secteur. Dans le cas des pays fragiles, les institutions du marché seront limitées par la situation locale et les niveaux élevés d'incertitude. Dans la mesure du possible, les politiques devraient viser à accroître la prévisibilité de l'environnement des entreprises, en particulier dans les domaines qui peuvent être influencés par la politique. Les technologies numériques pourraient également être exploitées pour contourner les imperfections du marché (par exemple, le partage des informations sur les prix).

Promouvoir les innovations fondées sur le marché afin d'améliorer l'accès aux capitaux et aux technologies appropriées

La politique du secteur financier et l'infrastructure de crédit peuvent être conçues pour faciliter les produits financiers innovants qui peuvent augmenter l'utilisation du financement formel par les ménages et les entreprises. Les innovations offrent d'autres moyens de garantir les prêts et d'exploiter les informations sur le potentiel de remboursement des emprunteurs.

La microfinance basée sur les actifs prête pour un actif fixe qui sert également de garantie et il s'est avéré qu'elle améliore les performances de l'entreprise lors de tests effectués au Kenya et au Pakistan. Le financement de la chaîne d'approvisionnement pour les micro-emprunteurs, tels que les détaillants, n'a pas encore été testé scientifiquement. Un exemple du Kenya suggère que les structures de financement de la chaîne d'approvisionnement peuvent répondre aux besoins en fonds de roulement et aux goulets d'étranglement et les surmonter, permettant ainsi une rotation plus rapide des stocks et une augmentation des ventes. Au Kenya, Unilever et Mastercard ont collaboré avec la KCB Bank pour offrir des crédits à la chaîne d'approvisionnement aux microdétaillants, en s'appuyant sur les informations d'Unilever concernant les performances des détaillants.

Pour les agriculteurs, des produits de prêt adaptés peuvent contribuer à améliorer le taux d'utilisation. Par exemple, les microcrédits accordés aux petits exploitants au moment de la récolte peuvent les aider à atténuer les variations saisonnières de leurs revenus. Une évaluation de l'impact des microcrédits de groupe accordés aux producteurs de maïs dans le comté de Bungoma, au Kenya, par l'intermédiaire du One Acre Fund juste après la saison des récoltes (liés au stockage des céréales), a permis d'augmenter de manière significative les revenus et les effets sur l'équilibre général, montrant que cette intervention a également stabilisé les variations saisonnières des prix (Burke, Bergquist, et Miguel 2019).

La technologie financière (fintech) et les produits de prêts financiers numériques pour les fonds de roulement ou les besoins d'investissement constituent une autre approche prometteuse, en particulier pour les microentreprises. Au Kenya, M-Shwari est un compte bancaire numérique (services d'épargne et de crédit) lié à M-PESA, les services d'argent mobile fournis par Safaricom. Suri, Bharadwaj et Jack (2021) montrent que les prêts M-Shwari ont aidé les ménages à atténuer les chocs, qu'ils ont été largement utilisés pour répondre à des besoins à court terme, mais qu'ils n'ont pas été utilisés à des fins commerciales. Qui plus est, ces prêts ne se sont pas substitués à d'autres sources de prêt ou à des emprunts informels. Du côté des banques, l'introduction de M-Shwari semble avoir accru la concurrence et conduit à l'introduction de produits similaires sur le marché (Suri, Bharadwaj, et Jack 2021). Tandis que de plus en plus de pays développent l'infrastructure numérique et que la fintech facilite l'introduction de produits de prêt, il sera important de mettre en place des réglementations adéquates en matière de protection des consommateurs de services financiers (Boeddu et Chien 2022).

Le financement par actions et le capital-risque peuvent jouer un rôle important en fournissant des capitaux essentiels aux entreprises en phase de démarrage ou de croissance qui n'ont pas forcément accès aux prêts bancaires traditionnels en raison de l'absence de garanties ou d'antécédents prouvés[14]. L'amélioration des cadres réglementaires (par exemple, pour permettre les structures de partenariat juridique courantes dans le financement du capital-risque), le renforcement de la confiance des investisseurs par l'amélioration du climat d'investissement, le renforcement des capacités des entrepreneurs et des investisseurs, et le renforcement de l'infrastructure financière peuvent contribuer au développement du financement par actions et du capital-risque.

Les approches complémentaires qui utilisent l'infrastructure de crédit pour pallier le manque d'informations sur les emprunteurs sont également cruciales. Les infrastructures de crédit, telles que les systèmes d'information et les registres de garanties, peuvent améliorer l'accès au financement pour les entreprises et les exploitations agricoles. Les systèmes d'information sur le crédit peuvent être complétés par des informations sur les transactions financières provenant d'entités telles que les institutions de microfinance et les opérateurs de téléphonie mobile. En obtenant des informations fiables sur le crédit, les prêteurs peuvent mieux évaluer la solvabilité des emprunteurs, ce qui réduit les risques associés aux prêts et peut faire baisser les taux d'intérêt. Les registres de garanties peuvent contribuer à sécuriser les droits de propriété, en permettant aux entreprises d'utiliser leurs actifs comme garantie pour les prêts, ce qui peut s'avérer particulièrement utile pour les petites et moyennes entreprises qui n'ont pas d'autres formes de garanties.

Les interventions visant à accroître les capacités des entrepreneurs et des entreprises peuvent compenser l'inégalité dans l'acquisition des compétences et conduire à une productivité plus élevée, lorsqu'elles bien ciblées et qu'elles ont le bon degré d'intensité. Une méta-analyse d'essais contrôlés randomisés de programmes de formation visant à améliorer les pratiques commerciales menés entre 2002 et 2017 suggère une amélioration estimée à 4,7 % des ventes et à 10,1 % des bénéfices (McKenzie 2021). Le succès du programme dépend non seulement de sa mise en œuvre et de son intensité, mais aussi de la manière dont les entreprises sont sélectionnées, car les rendements des programmes de formation ont tendance à être hétérogènes. Néanmoins, le ciblage des bons bénéficiaires reste un défi, les méthodes traditionnelles de notation ainsi que les efforts plus sophistiqués d'apprentissage automatique ayant un faible pouvoir de prédiction (McKenzie et Sansone 2017).

Pour les microentrepreneurs, l'association d'une formation traditionnelle aux compétences commerciales et d'une formation aux compétences non techniques, visant à créer un état d'esprit entrepreneurial, a donné des résultats prometteurs (par exemple, Campos et coll. 2017 pour le Togo et Glaub et coll. 2014 pour l'Ouganda), y compris pour les femmes entrepreneurs, bien que les impacts de ces programmes soient hétérogènes et dépendent également de la qualité des formateurs (Alibhai et al. 2019 ; McKenzie et Puerto 2021). Les interventions offrant des services de développement des entreprises, tels que des services de conseil, peuvent accroître les performances des entreprises, quelle que soit leur taille (par exemple, Bloom et coll. 2013 pour les grandes entreprises en Inde ; Iacovone, Maloney et McKenzie 2022 pour les petites entreprises en Colombie ; et Anderson et McKenzie 2022 pour le Nigeria).

Le soutien financier de l'État aux entreprises peut être efficace s'il est fourni selon des modalités transparentes, qui favorisent la concurrence et n'empêchent pas les innovations du secteur privé en matière de produits de prêt (McKenzie 2023). L'un des problèmes liés au financement direct des entreprises est que les pouvoirs publics ne disposent pas de plus d'informations que les prêteurs privés pour savoir si une entreprise est soumise à des contraintes de crédit ou non. Ce manque d'information peut être comblé par des appels à la concurrence, comme le concours de plans d'affaires au Nigeria pour les entrepreneurs en herbe, qui s'est avéré efficace pour sélectionner les entreprises axées sur la croissance qui ont connu des améliorations significatives de leur performance (McKenzie 2017). Il est important de garantir la transparence et la sélection concurrentielle pour assurer le succès de ces initiatives. Les moyens de renforcer la supervision, le suivi et l'évaluation des effets seront importants.

Un ensemble d'interventions coordonnées peut aider à résoudre les multiples contraintes auxquelles sont confrontés les agriculteurs, notamment les lacunes en matière de connaissances, l'accès aux intrants et l'accès à la technologie ; des investissements publics complémentaires dans les infrastructures d'irrigation et la recherche et le développement sont également nécessaires. L'initiative One Acre Funds au Kenya est un exemple d'ensemble d'interventions ; toutefois, l'efficacité de ces interventions n'a pas été prouvée. Différents éléments de ces ensembles d'interventions ont démontré leur efficacité. Une formation bien conçue pour les agriculteurs, ainsi que des investissements dans la recherche et le développement agricoles, peuvent être utiles. Une formation approfondie a permis de renforcer la capacité des agriculteurs à adopter la technologie et à l'utiliser pour gérer les menaces pesant sur la production, telles que le manque d'eau. Une évaluation d'impact au Niger a montré qu'une journée de formation sur la manière de construire une technologie de collecte des eaux de pluie avait un impact significatif sur l'adoption de cette technologie et sur la production agricole (Aker et Jack 2021). En revanche, une formation simplifiée sur l'élevage n'a eu qu'un impact limité au Burkina Faso (Leight et coll. 2021). Les dépenses de recherche et développement sont importantes pour soutenir l'adoption des technologies, comme l'a montré l'expérience de l'Inde. Les dépenses publiques moyennes en Afrique australe et orientale ont augmenté rapidement, en particulier en Ouganda et en Éthiopie.

Cependant, les dépenses publiques pour la recherche et le développement ont pris du retard dans d'autres parties de la région, et le secteur privé n'est pas intervenu pour combler le fossé (Suri et Udry 2022).

Permettre aux petits exploitants de gérer les risques et d'y faire face pourrait également favoriser l'adoption des technologies. L'exposition aux chocs climatiques, aux conflits et à d'autres chocs connexes est omniprésente dans la région, en particulier dans la Corne de l'Afrique et au Sahel (voir les Messages clés 1 et 3 sur le climat et les conflits, respectivement). Les agriculteurs peuvent faire face à ces risques en choisissant des stratégies d'investissement sous-optimales, ce qui explique en partie pourquoi ils n'adoptent pas une nouvelle variété de semences. Les produits d'assurance basés sur le marché, subventionnés ou non, n'ont pas prouvé leur efficacité, et cela reste un domaine important de la recherche politique, étant donné la fréquence croissante des chocs. Dans de tels contextes, les investissements de protection contre les chocs, tels que l'amélioration de l'irrigation et de la conservation des sols, seront importants pour permettre à une grande partie des ménages agricoles de faire face aux risques liés aux conditions météorologiques.

Adopter des politiques visant à améliorer l'accès aux marchés pour les entreprises et les exploitations agricoles, à l'échelle nationale et mondiale

Pour améliorer l'accès aux marchés, il faut se concentrer à la fois sur l'intégration des marchés nationaux – en améliorant la connectivité et la contestabilité – et sur l'intégration dans les chaînes de valeur régionales et mondiales. Ce chapitre a montré que les marchés de la région sont segmentés en raison des coûts de transport élevés et du pouvoir de marché des négociants desservant consommateurs et producteurs, en particulier dans les régions éloignées. Investir dans les routes, en particulier les routes rurales (et leur entretien), dans l'infrastructure numérique et rendre le secteur des transports compétitif facilitera l'intégration des marchés. Ces investissements devront s'accompagner d'autres réformes visant à accroître la contestabilité au niveau national, y compris les politiques de concurrence. Une telle intégration peut contribuer à réduire les sources d'inégalité sur le marché. L'amélioration des infrastructures peut également contribuer à réduire l'inégalité des revenus avant commercialisation. Les investissements étrangers et la participation aux chaînes de valeur mondiales régionales en encourageant les liens intersectoriels peuvent contribuer à connecter les entreprises et les exploitations agricoles aux marchés étrangers.

Les investissements dans les routes (construction et modernisation), les infrastructures numériques, l'électricité et les transports abordables sont très rentables (Ali et coll. 2015)[15]. Dans le cas des routes, les rendements relatifs des investissements dans les autoroutes et les routes rurales diffèrent parce qu'elles desservent des populations différentes[16]. Les investissements dans les routes rurales ont eu des effets favorables sans équivoque sur les indicateurs de développement en Afrique, les bénéfices les plus importants revenant aux régions les plus éloignées (Foster et coll. 2023). En Éthiopie, le développement des routes rurales a augmenté la consommation des ménages de 16 à 28 %, réduit l'incidence de la pauvreté de 14 % dans les zones touchées par la sécheresse (Nakamura et al. 2020) et augmenté les revenus agricoles des villages connectés (Kebede 2024). Au Cameroun, elle a augmenté le nombre d'activités économiques dans les ménages les plus isolés (Gachassin 2013). De même, l'électrification a contribué à la production agricole, à l'emploi, à de meilleurs résultats en matière de santé et d'éducation, ainsi qu'à l'augmentation des revenus et de la consommation des ménages (Foster et coll. 2023). En fait, l'absence d'électricité peut avoir un impact négatif sur l'emploi, car les entreprises touchées par les coupures de courant réagissent aux pertes de productivité en supprimant des emplois (Mensah 2023)[17]. Il a également été démontré que les investissements dans la technologie numérique stimulent la croissance économique, contribuent à l'éducation et aux résultats du marché du travail, et réduisent les inégalités (Foster et coll. 2023). Il existe d'importantes complémentarités. Par exemple, en Inde, l'investissement dans les routes de desserte rurale a permis d'augmenter de manière significative les inscriptions à l'école secondaire et les résultats aux tests dans les villages nouvellement connectés (Adukia, Asher et Novosad 2020). Des données provenant de 27 pays mettent en évidence les effets combinés positifs et significatifs d'un meilleur accès aux routes et au réseau électrique, conduisant à de meilleurs résultats en matière d'emploi dans les zones urbaines et à une évolution vers des professions plus qualifiées dans les zones rurales (Abbasi et al. 2022).

Rendre le transport abordable nécessite des efforts politiques complémentaires pour garantir la concurrence dans le secteur des services de camionnage (Bove et al. 2018 ; Teravaninthorn et Raballand 2009). Les camions sont le mode de transport dominant à l'intérieur des pays et entre les pays, et le secteur est particulièrement sujet à des comportements non concurrentiels de la part des entreprises. Il existe des cas de déréglementation réussie dans le secteur du camionnage, où le démantèlement des cartels entraîne une baisse des prix. En Afrique de l'Ouest et en Afrique centrale, des cadres réglementaires inadéquats, une mise en œuvre insuffisante, des pratiques commerciales collusoires dans le secteur du camionnage et la prévalence de barrages routiers illégaux sont autant de facteurs qui contribuent à l'augmentation des prix du transport (Bove et al. 2018). Il est important de garantir un cadre réglementaire complet et fonctionnel, facilitant la concurrence dans le secteur et la professionnalisation du marché du camionnage.

La participation à des chaînes de valeur – au niveau national, régional et mondial – peut être une occasion importante d'améliorer l'accès au marché et les revenus. Pour certaines entreprises, en particulier dans l'agriculture, l'accent devrait être mis sur la participation à des chaînes de valeur nationales intégrées. Pour d'autres, l'accent doit être mis sur la participation directe ou indirecte aux chaînes de valeur mondiales. Lorsque les entreprises ont accès à des marchés plus importants, elles peuvent augmenter leurs volumes de production et réaliser des économies d'échelle. Le commerce transfrontalier local est un facteur important, en particulier pour les petits commerçants de la région, et on estime qu'il représente 30 à 40 % du commerce intrarégional total en Afrique (Eberhard-Ruiz 2022).

Pour les petits exploitants agricoles qui font déjà partie du système alimentaire, la participation à des chaînes de valeur agricoles intégrées peut être une occasion importante d'améliorer l'accès au marché et les revenus (Christiaensen 2020). Les chaînes de valeur agricoles, telles que celles des produits laitiers, permettent aux participants d'ajouter de la valeur à chaque étape du processus de livraison du produit à l'acheteur, généralement une grande entreprise ou un détaillant. Les petits exploitants qui font partie de chaînes de valeur intégrées sont liés contractuellement à d'autres participants de la chaîne et reçoivent en retour des crédits, des informations agronomiques et la possibilité de réduire les risques. Cet arrangement permet en conséquence de surmonter les distorsions au niveau des intrants et de l'accès au marché identifiées précédemment. Les chaînes de valeur intégrées sont plus susceptibles d'être efficaces pour les cultures non vivrières et les produits agricoles à fort potentiel de valeur ajoutée (produits laitiers et viande) que pour les cultures vivrières. Les personnes pauvres peuvent encore en bénéficier directement en participant en tant que producteurs ou en étant employées dans des exploitations plus grandes ou dans le secteur agroalimentaire, ou encore à travers les retombées sur l'économie locale.

Les organisations de producteurs peuvent contribuer à renforcer le pouvoir de négociation des petits exploitants, ce qui leur permet de revendiquer une plus grande part de la valeur ajoutée. Les chaînes de valeur agricoles intégrées sont de plus en plus souvent mises en œuvre et Christiaensen (2020) identifie plusieurs domaines dans lesquels il est nécessaire de poursuivre l'expérimentation et l'apprentissage, tout en continuant à accorder une attention politique à l'augmentation de la productivité de la main-d'œuvre dans l'agriculture :

- identifier les modalités organisationnelles et contractuelles les plus efficaces, notamment en testant le rôle des organisations de producteurs pour les cultures telles que les produits de base, pour lesquelles ces organisations n'existent généralement pas ;

- renforcer les compétences des acteurs de la chaîne de valeur ;

- déterminer la meilleure façon d'encourager la participation des institutions financières et la modalité qui peut être utilisée (par exemple, les subventions).

Une expansion des débouchés commerciaux peut générer des possibilités de croissance. Les entreprises qui exportent ont tendance à être plus productives, ce qui reflète à la fois les effets de sélection (Melitz 2003) et l'apprentissage par l'exportation (De Loecker 2013). Les entreprises qui exportent sont davantage exposées aux marchés internationaux par l'intermédiaire de leurs partenaires commerciaux et de leurs concurrents, ce qui favorise les transferts de connaissances et de technologies. Elles sont également plus exposées aux normes internationales, ce qui peut encourager la mise à niveau. Atkin, Khandelwal et Osman (2017) montrent comment l'amélioration de l'accès aux producteurs de tapis en Égypte augmente la qualité, la productivité et les bénéfices.

La région Afrique a tout à gagner de la réalisation de l'objectif d'intégration régionale via la zone de libre-échange continentale africaine (ZLECAf). Les accords et programmes commerciaux internationaux, tels que les accords de partenariat économique avec l'Union européenne et la loi américaine sur la croissance et les possibilités économiques en Afrique (African Growth and Opportunity Act), offrent aux pays africains d'importantes possibilités d'accès aux marchés internationaux. L'accord portant création de la ZLECAf créera la plus grande zone de libre-échange au monde, si l'on considère le nombre de pays participants. Le pacte relie 1,3 milliard de personnes, soit l'équivalent de la population de l'Inde, à travers 55 pays et a le potentiel d'augmenter les opportunités d'emploi et de sortir des millions de personnes de l'extrême pauvreté (Banque mondiale 2020). Les estimations de modélisation de la Banque mondiale suggèrent que la mise en œuvre de la ZLECAf pourrait augmenter les revenus de 7 % et réduire de 40 millions le nombre de personnes vivant dans l'extrême pauvreté, et des résultats encore meilleurs pourraient être obtenus dans le cadre de scénarios plus ambitieux qui dépendent d'une intégration profonde (Echandi, Maliszewska et Steenbergen 2022).

Pour réaliser le plein potentiel des programmes commerciaux tels que la ZLECAf, il faudra supprimer les distorsions afin de permettre la libre circulation des biens, des capitaux et des informations à travers les frontières ; créer des environnements commerciaux compétitifs qui peuvent stimuler la productivité et l'investissement, en particulier dans les chaînes de valeur agricoles, dans lesquelles beaucoup sont engagés ; appliquer les normes de travail pour garantir de bonnes conditions de travail ; et promouvoir une concurrence étrangère accrue et des investissements étrangers directs qui peuvent augmenter la productivité et l'innovation pour les entreprises nationales. Il sera important de surveiller les effets distributifs d'un commerce plus régional pour s'assurer que les bénéfices ne finissent pas par être concentrés au niveau régional.

L'investissement direct étranger (IDE) peut être une source de croissance et favoriser la participation aux chaînes de valeur mondiales, y compris dans les entreprises locales. Les travailleurs peuvent également en bénéficier, à condition que les normes de travail soient respectées. Pour favoriser la participation aux chaînes de valeur mondiales, il faut également ouvrir davantage l'IDE, qui peut contribuer à établir des liens entre l'économie nationale et les marchés mondiaux. Les entreprises qui créent des filiales à l'étranger tendent à être plus proches de la frontière de productivité que celles qui ne le font pas (Helpman, Melitz et Yeaple 2004). L'IDE peut contribuer à la création d'emplois grâce à l'apport de nouveaux capitaux, à un meilleur accès aux marchés mondiaux, à l'adoption de technologies et de pratiques de gestion de meilleure qualité et à une meilleure formation des travailleurs (Alfaro 2017). Les entreprises qui dépendent de l'IDE peuvent également contribuer aux retombées technologiques dans d'autres secteurs, soit par des liens avec l'offre ou la demande, soit par des effets de concurrence (Alfaro Ureña, Manelici et Vasquez 2019 ; Bajgar et Javorcik 2020 ; Iacovone et coll. 2015 ; Javorcik 2004). Néanmoins, dans de nombreux pays africains, l'IDE s'est traditionnellement concentré dans des secteurs riches en ressources, qui ont relativement peu de possibilités de créer des liens avec les entreprises de l'économie d'accueil, bien que les flux d'IDE vers des secteurs tels que l'alimentation et les boissons et les technologies de la communication et de l'information aient récemment augmenté (Morgan, Farris et Johnson 2022). Pour favoriser l'établissement de liens avec les fournisseurs, il faut également que les entreprises fournisseuses disposent des capacités de production nécessaires pour pouvoir approvisionner l'entreprise bénéficiaire de l'IDE.

La transition verte offrira également de nouvelles possibilités. L'Afrique est dotée de ressources naturelles abondantes, y compris de minéraux verts qui sont très demandés pour soutenir la transition vers une énergie propre à l'échelle mondiale. L'Afrique peut tirer parti de ses ressources minérales pour favoriser une croissance durable transformatrice, la diversification économique et le développement local et régional grâce à la transformation et à la fabrication à valeur ajoutée. Dans le même temps, il est essentiel de veiller à ce que la transition mondiale vers les technologies propres ne renforce pas les inégalités structurelles existantes, ne fasse pas peser sur les communautés locales des dommages environnementaux et n'accroisse pas la recherche de rentes ou les pratiques de corruption. D'autres défis découlent du fait que des réserves substantielles de minerais essentiels se trouvent dans des zones où la biodiversité est vulnérable et qui sont touchées par la fragilité et les conflits.

Faciliter la mise en relation des travailleurs et des employeurs

Des données probantes de plus en plus nombreuses attestent de la présence de frictions dans la recherche d'emploi en Afrique, mais les solutions à ce problème font encore l'objet de recherches politiques actives (Caria et coll. 2024 ; Carranza et McKenzie 2023). La réduction des coûts de transport est une solution prometteuse, mais ses effets sur l'amélioration des résultats en matière d'emploi ne semblent pas durables. Les plateformes de recherche d'emploi sont largement disponibles pour les travailleurs qualifiés et non qualifiés ; toutefois, les études disponibles ne montrent pas que ces plateformes sont efficaces pour améliorer les résultats en matière d'emploi, et leur capacité à attirer les travailleurs peu qualifiés et peu instruits suscite des inquiétudes. Une solution qui s'est avérée efficace est la certification des compétences professionnelles, qui fonctionne à la fois pour les travailleurs et les entreprises. L'efficacité de cette intervention n'est pas surprenante, étant donné les faibles résultats d'apprentissage des diplômés de l'enseignement supérieur dans la région et le rôle important des réseaux sociaux dans la recherche d'un emploi.

Les subventions au transport ont été testées dans divers contextes, y compris en Afrique, mais n'ont jusqu'à présent que des effets limités sur l'emploi (Abebe et al. 2021 ; Caria et al. 2024 ; Franklin 2018). Des études ont testé l'impact d'un petit transfert d'argent aux jeunes en Éthiopie et en Afrique du Sud pour qu'ils se rendent dans les centres urbains et s'informent sur les offres d'emploi. Bien que cette subvention en espèces n'ait pas eu d'impact sur l'emploi en Afrique du Sud, l'expérience de l'Éthiopie montre certains effets. En Éthiopie, les subventions aux transports ont stimulé la recherche d'emploi et augmenté la probabilité que les demandeurs d'emploi trouvent un emploi rémunéré par contrat. Toutefois, ces effets ne se sont fait ressentir qu'à court terme, avant de se dissiper avec le temps.

Les interventions de certification des compétences professionnelles sont les plus prometteuses et les études montrent qu'elles peuvent être rentables. Des études expérimentales menées dans divers contextes, y compris en Afrique, ont montré que la certification des compétences est une intervention efficace à la fois pour les demandeurs d'emploi et pour les entreprises qui souhaitent embaucher (Caria et coll. 2024). En Afrique, où la qualité de l'éducation est faible, la certification des compétences professionnelles joue un rôle important en fournissant aux entreprises des informations crédibles sur les compétences des travailleurs. Abebe et coll. (2021) étudient les effets d'un programme de certification des compétences pour les jeunes à Addis-Abeba. Ils constatent que l'obtention d'une certification des compétences a considérablement augmenté la probabilité de trouver un emploi salarié contractuel et a conduit à une augmentation significative des revenus quatre ans après avoir bénéficié de l'intervention. Hardy et McCasland (2023) ont étudié l'impact d'un programme de placement en apprentissage au Ghana qui mettait en relation de jeunes chômeurs avec des placements dans de petites entreprises. Le programme donnait la priorité aux jeunes chômeurs pauvres et leur permettait d'accéder à l'apprentissage sans frais d'inscription. Grâce à ce programme, la taille des entreprises a augmenté d'environ un demi-travailleur dans les entreprises manufacturières qui ont reçu un apprenti. Une analyse approfondie montre que le mécanisme à l'origine de l'impact est que le programme a allégé les coûts des entreprises pour la sélection des travailleurs à faible capacité et a réduit le coût de l'embauche et de la formation des personnes qui entrent pour la première fois sur le marché du travail.

Pour les femmes, l'accès à des services de garde d'enfants abordables et faciles d'accès peut compléter les efforts mentionnés plus haut. Les services de garde en centre fournis par les crèches, les écoles maternelles et les centres communautaires peuvent être efficaces pour augmenter l'emploi des femmes en Afrique, comme le suggèrent des études menées au Burkina Faso et en République démocratique du Congo (Ahmed et coll. 2023). En Ouganda, l'octroi de subventions pour la garde d'enfants s'est avéré efficace pour accroître la participation des femmes à la population active. Une autre complémentarité est que l'accès à des services de garde d'enfants de haute qualité peut également améliorer les inégalités dans l'accès des enfants à la constitution du capital humain.

Renforcer la sécurité juridique pour les entreprises et les exploitations agricoles, promouvoir la concurrence, adopter des lois sur l'égalité des sexes dans le domaine du travail et garantir des cadres macrofiscaux solides

L'efficacité des politiques de marché dépend essentiellement d'un cadre macro-budgétaire adéquat, de la contestabilité et d'institutions solides. La contestabilité facilite l'allocation équitable des ressources dans l'économie. Des institutions solides chargées de faire respecter des contrats adaptés peuvent faciliter les transactions sur le marché et les investissements des entreprises et des exploitations agricoles. Une autre dimension importante des institutions fortes est la législation garantissant l'égalité de traitement des femmes sur le lieu de travail et dans les entreprises.

Un cadre macro-budgétaire et une politique monétaire adéquats sont essentiels à la stabilité macroéconomique et à la promotion de la confiance des entreprises dans l'investissement et l'embauche. L'instabilité macroéconomique peut entraîner une inflation aux effets potentiellement néfastes. L'inflation taxe notamment les revenus des travailleurs du secteur informel, qui ne bénéficient d'aucune protection contre les augmentations du coût de la vie ou des prix des intrants. L'inflation des prix des intrants peut également avoir une incidence négative sur les décisions des entreprises et des agriculteurs travaillant dans des environnements à faibles revenus.

Accroître la contestabilité des marchés par le biais d'une réforme réglementaire, rééquilibrer le rôle des entreprises d'État et utiliser la politique de concurrence sera essentiel pour soutenir l'innovation et élargir l'accès au capital, à la technologie et aux marchés. Garantir des conditions de concurrence équitables en supprimant les obstacles à la concurrence aidera les entreprises les plus productives à augmenter leurs effectifs. Cela implique souvent de réformer les programmes d'octroi de licences et de permis, de réformer les réglementations limitant la propriété et de repenser le contrôle des prix. Les études qui se concentrent sur l'ouverture à la concurrence suggèrent que les consommateurs bénéficient largement de la baisse des prix[18]. Les entreprises qui s'approvisionnent en intrants peuvent également bénéficier de la concurrence, en particulier celles qui dépendent d'intrants provenant du secteur des services (Arnold, Javorcik et Mattoo 2011 ; Fernandes et Paunov 2012). De même, l'augmentation de la contestabilité des secteurs des télécommunications et des transports, complétée par un cadre réglementaire solide, peut améliorer l'accessibilité financière de ces services essentiels à l'intégration du marché. Accroître la contestabilité du marché signifie également s'attaquer à la domination des entreprises publiques sur de nombreux marchés, en particulier sur les marchés où l'offre du secteur privé est viable. Il est important de réévaluer le rôle de l'implication de l'État dans les marchés concurrentiels, ainsi que les accords de gouvernance visant à minimiser les effets de distorsion des entreprises avec l'implication de l'État, afin d'accroître la contestabilité du marché. Presque tous les pays de la région ont adopté une loi sur la concurrence pour régir le marché et promouvoir et protéger la concurrence (Büthe et Kigwiru 2020).

Des institutions solides chargées de faire respecter les contrats offrent une sécurité juridique en cas de litiges commerciaux et peuvent donc débloquer les investissements des entreprises et des exploitations agricoles. Une forte capacité de l'État est nécessaire pour garantir un système judiciaire efficace, et des mécanismes spéciaux sont nécessaires dans les contextes fragiles (Bosio 2023a, 2023b ; Büthe et Kigwiru 2020 ; Lichand et Soares 2014 ; Rao 2024). La petite taille des entreprises et des exploitations agricoles dans la région nécessite des mécanismes adaptés qui peuvent offrir une résolution rapide des litiges. Les bonnes pratiques en matière d'exécution des contrats identifiées par la Banque mondiale comprennent des tribunaux, des divisions ou des juges commerciaux spécialisés et dédiés, des tribunaux des petites créances ou des procédures simplifiées, et l'utilisation de mécanismes alternatifs de résolution des conflits pour compléter le système judiciaire traditionnel (Banque mondiale s.d.). Bien que les recherches sur l'efficacité de ces mesures soient limitées, il existe des preuves que les petits exploitants agricoles en Éthiopie, au Rwanda et au Sud-Soudan s'engagent dans des contrats relationnels avec des négociants et des usines lorsque l'application des contrats formels est faible (Boudreau, Cajal-Grossi et Macchiavello 2023 ; Bulte, Do Nascimento Miguel et Anissa 2024 ; Macchiavello et Morjaria 2021). La dépendance des petits exploitants à l'égard des contrats relationnels réduit la concurrence sur les marchés des produits agricoles. Des systèmes d'exécution des contrats solides et accessibles peuvent donc débloquer des avantages supplémentaires sous la forme d'une plus grande concurrence et de meilleurs prix pour les petits exploitants.

Les réformes juridiques qui suppriment les obstacles institutionnels à la participation économique des femmes peuvent être efficaces pour réduire les différences entre les sexes sur le marché du travail (Roy 2019). Récemment, la Côte d'Ivoire, le Gabon et le Togo ont supprimé les restrictions légales à la participation économique des femmes (Tavares et Benetatos 2023 ; voir également le point fort 2 sur l'égalité des sexes). La Côte d'Ivoire et le Gabon, par exemple, ont supprimé les restrictions légales à l'emploi des femmes. Au Gabon, le Code civil de 1972 a été révisé de manière à ce que, comme les hommes, les femmes puissent officiellement être reconnues comme chef de ménage, choisir leur lieu de résidence, posséder et gérer des biens (Tavares 2022). Grâce à cette réforme, les femmes peuvent également ouvrir des comptes bancaires. Des réformes ont également été introduites pour veiller à ce que les femmes ne soient pas discriminées dans l'accès au crédit.

Annexe 4A : Fondements analytiques : liens entre l'inégalité des revenus, les distorsions du marché et les producteurs

Pour déterminer comment la distribution des revenus du travail est liée aux marchés et au volet production de l'économie, il est utile de suivre la logique de Restuccia et Rogerson (2017) et de considérer une économie dans laquelle chaque producteur i (entreprise ou exploitation agricole) génère une production en utilisant la fonction de production suivante : $y_i = a_i f(l_i, k_i)$, où a_i est la productivité de chaque producteur i,

l_i est la main-d'œuvre employée par le producteur et k_i est le capital utilisé. L et K représentent respectivement le total du travail (travailleurs, agriculteurs, travailleurs des entreprises familiales) et du capital dans l'économie.

Chaque travailleur perçoit un salaire égal au produit marginal pour des niveaux de capital donnés ; les entrepreneurs, les exploitations agricoles et les propriétaires d'entreprises familiales sont rémunérés en fonction de leur travail et de leur capital. Il en résulte une dispersion des salaires et des revenus pour chaque producteur. Ensemble, les revenus gagnés affectent le niveau et la distribution du revenu personnel dans l'économie.

La production globale est affectée par la disponibilité de la technologie (a_i), l'entrée, la survie et la sortie des producteurs, et la manière dont les ressources totales en travail (L) et en capital (K) sont réparties entre les entreprises et les exploitations agricoles.

Lorsque l'allocation des ressources est efficace, les producteurs ayant une productivité plus élevée reçoivent plus de travail et de capital. Cela donne lieu à une distribution des tailles des producteurs et à l'égalisation du produit marginal du travail et du capital entre tous les producteurs[19]. La combinaison des idées de Restuccia et Rogerson (2017), Rud et Trapeznikova (2021), et Lazear et Shaw (2018) suggère que la distribution des revenus personnels dans cette économie est affectée par les trois canaux qui affectent également la production agrégée.

Les distorsions entraînent une répartition inefficace du travail et du capital entre les différents producteurs et ont donc un effet négatif sur la distribution et le niveau des revenus. De cette manière, les distorsions conduisent à l'inégalité et à la pauvreté. Elles entraînent également une mauvaise répartition du travail et du capital entre les producteurs, ce qui réduit la production globale. Les distorsions affectent également la répartition par taille des producteurs. La correction des distorsions peut dès lors réduire la pauvreté et les inégalités, stimuler la croissance et influer sur la taille et l'échelle des entreprises et des exploitations agricoles.

Source : Élaboration par la Banque mondiale.

Notes

1. Si l'on s'en tient à l'approche de Fields (1979), l'inégalité du revenu total des ménages est décomposée en fonction des différentes sources de revenus. Ces sources de revenus sont les salaires, les revenus des entreprises, les revenus agricoles, les transferts de fonds et les autres sources de revenus. Cette analyse a été réalisée à l'aide de la commande *descogini* de Stata (Lopez-Feldman 2006) pour le revenu total des ménages et le revenu des ménages par habitant.

2. Base de données des estimations modélisées de l'Organisation internationale du travail.

3. Les 31 % qui ne travaillent pas et ne sont pas au chômage sont principalement des personnes qui fréquentent l'école ou de jeunes femmes. Il existe un écart entre les sexes dans les taux de participation économique, mais il n'est pas important (environ 65 % des femmes et 70 % des hommes).

4. Base de données des estimations modélisées de l'Organisation internationale du travail. Les chiffres excluent les pays à revenu élevé.

5. La question de savoir si la répartition des entreprises dans les pays en développement peut être caractérisée par un milieu manquant fait l'objet de débats académiques. Tybout (2000) met en évidence une sous-représentation des entreprises de taille moyenne dans la distribution de l'emploi des économies en développement par rapport aux pays à revenu élevé. Hsieh et Olken (2014) affirment qu'il n'y a pas de milieu manquant parce que les distributions d'entreprises ne les présentent pas, et que la sous-représentation des entreprises de taille moyenne n'est pas robuste aux différentes classifications par taille. Abreha et coll. (2022) confirment la sous-représentation des entreprises de taille moyenne dans la distribution de l'emploi dans les pays africains, mais l'associent à l'existence de petites entreprises essentiellement informelles et affirment qu'une distribution avec un milieu manquant peut indiquer des distorsions dans la distribution par taille ; un manque de croissance des petites entreprises et une absorption limitée des travailleurs indépendants par les grandes entreprises.

6. Estimations basées sur des données au niveau des entreprises de 20 pays à revenu faible ou intermédiaire. Dans cette analyse, une grande entreprise est définie comme ayant 250 employés ou plus, et une microentreprise comme ayant moins de 10 employés.

7. Kurz (2023) analyse le rôle que les technologies innovantes brevetées ont joué dans l'inégalité des revenus aux États-Unis en permettant aux entreprises innovantes d'acquérir un pouvoir de marché substantiel et de réaliser des bénéfices anormalement élevés, qui sont à leur tour distribués aux quelques personnes qui possèdent ou travaillent dans ces entreprises.

8. La croissance de l'emploi ne doit pas nécessairement se produire dans la même entreprise productive. Une expansion, même si elle permet d'économiser de la main-d'œuvre pour cette entreprise particulière, créera des possibilités dans d'autres entreprises.

9. En Libye, le conflit a entraîné une baisse des revenus pour 51 % des entreprises (Rahman et Di Maio, 2020). En étudiant les sorties d'entreprises en République arabe syrienne entre 2009 et 2017, Salmon, Assaf et Francis (2018) suggèrent que les entreprises à forte productivité étaient plus susceptibles de rester en activité, à l'exception des entreprises dans la ville la plus touchée, Alep, où les entreprises productives se sont pour la plupart délocalisées. En Cisjordanie et à Gaza, au cours de la deuxième Intifada, les entreprises ont remplacé les matériaux produits localement par des importations, ce qui a entraîné une baisse de plus de 70 % de la valeur de la production dans les districts fortement touchés par le conflit (Amodio et Di Maio 2018).

10. Afin de refléter la diversité de l'activité économique en Afrique, ce cadre analytique se réfère à la fois aux entreprises familiales et aux entreprises qui opèrent en tant qu'entités indépendantes de leurs ménages en tant qu'entreprises. Les premières sont généralement considérées comme des entreprises de nécessité ou de survie et les secondes comme des entreprises orientées vers les possibilités ou la croissance, mais, comme nous le verrons plus loin dans ce chapitre, certaines entreprises familiales présentent un potentiel d'orientation vers la croissance.

11. Les rendements du capital dépendent néanmoins de plusieurs facteurs, y compris des facteurs liés au ménage. Par exemple, les femmes entrepreneurs au Ghana n'ont pas obtenu de rendement dans les subventions accordées en espèces, mais ont vu des rendements dans les subventions accordées en nature (Fafchamps et coll. 2014). L'absence d'instruments de gestion des risques pourrait également conduire des entreprises à rendement potentiellement élevé à sous-investir dans le capital.

12. Sur les marchés intégrés, en raison de l'arbitrage spatial, les prix des biens convergent d'un endroit à l'autre et les variations mondiales des prix des biens importés sont répercutées sur les prix intérieurs.

13. Des recherches récentes ont également montré que les attentes irréalistes des jeunes arrivant sur le marché du travail en matière d'offres salariales et d'emplois constituaient une autre source de friction dans l'appariement des offres et des demandes d'emploi.

14. Le financement par actions permet aux entrepreneurs d'accéder à des fonds sans s'endetter, en échange d'une part de propriété dans leur entreprise. Le capital-risque, un sous-ensemble du financement par actions, est souvent orienté vers les entreprises à fort potentiel de croissance, apportant non seulement des capitaux, mais aussi des conseils stratégiques, un mentorat et l'accès à des réseaux.

15. Les goulets d'étranglement les plus importants pour les investissements se situent au niveau de la mise en œuvre, de la capacité de l'État et de l'efficacité des dépenses publiques (Calderon et al. 2018).

16. En Inde, la modernisation d'un réseau d'autoroutes nationales a entraîné une amélioration significative des performances des entreprises, tandis que les investissements dans les réseaux routiers ruraux ont eu des effets positifs, mais limités à court terme (Asher et Novosad 2020 ; Ghani, Goswami et Kerr 2016).

17. Mensah 2023 a analysé les impacts causaux dans les pays africains.

18. Par exemple, au Mexique, l'ouverture à la concurrence en autorisant l'entrée d'entreprises étrangères dans le secteur du commerce de détail a fait baisser les prix à la consommation (Atkin, Faber et Gonzalez-Navarro 2018).

19. Dans une économie dynamique, en réponse à un choc tel que le commerce, les produits marginaux peuvent ne pas s'égaliser au fur et à mesure que l'économie s'ajuste et que les ressources se déplacent d'un secteur à l'autre et d'un producteur à l'autre.

Bibliographie

Abbasi, Mansoureh, Mathilde Lebrand, Arcady Bluette Mongoue, Roland Pongou et Fan Zhang. 2022. "Roads, Electricity, and Jobs Evidence of Infrastructure Complementarity in Sub-Saharan Africa. Document de travail de recherche sur les politiques 9976, Banque mondiale, Washington, DC. http://documents.worldbank.org/curated/en/970271647884335950/Roads-Electricity-and-Jobs-Evidence-of-Infrastructure-Complementarity-in-Sub-Saharan-Africa.

Abdulai, Awudu. 2006. "Spatial Integration and Price Transmission in Agricultural Commodity Markets in Sub-Saharan Africa". Dans Agricultural Commodity Markets and Trade : New Approaches to Analyzing Market Structure and Instability, publié par Alexander Sarris et David Hallan, 163-86. Cheltenham, Royaume-Uni : Edward Elgar.

Abebe, Girum, Niklas Buehren et Markus Goldstein. 2020. "Short-Run Welfare Impacts of Factory Jobs Experimental Evidence from Ethiopia". Document de travail de recherche sur les politiques 9325, Banque mondiale, Washington, DC. http://documents.worldbank.org/curated/en/400881595340716051/Short-Run-Welfare-Impacts-of-Factory-Jobs-Experimental-Evidence-from-Ethiopia.Abebe, Girum, A. Stefano Caria, Marcel Fafchamps, Paolo Falco, Simon Franklin et Simon Quinn. 2021. "Anonymat ou distance ? Job Search and Labour Market Exclusion in a Growing African City". Review of Economic Studies 88 (3) : 1279–310. https://doi.org/10.1093/restud/rdaa057.

Abreha, Kaleb, Xavier Cirera, Elwyn Davies, Roberto Fattal Jaef et Hibret Maemir. 2022. "Deconstructing the Missing Middle : Informality and Growth of Firms in Sub-Saharan Africa". Document de travail de recherche sur les politiques 10233, Banque mondiale, Washington, DC.

https://documents.worldbank.org/en/publication/documents-reports/documentdetail/099924211162242314/idu0b070c6340f4d10403d08bd90f758ec6dcf49.

Adukia, Anjali, Sam Asher et Paul Novosad. 2020. "Educational Investment Responses to Economic Opportunity : Evidence from Indian Road Construction". *American Economic Journal : Applied Economics* 12 (1) : 348–76. https://doi.org/10.1257/app.20180036.

Aga, Gemechu, Francisco Campos, Adriana Conconi, Elwyn Davies et Carolin Geginat. 2021. «Les entreprises informelles au Mozambique : Status and Potential.» Document de travail de recherche sur les politiques 9712, Banque mondiale, Washington, DC. https://documents1.worldbank.org/curated/en/728261624545269477/pdf/Informal-Firms-in-Mozambique-Status-and-Potential.pdf.

Ahmed, Tanima, Amanda Devercelli, Elena Glinskaya, Rudaba Nasir et Laura B. Rawlings. 2023. "Addressing Care to Accelerate Equality". Série de notes d'orientation thématiques sur le genre du Groupe de la Banque mondiale, Banque mondiale, Washington, DC. https://openknowledge.worldbank.org/handle/10986/40184.

Aker, Jenny C., et Kelsey Jack. 2021. "Harvesting the Rain : The Adoption of Environmental Technologies in the Sahel . Document de travail 29518, National Bureau of Economic Research, Cambridge, MA. http://www.nber.org/papers/w29518.

Alfaro, Laura. 2017. "Gains from Foreign Direct Investment: Macro and Micro Approaches." *The World Bank Economic Review* 30 (Supplement 1) : S2–S15.

Alfaro Ureña, Alonso, Isabela Manelici et Jose P. Vasquez. 2019. "The Effects of Multinationals on Workers: Evidence from Costa Rica." Document de travail 285, Griswold Center for Economic Policy Studies, Princeton, NJ. https://gceps.princeton.edu/wp-content/uploads/2021/06/285_Valdez.pdf.

Ali, Rubaba, A. Federico Barra, Claudia Berg, Richard Damania, John Nash et Jason Russ. 2015. *Highways to Success or Byways to Waste*. Washington, DC : Banque mondiale.

Alibhai, Salman, Niklas Buehren, Michael Frese, Markus Goldstein, Sreelakshmi Papineni et Kathrin Wolf. 2019. "Full Esteem Ahead : Mindset-Oriented Business Training in Ethiopia." Document de travail de recherche sur les politiques de la Banque mondiale 8892, Banque mondiale, Washington, DC. https://hdl.handle.net/10986/31905.

Amodio, Francesco, et Michele Di Maio. 2018. "Making Do With What You Have: Conflict, Input Misallocation and Firm Performance." *Economic Journal* 128 (615) : 2559–612. https://doi.org/10.1111/ecoj.12518.

Amodio, Francesco, Pamela Medina et Monica Morlacco. 2022. "Labor Market Power, Self-Employment, and Development.". Document de travail, Private Enterprise Development in Low-Income Countries, Londres. https://pedl.cepr.org/sites/default/files/WP%206500%20AmodioMedinaMorlacco%20LabourMarketPowerSelfEmploymentDevelopment_v4.pdf.

Anderson, Stephen J., et David McKenzie. 2022 "Improving Business Practices and the Boundary of the Entrepreneur : A Randomized Experiment Comparing Training, Consulting, Insourcing, and Outsourcing". *Journal of Political Economy* 130 (1) : 157–209.

ANSD (Agence nationale de la statistique et de la démographie). 2022. « Enquête harmonisée sur les conditions de vie des ménages 2018-2019. » Ensemble de données. Washington, DC : Banque mondiale. https://doi.org/10.48529/HHHX-J012.

Arnold, Jens M., Beata S. Javorcik et Aaditya Mattoo. 2011. "Does Services Liberalization Benefit Manufacturing Firms? Evidence from the Czech Republic." *Journal of International Economics* 85 (1) : 136–46.

Asher, Sam, et Paul Novosad. 2020. "Rural Roads and Local Economic Development.". *American Economic Review* 110 (3) : 797–823. https://doi.org/10.1257/aer.20180268.

Atkin, David, et Dave Donaldson. 2015. "Who's Getting Globalized? The Size and Implications of Intra-National Trade Costs." Document de travail 21439, National Bureau of Economic Research, Cambridge, MA. https://doi.org/10.3386/w21439

Atkin, David, Amit K. Khandelwal et Adam Osman. 2017. "Exporting and Firm Performance: Evidence from a Randomized Trial." *Quarterly Journal of Economics* 132 (2) : 551–615.

CUA (Commission de l'Union africaine) et OCDE (Organisation de coopération et de développement économiques). 2022. *Dynamique du développement en Afrique 2022 : des chaînes de valeur régionales pour une reprise durable.* Dynamiques du développement en Afrique. Paris : OCDE. https://doi.org/10.1787/2e3b97fd-en.

Bajgar, Matej, et Beata Javorcik. 2020. "Climbing the Rungs of the Quality Ladder: FDI and Domestic Exporters in Romania." *Economic Journal* 130 (628) : 937–55.

Banerjee, Abhijit V., et Esther Duflo. 2005. "Growth Theory through the Lens of Development Economics". *Handbook of Economic Growth*, Vol. 1, Part A, edited by Philippe Aghion et Steven N. Durlauf, 473-552. https://doi.org/10.1016/S1574-0684(05)01007-5.

Banque mondiale. 2017. "Ethiopia Employment and Jobs Study." World Bank, Washington, DC. https://documents1.worldbank.org/curated/en/443391562238337443/pdf/Ethiopia-Employment -and-Jobs-Study.pdf.

Banque mondiale. 2020. *The African Continental Free Trade Area: Economic and Distributional Effects.* Washington, DC: World Bank. https://documents.worldbank.org/en/publication/documents -reports/documentdetail/216831595998182418/the-african-continental-free-trade-area -economic-and-distributional-effects.

Banque mondiale. 2022. "Ethiopia—Rural Income Diagnostics Study: Leveraging the Transformation in the Agri-Food System and Global Trade to Expand Rural Incomes." World Bank, Washington, DC. http://hdl.handle.net/10986/37954.

Banque mondiale. 2023a. *The Business of the State.* Washington, DC : Banque mondiale.

Banque mondiale. 2023b. "Delivering Growth to People through Better Jobs. *Africa's Pulse* 28 (octobre). https://openknowledge.worldbank.org/handle/10986/40388.

Banque mondiale. 2023c. *Navigating Education, Motherhood, and Informal Labor: The Experiences of Young Women in Luanda.* Washington, DC : Banque mondiale. http://hdl.handle.net/10986 /40401.

Banque mondiale. 2023d. «Seizing Kenya's Services Momentum». Country Economic Memorandum for Kenya. Washington, DC: World Bank. https://www.worldbank.org/en/country/kenya /publication/kenya-country-economic-memorandum-afe-seizing-kenya-s-services-momentum.

Banque mondiale. n.d. "Enforcing Contracts". Washington, DC : Banque mondiale. https://subnational .doingbusiness.org/en/data/exploretopics/enforcing-contracts/good-practices#Using

Barrett, Christopher B., Thomas Reardon, Johan Swinnen et David Zilberman. 2022."Agri-Food Value Chain Revolutions in Low- and Middle-Income Countries." *Journal of Economic Literature* 60 (4) : 1316–77. https://doi.org/10.1257/jel.20201539.

Beegle, Kathleen, et Luc Christiaensen. 2019. Poverty Reduction in Africa. Washington, DC : Banque mondiale.

Beirne, Keelan, et Martina Kirchberger. 2021. "Concrete Thinking about Development". Trinity Economics Paper tep0621, Trinity College Dublin, Dublin.

Bergquist, Lauren Falcao, et Michael Dinerstein. 2020. "Competition and Entry in Agricultural Markets: Experimental Evidence from Kenya". *American Economic Review* 110 (12) : 3705–47. https://doi.org/10.1257/AER.20171397.

Bhorat, Haroon, Ravi Kanbur, et Benjamin Stanwix. 2017. "Minimum Wages in Sub-Saharan Africa : A Primer. " *Observateur de la recherche de la Banque mondiale* 32 (1) : 21–74. https://doi.org/10.1093/wbro/lkw007.

Bloom, Nicholas, Benn Eifert, Aprajit Mahajan, David McKenzie et John Roberts. 2013. "Does Management Matter ? Evidence From India". *Quarterly Journal of Economics* 128 (1) : 1–51.

Bloom, Nicholas, Renata Lemos, Raffaella Sadun, Daniela Scur, et John Van Reenen. 2014. "JEEA-FBBVA Lecture 2013: The New Empirical Economics of Management. " *Journal of the European Economic Association* 12 (4) : 835–76.

Boeddu, Gian, et Jennifer Chien. 2022. "Financial Consumer Protection and Fintech: An Overview of New Manifestations of Consumer Risks and Emerging Regulatory Approaches.". La fintech et l'avenir de la finance. Document de synthèse, Banque mondiale, Washington, DC. https://thedocs.worldbank.org/en/doc/11ea23266a1f65d9a08cbe0e9b072c89-0430012022/related/Note-5.pdf.

Bolt, Jutta, et Jan Luiten Van Zanden. 2024. "Maddison–Style Estimates of the Evolution of the World Economy: A New 2023 Update." *Journal of Economic Surveys*.

Bosio, Erica. 2023a. *Increasing Access to Justice in Fragile Settings*. Washington, DC : Banque mondiale. http://documents.worldbank.org/curated/en/099101123141530374/P17955108fb2a104e0a55e04b0257738ea3.

Bosio, Erica. 2023b. "A Survey of Judicial Effectiveness: The Last Quarter Century of Empirical Evidence". Document de travail de recherche sur les politiques 10501, Banque mondiale, Washington, DC. http://documents.worldbank.org/curated/en/099330206262335739/IDU0c20eb45a08f4504cee09199072bada1c4771.

Boudreau, Laura, Julia Cajal-Grossi et Rocco Macchiavello. 2023. "Global Value Chains in Developing Countries: A Relational Perspective from Coffee and Garments". *Journal of Economic Perspectives* 37 (3) : 59–86. https://doi.org/10.1257/jep.37.3.59.

Bove, Abel, Olivier Hartmann, Aiga Stokenberga, Vincent Vesin, et Yaya Yedan. 2018."West and Central Africa Trucking Competitiveness." Document de travail 108, Africa Transport Policy Program, Banque mondiale, Washington, DC. https://www.ssatp.org/publication/west-and-central-africa-trucking-competitiveness.

Bulte, Erwin, Jérémy Do Nascimento Miguel et Banawe Plambou Anissa. 2024. "Competition on Agricultural Markets and Quality of Smallholder Supply: The Role of Relational Contracting and Input Provision by Traders." *Economic Development and Cultural Change* 72 (2) : 603–32. https://doi.org/10.1086/721024.

Burgis, Tom. 2015. *The Looting Machine. Warlords, Oligarchs, Corporations, Smugglers, and the Theft of Africa's Wealth*. New York : Public Affairs.

Burke, Marshall, Lauren Falcao Bergquist et Edward Miguel. 2019. "Sell Low and Buy High: Arbitrage and Local Price Effects in Kenyan Markets." *Quarterly Journal of Economics* 134 (2) : 785–842. https://doi.org/10.1093/qje/qjy034.

Büthe, Tim, et Vellah Kedogo Kigwiru. 2020. "The Spread of Competition Law and Policy in Africa: A Research Agenda." *African Journal of International Economic Law* 1 (Fall) : 41-83. https://www.afronomicslaw.org/sites/default/files/journal/2021/Bu%C3%8C%C2%88theKigwiru-Spread-of-Competition-Policy-in-Africa-1-AfJIEL-41-2020-2.pdf.

Cai, Jing, Muhammad Meki, Simon Quinn, Erica Field, Cynthia Kinnan, Jonathan Morduch et Jonathan De Quidt. 2023. "Microfinance". *VoxDev Lit* 3 (2).

Calderón, César. 2022. *Boosting Productivity in Sub-Saharan Africa: Policies and Institutions to Promote Efficiency*. Washington, DC : Banque mondiale.

Calderón, César, Catalina Cantú, et Punam Chuhan-Pole. 2018. "Infrastructure Development in Sub-Saharan Africa: A Scorecard." Document de travail de recherche sur les politiques 8425, Banque mondiale, Washington, DC. http://www.worldbank.org/research.

Calligaris, Sara, Flavio Calvino, Rudy Verlhac et Martin Reinhard. 2023. "Is There a Trade-Off Between Productivity and Employment ? A Cross-Country Micro-to-Macro Study». Science, technologie et industrie : Perspectives de l'OCDE 157, Éditions de l'OCDE, Paris. https://doi.org/10.1787/99bede51-en.

Campos, Francisco, Michael Frese, Markus Goldstein, Leonardo Iacovone, Hillary C. Johnson, David McKenzie et Mona Mensmann. 2017. "Teaching Personal Initiative Beats Traditional Training in Boosting Small Business in West Africa." *Science* 357 (6357) : 1287-90.

Campos, Francisco, Markus Goldstein et David McKenzie. 2023. "How Should the Government Bring Small Firms Into the Formal System ? Experimental Evidence From Malawi." *Journal of Development Economics* 161 : 103045.

Caria, Stefano, Kate Orkin, Alison Andrew, Robert Garlick, Rachel Heath et Niharika Singh. 2024. "Barriers to Search and Hiring in Urban Labour Markets. *VoxDevLit* 10 (1).

Carranza, Eliana, et David McKenzie. 2023. "Job Training and Job Search Assistance Policies in Developing Countries. Document de travail de recherche sur les politiques 10576, Banque mondiale, Washington, DC. http://documents.worldbank.org/curated/en/099648409282314225/IDU0376203a30f7ac04c690bd9900b63d1dbfd80.

Christiaensen, Luc. 2020. "Agriculture, Jobs, and Value Chains in Africa.". World Bank *Jobs Note* 9. https://documents1.worldbank.org/curated/en/766801588571083740/pdf/Agriculture-Jobs-and-Chaînes de valeur en Afrique.pdf.

Christiaensen, Luc, et Miet Maertens. 2022. "Rural Employment in Africa: Trends and Challenges." *Annual Review of Resource Economics* 14 : 267-89. https://doi.org/10.1146/annurev-resource-111820-014312.

Cirera, Xavier, Diego Comin et Marcio Cruz. 2022. *Bridging the Technological Divide: Technology Adoption by Firms in Developing Countries*. Washington, DC : Banque mondiale.

Couttenier, Mathieu, et Raphael Soubeyran. 2014. "Drought and Civil War in Sub-Saharan Africa."*Economic Journal* 124 (575) : 201–44. https://doi.org/10.1111/ecoj.12042.

Cuberes, David, et Marc Teignier. 2016. "Aggregate Effects of Gender Gaps in the Labor Market: A Quantitative Estimate". *Journal of Human Capital* 10 (1) : 1–32. https://doi.org/10.1086/683847. Cusolito, Ana P., et Tatiana Didier. à paraître. *Unleashing Productivity Through Firm Financing*. Washington, DC : Banque mondiale.

Danquah, Michael, Simone Schotte et Kunal Sen. 2019. "Informal Work in Sub-Saharan Africa: Dead End or Steppingstone?" Document de travail 2019/107, UNU-WIDER, Helsinki. https://doi.org/10.35188/UNU-WIDER/2019/743-9.

De Andrade, Gustavo Henrique, Miriam Bruhn et David McKenzie. 2013. "A Helping Hand or the Long Arm of the Law: Experimental Evidence on What Governments Can Do to Formalize Firms." Document de travail de recherche sur les politiques 6435, Banque mondiale, Washington, DC. http://documents.worldbank.org/curated/en/802931502348707678/A-helping-hand-or-the-long-arm-of-the-law-experimental-Les preuves de ce que les gouvernements peuvent faire pour formaliser les entreprises.

De Loecker, Jan. 2013. *"Detecting Learning by Exporting." American Economic Journal : Microeconomics* 5 (3) : 1-21.

De Mel, Suresh, David McKenzie et Christopher Woodruff. 2013. "The Demand for, and Consequences of, Formalization Among Informal Firms in Sri. *American Economic Journal : Applied Economics* 5 (2) : 122-50.

De Soto, Hernando. 2007. *The Mystery of Capital: Why Capitalism Triumphs in the West and Fails Everywhere Else*. New York : Basic Books.

Diao, Xinshen, Josaphat Kweka et Margaret Mcmillan. 2016. "Economic Transformation in Africa from the Bottom Up: Evidence from Tanzania." Document de travail 22889, National Bureau of Economic Research, Cambridge, MA. http://www.nber.org/papers/w22889.

Dillon, Brian, et Christopher B. Barrett. 2017. "Agricultural Factor Markets in Sub-Saharan Africa: An Updated View with Formal Tests for Market Failure." *Food Policy* 67 : 64-77. https://doi.org/10.1016/j.foodpol.2016.09.015.

Donovan, Kevin, Will Jianyu Lu et Todd Schoellman. 2023. "Labor Market Dynamics and Development." *Quarterly Journal of Economics* 138 (4) : 2287–325. https://doi.org/10.1093/qje/qjad019.

Eberhard-Ruiz, Andreas. 2022. "The Impact of Armed Conflict Shocks on Local Cross-Border Trade : Evidence from the Border Between Uganda and the Democratic Republic of Congo. *Economic Development and Cultural Change* 72 (3) : 1151–87. https://doi.org/10.1086/722967.

Echandi, Roberto, Maryla Maliszewska et Victor Steenbergen. 2022. *Making the Most of the African Continental Free Trade Area: Leveraging Trade and Foreign Direct Investment to Boost Growth and Reduce Poverty*. Washington, DC : Banque mondiale.

Fackler, Paul L. et Barry K. Goodwin. 2001. "Spatial Price Analysis". In *Handbook of Agricultural Economics*, Vol. 1, Part B, edited by B. Gardner et G. Rausser, 971-1024. New York : Elsevier Science. Fafchamps, Marcel. 1994. «Structure industrielle et microentreprises en Afrique». *Journal of Developing Areas* 29 (1) : 1-30.

Fafchamps, Marcel. 2001. "Networks, Communities and Markets in Sub-Saharan Africa: Implications for Firm Growth and Investment." *Journal of African Economies* 10 (Supplément 2) : 109–42. https://doi.org/10.1093/jae/10.Suppl2.109.

Fafchamps, Marcel. 2003. *Market Institutions in Sub-Saharan Africa*. Cambridge, MA : MIT Press. https://doi.org/10.7551/mitpress/4445.001.0001.

Fafchamps, Marcel, David McKenzie, Simon Quinn et Christopher Woodruff. 2014. "Microenterprise Growth and the Flypaper Effect: Evidence from a Randomized Experiment in Ghana." *Journal of Development Economics* 106 : 211-26. https://doi.org/10.1016/j.jdeveco.2013.09.010.

Fernandes, Ana M., et Caroline Paunov. 2012. "Foreign Direct Investment in Services and Manufacturing Productivity: Evidence for Chile." *Journal of Development Economics* 97 (2) : 305-21.

Foster, Andrew D., et Mark R. Rosenzweig. 2022. "Are There Too Many Farms in the World ? Labor Market Transaction Costs, Machine Capacities, and Optimal Farm Size". *Journal of Political Economy* 130 (3) : 636–80. https://doi.org/10.1086/717890.

Foster, Vivien, Nisan Gorgulu, Stéphane Straub et Maria Vagliasindi. 2023. "The Impact of Infrastructure on Development Outcomes: A Qualitative Review of Four Decades of Literature." Document de travail de recherche sur les politiques 10343, Banque mondiale, Washington, DC. https://documents1.worldbank.org/curated/en/099529203062342252/pdf/IDU0e42ae32f0048304f74086d102b6d7 a900223.pdf.

Franklin, Simon. 2018. "Location, Search Costs and Youth Unemployment: Experimental Evidence from Transport Subsidies." *Economic Journal* 128 (614) : 2353–79. https://doi.org/10.1111/ecoj.12509.

Gandhi, Aditi, et Michael Walton. 2012. "Where Do India's Billionaires Get Their Wealth ?" *Economic & Political Weekly* 47 (40) : 10-14.

Ghani, Ejaz, Arti Grover Goswami et William R. Kerr. 2016. "Highway to Success : The Impact of the Golden Quadrilateral Project for the Location and Performance of Indian Manufacturing". *Economic Journal* 126 (591) : 317–57. https://doi.org/10.1111/ecoj.12207.

Glaub, Matthias E., Michael Frese, Sebastian Fischer et Maria Hoppe. 2014 "Increasing Personal Initiative in Small Business Managers or Owners Leads to Entrepreneurial Success : A Theory-Based Controlled Randomized Field Intervention for Evidence-Based Management". *Academy of Management Learning & Education* 13 (3) : 354-79.

Goldberg, Pinelopi Koujianou et Tristan Reed. 2023. "Presidential Address: Demand-Side Constraints in Development :The Role of Market Size, Trade, and (In)Equality." *Econometrica* 91 (6) : 1915–50. https://doi.org/10.3982/ecta20787.

Gollin, Douglas. 2015. "Agriculture as an Engine of Growth and Poverty Reduction: Lessons for Africa." In *Economic Growth and Poverty Reduction in Sub-Saharan Africa*, edited by Andrew McKay et Erik Thorbeck, 91-121. New York : : Oxford Academic. https://doi.org/10.1093/acprof: oso/9780198728450.003.0004.

Harari, Mariaflavia, et Eliana La Ferrara. 2018. "Conflict, Climate, and Cells: A Disaggregated Analysis." *Review of Economics and Statistics* 100 (4) : 594–608. https://doi.org/10.1162/rest _a_00730.

Hardy, Morgan et Jamie McCasland. 2023. "Are Small Firms Labor Constrained? Experimental Evidence from Ghana". *American Economic Journal : Applied Economics* 15 (2) : 253-84. https://doi .org/10.1257/app.20200503.

Helpman, Elhanan, Marc J. Melitz et Stephen R. Yeaple. 2004. "Export Versus FDI with Heterogeneous Firms". *American Economic Review* 94 (1) : 300-16.Herrendorf, Berthold, Richard Rogerson, et Akos Valentinyi. 2014. "Growth and Structural Transformation". In *Handbook of Economic Growth*, Vol. 2, édité par Philippe Aghion et Steven N. Durlauf, 855-941. Amsterdam : Elsevier.

Hsiang, Solomon M., Marshall Burke et Edward Miguel. 2013. "Quantifying the Influence of Climate on Human Conflict.". *Science* 341 (6151) : 1235367. https://doi.org/10.1126/science.1235367.

Hsieh, Chang Tai, et Benjamin A. Olken. 2014. "The Missing 'Missing Middle'". *Journal of Economic Perspectives* 28 (3) : 89–108. https://doi.org/10.1257/jep.28.3.89.

Iacovone, Leonardo, Beata Javorcik, Wolfgang Keller et James Tybout. 2015. "Supplier Responses to Walmart's Invasion in Mexico." *Journal of International Economics* 95 (1) : 1-15.

Iacovone, Leonardo, William Maloney et David McKenzie. 2022. "Improving Management with Individual and Group-Based Consulting: Results from a Randomized Experiment in Colombia". *Review of Economic Studies* 89 (1) : 346-71.

Javorcik, Beata Smarzynska. 2004. "Does Foreign Direct Investment Increase the Productivity of Domestic Firms ? In Search of Spillovers Through Backward Linkages." *American Economic Review* 94 (3) : 605-27.

Jayne, T. S. 2012. "Managing Food Price Instability in East and Southern Africa." *Global Food Security* 1 (2) : 143–49. https://doi.org/10.1016/j.gfs.2012.10.002.

Jayne, T. S., Jordan Chamberlin, Lulama Traub, Nicholas Sitko, Milu Muyanga, Felix K. Yeboah, Ward Anseeuw, Antony Chapoto, Ayala Wineman, Chewe Nkonde, et Richard Kachule. 2016. "Africa's Changing Farm Size Distribution Patterns: The Rise of Medium-Scale Farms." *Agricultural Economics* 47 (S1) : 197–214. https://doi.org/10.1111/agec.12308.

Jia, Ruixue. 2014. "Weather Shocks, Sweet Potatoes and Peasant Revolts in Historical China." *Economic Journal* 124 (575) : 92–118. https://doi.org/10.1111/ecoj.12037.

Kaplan, David S., Eduardo Piedra et Enrique Seira. 2011. "Entry Regulation and Business Start-Ups: Evidence From Mexico." *Journal of Public Economics* 95 (11-12) : 1501–15. https://doi.org/10.1016/j.jpubeco.2011.03.007.

Karlen, Raphaela Beatrice, Solene Marie Paule Rougeaux, Sara Johansson de Silva et Simon Serge Barraud. 2023. *Résilience et productivité : clés d'un avenir meilleur pour les travailleurs du secteur informel urbain en Côte d'Ivoire*. Washington, DC : Banque mondiale. https://openknowledge.worldbank.org/handle/10986/40435.

Kebede, Hundanol A. 2024. "Gains from Market Integration: Welfare Effects of New Rural Roads in Ethiopia." *Journal of Development Economics* 168 : 103252. https://doi.org/10.1016/j.jdeveco.2024.103252.

Klapper, Leora, Christine Richmond et Trang Tran. 2013. "Civil Conflict and Firm Performance Evidence from Côte d'Ivoire." Document de travail de recherche sur les politiques 6640, Banque mondiale, Washington, DC. http://hdl.handle.net/10986/16857.

Ksoll, Christopher, Rocco Macchiavello et Ameet Morjaria. 2022. "Electoral Violence and Supply Chain Disruptions in Kenya's Floriculture Industry." *Review of Economics and Statistics* 105 (6) : 1335–51. https://doi.org/10.1162/rest_a_01185.

Kurz, Mordecai. 2023. *The Market Power of Technology*. New York : Columbia University Press. https://doi.org/10.7312/kurz20652.

La Porta, Rafael, et Andrei Shleifer. 2014. "Informality and Development. *Journal of Economic Perspectives* 28 (3) : 109–26. https://doi.org/10.1257/jep.28.3.109.

Lazear, Edward P., et Kathryn L. Shaw. 2018. "Introduction: Firms and the Distribution of Income: The Roles of Productivity and Luck." *Journal of Labor Economics* 36 (S1) : S1-S12.Leight, Jessica, Josué Awonon, Abdoulaye Pedehombga, Rasmané Ganaba, et Aulo Gelli. 2021. "How Light Is Too Light Touch: The Effect of a Short Training-Based Intervention on Household Poultry Production in Burkina Faso." *Journal of Development Economics* 155 : 102776. https://doi.org/10.1016/J.JDEVECO.2021.102776.

Léon, Florian, et Ibrahima Dosso. 2022. "Civil Conflict and Firm Recovery: Evidence from Côte d'Ivoire." *Journal of Development Studies* 58 (11) : 2263-89. https://doi.org/10.1080/00220388.2022.2094255.

Leone, Fabrizio, Rocco Macchiavello et Tristan Reed. 2021. "The Falling Price of Cement in Africa". Document de travail de recherche sur les politiques 9706, Banque mondiale, Washington, DC. https://documents1.worldbank.org/curated/en/727041624328488778/pdf/The-Falling-Price-of-Cement-in-Africa.pdf.

Lichand, Guilherme, et Rodrigo R. Soares. 2014. "Access to Justice and Entrepreneurship: Evidence from Brazil's Special Civil Tribunals". *Journal of Law and Economics* 57 (2) : 459-99. https://doi.org/10.1086/675087.

Lopez-Feldman, Alejandro. 2006. "Decomposing Inequality and Obtaining Marginal Effects". *Stata Journal* 6 (1) : 106-11.

Lowder, Sarah K., Jakob Skoet et Terri Raney. 2016. "The Number, Size, and Distribution of Farms, Smallholder Farms, and Family Farms Worldwide.". *World Development* 87 : 16-29. https://doi.org/10.1016/j.worlddev.2015.10.041.

Macchiavello, Rocco, et Ameet Morjaria. 2021. "Competition and Relational Contracts in the Rwanda Coffee Chain." *Quarterly Journal of Economics* 136 (2) : 1089-143. https://doi.org/10.1093/qje/qjaa048.

Mather, David L., et Thomas S. Jayne. 2018. "Fertilizer Subsidies and the Role of Targeting in Crowding Out: Evidence from Kenya." *Sécurité alimentaire* 10 (2) : 397–417. https://doi.org/10.1007/s12571-018-0773-8.

McKenzie, David. 2017. "Identifying and Spurring High-Growth Entrepreneurship: Experimental Evidence from a Business Plan Competition." *American Economic Review* 107 (8) : 2278-307.

McKenzie, David. 2023. "Is There Still A Role for Direct Government Support to Firms in Developing Countries ?" Document de travail de recherche sur les politiques 10628, Banque mondiale, Washington, DC. https://documents1.worldbank.org/curated/en/099601212052338958/pdf/IDU0b34e6a2d01a52049ec09e66091587f19bc5e.pdf.

McKenzie, David, et Susana Puerto. 2021. "Growing Markets through Business Training for Female Entrepreneurs: A Market-Level Randomized Experiment in Kenya". *American Economic Journal : Applied Economics* 13 (2) : 297–332. https://doi.org/10.1257/app.20180340.

McKenzie, David, et Dario Sansone. 2017. "Man vs. Machine in Predicting Successful Entrepreneurs : Evidence from a Business Plan Competition in Nigeria." Document de travail de recherche sur les politiques 8271, Banque mondiale, Washington, DC. https://documents1.worldbank.org/curated/en/968231513116778571/pdf/WPS8271.pdf.

McKenzie, David, et Christopher Woodruff. 2017. "Business Practices in Small Firms in Developing Countries." *Management Science* 63 (9) : 2967-81.

Melitz, Marc J. 2003. "The Impact of Trade on Intra-Industry Reallocations and Aggregate Industry Productivity. *Econometrica* 71 (6) : 1695-725.

Mensah, Justice Tei. 2023. "Jobs! Electricity Shortages and Unemployment in Africa.". *Journal of Development Economics* 167 : 103231. https://doi.org/10.1016/j.jdeveco.2023.103231.

Miguel, Edward, Shanker Satyanath et Ernest Sergenti. 2004. "Economic Shocks and Civil Conflict: An Instrumental Variables Approach." *Journal of Political Economy* 112 (4) : 725-53. https://doi.org/10.1086/421174.Morgan, Stephen, Jarrad Farris et Michael E. Johnson. 2022. *Foreign Direct Investment in Africa: Recent Trends Leading up to the African Continental Free Trade Area (AfCFTA)*. Economic Information Bulletin 242. Washington, DC : U.S. Department of Agriculture, Economic Research Service. https://www.ers.usda.gov/webdocs/publications/104996/eib-242.pdf?v=6185.1.

Mullainathan, Sendhil, et Philipp Schnabl. 2010. "Does Less Market Entry Regulation Generate More Entrepreneurs ? Evidence From a Regulatory Reform in Peru". Dans *International Differences in Entrepreneurship*, édité par Josh Lerner et Antoinette Schoar, 159-77. Chicago : University of Chicago Press.

Nakamura, Shohei, Tom Bundervoet, et Mohammed Nuru. 2020. "Rural Roads, Poverty, and Resilience: Evidence From Ethiopia." *Journal of Development Studies* 56 (10) : 1838-55.

Nayyar, Gaurav, Mary Hallward-Driemeier et Elwyn Davies. 2021. *At Your Service? The Promise of Services-Led Development*. Washington, DC : Banque mondiale. https://worldbank.org/services-led-développement.

Neumark, David, et Luis Felipe Munguía Corella. 2021."Do Minimum Wages Reduce Employment in Developing Countries? A Survey and Exploration of Conflicting Evidence." *World Development* 137 : 105165. https://doi.org/10.1016/j.worlddev.2020.105165.

Nunn, Nathan. 2007. "Historical Legacies : A Model Linking Africa's Past to Its Current Underdevelopment." *Journal of Development Economics* 83 (1) : 157–75. https://doi.org/10.1016/j.jdeveco.2005.12.003.

Nunn, Nathan. 2014. "Historical Development." *In Handbook of Economic Growth*, Vol. 2, edited by Philippe Aghion et Staven N. Durlauf, 347-402. New York : Elsevier. https://doi.org/10.1016/B978-0-444-53538-2.00007-1.

Oostendorp, Remco H., Tran Quoc Trung, et Nguyen Thanh Tung. 2009. "The Changing Role of Non-Farm Household Enterprises in Vietnam. *World Development* 37 (3) : 632-44. https://doi.org/10.1016/j.worlddev.2008.07.007.

Rabah, Arezki, et Thorvaldur Gylfason. 2013. "Resource Rents, Democracy, Corruption and Conflict: Evidence from Sub-Saharan Africa". *Journal of African Economies* 22 (4) : 552-69. https://doi.org/10.1093/jae/ejs036.

Rahman, Aminur, et Michele Di Maio. 2020. "Conflict Effects on Firm Performance." In *The Private Sector amid Conflict : The Case of Libya*, 29-38. Washington, DC : Banque mondiale. https://doi.org/10.1596/978-1-4648-1644-4_ch4.

Rao, Manaswini. 2024. "Front-Line Courts as State Capacity: Evidence from India". Document de travail, Department of Economics, University of Delaware, Newark. http://dx.doi.org/10.2139/ssrn.4854161.

Reda Cherif, Sandesh Dhungana, Xiangming Fang, Jesus Gonzalez-Garcia, Miguel Mendes, Yuanchen Yang, Mustafa Yenice et Jung Eun Yoon. 2020. « Concurrence, compétitivité et croissance en Afrique subsaharienne. » Document de travail WP/20/30, Fonds monétaire international, Washington, DC.

Restuccia, Diego, et Richard Rogerson. 2017. "The Causes and Costs of Misallocation". *Journal of Economic Perspectives* 31 (3) : 151–74. https://doi.org/10.1257/jep.31.3.151.

Roberts, Simon, Olwethu Shedi, Isaac Tausha, Kondwani Kaongo, Grace Nsomba et Ntombifuthi Tshabalala. 2023. "Concentration, Competition and Market Outcomes in Fertiliser Markets in East and Southern Africa. Document de travail 2023/15, African Market Observatory, Centre for Competition, Regulation, and Economic Development, Johannesburg. https://static1.squarespace.com/static/52246331e4b0a46e5f1b8ce5/t/65e6e0a3926b7c65ab22acf2/1709629609329/AMO%2BCCC2023+Fert+WP_20240304_REV_Final.pdf.Roy, Sanchari. 2019. "Discriminatory Laws against Women: A Survey of the Literature." Document de travail de recherche sur les politiques 8719, Banque mondiale, Washington, DC. https://documents1.worldbank.org/curated/ar/393191548685944435/pdf/WPS8719.pdf.

Rud, Juan Pablo, et Ija Trapeznikova. 2021. "Job Creation and Wages in Least Developed Countries: Evidence from Sub-Saharan Africa". *Economic Journal* 131 (635) : 1331–64. https://doi.org/10.1093/ej/ueaa110.

Salmon, Kinley, Nabila Assaf et David Francis. 2018. "Surviving Firms of the Syrian Arab Republic: A Rapid Assessment". Document de recherche sur les politiques 8397, Banque mondiale, Washington, DC. http://hdl.handle.net/10986/29610.

Sulla, Victor, Precious Zikhali et Pablo Facundo Cuevas. 2022. *Inequality in Southern Africa: An Assessment of the Southern African Customs Union*. Washington, DC : Banque mondiale. http://documents.worldbank.org/curated/en/099125303072236903/P1649270c02a1f06b0a3ae02e57eadd7a82.

Suri, Tavneet, Prashant Bharadwaj et William Jack. 2021. "Fintech and Household Resilience to Shocks: Evidence from Digital Loans in Kenya". *Journal of Development Economics* 153 : 102697. https://doi.org/10.1016/j.jdeveco.2021.102697.

Suri, Tavneet, et Christopher Udry. 2022. "Agricultural Technology in Africa". *Journal of Economic Perspectives* 36 (1) : 33–56. https://doi.org/10.1257/JEP.36.1.33.

Sutton, John. 2012. *Competing in Capabilities: The Globalization Process*. Oxford : Oxford University Press.

Tavares, Paula. 2022. "Gabon Revises Legislations to Protect Women and Increase Their Economic Role." *Africa Can End Poverty* (blog), March 2. https://blogs.worldbank.org/en/africacan/gabon -revises-legislation-protect-women-and-increase-their-economic-role

Tavares, Paula, et Dion Benetatos. 2023. "Gender Equality Gains Momentum in Sub-Saharan Africa." *Let's Talk Development* (blog), November 14. https://blogs.worldbank.org/en/developmenttalk /gender-equality-gains-momentum-sub-saharan-africa.

Teravaninthorn, Supee, et Gaël Raballand. 2009. *Infrastructure Transport Prices and Costs in Africa: A Review of the International Corridors*. Washington, DC: World Bank. http://documents .worldbank.org/curated/en/278561468201609212/Transport-prices-and-costs-in-Africa-a-review -of-the-international-corridors.

Tybout, James R. 2000. "Manufacturing Firms in Developing Countries: How Well Do They, And Why ?" *Journal of Economic Literature* 38 (1) : 11-44.

Ulyssea, Gabriel. 2018. "Firms, Informality, and Development : Theory and Evidence From Brazil." *American Economic Review* 108 (8) : 2015-47.

Wollburg, Philip, Thomas Bentze, Yuchen Lu, Christopher Udry et Douglas Gollin. 2024. "Crop Yields Fail to Rise in Smallholder Farming Systems in Sub-Saharan Africa." *Proceedings of the National Academy of Sciences of the United States of America* 121 (21) : e2312519121. https://doi.org/10.1073 /pnas.2312519121.

Wollburg, Philip, Thomas Bentze, Yuchen Lu, Christopher Udry et Douglas Gollin. n.d. "Agricultural Productivity Growth in Africa : New Evidence from Microdata". Manuscrit non publié, Banque mondiale, Washington, DC. https://thedocs.worldbank.org/en/doc/ccfc87d5ab2c6c4af0ba501f 1887d887-0050022023/original/Agricultural-Productivity-Growth-in-Africa.pdf.

Facteurs ayant une incidence sur la pauvreté et les inégalités : fragilités, conflits et déplacements forcés

OLIVE NSABABERA

Les conflits et la violence sont en hausse en Afrique. Après une période de stabilité relative au début des années 2000, le nombre d'événements associés à tous types de conflits (batailles, explosions, manifestations, émeutes et violences contre les civils) a fortement augmenté depuis 2010. Pour la seule période 2018-2023, le nombre de cas de conflit a presque doublé, atteignant plus de 27 000 en 2023 (voir figure S3.1a). Cette évolution est due à des événements survenus en Éthiopie, au Nigeria, en République démocratique du Congo, au Sahel et au Soudan (voir figure S3.1b). La prolifération des milices communautaires et ethniques ainsi que des acteurs non étatiques a exacerbé les conflits liés au territoire et aux ressources, ce qui a contribué à l'instabilité dans ces pays. La région du Sahel, en particulier le Burkina Faso et le Mali, connaît une escalade spectaculaire de la violence depuis 2012, marquée par des coups d'État militaires et l'influence croissante d'acteurs extérieurs. Cette violence accrue a conduit à l'intensification des conflits et du nombre de victimes civiles. Les groupes djihadistes ont considérablement étendu leurs opérations, contribuant à l'instabilité régionale et à une recrudescence des incidents violents, qui affaiblissent l'autorité du gouvernement dans plusieurs régions (ACLED 2023).

La fragilité persiste dans certaines parties de la région (voir carte S3.1). La fragilité est définie comme une « condition ou situation systémique caractérisée par un niveau extrêmement bas de la capacité institutionnelle et de gouvernance, qui entrave de manière significative la capacité de l'État à fonctionner efficacement, à maintenir la paix et à favoriser le développement économique et social » (Banque mondiale 2024b, 1). De nouveaux pays en situation de fragilité émergent aux côtés de pays en situation permanente de fragilité, ce qui montre les défis majeurs à relever pour sortir du cercle vicieux d'instabilité économique et politique, de faiblesse institutionnelle et de gouvernance ainsi que d'inclusion politique et sociale, qui condamne les pays à un état de fragilité (Akanbi et al. 2021 ; Collier 2021). Les conflits augmentent considérablement la probabilité de voir apparaître de nouveaux conflits, ou de connaître des conflits prolongés, récurrents ou qui s'intensifient (Collier, Hoeffler et Söderbom 2008 ; Hegre, Nygård et Ræder 2017). La persistance des conflits sur le continent est un fait. La classification harmonisée des situations de fragilité et de conflit de la Banque mondiale (2023 c) permet d'examiner si un pays n'a jamais été fragile, s'il l'a toujours été ou s'il a connu une transition vers la fragilité et en est sorti[1]. Sur les 48 pays d'Afrique, entre 2010 et 2019, moins de la moitié n'ont jamais été fragiles, et 25 ont été classés comme fragiles au moins une fois au cours de la période. Parmi ces 25, seuls 7 sont sortis complètement de la liste, 5 sont passés au statut de fragilité et en sont sortis, et 13 sont restés fragiles pendant toute la période.

FIGURE S3.1 Cas de conflit, 2000-2023

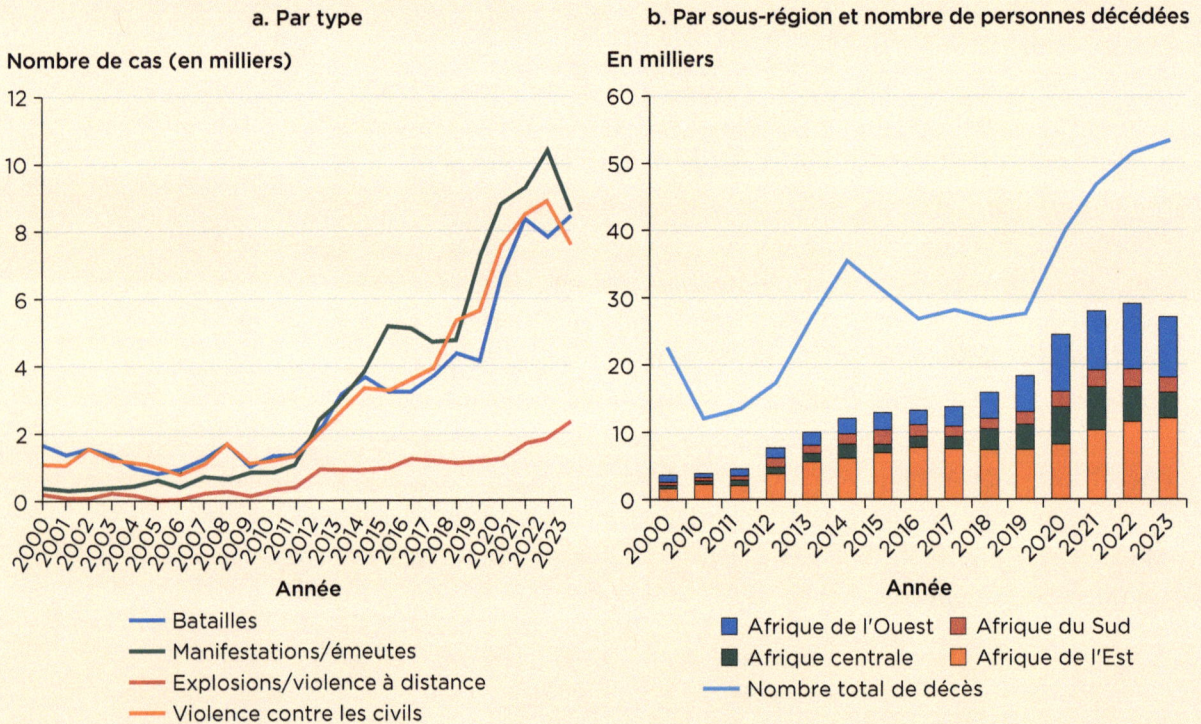

a. Par type

Nombre de cas (en milliers)

b. Par sous-région et nombre de personnes décédées

En milliers

Légende figure a :
— Batailles
— Manifestations/émeutes
— Explosions/violence à distance
— Violence contre les civils

Légende figure b :
■ Afrique de l'Ouest   ■ Afrique du Sud
■ Afrique centrale   ■ Afrique de l'Est
— Nombre total de décès

Source : Base de données du projet Armed Conflict Location and Event Data (https://www.acleddata.com/).
N.B. : Les barres représentent le nombre de cas de conflit par région ; le chiffre exclut le Cabo Verde, les Comores, Maurice, São Tomé et Príncipe et les Seychelles, car aucune donnée n'est disponible avant 2020.

CARTE S3.1 Persistance des situations de fragilité, 2010 et 2019

a. 2010

b. 2019

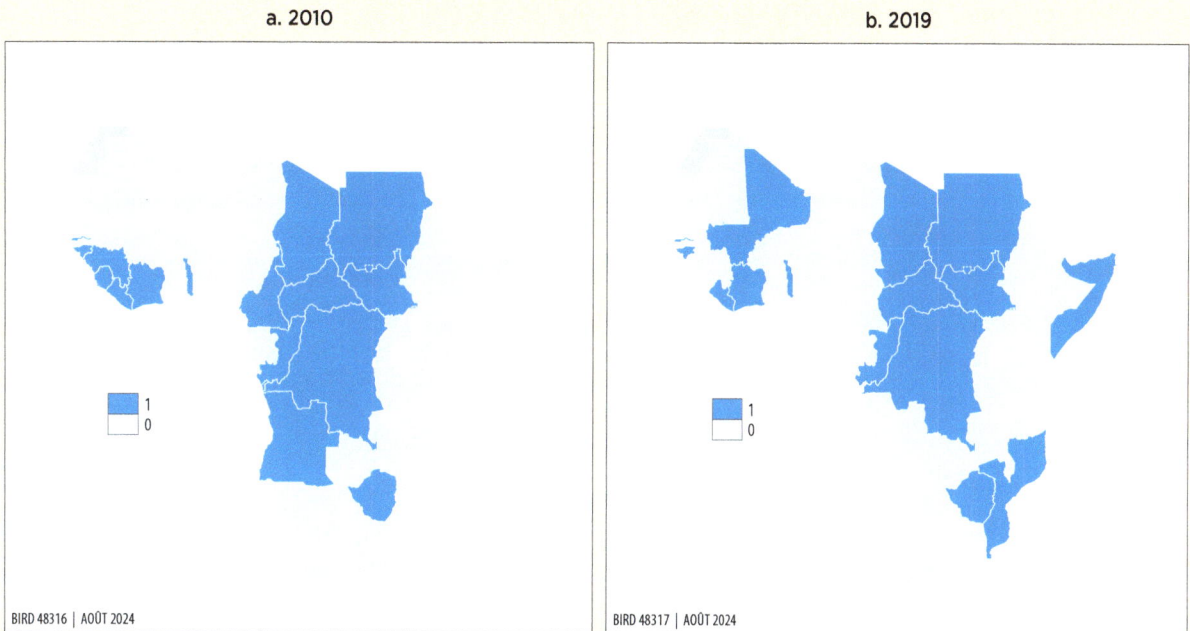

Source : Illustration provenant des services de la Banque mondiale sur la base de la liste harmonisée des situations de fragilité ; Banque mondiale 2024b.

Les conflits, outre des pertes en vies humaines, détruisent le capital physique et affectent le comportement des ménages et des individus. Ils perturbent les activités économiques normales et peuvent amener les ménages et les individus à recourir à des stratégies de survie qui donnent la priorité aux besoins immédiats plutôt qu'aux investissements à long terme, perpétuant ainsi le cycle de pauvreté (Beegle et Christiaensen 2019). Les changements dans les modes de consommation, la participation au marché du travail et les préférences en matière de risques sont autant de voies possibles par lesquelles les conflits peuvent affecter le comportement et le développement économique à long terme d'un pays (Braun et Stuhler 2023 ; Brown et coll. 2019 ; Jakiela et Ozier 2019 ; Parigi 2024). L'exposition à un conflit, par ailleurs, sape la confiance et la cohésion sociale et réduit la probabilité de s'engager dans des échanges impersonnels (Cassar, Grosjean et Whitt 2013 ; Fiedler 2023). La guerre et la violence limitent également l'accumulation du capital humain (Blattman et Annan 2010).

La fragilité, les conflits et la violence ont freiné les progrès en matière de réduction de la pauvreté en Afrique, les pays fragiles affichant des taux de pauvreté plus élevés. En moyenne, les pays qui étaient fragiles entre 2010 et 2019 avaient en effet un taux de pauvreté plus élevé (voir figure S3.2a). En outre, une analyse basée sur des données relatives aux épisodes comparatifs de croissance et l'évolution de l'extrême pauvreté (seuil de pauvreté de 2,15 dollars US à la parité de pouvoir d'achat de 2017) entre 2010 et 2019, pour examiner le pourcentage de réduction du taux de pauvreté associé à une variation en pourcentage du produit intérieur brut (PIB) par habitant (voir chapitre 2), suggère que même si l'élasticité de la pauvreté par rapport au PIB par habitant est faible dans l'ensemble pour tous les pays d'Afrique, elle est plus faible dans les pays fragiles. Plus précisément, une augmentation de 1,0 % du PIB par habitant est associée à une réduction de 0,5 % de la pauvreté dans les pays fragiles, contre une réduction de 0,8 % dans les pays qui n'ont jamais été fragiles (voir figure S3.2b). Même si la précision des estimations est limitée par la taille de l'échantillon, les résultats sont conformes aux données existantes selon lesquelles les pays fragiles ont des taux de pauvreté plus élevés et la fragilité est associée à une croissance plus faible (Baah et Lakner 2023 ; Beegle et coll. 2016 ; Corral et coll. 2020 ; Mueller 2016).

Les déplacements de population ne font qu'exacerber le problème, avec des conséquences humanitaires, sociales et économiques importantes pour les populations déplacées et les communautés d'accueil.

L'Afrique abrite certaines des crises de déplacement les plus importantes et les plus prolongées au monde. En 2023, plus de 41 millions de personnes déplacées de force résidaient dans la région, soit environ plus d'un tiers de la population mondiale déplacée de force. Pour la dernière décennie seulement, le nombre de personnes

FIGURE S3.2 Lien entre pauvreté et fragilité

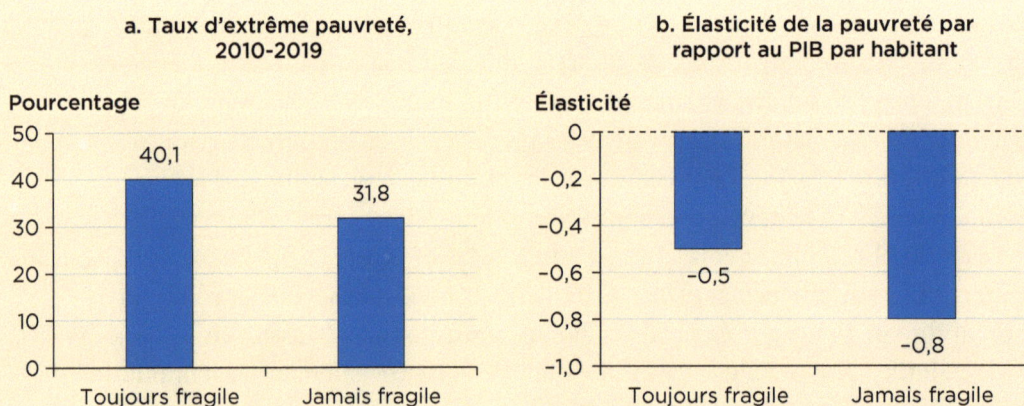

a. Taux d'extrême pauvreté, 2010-2019

b. Élasticité de la pauvreté par rapport au PIB par habitant

Sources : Calculs initiaux à partir des données de la Plateforme sur la pauvreté et les inégalités, de la liste harmonisée des situations de fragilité de la Banque mondiale 2024b et des données de Wu et coll. 2024.
N.B. : Le panel b montre la médiane de tous les épisodes de la période. PIB = produit intérieur brut.

déplacées dans la région a plus que doublé (voir figure S3.3). Les conflits armés, les guerres civiles, l'instabilité politique et les persécutions sont les principaux facteurs de déplacement en Afrique (IDMC 2023). Les conflits sont en outre souvent liés à d'autres causes ou renforcés par elles, notamment les catastrophes naturelles, les facteurs environnementaux, la pauvreté et les facteurs économiques, qui peuvent pousser les individus à rechercher des perspectives plus sûres et meilleures (Banque mondiale 2023c). Les personnes restées sur place risquent de s'en sortir encore plus mal, car les personnes déplacées ne sont pas nécessairement les plus pauvres (Beegle et Christiaensen 2019).

L'une des caractéristiques du déplacement forcé en Afrique est que la majorité des personnes déplacées, estimée à près de 80 % en 2023, sont déplacées à l'intérieur de leur propre pays (voir figure S3.3). L'Éthiopie, le Nigeria, La République démocratique du Congo, la Somalie, le Soudan et le Soudan du Sud sont les principaux pays générateurs de déplacements. Selon les estimations, 80 % du nombre de toutes les personnes déplacées en Afrique en 2023 proviennent de ces six pays. Les quatre premiers pays abritent plus d'un tiers de la population pauvre de la région.

FIGURE S3.3 **Tendance des déplacements forcés en Afrique, 2013-2023**

En millions

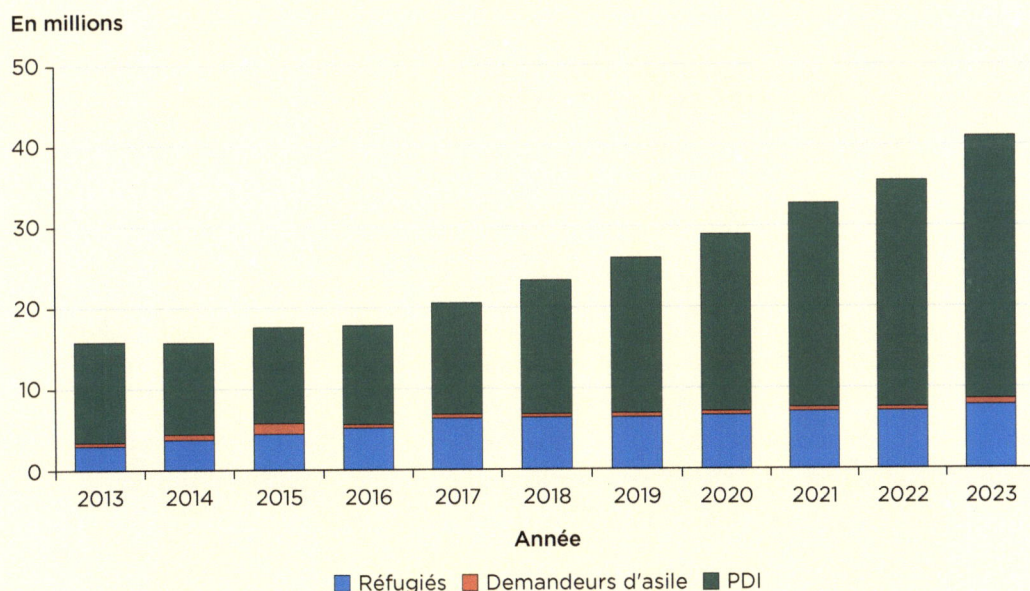

Source : Calculs des auteurs à partir des données du HCR 2024.
N.B. : PDI = Personnes déplacées internes.

Zones de déplacements massifs en Afrique

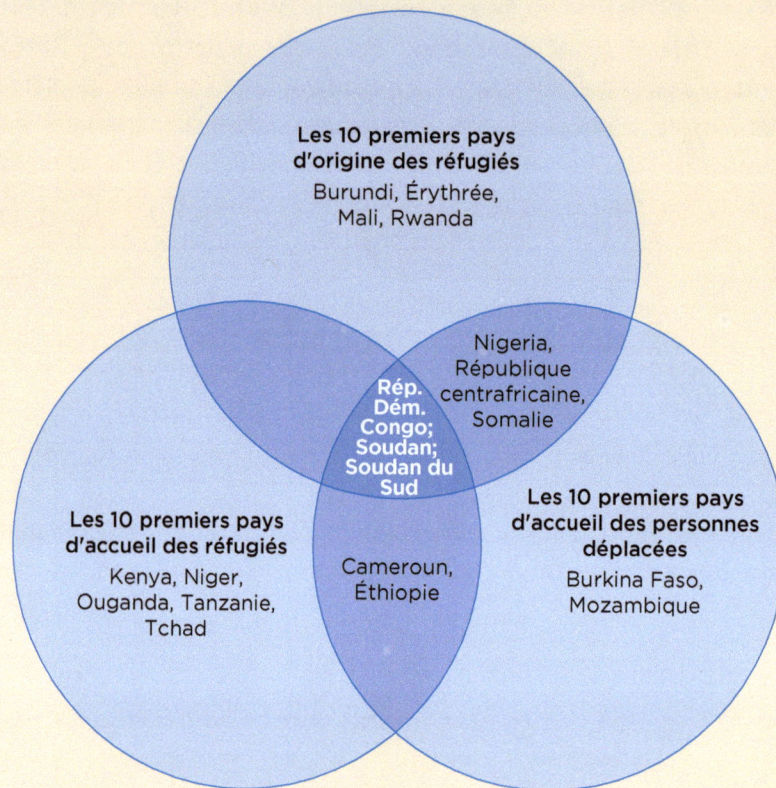

Les 10 premiers pays d'origine des réfugiés
Burundi, Érythrée, Mali, Rwanda

Nigeria, République centrafricaine, Somalie

Rép. Dém. Congo; Soudan; Soudan du Sud

Les 10 premiers pays d'accueil des réfugiés
Kenya, Niger, Ouganda, Tanzanie, Tchad

Les 10 premiers pays d'accueil des personnes déplacées
Burkina Faso, Mozambique

Cameroun, Éthiopie

Source : Calcul initial à partir des données du HCR 2024.
N. B. : PDI = Personnes déplacées internes.

En 2023, plus de 7 millions de personnes, soit près d'un cinquième de l'ensemble des personnes déplacées à travers les frontières dans le monde, résidaient en Afrique, principalement dans trois pays : Éthiopie, Ouganda et Tchad. L'origine des réfugiés est également très concentrée. Trois pays (République démocratique du Congo, Soudan et Soudan du Sud) sont les pays d'origine de plus de 50 % de tous les réfugiés accueillis dans la région (voir figure S3.4). Les enfants sont représentés de manière disproportionnée parmi les personnes déplacées, ce qui nécessite des interventions urgentes compte tenu des impacts potentiels à long terme du déplacement sur leur bien-être (Baez 2011 ; Nsababera 2020 ; Sarzin et Nsababera 2024 ; Sonne et Verme 2019).

Les déplacements forcés risquent d'accroître l'inégalité des chances en raison des difficultés d'accès aux services de base et aux opportunités économiques. Les personnes déplacées rencontrent des obstacles importants dans l'accès aux services de base, tels que l'éducation, les soins de santé et les opportunités économiques, en raison de leur statut de personne déplacée. Elles peuvent également être confrontées à d'autres difficultés, telles que les barrières linguistiques, la discrimination et la stigmatisation dans les communautés d'accueil, les problèmes de santé physique et mentale, et l'absence de liens sociaux (Garde 2021 ; Schuettler et Caron 2020 ; HCR 2022).

Même si les personnes déplacées internes sont des ressortissants du pays dans lequel elles sont déplacées et qu'elles ont des droits légaux comme les autres ressortissants, elles sont souvent confrontées à des obstacles similaires concernant l'accès aux opportunités et aux services et peuvent se heurter à un plus grand risque d'exclusion parce qu'elles ont moins de visibilité face aux réponses humanitaires et de développement (HCR 2022).

Les pays africains obtiennent des résultats relativement satisfaisants en ce qui concerne l'accès des réfugiés aux services de base, mais dans la pratique, l'inclusion dans les systèmes nationaux est limitée. Concernant les pays d'accueil pour lesquels des données sur l'accès sont disponibles, une étude de l'état de l'inclusion par Ginn et coll. (2022) suggère que la plupart des pays africains (10 sur 11 examinés) obtiennent de bons résultats en accordant de facto un accès à l'école primaire égal à celui des ressortissants nationaux (un score de 4 ou 5 sur une échelle de 1 à 5). L'accès de facto est toutefois plus restreint à des niveaux d'éducation supérieurs. Seuls deux pays (le Cameroun et le Rwanda) obtiennent un score de 4 ou 5 (voir carte S3.2). Les pays africains obtiennent également des résultats modérément satisfaisants en termes de droits légaux au travail pour les réfugiés. 8 des 11 pays considérés obtiennent un score de 4 ou 5 sur une échelle de cinq points. Trois pays (l'Ouganda, le Rwanda et le Tchad) ont obtenu le score maximal de 5, ce qui indique l'existence de politiques nationales pleinement opérationnelles qui soutiennent le droit des réfugiés à travailler sans restriction. Il existe cependant une divergence entre la loi et sa mise en œuvre. Seuls deux pays (l'Ouganda et le Rwanda) obtiennent un score de 4 pour l'accès au marché du travail dans la pratique, ce qui est inférieur à leurs scores au plan juridique. Le Tchad est un excellent exemple de la divergence entre la loi et sa mise en œuvre. Il dispose de politiques nationales soutenant pleinement le droit des réfugiés à travailler sans restriction, mais dans la pratique, les réfugiés sont confrontés à des droits au travail considérablement restreints (Ginn et al. 2022). Les interventions sanitaires sont généralement plus coûteuses que d'autres formes d'assistance. La fourniture de soins de santé inclusifs, par rapport à d'autres opportunités, telles que l'éducation, a par conséquent reçu moins d'investissements et ses progrès sont plus lents (HCR 2022).

FIGURE S3.5 Fréquentation scolaire des enfants âgés de 6 à 12 ans, par sexe, en Éthiopie, au Niger, en Ouganda et au Tchad

Pourcentage des enfants âgés de 6 à 12 ans

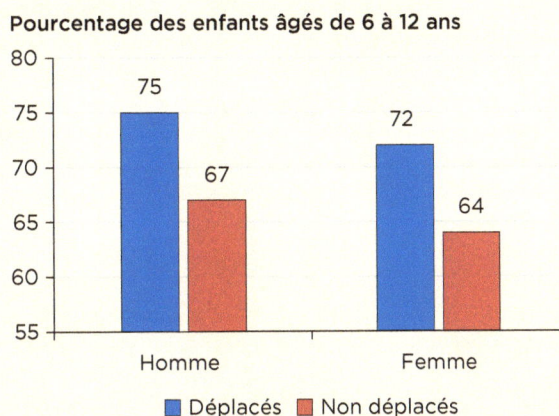

Sources : Calculs des services de la Banque mondiale, à partir de données harmonisées de l'Éthiopie (2017), du Niger (2018) de l'Ouganda (2018) et du Tchad (2018).

CARTE S3.2 Situation de l'accès des réfugiés à l'éducation en Afrique

a. Primaire

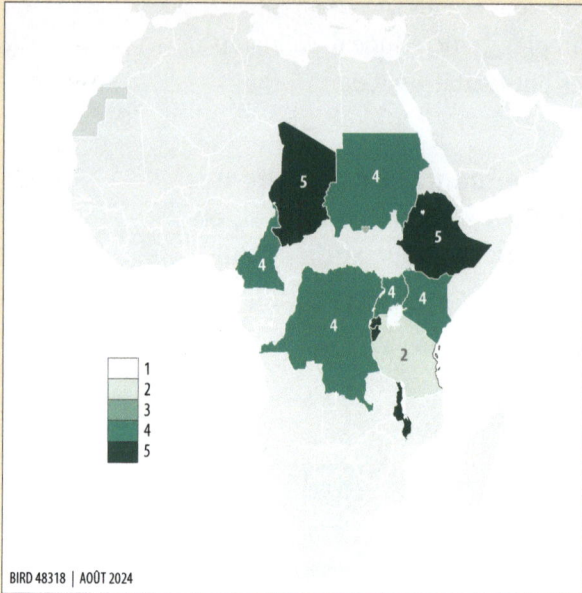

b. Secondaire

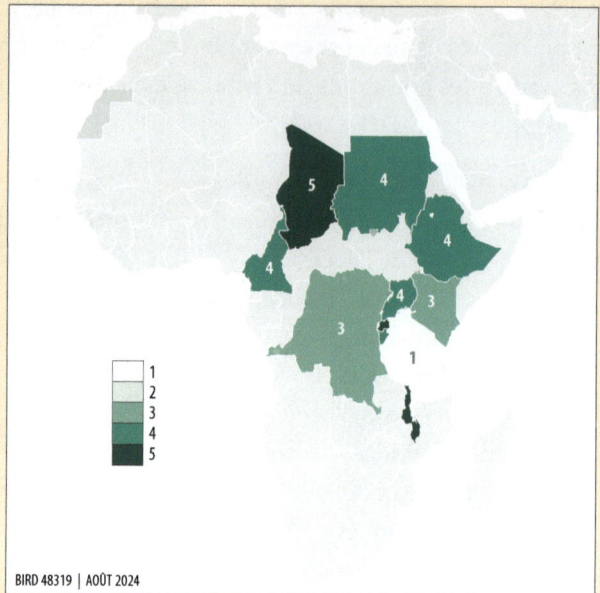

c. Supérieur

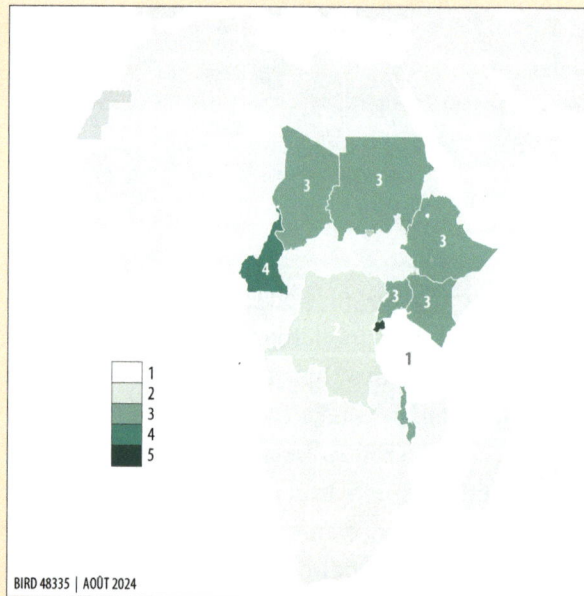

Source : Services de la Banque mondiale, à partir des données de Ginn et coll. 2022.

N.B. : les scores vont de 1 à 5, 5 étant le score le plus élevé et indiquant un accès égal à celui des ressortissants nationaux.

Partir sur un pied d'égalité

Dans certains contextes, les personnes déplacées se trouvent dans des lieux où l'accès aux services reste hors de portée de la population d'accueil, ce qui souligne l'importance de la fourniture de services intégrés (voir les figures S3.5 et S3.6). Si les conclusions sur le bien-être des personnes déplacées varient selon les contextes, une conclusion frappante pour le Kenya est toutefois que les populations d'accueil dans le comté de Turkana, qui accueille à la fois le camp de réfugiés de Kakuma et le campement intégré de Kalobeyei, se situent en dessous de la moyenne nationale et ont des taux de fréquentation de l'école primaire inférieurs à ceux de la population réfugiée (Banque mondiale 2024a). Seule la moitié environ des enfants des populations d'accueil de Turkana en âge d'aller à l'école sont enrôlés dans l'enseignement primaire, ce qui peut s'expliquer par le fait que les organisations de développement se concentrent davantage sur les besoins des réfugiés en matière d'éducation (Banque mondiale 2024a). Même si, en outre, le taux de fréquentation de l'école secondaire est inférieur au taux de fréquentation de l'école primaire dans l'ensemble du pays, les communautés d'accueil du Turkana ont toujours un taux de fréquentation de l'école secondaire inférieur à celui des réfugiés. Cette situation montre qu'il est nécessaire de comprendre les obstacles à la transition vers l'enseignement secondaire pour les réfugiés aussi bien que pour la communauté d'accueil (Fix et al. 2019 ; Banque mondiale 2024a). Les données comparables pour l'Éthiopie, le Niger, l'Ouganda et le Tchad montrent également que les ménages non déplacés et déplacés ont de mauvaises conditions de logement et d'accès à un assainissement amélioré (voir figure S3.6).

La réduction de la pauvreté et des inégalités dans les pays en proie à la fragilité, aux conflits et à la violence nécessite une approche multiforme centrée sur le renforcement des capacités institutionnelles et la fourniture de services intégrés. Le renforcement des structures de gouvernance, l'amélioration des mécanismes de prestation de services publics et la promotion de politiques économiques inclusives sont des étapes cruciales pour atténuer les conflits et les effets néfastes des déplacements forcés. Si pendant des décennies l'aide aux réfugiés a été fournie dans des systèmes parallèles alignés sur les pays d'origine, dans le but de préparer les réfugiés à un éventuel retour, il y a un consensus croissant sur le fait que l'intégration des personnes déplacées dans les systèmes nationaux est la solution la plus durable (HCR 2022). Les systèmes inclusifs permettent un accès égal aux services, tels que l'éducation, et peuvent conduire à des gains d'efficacité dans l'allocation des ressources et à une amélioration de la qualité des cadres d'enseignement et d'apprentissage (Abu-Ghaida et Silva 2021). Les services offerts exclusivement aux personnes déplacées, en outre, peuvent parfois être meilleurs que ceux offerts aux communautés d'accueil, ce qui crée des résultats inégaux et des tensions potentielles. L'intégration en revanche peut permettre d'améliorer la prestation de services pour les communautés d'accueil mal desservies (Banque mondiale 2023c ; Banque mondiale et HCR 2021).

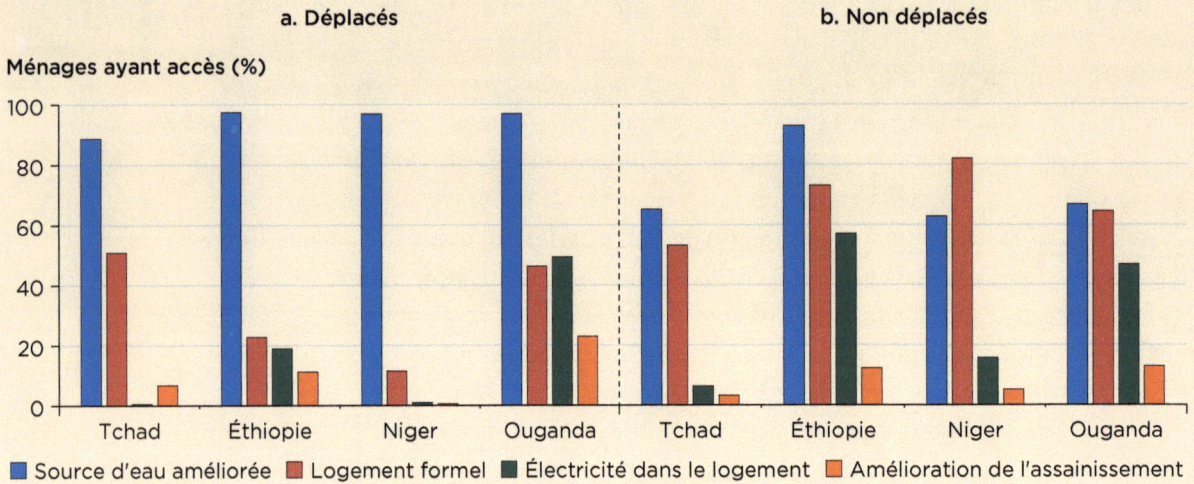

FIGURE S3.6 Conditions de vie et accès aux services de base dans quatre pays africains

a. Déplacés

b. Non déplacés

Ménages ayant accès (%)

■ Source d'eau améliorée ■ Logement formel ■ Électricité dans le logement ■ Amélioration de l'assainissement

Source : Banque mondiale 2023a

L'amélioration de l'accès des personnes déplacées de force à l'emploi et aux opportunités économiques aura comme point de départ l'état de l'inclusion économique dans un pays. Pour les pays dans lesquels le cadre juridique des droits des travailleurs n'est pas propice à l'intégration des réfugiés, les lois nationales devraient accorder aux réfugiés un droit au travail et une protection du travail justes et équitables. L'assouplissement des restrictions légales liées au droit au travail, à la liberté de circulation et à l'obtention d'un statut de résident permanent améliore considérablement les résultats sur le marché du travail pour les personnes déplacées de force (Schuettler et Caron 2020). Faciliter la mobilité interne ou la liberté de circulation dans le pays d'accueil peut transformer la gestion des situations de réfugiés et leurs résultats, grâce à un meilleur alignement sur les besoins de la société de destination, à la réduction de la pression sur les communautés dans les zones de première arrivée et à la baisse des coûts financiers (Banque mondiale 2023c). Certains éléments montrent que les réfugiés qui vivent sous des régimes politiques libéraux en termes de droit au travail sont plus susceptibles d'être employés, et que la liberté de circulation est un levier très important dans l'amélioration des résultats en matière d'emploi pour les réfugiés (Banque mondiale 2023b). Les communautés d'accueil ne devraient pas être désavantagées par le renforcement de l'inclusion économique des réfugiés (Aksoy et Ginn 2022). Pour les pays dans lesquels le cadre juridique est favorable, mais la mise en œuvre est faible, il est nécessaire de s'attaquer aux obstacles systémiques qui empêchent les personnes déplacées d'accéder à l'emploi et aux opportunités économiques. Les pays qui obtiennent des résultats, modérés à élevés, sur le plan du droit et de la pratique, devront également continuer à s'attaquer aux obstacles systémiques latents. Dans tous les pays, enfin, les interventions doivent se fonder sur des données et des analyses fiables et spécifiques au contexte.

Note

1. Les pays ou territoires en situation de fragilité sont identifiés par la combinaison de deux critères : (1) un score inférieur à 3,2 à l'évaluation des politiques et des institutions nationales (EPIN) pour les pays de l'Association internationale de développement dont les scores EPIN sont divulgués et (2) la présence d'une opération de maintien de la paix des Nations Unies au cours des trois dernières années.

Bibliographie

Abu-Ghaida, Dina, et Karishma Silva. 2021. "Educating the Forcibly Displaced: Key Challenges and Opportunities." Reference Paper for the 70th Anniversary of the 1951 Refugee Convention, United Nations High Commissioner for Refugees, Geneva.

ACLED (Armed Conflict Location and Event Data Project). 2023. "The Sahel: Geopolitical Transition at the Center of an Ever-Worsening Crisis." Conflict Watchlist 2023. https://acleddata.com /conflict-watchlist-2023/sahel/.

Akanbi, Olusegun, Nikolay Gueorguiev, Jiro Honda, Paulomi Mehta, Kenji Moriyama, Keyra Primus et Mouhamadou Sy. 2021. "Avoid a Fall or Fly Again: Turning Points of State Fragility." Working Paper 2021/133, International Monetary Fund, Washington, DC.

Aksoy, Cevat Giray, et Thomas Ginn. 2022. "Attitudes and Policies toward Refugees: Evidence from Low- and Middle-Income Countries." Policy Research Working Paper 9985, World Bank, Washington, DC.

Baah, Samuel Kofi Tetteh, et Christoph Lakner. 2023. « Fragilité et pauvreté en Afrique subsaharienne : Les deux faces d'une même médaille ». *Blog de Données, Banque mondiale*, 15 août. https://blogs .worldbank.org/fr/opendata/fragilite-et-pauvrete-en-afrique-subsaharienne-les-deux-faces-d -une-meme-medaille.

Baez, Javier E. 2011. "Civil Wars beyond Their Borders: The Human Capital and Health Consequences of Hosting Refugees." *Journal of Development Economics* 96 (2): 391–408.

Banque mondiale. 2023c. *Rapport sur le développement dans le monde 2023 : Migrants, réfugiés et sociétés*. Washington, DC : Banque mondiale. https://openknowledge.worldbank.org/server/api /core/bitstreams/ef66bd2c-e228-4f96-b339-5a59da47776f/content.

Banque mondiale. 2023a. *Brief 1: A Profile of Forcibly Displaced Populations and Their Hosts: Leveraging Harmonized Data to Improve Welfare among Forcibly Displaced Populations and Their Hosts: A Technical Brief Series*. Washington, DC: Banque mondiale.

Banque mondiale. 2023b. Brief 2: Do Legal Restrictions Affect Refugees' Labor Market and Education Outcomes? Evidence from Harmonized Data *Leveraging Harmonized Data to Improve Welfare among Forcibly Displaced Populations and Their Hosts: A Technical Brief Series*. Washington, DC: Banque mondiale.

Banque mondiale. 2024a. *Building Evidence to Enhance the Welfare of Refugees and Host Communities: Insights from the Kenya Longitudinal Socioeconomic Study of Refugees and Host Communities*. Washington, DC: Banque mondiale.

Banque mondiale. 2024b. "Classification of Fragile and Conflict-Affected Situations." Washington, DC: Banque mondiale. https://www.worldbank.org/en/topic/fragilityconflictviolence/brief /harmonized-list-of-fragile-situations.

Banque mondiale et UNHCR (United Nations High Commissioner for Refugees). 2021. *The Global Cost of Inclusive Refugee Education*. Washington, DC: Banque mondiale.

Beegle, Kathleen, et Luc Christiaensen. 2019. *Accélérer la réduction de la pauvreté en Afrique*. Washington, DC : Banque mondiale. https://documents1.worldbank.org/curated/en /875861570689184199/pdf/Accelerating-Poverty-Reduction-in-Africa.pdf

Beegle, Kathleen, Luc Christiaensen, Andrew Dabalen et Isis Gaddis. 2016. *Poverty in a Rising Africa*. Washington, DC: World Bank. http://hdl.handle.net/10986/22575.

Blattman, Christopher, et Jeannie Annan. 2010. "The Consequences of Child Soldiering." *Review of Economics and Statistics* 92 (4): 882–98.

Braun, Sebastian T., et Jan Stuhler. 2023. "Exposure to War and Its Labor Market Consequences over the Life Cycle." Discussion Paper 16040, Institute of Labor Economics, Bonn.

Brown, Ryan, Verónica Montalva, Duncan Thomas et Andrea Velásquez. 2019. "Impact of Violent Crime on Risk Aversion: Evidence from the Mexican Drug War." *Review of Economics and Statistics* 101 (5): 892–904.

Cassar, Alessandra, Pauline Grosjean et Sam Whitt. 2013. "Legacies of Violence: Trust and Market Development." *Journal of Economic Growth* 18: 285–318.

Collier, Paul. 2021. "Transition Programs: A Theory of the Scaffolding Needed to Build out of Fragility." In *Macroeconomic Policy in Fragile States*, edited by Ralph Chami, Raphael Espinoza, and Peter J. Montiel, 58–81. Oxford: Oxford University Press. https://doi.org/10.1093 /oso/9780198853091 .003.0003.

Collier, Paul, Anke Hoeffler et Måns Söderbom. 2008. "Post-Conflict Risks." *Journal of Peace Research* 45 (4): 461–78.

Corral, Paul, Alexander Irwin, Nandini Krishnan, Daniel Gerszon Mahler et Tara Vishwanath. 2020. *Fragility and Conflict: On the Front Lines of the Fight against Poverty*. Washington, DC: World Bank. http://hdl.handle.net/10986/33324.

Fiedler, Charlotte. 2023. "What Do We Know about How Armed Conflict Affects Social Cohesion? A Review of the Empirical Literature." *International Studies Review* 25 (3): viad030.

Fix, Jedidiah Rooney, Utz Johann Pape, Felix Konstantin Appler, Theresa Parrish Beltramo, Florence Nana Pokuaah Nimoh, Laura Abril Ríos Rivera, Felix Schmieding et Nduati Maina Kariuki. 2019. *Understanding the Socioeconomic Conditions of Refugees in Kenya: Volume A—Kalobeyei Settlement: Results from the 2018 Kalobeyei Socioeconomic Survey*. Washington, DC: World Bank.

Gardi, Rez. 2021. "Reference Paper for the 70th Anniversary of the 1951 Refugee Convention: Access to Higher Education for Forcibly Displaced Persons: Challenges, Good Practices, and Suggestions for the Future." United Nations High Commissioner for Refugees, Geneva.

Ginn, Thomas, Reva Resstack, Helen Dempster, Emily Arnold-Fernández, Sarah Miller, Marta Guerrero Ble et Bahati Kanyamanza. 2022. *2022 Global Refugee Work Rights Report*. Washington, DC: Center for Global Development, Asylum Access, and Refugees International. https://www .cgdev.org/publication/2022-global-refugee-work-rights-report.

Hegre, H., H. M. Nygård, and R. F .Ræder. 2017. "Evaluating the Scope and Intensity of the Conflict Trap: A Dynamic Simulation Approach." *Journal of Peace Research* 54 (2): 243–61. https://doi .org/10.1177/0022343316684917.

IDMC (Internal Displacement Monitoring Centre). 2023. *Rapport mondial sur le déplacement interne 2023*. Genève : IDMC.

Jakiela, Pamela, et Owen Ozier. 2019. "The Impact of Violence on Individual Risk Preferences: Evidence from a Natural Experiment." *Review of Economics and Statistics* 101 (3): 547–59.

Mueller, Hannes. 2016. "Growth and Violence: Argument for a Per Capita Measure of Civil War." *Economica* 83 (331): 473–97.

Nsababera, O. 2020. "Refugee Camps—A Lasting Legacy? Evidence on Long-Term Health Impact." *Economics and Human Biology* 39: 100926. https://doi.org/10.1016/j.ehb.2020.100926.

Parigi, Marta. 2024. "The Effect of Violent Conflict on Calorie Consumption and Dietary Quality in Iraq." *Journal of Agricultural Economics* 75 (1): 341–61.

Sarzin, Z., et Nsababera, O. 2024. "Forced Displacement: A Stocktaking of Evidence." Background paper, Africa companion report to *World Development Report 2023: Migrants, Refugees, and Societies*. World Bank, Washington, DC.

Schuettler, Kirsten, et Laura Caron. 2020. "Jobs Interventions for Refugees and Internally Displaced Persons." Jobs Working Paper 47, World Bank, Washington, DC.

Sonne, Soazie Elise Wang, et Paolo Verme. 2019. "Intergenerational Impact of Population Shocks on Children's Health: Evidence from the 1993–2001 Refugee Crisis in Tanzania." Policy Research Working Paper 9075, World Bank, Washington, DC. https://doi.org/10.1596/1813-9450-9075.

UNHCR (United Nations High Commissioner for Refugees). 2022. *People Forced to Flee: History, Change and Challenge*. Oxford: Oxford University Press.

UNHCR (United Nations High Commissioner for Refugees). 2024. Refugee Data Finder. https://www.unhcr.org/refugee-statistics/download/?url=IAr67y.

Wu, Haoyu, Aziz Atamanov, Tom Bundervoet et Pierella Paci. 2024. "Is Economic Growth Less Welfare Enhancing in Africa? Evidence from the Last Forty Years. *World Development* 184: 106759. https://doi.org/10.1016/j.worlddev.2024.106759.

Les gouvernements pourraient faire beaucoup plus pour uniformiser les règles du jeu par le biais des politiques budgétaires

GABRIELA INCHAUSTE, CHRISTOPHER HOY, MARIANO SOSA, ET DANIEL VALDERRAMA

Messages clés du chapitre

Les impôts, les transferts et les subventions ne s'attaquent pas directement aux causes profondes de l'inégalité. Ils constituent plutôt un instrument a posteriori pour compenser l'inégalité des chances et les imperfections du marché et affectent la distribution des revenus. La redistribution fiscale est plus importante en Afrique que dans les pays à revenu similaire du reste du monde, mais elle n'est pas suffisante pour surmonter les niveaux plus élevés d'inégalité de revenus préfiscaux. En outre, la plupart des ménages africains paient beaucoup plus d'impôts qu'ils ne reçoivent de transferts et de subventions, ce qui entraîne une augmentation de la pauvreté à court terme.

Il devient de plus en plus difficile d'atteindre l'objectif de réduire la pauvreté et les inégalités à coup d'interventions budgétaires dans un contexte marqué par une marge de manœuvre budgétaire limitée et, dans certains cas, un risque élevé de surendettement sur le continent. Compte tenu d'une marge d'action budgétaire de plus en plus limitée dans la région, ce chapitre propose quatre changements d'orientation qui pourraient produire des résultats concrets en éliminant les inégalités structurelles grâce à une politique fiscale équitable.

Le premier changement consiste à renoncer aux subventions. Les dépenses actuellement élevées au titre des subventions profitent principalement aux ménages à hauts revenus, creusent les inégalités et n'ont que peu d'impact sur la pauvreté. Le deuxième consiste à renforcer les filets de sécurité sociale. Par exemple, les filets de sécurité sociale adaptatifs et les programmes d'alimentation scolaire sont efficaces et efficients pour réduire la pauvreté et fournir une aide rapide en temps de crise.

Le troisième est une évolution vers une fiscalité plus progressive. Il s'agit notamment de mettre davantage l'accent sur la collecte des impôts fonciers, de réduire les incitations fiscales en faveur des entreprises, d'éliminer les exonérations de la taxe sur la valeur ajoutée (TVA) qui profitent en grande partie aux personnes riches et de faire preuve de prudence dans l'élaboration de régimes fiscaux simplifiés. En outre, dans les pays riches en ressources, les instruments fiscaux devraient être directement liés à la rentabilité du secteur, et si les industries extractives sont néfastes pour l'environnement, elles devraient être taxées de manière appropriée. Toutefois, dans les contextes les plus pauvres et les plus fragiles, l'aide internationale au développement restera essentielle pour réduire la pauvreté, même en cas d'amélioration de la mobilisation des ressources nationales.

Le quatrième est une évolution vers une meilleure efficacité des États en matière de fiscalité et de dépenses publiques. L'amélioration du respect des obligations fiscales par les contribuables à haut revenu soutiendrait les efforts de mobilisation progressive des recettes, tandis que la promotion de la coopération régionale en matière d'entreprises multinationales permettrait d'éviter une « course vers le bas ». L'amélioration de la gestion des dépenses publiques réduirait les écarts entre le processus d'affectation des ressources budgétaires et l'exécution effective des dépenses publiques. Une meilleure gestion de la dette réduirait le coût du financement et permettrait des dépenses plus favorables aux pauvres. Enfin, une meilleure planification financière de la réponse aux catastrophes peut garantir que les financements seront mis à disposition de manière rapide et rentable en cas de crise.

La redistribution fiscale dans un contexte macro-budgétaire tendu

Les impôts, les transferts et les subventions ne s'attaquent pas directement aux causes profondes de l'inégalité. Il s'agit plutôt d'un instrument a posteriori qui peut être utilisé pour protéger la population contre les chocs et, dans une certaine mesure, pour compenser l'inégalité des chances et les imperfections du marché. En tant que tels, ils peuvent constituer un puissant instrument de redistribution à la fin du processus de production. Cependant, ils sont également liés au processus de renforcement et d'utilisation des capacités de production. Dans la mesure où les recettes publiques servent au financement de l'accès à la santé, à l'éducation et aux services de base, les politiques fiscales et de dépenses contribuent à l'accumulation de capital humain, qui réduira à son tour les inégalités structurelles dans le renforcement des capacités de production à l'avenir. De même, les interventions en matière de fiscalité et de dépenses incitent les travailleurs, les exploitations agricoles et les entreprises à participer au processus de production et, à ce titre, influent sur l'utilisation des capacités de production. Plus généralement, les politiques fiscales et de dépenses peuvent contribuer à atténuer les écarts extrêmes de richesse (notamment la richesse héritée) qui sont à l'origine de l'inégalité des chances et la persistance intergénérationnelle de ces inégalités.

La volonté commune des gouvernements de tous les pays de mettre les politiques fiscales et de dépenses au service de la réduction des inégalités et de la pauvreté est concrétisée par l'inclusion de la cible 10.4 des Objectifs de développement durable[1]. Quelle est l'ampleur de la redistribution dans les pays africains et quelle est la différence en termes d'inégalité ? Quel est l'effet combiné des impôts et des dépenses sociales sur la pauvreté ? Dans quelle mesure faudrait-il s'attendre à une redistribution plus importante compte tenu de l'ampleur de la pauvreté en Afrique et des contextes budgétaires et nationaux actuels ? Ce chapitre répond à ces questions.

Les pays africains redistribuent davantage que les pays ayant des niveaux de revenus similaires, mais ces efforts ne suffisent pas à surmonter leurs niveaux élevés d'inégalité pré-fiscale

L'analyse de l'incidence budgétaire peut aider à comprendre quels segments de la population supportent les charges et tirent parti des bénéfices de la mobilisation des ressources nationales et des dépenses publiques. L'analyse détaillée de l'incidence budgétaire au niveau national permet d'évaluer le niveau d'inégalité avant et après impôts, les transferts et les subventions (voir encadré 5.1) et donc de mesurer l'effet redistributif des politiques budgétaires. Il est alors utile de comparer les résultats des pays en fonction de leurs niveaux de revenus, de leur situation de fragilité et de conflit (EFC) ainsi que de leur richesse en ressources naturelles, car chacun de ces facteurs influence leur capacité à redistribuer.

ENCADRÉ 5.1
La méthode utilisée par Commitment to Equity pour évaluer la progressivité et la régressivité de la politique fiscale

L'évaluation de Commitment to Equity (CEQ) est un outil de diagnostic qui utilise l'analyse de l'incidence budgétaire pour déterminer dans quelle mesure la politique fiscale atténue les inégalités et la pauvreté, ce qui permet d'étudier les interventions budgétaires individuelles et le système dans son ensemble[a]. Elle est devenue un outil standard, avec l'application de 110 études à 81 pays au cours de la dernière décennie. Dans ce chapitre, nous utilisons les résultats de 70 pays à différents niveaux de revenus ; 22 de ces 70 pays se trouvent en Afrique.[b]

Pour chaque pays, les microdonnées des enquêtes auprès des ménages sont utilisées pour calculer le revenu des ménages avant et après les interventions budgétaires. Le revenu pré-fiscal ou le revenu du marché se définit comme la somme de tous les revenus des facteurs provenant des salaires et des revenus des marchés du travail formels et informels et des revenus du capital (tels que les loyers, les bénéfices, les dividendes ou les intérêts)[c]. À partir de là, le revenu

(suite)

La méthode utilisée par Commitment to Equity pour évaluer la progressivité et la régressivité de la politique fiscale *(suite)*

disponible est construit en ajoutant le revenu des transferts directs et en actualisant les montants payés en impôts directs compte tenu des politiques fiscales et de prestations spécifiques à chaque pays (voir figure B5.1.1). Le revenu consommable est défini comme le revenu disponible plus les subventions indirectes, moins les impôts indirects payés sur la consommation. Le revenu final est obtenu en ajoutant la valeur estimée de l'éducation et de la santé publiques. Chacune de ces mesures est estimée au niveau du ménage. Ainsi, la différence entre le revenu pré-fiscal (du marché) et le revenu consommable peut être utilisée pour déterminer la mesure dans laquelle les politiques réduisent les inégalités en tant qu'instrument a posteriori après le processus de génération de revenus et sans tenir compte de l'impact des politiques sur la santé et l'éducation.

FIGURE B5.1.1 Concepts de base de Commitment to Equity en matière de revenus

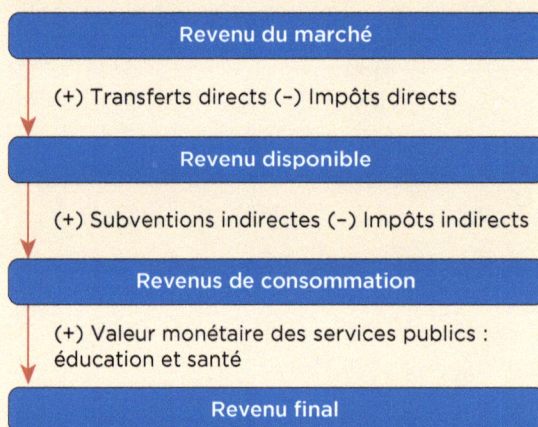

```
                    Revenu du marché
                           │
        (+) Transferts directs (–) Impôts directs
                           ↓
                    Revenu disponible
                           │
        (+) Subventions indirectes (–) Impôts indirects
                           ↓
                 Revenus de consommation
                           │
        (+) Valeur monétaire des services publics :
            éducation et santé
                           ↓
                       Revenu final
```

Source : Lustig 2022

L'incidence des politiques fiscales ou sociales individuelles est mesurée par la contribution marginale à la redistribution, qui représente la différence entre le Gini avec et sans la politique en question.

L'incidence relative d'un impôt ou d'un transfert représente la valeur de cette politique par rapport au revenu des ménages. Une politique de dépenses est progressive d'un point de vue du revenu lorsque les ménages les plus pauvres tirent un avantage plus important de leur revenu que les ménages les plus riches. Un impôt est progressif en termes relatifs si la charge fiscale par rapport au revenu est plus élevée pour les ménages riches que pour les ménages pauvres. L'incidence absolue d'une politique est la répartition du budget total (ou des recettes) de la politique dans la répartition des revenus. Une politique de dépenses est favorable aux pauvres ou progressive en termes absolus si la part du budget de dépenses allouée aux ménages pauvres est plus importante que celle allouée aux ménages riches. Un impôt est progressif en termes absolus lorsque la part des recettes fiscales perçues auprès des ménages riches est supérieure à celle perçue auprès

(suite)

La méthode utilisée par Commitment to Equity pour évaluer la progressivité et la régressivité de la politique fiscale *(suite)*

des ménages pauvres. Dans l'idéal, les politiques devraient être progressives à la fois en termes absolus et relatifs.

a. Sous la direction de Nora Lustig depuis 2008, le projet CEQ est une initiative du Center for Inter-American Policy and Research, du département d'économie de l'université de Tulane et du Center for Global Development and the Inter-American Dialogue. Le projet CEQ prend corps dans les locaux de l'Institut CEQ de l'université de Tulane. Pour plus de détails et une description complète de la méthodologie élaborée par l'Institut CEQ de l'université de Tulane, visitez le site https:// www.commitmentoequity.org.
b. Les données utilisées dans ce chapitre sont tirées d'études du CEQ menées par la Banque mondiale et d'estimations du personnel basées sur des études plus anciennes réalisées en collaboration avec et par l'Institut CEQ de l'université de Tulane. Les études incluses dans l'analyse utilisent des données d'enquête de 2014 ou plus récentes, excluant ainsi 11 évaluations plus anciennes du CEQ. Les données de l'Institut CEQ de l'université de Tulane sont disponibles à l'adresse suivante : https://commitmentoequity.org/datacenter. L'analyse s'appuie principalement sur des enquêtes sur les revenus et les dépenses des ménages. Elle limite la capacité du modèle à intégrer des impôts pertinents, tels que l'impôt sur les sociétés et les dépenses en biens publics, dont le bénéfice est diffus. En outre, l'analyse du CEQ est une étude ponctuelle, qui exclut les effets d'équilibre général.
c. Le revenu du marché est difficile à mesurer dans la plupart des contextes à faibles revenus. En revanche, la consommation totale des ménages est fixée à un niveau égal au revenu disponible. À partir de ce point, il est possible de déduire le revenu du marché en soustrayant les transferts directs et en ajoutant les impôts directs imputés. Voir Lustig (2022).

La figure 5.1 compare le niveau d'inégalité avant toute intervention budgétaire avec le revenu du marché, avec une mesure du revenu disponible qui tient compte de l'incidence des impôts directs et des transferts et une mesure du revenu consommable qui tient également compte de l'incidence des impôts indirects et des subventions. Tout d'abord, il convient de noter qu'en moyenne, les niveaux d'inégalité pré-fiscale en Afrique sont supérieurs à ceux des pays comparables dans d'autres régions. Par exemple, alors que le Gini pré-fiscal (revenu du marché) est en moyenne de 46 en Afrique, il est de 41 pour les pays non africains[2]. Deuxièmement, bien que les pays à revenu élevé redistribuent davantage les pays à faible revenu dans le monde entier, la réduction de l'inégalité due aux impôts, aux transferts et aux subventions est plus importante en Afrique que la moyenne des pays non africains ayant des niveaux de revenu comparables. Pourtant, malgré cet effort de redistribution, l'inégalité après les politiques budgétaires en Afrique (mesurée en tant que revenu consommable) est toujours plus élevée que l'inégalité pré-fiscale dans des pays comparables. Bien que cette situation soit particulièrement vraie pour les pays à revenu intermédiaire de la tranche supérieure (PRIS), c'est également le cas pour les pays à faible revenu et les pays à revenu intermédiaire de la tranche inférieure (PFR et PRII, respectivement). Par exemple, dans les PFR d'Afrique, le Gini moyen du revenu consommable est de 43, un chiffre plus élevé que le Gini moyen du revenu du marché, qui est de 34 dans les PRII non africains. Cette situation met en lumière la nécessité de faire davantage pour réduire l'inégalité fiscale dans la région, comme indiqué dans les chapitres précédents de ce rapport.

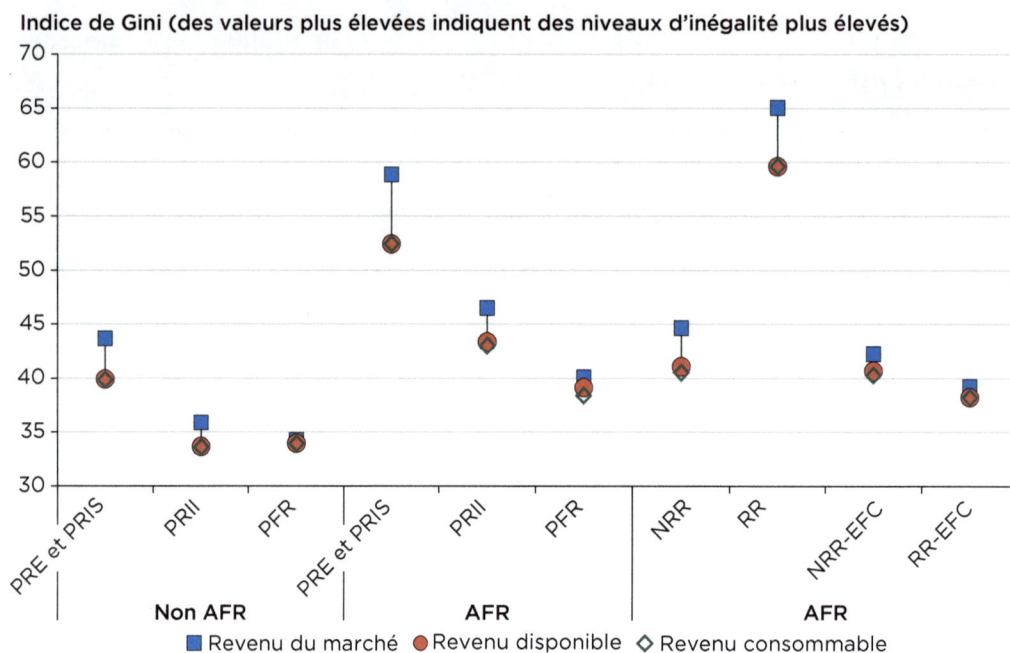

FIGURE 5.1 Redistribution fiscale en Afrique

Indice de Gini (des valeurs plus élevées indiquent des niveaux d'inégalité plus élevés)

■ Revenu du marché ● Revenu disponible ◇ Revenu consommable

Sources : Chiffre initial pour cette publication, utilisant des estimations basées sur des données du Data Center on Fiscal Redistribution du Commitment to Equity Institute de l'université de Tulane (https://commitmentoequity.org/datacenter) ; l'Organisation de coopération et de développement économiques et la Banque mondiale.

Note : Le *revenu pré-fiscal, ou revenu du marché,* est la somme des revenus du travail et du capital. Le *revenu disponible* est calculé en ajoutant le revenu des transferts directs et en actualisant les montants payés au titre des impôts directs, compte tenu des politiques fiscales et sociales propres à chaque pays. Le revenu consommable est défini comme le revenu disponible plus les subventions indirectes, moins les impôts indirects payés sur la consommation. AFR= Afrique subsaharienne ; EFC = pays en situation de fragilité, de conflits et de violence ; PRE et PRIS= pays à revenu élevé et à revenu intermédiaire de la tranche supérieure ; PFR= pays à faible revenu ; PRII= pays à revenu intermédiaire de la tranche inférieure ; NRR= pays non riches en ressources ; RR= pays riches en ressources.

La capacité de redistribution de l'Afrique est limitée par la fragilité et les conflits. Les pays EFC redistribuent beaucoup moins que les pays autres que EFC, qu'ils soient ou non riches en ressources (voir figure 5.1). Les pays riches en ressources ont tendance à démarrer avec des niveaux d'inégalité pré-fiscale plus élevés que les pays non riches en ressources, mais malgré leur richesse naturelle, ils redistribuent très peu dans un environnement de EFC. En revanche, les pays non EFC ont tendance à avoir des niveaux de redistribution beaucoup plus élevés et ont des impacts particulièrement importants grâce à leurs dépenses en nature dans les domaines de l'éducation et de la santé par rapport aux pays autres que EFC.

Ces moyennes masquent des écarts importants dans la redistribution fiscale d'un pays à l'autre. Les PRIS d'Afrique australe ont des indices de Gini pré-fiscaux parmi les plus élevés au monde, et la redistribution fiscale est également très importante, réduisant l'inégalité entre le revenu du marché et le revenu consommable (voir figure 5.2). Lorsque les interventions visant à renforcer Les capacités de production sont prises

FIGURE 5.2 Incidence des impôts, transferts et subventions sur les inégalités dans chaque pays

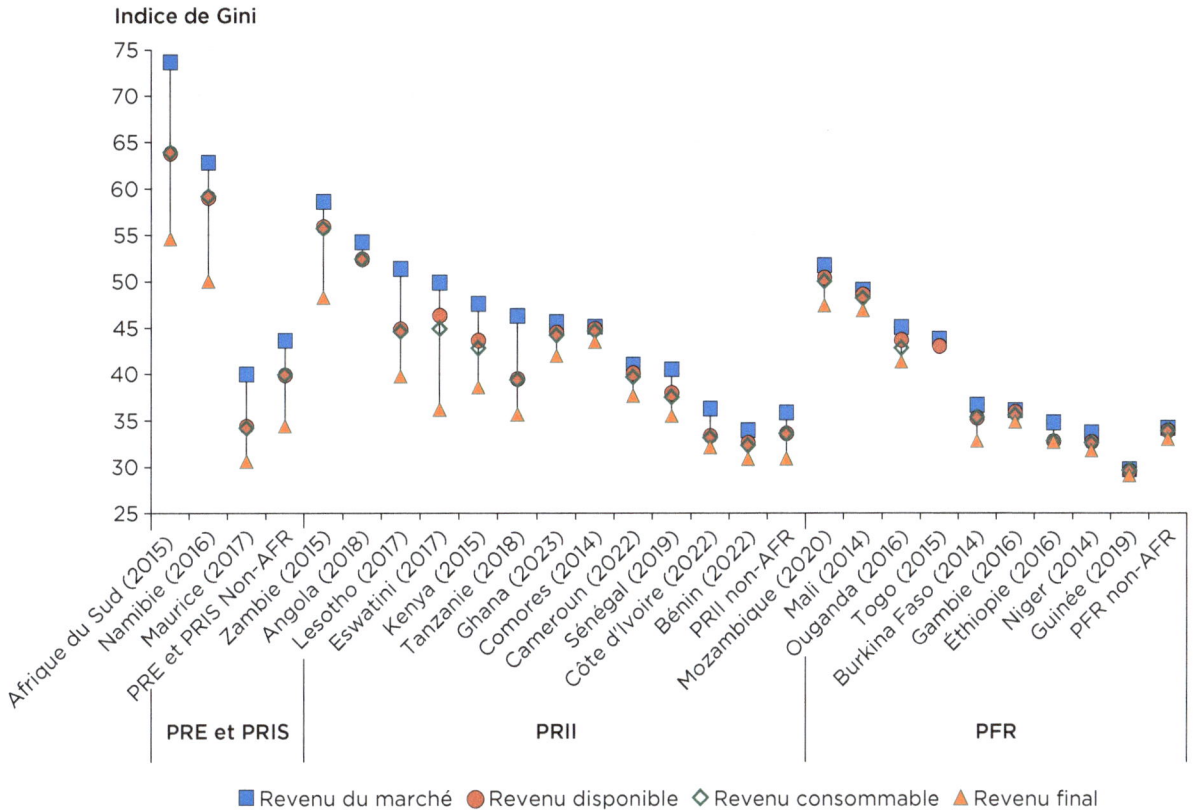

Indice de Gini

■ Revenu du marché ● Revenu disponible ◇ Revenu consommable ▲ Revenu final

PRE et PRIS | PRII | PFR

Source : Chiffre initial pour cette publication basé sur des études du CEQ menées par la Banque mondiale et l'Institut CEQ, l'université de Tulane.

Note : Les pensions sont considérées comme des transferts gouvernementaux au Mali, au Burkina Faso et au Niger. Ailleurs, elles sont considérées comme de l'épargne à imposition différée. Les valeurs du revenu final pour l'Angola et le Togo ne sont pas disponibles. Les estimations pour le Ghana sont basées sur une microsimulation pour 2023 à partir des données 2016/17. AFR= Afrique ; CEQ= Commitment to Equity ; PRE= pays à revenu élevé ; PFR= pays à faible revenu ; PRII = pays à revenu intermédiaire de la tranche inférieure ; PRIS = pays à revenu intermédiaire de la tranche supérieure.

en compte, telles que les dépenses d'éducation et de santé, la baisse du Gini (mesurée par le revenu final) est encore plus importante, bien qu'il existe d'importantes disparités entre les pays. Malgré cet effort de redistribution, la distribution des revenus postfiscaux (finaux) reste plus inégale que l'inégalité pré-fiscale des pays comparables hors d'Afrique. De même, certains PRII et PFR affichent des niveaux d'inégalité pré-fiscale remarquablement élevés par rapport à des pays à revenu similaire hors d'Afrique, mais l'ampleur de la redistribution par le biais d'impôts, de transferts et de subventions varie considérablement. Les PFR sont les moins à même de redistribuer, tant en Afrique que dans les autres régions ; cependant, ici aussi, il existe d'importantes disparités entre les pays. Par exemple, l'Ouganda a un produit intérieur brut (PIB) par habitant plus élevé que la Gambie. Cependant, en raison de son niveau d'inégalité pré-fiscale beaucoup plus élevé, les efforts de redistribution relativement plus importants du pays sont loin d'être suffisants pour réduire la pauvreté et l'inégalité.

L'impact combiné des impôts et des dépenses sociales se traduit par une augmentation à court terme de la pauvreté dans de nombreux pays africains

L'augmentation de la pauvreté à court terme qui résulte de l'effet combiné des impôts, des transferts et des subventions est plus importante dans les pays africains que dans les autres régions. Les ménages pauvres en Afrique paient beaucoup plus d'impôts qu'ils ne reçoivent de transferts et de subventions, ce qui entraîne une augmentation de la pauvreté à court terme[3]. Bien que les impôts soient une charge pour les ménages dans le monde entier, ce qui est marquant en Afrique, c'est que leur impact sur les ménages pauvres est plus important que dans d'autres régions. La figure 5.3a montre les taux de pauvreté avant les interventions budgétaires, et la figure 5.3b montre l'évolution des taux de pauvreté après les impôts, les subventions et les transferts sociaux. Dans la plupart des pays d'Afrique, les taux de pauvreté augmentent après les interventions budgétaires, même dans les pays à revenu élevé ou moyen, plus que dans les pays d'autres régions ayant des niveaux de développement similaires. Cette situation s'explique par le fait que les dépenses consacrées aux subventions et à l'aide sociale ne compensent pas l'impact des impôts indirects sur l'augmentation des prix des biens et services consommés par les ménages à faible revenu, même si l'on tient compte du fait

FIGURE 5.3 Incidence des impôts, transferts et subventions sur la pauvreté dans chaque pays

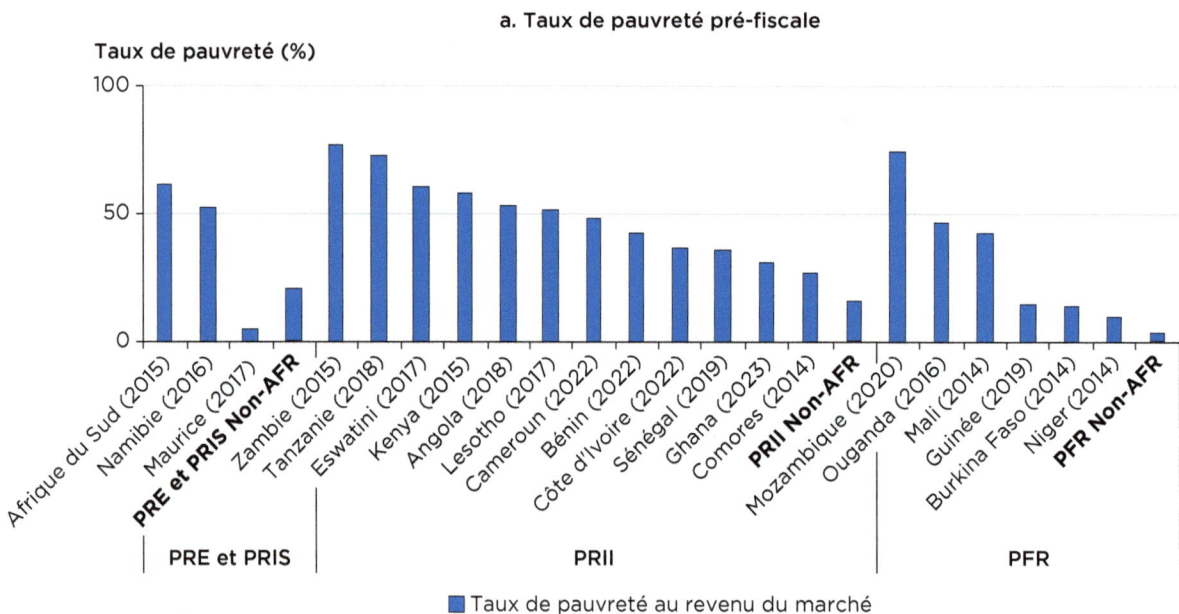

a. Taux de pauvreté pré-fiscale

Taux de pauvreté au revenu du marché

(suite)

b. Évolution de la pauvreté due aux interventions en matière de fiscalité

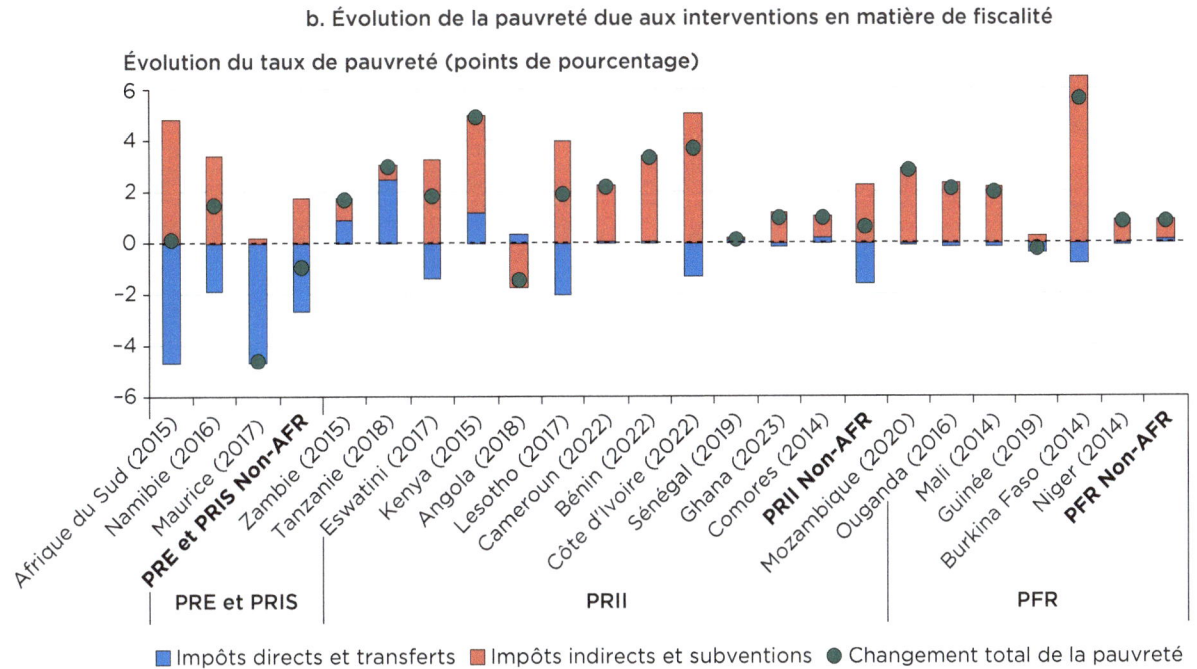

Évolution du taux de pauvreté (points de pourcentage)

Légende : ■ Impôts directs et transferts ■ Impôts indirects et subventions ● Changement total de la pauvreté

Source : Chiffre initial pour cette publication, utilisant des estimations basées sur des données du Data Center on Fiscal Redistribution du Commitment to Equity Institute de l'Université de Tulane (https://commitmentequity.org /datacenter), l'Organisation de coopération et de développement économiques et la Banque mondiale.
Note : La figure combine les taux de pauvreté estimés selon différents seuils de PPA pour l'extrême pauvreté, étant donné la disponibilité limitée des données. Le seuil de 2,15 $/jour en PPA de 2017 est utilisé pour l'Angola, le Bénin, le Cameroun, la Côte d'Ivoire, le Ghana, la Guinée, Maurice, le Mozambique, le Sénégal, l'Ouganda et la Zambie. Le seuil de 1,90 $/jour en PPA de 2011 est utilisé pour les Comores, l'Eswatini, le Kenya, le Lesotho, la Namibie, l'Afrique du Sud et la Tanzanie. Le seuil de 1,25 $/jour en PPA de 2005 est utilisé pour le Burkina Faso, le Mali et le Niger. Les pensions sont traitées comme des revenus différés dans tous les cas, sauf au Burkina Faso, au Mali et au Niger, où elles sont traitées comme des transferts gouvernementaux. AFR= Afrique subsaharienne ; PRE et PRIS= pays à revenu élevé et à revenu intermédiaire de la tranche supérieure ; PFR= pays à faible revenu ; PRII= pays à revenu intermédiaire de la tranche inférieure. PPA = parité de pouvoir d'achat.

que les ménages les plus pauvres achètent en grande partie des biens sur les marchés informels. À l'exception de l'Afrique du Sud et de l'Angola, les pays riches en ressources ne protègent pas mieux les ménages pauvres que les pays non riches en ressources. L'impact net négatif sur la pauvreté en Afrique souligne la nécessité de veiller à ce que les initiatives visant à améliorer la mobilisation des recettes intérieures n'augmentent pas davantage la pauvreté.

Une plus grande redistribution est possible dans de nombreux pays à revenu intermédiaire et riches en ressources

Pour plusieurs PFR africains, il est difficile d'espérer une plus grande redistribution fiscale compte tenu de la taille très limitée de l'État. Un indicateur régulièrement utilisé pour mesurer l'ampleur de la redistribution fiscale nécessaire dans un pays est l'écart de pauvreté agrégé[4]. Cet indicateur fournit le montant nécessaire pour sortir mécaniquement la population pauvre de la pauvreté si l'on était en mesure de compenser parfaitement les ménages par le biais de la redistribution fiscale.

Cet exercice parmi les PFR montre que les ressources dont ils disposent sont souvent insuffisantes pour éliminer la pauvreté, même à un niveau théorique. Dans sept des 45 pays pour lesquels des données sont disponibles (Burundi, République centrafricaine, République démocratique du Congo, Madagascar, Malawi, Mozambique et Niger), il faudrait au moins 10 % du PIB (au cours de 2017) pour combler l'écart de pauvreté agrégé. À titre de comparaison, les recettes fiscales moyennes représentent 11,4 % du PIB dans les pays africains à faible revenu. Étant donné que la gestion d'un gouvernement et la fourniture de biens publics de base représentent environ 15 % du PIB (Banque mondiale 2022a), il n'est pas réaliste de s'attendre à ce que la réduction de la pauvreté soit induite par la redistribution fiscale dans ces PFR (voir figure 5.4). De même, bien que certains pays soient riches en ressources naturelles, ces dernières ne suffisent pas à combler l'écart de pauvreté pour la plupart des pays riches en ressources naturelles (voir figure 5.5).

FIGURE 5.4 **Taux marginal d'imposition sur la population non pauvre nécessaire pour combler l'écart de pauvreté**

Taux marginal d'imposition sur la population non pauvre (6,85 $/jour) nécessaire pour combler l'écart de pauvreté pour 2,15 $ par jour (%)

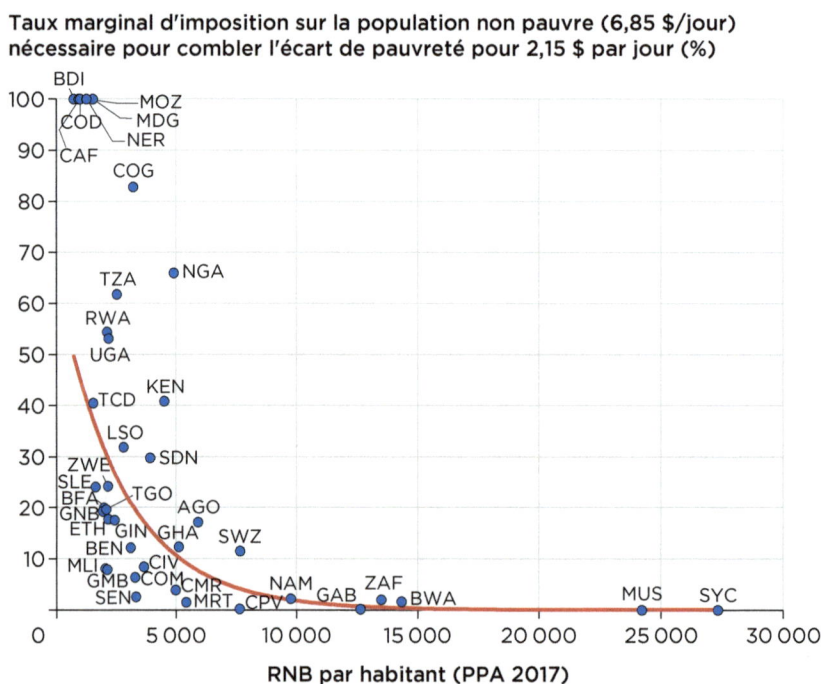

RNB par habitant (PPA 2017)

Source : Calculs de la Banque mondiale :
Note : Le taux marginal d'imposition de la population non pauvre est plafonné à 100 %.
RNB = revenu national brut ; PPA = parité de pouvoir d'achat. Pour les abréviations des pays, voir https://www.iso.org/obp/ui/#search.

FIGURE 5.5 Part des recettes publiques tirées des ressources naturelles nécessaire pour combler l'écart de pauvreté

Recettes publiques tirées des ressources naturelles nécessaires pour

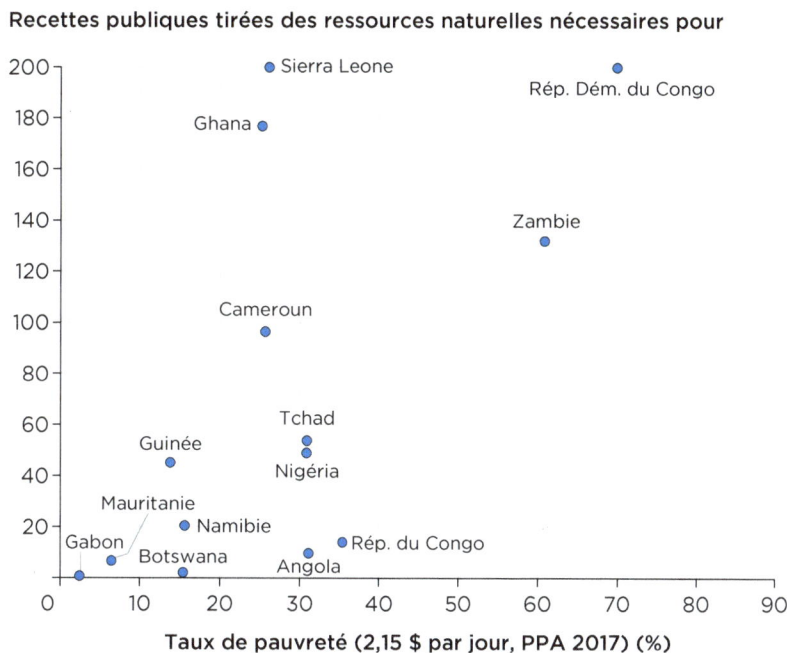

Sources : Calculs de la Banque mondiale sur l'écart de pauvreté et base de données UN-WIDER sur les recettes publiques (https://www.wider.unu.edu/database/data-and-resources-grdJ.
Note : La part des revenus des ressources naturelles du gouvernement nécessaire pour combler l'écart de pauvreté est plafonnée à 200 %. PPA = parité de pouvoir d'achat.

Pour les PRIS et certains pays riches en ressources, cependant, une imposition raisonnable de la population non pauvre pourrait générer des recettes nationales permettant de combler l'écart de pauvreté. La réduction de l'écart de pauvreté impliquerait un taux marginal d'imposition sur le revenu de moins de 10 % parmi la population non pauvre dans 13 des 19 PRII pour lesquels il existe des données, et cela équivaudrait à un taux marginal d'imposition de moins de 2 % dans les cinq PRIS pour lesquels il existe des données. De même, cinq des pays africains riches en ressources naturelles (Angola, Botswana, République du Congo, Gabon et Mauritanie) pourraient combler leur écart de pauvreté avec un transfert direct de 15 % (ou moins) des revenus des ressources naturelles du gouvernement. Ainsi, pour un bon nombre de pays africains à revenu intermédiaire, il est possible de mobiliser davantage les recettes nationales.

L'objectif de réduction de la pauvreté et des inégalités par le biais d'interventions budgétaires est devenu de plus en plus difficile à atteindre. La forte augmentation de la dette publique depuis 2012, combinée à une baisse constante de l'aide publique au développement et à une diminution de la liquidité sur les marchés de capitaux internationaux depuis la mi-2022, a entraîné des coûts d'emprunt extérieur très élevés et des options de financement limitées pour les pays de la région. En 2023, le niveau médian de la dette publique avait atteint 60 % du PIB pour les pays à revenu faible et intermédiaire (voir la perspective 4 sur la dette). En outre, la modification de la composition de la dette africaine résultant d'emprunts non concessionnels a alourdi le fardeau global du service de la dette. En raison de l'augmentation des déficits primaires et du service de la dette, les besoins bruts de financement public restent plus élevés que les moyennes historiques. En outre, le recours à des emprunts non concessionnels a accru la vulnérabilité aux chocs extérieurs. Face à la marge d'action budgétaire limitée que ces pressions créent, une plus grande équité et une plus grande efficacité dans les politiques fiscales et de dépenses seront primordiales, tandis que la conception des politiques visant à mobiliser les ressources nationales doit éviter de faire peser un fardeau excessif sur les pauvres.

Il est possible d'améliorer l'efficacité et l'effet de redistribution des dépenses publiques

Les défis de développement auxquels sont confrontés les pays de la région et les restrictions budgétaires nécessitent un examen rigoureux et réfléchi des priorités en matière de dépenses. Pour de nombreux pays, les dépenses d'investissement public sont très faibles par rapport aux dépenses courantes, ce qui a des conséquences potentielles sur la capacité de l'État à fournir des services clés, à stimuler la croissance future et à conduire à une réduction durable de la pauvreté (voir figure 5.6a). Cet aspect est particulièrement important pour les pays EFC à faible revenu et ceux dont la capacité de redistribution est limitée. En outre, il est possible d'améliorer la composition des dépenses en les réaffectant à des secteurs favorables aux pauvres et en améliorant l'efficacité des dépenses dans ces secteurs. Par exemple, les pays EFC consacrent une part importante de leurs ressources aux dépenses militaires et aux subventions à l'énergie, tout en consacrant beaucoup moins à la santé et à l'aide sociale (voir figure 5.6b). Il est intéressant de noter que, parmi les pays qui ne sont pas des EFC, les pays riches en ressources naturelles dépensent davantage pour l'éducation, la santé et l'aide sociale que les non riches en ressources naturelles, tandis que les pays EFC dépensent davantage pour les subventions à l'énergie. La réaffectation des dépenses publiques aux secteurs essentiels pour les ménages pauvres, tels que l'agriculture, l'eau et l'assainissement, l'éducation, la santé et les systèmes de protection sociale, apporterait un changement important dans la capacité du gouvernement à redistribuer. En outre, les dépenses dans chacun de ces secteurs pourraient être rendues plus efficaces et plus significatives pour ceux qui se trouvent au bas de l'échelle de distribution. Dans cette section, nous mettons en évidence les domaines clés qui requièrent une attention particulière, en nous concentrant sur les interventions qui conduisent à une redistribution fiscale et ont une incidence sur l'inégalité globale des revenus, à savoir les impôts, les transferts sociaux et les subventions. Les dépenses sociales en matière de santé, d'éducation et d'infrastructure ont été examinées précédemment (voir les chapitres 3 et 4).

FIGURE 5.6 Composition des dépenses publiques en Afrique

a. Ratio des dépenses d'investissement public

Part des dépenses courantes (%)

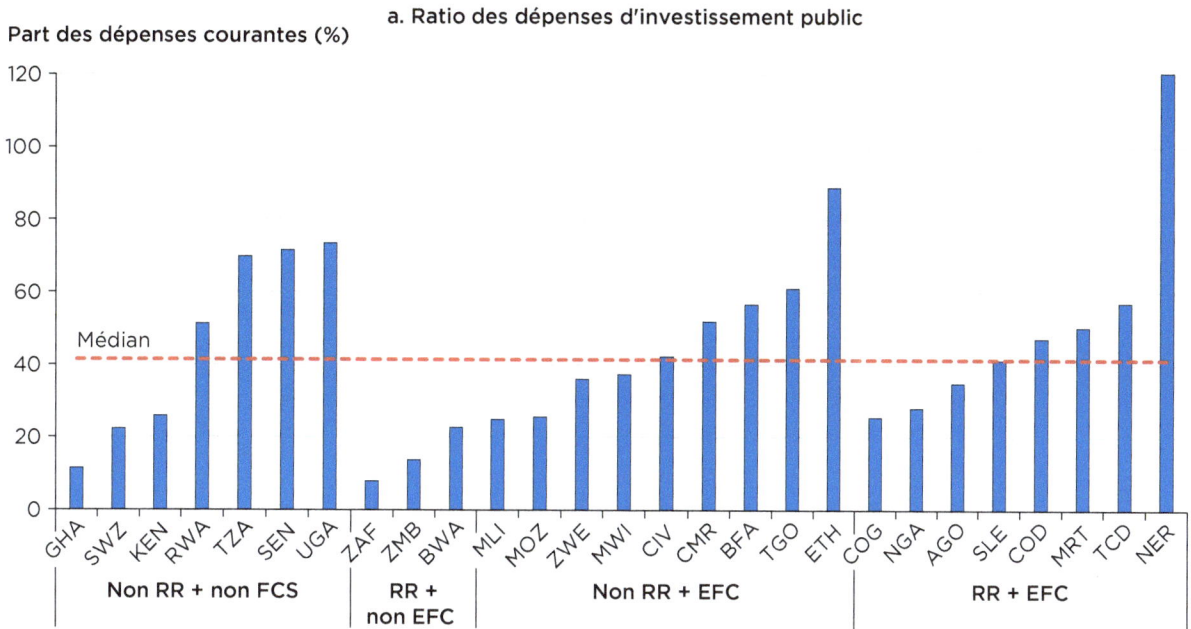

b. Dépenses par secteur, 2021

Part du PIB

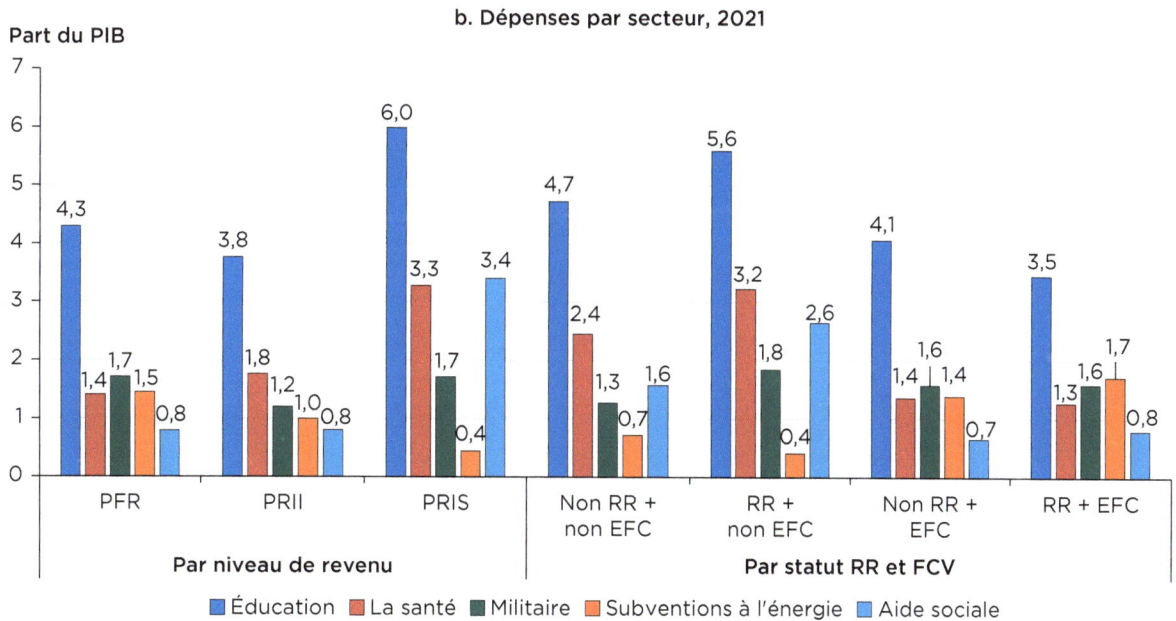

■ Éducation ■ La santé ■ Militaire ■ Subventions à l'énergie ■ Aide sociale

Sources : Éducation et armée, base de données des indicateurs du développement dans le monde (https://databank.worldbank.org/source/world-development-indicators) ; santé, base de données des dépenses mondiales de santé de l'Organisation mondiale de la santé (https://apps.who.int/nha/database/Select/Indicators/en) ; subventions explicites à l'énergie, base de données des subventions aux combustibles fossiles du Fonds monétaire international, janvier 2024 (https://www.imf.org/en/Topics/climate-change/energy-subsidies} ; assistance sociale, base de données des indicateurs de résilience et d'équité de l'Atlas de la protection sociale (https://www.worldbank.org/en/data/datatopics/aspire.

Note : EFC = situations de fragilité et de conflits ; PIB = produit intérieur brut ; PFR = pays à faible revenu ; PRII = pays à revenu intermédiaire de la tranche inférieure ; RR = pays riches en ressources ; PRIS = pays à revenu intermédiaire de la tranche supérieure. Pour les abréviations des pays, voir https://www.iso.org/obp/ui/#search.

Outre l'amélioration de l'efficacité des dépenses, il est possible d'améliorer la gestion des dépenses publiques et la préparation financière à la réponse aux crises. La faiblesse des systèmes de gestion des dépenses publiques donne souvent lieu à des écarts importants entre le processus d'allocation budgétaire et l'exécution réelle des dépenses publiques (voir par exemple Musiega et coll. 2023). Ainsi, même si les fonds sont alloués de manière efficace et redistributive, il n'est pas garanti que les dépenses seront redistributives dans la pratique. La budgétisation à moyen terme, la transparence des marchés publics et la gestion prudente de la dette peuvent créer une marge de manœuvre budgétaire pour les dépenses en faveur des pauvres, conduire à une plus grande confiance dans le gouvernement et permettre une meilleure planification à long terme (Comelli et al. 2023 ; Dorn et coll. 2022). Un aspect essentiel de la bonne gestion des dépenses et de la dette, comme nous le verrons plus loin, est la planification financière de la réponse aux catastrophes, qui permet de s'assurer que les fonds seront disponibles de manière rapide et rentable en cas de crise (Banque mondiale 2022b).

Les subventions sont importantes et profitent principalement aux ménages à hauts revenus

Les gouvernements africains consacrent une part importante de leur budget aux subventions à l'énergie et autres. Les subventions aux prix à la consommation peuvent être mises en œuvre relativement facilement, sans qu'il soit nécessaire de mettre en place des systèmes de fourniture complexes. C'est pourquoi elles sont souvent l'outil de prédilection en cas de choc. C'est particulièrement le cas dans les PFR et les PRII, qui engagent plus de dépenses en subventions qu'en aide sociale (voir figure 5.6). Les subventions à l'énergie sont plus élevées dans les PFR et les pays EFC, et elles sont plus importantes que d'autres types de subventions et concentrées en grande partie sur l'électricité et le carburant (voir figure 5.7). Les subventions agricoles dans la région sont toutefois concentrées en grande partie sur les subventions aux intrants, ce qui diffère de ce que l'on observe dans les pays à revenu élevé, où l'accent est mis sur les transferts découplés qui apportent un soutien aux agriculteurs, mais n'ont pas d'impact sur le commerce ou la production (voir, par exemple, Cahill 1997 ; OCDE 2006). Contrairement aux subventions aux intrants, les transferts découplés ne dépendent pas des choix de production, des niveaux de production ou des conditions du marché. Ils ne subventionnent pas non plus les activités de production, les intrants ou les prix.

Étant donné que les subventions à l'énergie profitent en grande partie aux ménages à revenus élevés, elles se révèlent inefficaces pour réduire la pauvreté et les inégalités. Les subventions à l'électricité et aux carburants bénéficient de manière disproportionnée aux ménages les plus riches, car ces derniers consomment davantage. En fait, moins de 20 % des dépenses consacrées aux subventions à l'énergie

FIGURE 5.7 **Dépenses publiques pour les subventions à l'énergie et aux engrais, (pourcentage du PIB)**

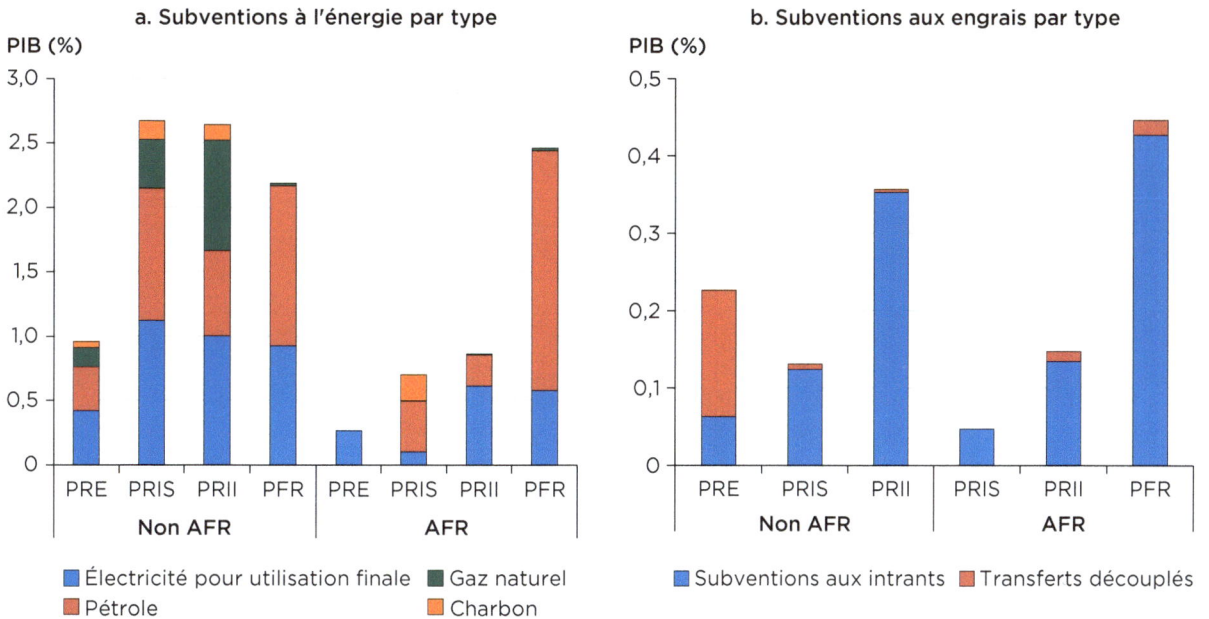

a. Subventions à l'énergie par type

b. Subventions aux engrais par type

Légende a : ■ Électricité pour utilisation finale ■ Gaz naturel ■ Pétrole ■ Charbon

Légende b : ■ Subventions aux intrants ■ Transferts découplés

Sources : Consortium des organisations internationales pour la mesure de l'environnement politique de l'agriculture(http://www.ag-incentives.org/J ; energy subsidies, International Institute for Sustainable Development (https:// www.iisd.org/).

Note : Les subventions agricoles sont calculées sous forme de moyennes pour 2016-18. Les subventions à l'énergie sont calculées sous forme de subventions moyennes pour 2017-19. AFR= Afrique subsaharienne ; PIB= produit intérieur brut ; PRE= pays à revenu élevé ; PFR= pays à faible revenu ; PRII = pays à revenu intermédiaire de la tranche inférieure ; PRIS = pays à revenu intermédiaire de la tranche supérieure.

profitent généralement aux 40 % les plus pauvres de la distribution dans les pays africains (voir figure 5.8b). Les subventions des prix à la consommation sont donc un moyen très inefficace d'augmenter la consommation des ménages les plus pauvres. En outre, les subventions à l'énergie faussent les prix si bien que la surconsommation qui en résulte contribue au réchauffement climatique, intensifie la pollution atmosphérique locale et génère des effets externes découlant du transport. En fait, en tenant compte des coûts sociaux et environnementaux de cette surconsommation, le montant de ces subventions est nettement supérieur au coût budgétaire explicite (Black et coll. 2023). Néanmoins, la suppression des subventions à l'énergie nuirait aux ménages pauvres, car celles-ci représentent une part non négligeable du budget des ménages situés au bas de la distribution (voir figure 5.8a), même si ces ménages en bénéficient moins que les ménages à revenus plus élevés. Par conséquent, les efforts visant à supprimer ces subventions doivent également fournir des compensations aux ménages les plus vulnérables.

FIGURE 5.8 Incidence des subventions à l'énergie

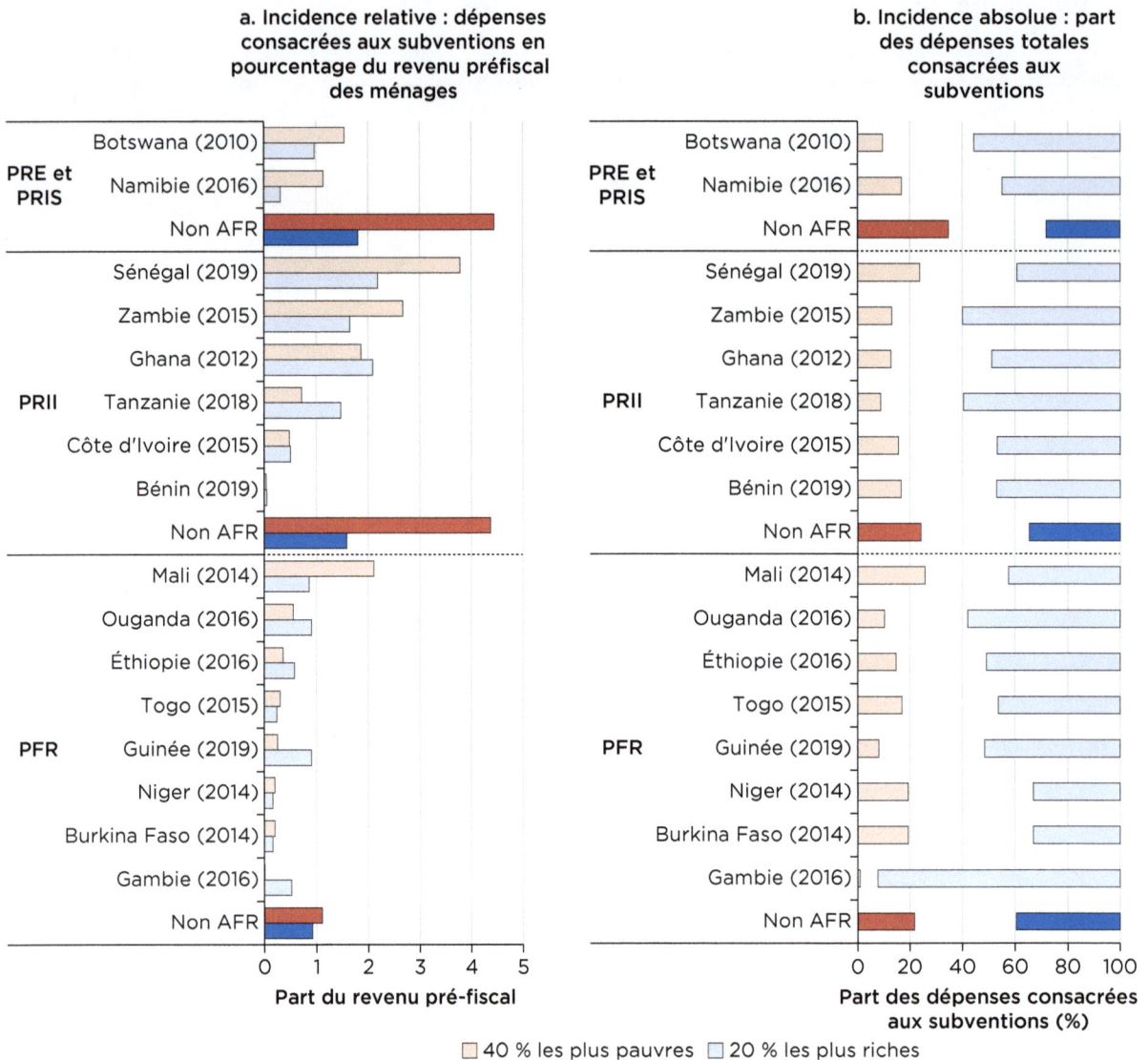

a. Incidence relative : dépenses consacrées aux subventions en pourcentage du revenu préfiscal des ménages

b. Incidence absolue : part des dépenses totales consacrées aux subventions

Part du revenu pré-fiscal

Part des dépenses consacrées aux subventions (%)

☐ 40 % les plus pauvres   ☐ 20 % les plus riches

Sources : Chiffre initial pour cette publication basé sur des études du CEQ menées par la Banque mondiale et l'Institut CEQ, l'université de Tulane.

Note : Les barres foncées indiquent la moyenne des pays hors Afrique pour lesquels des données sont disponibles. L'agrégat des PFR non AFR ne comprend que le Tadjikistan. AFR= Afrique subsaharienne ; CEQ = Commitment to Equity ; PRE et PRIS= pays à revenu élevé et à revenu intermédiaire de la tranche supérieure ; PFR= pays à faible revenu ; PRII= pays à revenu intermédiaire de la tranche inférieure.

Les subventions aux engrais sont également inefficaces parce qu'elles ne conduisent pas nécessairement à un relèvement de la productivité agricole et ne ciblent pas toujours les ménages les plus pauvres. Un nombre croissant d'études ont montré que l'application d'azote est inefficace et non rentable sur le plan économique (Goyal et Nash 2017 ; Jayne et al. 2018). Les taux de réponse des cultures sont très variables et généralement faibles, car les petits exploitants agricoles sont souvent incapables d'utiliser les engrais de manière efficace et rentable en raison de la faible disponibilité de l'eau et de la pauvreté des sols, des distributions chroniquement tardives d'engrais, des mauvaises pratiques de gestion et de l'insuffisance des intrants complémentaires, y compris des services de vulgarisation. La corruption, l'accaparement par les élites et la revente à des fins lucratives des engrais fournis par le gouvernement limitent également l'efficacité de ces subventions (Beegle et Christiaensen 2019). En outre, dans certains pays, les subventions accordées aux ménages des déciles les plus riches ont tendance à être plus importantes que celles accordées aux ménages des tranches les plus pauvres (où le ciblage est régressif en ce qui concerne la richesse des actifs et la taille des propriétés foncières), et les gains dans la production alimentaire globale sont transitoires et beaucoup plus faibles que les coûts (Jayne et al. 2018). Par exemple, en Tanzanie, les ménages situés dans les 60 % supérieurs de la distribution ont reçu environ sept fois plus de subventions agricoles que les 40 % inférieurs de la distribution en 2018 (Banque mondiale 2023b). Alors que l'utilisation d'engrais est plus intensive au bas de la distribution dans les pays d'Afrique de l'Ouest, l'efficacité de leur utilisation est toujours source de préoccupation (Inchauste et coll. à paraître).

Malgré leur inefficacité, les subventions sont plus couramment utilisées que les transferts directs aux ménages par les pays africains que par les pays européens. La suppression des subventions et l'affectation de ces dépenses à des biens et services publics ciblés permettraient d'améliorer l'efficacité, de renforcer l'équité et de limiter l'impact environnemental de la consommation d'engrais et de combustibles fossiles. Toutefois, le problème de la suppression des subventions ne réside pas dans le manque de connaissance des experts sur leurs effets pervers. Dans une certaine mesure, il s'agit de l'un des seuls outils dont disposent les gouvernements pour faire face aux chocs extérieurs (voir encadré 5.2).

ENCADRÉ 5.2

Le recours aux subventions en réponse aux chocs de prix déclenchés ou accélérés par la guerre en Ukraine

Les économies africaines ont mis en œuvre 218 mesures dans 47 économies entre avril 2022 et juin 2023 en réponse aux chocs des prix des denrées alimentaires, des carburants, des engrais et autres, provoqués ou amplifiés par la guerre en Ukraine (Gentilini et al. 2023 ; voir le tableau B5.2.1). Les subventions représentent 36 % des mesures adoptées en Afrique, suivies de près par les mesures d'aide sociale (35 %).

Parmi les 36 économies qui mettent en œuvre des subventions, les subventions aux engrais sont les plus courantes, avec 24 mesures enregistrées dans 18 pays, soit 30,4 % de toutes les mesures de subvention. Les subventions alimentaires sont la deuxième forme d'intervention la plus utilisée, suivies par les subventions aux carburants et aux primes telles que les réductions sur les services publics, les transports, l'éducation et le logement. Les transferts en

(suite)

Le recours aux subventions en réponse aux chocs de prix déclenchés ou accélérés par la guerre en Ukraine *(suite)*

espèces constituent la plupart des mesures d'aide sociale (45 mesures). Les programmes d'aide sociale ont fait l'objet de diverses réformes. Certains programmes n'ont connu que des augmentations verticales, c'est-à-dire que le montant des prestations a augmenté (Maurice), tandis que d'autres se sont étendus horizontalement, augmentant la couverture des bénéficiaires (Cabo Verde, Mauritanie). Dans certains cas, les mesures ont été étendues à la fois horizontalement et verticalement (Ghana).

TABLEAU B5.2.1 **Nombre de mesures et part du total**

Type de mesure	AFR		Monde		Part de l'AFR dans le total mondial (%)
	Nombre de mesures	Part du total (%)	Nombre de mesures	Part du total (%)	
Subventions	79	36	459	33	18
Subventions aux carburants	19	9	84	6	23
Subvention pour les engrais	24	11	58	4	41
Subvention alimentaire	23	11	77	6	30
Subvention de la redevance	13	6	220	17	6
Aide sociale	76	35	409	31	19
Transferts en espèces	45	21	316	24	14
Transferts en nature	19	9	57	4	53
Travaux publics	4	2	8	1	50
Alimentation scolaire	6	3	11	1	55
Pensions non contributives	2	1	17	1	12
Mesures fiscales	44	20	258	19	17
Impôts directs	5	2	69	5	7
Impôts indirects	39	18	189	14	21
Mesures liées au commerce	13	6	75	6	17
Programmes du marché du travail	4	2	77	6	5
Assurance sociale	2	1	75	6	3
Total	218	100	13S3	100	16

Source : Gentilini et al : 2023.
Note : La somme des lignes peut ne pas correspondre au total en raison des arrondis. AFR= Afrique subsaharienne.

Une fois qu'elles sont mises en place, les subventions sont très difficiles à supprimer par crainte d'une réaction négative de l'opinion publique face à une éventuelle augmentation du coût de la vie. Dans certaines situations, les subventions sont perçues comme le droit légitime des citoyens à une part des richesses naturelles du pays, une forme de compensation pour les difficultés rencontrées pendant les crises économiques, ou un moyen de recevoir des avantages tangibles du gouvernement lorsque la confiance envers celui-ci est faible ou que sa capacité à fournir de meilleurs services est insuffisante (Hoy et al. 2023). En outre, en présence de plusieurs parties prenantes, dont certaines ont des intérêts particuliers, leur suppression pose des problèmes complexes d'économie politique (Inchauste et Victor 2017). Pour aborder les aspects politiques de la réforme, les consommateurs doivent d'abord voir ce qu'ils obtiennent en échange de l'augmentation des prix, si l'on veut que le processus soit durable. Lorsque les subventions sont réduites, d'autres avantages tout aussi visibles et souhaités doivent être augmentés en même temps. Une communication vigoureuse sur la nécessité de la libéralisation et de la réforme des prix est importante pour soutenir les augmentations de prix et peut contribuer à renforcer la confiance dans la capacité de la réforme à gérer des intérêts divergents.

L'aide sociale est limitée par le faible niveau des prestations et de la couverture

Les transferts directs sont progressifs, mais n'ont souvent pas d'impact important sur la pauvreté et l'inégalité dans les pays africains. En effet, l'aide sociale est limitée, même lorsqu'elle est bien ciblée, et n'a donc que très peu d'impact sur la pauvreté. Les pays d'Afrique australe à revenu élevé et à revenu intermédiaire de la tranche supérieure constituent des exceptions importantes, car les transferts directs ciblés y représentent une part très importante du revenu des ménages pour les déciles les plus pauvres. En dehors de l'Afrique australe, les transferts directs représentent moins de 3 % des revenus pré-fiscaux au bas de l'échelle.

L'impact limité de l'aide sociale dans la réduction de la pauvreté s'explique à la fois par la couverture limitée et le montant relativement faible des prestations. En dehors des pays d'Afrique australe, la couverture des ménages pauvres par les filets de sécurité sociale est très faible, puisqu'elle concerne moins de 50 % du quintile le plus pauvre de la population dans la plupart des pays (voir figure 5.9). La couverture du quintile le plus pauvre est encore plus réduite dans les pays où les taux de pauvreté sont les plus élevés. En outre, le montant moyen des prestations fournies par les programmes de transferts monétaires (TM) est très faible en Afrique et dans les pays situés en dehors de la sous-région du Sud. Au cours de la période 2011-2019 (les données disponibles les plus récentes), le montant moyen des transferts monétaires dans les pays à faible revenu et les PRII était inférieur à 0,25 dollar par habitant (en termes de PPA de 2011) et inférieur à 2 dollars par jour dans les PRIS (Indicateurs du développement dans le monde). Plus important encore, beaucoup plus de ressources ont été consacrées à l'assurance sociale (par exemple, les pensions pour les employés du gouvernement) par opposition à l'aide sociale (par exemple, les transferts monétaires destinés aux ménages les plus pauvres).

FIGURE 5.9 Couverture des filets de protection sociale du quintile le plus pauvre en Afrique, par taux de pauvreté par habitant

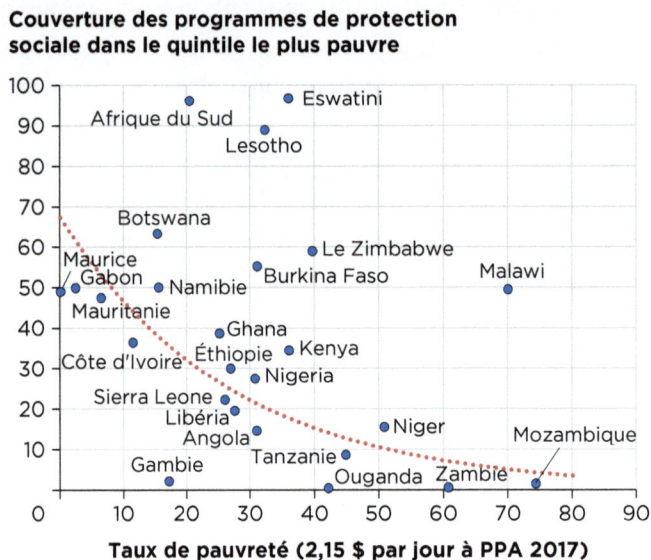

Couverture des programmes de protection sociale dans le quintile le plus pauvre

Taux de pauvreté (2,15 $ par jour à PPA 2017)

Source : Chiffre original pour cette publication basé sur la base de données Atlas of Social Protection Indicators of Resilience and Equity (ASPIRE) (https://www.worldbank.org/en/data/datatopics/aspire), 2011-19.
Note : La ligne pointillée indique la corrélation entre le taux de pauvreté et la couverture des programmes de protection sociale dans le quintile le plus pauvre de chaque pays. PPA = parité de pouvoir d'achat.

Ainsi, la nature de la protection sociale dans les PFR et les PRII en Afrique fait que les ménages les plus pauvres n'en bénéficient pas autant qu'ils le pourraient si l'aide sociale était prioritaire. L'analyse du CEQ en Afrique montre que plus de 40 % des bénéficiaires de l'aide sociale se situent dans les 40 % les plus pauvres de la répartition des revenus dans la plupart des pays africains (voir figure 5.10), ce qui témoigne de l'importance du degré de ciblage de ces programmes.

Compte tenu des taux élevés de pauvreté dans la région, il est difficile d'imaginer que l'aide sociale puisse couvrir tous les ménages pauvres. Cependant, les systèmes de protection sociale adaptative (PSA) peuvent contribuer à renforcer la résilience des ménages pauvres et vulnérables face aux impacts de chocs importants et covariants, tels que les catastrophes naturelles, les crises économiques, les pandémies, les conflits et les déplacements forcés. En fournissant des transferts et des services directement aux ménages touchés par les chocs, les systèmes de PSA peuvent renforcer la capacité des ménages vulnérables à se préparer, à faire face et à s'adapter aux chocs auxquels ils sont confrontés, avant, pendant et après qu'ils se sont produits, évitant ainsi les effets stigmatisants à long terme. À long terme, en renforçant ces trois capacités, les systèmes de PSA peuvent ouvrir la voie à des ménages plus résilients qui, autrement, manqueraient des ressources nécessaires pour sortir de situations de vulnérabilité chronique (voir l'encadré 5.3).

FIGURE 5.10 **Incidence des prestations par catégorie de revenu et par région**

Incidence absolue (part des dépenses totales de transfert direct)

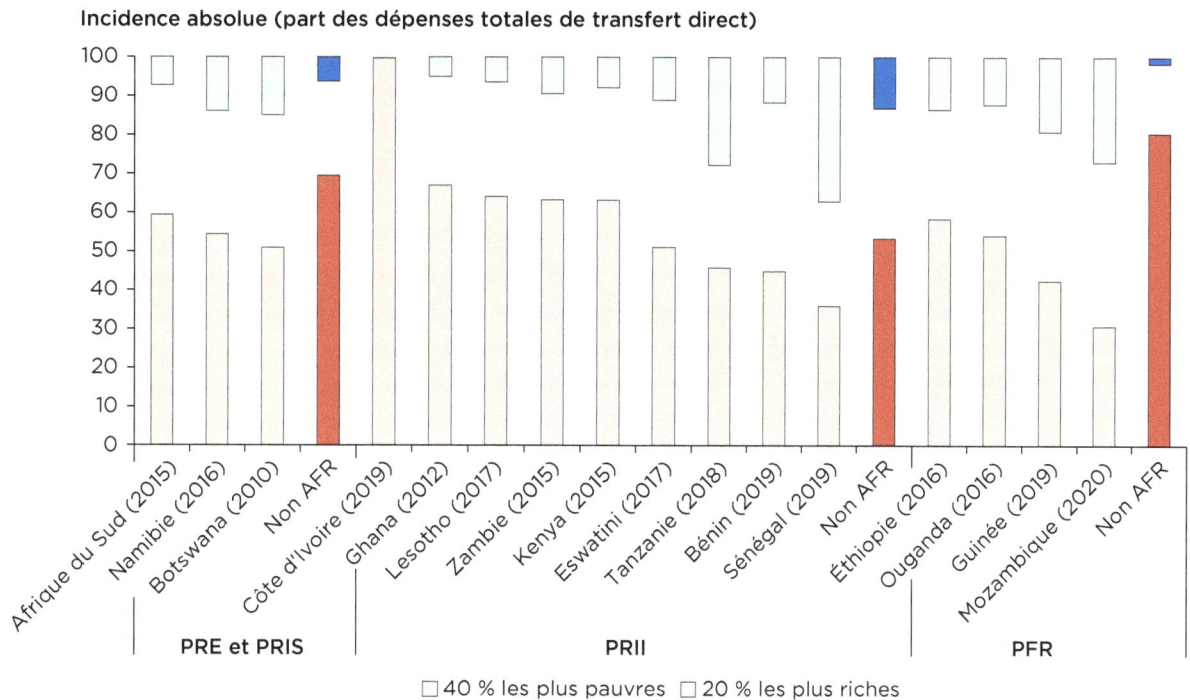

□ 40 % les plus pauvres □ 20 % les plus riches

Source : Chiffre initial pour cette publication basé sur des études du CEQ menées par la Banque mondiale et l'Institut CEQ, l'université de Tulane.

Note : AFR= Afrique subsaharienne ; pays à revenu élevé et à revenu intermédiaire de la tranche supérieure ; PRII = pays à revenu intermédiaire de la tranche inférieure ; PFR= pays à faible revenu. Les barres plus foncées indiquent la moyenne des pays hors Afrique pour lesquels des données sont disponibles.

ENCADRÉ 5.3

Protection sociale adaptative

Le faible recouvrement de recettes et les taux de pauvreté élevés constituent un contexte contraignant pour l'augmentation de la couverture et des avantages des systèmes de protection sociale actuels. Pour optimiser les acquis sociaux, les systèmes devraient évoluer d'une conception statique à une conception adaptative. Un système statique fournit des transferts directs fixes à un nombre défini de ménages identifiés comme pauvres sur la base d'un ensemble de caractéristiques observables. Cette approche peut s'avérer coûteuse dans les pays africains où la population pauvre est importante. Elle peut également négliger les ménages non pauvres menacés par la pauvreté ou continuer à soutenir des ménages bien après qu'ils ont surmonté la pauvreté. En revanche, les systèmes adaptatifs ajustent le montant des transferts monétaires, la couverture et le ciblage en fonction de l'évolution des circonstances, telles que les récessions ou les catastrophes naturelles, reconnaissant ainsi la pauvreté comme une réalité dynamique plutôt qu'une caractéristique fixe des ménages.

(suite)

Protection sociale adaptative *(suite)*

La mise en œuvre d'un système de protection sociale adaptative (PSA) nécessite de transformer les modes de financement de la protection sociale, les objectifs fondamentaux de ses programmes, ainsi que les destinataires et les modalités de versement des fonds. Bowen et al. (2020) et Leite et coll. (2017) soulignent cinq étapes initiales pour la mise en œuvre d'un système de PSA, avec des exemples de la région :

- *Mettre en place des systèmes d'alerte précoce.* Garantir une réponse rapide aux ménages à la suite d'un choc atténue l'impact du choc sur le bien-être des ménages (Hill, Skoufias et Maher 2019). Ces systèmes précoces sont généralement déclenchés par des données en temps réel. En Ouganda, les données satellitaires sont utilisées comme indice pour déclencher des réponses plus précoces à la sécheresse par le biais du programme « argent contre travail » du Fonds d'action sociale du nord de l'Ouganda. De même, le programme de filets sociaux productifs ruraux de l'Éthiopie utilise des données climatiques pour définir le calendrier et la couverture de ses prestations.
- *Développer les registres sociaux.* En plus des ménages pauvres, les registres sociaux devraient collecter des informations sur les ménages susceptibles de devenir pauvres en raison de chocs. Leite et coll. (2017) constatent que la couverture des registres sociaux en Afrique est d'environ 30 % (par exemple, dans le Registre national unique au Sénégal, le Registre social de Maurice et le Registre de protection sociale pour le ciblage national intégré en Sierra Leone), ce qui est inférieur à la couverture de 80 % observée au Pakistan et en République dominicaine.
- *Inclure le risque de pauvreté dans le ciblage.* Les programmes sociaux devraient aller au-delà du ciblage des ménages structurellement pauvres et inclure ceux qui, bien que n'étant pas pauvres aujourd'hui, risquent de basculer dans la pauvreté en raison d'un choc. Par exemple, le Niger protège ces ménages en utilisant des données météorologiques et des données sur les risques (précipitations, végétation, sécheresses et chocs de prix) pour concevoir l'allocation géographique de son principal programme de filets sociaux.
- *Concevoir des programmes visant à renforcer la résilience.* Les programmes devraient améliorer la façon dont les ménages se préparent, font face et s'adaptent au changement climatique. Les politiques qui augmentent l'épargne des ménages, subventionnent les assurances indicielles basées sur le climat et facilitent l'accès au crédit aideront les ménages à se préparer aux chocs climatiques. De même, les politiques qui fournissent une assistance technique pour réduire les risques des ménages et leur permettre de réaliser des investissements d'adaptation (par exemple, l'irrigation, les semences résistantes aux intempéries ou l'air conditionné) contribueront à développer la résilience des ménages.
- *Concevoir des mécanismes de versement.* Les filets sociaux existants ne couvrant pas toutes les populations, les gouvernements ont jugé utile d'utiliser des transferts électroniques vers des comptes bancaires ou des paiements par téléphone mobile pour atteindre rapidement les ménages touchés. Par exemple, le Kenya a élargi l'accès aux comptes bancaires dans les comtés les plus pauvres du pays dans le cadre de la mise en œuvre de son programme « Insignia » d'aide financière d'urgence et le Programme de protection contre la faim.

En outre, il a été démontré que les programmes de transferts monétaires ont des effets positifs sur le développement qui vont au-delà des effets directs sur la consommation, grâce à la diversification des revenus et à des effets positifs sur l'éducation et la santé. Lorsqu'elle est accompagnée d'investissements appropriés dans la prestation de services, la protection sociale aide à renforcer le capital humain, contribuant ainsi à améliorer les résultats en matière de santé et d'éducation (voir Baird et coll. 2014 ; Bastagli, Hagen-Zanker, et Sturge 2016 ; De Walque et coll. 2017 ; Molina Millán et coll. 2019). En outre, des systèmes de protection sociale bien conçus et mis en œuvre peuvent faciliter la création d'actifs productifs, stimuler les économies locales et contribuer à l'amélioration de la productivité, au fonctionnement du marché du travail et à la croissance macroéconomique (Alderman et Yemstov 2014 ; Egger et coll. 2019 ; Thome et coll. 2016).

Par exemple, des recherches menées au Mali ont montré qu'un an et demi après la fin du programme de filets sociaux, les participants étaient 57 % plus susceptibles d'épargner et 46 % plus susceptibles d'investir dans des actifs productifs que les non-participants (Paul, Dutta et Chaudhary 2021). Au Niger, un an et demi après avoir bénéficié d'un programme d'inclusion productive, les revenus des femmes ont augmenté 59 à 100 %, et la part provenant d'activités non agricoles a augmenté de 62 à 107 %. Les impacts sur l'éducation et la santé ont été observés au Burkina Faso, où près d'un an après la fin du programme de filets sociaux, les enfants participants affichaient un taux de scolarisation supérieur de 14,3 % à celui des non-participants, tandis que les enfants de moins de cinq ans avaient un meilleur ratio de tour de bras (une mesure de la nutrition). De même, au Mali, les filets sociaux ont augmenté de 56 % les chances qu'une adolescente inscrite à l'école passe en classe supérieure (Paul, Dutta et Chaudhary 2021). En outre, les programmes de filets sociaux peuvent compléter l'argent liquide par des intrants et des services supplémentaires ou par des liens avec d'autres secteurs. Par exemple, un programme multidimensionnel au Niger a offert aux femmes une formation en gestion d'entreprise, un accompagnement et des activités psychosociales en plus de l'argent liquide, ce qui a entraîné une augmentation de la consommation, de l'épargne et une amélioration de la santé mentale des femmes[5]. Ainsi, les programmes d'inclusion économique sont considérés comme un complément essentiel aux efforts existants de lutte contre la pauvreté. Comme pour toute intervention politique, il est important de concevoir ces programmes avec soin afin de minimiser les erreurs de ciblage et d'éviter les réactions comportementales involontaires, mais en général, l'impact positif de ces programmes n'est plus à démontrer[6].

Les programmes d'alimentation scolaire peuvent également servir de filet social. Des études systématiques récentes ont montré que les programmes d'alimentation scolaire améliorent la nutrition de leurs bénéficiaires, entraînent des augmentations importantes de la taille et du poids des enfants, favorisent les inscriptions et conduisent à une augmentation significative de la fréquentation scolaire (Wang et al. 2021 ; Programme alimentaire mondial 2021). En outre, des données provenant de l'Ouganda et du

Burkina Faso montrent des retombées positives pour les membres des ménages, notamment une amélioration des résultats nutritionnels chez les jeunes enfants (âgés de moins de cinq ans) et les femmes adultes dans les communautés où des repas cuisinés à l'école ou des rations à emporter ont été fournis aux écoliers (Adelman et coll., 2019 ; Kazianga, de Walque et Alderman 2014). Avec des apports complémentaires, il est également prouvé que ces interventions peuvent améliorer les apprentissages. Par exemple, une évaluation du programme d'alimentation scolaire en Inde a révélé qu'une exposition prolongée à la nutrition scolaire avait conduit à une amélioration des résultats aux tests de mathématiques et de lecture, avec des effets plus prononcés lorsqu'ils étaient complétés par des intrants scolaires, tels que des supports pédagogiques et la présence régulière des enseignants (Chakraborty et Jayaraman 2019). Les repas nutritifs réduisent en effet l'anémie et le retard de croissance tout en renforçant l'immunité, en particulier pour les filles et les enfants vulnérables. (Aurino et al. 2019 ; Gelli et coll. 2019).

Remplacer les subventions à l'énergie et réorienter les économies budgétaires vers des programmes mieux ciblés réduiraient la pauvreté et les inégalités

Les micro-simulations financières sont souvent utilisées pour évaluer l'impact potentiel des politiques de réforme alternatives en utilisant des données d'enquête auprès des ménages et une modélisation détaillée des politiques fiscales et de dépenses. Pour estimer l'effet redistributif de la suppression des subventions à l'énergie (par exemple, l'électricité et les combustibles fossiles), des modèles de micro-simulation financière développés pour sept pays africains par la Banque mondiale sont utilisés. Au cours de la période étudiée, les subventions à l'énergie représentaient 1,8 % du PIB en Angola, l'un des plus grands producteurs de pétrole d'Afrique, alors que dans les autres pays, elles variaient entre 0,02 % (Kenya) et 1,1 % (Sénégal). Dans chaque cas, les systèmes d'électricité, de carburant et d'aide sociale sont modélisés de manière détaillée, et l'impact direct des subventions ainsi que les effets indirects résultant des liens intrants-extrants sont calculés[7]. Pour indemniser les populations de la suppression des subventions, la moitié des économies budgétaires obtenues par la suppression des subventions est utilisée pour financer quatre mesures de compensation alternative[8]. La figure 5.11 illustre l'évolution de la pauvreté (panneau a) et de l'inégalité (panneau b) pour le revenu consommable à travers cinq scénarios de simulation différents : une suppression des subventions, (1) sans mesure de compensation, (2) avec un transfert hypothétique de revenu universel de base (RBU), (3) avec des transferts monétaires destinés aux élèves du primaire et du secondaire inscrits dans les écoles publiques, (4) avec une augmentation de la couverture du programme principal de transferts monétaires, et (5) avec une augmentation du niveau de prestations et de la couverture du programme principal de transferts monétaires, comme détaillé dans l'annexe 5.2. Les résultats de ces simulations montrent les effets sur la pauvreté et l'inégalité, et donnent des indications sur la capacité des systèmes d'aide sociale existants à atténuer l'impact de la réforme.

FIGURE 5.11 **Effets de la suppression des subventions à l'énergie sur la pauvreté et les inégalités, par mesure de compensation**

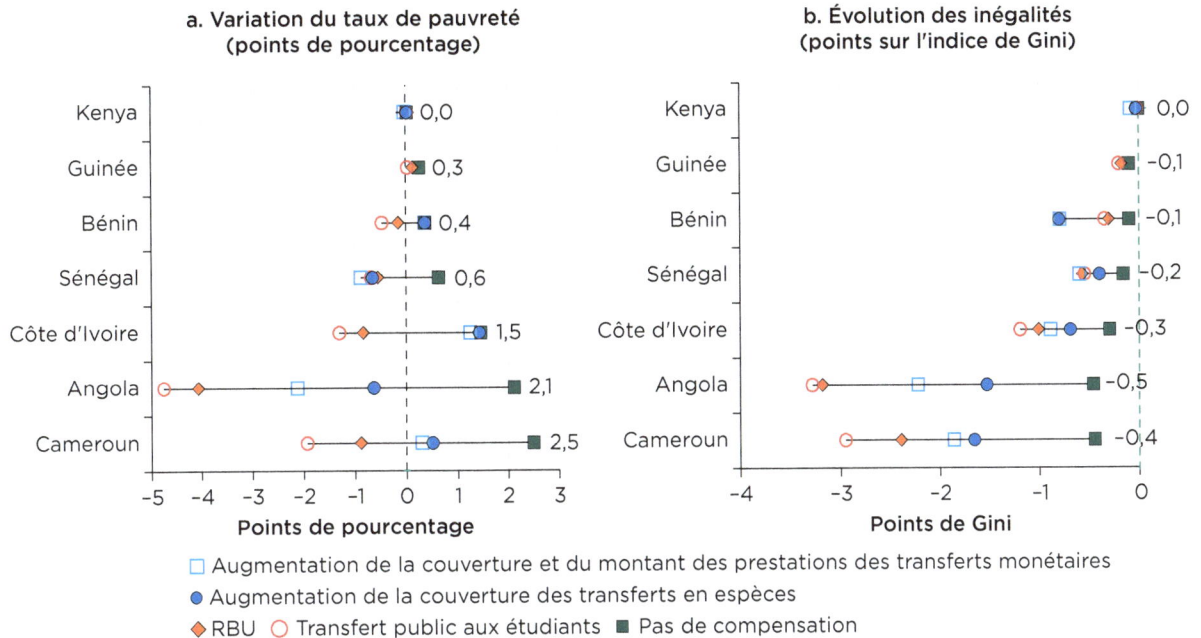

a. Variation du taux de pauvreté
(points de pourcentage)

b. Évolution des inégalités
(points sur l'indice de Gini)

☐ Augmentation de la couverture et du montant des prestations des transferts monétaires
● Augmentation de la couverture des transferts en espèces
◆ RBU ○ Transfert public aux étudiants ■ Pas de compensation

Source : Chiffre initial pour cette publication, utilisant des estimations basées sur des modèles de micro-simulation financière pour chaque pays.

Note : La ligne en pointillé indique 0. La figure montre l'évolution de la pauvreté (panneau a) et de l'inégalité (panneau b) résultant d'un changement du revenu consommable dans le cadre de cinq simulations différentes. Dans le panneau a, le seuil de pauvreté est défini comme étant de 3,65 $/jour à la parité de pouvoir d'achat de 2017. RBU= revenu de base universel. Plus de détails sont fournis dans l'annexe 5.B.

La suppression des subventions à l'énergie devrait réduire les inégalités et entraîner une augmentation modérée de la pauvreté. Compte tenu du caractère régressif des subventions à l'énergie, leur suppression réduira légèrement les inégalités dans tous les pays, à l'exception du Kenya, où les inégalités ne changeront pratiquement pas. Les réductions d'inégalité les plus importantes se produiraient en Angola et au Cameroun, où l'inégalité devrait diminuer de près d'un demi-point de Gini en raison de la suppression des subventions à l'énergie. Cela reflète l'importance relative des subventions aux combustibles dans ces pays (voir figure 5.11). La pauvreté devrait augmenter légèrement dans tous les pays, à l'exception de l'Angola, du Cameroun et de la Côte d'Ivoire, où l'augmentation prévue de la pauvreté devrait être supérieure à 1,5 point de pourcentage. Cela montre que même si la plupart des avantages des subventions à l'énergie profitent aux ménages à hauts revenus, les ménages pauvres seront néanmoins affectés lorsque les subventions seront supprimées. L'augmentation relativement modeste de la pauvreté dans ces pays concorde avec le fait que les ménages moins aisés ont de faibles niveaux de consommation directe d'énergie en raison, par exemple, de l'absence de connexion au réseau électrique et de niveaux relativement faibles de propriété d'actifs qui dépendent de l'énergie (par exemple, les voitures et les ordinateurs, entre autres). En outre, une partie de l'effet d'appauvrissement devrait être due aux effets indirects de la suppression des subventions sur les prix d'autres biens dans ces pays[9].

La réorientation de la moitié des économies budgétaires vers des mesures de compensation augmenterait la capacité globale du système de finances publiques à réduire la pauvreté et les inégalités. Si la moitié des économies réalisées grâce à la suppression des subventions était consacrée à des mesures de compensation, la réduction de la pauvreté et des inégalités serait supérieure aux résultats obtenus avec les subventions à l'énergie dans tous les pays analysés, les réductions les plus importantes étant en Angola, au Cameroun, en Côte d'Ivoire et au Sénégal en raison du budget plus important consacré aux subventions dans ces pays. L'utilisation d'un programme des revenus de base universel (RBU) ou de transferts monétaires pour les élèves du secteur public permettrait dans certains cas d'obtenir de meilleurs résultats que les politiques de compensation reposant sur des transferts monétaires plus ciblés. Ces résultats ne doivent pas être interprétés comme la preuve d'une faiblesse des programmes de transferts monétaires, mais comme une faiblesse du niveau des prestations de ces programmes. Par exemple, le niveau actuel des avantages des programmes de transferts monétaires en Angola et au Cameroun est si faible que leur extension à l'ensemble de la population (cercle bleu dans la figure 5.11) n'épuisera pas le budget alloué aux mesures de compensation. Ce résultat ne change pas même si les prestations des transferts monétaires augmentent de 50 % (carrés bleus dans la figure 5.11). En d'autres termes, les politiques de compensation utilisant les programmes de transferts monétaires se traduisent par des réductions plus faibles de la pauvreté qu'un RBU parce que les faibles prestations des programmes de transferts monétaires limitent le montant des économies budgétaires qui peuvent être mobilisées par le biais de cet instrument politique.[10] Cela souligne le fait que les systèmes de protection sociale dans la région sont encore loin d'être adéquats pour protéger les ménages pauvres, et pour les faire fonctionner, il est essentiel d'augmenter la taille de leurs prestations et de leur donner la flexibilité de fonctionner comme des véhicules pour indemniser les ménages pour les pertes de bien-être prévues qui auront lieu pendant la transition énergétique.

Amélioration de la gestion des dépenses publiques

Au-delà des changements dans les politiques de dépenses, les améliorations dans la gestion des dépenses publiques et de la dette peuvent nettement améliorer l'effet redistributif des dépenses. La performance de la gestion des finances publiques comprend la fiabilité du budget, la transparence des finances publiques, la gestion saine des actifs et des passifs, la mesure dans laquelle la stratégie budgétaire et la budgétisation sont élaborées conformément aux objectifs politiques stratégiques, la prévisibilité et le contrôle de l'exécution du budget, la force de la responsabilité et des rapports, ainsi que l'audit et le contrôle externes (PEFA 2022). Dans chacun de ces domaines, l'Afrique est à la traîne par rapport à d'autres régions (voir figure 5.12), ce qui indique d'éventuels écarts entre les priorités politiques, y compris celles visant à améliorer les effets redistributifs, et l'exécution réelle des dépenses. De même, l'amélioration de la gestion de la dette publique peut générer des économies budgétaires grâce à la réduction du service de la dette, ressources qui peuvent alors être utilisées pour des objectifs de développement. Cet aspect est de plus en plus important compte tenu des niveaux élevés de la dette et du service de la dette en Afrique (voir perspective 4 sur la dette). L'amélioration de la transparence peut favoriser la baisse des coûts d'emprunt, comme l'ont douloureusement démontré des épisodes de dette cachée au Mozambique et en Zambie (Rivetti 2021)[11]. Toutefois, une transparence accrue ou une amélioration des règles de gestion des dépenses publiques ne suffiront pas à modifier les résultats si les asymétries de pouvoir sous-jacentes ne sont pas prises en compte (Gootjes et de Haan 2022 ; Banque mondiale 2017). Par exemple, les asymétries d'information sont rarement un hasard de l'histoire. Au contraire, l'absence de divulgation d'informations résulte souvent d'acteurs puissants qui retiennent délibérément l'information ou résistent aux tentatives de la rendre accessible. (Khagram, Fung, et de Renzio 2013). Dans ce contexte, trois conditions essentielles sont nécessaires pour des initiatives d'information efficaces : la transparence, la publicité et la responsabilité (Naurin 2006). Rendre l'information disponible, accessible et exploitable implique intrinsèquement de s'attaquer aux structures de pouvoir existantes qui exacerbent les inégalités structurelles. (FMI 2023).

FIGURE 5.12 Indicateurs de gestion des finances publiques, 2022

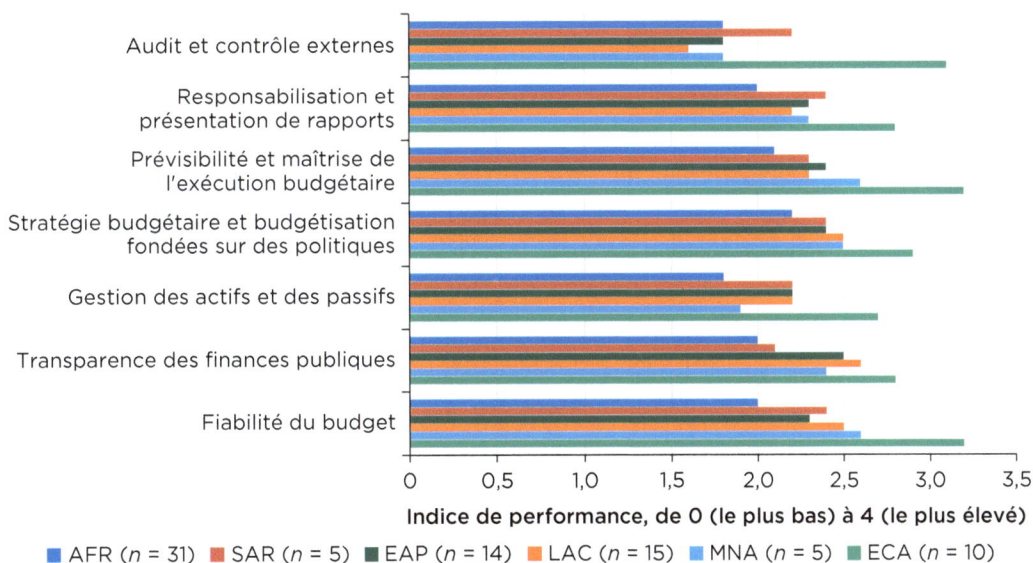

Indice de performance, de 0 (le plus bas) à 4 (le plus élevé)

■ AFR (*n* = 31)   ■ SAR (*n* = 5)   ■ EAP (*n* = 14)   ■ LAC (*n* = 15)   ■ MNA (*n* = 5)   ■ ECA (*n* = 10)

Source : Programme de dépenses publiques et de responsabilité financière.
Note : AFR= Afrique subsaharienne ; EAP = Asie de l'Est et Pacifique ; ECA= Europe et Asie centrale ; LAC= Amérique latine et Caraïbes ; MNA= Moyen-Orient et Afrique du Nord ; SAR= Asie du Sud.

L'élaboration d'une stratégie de gestion des risques de catastrophe est une étape essentielle pour garantir une réponse opportune susceptible de protéger les personnes pauvres. Comme indiqué dans la perspective 1 sur le climat, des preuves substantielles montrent que recevoir une réponse opportune à l'apparition d'une crise peut contribuer de manière considérable à un rétablissement rapide ou à des séquelles à long terme pour les individus pauvres et vulnérables (Crossley et coll. 2021 ; Hill et al. 2019). Divers instruments de financement des risques peuvent être conçus pour protéger les budgets publics après des chocs, en ciblant des personnes ou des secteurs spécifiques, y compris les ménages les plus vulnérables (Banque mondiale 2022b). La disponibilité de prêts et de subventions multilatéraux permet de soutenir la planification financière par anticipation, notamment par le biais du Mécanisme mondial de financement des risques de la Banque mondiale, du financement des interventions précoces de l'Association internationale de développement et du Fonds central d'intervention pour les urgences humanitaires des Nations unies. En outre, dans la mesure où les gouvernements continueront probablement à s'appuyer sur un financement a posteriori en cas de catastrophe majeure, une gestion budgétaire saine constitue une condition préalable pour garantir un faible coût d'emprunt en cas de catastrophe.

Il est possible d'augmenter les recettes tout en protégeant les pauvres

Les stratégies de mobilisation des ressources nationales ont un rôle essentiel à jouer dans la collecte des recettes nécessaires pour permettre aux gouvernements de mettre en œuvre des politiques visant à réduire l'inégalité des chances. Les chapitres précédents ont montré la nécessité d'investir davantage dans le renforcement et l'utilisation des capacités de production pour réduire les inégalités. La nécessité d'augmenter les recettes publiques à mesure que les niveaux d'endettement augmentent est un élément essentiel de cet effort. De plus, étant donné la capacité budgétaire limitée de redistribution et le fait que l'impact net des politiques budgétaires augmente la pauvreté dans la plupart des pays africains, la conception des politiques visant à mobiliser les recettes nationales devra être particulièrement sensible à la population pauvre. Cette section examine plusieurs moyens par lesquels les gouvernements peuvent augmenter les recettes sans accroître la pauvreté et l'inégalité dans la région. Une partie importante de cette discussion consiste à souligner que les impacts sur le plan juridique et dans les faits des efforts de mobilisation des revenus diffèrent souvent en raison de la faiblesse des niveaux de conformité.

Aperçu des sources de recettes publiques

Les recettes publiques ont tendance à représenter une part plus importante du PIB dans les pays africains les plus riches. En moyenne, les PFR d'Afrique perçoivent moins de 15 % de leur PIB en recettes, les PRII un peu plus de 20 % et les PRIS près de 30 %. Ce schéma est cohérent avec les tendances observées ailleurs dans le monde, car les niveaux élevés d'informalité et les faibles niveaux de conformité, qui sont en partie dus à la structure des économies à faible revenu, font qu'il est difficile de lever davantage d'impôts (Jensen 2022). En moyenne, les pays riches en ressources naturelles hors EFC collectent près de 30 % du PIB en recettes, tandis que dans les pays riches en ressources naturelles hors EFC et dans les pays riches en ressources naturelles EFC, 20 % du PIB sont perçus sous forme de recettes (à l'exclusion des subventions). En revanche, un peu plus de 10 % du PIB est perçu sous forme de recettes (à l'exclusion des subventions) dans les pays EFC non riches en ressources.

Les taxes à la consommation sont la principale source de revenus dans les pays pauvres, tandis que les pays riches perçoivent généralement une part plus importante de leurs revenus par le biais de l'impôt sur le revenu. En moyenne, les taxes à la consommation, principalement les taxes sur la valeur ajoutée (TVA), sont la principale source de revenus dans les PFR et la deuxième source de revenus dans les PRII en Afrique (cf. figure 5.13). En revanche, l'impôt sur le revenu est la principale source de recettes dans les pays PRIS. Les recettes provenant des ressources varient selon que les pays regorgent ou non de gisements de ressources. Les recettes provenant des ressources naturelles représentent environ la moitié des recettes dans les pays EFC riches en ressources. Les impôts qui s'appliquent directement à la richesse, tels que les impôts fonciers, ont tendance à être moins importants en Afrique que dans d'autres régions (UNU-WIDER 2023). Sans surprise, les subventions représentent une part plus importante des recettes dans les pays les plus pauvres et dans les pays en développement.

Les dépenses fiscales par le biais d'exonérations, d'abattements, de déductions et de taux réduits sont considérables en Afrique. Les informations sur les dépenses fiscales sont fragmentaires, en partie parce que peu de pays africains les déclarent de manière transparente dans le cadre de leur budget national. Cependant, les efforts récents visant à mettre en place une base de données mondiale sur les dépenses fiscales (https://gted. taxexpenditures.org/), basée sur les données déclarées par les gouvernements, démontrent le potentiel de mobilisation de revenus supplémentaires dans la région. En 2021, les dépenses fiscales représentaient en moyenne 2,4 % du PIB et 15,6 % des recettes, d'après les données de 22 pays africains. Environ trois quarts de ces dépenses fiscales sont des recettes non perçues au titre des taxes sur les biens et services, et près de la moitié des dépenses fiscales sont des recettes non perçues au titre de la TVA, principalement sous forme d'exonérations (par opposition aux déductions). En outre, 12 % des dépenses fiscales sont basées sur des recettes non perçues provenant de l'impôt sur le revenu, dont les trois quarts sont des dépenses liées à l'impôt sur le revenu des sociétés, principalement sous la forme de déductions (par opposition à des exonérations). Ces tendances tendent à persister dans la plupart des pays pour lesquels il existe des données. Compte tenu de l'ampleur de ces dépenses fiscales, il est important d'évaluer leur justification politique, de déterminer si ces instruments atteignent bien les destinataires visés et de comprendre pourquoi un instrument fiscal est privilégié par rapport à un instrument de dépenses plus transparent. Par exemple, si la justification politique de l'exonération de certains biens de la TVA est de protéger les populations pauvres et vulnérables, il est important d'évaluer si l'instrument fiscal atteint les bénéficiaires ciblés et s'il existe de meilleures alternatives pour atteindre le même objectif.

FIGURE 5.13 **Types de revenus en pourcentage du PIB en Afrique**

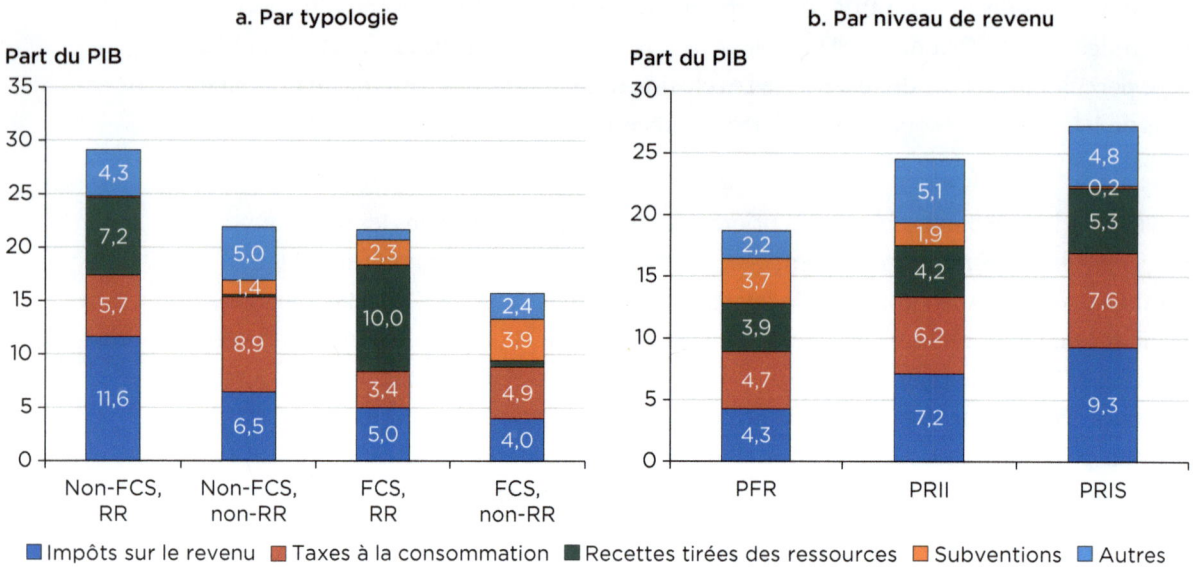

a. Par typologie

Part du PIB

b. Par niveau de revenu

Part du PIB

■ Impôts sur le revenu ■ Taxes à la consommation ■ Recettes tirées des ressources ■ Subventions ■ Autres

Source : UNU-WIDER 2023.
Note : EFC = situations de fragilité et de conflits ; PIB = produit intérieur brut ; PFR = pays à faible revenu ; PRII = pays à revenu intermédiaire de la tranche inférieure ; RR = pays riches en ressources ; PRIS = pays à revenu intermédiaire de la tranche supérieure.

Impôts sur la consommation

Les taux de TVA en Afrique sont légèrement plus élevés en moyenne que dans la plupart des régions du monde et ne varient généralement pas de manière significative d'un bien ou d'un service à l'autre (Okunogbe et Santoro 2023). Les évaluations standard du CEQ dans 18 pays africains montrent qu'en moyenne, les impôts indirects (principalement la TVA) sont en grande partie neutres, car ils représentent une part relativement constante de la consommation des ménages dans l'ensemble de la redistribution (voir figure 5.14). Cependant, dans les pays non EFC, les ménages ont tendance à payer une part plus élevée de la consommation des ménages que les ménages plus riches. Par conséquent, ces types d'impôts augmentent à la fois la pauvreté et les inégalités dans ces contextes. La TVA est plus régressive que de nombreux types de droits d'accises, tels que ceux prélevés sur les produits de luxe. Toutefois, le montant total des recettes perçues au titre de la TVA dépasse de loin celui provenant des droits d'accise dans tous les pays africains pour lesquels des données comparables sont disponibles (UNU-WIDER 2023).

Des travaux récents suggèrent que les taxes à la consommation sont progressives, une fois que sont pris en compte les niveaux élevés d'informalité dans les pays à revenu faible et intermédiaire. Bachas et coll. (2023b) montrent que les ménages les plus pauvres sont beaucoup plus susceptibles d'acheter des biens auprès de vendeurs informels, et que leur consommation est par conséquent moins susceptible d'être

FIGURE 5.14 **Incidence des impôts indirects en pourcentage de la consommation des ménages**

a. Par typologie

Part de la consommation des ménages (%)

b. Par niveau de revenu

Part de la consommation des ménages (%)

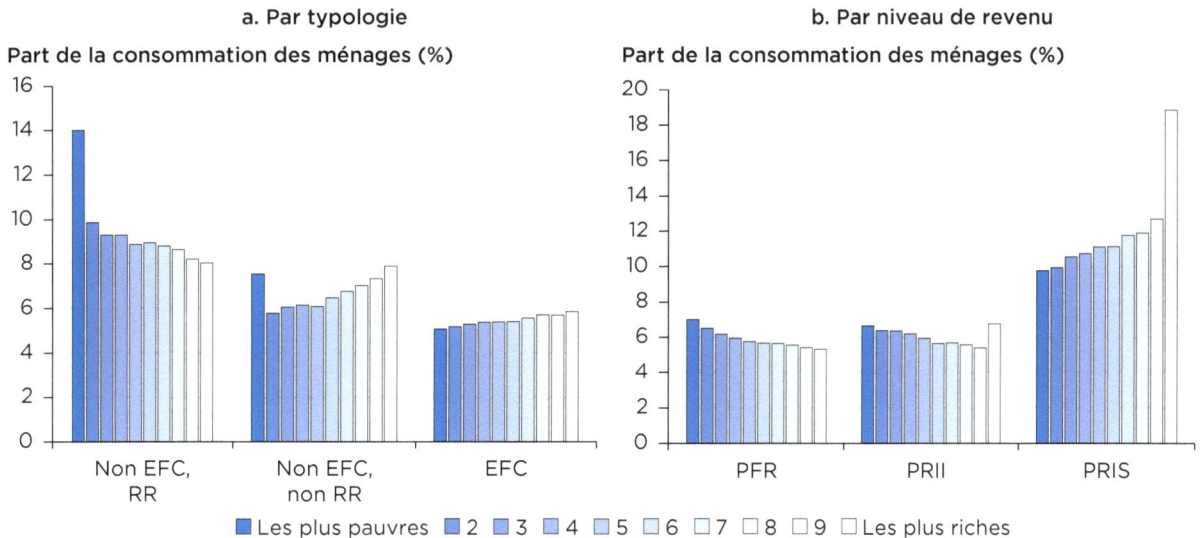

■ Les plus pauvres ■ 2 ■ 3 ■ 4 □ 5 □ 6 □ 7 □ 8 □ 9 □ Les plus riches

Source : Figure originale de cette publication basée sur des études CEQ menées par la Banque mondiale et l'Institut CEQ de l'Université de Tulane.

Note : Les chiffres ne comprennent pas l'Afrique du Sud. EFC = situations de fragilité et de conflits ; PIB = produit intérieur brut ; PFR = pays à faible revenu ; PRII = pays à revenu intermédiaire de la tranche inférieure ; RR = pays riches en ressources ; PRIS = pays à revenu intermédiaire de la tranche supérieure.

soumise à la TVA dans un échantillon de 31 pays (dont 16 en Afrique). En outre, Warwick et coll. (2022) montrent que les exonérations de TVA profitent en grande partie aux ménages à revenu élevé, même en tenant compte des effets en cascade, simplement parce que les ménages plus riches consomment plus que les ménages à faible revenu. Ces faits stylisés ont deux implications importantes. Premièrement, les exonérations de TVA et d'autres taxes à la consommation fondées sur des arguments de pauvreté ou d'équité semblent moins raisonnables parce que les ménages les plus pauvres n'en sont généralement pas les principaux bénéficiaires. Deuxièmement, puisque ces ménages achètent souvent des biens dans des commerces informels, les efforts visant à augmenter le nombre de petites entreprises officiellement enregistrées auront des conséquences en termes de redistribution, tout en augmentant potentiellement la régressivité des impôts sur la consommation.

La suppression des exonérations de TVA et l'utilisation d'une partie de la TVA additionnelle pour mieux cibler les programmes réduiraient la pauvreté et les inégalités

Le remplacement des dépenses régressives de TVA par des transferts directs pourrait permettre à certains pays de réduire les inégalités post-fiscales[12]. La figure 5.15a s'appuie sur des modèles de microsimulation fiscale développés par la Banque mondiale pour estimer l'effet redistributif de la suppression des dépenses de TVA dans sept pays de la région. Les simulations appliquent un taux d'imposition standard sans exonération ni taux réduit pour tous les produits non alimentaires. Elles incluent les mêmes quatre mesures de compensation déjà appliquées dans les simulations des subventions à l'énergie, décrites en détail dans l'annexe 5.B. Toutes ces mesures de compensation ne coûtent pas plus de la moitié des économies budgétaires réalisées grâce à la suppression de ces dépenses fiscales. Dans tous les cas, l'augmentation de l'informalité parmi les ménages à faibles revenus et les effets en cascade de la suppression des dépenses fiscales sur les ménages à faibles revenus ont une incidence négative sur les économies fiscales.

FIGURE 5.15 **Effets de la suppression des dépenses de TVA sur la pauvreté et l'inégalité, par mesure de compensation**

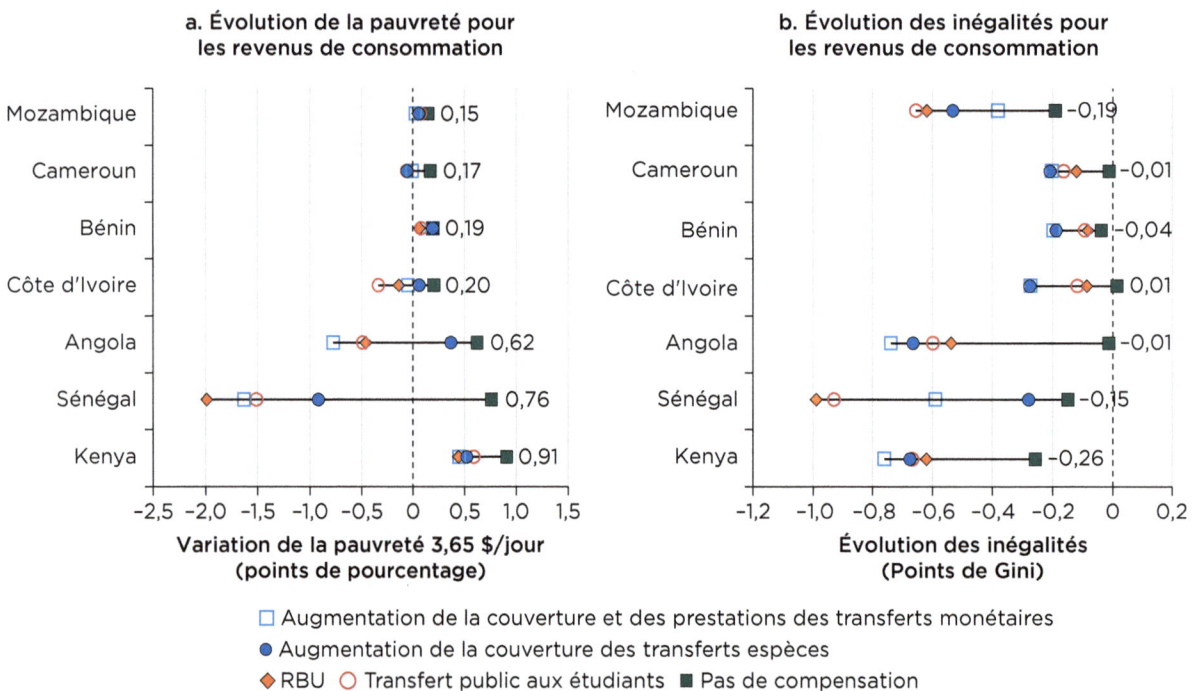

a. Évolution de la pauvreté pour les revenus de consommation

b. Évolution des inégalités pour les revenus de consommation

□ Augmentation de la couverture et des prestations des transferts monétaires
● Augmentation de la couverture des transferts espèces
◆ RBU ○ Transfert public aux étudiants ■ Pas de compensation

Source : Chiffre initial pour cette publication basé sur des modèles de microsimulation fiscale menés par la Banque mondiale dans chaque pays.
Note : Les variations dans la pauvreté et l'inégalité pour le revenu consommable ont été calculées en utilisant cinq simulations différentes : (1) suppression des dépenses de TVA sans mesure de compensation (carrés noirs), (2) suppression des dépenses de TVA avec un transfert RBU, (3) suppression des dépenses de TVA avec un transfert monétaire destiné aux élèves du primaire et du secondaire inscrits dans les écoles publiques, (4) suppression des dépenses de TVA avec une augmentation de la couverture du principal programme de transfert monétaire ciblé, et (5} suppression des dépenses de TVA avec une augmentation du niveau de prestations et de la couverture du principal programme de transfert monétaire. Plus de détails sont fournis dans l'annexe 5.B.
RBU = revenu de base universel ; TVA = taxe sur la valeur ajoutée.

La suppression des dépenses de TVA devrait réduire les inégalités. Toutefois, en l'absence de mesures de compensation appropriées, cette suppression pourrait entraîner une augmentation considérable de la pauvreté. La suppression des dépenses de TVA sans stratégie de recyclage des recettes pourrait augmenter la pauvreté de 0,1 à 1,0 point de pourcentage (voir figure 5.15a). L'augmentation de la pauvreté après la suppression des dépenses fiscales est plus élevée que les impacts obtenus pour la suppression des subventions à l'énergie, car les ménages pauvres consacrent une part plus importante de leurs dépenses aux produits exonérés de TVA qu'au carburant et à l'électricité. Par exemple, au Sénégal, 5 personnes sur 10 dans les 40 % inférieurs de la redistribution déclarent consommer des produits non alimentaires exonérés, tandis que seulement 3 personnes sur 10 consomment de l'électricité. Bien que la suppression des exonérations et la suppression des taux réduits n'apportent que peu de changement dans l'inégalité, les mesures compensatoires financées par les recettes supplémentaires auraient des impacts profonds sur l'inégalité post-fiscale (voir figure 5.15b). La baisse du coefficient de Gini grâce aux mesures de compensation est plus du double de la baisse observée en l'absence de ces mesures dans tous les pays. En général, les politiques qui augmentent la couverture et les avantages du principal programme de transferts monétaires sont plus efficaces pour réduire la pauvreté et les inégalités. Par exemple, en Angola, la combinaison de la suppression des dépenses de TVA et de l'expansion du Kwenda (le principal programme de transferts monétaires) peut entraîner une réduction de la pauvreté (0,8 point de pourcentage) et de l'inégalité (0,73 point de Gini). Au Sénégal, en Côte d'Ivoire et au Mozambique, les programmes de transferts monétaires sont moins performants, ce qui, comme expliqué précédemment, montre non pas que ces pays devraient opter pour la mise en œuvre de programmes de RBU ou de transferts monétaires catégoriels, mais qu'ils devraient s'efforcer d'améliorer le niveau de prestations et la couverture de leurs programmes actuels.

Impôts sur le revenu et le patrimoine des ménages

Les impôts directs, qui consistent principalement en des impôts sur le revenu des personnes physiques (IRP), réduisent les inégalités parce qu'ils sont presque exclusivement prélevés sur les personnes à hauts revenus (par exemple, les employés du secteur formel). Les régimes d'IRP sont conçus de manière à les rendre progressifs dans tous les pays africains. Cela est dû en grande partie aux seuils de revenus non imposables, en dessous desquels les salariés ne sont pas tenus de payer l'impôt sur le revenu. Des recherches récentes montrent que l'un des principaux facteurs déterminant l'ampleur de l'impact de l'IRP sur les inégalités est le seuil de revenu à partir duquel le taux marginal supérieur de l'IRP commence à s'appliquer et le niveau du taux marginal supérieur de l'IRP (McNabb et Oppel 2023). Toutes les évaluations disponibles du CEQ en Afrique montrent que l'IRP est progressif. Dans la plupart des pays, les ménages des déciles les plus pauvres de la redistribution des revenus ne paient effectivement aucun impôt direct, tandis que ceux du décile le plus riche de la redistribution des revenus paient plus de 10 % de leurs revenus en impôts directs. Les impôts directs sont particulièrement progressifs dans les pays riches en ressources naturelles, hors EFC, où les deux déciles les plus riches paient plus de 90 % du montant total des impôts directs. En revanche, dans les EFC, moins de deux tiers des impôts directs proviennent des deux déciles les plus riches dans les EFC (voir figure 5.16).

L'augmentation du taux de l'impôt sur le revenu des personnes à hauts revenus ne constitue pas nécessairement une solution efficace pour accroître les recettes et réduire les inégalités. Bien que certaines données suggèrent que les taux d'imposition à la source sont relativement bas en Afrique (Chancel et coll. 2023), les efforts visant à augmenter les taux marginaux d'imposition les plus élevés ont été associés à une augmentation de l'évasion fiscale, au point que les recettes supplémentaires collectées demeurent limitées (Axelson et coll. 2024 ; Jouste et al. 2023). Par ailleurs, l'augmentation du taux d'IRP accroît l'inégalité horizontale entre les salariés et les travailleurs indépendants qui perçoivent des revenus élevés, car ces derniers ne sont pas soumis à des régimes de retenue à la source et ont davantage de possibilités d'échapper à l'impôt (Jensen 2022). Enfin, comme évoqué précédemment dans ce chapitre (voir figure 5.4), même une augmentation spectaculaire des taux d'imposition à la source peut avoir un potentiel de recettes relativement limité, car de nombreux pays africains à faible revenu comptent peu de ménages riches.

FIGURE 5.16 Impôts directs payés par décile

Part des impôts directs payés par

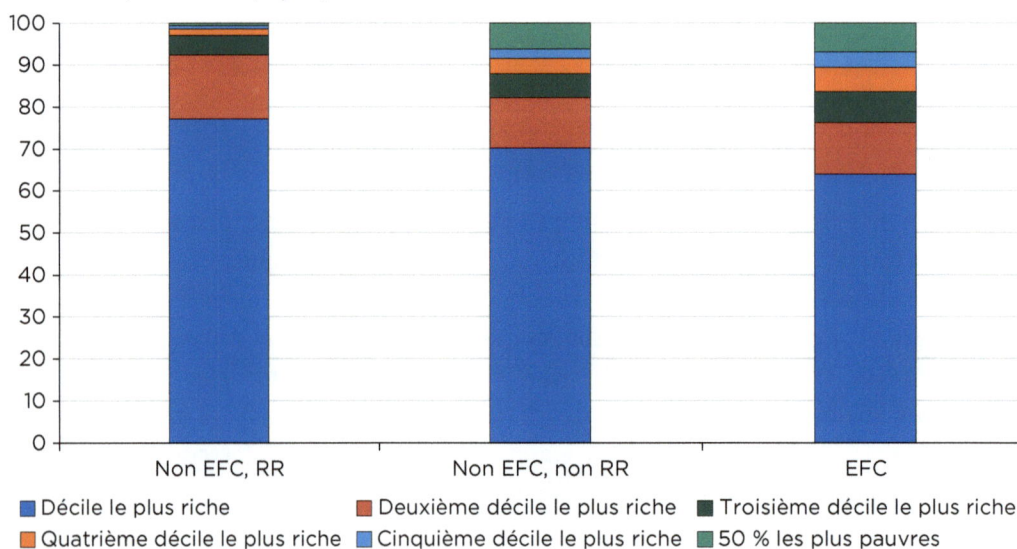

Source : Chiffre initial pour cette publication basé sur des études du CEQ menées par la Banque mondiale et l'Institut CEQ, l'université de Tulane.
Note : EFC = situations de fragilité et de conflits ; RR = pays riches en ressources.

Les impôts fonciers présents dans la plupart des pays africains pourraient constituer une source plus substantielle de recettes publiques tout en réduisant les inégalités. Ces impôts doivent être payés par les propriétaires les plus riches, principalement dans les zones urbaines, et sont généralement collectés par les gouvernements infranationaux (sauf dans certains pays francophones). Cependant, des études nationales, notamment celles du Ghana (Dzansi et coll. 2022), de la République démocratique du Congo (Balán et al. 2020), du Sénégal (Knebelman 2021) et de l'Ouganda (Regan et Manwaring 2023), montrent que la collecte de l'impôt foncier ne représente que 10 à 20 % de son potentiel dans la plupart des villes africaines. Le potentiel de recettes des impôts fonciers n'a pas encore été pleinement exploité, en partie à cause de la faible capacité administrative et du manque de droits de propriété documentés (Brockmeyer et coll. 2021 ; Deininger et Goyal 2023 ; Moore, Prichard et Fjeldstad 2018). Cependant, de plus en plus d'éléments montrent que même les gouvernements ayant de faibles capacités peuvent procéder à de légers changements pour augmenter les recettes (Franzsen et McCluskey 2017 ; Jibao et Prichard 2016). Un domaine particulièrement prometteur est l'utilisation de la technologie pour augmenter le montant des impôts fonciers collectés (Dzansi et coll. 2022 ; Okunogbe et Santoro 2023). Par exemple, des recherches récentes montrent que les agents de l'administration locale sous-estiment souvent la valeur des propriétés les plus riches. La technologie peut remédier à ce problème, augmentant ainsi les recettes et renforçant le degré de progressivité des impôts fonciers (Knebelmann, Pouliquen et Sarr 2023).

D'autres impôts sur la richesse des ménages (tels que l'impôt sur la fortune nette et les droits de succession) n'ont pas encore été mis en œuvre par la plupart des gouvernements africains ; cependant, ils ne peuvent sans doute constituer une source importante de revenus que dans les pays riches. Les impôts sur la fortune contribuent à augmenter les recettes et à réduire les inégalités et sont de plus en plus endémiques dans les PRIS (Bergolo, Londoño-Vélez et Tortarolo 2023). Toutefois, ils ne peuvent générer que des recettes relativement limitées dans les PFR, où la plupart des ménages ne disposent pas d'un patrimoine important. En 2022, sur l'ensemble du continent africain (y compris l'Afrique du Nord), seuls 10 % environ de la population possédaient plus de 10 000 USD d'actifs totaux et seul 1 % environ avait un patrimoine supérieur à 100 000 USD (UBS 2023). En fait, le Ghana, le Kenya et l'Afrique du Sud sont les seuls pays d'Afrique ayant une population totale supérieure à 3 millions d'habitants où plus de 10 % de la population disposait d'un patrimoine total d'au moins 10 000 USD en 2022 (UBS 2023).

Impôts sur les revenus des entreprises

La plupart des recettes fiscales perçues auprès des entreprises en Afrique proviennent de l'impôt sur le revenu, qui ne modifie pas directement le revenu des ménages. Cependant, les effets indirects de l'impôt sur le revenu des sociétés sur le bien-être des ménages sont notables, car les entreprises peuvent réagir à ces impôts en réduisant l'emploi et les salaires ou en augmentant les prix. En outre, l'impôt sur les sociétés peut influencer indirectement le bien-être des ménages en modifiant le montant des bénéfices distribués aux actionnaires qui, lorsqu'ils sont basés dans le pays, font souvent partie des ménages les plus aisés (Bilicka, Qi et Xing, 2022). Des recherches récentes montrent que l'impôt sur le revenu des sociétés peut jouer un rôle quelque peu redistributif, car certains des ménages les plus riches dans les pays qui tirent parti des bénéfices des entreprises peuvent ne pas payer l'impôt sur le revenu des personnes physiques (en raison de l'évasion fiscale, d'un faible revenu du travail ou des deux, Fuest et Neumeier 2023). De nombreuses données montrent que les grandes entreprises adaptent leurs activités pour échapper à l'impôt lorsque l'impôt sur le revenu des sociétés est augmenté, et ces changements dans les opérations (comme la réduction de la taille de la main-d'œuvre) affectent indirectement le bien-être des ménages (Alstadsæter et al. 2023). Ainsi, en raison de l'augmentation probable de l'évasion fiscale, les gouvernements africains n'ont qu'une marge de manœuvre limitée pour augmenter considérablement leurs recettes en augmentant l'impôt sur le revenu des sociétés, à moins qu'il ne s'agisse d'un effort coordonné avec d'autres pays (Alstadsæter et al. 2023).

Toutefois, les gouvernements pourraient réduire les pertes de recettes en diminuant les incitations fiscales (ou dépenses fiscales). Bien que de nombreux PFR aient recours à des exonérations fiscales et à des exonérations d'impôt sur le revenu pour attirer les investissements, ces incitations sont généralement mal notées dans les enquêtes sur le climat d'investissement en tant que facteurs conduisant à la réalisation des investissements. Dans de nombreux cas, il est prouvé que les investissements auraient eu lieu même en l'absence de ces incitations, en particulier dans des secteurs qui impliquent des facteurs spécifiques au lieu, tels que les ressources naturelles, les effets d'agglomération ou les marchés locaux (FMI et coll. 2015 ; Mansour et Keen 2009 ; Mataba et coll. 2023 ; Millot et coll. 2020). En outre, la manière dont ces incitations sont appliquées est généralement inefficace, car de nombreux PFR utilisent des trêves fiscales coûteuses et des exonérations de l'impôt sur le revenu pour attirer les investissements, alors que les crédits d'impôt à l'investissement et l'amortissement accéléré permettent d'investir davantage par sous dépensé (FMI et coll. 2015). En outre, ces dépenses fiscales sont souvent discrétionnaires et sont effectuées sur le site sans processus législatif ni autre forme de responsabilité (FMI et coll. 2015 ; Mataba et coll. 2023 ; Waiswa et Rakundo 2023). Du point de vue de l'équité, il est peu probable que ces instruments réduisent les inégalités structurelles, car il est prouvé que les dépenses fiscales conduisent les grandes entreprises à payer un taux d'imposition effectif bien inférieur à celui payé par les entreprises de taille moyenne (Bachas et coll. 2023a).

Une conception judicieuse de régimes fiscaux simplifiés pour les micro, petites et moyennes entreprises (MPME) peut limiter leur impact sur la pauvreté et réduire les inégalités. En Afrique, les MPME sont majoritairement des entreprises non constituées en société, détenues et gérées par des ménages pauvres et de classe moyenne, en particulier dans les zones urbaines, et les impôts qu'elles versent ont une incidence directe sur le revenu des ménages. Malgré l'attention considérable que les décideurs politiques accordent à cette question, les recettes fiscales collectées auprès des MPME restent relativement faibles (Moore 2023). Dans l'ensemble, le message clair qui ressort de la documentation existante est que l'enregistrement des nouvelles entreprises et la concentration des efforts de contrôle sur les petites entreprises ne présentent qu'un intérêt limité (De La O et coll. 2021 ; Gallien et van den Boogaard 2021 ; Hoy, McKenzie, et Sinning 2024). Toutefois, la conception des régimes fiscaux simplifiés varie considérablement d'une région à l'autre, et certaines caractéristiques, telles que l'existence ou non d'un seuil d'exonération, ont des implications majeures sur le bien-être des ménages les plus pauvres (voir l'encadré 5.4, qui fournit de plus amples détails).

ENCADRÉ 5.4

Des régimes fiscaux simplifiés pour les micro, petites et moyennes entreprises en Afrique

Les régimes fiscaux simplifiés (RFS), souvent appelés taxes sur le chiffre d'affaires ou taxes présomptives, permettent de réduire les coûts de mise en conformité auxquels sont confrontées les micro, petites et moyennes entreprises (MPME) formelles. Ils suppriment l'obligation de payer l'impôt sous la forme d'une part des bénéfices (comme c'est le cas pour l'impôt sur les sociétés) ou de s'acquitter de l'impôt sur le revenu des personnes physiques (qui concerne principalement les revenus du travail). Au contraire, les MPME assujetties aux régimes fiscaux simplifiés ne sont tenues de payer qu'un pourcentage du chiffre d'affaires total (approche par pourcentage) ou un montant fixe qui varie selon des seuils de chiffre d'affaires (approche par montant fixe). Les régimes fiscaux simplifiés contribuent également à encourager la formalisation des MPME informelles, car elles peuvent toujours se conformer pleinement à leurs obligations fiscales sans avoir à calculer précisément leurs bénéfices. Collectivement, environ deux tiers des pays d'Afrique ont mis en place une forme ou une autre de régimes fiscaux simplifiés pour les MPME.

Il existe plusieurs différences dans les caractéristiques de conception entre les pays, lesquelles ont des implications importantes pour la pauvreté et l'équité :

- Le chiffre d'affaires des entreprises est toujours utilisé comme seul critère pour déterminer le montant de l'impôt dû. Cependant, certains pays (par exemple, l'Angola, le Cameroun, la République centrafricaine, la République démocratique du Congo, l'Éthiopie, l'île Maurice et le Togo) font varier l'obligation fiscale en fonction du secteur, de la taille (par exemple, si une MPME a des employés ou non) ou de la localisation. Ces variations peuvent entraîner des inégalités horizontales entre les MPME.
- Près des deux tiers des pays dotés de régimes fiscaux simplifiés (20 sur 32) déterminent l'assujettissement à l'impôt en utilisant un pourcentage du chiffre d'affaires, environ un tiers (9 sur 32) utilise un montant fixe (ou une redevance), le reste utilise une combinaison de ces deux approches.[a] Dans le cas de l'approche par montant fixe, les MPME doivent payer un montant forfaitaire fixe d'impôt indépendamment de leur chiffre d'affaires, une caractéristique qui est assez régressive, car les petites entreprises paient un taux d'imposition effectif plus élevé.

(suite)

Des régimes fiscaux simplifiés pour les micro, petites et moyennes entreprises en Afrique *(suite)*

- Seule la moitié des pays environ applique un seuil d'exonération fiscale, exemptant ainsi les MPME dont le chiffre d'affaires est inférieur à ce seuil du paiement de tout impôt. L'autre moitié impose une fiscalité à toutes les MPME dès qu'elles réalisent un chiffre d'affaires, quelle qu'en soit l'ampleur. En d'autres termes, dans près de la moitié des pays, même les très petites entreprises avec un chiffre d'affaires minimal sont soumises à l'impôt.
- Par ailleurs, plus d'un tiers des pays ont mis en place plusieurs seuils de chiffre d'affaires, avec des taux d'imposition marginaux plus élevés pour les entreprises générant un chiffre d'affaires plus important. Ils disposent donc d'un régime fiscal progressif pour les MPME qui réduit les inégalités (toutefois, cette complexité peut aller à l'encontre de l'objectif initial des régimes fiscaux simplifiés (RFS).
- Parmi les pays qui disposent de régimes fiscaux simplifiés utilisant l'approche par pourcentage, l'importance du taux d'imposition varie de 1 % à 35 %. En fait, dans de nombreux pays, les entreprises de taille moyenne (mais toujours bien en dessous du seuil de l'impôt sur les sociétés) sont soumises à des taux effectifs d'imposition égaux, voire supérieurs, à ceux des grandes entreprises.

Note : Ces informations proviennent de Hoy et coll. 2024, qui fournit de nombreux détails sur les régimes fiscaux simplifiés en Afrique.
a. Par exemple, la Tanzanie et le Rwanda utilisent à la fois des approches par montant fixe et des approches par pourcentage, la première étant utilisée pour les entreprises qui ne tiennent pas de registres et la seconde pour celles qui tiennent des registres. Le taux d'imposition effectif est plus faible pour les entreprises qui tiennent des registres précis de leurs transactions.

Les pays riches en ressources quant à leur capacité à capter les rentes générées par les produits de base

De nombreux pays africains disposent d'abondantes ressources naturelles ; cependant, peu d'entre eux parviennent à collecter une part substantielle du PIB en recettes fiscales issues de ce secteur. Les ressources représentent environ 7,5 % du PIB moyen des pays africains et plus de 10 % du PIB dans 19 pays (Banque mondiale 2023a). Cependant, moins de 1 % du PIB est collecté sous forme de recettes provenant des ressources dans le PIB moyen des pays africains, et seuls huit pays collectent 5 % ou plus du PIB sous forme de recettes provenant des ressources (UNU-WIDER 2023)[13]. De nombreuses études ont estimé l'ampleur des recettes supplémentaires qui pourraient être tirées du secteur, comme l'analyse de Cust et Zeufack (2023) qui estime qu'en moyenne, les pays ne captent qu'environ 40 % des recettes qu'ils pourraient potentiellement tirer des ressources. Plus important encore, bon nombre des changements de politique fiscale et d'administration proposés pour accroître les recettes ont un impact limité sur la pauvreté et peuvent même réduire les inégalités (par exemple, voir Readhead et coll. 2023 ; Banque mondiale 2023a). En effet, l'extraction des ressources a souvent lieu dans des enclaves qui ont peu de liens avec la majorité de la population (Savoia et Sen 2021)[14].

Un examen approfondi des types d'instruments de collecte des recettes utilisés dans les pays africains fournit un aperçu du potentiel de recettes du secteur (voir figure 5.17). Cette analyse des pays dans lesquels les rentes provenant des ressources naturelles dépassent 5 % du PIB est fondée sur la base de données de l'Initiative pour la transparence dans les industries extractives (ITIE), qui fournit l'une des meilleures informations accessibles au public sur les instruments utilisés pour collecter les revenus du secteur des ressources (par exemple, les redevances, l'impôt sur le revenu des sociétés, les dividendes ; ITIE 2023). Premièrement, les types d'instruments utilisés par les pays varient considérablement, ce qui souligne l'intérêt pour les gouvernements d'explorer une plus grande harmonisation régionale des stratégies de mobilisation des revenus issus des ressources afin d'éviter une « course vers le bas » entre les pays (Cust et Zeufack 2023). Deuxièmement, tous les pays disposent d'une certaine forme d'instruments fixes (tels que les redevances et les droits de production) qui constituent une source de revenus stable, mais inflexible, ne permettant pas aux gouvernements de bénéficier substantiellement des hausses des prix des produits de base (Albertin et coll. 2021). Troisièmement, moins de la moitié des recettes tirées des ressources naturelles dans chaque pays (à l'exception du Mozambique) provient d'instruments directement liés à la rentabilité du secteur (par exemple, l'impôt sur le revenu ou les dividendes). Cela peut avoir contribué à l'intérêt croissant pour une part de bénéfice minimum pour les gouvernements, qui leur garantit une fraction du bénéfice généré par les ressources lorsqu'elles dépassent un seuil prédéfini (ATAF 2023).

FIGURE 5.17 Instruments utilisés pour collecter les recettes du secteur des ressources dans chaque pays

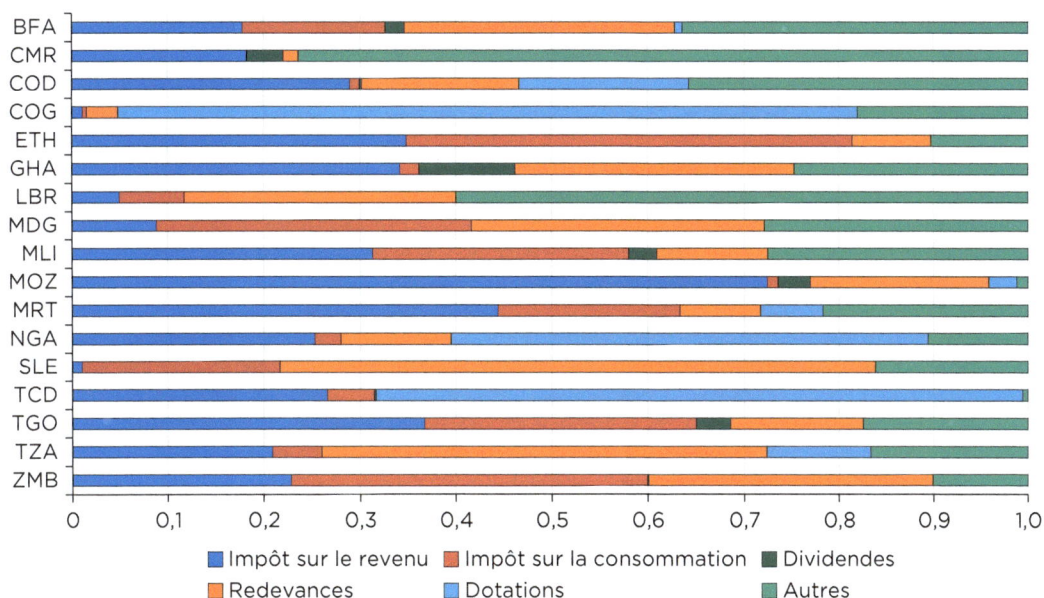

Source : ITIE 2023.
Notes : Ce chiffre est basé sur l'évaluation ITIE complète la plus récente dans chaque pays : Pour les abréviations des pays, voir https://www.iso.org/obp/ui/#search.

L'amélioration de la mise en recouvrement de l'impôt, si elle ne s'accompagne pas d'une amélioration des dépenses sociales et de la prestation de services, pourrait entraîner une augmentation de la pauvreté et des inégalités

La capacité d'un gouvernement à recouvrer des impôts auprès de ses citoyens est largement considérée comme l'une des caractéristiques de l'État moderne (Weigel 2020) ; cependant, l'augmentation de cette capacité à faire respecter la loi peut entraîner une augmentation de la pauvreté et des inégalités. Dans de nombreux cas, les gouvernements africains se concentrent sur l'amélioration de la conformité des petites entreprises informelles (c'est-à-dire des entreprises qui ne sont pas assujetties à la TVA ou à un régime d'impôt sur les sociétés ; Moore 2023).

Cependant, ces efforts de mise en recouvrement de l'impôt ciblent de manière disproportionnée les individus pauvres, qui sont beaucoup plus susceptibles de gérer des petites entreprises et de s'approvisionner auprès du secteur informel (Bachas et coll. 2023b ; Boadway et Sato 2009). Même lorsque ces activités économiques sont formalisées, elles génèrent rarement des recettes substantielles, et parfois les contribuables les plus pauvres finissent par payer bien plus que leurs obligations en raison de la confusion engendrée par la complexité des systèmes fiscaux (Gallien et van den Boogaard 2021). Par exemple, Tourek (2022) montre qu'une grande partie des petites entreprises enregistrées au Rwanda ont payé le même montant d'impôt chaque année, même après des réductions consécutives des taux d'imposition que ces entreprises étaient tenues de payer. Au lieu que les gouvernements concentrent leurs activités de mise en recouvrement de l'impôt, sur les petites entreprises du secteur informel, les petites entreprises enregistrées, ou les deux, de plus en plus d'éléments préconisent que la simplification de l'administration fiscale pour ces segments de la société, par exemple en utilisant la technologie, peut augmenter les recettes et assurer une collecte plus équitable de l'impôt (Aghion et coll. 2017 ; Dzansi et coll. 2022 ; J-PAL 2022).

Les efforts visant à améliorer la conformité des grandes entreprises et des individus les plus riches constituent une approche plus prometteuse pour augmenter les recettes et de réduire les inégalités. Par exemple, la création de bureaux pour les grands et moyens contribuables (où ces derniers ont plus de chances d'être contrôlés) ainsi que l'amélioration de la qualité des collecteurs d'impôts ont permis d'augmenter les recettes dans les pays à revenu faible et intermédiaire, y compris en Afrique (Basri et coll. 2021 ; Bergeron, Tourek et Weigel 2023). Ces études ont montré que les améliorations de l'administration fiscale peuvent générer des hausses de recettes d'un ordre de grandeur similaire à celui des augmentations des taux d'imposition. En outre, des indices suggèrent que l'amélioration de la progressivité du système fiscal peut avoir un effet positif sur le respect des règles par la population en général (par exemple, voir Hoy 2022). De même, une analyse basée sur des régressions portant sur plusieurs pays montre que la réduction des inégalités et l'augmentation de la responsabilité sont positivement associées à l'augmentation de la capacité fiscale en Afrique (Dom, Morrissey et Tagem 2023 ; Tagem et Morrissey 2023). Bien que ces exemples mettent en évidence la promesse d'améliorer la mise en recouvrement de l'impôt sur les segments les plus riches de la société, il faudra toutefois tenir compte de la discussion précédente sur la façon dont l'évasion fiscale de ces types de contribuables augmente parfois, souvent au-delà des frontières, face à des charges fiscales plus lourdes. Ainsi, l'action collective des gouvernements de tous les pays pour stimuler le respect de la loi, par exemple en établissant un impôt sur le revenu des sociétés minimum mondial, peut offrir un potentiel considérable pour augmenter les recettes. 2023 ; Cust et Zeufack 2023).

Politiques budgétaires visant à libérer le potentiel productif des personnes démunies

Pour de nombreux pays parmi les plus pauvres de la région, il est difficile d'espérer une plus grande redistribution fiscale étant donné la taille très limitée de l'État. Les pays à faible revenu et les pays fragiles ou touchés par un conflit (sans rentes substantielles liées aux ressources naturelles) n'ont souvent pas la possibilité d'effectuer une redistribution fiscale de manière à combler l'écart de pauvreté agrégé. Pour ces pays, la principale priorité en matière de développement est de jeter les bases de la croissance économique, en particulier parce qu'ils ont des niveaux d'inégalité pré-fiscale relativement faibles.

Cependant, pour les pays à revenu intermédiaire et certains pays riches en ressources, une imposition relativement modeste de la population non pauvre pourrait permettre d'améliorer la redistribution fiscale. La redistribution fiscale réduit les inégalités dans la plupart des pays africains, mais elle entraîne une augmentation de la pauvreté, en grande partie parce que les impôts payés sont supérieurs aux transferts reçus par les ménages. Il n'est pas nécessaire que ce soit le cas. Ce chapitre a montré qu'il est possible d'améliorer l'efficacité et l'effet redistributif des dépenses dans la région et d'augmenter les recettes tout en protégeant les personnes démunies. La réaffectation des dépenses publiques aux secteurs qui sont essentiels pour les ménages pauvres et l'amélioration de la qualité de ces dépenses peuvent contribuer à instaurer la confiance, à renforcer le contrat social, à permettre une plus grande redistribution et à réduire la pauvreté.

Il existe d'importantes possibilités d'améliorer l'efficacité et l'équité du côté des dépenses. Tout d'abord, les subventions, en particulier à l'énergie, sont très coûteuses et généralement très régressives. La réorientation de ces dépenses vers l'expansion des programmes de transferts directs permettrait de réduire considérablement la pauvreté dans de nombreux pays de la région. En revanche, les programmes d'aide sociale dans la région ont une faible couverture et de faibles niveaux de prestations, bien qu'ils constituent un moyen très efficace de réduire la pauvreté et les inégalités. Les programmes ciblant les enfants d'âge scolaire, tels que les programmes d'alimentation scolaire, pourraient également jouer un rôle similaire. Les filets sociaux adaptatifs devraient être considérablement étendus pour avoir un effet considérable sur l'ampleur de la pauvreté. Enfin, il existe des marges d'amélioration en matière de gestion de dépenses, de la dette et de planification financière pour la réponse aux catastrophes.

Il est possible d'augmenter les recettes sans accroître la pauvreté en apportant des changements ciblés au système fiscal. Ces ajustements pourraient constituer une source substantielle de recettes publiques tout en réduisant les inégalités. Premièrement, les dépenses fiscales, telles que les exonérations de TVA et les taux d'imposition réduits, ne réduisent pas sensiblement la pauvreté et pèsent lourdement sur des budgets publics déjà très sollicités. Leur suppression permettrait de générer des recettes indispensables pour financer des programmes destinés aux ménages les plus pauvres. Deuxièmement, le potentiel des impôts fonciers reste largement inexploité, et d'autres impôts sur le patrimoine n'ont pas encore été mis en œuvre. Troisièmement, bien que la hausse de l'impôt sur les sociétés offre une marge limitée pour accroître significativement les recettes (en raison de l'évasion fiscale), les gouvernements pourraient réduire les pertes de recettes en diminuant les incitations fiscales. Dans les pays riches en ressources, les instruments fiscaux devraient permettre aux gouvernements de tirer profit des cours élevés des produits de base ou être directement liés à la rentabilité du secteur. Une coopération accrue entre les gouvernements de la région pourrait contribuer à réduire l'évasion fiscale des entreprises multinationales, et une plus grande harmonisation des stratégies de collecte des recettes pourrait contribuer à minimiser le risque d'une « course vers le bas » entre les pays. En ce qui concerne les petites et moyennes entreprises, certaines caractéristiques des régimes fiscaux simplifiés, telles que le seuil d'exonération fiscale, pourraient être conçues de manière à minimiser l'impact sur les ménages les plus pauvres. Enfin, il est important de noter que des améliorations substantielles dans la mise en recouvrement de l'impôt, si elles ne s'accompagnent pas d'une augmentation des dépenses sociales et d'une amélioration des services publics, pourraient entraîner une hausse de la pauvreté et des inégalités.

Annexe 5A : Analyse fiscale

Cette annexe présente l'échantillon de pays utilisé pour les analyses d'incidence fiscale dans le chapitre 5. L'échantillon se compose de 102 pays et de 108 observations ; six pays ont des observations provenant de deux sources différentes. Parmi ces pays, 72 disposent de données d'une analyse Commitment to Equity (CEQ) qui inclut le coefficient de Gini ainsi que d'autres indicateurs. Par ailleurs, 36 pays disposent d'estimations du Gini issues de l'Organisation de coopération et de développement économiques (OCDE). Les six pays figurant dans les deux échantillons sont le Chili, le Costa Rica, la Pologne, l'Espagne, la Turquie et les États-Unis. Le tableau 5A.1 résume le nombre de pays par région et par source. Pour ce chapitre, les chiffres de l'OCDE sont utilisés pour estimer l'inégalité moyenne au niveau du revenu du marché des pays à revenu élevé et à revenu intermédiaire de la tranche supérieure, y compris les pays de l'OCDE qui sont en grande partie exclus de l'échantillon du CEQ. Toutes les analyses de la redistribution et de la progressivité fiscales, y compris les impacts de la politique fiscale sur l'inégalité entre le revenu du marché et le revenu final, les impacts sur la pauvreté, les contributions marginales et les analyses d'incidence, sont effectuées en utilisant exclusivement les données du CEQ. Le tableau 5A.2 énumère tous les pays de l'échantillon et la source des données.

TABLEAU 5A.1 Taille de l'échantillon de pays, par région

Source et région	Taille l'échantillon
Analyse du CEQ	
ECA	17
LAC	14
EAP	10
NA	1
MNA	5
AFR	24
SAR	1
OCDE	36

Source : tableau initial de cette publication basé sur l'ensemble des études disponibles.
Note : L'analyse du CEQ renvoie aux exercices du CEQ produits par la Banque mondiale ou l'Institut CEQ de l'Université de Tulane. Les études du CEQ Institute sont accessibles sur le site du CEQ Data Center on Fiscal Redistribution, https://commitmentoequity.org/datacenter. CEQ = Commitment to Equity ; EAP = Asie de l'Est et Pacifique ; ECA = Europe et Asie centrale ; LAC = Amérique latine et Caraïbes ; MNA = Moyen-Orient et Afrique du Nord ; NA = Amérique du Nord ; OCDE = Organisation de coopération et de développement économiques ; SAR = Asie du Sud ; AFR = Afrique subsaharienne.

TABLEAU 5A.2 Liste des pays inclus dans l'échantillon, par source

Nom du pays PEM	Année	Source	Nom du pays PEM	Année	Source
Albanie	2015	Analyse du CEQ	Burkina Faso	2014	Analyse du CEQ
Angola	2018	Analyse du CEQ	Cambodge	2019	Analyse du CEQ
Argentine	2017	Analyse du CEQ	Cameroun	2022	Analyse du CEQ
Arménie	2017	Analyse du CEQ	Chili	2013	Analyse du CEQ
Bélarus	2015	Analyse du CEQ	Chine	2014	Analyse du CEQ
Bénin	2022	Analyse du CEQ	Colombie	2017	Analyse du CEQ
Bolivie	2015	Analyse du CEQ	Comores	2014	Analyse du CEQ
Brésil	2018	Analyse du CEQ	Costa Rica	2020	Analyse du CEQ
Bulgarie	2019	Analyse du CEQ	Côte d'Ivoire	2022	Analyse du CEQ

(suite)

TABLEAU 5A.2 Liste des pays inclus dans l'échantillon, par source *(suite)*

Nom du pays PEM	Année	Source	Nom du pays PEM	Année	Source
Croatie	2018	Analyse du CEQ	Myanmar	2017	Analyse du CEQ
Djibouti	2017	Analyse du CEQ	Namibie	2016	Analyse du CEQ
République dominicaine	2013	Analyse du CEQ	Niger	2014	Analyse du CEQ
			Pakistan	2019	Analyse du CEQ
Égypte, Rép. arabe	2015	Analyse du CEQ	Panama	2016	Analyse du CEQ
El Salvador	2017	Analyse du CEQ	Paraguay	2014	Analyse du CEQ
Eswatini	2017	Analyse du CEQ	Pologne	2014	Analyse du CEQ
Éthiopie	2016	Analyse du CEQ	Roumanie	2016	Analyse du CEQ
Fidji	2019	Analyse du CEQ	Fédération de Russie	2014	Analyse du CEO
Gambie, La	2016	Analyse du CEQ	Sénégal	2019	Analyse du CEQ
Géorgie	2015	Analyse du CEQ	Serbie	2016	Analyse du CEQ
Ghana	2023	Analyse du CEQ	Afrique du Sud	2015	Analyse du CEQ
Guatemala	2014	Analyse du CEQ	Espagne	2017	Analyse du CEQ
Guinée	2019	Analyse du CEQ	Tadjikistan	2015	Analyse du CEQ
Indonésie	2017	Analyse du CEQ	Tanzanie	2018	Analyse du CEQ
Irak	2017	Analyse du CEQ	Thaïlande	2019	Analyse du CEQ
Jordanie	2017	Analyse du CEQ	Togo	2015	Analyse du CEQ
Kenya	2015	Analyse du CEQ	Turquie	2016	Analyse du CEQ
République kirghize	2016	Analyse du CEQ	Ouganda	2016	Analyse du CEQ
RDP lao	2019	Analyse du CEQ	Ukraine	2016	Analyse du CEQ
Lesotho	2017	Analyse du CEQ	États-Unis	2016	Analyse du CEQ
Malaisie	2019	Analyse du CEQ	Uruguay	2017	Analyse du CEQ
Mali	2014	Analyse du CEQ	Venezuela, RB	2013	Analyse du CEQ
Maurice	2017	Analyse du CEQ	Viet Nam	2018	Analyse du CEQ
Mexique	2014	Analyse du CEQ	Zambie	2015	Analyse du CEQ
Moldavie	2017	Analyse du CEQ	Australie	2020	OCDE
Mongolie	2016	Analyse du CEQ	Autriche	2019	OCDE
Monténégro	2015	Analyse du CEQ	Belgique	2019	OCDE
Maroc	2017	Analyse du CEQ	Canada	2020	OCDE
Mozambique	2020	Analyse du CEQ	Chili	2017	OCDE

(suite)

Partir sur un pied d'égalité

Nom du pays PEM	Année	Source	Nom du pays PEM	Année	Source
Costa Rica	2021	OCDE	Nouvelle-Zélande	2020	OCDE
Tchécoslovaquie	2019	OCDE	Norvège	2020	OCDE
Danemark	2019	OCDE	Pologne	2018	OCDE
Estonie	2019	OCDE	Portugal	2019	OCDE
Finlande	2020	OCDE	République slovaque	2019	OCDE
France	2019	OCDE			
Allemagne	2019	OCDE	Slovénie	2019	OCDE
Grèce	2019	OCDE	Espagne	2019	OCDE
Hongrie	2019	OCDE	Suède	2020	OCDE
Islande	2017	OCDE	Suisse	2019	OCDE
Irlande	2018	OCDE	Turquie	2019	OCDE
Israël	2019	OCDE	Royaume-Uni	2020	OCDE
Italie	2018	OCDE	États-Unis	2021	OCDE
Japon	2018	OCDE
Corée, Rép.	2020	OCDE
Lettonie	2020	OCDE
Lituanie	2019	OCDE
Luxembourg	2019	OCDE
Pays-Bas	2020	OCDE

Source : Tableau original pour cette publication.
Note : L'analyse du CEQ renvoie aux exercices du CEQ produits par la Banque mondiale ou l'Institut CEQ de l'Université de Tulane.
CEQ = Commitment to Equity ;
OCDE = Organisation de coopération et de développement économiques ;
PEM = perspectives de l'économie mondiale (Fonds monétaire international).

Annexe 5B : Modélisation de la microsimulation fiscale

Cette annexe décrit les simulations régionales mises en œuvre au chapitre 5[15]. Des modèles de microsimulation fiscale ont été développés par les équipes de la Banque mondiale pour chaque pays (tableau 5B.1). Dans chaque cas, les interventions en matière de fiscalité et de dépenses sont modélisées en détail. Sur le plan fiscal, cela inclut toutes les exonérations de la taxe sur la valeur ajoutée (TVA) et les taux réduits. Sur le plan des dépenses, il s'agit des transferts directs (programmes de transferts en espèces et quasi-espèces) et des subventions à l'énergie (par exemple, l'électricité et le carburant). L'analyse des subventions et des exonérations de TVA comprend à la fois les effets directs et indirects qui se produisent à travers les liens intrants-extrants. Dans chaque cas, les modèles sont macro-validés pour s'assurer que les résultats de l'enquête concordent avec les niveaux agrégés d'impôts et de dépenses observés dans les données administratives du scénario de référence.

TABLEAU 5B.1 Modèles de microsimulation fiscale

Pays	Enquête	Année politique	Réforme	Effets indirects	Informalité de la consommation[a]	Programme de transferts monétaires[b]
Angola	IDREA 201819	2022	Subventions et dépenses de TVA	Oui	Oui	Kwenda
Sénégal	EHCVM 2018–19	2019	Subventions et dépenses de TVA	Oui	Oui	PNBSF
Guinée	EHCVM 2018–19	2023	Subventions	Non	Oui	n.d.
Cameroun	ECAMS	2022	Subventions et dépenses de TVA	Oui	Oui	Filets Sociaux
Kenya	KIHBS 2015–16	2022	Subventions et dépenses de TVA	Oui	Oui	CT-OVC
Bénin	EHCVM 2021–22	2022	Subventions et dépenses de TVA	Oui	Oui	ACCESS
Côte d'Ivoire	EHCVM 2021–22	2022	Dépenses de TVA	Oui	Oui	PSSN
Mozambique	IOF 2019–20	2020	Dépenses de TVA	Oui	Oui	PSSB

Source : Tableau original pour cette publication.

Note : ACCESS= Appui aux Communes et Communautés pour l'Expansion des Services Sociaux ; CT-OVC= cash transfer for orphans and vulnerable children ; ECAMS= Enquête camerounaise auprès des Ménages ; EHCVM= Enquête harmonisée de Conditions de Vie des Ménages ; IDREA= Inquérito Sobre Despesas, Receitas e Emprego em Angola ; IOF= Inquérito sobre Orçamento Familiar ; KIHBS= Kenya Integrated Household Budget Survey ; n.a.= non disponible ; PNBSF= Programme National de Bourses de Sécurité familiale : PSSB= Basic Social Subsidy Program ; PSSN= Productive Social Safety Net Project ; TVA = taxe sur la valeur ajoutée.

a L'informalité de la consommation signifie que le modèle intègre le fait que certains ménages ne paient pas la TVA pour les biens consommés en raison d'exonérations fiscales ou d'évasion fiscale ; voir Bachas et coll. (2023b).

b Kwenda est le nom du programme de transferts monétaires en Angola. La Guinée n'a pas modélisé l'expansion de son programme de transferts monétaires.

Un scénario de base et 10 scénarios contrefactuels ont été élaborés pour chaque pays. Les scénarios combinent une réforme des subventions à l'énergie ou une réforme des dépenses de TVA avec des mesures de compensation alternatives, comme indiqué dans le tableau SB.2. Dans chaque cas, l'hypothèse est que la moitié des économies budgétaires obtenues grâce à la réforme serait utilisée pour compenser les ménages en utilisant différents mécanismes pour cibler ceux qui sont pauvres et vulnérables. L'avantage de cette analyse coordonnée est qu'elle permet d'évaluer la taille relative des économies réalisées grâce à la réforme, ainsi que la mesure dans laquelle un filet social viable est mis en place pour atténuer l'impact de la réforme sur la pauvreté. Cependant, la part de ces subventions et dépenses fiscales en pourcentage du PIB varie considérablement - de 1,80 % en Angola à seulement 0,02 % au Kenya. Cette disparité a des conséquences sur les résultats : les pays où les subventions représentent une part relativement importante du PIB pourraient potentiellement élargir leurs programmes actuels de transferts monétaires à l'ensemble de la population. En revanche, les pays dont les dépenses en subventions sont plus faibles auront une capacité bien plus limitée pour compenser les ménages affectés par la réforme.

TABLEAU 5B.2 **Scénarios de microsimulation fiscale**

Scénario	Réforme	Mesures de compensation	
		Instrument politique	Changements de politique
0-0	Pas de réforme	Aucune compensation	
1-0	Supprimer les subventions à l'énergie	Aucune compensation	
1-1		Transfert universel	Transfert à l'ensemble de la population
1-2		École publique	Transfert aux élèves des écoles publiques
1-3		Programme de transferts monétaires	Augmentation de la couverture
1-4			Augmentation de la couverture et des prestations
2-0	Supprimer les exonérations de TVA	Pas de politique de compensation	
2-1		Transfert universel	Transfert à l'ensemble de la population
2-2		École publique	Transfert aux élèves des écoles publiques
2-3		Programme de transferts monétaires	Augmentation de la couverture
2-4			Augmentation de la couverture et des prestations

Source : Tableau original pour cette publication.
Note : Les mesures de compensation seront financées par la moitié des économies budgétaires réalisées grâce à la réforme. TVA = taxe sur la valeur ajoutée.

Réformes

Les principales réformes simulées sont la suppression des subventions à l'énergie et des dépenses de TVA :

- *Subventions à l'énergie.* La suppression des subventions à l'énergie implique une augmentation du prix de l'énergie de sorte que les consommateurs finaux paient les prix du marché pour la consommation directe et indirecte d'énergie. Il est à noter que l'estimation de la consommation indirecte d'énergie (par le biais des services de transport, par exemple) nécessite l'estimation de l'impact de la suppression des subventions à l'énergie sur le prix des produits qui utilisent l'énergie en tant qu'intrant. Pour ce faire, on utilise des matrices intrants-extrants spécifiques à chaque pays et un modèle « d'inflation par les coûts » (Coady 2008) afin de tenir compte des impacts sur tous les prix.

- *Dépenses de TVA.* La deuxième réforme supprime les dépenses fiscales liées à la TVA pour tous les biens et services autres que les denrées alimentaires. Le processus se fait en deux étapes : (1) l'égalisation de tous les taux de TVA réduits et spéciaux au taux de TVA normal et (2) la suppression des exonérations de TVA. Dans tous les cas, les modèles de microsimulation fiscale tiennent compte du degré élevé d'évasion des impôts indirects dans les pays africains. À l'instar de Bachas et coll. (2023b), les études utilisent des informations sur le lieu d'achat pour modéliser l'hétérogénéité de la propension des ménages à payer les impôts indirects. En outre, l'effet de cascade potentiel aux exonérations de TVA est modélisé au Sénégal et au Kenya, selon la méthodologie décrite par Warwick et coll. (2022).

Conception des politiques de compensation

Dans tous les cas, les politiques de compensation ont été conçues en respectant la même contrainte budgétaire, équivalente à une fraction des économies budgétaires générées par la réforme. Cependant, en fonction du pays et de la réforme politique, cette contrainte n'est pas toujours contraignante (des précisions supplémentaires sont fournies dans l'explication de chaque mesure de compensation). Le budget alloué à la mesure de compensation est défini comme κS_0 ou S_0 est la dépense budgétaire avant la réforme et κ est la fraction des économies de la réforme qui est recyclée (c'est-à-dire, le paramètre de recyclage). Les simulations utilisent un paramètre de recyclage de $\kappa = \frac{1}{2}$, ce qui implique que la moitié des économies budgétaires est recyclée pour financer des mesures de compensation[16]. Les dépenses avant réforme (S_0) sont calculées pour chaque réforme de la manière suivante :

- *Subventions à l'énergie :* S_0 est égal aux dépenses nationales en subventions à l'énergie, telles que définies par les registres administratifs (par exemple, l'essence, le diesel, le kérosène, le gaz de pétrole liquéfié et l'électricité, entre autres)[17].

- *Dépenses fiscales de TVA :* S_0 devrait idéalement provenir d'estimations officielles des dépenses agrégées de TVA. Lorsque cela n'est pas possible, $S_0 = (\gamma - 1)V$, où γ est obtenu en estimant la TVA totale collectée avec et sans les dépenses de TVA (exonérations et taux réduits) dans l'enquête auprès des ménages. En particulier, γ est le rapport entre la TVA collectée sans dépenses de TVA (c'est-à-dire le scénario simulé) et la TVA collectée avec dépenses de TVA (c'est-à-dire, le scénario de base). V correspond au total de la TVA avant réforme collectée à partir des registres administratifs pour l'année où la simulation fiscale a été mise en œuvre.

Quatre mesures de compensation ont été estimées, chacune variant en termes de ciblage, de couverture et de prestations. Les deux premières mesures de compensation utilisent des approches de ciblage universelles ou catégorielles :

- *Transfert universel.* Dans ce scénario, les économies budgétaires sont utilisées pour effectuer un transfert monétaire universel à l'ensemble de la population. Le transfert est effectué par habitant, et le montant reçu par chaque citoyen, est défini par les économies budgétaires par habitant qu'il est prévu de recycler :

$$b^u = \frac{\kappa S_0}{population},$$

en utilisant des estimations officielles de la population plutôt que des estimations d'enquêtes.

- *Transfert en quasi-espèces aux élèves des écoles publiques.* Dans ce scénario, les économies budgétaires sont utilisées pour effectuer un transfert en espèces au profit des ménages dont les enfants fréquentent les écoles publiques, soit pour l'enseignement primaire, soit pour l'enseignement secondaire. Le transfert est effectué par élève et le montant reçu par chaque élève, b^s, est défini par les économies budgétaires par élève qu'il est prévu de recycler :

$$b^s = \frac{\kappa S_0}{students},$$

Les transferts aux élèves sont limités à ceux dont l'âge est égal ou inférieur à l'âge typique d'obtention du diplôme d'études secondaires dans chaque pays. Le nombre total d'élèves du primaire et du secondaire provient des registres administratifs. Lorsque ces données n'étaient pas disponibles, des estimations issues d'enquêtes ont été utilisées.

Les deux autres mesures de compensation adoptent une approche plus ciblée basée sur les caractéristiques de ciblage du programme de transferts monétaires « insignia » du pays. Le programme de transfert monétaire « Insignia » est le programme de transfert direct pour lequel il est possible d'augmenter à la fois la couverture et le montant des prestations. Lorsqu'il existe plusieurs programmes modulables[18], la simulation sélectionne celui ayant la contribution marginale la plus élevée à la réduction de la pauvreté. L'expansion horizontale du programme est simulée en appliquant ses critères d'éligibilité. Selon les pays, ces critères incluent des tests de ciblage géographique et des tests d'approximation des moyens, qui se rapprochent des mécanismes officiels utilisés par le gouvernement. Cela implique que ce ciblage simulé souffrira inévitablement d'erreurs d'inclusion et d'exclusion, qui, en pratique, seraient partiellement corrigées par le gouvernement par le biais d'un ciblage communautaire, d'un recoupement avec des données administratives et d'autres mécanismes non fondés sur le modèle. Par conséquent, les performances des modèles simulés en matière de ciblage risquent d'être moins précises dans les pays qui investissent davantage dans la correction des erreurs associées à une approche purement modélisée.

Pour caractériser chacune des réformes, il est utile de définir tout d'abord le coût du programme de transferts monétaires « Insignia » avant réforme (c'est-à-dire D_0^{ct}) et après réforme, (c'est-à-dire D_1^{ct}) selon l'équation suivante :

$$D_0^{ct} = c_0^{ct} \times b_0^{ct}$$

$$D_1^{ct} = c_1^{ct} \times b_1^{ct} = D_0^{ct} + \kappa S_0,$$

Où C_0^{ct} et $c_1^{ct} = \Delta c^{ct} + c_0^{ct}$ sont les couvertures avant et après la réforme et b_0^{ct} et $b_1^{ct} = \Delta b^{ct} + b_0^{ct}$ sont le bénéfice ou le niveau de prestations avant et après la réforme. L'équation définie garantit le financement intégral de l'augmentation du coût du programme de transferts monétaires par les économies budgétaires recyclées. Elle garantit également que toutes les politiques de compensation ont un coût similaire. Les deux politiques de compensation sont caractérisées comme suit :

- *Augmenter la couverture.* Cette politique augmente la couverture tout en maintenant constant le niveau des prestations accordées aux bénéficiaires. Cela implique une augmentation du nombre de familles bénéficiant du programme par

$$\Delta c^{ct} = \frac{\kappa S_0}{b_0}.$$

Il est possible que, compte tenu de la valeur de la *prestation* b_0 - le budget initial (κS_0) soit suffisant pour étendre le programme principal de transferts monétaires à tous les bénéficiaires potentiels. Cela a deux implications : premièrement, le coût de cette mesure de compensation est inférieur au budget initial ; deuxièmement, cette mesure de compensation devient similaire à un régime de transfert universel avec un montant de transfert de b_0.

- *Augmenter le montant et la couverture.* Cette mesure de compensation augmente le montant des transferts en espèces reçus par les familles de 50 % et accroît la couverture avec le reste du budget de compensation. Cela implique que les deux équations suivantes doivent être satisfaites :

$$\Delta D b^{ct} = 0.5 \, b^{ct}$$

$$\Delta c^{ct} = \left(\kappa S_0 - \Delta b^{ct} c_0^{ct} \right) / b_1^{ct}$$

Si le budget initial est inférieur au coût nécessaire pour augmenter les prestations de 50 %, alors celles-ci sont augmentées jusqu'à épuisement total du budget de compensation, en maintenant constante la couverture : $\Delta b^{ct} = \kappa S_0 / c_0^{ct}$, et de maintenir la couverture constante en utilisant le même mécanisme de ciblage que dans le programme initial.

Mises en garde concernant la comparaison des mesures de compensation

L'analyse présentée met en évidence les avantages potentiels de chaque mesure de compensation en termes de réduction de la pauvreté et des inégalités. Elle vise principalement à souligner le manque d'efficacité des dépenses fiscales non ciblées et des régimes de subventions. Cependant, les simulations ne permettent pas de comparer pleinement les différentes mesures de compensation pour au moins trois raisons :

- Tout d'abord, l'étude ne se prononce pas sur les différences réelles de coûts entre les différentes mesures. Une comparaison efficace entre les méthodes devrait se baser sur des ratios coût-bénéfice, prenant en compte des éléments tels que : l'inclusion financière, la couverture des documents d'identité nécessaires pour obtenir des prestations et l'infrastructure de télécommunications nécessaire pour mettre en œuvre un revenu de base universel (RBU ; Gentilini et coll. 2019). De même, lorsqu'il s'agit d'étendre la couverture d'un programme de transferts monétaires, il est essentiel de considérer la taille du registre social et sa capacité à mettre en œuvre cette expansion.

- Deuxièmement, les simulations ne prennent en compte que les effets directs à court terme des mesures de compensation et ne considèrent pas leur viabilité politique et fiscale à long terme. Il est important de prendre en compte le fait qu'une expansion importante des programmes de transferts monétaires ou la mise en œuvre d'un RBU pourrait ne pas être politiquement réalisable à long terme et pourrait potentiellement créer une marge de manœuvre fiscale plus restreinte pour le gouvernement, ce qui rendrait plus difficile la suppression de ces programmes. Une expansion significative des mesures de compensation pourrait entraîner des réactions comportementales qui, selon leur nature, pourraient influencer la pauvreté par d'autres mécanismes d'équilibre général[19].

- Troisièmement, une distinction majeure entre les mesures de compensation réside dans l'échelle à laquelle les prestations sont distribuées, ce qui peut avoir des implications importantes sur leur efficacité et leur impact redistributif. Bien que les programmes de transferts monétaires soient distribués au niveau des ménages, les approches universelles sont ciblées au niveau individuel ou au niveau des élèves des écoles publiques. Cela montre qu'indépendamment du ciblage et de la couverture, il existe un effet au niveau de l'unité qui rend le RBU et les transferts basés sur les élèves d'écoles publiques plus efficaces pour atteindre les ménages pauvres que les programmes de transferts monétaires traditionnels. Cet effet s'explique par le fait que les ménages les plus pauvres ont généralement une taille plus importante et comptent davantage d'enfants scolarisés dans les écoles publiques.

Notes

1. Adopter des politiques, notamment fiscales, salariales et de protection sociale, et parvenir progressivement à une plus grande égalité.

2. Le Gini pré-fiscal pour 78 pays hors Afrique, y compris les données pour tous les pays de l'Organisation de coopération et de développement économiques (OCDE), est de 40,8, et le Gini pré-fiscal pour 48 pays non africains à partir des études Commitment to Equity (CEQ), qui excluent en grande partie les pays européens de l'OCDE, est de 41,2. La moyenne pour l'Afrique comprend 24 pays et est basée sur les études du CEQ. Ces moyennes reposent sur les dernières données disponibles.

3. Il convient de noter que cela ne tient pas compte des avantages en nature tels que les services d'éducation et de santé, conformément à la mesure standard de la pauvreté, car les ménages ne savent pas combien est dépensé en leur nom et ne peuvent pas non plus choisir d'échanger ces avantages contre une consommation plus élevée.

4. L'écart de pauvreté agrégé représente la valeur monétaire de l'écart entre le revenu des ménages pauvres et le seuil de pauvreté international, calculé sur l'ensemble de la population.

5. Voir un résumé de l'évaluation d'impact à l'adresse de l'IPA (2022).

6. Pour une revue documentaire récente sur la mise en œuvre de ces programmes dans les pays en développement, voir Banerjee et coll. (2024) et Bastagli et coll. (2019).

7. La seule exception est la Guinée, pour laquelle les effets indirects ne sont pas modélisés.

8. Il convient de noter que, bien que la moitié des économies soit allouée aux transferts sociaux, dans certains cas, ce budget n'est pas entièrement épuisé. Cela s'explique par le faible niveau des prestations du programme de transferts monétaires. Voir la discussion ultérieure.

9. Les effets indirects de la suppression des subventions se réfèrent à l'impact qui se produit à travers l'augmentation des prix des biens à forte intensité énergétique, dont les transports publics, l'industrie manufacturière et les denrées alimentaires produites localement. Dans le cas de l'Angola, par exemple, la suppression des subventions sur les carburants entraînerait une hausse significative du prix du poisson, qui constitue la principale source de protéines pour une grande partie de la population.

10. Une raison secondaire pour laquelle les programmes de transferts monétaires pourraient être moins efficaces que le revenu universel de base ou les transferts catégoriels (tels que ceux destinés aux élèves des écoles publiques) est la couverture limitée des mécanismes de ciblage utilisés pour allouer les transferts monétaires, comme le test d'approximation des moyens (proxy means test). Cependant, ce n'est pas le principal facteur expliquant les résultats des simulations. En effet, l'ampleur des subventions permet aux programmes de transferts monétaires d'atteindre une couverture quasi universelle.

11. En 2016, l'affaire des « obligations thonières » au Mozambique a mis en lumière les dangers d'un manque de transparence de la dette. Deux prêts importants, non déclarés auparavant, d'un montant total de 1,15 milliard de dollars, soit environ 9 % du produit intérieur brut du pays, ont été révélés. En conséquence, le soutien des donateurs a été gelé, l'économie a plongé et le gouvernement a été contraint de procéder à des réductions drastiques dans les dépenses publiques. De même, en Zambie, les retards de publication et une incertitude quant à l'étendue de la dette publique ont conduit à des spéculations sur le niveau réel d'endettement et à une forte augmentation des rendements obligataires en 2018. Pour plus de détails, voir Rivetti (2021).

12. Les *dépenses de TVA* désignent les dispositions du code fiscal qui réduisent le montant dû par les contribuables en raison d'exonérations, de déductions et de taux réduits. Elles correspondent aux recettes de TVA non perçues en raison de ces dispositions.

13. Ces dernières décennies, la plupart de ces pays qui perçoivent des revenus substantiels issus des ressources naturelles sont devenus, de plus en plus dépendants des ressources naturelles comme source de revenus, et leur situation budgétaire est très exposée aux variations des cours des produits de base (Cogneau et coll. 2021).

14. Toutefois, si les entreprises du secteur des ressources devaient réduire considérablement leurs activités en raison de l'augmentation du montant qu'elles doivent payer au gouvernement, cela aurait un impact significatif sur l'activité économique globale (Havranek, Horvath et Zeynalov 2016).

15. Cette section bénéficie des commentaires de Mitja Del Bono, Elena Glinskaya, Ambika Sharma et Ruslan G. Yemtsov.

16. Il s'agit d'un seuil ad hoc choisi pour faciliter la comparaison entre les pays ; la taille optimale du paramètre de recyclage dépend du contexte national : ampleur des dépenses en subventions et caractéristiques du programme de transferts monétaires.

17. Les données administratives sur les subventions à l'énergie sont privilégiées par rapport aux données obtenues à partir des enquêtes sur les ménages pour au moins deux raisons : (1) les données des enquêtes auprès des ménages ne mesurent que l'énergie consommée par les ménages, sans tenir compte de la consommation d'énergie et des exportations du gouvernement ; (2) la consommation mesurée dans les enquêtes sur les ménages peut être sous-déclarée, ce qui biaise les estimations de la consommation d'énergie, à la fois directe et indirecte. Parmi les raisons de la sous-déclaration de la consommation, l'on peut citer la sous-représentation de biens spécifiques (c'est-à-dire les biens durables), la sous-représentation des ménages aux revenus les plus élevés et les erreurs de mesure liées aux méthodes de collecte.

18. *L'évolutivité* fait référence à la capacité du programme à augmenter sa couverture et est évaluée subjectivement par l'économiste spécialisé en pauvreté de chaque simulation.

19. Pour une analyse récente de ces questions de conception et des réponses comportementales potentielles, voir Banerjee et coll. (2024) et Bastagli et coll. (2019).

Bibliographie

Adelman, Sarah, Daniel A. Gilligan, Joseph Konde-Lule et Harold Alderman. 2019. "School Feeding Reduces Anemia Prevalence in Adolescent Girls and Other Vulnerable Household Members in a Cluster Randomized Controlled Trial in Uganda." Journal of Nutrition 149 (4): 659–66.

Aghion, Philippe, Ufuk Akcigit, Matthieu Lequien et Stefanie Stantcheva. 2017. "Tax Simplicity and Heterogeneous Learning." Working Paper 24049, National Bureau of Economic Research, Cambridge, MA.

Albertin, Giorgia, Boriana Yocheved, Dan Devlin, Hilary Devine, Marc Gerard, Irena Jankulov Suljagic, Vimal Thakoor et Sebastian Beer. 2021. "Tax Avoidance in Sub-Saharan Africa's Mining Sector." Departmental Paper 2021/022, International Monetary Fund, Washington, DC.

Alderman, Harold, et Ruslan Yemtsov. 2014. "How Can Safety Nets Contribute to Economic Growth?" World Bank Economic Review 28 (1): 1–20. https://doi.org/10.1093/wber/lht011.

Alstadsæter, Annette, Sarah Godar, Panayiotis Nicolaides et Gabriel Zucman. 2023. Global Tax Evasion Report 2024. Paris: EU Tax Observatory. https://www.taxobservatory.eu//www-site/uploads/2023/10/global_tax_evasion_report_24.pdf.

ATAF (African Tax Administration Forum). 2023. Suggested Approaches to Drafting Domestic Minimum Top-up Tax (DMTT) Legislation. Pretoria: ATAF. https://events.ataftax.org/index.php?page=documents&func=view&document_id=209.

Aurino, Elisabetta, Jean-Pierre Tranchant, Amadou Sekou Diallo et Aulo Gelli. 2019. "School Feeding or General Food Distribution? Quasi-Experimental Evidence on the Educational Impacts of Emergency Food Assistance during Conflict in Mali." Journal of Development Studies 55 (S1): 7–28.

Axelson, Chris, Antonia Hohmann, Jukka Pirttilä, Roxanne Raabe et Nadine Riedel. 2024. "Taxing Top Incomes in the Emerging World." Working Paper 232, Southern Africa—Towards Inclusive Economic Development, Helsinki. https://sa-tied.wider.unu.edu/article/taxing-top-incomes-in-the-emerging-world.

Bachas, Pierre, Anne Brockmeyer, Roel Dom et Camille Semelet. 2023a. "Effective Tax Rates and Firm Size." Policy Research Working Paper 10312, World Bank, Washington, DC.

Bachas, Pierre, Lucie Gadenne et Anders Jensen. 2023b. "Informality, Consumption Taxes, and Redistribution." Review of Economic Studies: rdad095. https://doi.org/10.1093/restud/rdad095.

Baird, Sarah, Francisco H. G. Ferreira, Berk Özler et Michael Woolcock. 2014. "Conditional, Unconditional and Everything in Between: A Systematic Review of the Effects of Cash Transfer Programmes on Schooling Outcomes." Journal of Development Effectiveness 6 (1): 1–43. https://doi.org/10.1080/19439342.2014.890362.

Balán, Pablo, Augustin Bergeron, Gabriel Tourek et Jonathan Weigel. 2020. "Land Formalization in Weak States: Experimental Evidence from Urban Property Titling in the D.R. Congo." Unpublished manuscript, Harvard University, Cambridge, MA.

Banerjee, Abhijit, Rema Hanna, Benjamin A. Olken et Diana Sverdlin Lisker. 2024. "Social Protection in the Developing World." Working Paper 32382, National Bureau of Economic Research, Cambridge, MA. https://www.nber.org/papers/w32382.

Banque mondiale. 2017. World Development Report 2017: Governance and the Law. Washington, DC: Banque mondiale. http://hdl.handle.net/10986/25880.

Banque mondiale. 2022a. Poverty and Shared Prosperity 2022: Correcting Course. Washington, DC: Banque mondiale. http://hdl.handle.net/10986/37739.

Banque mondiale. 2022b. World Development Report 2022: Finance for an Equitable Recovery. Washington, DC: Banque mondiale Group.

Banque mondiale. 2023a. World Development Indicators. Washington, DC: Banque mondiale. https://databank.worldbank.org/source/world-development-indicators.

Banque mondiale. 2023b. "Tanzania Economic Update: The Efficiency and Effectiveness of Fiscal Policy in Tanzania." Tanzania Economic Update 19. Washington, DC: Banque mondiale. http://hdl.handle.net/10986/40452.

Basri, M. Chatib, Mayara Felix, Rema Hanna et Benjamin A. Olken. 2021. "Tax Administration versus Tax Rates: Evidence from Corporate Taxation in Indonesia." American Economic Review 111 (12): 3827–71.

Bastagli, Francesca, Jessica Hagen-Zanker, Luke Harman, Valentina Barca, Georgina Sturge et Tanja Schmidt. 2019. "The Impact of Cash Transfers: A Review of the Evidence from Low- and Middle-income Countries." Journal of Social Policy 48 (3): 569–94. https://doi.org/10.1017/S0047279418000715.

Bastagli, Francesca, Jessica Hagen-Zanker et Georgina Sturge. 2016. "Cash Transfers: What Does the Evidence Say?" London: ODI. https://odi.org/en/publications/cash-transfers-what-does-the -evidence-say-a-rigorous-review-of-impacts-and-the-role-of-design-and-implementation -features/.

Beegle, Kathleen, et Luc Christiaensen. 2019. Accelerating Poverty Reduction in Africa. Washington, DC: World Bank. http://hdl.handle.net/10986/32354.

Bergeron, Augustin, Gabriel Tourek et Jonathan Weigel. 2023. "The State Capacity Ceiling on Tax Rates: Evidence from Randomized Tax Abatements in the DRC." Working Paper 31685, National Bureau of Economic Research, Cambridge, MA.

Bergolo, Marcelo, Juliana Londoño-Vélez et Darío Tortarolo. 2023. "Tax Progressivity and Taxing the Rich in Developing Countries: Lessons from Latin America." Oxford Review of Economic Policy 39 (3): 530–49.

Bilicka, Katarzyna, Yaxuan Qi et Jing Xing. 2022. "Real Responses to Anti-Tax Avoidance: Evidence from the UK Worldwide Debt Cap." Journal of Public Economics 214: 104742.

Black, Simon, Antung A. Liu, Ian W. H. Perry et Nate Vernon. 2023. "IMF Fossil Fuel Subsidies Data: 2023 Update." Working Paper WP/23/169, International Monetary Fund, Washington, DC. https:// www.imf.org/en/Publications/WP/Issues/2023/08/22/IMF-Fossil-Fuel-Subsidies-Data-2023 -Update-537281.

Boadway, Robin, et Motohiro Sato. 2009. "Optimal Tax Design and Enforcement with an Informal Sector." American Economic Journal: Economic Policy 1 (1): 1–27.

Bowen, Thomas, Carlo del Ninno, Colin Andrews, Sarah Coll-Black, Ugo Gentilini, Kelly Johnson, Yasuhiro Kawasoe, Adea Kryeziu, Barry Maher et Asha Williams. 2020. Adaptive Social Protection: Building Resilience to Shocks. International Development in Focus. Washington, DC: World Bank. https://openknowledge.worldbank.org/handle/10986/33785.

Brockmeyer, Anne, Alejandro Estefan, Karina Ramírez Arras et Juan Carlos Suárez Serrato. 2021. "Taxing Property in Developing Countries: Theory and Evidence from Mexico." Working Paper 28637, National Bureau of Economic Research, Cambridge, MA.

Cahill, Sean A. 1997. "Calculating the Rate of Decoupling for Crops under CAP/Oilseeds Reform." Journal of Agricultural Economics 48 (3): 349–78.

Chakraborty, Tanika, et Rajshri Jayaraman. 2019. "School Feeding and Learning Achievement: Evidence from India's Midday Meal Program." Journal of Development Economics 139: 249–65.

Chancel, Lucas, Denis Cogneau, Amory Gethin, Alix Myczkowski et Anne-Sophie Robilliard. 2023. "Income Inequality in Africa, 1990–2019: Measurement, Patterns, Determinants." World Development 163: 106162.

Coady, David. 2008. "The Distributional Impacts of Indirect Tax and Public Pricing Reforms: A Review of Methods and Empirical Evidence." In Poverty and Social Impact Analysis by the IMF: Review of Methodology and Selected Evidence, edited by Robert Gillingham, 33–73. Washington, DC: International Monetary Fund.

Cogneau, Denis, Yannick Dupraz, Justine Knebelmann et Sandrine Mesplé-Somps. 2021. "Taxation in Africa from Colonial Times to Present: Evidence from Former French Colonies 1900–2018." Working Paper 2021-62, Paris School of Economics, Paris. https://shs.hal.science/halshs -03420664v1/file/WP_202162_.pdf.

Comelli, Fabio, Peter Kovacs, Jimena Jesus Montoya Villavicencio, Arthur Sode, Antonio David et Luc Eyraud. 2023. "Navigating Fiscal Challenges in Sub-Saharan Africa: Resilient Strategies and Credible Anchors in Turbulent Waters." Departmental Paper 2023/007, International Monetary Fund, Washington, DC.

Crossley, Elle, Debbie Hillier, Michèle Plichta, Niklas Rieger et Scott Waygood. 2021. "Funding Disasters: Tracking Global Humanitarian and Development Funding for Response to Natural Hazards." Working Paper 8, Centre for Disaster Protection and Development Initiatives, London.

Cust, James, et Albert G. Zeufack. 2023. Africa's Resource Future: Harnessing Natural Resources for Economic Transformation during the Low-Carbon Transition. Africa Development Forum. Washington, DC: World Bank.

Deininger, Klaus, et Aparajita Goyal. 2023. "Land Institutions to Address New Challenges in Africa: Implications for the World Bank's Land Policy." Policy Research Working Paper 10389, World Bank, Washington, DC. http://hdl.handle.net/10986/39634.

De La O, Ana L., Donald P. Green, Peter John, Rafael Goldszmidt, Anna-Katharina Lenz, Martin Valdivia, Cesar Zucco, Darin Christensen, Francisco Garfias, Pablo Balán, Augustin Bergeron, Jonathan Weigel, Jessica Gottlieb, Adrienne LeBas, Janica Magat, Nonso Obikili, Jake Bowers, Nuole Chen, Christopher Grady, Matthew Winters, Nikhar Gaikwad, Gareth Nellis, Anjali Thomas et Susan Hyde. 2021. "Fiscal Contracts? A Six-Country Randomized Experiment on Transaction Costs, Public Services, and Taxation in Developing Countries." Unpublished manuscript. https://www.dropbox.com/scl/fi/iqv0nkr2g0ae13sw1dg0y/MetaketaII_meta_analysis_2022Oct20.pdf?rlkey=kvocikk5esqwmpopruodr5lqj&e=1&dl=0.

De Walque, Damien, Lia Fernald, Paul Gertler et Melissa Hidrobo, 2017. "Cash Transfers and Child and Adolescent Development." In Child and Adolescent Health and Development, edited by Donald

A. P. Bundy, Nilanthi de Silva, Susan Horton, Dean T. Jamison et George C. Patton, 325–41. 3rd ed. Washington, DC: World Bank. https://doi.org/10.1596/978-1-4648-0423-6_ch23.

Dom, Roel, Anna Custers, Stephen R. Davenport, et Wilson Prichard. 2022. Innovations in Tax Compliance: Building Trust, Navigating Politics, and Tailoring Reform. Washington, DC: World Bank. http://hdl.handle.net/10986/36946.

Dom, Roel, Oliver Morrissey et Abrams M. E. Tagem. 2023. "Taxation and Accountability in Sub-Saharan Africa." WIDER Working Paper 2023/115, UNU-WIDER, Helsinki. https://doi.org/10.35188/UNU-WIDER/2023/423-6

Dzansi, James, Anders Jensen, David Lagakos et Henry Telli. 2022. "Technology and Tax Capacity: Evidence from Local Governments in Ghana." Working Paper 29923, National Bureau of Economic Research, Cambridge, MA.

Egger, Dennis, Johannes Haushofer, Edward Miguel, Paul Niehaus et Michael W. Walker. 2019. "General Equilibrium Effects of Cash Transfers: Experimental Evidence from Kenya." Working Paper 26600, National Bureau of Economic Research, Cambridge, MA. https://doi.org/10.3386/w26600.

EITI (Extractive Industries Transparency Initiative). 2023. "Open Data." Oslo: EITI. https://eiti.org/open-data.

FMI (Fonds monétaire international). 2023. Making Public Debt Public—Ongoing Initiatives and Reform Options. Washington, DC: IMF.

FMI (Fonds monétaire international), OCDE (Organisation pour la coopération économique et le développement), UN (United Nations), and World Bank. 2015. Options for Low-Income Countries' Effective and Efficient Use of Tax Incentives for Investment: Tools for the Assessment of Tax Incentives. Washington, DC: World Bank. http://hdl.handle.net/10986/22924.

Franzsen, Riël, et William McCluskey, eds. 2017. Property Tax in Africa: Status, Challenges, and Prospects. Cambridge, MA: Lincoln Institute of Land Policy.

Fuest, Clemens, et Florian Neumeier. 2023. "Corporate Taxation." Annual Review of Economics 15 (1): 425–50.

Gallien, Max et Vanessa van den Boogaard. 2021. "Rethinking Formalisation: A Conceptual Critique and Research Agenda." Working Paper 127, Institute of Development Studies, Brighton, UK. https://doi.org/10.19088/ICTD.2021.016.

Gelli, Aulo, Elisabetta Aurino, Gloria Folson, Daniel Arhinful, Clement Adamba, Issac Osei-Akoto, Edoardo Masset, Kristie Watkins, Meena Fernandes, Lesley Drake et Harold Alderman. 2019. "A School Meals Program Implemented at Scale in Ghana Increases Height-for-Age during Midchildhood in Girls and in Children from Poor Households: A Cluster Randomized Trial." Journal of Nutrition 149 (8): 1434–42.

Gentilini, Ugo, Mohamed Almenfi, Hrishikesh T. M. M. Iyengar, Giorgia Valleriani, Yuko

Okamura, Emilio Raul Urteaga, Sheraz Aziz, Mohammad Farid Al Azim Bin Noruzi et Margret Chu. 2023. "Tracking Global Social Protection Responses to Inflation." Living Paper, v.5. Social Protection & Jobs Discussion Paper 2305, World Bank, Washington, DC. http://hdl.handle .net/10986/37441.

Gentilini, Ugo, Margaret Grosh, Jamele Rigolini et Ruslan Yemtsov, eds. 2019. Exploring Universal Basic Income: A Guide to Navigating Concepts, Evidence, and Practices. Washington, DC: World Bank.

Gootjes, Bram, et Jakob de Haan. 2022. "Do Fiscal Rules Need Budget Transparency to Be Effective?" European Journal of Political Economy 75: 102210.

Goyal, Aparajita, et John Nash. 2017. Reaping Richer Returns: Public Spending Priorities for African Agriculture Productivity Growth. Africa Development Forum. Washington, DC: World Bank and Agence Francaise de Developpement. http://hdl.handle.net/10986/25996.

Havranek, Tomas, Roman Horvath et Ayaz Zeynalov. 2016. "Natural Resources and Economic Growth: A Meta-Analysis." World Development 88: 134–51.

Hill, Ruth Vargas, Neha Kumar, Nicholas Magnan, Simrin Makhija, Francesca de Nicola, David J. Spielman, et Patrick S. Ward. 2019. "Ex Ante and Ex Post Effects of Hybrid Index Insurance in Bangladesh." Journal of Development Economics 136: 1–17.

Hill, Ruth, Emmanuel Skoufias et Barry Maher. 2019. The Chronology of a Disaster: A Review and Assessment of the Value of Acting Early on Household Welfare. Washington, DC: World Bank. https://openknowledge.worldbank.org/handle/10986/31721.

Hoy, Christopher. 2022. "How Does the Progressivity of Taxes and Government Transfers Impact People's Willingness to Pay Tax? Experimental Evidence across Developing Countries." Policy Research Working Paper 10167, World Bank, Washington, DC.

Hoy, Christopher, Yeon Soo Kim, Minh Nguyen, Mariano Sosa et Sailesh Tiwari. 2023. "Building Public Support for Reducing Fossil Fuel Subsidies: Evidence across 12 Middle-Income Countries." Policy Research Working Paper. 10615, World Bank, Washington, DC.

Hoy, Christopher, Luke McKenzie et Mathias Sinning. 2024. "Improving Tax Compliance without Increasing Revenue: Evidence from Population-Wide Randomized Controlled Trials in Papua New Guinea. Economic Development and Cultural Change 72 (2). https://doi.org/10.1086/721650.

Hoy, Christopher, Thiago Scot, Alex Oguso, Anna Custers, Daniel Zalo, Ruggero Doino, Jonathan Karver et Nicolas Orgeira Pillai. 2024. "Trade-Offs in the Design of Simplified Tax Regimes: Evidence from Sub-Saharan Africa." Policy Research Working Paper 10909, World Bank, Washington, DC. https://hdl.handle.net/10986/42165.

Inchauste, Gabriela, Bernardo Atuesta et Akem Fabinin. forthcoming. The Distributional Impact of Higher Import Prices in WAEMU+2 Countries. Washington, DC: World Bank.

Inchauste, Gabriela, et David G. Victor, eds. 2017. The Political Economy of Energy Subsidy Reform. Washington, DC: World Bank.

IPA (Innovations for Poverty Action). 2022. "Impact d'un programme public d'inclusion économique sur les ménages pauvres au Niger: Filets sociaux et chemins de sortie de la pauvreté." Washington, DC: IPA. https://poverty-action.org/sites/default/files/publications/FRH-Impact-Dun -Programme-Public-Dinclusion-Economique-JUNE-2022_0.pdf.

Jayne, Thomas S., Nicole M. Mason, William J. Burke et Joshua Ariga. 2018. "Review: Taking Stock of Africa's Second-Generation Agricultural Input Subsidy Programs." Food Policy 75: 1–14. https://doi .org/10.1016/j.foodpol.2018.01.003.

Jensen, Anders. 2022. "Employment Structure and the Rise of the Modern Tax System." American Economic Review 112 (1): 213–34.

Jibao, Samuel, et Wilson Prichard. 2016. "Rebuilding Local Government Finances after Conflict: Lessons from a Property Tax Reform Programme in Post-Conflict Sierra Leone." Journal of Development Studies 52 (12): 1759–75. https://doi.org/10.1080/00220388.2016.1153073.

Jouste, M., Barugahara, T.K., Ayo, J.O., Pirttilä, J., Rattenhuber, P. 2023. "Taxpayer Response to Greater Progressivity: Evidence from Personal Income Tax Reform in Uganda." WIDER Working Paper 2023/66, UNU-WIDER, Helsinki. https://doi.org/10.35188/UNU-WIDER/2023/374-1.

J-PAL (Abdul Latif Jameel Poverty Action Lab). 2022. "Improving Tax Compliance through Reminder Messages for Taxpayers." J-PAL Policy Insights, July. https://www.povertyactionlab.org/policy -insight/improving-tax-compliance-through-reminder-messages-taxpayers.

Kazianga, Harounan, Damien de Walque et Harold Alderman. 2014. "School Feeding Programs, Intrahousehold Allocation and the Nutrition of Siblings: Evidence from a Randomized Trial in Rural Burkina Faso." Journal of Development Economics 106: 15–34.

Khagram, S., A. Fung, et P. de Renzio, eds. 2013. Open Budgets: The Political Economy of Transparency, Participation, and Accountability. Washington, DC: Brookings Institution Press. http://www.jstor. org/stable/10.7864/j.ctt1262zx.

Knebelmann, Justine. 2021. "The (Un)Hidden Wealth of the City: Property Taxation under Weak Enforcement in Senegal." Unpublished manuscript, Paris School of Economics, Paris.

Knebelmann, Justine, Victor Pouliquen et Bassirou Sarr. 2023. "Discretion versus Algorithms: Bureaucrats and Tax Equity in Senegal." Unpublished manuscript. https://drive.google.com /file/d/1EAPqRR7GWkP8PrOVV-uUItsB09NGx7uq/view.

Leite, Phillippe, Tina George, Changqing Sun, Theresa Jones et Kathy Lindert. 2017. "Social Registries for Social Assistance and Beyond: A Guidance Note and Assessment Tool." Social Protection and Labor Discussion Paper 1704, World Bank, Washington, DC. https:// openknowledge.worldbank .org/handle/10986/28284.

Lustig, Nora, ed. 2022. Commitment to Equity Handbook: Estimating the Impact of Fiscal Policy on Inequality and Poverty. 2 vols. New Orleans: Commitment to Equity. https://commitmentoequity .org/.

Mansour, M., et Keen, M. 2009. "Revenue Mobilization in Sub-Saharan Africa: Challenges from Globalization." Working Paper WP/09/157, International Monetary Fund, Washington, DC. https:// www.imf.org/external/pubs/ft/wp/2009/wp09157.pdf.

Mataba, Kudzai, Thomas Lassourd, Alexandra Readhead et Suzy Nikièma. 2023. "Revisiting Tax Incentives as an Investment Promotion Tool: Q&A for Investment Policy-makers." International Institute for Sustainable Development Brief, Winnipeg. https://www.iisd.org/system/files/2023 -10/revisiting-tax-incentives-investment-promotion-tool-policy-makers.pdf.

McNabb, Kyle, et Annalena Oppel. 2023. "Personal Income Tax Reforms and Income Inequality in African Countries." Working paper, ODI, London. https://www.odi.org/en/publications/personal-incometax-reforms-and-income-inequality-in-african-countries/.

Millot, Valentine, Åsa Johansson, Stéphane Sorbe et Sebastien Turban. 2020. "Corporate Taxation and Investment of Multinational Firms: Evidence from Firm-Level Data." Taxation Working Paper 51, Organisation for Economic Co-operation and Development, Paris.

Molina Millán, Teresa, Tania Barham, Karen Macours, John A. Maluccio et Marco Stampini. 2019. "Long-Term Impacts of Conditional Cash Transfers: Review of the Evidence." World Bank Research Observer 34 (1): 119–59. https://doi.org/10.1093/wbro/lky005.

Moore, Mick. 2023. "Tax Obsessions: Taxpayer Registration and the 'informal sector' in Sub-Saharan Africa." Development Policy Review 41 (1): e12649. https://doi.org/10.1111/dpr.12649.

Moore, Mick, Wilson Prichard, et Odd-Helge Fjeldstad. 2018. Taxing Africa: Coercion, Reform and Development. London: Zed Books.

Musiega, Anita, Benjamin Tsofa, Lizah Nyawira, Rebecca G. Njuguna, Joshua Munywoki, Kara Hanson, Andrew Mulwa, Sassy Molyneux, Isabel Maina, Charles Normand, Julie Jemutai et Edwine Barasa. 2023. "Examining the Influence of Budget Execution Processes on the Efficiency of County Health Systems in Kenya." Health Policy Plan 38 (3): 351–62. https://doi.org/10.1093/heapol/czac098.

Naurin, Daniel. 2006. "Transparency, Publicity, Accountability: The Missing Links." Swiss Political Science Review 12 (3): 90–98.

OECD (Organisation for Economic Co-operation and Development). 2006. "Decoupling: A Conceptual Overview." OECD Papers 5 (11). https://doi.org/10.1787/oecd_papers-v5-art37-en.

Okunogbe, Oyebola, et Fabrizio Santoro. 2023. "Increasing Tax Collection in African Countries: The Role of Information Technology." Journal of African Economies 32 (Supplement 1): i57–i83. https://doi.org/10.1093/jae/ejac036.

Paul, Boban Varghese, Puja Vasudeva Dutta et Sarang Chaudhary. 2021. "Assessing the Impact and Cost of Economic Inclusion Programs: A Synthesis of Evidence." Policy Research Working Paper 9536, World Bank, Washington, DC. http://hdl.handle.net/10986/35109.

PEFA (Public Expenditure and Financial Accountability). 2022. 2022 Global Report on Public Financial Management. Washington, DC: PEFA. https://www.pefa.org/global-report-2022/en/.

Readhead, Alexandra, Viola Tarus, Thomas Lassourd, Ezera Madzivanyika et Bernd Schlenther. 2023. The Future of Resource Taxation: 10 Policy Ideas to Mobilize Mining Revenues. Winnipeg: International Institute for Sustainable Development & African Tax Administration Forum. https://www.iisd.org/publications/guide/future-of-resource-taxation.

Regan, Tanner, et Priya Manwaring. 2023. "Public Disclosure and Tax Compliance: Evidence from Uganda." Discussion Paper CEPDP1937, Centre for Economic Performance, London. https://cep.lse.ac.uk/_NEW/publications/abstract.asp?index=10308.

Rivetti, Diego. 2021. Debt Transparency in Developing Economies. Washington, DC: World Bank. http://documents.worldbank.org/curated/en/743881635526394087/Debt-Transparency-in-Developing-Economies.

Savoia, Antonio, et Kunal Sen. 2021. "The Political Economy of the Resource Curse: A Development Perspective." Annual Review of Resource Economics 13 (1): 223.

Tagem, Abrams Mbu Enow, et Oliver Morrissey. 2023. "Institutions and Tax Capacity in Sub-Saharan Africa." Journal of Institutional Economics 19 (3): 332–47. https://doi.org/10.1017/S1744137422000145.

Thome, Karen, J. Edward Taylor, Mateusz Filipski, Benjamin Davis et Sudhanshu Handa. 2016.

The Local Economy Impacts of Social Cash Transfers. Rome: Food and Agriculture Organization of the United Nations. https://www.fao.org/publications/card/en/c/1154dc4a-037a-47f0-855e-66ab dea96d57

Tourek, Gabriel. 2022. "Targeting in Tax Behavior: Evidence from Rwandan Firms." Journal of Development Economics 158: 102911.

UBS. 2023. Global Wealth Report. Union City, NJ: UBS Financial Services. https://www.ubs.com /global/en/family-office-uhnw/reports/global-wealth-report-2023.html.

UNU-Wider. 2023. "UNU-WIDER Government Revenue Dataset." Version 2023. Helsinki: UNU -Wider. https://doi.org/10.35188/UNU-WIDER/GRD-2023.

Waiswa, Ronald, et Solomon Rukundo. 2023. "Strategic Investment Tax Incentives in Africa: The Case of Tax Holidays in Uganda." ICTD Working Paper 161, Institute of Development Studies, Brighton, UK. https://doi.org/10.19088/ICTD.2023.013.

Wang, Dongqing, Sachin Shinde, Tara Young et Wafaie W. Fawzi. 2021. "Impacts of School Feeding on Educational and Health Outcomes of School-Age Children and Adolescents in Low- and Middle-Income Countries: A Systematic Review and Meta-Analysis. Journal of Global Health 11: 04051. https://doi.org/10.7189/jogh.11.04051.

Warwick, Ross, Tom Harris, David Phillips, Maya Goldman, Jon Jellema, Gabriela Inchauste, et Karolina Goraus-Tańska. 2022. "The Redistributive Power of Cash Transfers vs VAT Exemptions: A Multi-Country Study." World Development 151: 105742. https://doi.org/10.1016/j.worlddev .2021.105742.

Weigel, Jonathan. 2020. "The Participation Dividend of Taxation: How Citizens in Congo Engage More with the State When It Tries to Tax Them." Quarterly Journal of Economics 135 (4): 1849–1903. https://doi.org/10.1093/qje/qjaa019.

World Food Programme. 2021. School Feeding Programs in Low- and Lower-Middle Income Countries: A Focused Review of Recent Evidence from Impact Evaluations. Rome: World Food Programme. https://www.wfp.org/publications/school-feeding-programmes-low-and-lower -middle-income-countries.

Facteurs ayant une incidence sur la pauvreté et les inégalités : dette

CÉSAR CALDERÓN

La dette publique a fortement augmenté en Afrique, bien avant le début des conséquences économiques de la pandémie de COVID-19[1]. Au cours des deux dernières décennies, la dette publique s'est accumulée plus rapidement pendant les années prépandémiques. La dette brute des administrations publiques en Afrique est passée de 29 % du produit intérieur brut (PIB) en 2012 à 53 % du PIB en 2019. Elle a atteint 57 % du PIB au plus fort de la pandémie (2020-2021) et a continué d'augmenter pour atteindre 61 % en 2023 (voir figure S4.1a)[2]. La dette publique médiane des pays à faible revenu et à revenu intermédiaire de la région, cette même année, atteindra 60 % et 61 % du PIB, respectivement. Le taux d'endettement a augmenté d'environ 31 points de pourcentage du PIB pour les pays à faible revenu depuis 2012, et elle s'est accrue de 34 points de pourcentage du PIB pour les pays à revenu intermédiaire.

L'assouplissement des conditions financières mondiales et l'abondance des financements en provenance de la Chine ont conduit de nombreux pays de la région à délaisser les financements concessionnels traditionnels au profit de sources de financement fondées sur le marché et extérieures au Club de Paris (voir graphique S4.1b). La part des financements concessionnels dans la dette extérieure publique et garantie par l'État (PPG) a diminué, passant d'un pic de 42 % en 2005 à environ 26 % en 2022. La part des financements de marché pour l'Afrique, en revanche, a grimpé en flèche, passant d'environ 28 % en 2009 à un pic de 48 % en 2019. Cette augmentation des sources privées d'emprunts extérieurs est principalement due à l'émission d'obligations internationales, dont le taux est passé de 14 % en 2009 à 31 % en 2019. Au cours de la dernière décennie, la composition de la dette publique s'est progressivement déplacée vers la dette intérieure, avec un recours accru à la dette intérieure pour répondre aux besoins en financement liés à la COVID-19. Les estimations suggèrent plus précisément que la dette publique intérieure de la région représentait près de la moitié de l'encours de la dette publique à la fin de 2021.

FIGURE S4.1 Dette publique en Afrique

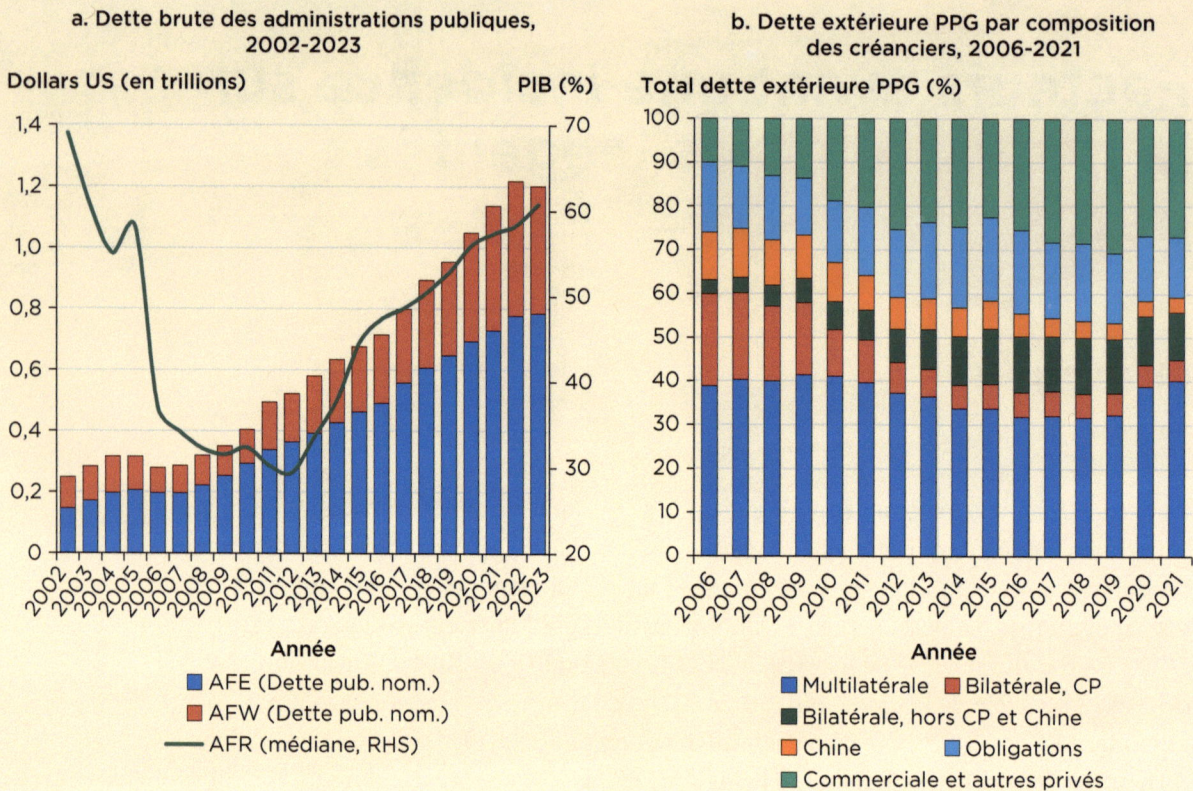

a. Dette brute des administrations publiques, 2002-2023

Dollars US (en trillions) / PIB (%)

Légende :
- ■ AFE (Dette pub. nom.)
- ■ AFW (Dette pub. nom.)
- — AFR (médiane, RHS)

b. Dette extérieure PPG par composition des créanciers, 2006-2021

Total dette extérieure PPG (%)

Légende :
- ■ Multilatérale
- ■ Bilatérale, CP
- ■ Bilatérale, hors CP et Chine
- ■ Chine
- ■ Obligations
- ■ Commerciale et autres privés

Sources : Perspectives de l'économie mondiale, avril 2024, *Fonds monétaire international* (https://www.imf.org/en/Publications/WEO/weo-database/2024/April) ; International Debt Statistics 2022, Banque mondiale (https://www.worldbank.org/en/programs/debt-statistics/ids).
AFE= Afrique de l'Est et australe ; AFR= Afrique subsaharienne ; AFW= Afrique de l'Ouest et centrale ; PIB= produit intérieur brut ; Dette pub. nom.=dette publique nominale ; CP= Club de Paris ; PPG= publique et garantie par l'État ; RHS= axe des *ordonnées* à droite.

Quels sont les facteurs à l'origine de l'explosion de la dette publique dans la région au cours de la dernière décennie ? Les déficits primaires persistants ont été le principal moteur de l'augmentation de la dette publique dans la région et, en particulier, dans tous les pays à faible revenu (voir figure S4.2a). En moyenne, le ratio dette publique / PIB est passé de 56 % en 2015 à 69 % en 2019 dans les pays de la région éligibles à l'Association internationale de développement (IDA). Au début de la pandémie en 2020, ce ratio est passé à 78 %, avant de redescendre à 75 % en 2023. La dépréciation du taux de change réel et l'aggravation des déficits primaires à la suite de l'effondrement des prix du pétrole en 2014-2015 ont entraîné une augmentation de la dette publique. Le rythme d'accumulation de la dette a ralenti en 2019 grâce à une baisse des taux d'intérêt réels et à une légère amélioration des soldes budgétaires. En 2020, cependant, la dette publique s'est fortement accrue pour atténuer les conséquences économiques de la pandémie de COVID-19. La dette publique des pays éligibles à l'IDA a, en moyenne, augmenté pour atteindre environ 9 points de pourcentage du PIB en 2020, principalement en raison de l'aggravation des déficits et de la contraction de l'activité économique.

FIGURE S4.2 Facteurs de la dette publique et évolution du service de la dette

a. Facteurs d'accumulation de la dette du secteur public dans les pays de l'AFR éligibles à l'IDA (% du PIB, en moyenne)

b. Ratios du service de la dette publique dans l'AFR, 2010-2022

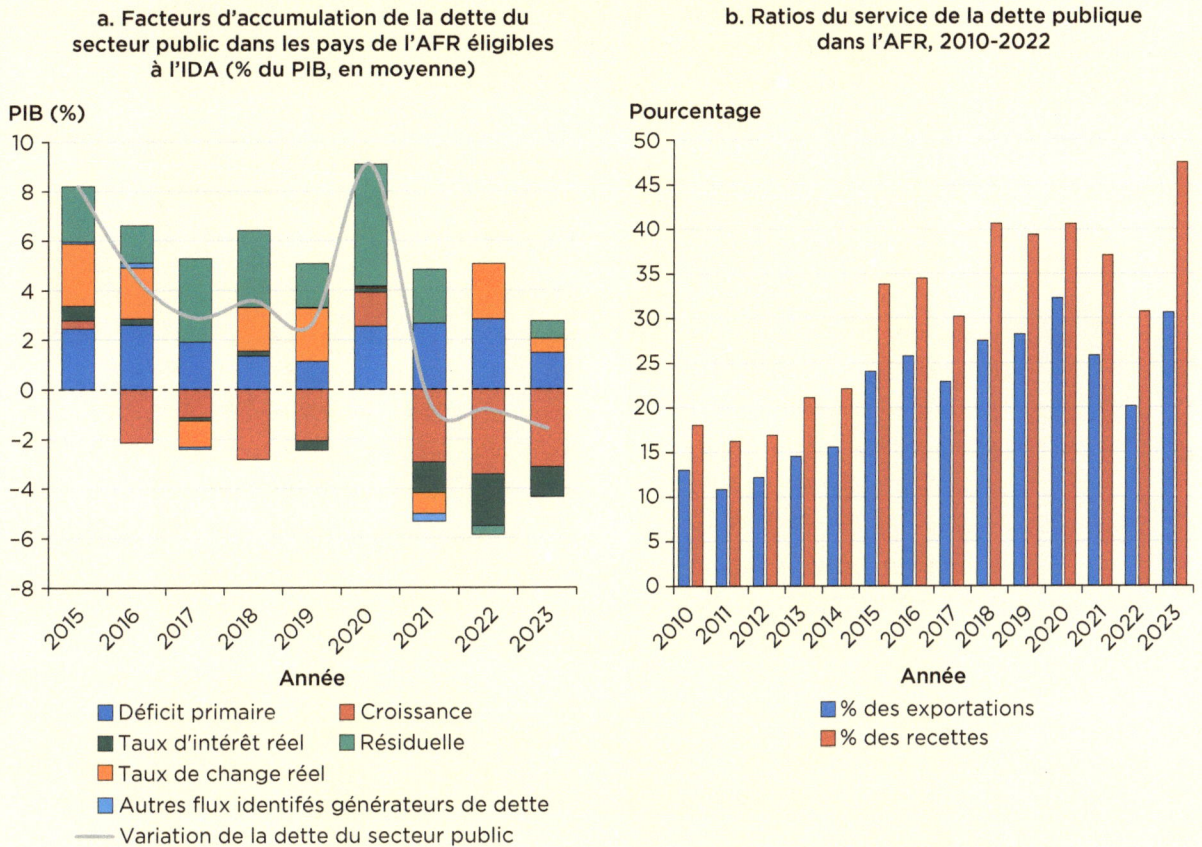

Légende panel a :
- Déficit primaire
- Taux d'intérêt réel
- Taux de change réel
- Autres flux identifés générateurs de dette
- Croissance
- Résiduelle
- Variation de la dette du secteur public

Légende panel b :
- % des exportations
- % des recettes

Sources : Panel a, base de données de l'analyse de viabilité de la dette des pays à faible revenu à la fin juin 2023. Panel b, Perspectives de l'économie mondiale, avril 2023 ; calculs des services de la Banque mondiale. N.B. : AFR= Afrique subsaharienne ; PIB= produit intérieur brut ; IDA= Association internationale de développement.

La dynamique sous-jacente de la dette montre que les déficits primaires ont entraîné une hausse du ratio dette publique/PIB de près de 17 points de pourcentage du PIB depuis 2015 (voir figure S4.2a). L'affaiblissement des devises africaines en termes réels a contribué à une augmentation de la dette publique de 7 points de pourcentage du PIB depuis 2015, avec des contributions notables au cours des périodes 2015-2016, 2018-2019, et en 2022. La croissance du PIB réel, en revanche, a permis de contenir l'accumulation de la dette publique, avec une baisse cumulée de 16 points de pourcentage du PIB depuis 2015.

Les changements dans la composition de la dette africaine, vers des financements non concessionnels, ont entraîné une forte hausse de la charge globale du service de la dette et de la vulnérabilité aux chocs. Les niveaux de service de la dette de la région ont régulièrement augmenté au cours de la dernière décennie. Le service de la dette publique a, par exemple, augmenté de 97 milliards de dollars US entre 2012 et 2023.

L'augmentation la plus importante est celle des pays d'Afrique de l'Est et australe, pour lesquels cette hausse s'élève à 81 milliards de dollars US. Les ratios croissants du service de la dette, qui atteindront les pourcentages ahurissants de 47 % des recettes et 31 % des exportations de la région en 2023, entraînent une réduction des ressources disponibles pour soutenir les investissements publics et les programmes sociaux (voir figure S4.2b). La stagnation des exportations risque également de réduire la disponibilité des devises pour des importations essentielles à la production et à l'investissement.

Le risque de surendettement des pays africains a considérablement progressé depuis 2015, et s'est aggravé depuis la pandémie de COVID-19, en raison de l'augmentation des niveaux d'endettement et des emprunts non concessionnels. Selon le Cadre de viabilité de la dette des pays à faible revenu (CVD-PFR), la proportion des pays de la région exposés à un risque élevé de surendettement est passée de 19 % en 2015 à 32 % en 2023[3], tandis que la proportion des pays de la région déjà en situation de surendettement est passée de 8 % à 21 % au cours de la même période. En résumé, plus de la moitié des pays africains éligibles à l'IDA reste classée comme étant à haut risque ou déjà en situation de surendettement (voir figure S4.3a). Aucun pays de la région faisant partie du CVD-PFR n'a été, en outre, classé comme étant à faible risque de surendettement depuis 2021, alors que la proportion des pays classés comme étant à risque modéré a légèrement augmenté, passant de 39 % en 2021 à 42 % en 2022, et à 47 % en décembre 2023.

FIGURE S4.3 Risque de surendettement et besoins de financement brut en Afrique

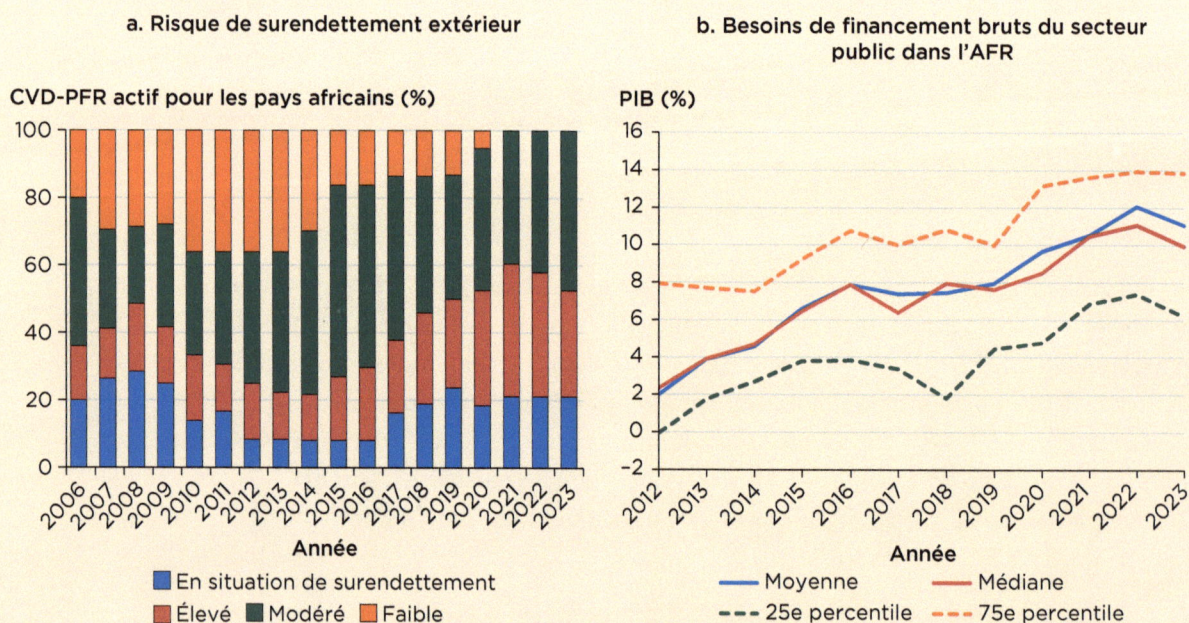

a. Risque de surendettement extérieur

CVD-PFR actif pour les pays africains (%)

Légende : En situation de surendettement ; Élevé ; Modéré ; Faible

b. Besoins de financement bruts du secteur public dans l'AFR

PIB (%)

Légende : Moyenne ; Médiane ; 25e percentile ; 75e percentile

Sources : Base de données d'analyse du Cadre de viabilité de la dette des pays à faible revenu (CVD-PFR) de la Banque mondiale et du Fonds monétaire international à la fin décembre 2023 ; calculs des services de la Banque mondiale.

N.B. : AFR= Afrique subsaharienne ; PIB= produit intérieur brut.

Les besoins de financement public brut, y compris les déficits primaires et le service de la dette, restent plus élevés que les moyennes historiques en Afrique (voir graphique S4.3b). Les besoins de financement bruts (BFB) des gouvernements de la région sont passés d'une médiane de 2,3 % du PIB en 2012 à 11 % du PIB en 2022. Le BFB médian de la région a légèrement diminué pour atteindre 10 % du PIB en 2023. Le BFB public dépassait 20 % du PIB en 2023 pour cinq pays de la région : Gambie, Ghana, São Tomé et Príncipe, Sierra Leone et Zambie. Le service total de la dette dans la région Afrique est passé de 59 milliards de dollars US en 2012 à 116 milliards de dollars US en 2021, et il a encore augmenté pour atteindre 156 milliards de dollars US en 2023. Cette tendance indique que d'autres composantes, telles que les déficits primaires, qui persistent, sont à l'origine du maintien d'un BFB élevé.

Au cours de la dernière décennie, près des deux tiers des pays de la région qui ont accès aux marchés et environ un tiers des PFR ont fait appel aux marchés internationaux. En 2018 et 2019, les pays africains ont atteint un niveau record d'émissions d'obligations internationales, soit environ 30 milliards de dollars US chaque année. Les notations de crédit souverain se sont détériorées en moyenne après 2018, et les pays africains ont eu recours aux marchés internationaux dans un contexte de dégradation de la solvabilité[4]. Les pays ont en outre allongé les maturités des nouvelles émissions obligataires à des coûts légèrement plus élevés. Les émissions internationales d'obligations se sont arrêtées en 2020 en raison de la crise de la COVID-19, mais ont davantage repris en 2021, avec des émissions totales de près de 10 milliards de dollars US. Plusieurs pays (dont l'Angola, le Bénin, le Ghana, le Kenya et le Nigeria) ont émis des euro-obligations en 2021 et au début de 2022. En 2024, le Bénin, la Côte d'Ivoire et le Kenya sont retournés sur les marchés internationaux des capitaux pour racheter et refinancer des euro-obligations et des prêts commerciaux arrivant à échéance. La Côte d'Ivoire, par exemple, a placé 2,6 milliards de dollars US d'euro-obligations en janvier 2024, ce qui représente la première émission pour un pays africain depuis avril 2022. L'émission comprenait 1,1 milliard de dollars US d'obligations à neuf ans à un taux de 7,875 % et 1,5 milliard de dollars US d'obligations à 13 ans à un taux de 8,5 %. En février, le Bénin a levé 750 millions de dollars US en obligations à 14 ans à un taux de 8,375 %, et le Kenya a émis 1,5 milliard de dollars US à un taux de rendement et de coupon plus élevé (10,375 et 9,75 %, respectivement). Les émissions d'obligations internationales ont coûté plus cher que lors de la période prépandémie. Le coupon de la nouvelle euro-obligation émise par le Kenya en février 2024, par exemple, est de 9,75 %, contre 6,875 % pour l'euro-obligation arrivant à échéance en 2024.

Actuellement, le resserrement des conditions financières mondiales, en raison de la politique monétaire constructionniste mondiale visant à contrôler l'inflation, a considérablement creusé les écarts de crédits souverains et affaibli les devises dans la région, augmentant ainsi le fardeau de la dette et réduisant l'accès aux marchés mondiaux de capitaux. La liquidation des euro-obligations des pays en développement et les craintes croissantes des investisseurs concernant l'environnement économique mondial, en outre, amplifient les risques pour les pays africains confrontés à d'importants remboursements d'euro-obligations. Plus précisément, les remboursements d'obligations augmenteront à partir de 2024 et resteront à des niveaux élevés, ce qui posera un risque de refinancement pour les pays qui ont d'importants remboursements in fine, notamment l'Angola (environ 1,7 milliard de dollars US en 2025), l'Éthiopie (1 milliard de dollars US en 2024) et le Kenya (2 milliards de dollars US en 2024).

Plusieurs pays, enfin, ont eu recours à la restructuration de leur dette pour résoudre les problèmes de viabilité et reconstituer leur marge de manœuvre budgétaire. L'Éthiopie, le Ghana, le Tchad et la Zambie ont demandé un traitement de leur dette extérieure au titre du Cadre commun. Les progrès ont été plus lents que prévu. Le Tchad a été le premier pays à conclure un accord avec ses principaux créanciers (bilatéraux et le plus grand créancier privé), en novembre 2022. Le Gouvernement du Ghana a conclu un accord de principe avec son Comité de créanciers officiels (OCC) sur les conditions de traitement de la dette publique bilatérale, en janvier 2024. En juin 2024, il a conclu un accord de principe avec ses détenteurs d'obligations internationales pour restructurer ses obligations en dollars. Pour la Zambie, l'OCC a fourni des assurances de financement qui ont favorisé l'approbation par le Fonds monétaire international (FMI) d'un programme soutenu par la Facilité élargie de crédit en août 2022. En juin 2023, le Comité a accepté de restructurer des prêts d'une valeur de 6,3 milliards de dollars US en faveur de la Zambie, dont plus de 4 milliards de dollars US dus à l'Export-Import Bank of China. Un accord avec un comité directeur ad hoc de détenteurs d'euro-obligations a été conclu à cet effet en mars 2024. Les détenteurs d'obligations ont accepté une réduction nominale des paiements de la dette de 22 % et ont renoncé à environ 840 millions de dollars US de créances. Enfin, l'Éthiopie a demandé à recevoir un traitement au titre du Cadre commun en février 2021, et un OCC a été créé en septembre de la même année. En novembre 2023, le Gouvernement a conclu un accord avec les créanciers officiels pour suspendre le service de la dette et a fait défaut sur son euro-obligation de 1 milliard de dollars US après avoir manqué un paiement de coupon de 33 millions de dollars US en décembre de la même année. Fin juillet 2024, la banque centrale a autorisé le birr à flotter et le FMI a approuvé un programme quadriennal de 3,4 milliards de dollars US qui a ouvert la voie à la restructuration de la dette du pays.

Notes

1. Le présent Gros plan s'inspire largement des données de la Banque mondiale (2024). Mellany Pintado Vasquez et Mariela Caycho Arce ont contribué à sa rédaction ainsi qu'à la mise à jour des chiffres.

2. Ces chiffres renvoient aux ratios médians de la dette publique par rapport au PIB. Si l'on considère plutôt les moyennes, la dette publique en Afrique est passée de 35 % du PIB en 2005 à 58 % en 2019, a atteint 66 % sur la période 2020-2021 et a légèrement diminué pour s'établir à 63 % en 2022.

3. Il convient de noter que le chiffre de 2023 se réfère aux données du Cadre de viabilité de la dette des pays à faible revenu rendues disponibles à la fin du mois de décembre 2023.

4. Le Sénégal a été le premier pays à faible revenu de la région à émettre une obligation internationale d'une durée initiale de 30 ans en 2018, suivi depuis par la Côte d'Ivoire, le Ghana, le Kenya et le Nigeria.

Bibliographie

Banque mondiale. 2024. « Lutter Contre les Inégalités pour Revitaliser la Croissance et Réduire la Pauvreté en Afrique » Africa's Pulse 29 (avril). https://documents.banquemondiale.org/en /publication/documents-reports/documentdetail/099019404082470111/idu12591049e1685 41411c1a1d51430bdfa490d2

Politiques de lutte contre les inégalités structurelles et d'accélération de la croissance et de la réduction de la pauvreté

GABRIELA INCHAUSTE ET NISTHA SINHA

Messages clés du chapitre

Aucun pays ne peut se permettre d'ignorer l'existence d'inégalités, en particulier structurelles, qui empêchent la réduction de la pauvreté de progresser. Ce rapport présente un ensemble de politiques visant les différentes dimensions des sources structurelles d'inégalité qui constituent un obstacle à la croissance et à la réduction de la pauvreté. Il s'agit de politiques cherchant à renforcer la capacité de production, à remédier aux distorsions du marché et des institutions qui empêchent les personnes, les entreprises et les exploitations agricoles d'utiliser leur capacité de production, et à tirer parti de politiques budgétaires équitables. Des changements positifs sont possibles, comme en témoignent les épisodes réussis de réduction de la pauvreté et d'augmentation de la croissance dans six pays, qui ont tous mis en œuvre des politiques de lutte contre les inégalités structurelles.

L'une des principales conclusions de cette analyse est que les politiques s'attaquant à l'inégalité dans une dimension ne suffiront pas à réduire l'inégalité structurelle dans une autre dimension. En outre, bon nombre des politiques et des solutions techniques examinées pour chaque dimension dans les chapitres précédents ne sont pas nouvelles, et elles ne fonctionneront pas de manière isolée. L'élimination des inégalités structurelles requiert une stratégie d'intégration reconnaissant les liaisons, les complémentarités et les compromis. Il faut des stratégies multisectorielles allant nettement au-delà des pratiques actuelles.

Même si les priorités politiques dépendent du contexte du pays, les liaisons entre les dimensions de l'inégalité rendent nécessaires un calendrier et un enchaînement minutieux des réformes. Pour les pays en situation de fragilité et de conflit, la priorité doit être accordée aux actions susceptibles de restaurer la confiance en assurant la sécurité des citoyens, en créant des emplois et en fournissant des services de base essentiels, en particulier dans les zones touchées par un conflit. Pour les pays riches en ressources naturelles non touchés par un conflit, la priorité est de promouvoir la diversification économique, en utilisant leurs ressources naturelles pour réduire les inégalités en renforçant les capacités de production. Les pays qui ne sont pas riches en ressources et ne sont pas touchés par un conflit peuvent faire davantage pour lutter contre les inégalités structurelles dans tous les domaines.

Le moment est venu pour l'Afrique de changer les choses

Il est largement reconnu que les progrès mondiaux dans la réduction de la pauvreté seraient impossibles sans progrès en Afrique. La région se distingue par son niveau élevé d'extrême pauvreté et d'inégalité à l'intérieur des pays. Avec 38 %, le taux d'extrême pauvreté en Afrique est le plus élevé de toutes les régions du monde. En fait, plus de 60 % de l'ensemble des personnes vivant dans l'extrême pauvreté en 2022 vivaient dans la région, soit 460 millions de personnes. En outre, l'écart de bien-être s'est creusé entre l'Afrique et le reste du monde. En même temps, les inégalités sont beaucoup plus importantes que prévu, compte tenu du niveau de développement de l'Afrique, et la plupart d'entre elles sont structurelles, c'est-à-dire qu'elles ne résultent pas seulement des différences d'efforts et de talents, mais aussi de distorsions structurelles.

Il est également impossible de progresser dans la réduction de la pauvreté sans relancer la croissance économique dans la région. La croissance ralentit, et une décennie de croissance perdue pourrait être imminente, la croissance régionale entre 2015 et 2025 devant se contracter à un taux annuel moyen par habitant de 0,2 % (Banque mondiale, 2024). Les conflits, le surendettement, les pénuries d'énergie et les pressions monétaires continuent d'affecter les économies de la région. Ce rapport se concentre sur les contraintes à long terme pesant sur la réduction de la pauvreté plutôt que sur les solutions à court terme qui pourraient être balayées par la prochaine crise ou le prochain choc.

Trois facteurs font que le moment est venu d'agir. Tout d'abord, l'Afrique a accès au potentiel de talent des 8 à 11 millions de jeunes qui devraient entrer chaque année sur le marché du travail entre 2020 et 2050. Deuxièmement, les nombreux pays de la région riches en ressources naturelles disposent d'une précieuse source de revenus potentiels grâce à leurs richesses minérales, y compris les minéraux verts, qui sont très demandés pour soutenir la transition vers une énergie propre à l'échelle mondiale. Troisièmement, en tant que région où les innovations, telles que l'argent mobile et les plateformes numériques, ont progressé en sautant des étapes, l'Afrique peut tirer parti de l'infrastructure numérique pour apporter des connaissances, des informations et des services aux personnes, aux entreprises et aux exploitations agricoles, en particulier celles situées loin des grandes villes. Par exemple, la pose de câbles sous-marins a ouvert l'accès à l'internet à haut débit en Afrique et amélioré ainsi les résultats du marché du travail pour les travailleurs aussi bien dotés d'un haut niveau d'instruction que peu instruits dans 12 pays africains étudiés (Hjort et Poulsen, 2019).

Les chapitres précédents soulignent la possibilité d'accélérer la réduction de la pauvreté et de stimuler la croissance en s'attaquant aux inégalités structurelles. Le présent rapport a montré que les inégalités structurelles, qui résultent de l'inégalité des chances et des distorsions du marché et des institutions, constituent un obstacle majeur à la réduction des inégalités et de la pauvreté en Afrique, et ce de plusieurs manières. Tout d'abord, les inégalités structurelles contribuent au gaspillage du potentiel humain, à la sous-utilisation des capacités de production et à la mauvaise répartition des ressources qui affectent la trajectoire à long terme de la croissance elle-même. C'est le cas de l'inégalité des chances en matière de formation du capital humain, qui dépend de caractéristiques héritées ou inaltérables, telles que le statut socioéconomique des parents, le lieu de naissance, l'appartenance ethnique, la religion, le sexe et d'autres circonstances de ce type. Deuxièmement, lorsque l'inégalité dans le renforcement de la capacité de production est combinée à des défaillances du marché et des institutions, telles que celles entravant l'accès au financement ou l'entrée sur les marchés, elle affecte également les revenus des personnes en limitant les possibilités des entreprises, des exploitations agricoles et des travailleurs d'utiliser leur potentiel de production. Ces inégalités peuvent perpétuer un cycle de faible mobilité économique et d'inégalité, qui à son tour affaiblit le lien entre la croissance économique et le bien-être des ménages. En outre, les facteurs d'inégalités structurelles influencent la composition de la croissance et le rythme de la transformation structurelle, affaiblissant ainsi également ce lien. Troisièmement, les inégalités structurelles dans la constitution et l'utilisation des capacités productives peuvent être renforcées par le pouvoir redistributif limité de la politique fiscale, ce qui accroît souvent la pauvreté. Quatrièmement, les perceptions de l'inégalité, et de l'inégalité des chances, ou « équité », en particulier, peuvent éroder le soutien aux politiques favorables à la croissance, augmentant ainsi le risque d'instabilité sociale. Enfin, des niveaux élevés d'inégalité tendent à amplifier les effets distributifs des chocs, augmentant ainsi les risques que les pièges de la pauvreté s'aggravent au fil du temps.

La lutte contre les inégalités structurelles exige une stratégie d'intégration reconnaissant les liaisons, les complémentarités et les compromis, faute de quoi la région risque d'être piégée dans un équilibre de faible croissance et de forte pauvreté. Lorsque les économies sont suffisamment distordues (comme cela semble être le cas dans la région), de sorte qu'elles produisent nettement moins que leur potentiel productif, la levée des contraintes sur la productivité peut améliorer l'efficacité et l'équité (Cerra, Lama et Loayza, 2021 ; Duclos et O'Connell, 2015 ; López-Calva et Rodriguez-Castelan, 2016). Permettre aux individus et aux entrepreneurs talentueux de réaliser leur plein potentiel doit non seulement améliorer la productivité et conduire à la croissance, mais également réduire la pauvreté et l'inégalité. Toutefois, les politiques qui ne s'intéressent qu'à une seule étape du processus de génération de revenus ne suffiront pas à réduire les inégalités structurelles et à faire reculer la pauvreté. Les politiques et les institutions doivent être guidées par des objectifs se recoupant et se renforçant mutuellement : promouvoir l'équité pour créer une égalité des chances et renforcer la capacité de production des personnes défavorisées.

La lutte contre les inégalités structurelles justifie de manière à la fois fonctionnelle et intrinsèque l'intervention des pouvoirs publics. La justification fonctionnelle est que les inégalités structurelles empêchent la croissance, la réduction de la pauvreté et le développement économique en général. La justification intrinsèque est le simple principe que les circonstances à la naissance ne devraient pas influer sur les chances d'une personne dans la vie, et que les distorsions du marché ne devraient pas détourner les ressources des entreprises, des exploitations agricoles et des travailleurs susceptibles d'obtenir des rendements élevés.

Leçons tirées d'expériences réussies : croissance économique accompagnée d'une réduction de la pauvreté et des inégalités

Six pays sur trois continents ont atteint trois objectifs remarquables au cours des trente dernières années. Chacun d'entre eux a connu des épisodes au cours desquels l'augmentation du produit intérieur brut (PIB) par habitant s'est accompagnée d'un recul important de l'extrême pauvreté, tout en réduisant ou en maîtrisant les inégalités (voir l'encadré 6.1). Fait remarquable, les six cas comprennent des politiques qui, d'une manière ou d'une autre, se sont attaquées aux inégalités structurelles : promotion de la capacité de production, efforts pour tirer le meilleur parti du potentiel économique de chacun et amélioration de l'équité de leur système fiscal. Au cours de ces épisodes de réussite, le développement humain s'est amélioré, la productivité agricole s'est renforcée, l'industrie manufacturière orientée vers l'exportation s'est développée.

ENCADRÉ 6.1

Épisodes réussis de réduction de la pauvreté dans six pays

- Au Bangladesh, l'extrême pauvreté (2,15 dollars US/jour) a chuté de plus de 40 % en 1991 à 5 % en 2022, sans augmentation des inégalités (indice de Gini autour de 33), avec une croissance du produit intérieur brut (PIB) par habitant passant de 1,5 % en 1991 à 6,7 % en 2019.
- La Colombie a diminué de moitié l'extrême pauvreté, qui est passée de 14,8 % à 8,1 % entre 2004 et 2014, a réduit les inégalités (l'indice de Gini des revenus a baissé de 57,2 en 2002 à 50,8 en 2017), et a connu une augmentation de la croissance du PIB par habitant de 0,9 % en 2002 à 3,5 % en 2014.
- En Éthiopie, le taux d'extrême pauvreté est passé de 69 % en 1995 à 27 % en 2015, parallèlement à une diminution des inégalités (l'indice de Gini est descendu de 44 à 35) et à une accélération de la croissance du PIB par habitant, qui est passée de 2,7 % en 1995 à 7,5 % en 2015.

(suite)

Épisodes réussis de réduction de la pauvreté dans six pays *(suite)*

- Au Ghana, l'extrême pauvreté a été réduite de moitié, passant de 55 % en 1998 à 25,2 % en 2016, avec une augmentation modérée des inégalités (l'indice de Gini est passé de 40,1 à 43,5) et une accélération de la croissance du PIB par habitant de 2,2 % en 1998 à 11 % en 2011, lorsque la production de pétrole a commencé, avant de retomber à 1 % en 2016.
- Le Kenya a connu une période faste entre 2005 et 2015, lorsque le taux d'extrême pauvreté est passé de 36,7 % à 29,4 %, que les inégalités ont diminué (l'indice de Gini est passé de 46,5 à 40,8) et que le taux de croissance du PIB par habitant a grimpé de 2,8 % en 2005 à 5,1 % en 2010, avant de retomber à 2,8 % en 2015.
- Le Viêt Nam a éradiqué l'extrême pauvreté entre 1993 et 2022 (avec une chute de 45 % en 1993 à 1 % en 2022). Le pays n'a pas connu d'augmentation significative de l'inégalité des revenus au cours de cette période (l'indice de Gini est resté proche de 36), avec des taux de croissance du PIB par habitant élevés et soutenus (6 % en 1993 et 7,3 % en 2022).

Il est difficile de maintenir les progrès en matière de réduction de la pauvreté et de croissance, et les six pays ont subi ces dernières années des vents contraires dus à un ensemble de facteurs, dont la COVID-19. En 2024, l'Éthiopie, le Ghana et le Kenya sont aux prises avec des niveaux élevés de dette souveraine qui ont annulé certains de leurs succès passés et affaibli le lien entre la croissance et le rythme de la réduction de la pauvreté. Lors de tels revirements, il est important que les pays continuent à mener des politiques, égalisent les chances et élargissant les possibilités offertes à la population.

Parmi ces six pays, certains sont riches en ressources, sont des EFC, sont les deux ou aucun des deux. Les pays riches en ressources ont connu des épisodes de réussite, notamment le Ghana et la Colombie, des pays exportateurs de pétrole. Les pays qui ne sont pas riches en ressources, notamment le Bangladesh, le Kenya et le Viêt Nam, ont également suivi une voie similaire. En outre, certains de ces pays, tels que la Colombie et l'Éthiopie, l'ont fait alors qu'ils sortaient d'un conflit et que leurs institutions étaient fragiles. Bien que chaque pays ait tracé sa propre voie, ils ont trois dénominateurs communs.

Pour commencer, ces six pays ont amélioré les capacités de production des enfants et des jeunes, en universalisant l'accès aux opportunités de développement humain, y compris l'éducation, l'assainissement, les routes et l'électricité. Au Bangladesh, les organisations non gouvernementales se sont jointes à l'État pour promouvoir les services sociaux auprès des communautés, ce qui a entraîné des progrès remarquables dans les indicateurs de développement humain du pays. L'amélioration de la scolarisation a permis de réduire les inégalités entre les garçons et les filles ainsi qu'entre les riches et les pauvres. Le Viêt Nam a élargi l'accès à l'enseignement primaire et aux soins de santé tout en investissant massivement dans les routes revêtues, l'électricité, l'eau courante et l'assainissement. Il a accompli de grands progrès dans la réduction de la mortalité infantile et des retards de croissance des enfants. Il y est, en partie, parvenu en développant les soins de santé, en ciblant la santé des femmes et des enfants et en promouvant le planning familial. Le Ghana a investi dans l'enseignement primaire et a enregistré une augmentation des taux d'achèvement des études primaires chez les garçons et les filles, une amélioration des indicateurs nutritionnels et un accroissement significatif de l'accès à l'assainissement, à l'électricité et à l'eau potable. L'Éthiopie a élargi l'accès aux droits d'utilisation des terres, ce qui a contribué à promouvoir l'investissement dans l'agriculture. Bien que l'État soit propriétaire de toutes les terres, des conseils élus ont délivré des certificats d'utilisation aux femmes et aux hommes.

Deuxièmement, ces pays ont investi pour promouvoir la productivité agricole, créer des emplois dans le secteur manufacturier et mettre en relation les exploitations agricoles et les entreprises avec les clients, afin d'élargir l'accès à des opportunités de revenus. Tous ces pays ont réussi à stimuler la production et la productivité agricoles grâce à une combinaison d'investissements dirigés par l'État et de réformes orientées vers le marché. En Éthiopie, les investissements publics dans les routes rurales ont permis d'améliorer les revenus agricoles. Des produits financiers adaptés au marché, tels que la microfinance au Bangladesh et l'argent mobile au Kenya, ont contribué à renforcer l'inclusion financière et la capacité des ménages à faire face aux chocs. Au Ghana, la libéralisation partielle du marché du cacao, ainsi que les investissements dans la recherche, la lutte contre les maladies et les programmes de crédit, a entraîné une augmentation de la productivité agricole (Chuhan-Pole et Angwafo, 2011 ; Kolavalli et Vigneri, 2011 ; Banque mondiale, 2018). Les investissements directs étrangers (IDE) et l'efficacité des transports et de la logistique ont contribué à créer des opportunités d'emploi pour les travailleurs peu qualifiés, notamment dans le secteur manufacturier au Bangladesh et au Viêt Nam et dans celui des fleurs coupées en Colombie, en Éthiopie et au Kenya. La Colombie a également renforcé la concurrence en mettant en œuvre des réformes des monopoles de l'alcool afin d'accroître la compétitivité et la transparence.

Le Bangladesh et le Viêt Nam sont bien connus pour avoir réussi à créer des emplois salariés non agricoles à forte intensité de main-d'œuvre pour les travailleurs de l'industrie manufacturière en devenant une destination attrayante pour les IDE. En outre, les réformes entreprises par le Bangladesh dans les années 1990 ont ouvert la voie à une plus grande participation du secteur privé dans les domaines du commerce, de la finance et de la propriété foncière. Les améliorations structurelles intervenues entre le début des années 1990 et le milieu des années 2000 ont imprimé une forte impulsion à l'expansion rapide des industries de la confection orientées vers l'exportation et à forte intensité de main-d'œuvre. La solide création d'emplois non agricoles s'est accompagnée d'un déplacement des travailleurs de l'agriculture vers l'industrie et les services et des zones rurales vers les zones urbaines. L'emploi des femmes a augmenté plus rapidement que celui des hommes et a permis à des millions de femmes d'entrer sur le marché du travail, et d'ainsi renforcer leur pouvoir économique.

Troisièmement, ces six pays ont réussi à instaurer une stabilité macroéconomique associée à des dépenses en faveur des capacités productives. La Colombie se distingue par sa capacité à exploiter ses recettes pour élargir l'accès à l'éducation et à la santé alors qu'elle sortait de plus d'un demi-siècle de conflit. La Colombie a poursuivi ses réformes structurelles à un moment où elle bénéficiait d'un boom pétrolier. Le pays a utilisé les revenus de la production pétrolière (3,3 % du PIB en 2013) et une croissance économique plus élevée, combinés à une série de réformes fiscales, pour augmenter les dépenses publiques en faveur de l'accès universel à la santé et à l'éducation. Les dépenses publiques ont augmenté pour atteindre 5,1 % du PIB dans la santé et 4,6 % du PIB dans l'éducation en 2014. Cette augmentation des dépenses s'est accompagnée d'une amélioration du développement humain. En 2017, un an après un accord de paix historique, la Colombie a atteint une couverture sanitaire quasi universelle. Le nombre moyen d'années d'études est également passé de 6,8 à 8,0 entre 2005 et 2015.

Politiques visant à lutter contre les inégalités structurelles

En Afrique, les inégalités structurelles sont dues à des facteurs très divers, et leur résolution nécessite des approches politiques multisectorielles visant à libérer la capacité de production et à augmenter les revenus des personnes pauvres et vulnérables. Ces facteurs comprennent les défaillances du marché (comme sur les marchés du crédit, ainsi que le manque de concurrence), des investissements publics inadéquats et inéquitables (dans l'éducation, la santé et les infrastructures, y compris les routes et l'électricité), la petite taille du marché (faible densité de population et intégration limitée du marché), et des risques élevés et non assurables (dont le changement climatique et les conflits). Pour réduire les écarts de bien-être, il faut donc s'attaquer aux facteurs d'inégalité structurelle en renforçant et utilisant les capacités productives, au lieu de ne compter que sur la politique fiscale pour fournir des solutions. Pour ce faire, les politiques et les institutions doivent être guidées par des objectifs se chevauchant et se renforçant mutuellement : promouvoir l'équité pour créer des conditions équitables et renforcer la capacité de production des personnes défavorisées.

Ce rapport présente un ensemble de politiques qui pourraient s'attaquer aux inégalités structurelles et entraîner une croissance et une réduction de la pauvreté plus fortes. Le tableau 6.1 est une matrice de politiques 3×4 organisée autour de deux dimensions. Les entêtes de colonnes reprennent les étapes du processus de génération de revenus présenté tout au long du rapport. Les politiques de la première étape visent à remédier aux disparités intervenant lorsque la capacité de production des individus est en cours de construction, principalement avant d'entrer sur les marchés pour obtenir un revenu. Les politiques de la deuxième étape visent à remédier aux disparités apparaissant lorsque les personnes s'engagent sur les marchés pour utiliser leur capacité de production en vue de générer des revenus. Enfin, les politiques budgétaires de la troisième phase visent à fournir une assistance aux revenus à court terme et à générer les ressources nécessaires au renforcement de la capacité de production à moyen terme.

La deuxième dimension, représentée par les libellés des lignes du tableau, se concentre sur les cibles des interventions politiques : les fondements économiques et institutionnels, les personnes, les entreprises et les exploitations agricoles, et l'efficacité de l'État. Cette classification est utile, car la lutte contre les inégalités structurelles nécessite des politiques et des acteurs multisectoriels pour libérer la productivité des pauvres. La liste des politiques pouvant être classées dans les deux dimensions étant longue, les politiques ont été sélectionnées comme prioritaires lorsqu'elles s'attaquent aux distorsions du marché et, pour les dépenses publiques, lorsqu'il est prouvé que la valeur marginale des fonds publics investis est élevée ou qu'il y a des gains doubles ou triples en matière d'équité, d'efficacité et d'adaptation ou de résilience au climat.

TABLEAU 6.1 **Matrice des politiques : promouvoir la croissance et la réduction de la pauvreté en réduisant les inégalités structurelles**

	Étape 1 : Renforcer les capacités de production	Étape 2 : Améliorer les emplois et les possibilités d'obtention de revenus	Étape 3 : Appliquer une politique fiscale équitable
Fondements économiques et institutionnels		• Promouvoir la stabilité macro-budgétaire • Adopter des institutions renforçant la contestabilité du processus de prise de décision.	
Personnes	• Investir dans l'extension et l'universalisation des soins de santé et de l'éducation (avec un accent sur les interventions visant la petite enfance et les filles). • Cibler les populations et les régions mal desservies lors de l'investissement dans les infrastructures de base (résilientes) (eau, assainissement ou électricité).	• Faciliter la recherche d'emploi des travailleurs à faible revenu (programmes de certification des emplois). • Renforcer les capacités par la formation des chefs d'entreprise et des agriculteurs. • Faciliter le travail des femmes à l'aide d'une législation du travail égalitaire et de la mise en place de services de garde d'enfants.	• Mettre en place des impôts progressifs sur le revenu des particuliers et sur la propriété. • Éliminer les exonérations et les réductions de taux sur la valeur ajoutée. • Renforcer les filets de sécurité sociale adaptatifs. • Envisager des programmes d'alimentation scolaire pour atteindre les enfants vulnérables. • Investir dans des systèmes d'alerte précoce pour prévenir des catastrophes naturelles.

(suite)

TABLEAU 6.1 Matrice des politiques : Promouvoir la croissance et la réduction de la pauvreté en réduisant les inégalités structurelles *(suite)*

	Étape 1 : Renforcer les capacités de production	Étape 2 : Améliorer les emplois et les possibilités d'obtention de revenus	Étape 3 : Appliquer une politique fiscale équitable
Entreprises et exploitations agricoles	• Investir dans des programmes de développement des compétences et d'enseignement technique et professionnel. Se concentrer sur les femmes et les jeunes. • Éliminer les obstacles réglementaires à l'enregistrement des terres ou des actifs et aux droits de propriété. Mettre l'accent sur les femmes. • Encourager les investissements des petits exploitants dans le capital naturel (plantation d'arbres et conservation des sols et des forêts).	• Élaborer des politiques pour faciliter la microfinance basée sur les actifs, le financement de la chaîne d'approvisionnement et d'autres produits financiers basés sur le marché pour les petites entreprises et exploitations agricoles. • Connecter les entreprises et les exploitations agricoles aux marchés en investissant dans la construction et l'entretien d'infrastructures de connexion spatiale (routes et transports ruraux, connectivité numérique et mobile). • Promouvoir l'adoption des technologies agricoles par les petits exploitants (en fournissant des informations sur le climat, ainsi qu'en utilisant d'autres méthodes) à l'aide de programmes multisectoriels ou intégrés. • Adopter des politiques multisectorielles pour favoriser la participation aux chaînes de valeur agricoles ou mondiales.	• Taxer les industries extractives. • Éliminer les subventions à l'énergie. • Réorienter les subventions agricoles vers les biens publics. • Mettre en place des seuils d'exonération fiscale pour les petites et moyennes entreprises.
Efficacité de l'État	• Améliorer la prestation de services pour tous ; élaborer des plans de prestation résistants aux chocs, en particulier pour les personnes vivant dans des endroits mal desservis.	• Appliquer les lois sur la protection des consommateurs de produits financiers afin de protéger les petits emprunteurs. • Concevoir et mettre en place des institutions de marché inclusives (exécution des contrats, concurrence et justice).	• Améliorer le respect des obligations fiscales, en particulier chez les contribuables à haut revenu. • Améliorer les dépenses publiques et la gestion de la dette.

(suite)

TABLEAU 6.1 Matrice des politiques : Promouvoir la croissance et la réduction de la pauvreté en réduisant les inégalités structurelles *(suite)*

Étape 1 : Renforcer les capacités de production	Étape 2 : Améliorer les emplois et les possibilités d'obtention de revenus	Étape 3 : Appliquer une politique fiscale équitable
• Renforcer la capacité locale à fournir des services.	• Adopter et appliquer des normes de travail dans les entreprises, en particulier celles faisant partie des chaînes de valeur mondiales.	• Adopter des pratiques souveraines de gestion des risques de catastrophes pour protéger les groupes vulnérables. • Promouvoir la coopération régionale en matière de taxation des industries extractives et des entreprises multinationales.

Source : Tableau original élaboré pour cette publication.

Fondements économiques et institutionnels

Des bases économiques solides sont nécessaires pour réduire la pauvreté et les inégalités à tous les stades. Il est impossible d'imaginer des progrès dans la réduction de la pauvreté sans stabilité macroéconomique. En fait, les crises économiques des années 1980 et 1990 montrent que le nombre de personnes vivant dans la pauvreté a augmenté de 25 % lors des fortes contractions de la production qui ont suivi une crise de la dette souveraine (Farah-Yacoub et coll., 2022). De même, dans un échantillon de 131 défauts de paiement de la dette souveraine depuis 1900, les taux de pauvreté ont dépassé leurs niveaux d'avant la crise d'environ 30 % peu après un défaut de paiement de la dette souveraine et étaient encore élevés dix ans plus tard (Banque mondiale, 2022). Il n'est pas surprenant que les chocs économiques globaux affaiblissant la capacité de l'État à fournir des biens publics, tels que les soins de santé et l'éducation, soient également associés à une détérioration du développement humain et des indicateurs sociaux.

De même, il est difficile d'imaginer des progrès en matière de réduction de la pauvreté et des inégalités sans des bases institutionnelles solides. L'élaboration et la mise en œuvre des politiques ne se font pas dans le vide. Elles s'inscrivent dans des contextes politiques et sociaux complexes où des individus et des groupes disposant de pouvoirs inégaux interagissent dans le cadre de règles changeantes, tout en poursuivant des intérêts contradictoires (Banque mondiale, 2017). L'exclusion, les détournements et le clientélisme sont des manifestations d'asymétries de pouvoir conduisant à des inégalités structurelles et à une croissance limitée, qui peuvent à leur tour entraîner des conflits et une fragilité. La répartition du pouvoir dans la société est en partie déterminée par l'histoire, mais les contrats sociaux évoluent avec le temps. Des changements positifs sont possibles grâce à l'amélioration de la gouvernance, c'est-à-dire de la manière dont les politiques sont élaborées et mises en œuvre. Les efforts visant à faire évoluer les incitations des détenteurs du pouvoir en faveur de résultats positifs en matière de développement et à renforcer la contestabilité du processus de prise de décision peuvent atténuer, voire surmonter, les asymétries de pouvoir afin de réduire durablement la pauvreté (Banque mondiale, 2017).

Politiques visant à renforcer les capacités de production

Pour s'attaquer à l'inégalité dans le renforcement des capacités de production, il faut des politiques égalisant les chances et renforçant la capacité de l'État à fournir des services de base. Pour remédier à l'inégalité des chances, il faut des politiques sectorielles visant à garantir que les personnes, les entreprises et les exploitations agricoles puissent réaliser leur potentiel productif. Cela implique d'investir dans la santé et l'éducation et d'étendre les services de base aux populations mal desservies afin que les individus puissent en bénéficier, quelles que soient les circonstances dans lesquelles ils sont nés. Du point de vue de l'efficacité, le fait d'avoir des citoyens plus instruits et en meilleure santé a des effets externes positifs évidents, et le marché ne fournira probablement pas les services de base sans intervention publique. Un accent explicite sur l'équité à l'aide d'interventions ciblant les populations et les régions mal desservies peut apporter les meilleurs résultats à ceux dont la couverture par les services de base, notamment l'électricité, l'eau et l'assainissement, est la plus faible.

Les faits mettent en particulier en évidence la forte rentabilité des fonds publics investis dans les interventions visant la petite enfance et dans l'éducation de base. Par exemple, une récente analyse transnationale révèle des rendements élevés à long terme de la scolarisation dans les pays à revenu faible et intermédiaire par rapport aux pays à revenu élevé (Montenegro et Patrinos, 2021). Des évaluations minutieuses montrent que les investissements dans le préprimaire génèrent des gains d'apprentissage considérables par rapport au coût (Holla et coll., 2021), tout comme certains investissements pédagogiques structurés (Evans et Yuan, 2019). Des preuves sérieuses montrent également que les individus mieux éduqués sont plus susceptibles d'évaluer les risques et d'y répondre plus efficacement, dans la mesure où ils sont mieux préparés à faire face aux catastrophes naturelles et aux chocs météorologiques, ce qui est crucial pour déterminer la capacité d'un ménage à s'adapter au changement climatique.[1] En ce qui concerne les femmes et les filles, l'éducation a des impacts considérables, influençant des facteurs tels que l'âge du premier mariage, la fertilité, la productivité et la transmission intergénérationnelle de la pauvreté (Banque mondiale, 2023).

Les effets positifs les plus importants sur l'éducation proviennent de la coordination des interventions de renforcement. Une analyse récente pour l'Afrique montre que pour améliorer l'apprentissage, la combinaison la plus efficace comprend une formation des enseignants accompagnée d'un soutien continu et un matériel d'apprentissage en classe destiné aux élèves (Bashir et coll., 2018). De même, l'augmentation du temps d'apprentissage, les programmes d'alimentation scolaire et l'amélioration du processus d'embauche des enseignants sont également importants. Les taux de fréquentation scolaire augmentent lorsque des transferts monétaires sont combinés à une amélioration de l'hygiène des infrastructures scolaires et à un suivi communautaire.

Il est également prouvé que les investissements dans les interventions sanitaires de base ont des effets bénéfiques à long terme. Par exemple, les interventions sanitaires de base telles que la vermifugation et la fourniture de suppléments de vitamine A sont connues pour générer des impacts importants par rapport aux coûts initiaux (Bhula, Mahoney et Murphy, 2020). De même, un récent essai randomisé a révélé des améliorations substantielles de la santé infantile dues à un programme malien fournissant aux enfants des soins gratuits suivis de visites d'agents de santé communautaires (Dean et Sautmann, 2022). L'accent mis sur la santé des femmes devrait inclure des interventions visant à améliorer la santé génésique et à éliminer les mariages d'enfants et autres pratiques néfastes, telles que les mutilations génitales féminines (MGF). Les investissements dans la santé reproductive permettent de réaliser des économies futures de soins de santé, d'égaliser le marché du travail et de stimuler la croissance économique (Canning et Schultz, 2012). L'augmentation de l'âge du premier mariage s'est également avérée efficace, mais seuls 13 pays d'Afrique ont fixé l'âge légal du mariage à 18 ans ; 17 n'ont pas d'âge minimum et les autres fixent un âge minimum inférieur à 18 ans (Banque mondiale, 2023). De même, les MGF restent répandues dans 33 pays africains, avec des taux élevés en Gambie, en Guinée, au Mali et en Somalie, touchant plus de 70 % des femmes âgées de 15 à 19 ans (UNICEF, 2023), ce qui constitue non seulement un risque pour la santé, mais a des conséquences à long terme sur la capacité des filles à étudier, à travailler et à être des membres productifs de la société (OMS, 2023).

Cibler les investissements dans l'eau, l'assainissement et l'électricité pour les populations et les régions mal desservies peut être très rentable. La principale justification des dépenses publiques dans ces services de base est qu'il s'agit d'investissements que le secteur privé ne fera probablement pas. De plus, certains actifs d'infrastructure sont des monopoles naturels qui nécessitent un certain niveau d'implication de l'État. Les investissements dans l'eau potable et l'assainissement sont essentiels pour améliorer les résultats en matière de santé. Les investissements dans l'électricité complètent les efforts visant à améliorer la santé et l'éducation, mais en raison de leur impact sur l'emploi, ils constituent également une condition préalable à la réduction des inégalités sur le marché du travail (Foster et coll., 2023 ; Mensah, 2023). Ces investissements peuvent également réduire les écarts entre les sexes en limitant le temps que les femmes consacrent aux tâches ménagères, améliorant ainsi leurs possibilités de travail rémunéré (Small et van der Meulen Rodgers, 2023 ; Banque mondiale, 2023). Le coût de la prestation de services dépend largement de l'objectif d'amélioration de l'accès aux services et de leur qualité (y compris les coûts des alternatives durables), ainsi que de l'efficacité des dépenses (Rozenberg et Fay, 2019). L'expansion des services doit :

- Faire des taux de branchement ou des connexions réelles la mesure clé de la réussite ;

- Se concentrer sur les populations non desservies vivant physiquement à proximité des réseaux d'infrastructure ;

- Acquérir la compréhension des besoins des communautés et des obstacles liés à la demande, indispensable pour étendre la couverture.

- Récupérer les coûts de connexion en les répartissant sur l'ensemble de la clientèle ou en étalant les paiements sur plusieurs années au lieu d'imposer des frais initiaux uniques (Foster et Briceño-Garmendia, 2010).

En ce qui concerne les interventions visant à renforcer les capacités de production des exploitations agricoles et des entreprises, on distingue trois domaines. Premièrement, l'amélioration de l'équité, de l'efficacité et de la pertinence de l'enseignement et de la formation techniques et professionnels (EFTP) et de l'enseignement supérieur contribuera à garantir que les systèmes formels d'EFTP de la région répondent à la demande de compétences des entreprises et des exploitations agricoles. Deuxièmement, l'extension de l'enregistrement foncier et la sécurisation des droits de propriété sont des interventions essentielles pour garantir que les entreprises, les exploitations agricoles et les travailleurs puissent maximiser leur capacité de production. Par exemple, en Éthiopie et au Rwanda, les politiques publiques ont facilité l'enregistrement et la formalisation des droits d'utilisation qui ont largement entraîné une augmentation des revenus et une mobilisation des recettes publiques tirées de l'impôt foncier. Une attention particulière est nécessaire lorsque les lois sur l'héritage ou d'autres obstacles réglementaires limitent les droits de propriété des femmes, car elles ont des conséquences importantes sur la capacité de production des femmes (dans 37 pays, seuls environ 8 % des femmes mariées possèdent de la terre ou un logement, contre environ 25 % des hommes mariés ; Banque mondiale, 2023b). Enfin, il a été démontré que les efforts visant à encourager les investissements dans l'environnement, y compris la plantation d'arbres et la conservation des sols et des forêts, ont des effets externes positifs importants sur l'environnement. En outre, ils peuvent conduire à des améliorations de la production, favorisant ainsi la croissance et, s'ils sont ciblés de manière appropriée, réduisant la pauvreté – une triple victoire (Baquie et Hill, 2023 ; Grosset, Papp et Taylor, 2024).

L'amélioration de l'efficacité de l'État dans le renforcement des capacités productives requiert l'amélioration de la prestation des services, y compris par le renforcement des capacités locales. La chose est vraie pour les interventions en matière de capital humain, et l'est également pour les efforts visant à accroître la résilience des communautés ou à améliorer la certitude en matière de propriété foncière. Par exemple, les taux élevés d'absentéisme des enseignants reflètent les difficultés de paiement, le suivi inadéquat, le manque d'accès aux transports et aux installations de santé, ainsi que les lourdes responsabilités administratives des écoles. De même, l'absentéisme des agents de santé et leur faible capacité à diagnostiquer et à traiter correctement les problèmes de santé courants sont préoccupants, en particulier dans les zones rurales (Gatti et coll., 2021). Cependant, même si des efforts sont déployés pour former, suivre et soutenir les enseignants et les travailleurs de santé, ils peuvent s'avérer insuffisants. La sensibilisation du public aux niveaux d'apprentissage inacceptablement bas dans certaines régions d'un pays peut être utilisée pour modifier les incitations des enseignants et des politiques à améliorer la qualité de l'éducation. L'ajout de nouveaux acteurs – les parents, par exemple – peut également faire évoluer la dynamique du pouvoir quand les parents peuvent appliquer des sanctions de manière crédible. Dans tous les cas, le renforcement de la redevabilité est important pour obtenir les résultats souhaités en matière de développement (Banque mondiale, 2017).

Politiques visant à créer de meilleurs emplois et de meilleures opportunités de revenus

Les politiques visant à créer de meilleurs emplois et de meilleures opportunités de revenus afin de mettre les travailleurs sur un pied d'égalité devraient chercher à remédier aux distorsions du marché et des institutions. Les politiques de ce type visant les entreprises, les exploitations agricoles et les travailleurs, présentent trois caractéristiques qui méritent d'être soulignées. Premièrement, les politiques visant à égaliser les chances sur le marché du travail sont importantes pour rentabiliser les investissements dans les capacités de production : les jeunes en bonne santé et mieux formés entrant sur le marché du travail seront en mesure de trouver des emplois productifs, et les agriculteurs bénéficiant de droits d'utilisation des terres seront plus enclins à adopter les technologies agricoles. Deuxièmement, un large éventail de parties prenantes à ces réformes devra être coordonné pour tirer profit des complémentarités. Les parties prenantes des politiques visant à remédier aux distorsions vont des autorités qui définissent la politique du secteur financier et la politique de la concurrence jusqu'aux agences qui gèrent les investissements publics dans les infrastructures et aux ministères de tutelle qui s'occupent de l'agriculture et du développement rural. Un exemple de complémentarité est la disponibilité de routes rurales facilitant l'accès au marché et les gains de productivité enregistrés par les agriculteurs adoptant des technologies agricoles. Un autre exemple est la disponibilité de mécanismes efficaces d'exécution des contrats susceptibles d'aider à débloquer la participation des agriculteurs et des entreprises aux chaînes de valeur.

Enfin, il sera essentiel de susciter l'adhésion à ces réformes. Dans la mesure où elles amènent les ressources à quitter les secteurs à faible productivité et à faible rémunération pour des secteurs à plus forte productivité et à meilleure rémunération, ces réformes des politiques peuvent avoir des effets d'ajustement à court et moyen termes sur les entreprises et les exploitations agricoles. Des institutions solides et des politiques de formation et de certification des emplois peuvent contribuer à faciliter cet ajustement. Par ailleurs, comme le souligne le Rapport sur le développement dans le monde 2006, certaines de ces réformes, telles que l'application des normes de concurrence ou de travail, peuvent avoir des implications en matière d'économie politique (Banque mondiale, 2005).

Pour les travailleurs, remédier aux distorsions du marché et des institutions implique d'améliorer la signalisation des compétences professionnelles, d'offrir une formation commerciale et de veiller à ce que les femmes puissent accéder aux possibilités d'emploi. L'allègement des coûts de déplacement des travailleurs vers les lieux où se trouvent les emplois est une mesure de politique publique prometteuse, comme le montre une étude sur les demandeurs d'emploi dans les zones urbaines d'Éthiopie (Abebe et coll., 2021 ; Franklin, 2018). De plus en plus de données montrent que la certification des compétences professionnelles est une intervention rentable en ce qui concerne l'impact sur le taux d'emploi (Abebe et coll., 2021 ; Caria et coll., 2024). Des programmes de certification des compétences peuvent être proposés par les États dans le cadre de politiques d'aide à la recherche d'emploi. La justification de cette politique publique est que ces programmes corrigent un défaut d'information afin que les travailleurs puissent signaler leurs compétences aux entreprises et réduire ainsi une source importante de friction sur le marché du travail (Carranza et McKenzie, 2023). La formation commerciale et l'initiative personnelle sont efficaces pour les propriétaires de microentreprises. Par exemple, le programme Gender and Enterprise Together de l'Organisation internationale du travail semble efficace pour améliorer les pratiques commerciales des femmes entrepreneures (Kenya et Viêt Nam) ainsi que leurs ventes (Kenya) (McKenzie et coll., 2023). Ces programmes de certification des compétences peuvent être combinés avec des subventions aux entreprises et proposés à travers des mises en concurrence commerciale visant à trouver les entreprises ayant le potentiel productif le plus élevé, coordonnées par l'État, mais potentiellement cofinancées par les partenaires au développement ou le secteur privé, à condition que des mesures de gouvernance adéquates soient en place (McKenzie, 2024). Sur le marché du travail, les femmes sont confrontées à d'autres sources de friction découlant de divers obstacles juridiques au travail ; plusieurs pays de la région ont récemment progressé dans l'élimination de ces obstacles et l'égalisation des chances. Pour les femmes, en particulier celles vivant en zone urbaine, les responsabilités liées à la garde des enfants peuvent constituer un obstacle aux revenus et au nombre d'heures travaillées. Dans la région Afrique, les données disponibles de la base de données Women, Business, and the Law de la Banque mondiale indiquent qu'aucun pays n'a mis en place des politiques spécifiques pour la fourniture de ces services, qu'ils soient publics ou privés (Sakhonchik, Elefante et Niesten, 2023).

Pour les entreprises et les exploitations agricoles, la lutte contre les distorsions du marché et des institutions implique un renforcement du secteur financier, une promotion de l'adoption des technologies et un investissement dans des infrastructures clés dont l'absence freine la croissance de la productivité et la montée en puissance. Il est important de tirer parti de la politique du secteur financier et de renforcer l'infrastructure du crédit pour faciliter l'innovation dans les banques du secteur privé et les institutions non bancaires afin de proposer des produits de prêt à faible coût aux petits emprunteurs. Contrairement aux politiques de crédit préférentielles qui ciblent les produits de prêt en fonction de la taille de l'entreprise ou de l'exploitation agricole, la réduction des coûts du secteur financier pour l'octroi de crédits aux petits emprunteurs à l'aide de produits fondés sur le marché présente l'avantage de ne pas entraîner de distorsions. Les besoins vont du financement par actions et du capital-risque pour les entreprises axées sur la croissance jusqu'à l'utilisation de la technologie financière lorsque la chose est possible, en passant par l'adaptation de la microfinance aux microentreprises et aux exploitations agricoles. Pour les exploitations agricoles, il est prometteur de promouvoir l'adoption de technologies à l'aide d'un ensemble intégré de services (y compris la fourniture d'informations sur le climat), tout en reconnaissant que de multiples contraintes doivent être allégées. Les investissements publics dans les infrastructures de connexion, en particulier la construction et l'entretien des routes rurales, se sont avérés très rentables ; il est essentiel d'assurer une grande efficacité de ces dépenses publiques. Lorsqu'ils sont complétés par un secteur des transports compétitif, ces investissements peuvent être très rentables pour les agriculteurs ruraux. Enfin, un ensemble de politiques multisectorielles est nécessaire pour faciliter la participation des entreprises et des exploitations agricoles à des chaînes de valeur intégrées reliant les entreprises entre elles. Les bénéfices d'une meilleure connectivité des marchés intérieurs peuvent être renforcés lorsque les entreprises et les exploitations agricoles peuvent accéder aux marchés régionaux (à travers la zone de libre-échange continentale africaine) et aux marchés internationaux (via des accords et des programmes commerciaux, tels que les accords de partenariat économique avec l'Union européenne et la loi sur la croissance et les possibilités économiques en Afrique des États-Unis). De solides dispositions institutionnelles sont nécessaires pour garantir que les exploitations agricoles, les entreprises et les travailleurs participants en tirent profit.

Le rôle de l'État dans la création et l'application d'institutions de marché inclusives est essentiel pour l'efficacité de ces politiques. Des lois peuvent être conçues pour protéger les consommateurs de produits financiers tout en minimisant les impacts sur le secteur financier (Boeddu et Chien, 2022). Des lois économiques et des services judiciaires efficaces sont nécessaires pour faciliter les transactions sur le marché, que ce soit entre les agriculteurs et les fournisseurs d'intrants ou entre les PME et les institutions financières. Il est également nécessaire de garantir des conditions de concurrence équitables pour les entreprises publiques et de limiter les comportements anticoncurrentiels des entreprises, à l'aide d'une solide politique de concurrence, seule ou complétée par une autorité de la concurrence. À condition de pouvoir fonctionner en toute indépendance, ces autorités peuvent s'attaquer efficacement aux comportements anticoncurrentiels (Büthe et Kigwiru, 2020). Des politiques de justice efficaces doivent être mises en place pour les transactions commerciales, afin de répondre aux besoins des micros, petites et moyennes entreprises. L'amélioration de l'accès à la justice qu'apporteront ces politiques peut s'avérer cruciale, en particulier, le cas échéant, si elles sont utilisées pour combler le fossé avec les lois coutumières. Enfin, l'adoption et l'application de normes de travail en matière d'emploi salarié et de traitement équitable des agriculteurs dans les chaînes de valeur mondiales sont cruciales face au pouvoir de marché potentiel des entreprises étrangères.

Améliorer l'équité des politiques budgétaires

Une politique fiscale équitable nécessite une stratégie de mobilisation des recettes nationales protégeant les personnes démunies et améliorant l'efficacité des dépenses publiques. Les efforts visant à rendre plus progressifs l'impôt sur le revenu des personnes physiques et l'impôt foncier sont la pierre angulaire d'une stratégie de mobilisation des recettes nationales protégeant les personnes démunies. Les efforts visant à taxer les personnes disposant d'un patrimoine important, notamment à l'aide de l'impôt foncier, doivent être poursuivis. Dans la mesure où la fiscalité indirecte restera la principale source de revenus dans un avenir prévisible, l'assiette fiscale pourrait être élargie par une élimination des exonérations qui, en raison de l'informalité, profitent largement aux ménages à hauts revenus (Bachas, Gadenne et Jensen, 2023 ; Warwick et coll., 2022). Du côté des dépenses, les programmes ciblés d'aide sociale adaptative et d'alimentation scolaire sont essentiels pour réduire les inégalités pré-fiscales. Ils peuvent significativement améliorer l'impact redistributif des politiques budgétaires tout en protégeant les enfants et les jeunes des chocs susceptibles de les empêcher de réaliser leur plein potentiel. De même, la mise en place de systèmes d'alerte précoce pour prévenir les conséquences humaines à long terme des catastrophes naturelles contribuerait grandement à réduire la pauvreté et les inégalités.

En ce qui concerne les entreprises et les exploitations agricoles, les politiques budgétaires équitables comprennent des solutions fondées sur le marché pour des externalités environnementales et une conception minutieuse de régimes fiscaux simplifiés. La taxation des industries extractives devrait garantir que les entreprises internalisent le coût social de la pollution et des autres impacts environnementaux. Ces taxes devraient permettre aux États de bénéficier des prix élevés des matières premières, être directement liées à la rentabilité du secteur, ou les deux. Lorsque les pays disposent de régimes fiscaux simplifiés pour les petites entreprises, ceux-ci devraient inclure un seuil d'exonération fiscale susceptible de protéger les plus pauvres et les plus vulnérables de ces entreprises. En ce qui concerne les dépenses, l'élimination des subventions à l'énergie peut améliorer l'efficacité, l'équité et la durabilité environnementale, car ces subventions profitent largement aux ménages à revenus élevés, avec un coût fiscal très élevé et des conséquences environnementales considérables. La réorientation des subventions agricoles des engrais vers les biens publics peut s'avérer triplement gagnante en améliorant les rendements et les revenus agricoles et en limitant la dégradation de l'environnement (Goyal et Nash, 2017).

Une gestion des finances publiques et une administration fiscale efficaces sont des compléments indispensables pour garantir une politique fiscale équitable. L'amélioration du respect des obligations fiscales, en particulier chez les contribuables à haut revenu, permettrait d'augmenter les recettes tout en protégeant les personnes pauvres et vulnérables. En outre, la poursuite de la coopération entre les États de la région pourrait conduire à une plus grande harmonisation de l'imposition des industries extractives et des entreprises multinationales, ce qui minimiserait le risque d'un nivellement par le bas entre les pays. L'amélioration de la gestion des dépenses publiques comprend la budgétisation à moyen terme, la discussion transparente des dépenses fiscales dans le cadre du processus budgétaire, l'amélioration de la gestion de la dette et l'élimination des arriérés grâce à l'amélioration des contrôles des finances publiques. Une meilleure planification financière de la réponse aux catastrophes peut garantir que le financement sera disponible rapidement et de manière rentable en cas de crise.

Liaisons et compromis

L'une des principales constatations de cette analyse est que les politiques qui ne s'attaquent qu'à une seule étape du processus de création de revenus ne suffiront pas à réduire les inégalités structurelles et à faire reculer la pauvreté. Bon nombre des politiques et des solutions techniques examinées ici ne sont pas nouvelles, et elles ne fonctionneront pas de manière isolée. Par exemple, les politiques et les efforts cherchant à atténuer les inégalités structurelles dans le renforcement des capacités de production, qui ne sont pas accompagnés de politiques visant à garantir que ces capacités pourront être employées de manière productive n'aboutiront pas à une productivité et à une réduction de la pauvreté plus importantes. Les pays peuvent réussir à améliorer l'éducation de leur main-d'œuvre, mais si les distorsions du marché ne sont pas corrigées, les jeunes diplômés n'auront pas d'options d'emploi viables où utiliser leurs compétences. Les efforts d'inclusion financière des femmes n'ont aucun sens si celles-ci se heurtent à des obstacles juridiques les empêchant de posséder des terres et des actifs susceptibles de servir de garantie. Sans connectivité rurale, une meilleure intégration commerciale risque d'isoler les zones rurales éloignées. Sans normes minimales de travail, les efforts pour mettre en place des programmes de certification des emplois ou pour créer des parcs industriels risquent de nuire aux travailleurs. Les déductions fiscales et exonérations visant à attirer les investissements ne créeront pas d'emplois si les droits de propriété ne sont pas clairs. En outre, sans transparence ni redevabilité à tous les stades, tous les efforts entrepris risquent d'exacerber les inégalités structurelles existantes.

Pour réduire la pauvreté, les États et leurs partenaires doivent donc travailler de manière multisectorielle et intégrée, bien au-delà des pratiques actuelles. Pour combler les écarts de bien-être, il faut s'attaquer aux facteurs d'inégalité structurelle à tous les stades du processus de création de revenus. Pour cela, il faut que les politiques et les institutions coordonnées soient guidées par des objectifs qui se recoupent et se renforcent mutuellement – promouvoir l'équité pour égaliser les chances et renforcer la capacité de production des personnes défavorisées. En fait, il n'est souvent possible d'obtenir une double ou triple victoire que lorsqu'une combinaison de réformes est mise en œuvre simultanément. Tel est certainement le cas de la réussite des interventions multisectorielles et spatialement intégrées, telles que les chaînes de valeur agricoles auxquelles participent les petits exploitants et les entreprises. En outre, le calendrier et l'enchaînement des réformes sont essentiels, en particulier lorsque plusieurs politiques sont mises en œuvre. Par exemple, l'élimination des subventions à l'énergie répondrait à des préoccupations d'équité et d'efficacité tout en réduisant les externalités climatiques négatives. Toutefois, en l'absence de politiques sociales complémentaires, les réformes des subventions peuvent entraîner une augmentation de la pauvreté et, en fin de compte, avoir un effet négatif en retour. L'enchaînement est souvent critique : par exemple, la mise en œuvre de politiques de libéralisation du commerce peut être significative quand elle est précédée par l'élimination des distorsions sur les marchés du transport. Une meilleure coordination entre les institutions publiques dans le cadre d'efforts de mise en œuvre multiples et simultanés constitue un défi, même dans les meilleures circonstances. Il est donc essentiel que les pouvoirs publics établissent des priorités stratégiques et coordonnent leurs efforts. Les approches sectorielles visant à faire avancer les réformes des politiques de manière isolée ne sont pas suffisantes pour atteindre l'objectif de réduction de la pauvreté.

Ce n'est qu'en présence d'externalités et d'imperfections du marché que l'on peut s'attendre à des politiques gagnant-gagnant. C'est pourquoi le présent rapport accorde la priorité aux politiques présentant des externalités claires et susceptibles de produire des victoires doubles, voire triples. Par exemple, les efforts visant à réduire les tensions sociales et à lutter contre la pauvreté dans les anciens pays EFC pourraient inclure des programmes de travaux publics dans les régions précédemment touchées par les conflits, en se concentrant sur les investissements d'adaptation au climat, tels que les routes rurales, les efforts de conservation des sols ou des forêts, fournissant ainsi une aide au revenu tout en travaillant à une plus grande résilience future au changement climatique. De même, les investissements dans l'éducation de la petite enfance permettent d'égaliser les chances, d'augmenter la productivité et la croissance et d'améliorer la résilience au changement climatique. Toutefois, pour parvenir à ces triples gains, l'action doit être coordonnée entre plusieurs secteurs.

En outre, il est important de reconnaître que certains compromis politiques à court terme peuvent nécessiter une planification minutieuse du calendrier et de l'enchaînement des réformes. Les efforts de mobilisation des recettes nationales sont coûteux pour les ménages, les entreprises et les exploitations agricoles, avec des impacts potentiels sur la productivité et la réduction de la pauvreté, mais ils sont nécessaires à la fourniture de biens publics. De même, la suppression des subventions aux engrais peut avoir un impact important sur les agriculteurs pauvres, tandis que les investissements dans la recherche et la technologie, susceptibles d'offrir des rendements plus élevés à moindre coût, prennent du temps à mûrir. Il existe également des compromis intertemporels et intergénérationnels cruciaux, tels que le choix entre la fourniture d'un financement supplémentaire à l'assistance sociale, qui s'attaque à la pauvreté aujourd'hui, et des investissements dans le capital physique et humain à plus long terme, qui peuvent réduire la pauvreté à l'avenir. Relever ces défis requiert des trains de mesures intégrées et une clarté quant au calendrier et à l'enchaînement des réformes complémentaires.

La société civile et les partenaires au développement peuvent jouer un rôle important dans le soutien d'une stratégie de lutte contre les inégalités structurelles. Ces partenaires devront également travailler de manière multisectorielle et intégrée, en s'appuyant sur les priorités stratégiques de l'État. Les partenariats seront essentiels pour réaliser des avancées dans la réduction de la pauvreté, à l'aide d'un soutien financier et technique. Comme le montre le chapitre 5, il est important de reconnaître que pour certains pays d'Afrique, les efforts de mobilisation de recettes nationales ne suffiront pas à générer des ressources suffisantes pour éliminer la pauvreté et répondre aux besoins essentiels en matière de développement. Compte tenu de la faible marge de manœuvre budgétaire, le financement concessionnel des priorités de développement pourrait jouer un rôle important dans l'avancement de ce programme. Il implique les donateurs multilatéraux et bilatéraux, ainsi que les organisations non gouvernementales, qui sont particulièrement nécessaires dans les environnements les plus pauvres et les plus fragiles. En outre, dans un environnement d'EFC, les partenaires internationaux doivent avoir une perspective à long terme, réagir avec agilité autour d'un ensemble de priorités étroites et clairement définies, et faire preuve de persévérance (Banque mondiale, 2011).

Le secteur privé est également un allié important pour mobiliser des capitaux et fournir des intrants essentiels. Par exemple, les écoles privées peuvent jouer un rôle important dans la garantie d'une éducation universelle de qualité, en particulier dans les pays soumis à des contraintes budgétaires, à condition que des politiques sectorielles soient en place pour réglementer le secteur. De même, les programmes de formation, les concours d'entreprises et les efforts pour promouvoir les chaînes de valeur mondiales s'appuieront sur des partenariats avec le secteur privé pour entraîner une croissance de la productivité et des possibilités d'emploi accrues pour la population croissante. Combinée à des institutions de supervision appropriées, la création de conditions équitables pour l'innovation et l'investissement du secteur privé sera essentielle pour attirer les investissements dans des domaines tels que la finance numérique pour l'inclusion.

Les priorités des politiques dépendent du contexte national

L'une des caractéristiques les plus marquantes de l'inégalité en Afrique est son universalité plutôt que les différences spécifiques entre les pays. Ainsi, aucun pays ne peut se permettre d'ignorer l'existence d'inégalités, en particulier structurelles, qui empêchent de progresser dans la réduction de la pauvreté. De même, la stabilité macro-budgétaire est une exigence fondamentale pour tous les pays, car les crises macroéconomiques entraînent généralement d'importantes pertes de production, des augmentations de la pauvreté, et des variations potentiellement importantes de l'inégalité. Le tableau 6.1 présente un large éventail de politiques ; cependant, une analyse approfondie de l'inégalité structurelle au niveau national serait utile pour parvenir à un ensemble solide de priorités politiques spécifiques à chaque contexte. En outre, les liaisons entre les différentes dimensions de l'inégalité exigent un calendrier et un enchaînement minutieux des réformes, variables selon les contextes nationaux.

La typologie basée sur la fragilité, les conflits et la richesse en ressources reconnaît que la capacité des États à s'attaquer aux inégalités structurelles sera limitée ou façonnée par ces circonstances. La sécurité est une condition préalable au développement, et pourtant elle est absente dans de nombreux pays de la région. Les conflits violents peuvent être considérés comme le résultat de trois types de défaillances dans la gouvernance :

- Le pouvoir illimité d'individus, de groupes et de pouvoirs publics ;

- L'échec d'accords entre les participants ;

- L'exclusion des individus et des groupes concernés du processus d'élaboration des politiques (Rapport sur le développement dans le monde 2017, Banque mondiale, 2017).

Les accords de partage du pouvoir, la redistribution des ressources, le règlement des différends, les sanctions et la dissuasion peuvent prévenir, réduire ou mettre fin aux conflits violents. Un accord a toutefois peu de chances de réussir à long terme s'il n'est pas en mesure de limiter le pouvoir des élites dirigeantes, de parvenir à des accords et de les maintenir, et d'inclure les individus et les groupes concernés. Pour les pays riches en ressources, ces contraintes générales de gouvernance peuvent être aggravées par les défis liés à la gestion des richesses en ressources naturelles, notamment la grande vulnérabilité à la recherche de rentes, les fluctuations du marché des matières premières, le syndrome hollandais et la faiblesse des liaisons entre les secteurs des ressources et le reste de l'économie. En même temps, la richesse en ressources naturelles peut permettre des investissements publics plus ambitieux ainsi qu'un partage et une redistribution des ressources, qui peuvent contribuer à maintenir la paix. Les pays dépourvus de ressources naturelles et en proie à des conflits sont susceptibles d'être les plus contraints, tandis que ceux non soumis à des conflits ou dépourvus de ressources naturelles le sont le moins. Les priorités des politiques sont donc différentes dans ces contextes nationaux.

Pour les pays EFC, la priorité devrait être accordée aux actions susceptibles de restaurer la confiance en assurant aux citoyens la sécurité, des emplois et les principaux services de base, en particulier dans les zones touchées par les conflits. Comme le souligne le Rapport sur le développement dans le monde 2011, « aucun pays ou région ne peut se permettre d'abandonner à leur sort des zones dans lesquelles les cycles de violence se répètent et où la population est coupée de l'État » (Banque mondiale, 2011, 18). Les pays

EFC riches en ressources abritent 37 % de la population africaine, et sont également ceux où le taux de pauvreté est le plus élevé, avec un taux moyen de 46 % en 2022, soit 17 points de pourcentage de plus que dans les pays riches en ressources naturelles qui ne sont pas en situation de fragilité ou de conflit. Les pays EFC non riches en ressources abritent 35 % de la population africaine et sont ceux où les taux de pauvreté ont été les plus lents à diminuer. Dans ces cas, la priorité devrait être la sécurité des citoyens, soutenue par la justice et l'emploi, qui peuvent l'une et l'autre contribuer à restaurer la confiance et à prévenir de futurs cycles de violence (Banque mondiale, 2011). Dans ces contextes, les programmes soutenant une relation avec l'État dans les zones d'insécurité peuvent être utiles. Par exemple, il peut être possible de financer des programmes communautaires de travaux publics s'attaquant aux goulets d'étranglement d'infrastructures, tels que les routes rurales. De même, les programmes de vaccination et d'alimentation scolaire pourraient créer des emplois tout en investissant dans la productivité à long terme des citoyens et en augmentant leur résistance aux chocs.

Pour les pays EFC riches en ressources, le défi consiste à renforcer la gestion de leurs ressources naturelles. En revanche, les pays EFC qui ne sont pas riches en ressources naturelles ne disposent souvent pas de ressources suffisantes pour fournir les services de base, car la collecte des recettes est extrêmement limitée et a tendance à être utilisée pour financer les dépenses courantes. Dans ces contextes, une aide internationale souple et rapide est nécessaire, et les dirigeants nationaux devront établir des priorités claires, faire preuve de transparence et respecter des normes de redevabilité. Dans les pays EFC riches en ressources, les priorités d'instauration de la confiance dans les zones touchées par les conflits sont similaires, mais il faut également relever le défi de la gestion des ressources naturelles. Cela implique des efforts pour améliorer la transparence, la redevabilité et le partage des ressources. Il s'agit également de mettre en place un cadre macroéconomique capable d'offrir des incitations adéquates à la diversification.

Pour les pays riches en ressources naturelles non touchés par un conflit, la priorité est de promouvoir la diversification économique, en utilisant leurs ressources naturelles pour renforcer les capacités de production et faciliter l'intégration des marchés. Les pays riches en ressources naturelles non touchés par un conflit abritent 7 % de la population africaine. Bien que ce groupe de pays ait les taux de pauvreté les plus bas, ils ont connu une baisse globale moyenne de la pauvreté de seulement 1,2 % par an au cours des deux dernières décennies. Il est également celui présentant les niveaux d'inégalité les plus élevés. Combinée au fait que près de 30 % de sa population vit encore dans l'extrême pauvreté, cette forte inégalité suggère que les effets délétères de la malédiction des ressources peuvent être particulièrement prononcés : le syndrome hollandais et la dépendance excessive à l'égard des importations ont entraîné une faible diversification économique et créé peu d'opportunités économiques. En outre, bien que les enfants aient un accès relativement élevé aux écoles, il reste encore beaucoup à faire pour améliorer la qualité de l'enseignement et garantir l'accès des enfants aux services de base. Dans ces cas, en plus d'une gestion saine des ressources naturelles et d'un cadre macroéconomique encourageant la diversification, il est possible d'investir davantage dans les infrastructures de base qui ciblent les populations pauvres et mal desservies, ouvrent l'accès aux marchés et réduisent les frictions sur le marché du travail. En ce qui concerne les politiques fiscales, davantage pourrait être fait pour s'assurer que les industries extractives paient des taxes proportionnelles au coût social du carbone et que ces ressources sont utilisées pour remédier aux inégalités structurelles dans la construction et l'utilisation des capacités de production.

Enfin, les pays non riches en ressources et non touchés par un conflit pourraient s'attaquer aux inégalités structurelles à tous les stades du processus de génération des revenus. Ces pays hébergent 21 % de la population africaine et ont enregistré les réductions les plus fortes et les plus durables de la pauvreté. Ce sont également les pays où les enfants ont un accès plus important et plus égal aux opportunités. Toutefois, c'est aussi dans ces pays que l'on peut faire davantage pour remédier aux inégalités structurelles à tous les stades du processus de génération des revenus.

Note

1. Voir le récent résumé dans Hill, Nguyen et Doan (2024).

Bibliographie

Abebe, Girum, A. Stefano Caria, Marcel Fafchamps, Paolo Falco, Simon Franklin et Simon Quinn. 2021. "Anonymity or Distance? Job Search and Labour Market Exclusion in a Growing African City." Review of Economic Studies 88 (3): 1279–1310. https://doi.org/10.1093/restud/rdaa057.

Bachas, Pierre, Lucie Gadenne et Anders Jensen. 2023. "Informality, Consumption Taxes, and Redistribution." Review of Economic Studies 91 (5): 2604–34. https://doi.org/10.1093/restud/rdad095.

Banque mondiale. 2005. World Development Report 2006: Equity and Development. Washington, DC: Banque mondiale. http://hdl.handle.net/10986/5988.

Banque mondiale. 2011. World Development Report 2011: Conflict, Security, and Development. Washington, DC: Banque mondiale. http://hdl.handle.net/10986/4389.

Banque mondiale. 2017. World Development Report 2017: Governance and the Law. Washington, DC: Banque mondiale. http://hdl.handle.net/10986/25880.

Banque mondiale. 2018. Ghana Priorities for Ending Poverty and Boosting Shared Prosperity: Systematic Country Diagnostic. Washington, DC: Banque mondiale. http://hdl.handle.net/10986/30974 License: CC BY 3.0 IGO.

Banque mondiale. 2022. World Development Report 2022: Finance for an Equitable Recovery. Washington, DC: Banque mondiale. http://hdl.handle.net/10986/36883.

Banque mondiale. 2023. "What Works to Narrow Gender Gaps and Empower Women in Sub-Saharan Africa? An Evidence-Review of Selected Impact Evaluation Studies." Banque mondiale, Washington, DC. https://documents1.worldbank.org/curated/en/099061623110030316/pdf/P1804940a8a04e0 ab0988e0e90727152914.pdf.

Banque mondiale. 2024. "Transforming Education for Inclusive Growth." Africa's Pulse 30 (October 15). https://hdl.handle.net/10986/20236.

Baquie, S., et R. Hill. 2023. "Improving Water Availability and Restoring Soil Fertility in the Sahel." In Reality Check: Lessons from 25 Policies Advancing a Low-Carbon Future, 89–93. Climate Change and Development Series. Washington, DC: World Bank. https://doi.org/10.1596/978-1-4648-1996-4.

Bashir, Sajitha, Marlaine Lockheed, Elizabeth Ninan et Jee-Peng Tan. 2018. Facing Forward: Schooling for Learning in Africa. Africa Development Forum series. Washington, DC: World Bank. https://doi.org/10.1596/978-1-46481260-6.

Bhula, Radhika, Meghan Mahoney et Kyle Murphy. 2020. Conducting Cost-Effectiveness Analysis (CEA). Cambridge, MA: Massachusetts Institute of Technology, Abdul Latif Jameel Poverty Action Lab. https://www.povertyactionlab.org/resource/conducting-cost-effectiveness-analysis-cea.

Boeddu, Gian, et Jennifer Chien. 2022. "Financial Consumer Protection and Fintech: An Overview of New Manifestations of Consumer Risks and Emerging Regulatory Approaches." Fintech and the Future of Finance Overview Paper, World Bank, Washington, DC. https://thedocs.worldbank.org/en/doc/11ea23266a1f65d9a08cbe0e9b072c89-0430012022/related/Note-5.pdf.

Bosio, Erica. 2023. Increasing Access to Justice in Fragile Settings. Washington, DC: World Bank. http://documents.worldbank.org/curated/en/099101123141530374/P17955108fb2a104e0a55e04b0257738ea3.

Büthe, Tim, et Vellah Kedogo Kigwiru. 2020. "The Spread of Competition Law and Policy in Africa: A Research Agenda." African Journal of International Economic Law 1 (Fall): 41–83. https://www.afronomicslaw.org/sites/default/files/journal/2021/Bu%C3%8C%C2%88theKigwiru-Spread-of-Competition-Policy-in-Africa-1-AfJIEL-41-2020-2.pdf.

Calice, Pietro. 2020. "Boosting Credit: Public Guarantees Can Help Mitigate Risk during COVID-19." World Bank Blogs, May 28. https://blogs.worldbank.org/en/psd/boosting-credit-public-guarantees-can-help-mitigate-risk-during-covid-19?cid=SHR_BlogSite Email_EN_EXT.

Canning, David, et T. Paul Schultz. 2012. "The Economic Consequences of Reproductive Health and Family Planning." Lancet 380 (9837): 165–71.

Caria, Stefano, Kate Orkin, Alison Andrew, Robert Garlick, Rachel Heath et Niharika Singh. 2024. "Barriers to Search and Hiring in Urban Labour Markets." VoxDevLit 10 (1).

Carranza, Eliana, et David McKenzie. 2023. "Job Training and Job Search Assistance Policies in Developing Countries." Policy Research Working Paper 10576, World Bank, Washington, DC. https://documents.worldbank.org/curated/en/099648409282314225/IDU0376203a30f7ac04c690bd9900b63d1dbfd80.

Cerra, Valerie, Ruy Lama et Norman V. Loayza. 2021. "Links between Growth, Inequality, and Poverty: A Survey." Working Paper 2021/068, International Monetary Fund, Washington, DC. https://www.imf.org/-/media/Files/Publications/WP/2021/English/wpiea2021068-print-pdf.ashx.

Chuhan-Pole, Punam, et Manka Angwafo. 2011. Yes Africa Can: Success Stories from a Dynamic Continent. Washington, DC: World Bank. http://hdl.handle.net/10986/2335.

Dean, Mark, et Anja Sautmann. 2022. "The Effects of Community Health Worker Visits and Primary Care Subsidies on Health Behavior and Health Outcomes for Children in Urban Mali." Policy Research Working Paper 9986, World Bank, Washington, DC. http://hdl.handle.net/10986/37245.

Duclos, Jean-Yves, et Stephen A. O'Connell. 2015. "Is Poverty a Binding Constraint on Growth in Sub-Saharan Africa?" In Economic Growth and Poverty Reduction in Sub-Saharan Africa, edited by Andrew McKay et Erik Thorbecke, 54–90. Oxford: Oxford University Press. https://doi.org/10.1093/acprof:oso/9780198728450.001.0001.

Evans, David K., et Fei Yuan. 2019. "Equivalent Years of Schooling: A Metric to Communicate Learning Gains in Concrete Terms." Policy Research Working Paper 8752, World Bank, Washington, DC.

Farah-Yacoub, Juan P., Clemens Graf von Luckner, Rita Ramalho et Carmen Reinhart. 2022. "The Social Costs of Sovereign Default." Policy Research Working Paper 10157, World Bank, Washington, DC. http://hdl.handle.net/10986/37945.

Foster, Vivien, et Cecilia Briceño-Garmendia. 2010. Africa's Infrastructure: A Time for Transformation. Washington, DC: World Bank. https://documents1.worldbank.org/curated/en/246961468003355256/pdf/521020PUB0EPI1101Official0Use0Only1.pdf.

Foster, Vivien, Nisan Gorgulu, Stéphane Straub et Maria Vagliasindi. 2023. "The Impact of Infrastructure on Development Outcomes: A Qualitative Review of Four Decades of Literature." Policy Research Working Paper 10343, World Bank, Washington, DC. http://hdl.handle.net/10986/39515.

Franklin, Simon. 2018. "Location, Search Costs and Youth Unemployment: Experimental Evidence from Transport Subsidies." Economic Journal 128 (614): 2353–79. https://doi.org/10.1111/ecoj.12509.

Gatti, Roberta, Kathryn Andrews, Ciro Avitabile, Ruben Conner, Jigyasa Sharma et Andres Yi Chang. 2021. The Quality of Health and Education Systems Across Africa: Evidence from a Decade of Service Delivery Indicators Surveys. Washington, DC: World Bank. http://hdl.handle.net/10986/36234.

Goyal, Aparajita, et John Nash. 2017. Reaping Richer Returns: Public Spending Priorities for African Agriculture Productivity Growth. Africa Development Forum. Washington, DC: World Bank and Agence Francaise de Developpement. http://hdl.handle.net/10986/25996.

Grosset-Touba, Florian, Anna Papp et Charles A. Taylor. 2024. "Rain Follows the Forest: Land Use Policy, Climate Change, and Adaptation." SSRN, August. https://doi.org/10.2139/ssrn.4333147.

Hill, Ruth, Tran Nguyen et Miki Khanh Doan. 2024. "The Welfare Impacts of Climate and Climate Policies: A Framework." Unpublished manuscript, World Bank, Washington, DC.

Hjort, Jonas, et Jonas Poulsen. 2019. "The Arrival of Fast Internet and Employment in Africa." American Economic Review 109 (3): 1032–79. https://www.doi.org/10.1257/aer.20161385.

Holla, Alaka, Magdalena Bendini, Lelys Dinarte et Iva Trako. 2021. "Is Investment in Preprimary Education Too Low? Lessons from (Quasi) Experimental Evidence across Countries." Policy Research Working Paper 9723, World Bank, Washington, DC.

Kimura, Yuichi. 2024. "Why Do Overlapping Land Rights Discourage Investment in Agriculture? Customary Land Tenure System in West Africa." MPRA Paper 122183, September 24. https://mpra.ub.uni-muenchen.de/122183/.

Kolavalli, Shashi, et Marcella Vigneri. 2011. "Cocoa in Ghana: Shaping the Success of an Economy." In Yes, Africa Can: Success Stories from a Dynamic Continent, edited by Punam Chuhan-Pole and Manka Angwafo, 201–17. Washington, DC: World Bank. https://doi.org/10.1596/978-0-8213-8745-0.

López-Calva, Luis-Felipe, et Carlos Rodriguez-Castelan. 2016. "Pro-Growth Equity: A Policy Framework for the Twin Goals." Poverty and Equity Global Practice Working Paper 091, World Bank, Washington, DC. http://documents.worldbank.org/curated/en/468851524551936188/Pro-growth-equity-a-policy-framework-for-the-twin-goals.

McKenzie, David. 2024. "Is There Still A Role for Direct Government Support to Firms in Developing Countries?" New Zealand Economic Papers, February, 1–6. https://doi.org/10.1080/00779954.2023.2290484.

McKenzie, David, Christopher Woodruff, Kjetil Bjorvatn, Miriam Bruhn, Jing Cai, Juanita Gonzalez-Uribe, Simon Quinn, Tetsushi Sonobe et Martin Valdivia. 2023. "Training Entrepreneurs." VoxDevLit 1 (3). https://voxdev.org/sites/default/files/2023-11/Training_Entrepreneurs_Issue_3.pdf.

Mensah, Justice Tei. 2023. "Jobs! Electricity Shortages and Unemployment in Africa." Journal of Development Economics 167: 103231. https://doi.org/10.1016/j.jdeveco.2023.103231.

Montenegro, Claudio E., et Harry Anthony Patrinos. 2021. "A Data Set of Comparable Estimates of the Private Rate of Return to Schooling in the World, 1970–2014." International Journal of Manpower 44(6): 1248–68. https://doi.org/10.1108/IJM-03-2021-0184.

OMS (Organisation mondiale de la santé). "Female Genital Mutilation." Fact Sheet. WHO, Geneva. https://www.who.int/news-room/fact-sheets/detail/female-genital-mutilation.

Rozenberg, Julie, et Marianne Fay. 2019. Beyond the Gap: How Countries Can Afford the Infrastructure They Need while Protecting the Planet. Sustainable Infrastructure. Washington, DC: World Bank. http://hdl.handle.net/10986/31291.

Sakhonchik, Alena, Marina Elefante et Hannelore Maria L. Niesten. 2023. Government Financial Support for Childcare Services: A Study of Regulations in 95 Economies. Global Indicators Briefs 21. Washington, DC: World Bank. http://documents.worldbank.org/curated/en/099431007202325029/IDU090ab2deb0038e047160b8cb0dc3650a2d1cf.

Small, Sarah F., et Yana van der Meulen Rodgers. 2023. "The Gendered Effects of Investing in Physical and Social Infrastructure." World Development 171: 106347. https://doi.org/10.1016/j.worlddev.2023.106347.

Stanley, Andrew. 2023. "A Demographic Transformation in Africa Has the Potential to Alter the World Order." Finance and Development, September. https://www.imf.org/en/Publications/fandd/issues/2023/09/PT-african-century.

UNICEF (United Nations Children's Fund). 2023. "Female Genital Mutilation (FGM): At Least 200 Million Girls and Women Alive Today Living in 31 Countries Have Undergone FGM." Last updated March 2024. https://data.unicef.org/topic/child-protection/female-genital-mutilation/.

Warwick, Ross, Tom Harris, David Phillips, Maya Goldman, Jon Jellema, Gabriela Inchauste et Karolina Goraus-Tańska. 2022. "The Redistributive Power of Cash Transfers vs VAT Exemptions: A Multi- Country Study." World Development 151: 105742. https://doi.org/10.1016/j.worlddev.2021.105742.

www.ingramcontent.com/pod-product-compliance
Lightning Source LLC
Chambersburg PA
CBHW050900210326
41597CB00002B/27